Análise Prática de Séries Temporais

Predição com Estatística e Aprendizado de Máquina

Aileen Nielsen

CB001469

ALTA BOOKS
EDITORA
Rio de Janeiro, 2021

Análise Prática de Séries Temporais

Dados Internacionais de Catalogação na Publicação (CIP) de acordo com ISBD

N669a	Nielsen, Aileen
	Análise Prática de Séries Temporais: Predição com estatística e aprendizado de máquina / Aileen Nielsen ; traduzido por Cibelle Ravaglia. - Rio de Janeiro : Alta Books, 2021.
	480 p. ; 17cm x 24cm.
	Tradução de: Practical Time Series Analysis
	Inclui índice.
	ISBN: 978-85-5081-562-6
	1. Ciência de dados. 2. Análise de dados. 3. Séries temporais. I. Ravaglia, Cibelle. II. Título.
2021-3232	CDD 005.13
	CDU 004.62

Elaborado por Odilio Hilario Moreira Junior - CRB-8/9949

Rua Viúva Cláudio, 291 — Bairro Industrial do Jacaré
CEP: 20.970-031 — Rio de Janeiro (RJ)
Tels.: (21) 3278-8069 / 3278-8419
www.altabooks.com.br — altabooks@altabooks.com.br

ALTA BOOKS
EDITORA

Produção Editorial
Editora Alta Books

Diretor Editorial
Anderson Vieira

Gerência Comercial
Daniele Fonseca

Coordenação Financeira
Solange Souza

Editor de Aquisição
José Rugeri
acquisition@altabooks.com.br

Produtores Editoriais
Illysabelle Trajano
Maria de Lourdes Borges
Thales Silva
Thiê Alves

Assistente Editorial
Caroline David

Marketing Editorial
Livia Carvalho
Gabriela Carvalho
Thiago Brito
marketing@altabooks.com.br

Equipe Ass. Editorial
Brenda Rodrigues
Luana Rodrigues
Mariana Portugal
Raquel Porto

Equipe de Design
Larissa Lima
Marcelli Ferreira
Paulo Gomes

Equipe Comercial
Adriana Baricelli
Daiana Costa
Fillipe Amorim
Kaique Luiz
Victor Hugo Morais
Viviane Paiva

Atuaram na edição desta obra:

Tradução
Cibelle Ravaglia

Revisão Gramatical
Thamiris Leiroza
Hellen Suzuki

Copidesque
Matheus Araujo

Diagramação
Joyce Matos

Ouvidoria: ouvidoria@altabooks.com.br

Editora afiliada à:

Sobre a Autora

Aileen Nielsen é engenheira de software e analista de dados de Nova York. Ela tem trabalhado com séries temporais e outros dados em diversos campos de atuação, desde uma startup de assistência médica, campanha política, laboratório de pesquisa em física, até uma empresa do ramo de financial trading. Atualmente, desenvolve redes neurais para aplicativos de previsão.

Aviso

Estão disponíveis materiais complementares para download em https://github.com/Iteratr-Learning/PracticalTimeSeriesAnalysis/BookRepo e no site da editora Alta Books (acesse: www.altabooks.com.br e procure pelo nome do livro ou ISBN). Não nos responsabilizamos por futuras mudanças e atualizações.

Sumário

Prefácio

As condições meteorológicas, o mercado de ações e os batimentos cardíacos, o que eles têm em comum? Todos formam séries temporais. Caso tenha interesse na variedade de dados e em prever o futuro, terá interesse na análise de séries temporais.

Sejam bem-vindos ao *Análise Prática de Séries Temporais*! Se você escolheu este livro, provavelmente já reparou que os dados de séries temporais estão em toda parte. À medida que o ecossistema de Big Data evolui, os dados de séries temporais se tornam cada vez mais onipresentes e importantes. Bem ou mal, sensores e dispositivos de rastreamento estão em todos os lugares e, como resultado, existem quantidades sem precedentes de dados de séries temporais de altíssima qualidade disponíveis. As séries temporais são excepcionalmente significativas porque podem abordar as questões de causalidade, tendências e a probabilidade de resultados futuros. Este livro apresentará as principais técnicas mais comumente aplicadas a séries temporais com o intuito de abordar essas questões.

Os dados de séries temporais abrangem um amplo leque de campos de atuação e casos de uso. Pode ser qualquer coisa, desde históricos de compras do cliente a medições de condutividade de um sistema nanoeletrônico, até gravações digitais da linguagem humana. Um ponto que analisaremos ao longo desta obra se baseia no fato de que a análise de séries temporais se aplica a um conjunto espantosamente diversificado de dados. Qualquer dado que tenha um eixo ordenado pode ser analisado por meio dos métodos de séries temporais, ainda que esse eixo ordenado não seja o tempo propriamente dito. Os dados tradicionais de séries temporais, como os dados provenientes do mercado de ações e dos padrões climáticos, podem ser analisados com métodos de séries temporais, no entanto, se pode também analisar conjuntos de dados peculiares, como espectrógrafos de vinho, cujo eixo "tempo" é na verdade um eixo de periodicidade. As séries temporais são onipresentes.

Quem Deveria Ler Este Livro

Este livro se destina a dois tipos de leitores. O primeiro, e boa parte do grupo dos leitores, abrange os cientistas de dados que dificilmente trabalharam com dados de séries temporais. Este grupo pode incluir pessoas experientes no setor ou analistas juniores. O analista de dados mais experiente pode passar os olhos rapidamente nas partes conceituais introdutórias de cada capítulo, mas ainda se beneficiará das discussões a respeito das melhores práticas, bem como as dificuldades de se trabalhar com dados de séries temporais. Um analista de dados principiante pode ler o livro na íntegra, embora eu tenha tentado manter cada tópico o mais independente possível.

O segundo grupo de leitor é composto de pessoas que supervisionam a análise em uma empresa com uma extensa coleta interna de dados. Caso faça parte deste grupo, ainda precisará adquirir um bocado de conhecimento técnico, mas não é necessário que você esteja atualmente programando em sua vida profissional. Para esse tipo de leitor, este livro é vantajoso no quesito de ressaltar as oportunidades para sua organização empregar a análise de séries temporais, mesmo que ainda não seja usada internamente na prática. Esta obra suscitará novos tipos de perguntas e análises que sua organização poderá abordar com seus recursos de dados existentes.

Conhecimento Esperado

No que diz respeito à programação, você deve ter um pouco de conhecimento em R e em Python, sobretudo em determinados pacotes fundamentais (em Python: NumPy, biblioteca Pandas e scikit-learn; e em R: data.table). As amostras de código devem ser legíveis, ainda que não se tenha toda a bagagem de conhecimento, mas, nesse caso, talvez você precise fazer uma breve pausa para se familiarizar com esses pacotes. É bem provável que seja o caso do data.table do R, um pacote de data frame pouco utilizado, mas de alto desempenho, que comporta uma funcionalidade de tempo excelente.

Em todos os casos, apresentei breves panoramas gerais dos respectivos pacotes, alguns exemplos de código e descrições do que o código faz. Apresento também ao leitor as visões gerais mais completas dos pacotes mais utilizados.

Com relação à estatística e ao aprendizado de máquina, você deve estar um pouco familiarizado com:

Introdução à Estatística
    Noções de variância, correlação e distribuição de probabilidade.

Aprendizado de Máquina
    Clusterização [clustering] e árvores de decisão.

Redes Neurais

O que são e como são treinadas.

Para esses casos, apresento um breve panorama geral dos conceitos ao longo do livro, no entanto, os leigos devem estudar mais a fundo esses conceitos antes de prosseguir com a leitura de alguns capítulos. Para a maioria dos tópicos, forneço os links de recursos online gratuitos e recomendados de tutoriais rápidos sobre os fundamentos de um determinado assunto ou técnica.

Por que Escrevi Este Livro

Eu escrevi este livro por três motivos.

Primeiro, as séries temporais são um aspecto indispensável da análise de dados, mas não fazem parte do conjunto de ferramentas da ciência de dados padrão. Fato lamentável, porque os dados de séries temporais estão cada vez mais disponíveis e também porque respondem a perguntas que os dados transversais não conseguem. Um analista que não conhece a análise fundamental de séries temporais não está aproveitando ao máximo seus dados. Espero que esta obra possa preencher uma lacuna existente e importante.

Segundo, quando comecei a escrever este livro, eu não conhecia uma visão centralizada dos aspectos mais importantes da análise de séries temporais a partir de uma perspectiva contemporânea da ciência de dados. Existem muitas fontes excelentes disponíveis quando se trata da análise tradicional de séries temporais, especialmente os livros clássicos sobre análise estatística de séries temporais. Existem também inúmeras publicações de blog excelentes, tanto referente aos métodos estatísticos tradicionais quanto às abordagens de aprendizado de máquina ou de redes neurais para séries temporais. No entanto, não consegui identificar uma única fonte centralizada que descrevesse todos esses tópicos e os relacionasse entre si. O propósito deste livro é viabilizar essas fontes: uma visão geral abrangente, moderna e prática da análise de séries temporais, englobando por completo o pipeline para modelagem e dados de séries temporais. Mais uma vez, espero que esta obra possa preencher uma lacuna existente e importante.

Terceiro, as séries temporais são um assunto interessante pois englobam questões peculiares sobre os dados. Os problemas associados ao vazamento de dados [data leakage], prever as coisas antecipadamente e causalidade são bem divertidos do ponto de vista das séries temporais, assim como muitas técnicas que se aplicam exclusivamente aos dados ordenados em algum tipo de eixo temporal. Levantar esses tópicos de modo abrangente e encontrar uma forma de catalogá-los foi outra motivação para escrever este livro.

Roteiro do Livro

Este livro está organizado mais ou menos assim:

História

O Capítulo 1 apresenta uma história da previsão de séries temporais, desde os gregos antigos até os tempos modernos. Isso contextualiza a nossa aprendizagem a fim de que possamos entender a disciplina tradicional e histórica que estudaremos neste livro.

Tudo sobre os dados

Os Capítulos 2, 3, 4 e 5 abordam os problemas relacionados à obtenção, à limpeza, à simulação e ao armazenamento de dados de séries temporais. Antes que você possa de fato realizar a análise das séries temporais, esses capítulos se preocupam em relacionar tudo o que vem antes desse processo. Esses tópicos raramente são discutidos nas fontes existentes, mas são fundamentais na maioria dos pipelines de dados. A identificação e a limpeza dos dados representam grande parte do trabalho realizado pela maioria dos analistas de séries temporais.

Modelos, modelos, modelos

Os Capítulos 6, 7, 8, 9 e 10 abrangem uma variedade de técnicas de modelagem que podem ser usadas para análise de séries temporais. Começamos com dois capítulos sobre métodos estatísticos, incluindo os modelos estatísticos padrão, como os modelos de espaço de estado ARIMA e bayesiano. Em seguida, aplicamos métodos desenvolvidos mais recentemente, como aprendizado de máquina e rede neural, aos dados de séries temporais, salientando os desafios do processamento de dados e do layout de dados quando os dados de séries temporais são usados para ajustar modelos que não estão inerentemente relacionados com a noção de tempo, como árvores de decisão.

Considerações pós-modelagem

Os Capítulos 11 e 12 abordam as métricas de acurácia e as considerações de desempenho, respectivamente, a fim de proporcionar algumas orientações sobre o que você deve levar em consideração depois de realizar suas primeiras iterações de modelagem de séries temporais.

Casos de uso do mundo real

Os Capítulos 13, 14 e 15 apresentam estudos de caso de dados nos campos de atuação de assistência médica, finanças e governamental, respectivamente.

Observações sobre os acontecimentos recentes

Os Capítulos 16 e 17 abordam sumariamente os progressos recentes das séries temporais e as predições para o futuro. O Capítulo 16 apresenta uma visão geral de uma variedade de pacotes automatizados de séries temporais, alguns open source e desenvolvidos como iniciativa acadêmica, e outros provenientes de grandes empresas tecnológicas. Essas ferramentas estão em constante evolução, à medida que os empenhos para potencializá-las aprimoram as previsões de séries temporais em escala por meio de processos automatizados. O Capítulo 17 analisa algumas predições do futuro da análise de séries temporais, conforme o ecossistema de Big Data cresce e ao passo que aprendemos mais sobre como o Big Data pode ajudar na análise de séries temporais.

Via de regra, recomendo a leitura de um capítulo por vez, antes de tentar trabalhar com o código. Geralmente, existem alguns conceitos novos introduzidos em cada capítulo, e pode ser de grande ajuda prestar atenção neles antes de sentar e ligar seu computador. Além do mais, na maioria dos casos, o código para rodar determinados modelos é relativamente simples, de modo que o entendimento conceitual será sua principal habilidade adquirida, junto ao conhecimento das APIs de pacotes importantes, uma vantagem extra que será bem mais fácil de aprender caso preste atenção aos conceitos.

Por isso, o livro foi escrito para ser lido, com sensatez, do começo ao fim (com capítulos posteriores se referindo aos conceitos abordados antes no livro), mas — de novo — eu, de forma proposital, mantive os capítulos o mais independentes possível a fim de que os leitores mais experientes possam ir para as partes que mais lhes convêm.

Vale também lembrar que a maioria dos repositórios de dados mencionados, bem como os dados, conteúdos disponibilizados e os links fornecidos na seção Leitura e Recursos Adicionais, ao final de cada capítulo, estão em inglês. Desse modo, todos os códigos desta obra seguirão a proposta inicial da autora. Não é necessário ser fluente em inglês para aprender a programar ou para estudar séries temporais, no entanto, como essa é uma questão controversa na comunidade de programação e de aprendizado de máquina, ainda que alguns afirmem que o inglês seja o idioma oficial de qualquer linguagem de programação, achamos por bem manter os exemplos originais, fornecendo as traduções entre colchetes, quando necessário.

Recursos Online

A O'Reilly tem um repositório no GitHub para este livro (*https://oreil.ly/time-series-repo*). O repositório engloba grande parte do código analisado nesta obra de modo que você pode executá-lo em conjuntos de dados, os quais também são fornecidos no repositório. Em alguns casos, nomes de variáveis, formatação e outros itens não serão idênticos aos apresentados no livro, mas devem ser facilmente vinculados (por exemplo, em alguns casos, nomes de variáveis foram abreviados aqui, em virtude das restrições de formatação).

Além disso, se você gosta de vídeos, tenho dois tutoriais online que abordam parte do conteúdo deste livro com foco no Python. Caso queira complementar o estudo deste livro com vídeos, considere as seguintes fontes (lembre-se de que o conteúdo dos vídeos está em inglês):

- Time Series Analysis (*https://youtu.be/JNfxr4BQrLk*) (SciPy 2016)
- Modern Time Series Analysis (*http://bit.ly/32YnPht*) (SciPy 2019)

Convenções Usadas Neste Livro

As seguintes convenções tipográficas são usadas neste livro:

Itálico

Indica condições novas, URLs, endereços de e-mail, nomes de arquivos e extensões de arquivos.

Fonte monoespaçada

Usada para listagens de programas, bem como dentro de parágrafos para referenciar elementos do programa: nomes de variáveis ou funções, bancos de dados, tipos de dados, variáveis de ambiente, declarações e palavras-chave.

Fonte monoespaçada em negrito

Mostra comandos ou outro texto que deve ser digitado pelo usuário.

Fonte monoespaçada em itálico

Mostra o texto que deve ser substituído por valores fornecidos pelo usuário ou por valores determinados pelo contexto.

 Este elemento significa uma dica ou sugestão.

 Este significa uma nota geral.

 Este indica alerta ou cautela.

Usando Exemplos de Códigos

O material complementar (exemplos de código, exercícios etc.) está disponível para download em: *https://github.com/PracticalTimeSeriesAnalysis/BookRepo*.

O propósito deste livro é ajudá-lo a alcançar seus objetivos. Em geral, se um código de exemplo for apresentado, você poderá utilizá-lo em seus programas e documentações. Não é necessário entrar em contato conosco para obter permissão de uso, a menos que esteja reproduzindo uma parte significativa do código. Por exemplo, escrever um programa que utiliza vários blocos de código deste livro não requer permissão. Vender ou distribuir um CD-ROM com exemplos dos livros da Alta Books exigirá permissão. Responder a uma pergunta citando este livro e mencionando um exemplo de código não requer permissão. Mas a inserção de uma quantidade substancial de exemplos de código referente a esta obra na documentação do seu produto exige permissão.

Agradecemos, mas não exigimos que você use citações ou referência. Uma referência geralmente inclui nome do autor, título, local de publicação, editora e ano da publicação. Por exemplo: NIELSEN, Aileen. *Análise Prática de Séries Temporais*. Rio de Janeiro: Alta Books, 2021.

Agradecimentos

Obrigada aos dois revisores técnicos deste livro, os docentes Rob Hyndman e David Stoffer. Ambos foram bastante generosos ao tirar um tempo para revisar esta obra e fornecer um feedback proveitoso e útil e ideias novas sobre o que abordar. O livro ficou bem melhor do que teria ficado sem a contribuição deles. Um agradecimento especial a Rob por destacar as oportunidades perdidas no manuscrito original com o intuito de assinalar as metodologias alternativas e muitas fontes interessantes de dados de séries temporais. Um agradecimento especial a David pelo seu ceticismo em relação a abordagens excessivamente automatizadas de análise e por evidenciar meu otimismo injustificado em relação a determinadas ferramentas. Obrigada por toda a sua ajuda, conhecimento e perspectivas extremamente experientes em análise de séries temporais.

Sou grata ao meu editor da O'Reilly, Jeff Bleiel, que foi muito incentivador, solidário e me ajudou muito na revisão destas muitas páginas no ano passado. Tenho também uma dívida de gratidão com minha produtora editorial, Katie Tozer, que foi muito paciente com o processo de limpeza deste livro e me orientou em relação às falhas técnicas na produção. Obrigada a Rachel Monaghan pela cuidadosa e excelente editoração de texto. Agradeço a Rebecca Demarest, que criou muitas das ilustrações desta obra e me ajudou a limpar muitos gráficos desordenados. Meu agradecimento também a Jonathan Hassell, que pegou o projeto e o acompanhou e, de alguma forma, convenceu a O'Reilly a publicá-lo. Por fim, agradeço a Nicole Tache, que me procurou há alguns anos para trabalhar com a O'Reilly. Agradeço a todos da O'Reilly por possibilitar que eu concretizasse esse projeto e por todo o apoio durante o processo.

Sou grata a muitos leitores que forneceram feedback ou ajuda para revisão ao longo do processo, incluindo Wenfei Tong, Richard Krajunus, Zach Bogart, Gabe Fernando, Laura Kennedy, Steven Finkelstein, Liana Hitts e Jason Greenberg. A contribuição de todos vocês foi extremamente útil. Obrigada por lerem e por oferecerem feedback.

Agradeço à minha mãe (meu exemplo de conduta), Elizabeth, pelo amor, apoio e disciplina ao longo da vida. Agradeço ao meu pai, John, e à tia Claire por todo o seu amor e assistência à minha educação durante muitos anos. E mais importante, agradeço ao meu marido, Ivan, e meu filho, Edmund Hillary, pela paciência e entusiasmo em apoiar o livro e em desculpar o tempo que passei longe da família enquanto escrevia.

## CAPÍTULO 1

Séries Temporais: Panorama e Breve História

Os dados de séries temporais e sua respectiva análise assumem uma importância cada vez maior devido à produção volumosa desses mesmos dados por meio, por exemplo, da Internet das Coisas (IoT), da digitalização dos sistemas de assistência médica e do surgimento das cidades inteligentes. Nos próximos anos, podemos esperar que a quantidade, qualidade e a relevância dos dados de séries temporais cresçam vertiginosamente.

À medida que o monitoramento ininterrupto e a coleta de dados se tornarem mais comuns, aumentará a necessidade de análises de séries temporais eficientes com técnicas estatísticas e de aprendizado de máquina. Na realidade, os modelos novos mais promissores combinam essas duas metodologias. Por esse motivo, analisaremos cada uma em detalhes. Estudaremos e recorreremos a um leque amplo de técnicas de séries temporais úteis para analisar e predizer o comportamento humano, fenômenos científicos e dados do setor privado, porque todos esses campos de atuação oportunizam uma rica variedade de dados de séries temporais.

Vamos começar com uma definição. O termo *análise de séries temporais* é a tentativa de extrair um resumo significativo e informações estatísticas de pontos de dados organizados em ordem cronológica. É feita a fim de diagnosticar comportamentos passados e predizer comportamentos futuros. Neste livro, usaremos uma variedade de abordagens, desde modelos estatísticos de cem anos a arquiteturas de redes neurais recém-desenvolvidas. Nenhuma das técnicas surgiu do nada ou por mero interesse teórico. As inovações na análise de séries temporais resultam de novas maneiras de coletar, registrar e visualizar os dados. A seguir, discutiremos brevemente o advento da análise de séries temporais em uma variedade de aplicações.

A História das Séries Temporais em Diversas Aplicabilidades

A análise de séries temporais geralmente se resume à questão da causalidade: como o passado influencia o futuro? Não raro, essas perguntas (e suas respostas) são tratadas estritamente dentro de seu campo de atuação, e não como parte do campo geral da análise de séries temporais. Como resultado, várias outras especialidades contribuíram com novas formas de pensar os conjuntos de dados de séries temporais. Nesta seção, exploraremos alguns exemplos históricos de dados e análises de séries temporais nas seguintes áreas:

- Medicina
- Meteorologia
- Economia
- Astronomia

Conforme veremos, o ritmo de desenvolvimento nessas áreas e as contribuições oriundas de cada especialidade estavam profundamente vinculados à natureza dos dados de séries temporais contemporâneos disponíveis.

Medicina Como um Problema de Séries Temporais

A medicina é um campo orientado a dados que contribuiu com análises de séries temporais importantes para o conhecimento humano durante alguns séculos. Agora, vamos estudar alguns exemplos de fontes de dados de séries temporais na medicina e como elas surgiram ao longo do tempo.

A medicina caminhou a passos de tartaruga no que diz respeito ao pensamento matemático de predizer o futuro, embora o prognóstico seja parte essencial da práxis médica. Isso ocorreu por diversas razões. A estatística e o modo probabilístico de pensar o mundo são fenômenos recentes, e essas especialidades estiveram fora do alcance durante séculos, mesmo quando a prática da medicina se desenvolveu. Além disso, boa parte dos médicos exercia a medicina isoladamente, sem fácil comunicação profissional e sem uma infraestrutura formal de registro de dados da saúde do paciente ou da população. Assim, mesmo que os médicos em épocas anteriores tivessem sido treinados como pensadores estatísticos, provavelmente não teriam dados fundamentados para se chegar a uma conclusão. Não se trata de criticar os primeiros médicos clínicos gerais, e sim de explicar por que não é de se admirar que uma das primeiras inovações da série temporal na saúde da população tenha se originado de um vendedor de chapéus e não de um clínico geral. Quando você pensa a respeito, faz todo o sentido: nos séculos anteriores, um vendedor de chapéus da cidade costumava manter mais registros de dados e praticar mais a arte de identificar tendências do que um clínico geral.

O inovador era John Graunt, um comerciante de itens de vestuário de Londres do século XVII. Graunt realizou um estudo dos registros de óbito mantidos nas paróquias de Londres, desde o início dos anos 1500. Ao fazer isso, ele inaugurou o campo da demografia. Em 1662, ele publicou o *Natural and Political Observations… Made upon the Bills of Mortality* ["Observações Naturais e Políticas sobre as Listas de Mortalidade", em tradução livre] (Veja a Figura 1-1).

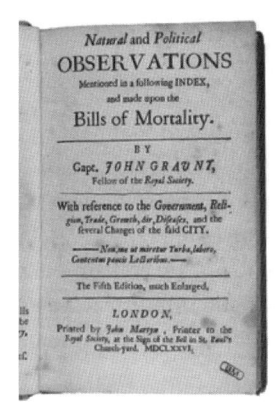

Figura 1-1. As tabelas atuariais de John Graunt foram um dos primeiros resultados do pensamento no estilo de série temporal aplicado a questões médicas. Fonte: Wikipedia (https://perma.cc/2FHJ-67SB).

Nesse livro, Graunt apresentou as primeiras *tabelas de vida* ou *tábuas de vida*, que talvez você conheça como *tabelas atuariais*. Essas tabelas mostram a probabilidade de uma pessoa de determinada idade morrer antes do próximo aniversário. Graunt, como a primeira pessoa conhecida a elaborar e a publicar tabelas de vida, também foi o primeiro estatístico documentado da saúde humana. Suas tabelas de vida eram semelhantes à Tabela 1-1, recolhida de algumas notas do curso de estatística da Rice University (*https://perma.cc/HU6A-9W22*).

Tabela 1-1. Uma amostra das tabelas de vida de John Graunt

Idade	Proporção de mortes no intervalo	Proporção de sobreviventes, até o início do intervalo
0–6	0,36	1,0
7–16	0,24	0,64
17–26	0,15	0,40
27–36	0,09	0,25

Infelizmente, o modo de pensar matematicamente a sobrevivência humana de Graunt não prosperou. Um mundo mais conectado e orientado a dados começou a se formar — completo com Estados-nação, credenciamentos, sociedades profissionais, revistas científicas e, bem mais tarde, registros de saúde exigidos pelo governo —, porém a medicina continuava a focar mais a fisiologia do que a estatística.

As razões eram compreensíveis. Primeiro, o estudo da anatomia e da fisiologia em um pequeno número de sujeitos de pesquisa promoveu os principais avanços na medicina por séculos, e a maioria dos seres humanos (até mesmo os cientistas) se conforma com o que funciona para eles o maior tempo possível. Embora o foco na fisiologia tenha sido tão bem-sucedido, não havia razão para ir mais além. Segundo, havia pouca infraestrutura de comunicação para que os médicos clínicos gerais sistematizassem os fatos e compartilhassem informações em uma escala que tornaria os métodos estatísticos superiores às observações clínicas.

A análise de séries temporais engatinhava ainda mais na medicina convencional do que em outros ramos da estatística e da análise de dados, possivelmente porque a análise de séries temporais é mais exigente em relação aos sistemas de registros de dados. Os registros devem ser vinculados ao longo do tempo e, de preferência, coletados em intervalos periódicos. Por esse motivo, as séries temporais como prática epidemiológica surgiram há bem pouco tempo e gradativamente, uma vez que já existia infraestrutura governamental e científica suficientes que preservassem os registros temporais relativamente bons e volumosos.

Do mesmo modo, a assistência médica individualizada que usa a análise de séries temporais prossegue como um campo de atuação recente e desafiador, em virtude de ser bastante difícil criar conjuntos de dados consistentes ao longo do tempo. Mesmo para as pequenas pesquisas baseadas em estudos de caso, manter o contato e a participação de um grupo de indivíduos é extremamente difícil e custoso. Quando esses estudos são empreendidos por longos períodos, eles costumam se tornar cânones em suas áreas — e são insistentes ou mesmo excessivamente pesquisados —, porque seus dados podem resolver questões importantes a despeito dos desafios de financiamento e gerenciamento.[1]

Instrumentos Médicos

A análise de séries temporais no que diz respeito aos pacientes individuais tem uma história bem mais antiga e bem-sucedida do que a dos estudos de saúde em nível populacional. A análise de séries temporais conseguiu seu espaço na medicina quando os primeiros eletrocardiogramas funcionais (ECGs), que conseguiam diagnosticar condições cardíacas registrando os sinais elétricos que passam pelo coração, foram inventados em 1901 (veja a Figura 1-2). Outro dispositivo de séries temporais, o eletroencefalograma (EEG), que avalia de forma não invasiva os impulsos elétricos no cérebro, foi introduzido na medicina em 1924, criando mais oportunidades para os médicos utilizarem a análise de séries temporais no diagnóstico médico (veja a Figura 1-3). Ambos os dispositivos de séries temporais faziam parte de uma tendência maior de aprimorar a medicina com ideias e tecnologias readaptadas que se originaram na Segunda Revolução Industrial.

---

1 Exemplos incluem o British Doctors Study e o Nurses' Health Study.

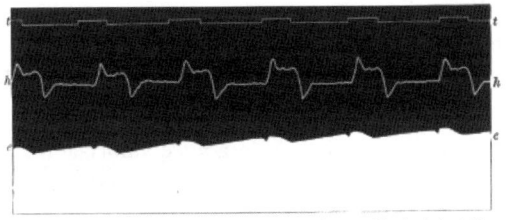

FIG. 1. Man. Heart led off to electrometer from front and back of chest (front to Hg; back to H₂SO₄).

e.e. electrometer.   *h.h.* cardiograph.   *t.t.* time in seconds.

Figura 1-2. Um registro inicial de ECG do artigo original de 1877 de Augustus D. Walder, MD, "A Demonstration on Man of Electromotive Changes Accompanying the Heart's Beat" [Uma Demonstração Individual das Mudanças Eletromotivas que Acompanham as Batidas do Coração, em tradução livre] (https://perma.cc/ZGB8-3C95). Os ECGs mais antigos eram difíceis de construir e usar, por isso levaram mais algumas décadas para que se tornassem uma ferramenta operacional para os clínicos gerais.

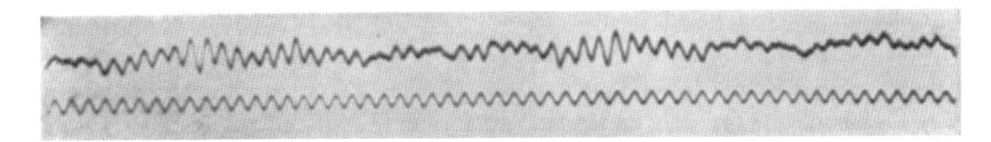

Figura 1-3. Primeiro registro humano de um EEG, de 1924. Fonte: Wikipedia (https://oreil.ly/P_M4U).

As ferramentas de classificação de séries temporais ECG e EEG continuam sendo áreas atuantes de pesquisa, cuja finalidade é muito prática, como estimar o risco de uma crise cardíaca súbita ou uma convulsão. Essas medições são fontes abundantes de dados, mas um dos "problemas" deles é que costumam estar disponíveis somente para pacientes com enfermidades específicas. Esses dispositivos não geram séries temporais de longo alcance que podem nos informar de um modo mais abrangente sobre a saúde e o comportamento humano, pois suas medições dificilmente são usadas por longos períodos de tempo ou antes de um paciente manifestar uma doença.

Felizmente, da perspectiva da análise de dados, estamos deixando para trás a era em que os ECGs e dispositivos análogos são as séries temporais médicas predominantemente disponíveis. Com o advento de sensores vestíveis e dispositivos médicos eletrônicos "inteligentes", muitas pessoas saudáveis fazem medições de rotina de forma automática ou com o mínimo de interferência manual, levando à coleta sucessiva de bons dados longitudinais sobre pessoas doentes e saudáveis. Isso diverge de modo gritante dos dados das séries temporais médicas do século passado, medidos quase que exclusivamente em pessoas doentes e com acesso muito limitado.

Recentemente, a cobertura jornalística tem mostrado que uma variedade de atores não tradicionais está entrando em cena na área médica, desde empresas de mídia social de grande porte a instituições financeiras e gigantes do varejo.[2] Eles provavelmente planejam usar grandes conjuntos de dados com o intuito de reestruturar a assistência médica. Não existem apenas novos atores no domínio da assistência médica — existem também novas técnicas. O tratamento personalizado que toma como base a medicina de precisão assinala que os *dados* de séries temporais são cada vez mais considerados e valorizados. Graças à expansão do conjunto de dados de assistência médica atual, é provável que a análise e as séries temporais, nesta área, evoluirão nos próximos anos, especialmente em resposta aos conjuntos de dados lucrativos do setor. Espero que isso aconteça de modo que as séries temporais possam trazer benefícios a todos.

Previsões Meteorológicas

Obviamente, prever o tempo tem sido motivo de inquietação para muitas pessoas. O antigo filósofo grego Aristóteles investigou a tal ponto o clima que escreveu um tratado a respeito (*Meteorologia*), e suas ideias sobre as causas e os mecanismos meteorológicos permaneceram dominantes até o Renascimento. Naquela época, os cientistas começaram a coletar dados relacionados ao clima com a ajuda de instrumentos recém-inventados, como o barômetro, a fim de medir o estado da atmosfera. Eles utilizavam esses instrumentos para registrar as séries temporais em intervalos diários ou mesmo de hora em hora. Os registros eram mantidos em diversos locais, incluindo diários particulares e diários de registros oficiais da cidade. Durante séculos, essa foi a única maneira pela qual a civilização ocidental monitorou o clima.

Na década de 1850, quando Robert FitzRoy foi nomeado chefe de um novo departamento do governo britânico visando registrar e publicar as informações relacionadas ao clima para os marinheiros[3], uma maior formalização e infraestrutura referentes aos registros meteorológicos passou a existir. FitzRoy cunhou o termo *previsão do tempo*. Na época, ele fora criticado pela qualidade de suas previsões, mas atualmente se reconhece o quanto ele estava à frente de seu tempo na ciência que usou para desenvolvê-las. Ele estabeleceu o costume de publicar as previsões meteorológicas no jornal; as primeiras previsões foram publicadas no *The Times* de Londres. Hoje em dia, FitzRoy é aclamado como o "pai da previsão".

No final do século XIX — centenas de anos após diversas medições atmosféricas serem usadas —, o telégrafo possibilitou compilações rápidas de condições atmosféricas em séries temporais a partir de muitas localidades diferentes. Essa prática se tornou padrão em várias partes do mundo na década de 1870 e levou à criação dos primeiros conjuntos de dados significativos para prever o clima local com base no que estava acontecendo em outros locais geográficos.

---

2 Veja, por exemplo, Darrell Etherington, "Amazon, JPMorgan and Berkshire Hathaway to Build Their Own Healthcare Company", TechCrunch, 30 de janeiro de 2018. Disponível em: https://perma.cc/S789-EQGW; Christina Farr, "Facebook Sent a Doctor on a Secret Mission to Ask Hospitals to Share Patient Data", CNBC, 5 de abril de 2018. Disponível em: https:// perma.cc/65GF-M2SJ.

3 O Robert FitzRoy foi capitão do HMS *Beagle* durante a viagem que levou Charles Darwin ao redor do mundo. Foi uma viagem decisiva para fornecer evidências a Darwin da teoria da evolução por seleção natural.

Na virada do século XX, a ideia de prever o clima com métodos computacionais foi decidida-mente levada adiante com a ajuda desses conjuntos de dados compilados. As primeiras iniciativas para medir as condições meteorológicas, apesar de exigirem um trabalho hercúleo, tiveram resultados insatisfatórios. Embora físicos e químicos tivessem conceitos comprovados sobre as leis naturais relevantes, existiam muitas leis naturais para colocar em prática de uma vez só. O sistema de equações resultante era tão complexo que já era considerado um avanço científico expressivo na primeira vez em que alguém tentou realizar os cálculos.

Algumas dezenas de anos se seguiram com o intuito de simplificar as equações físicas de uma forma que aumentasse a acurácia e a eficiência computacional. Os segredos do ofício foram passados aos modelos atuais de previsão do tempo, que operam com uma combinação de princípios físicos conhecidos e heurística atestada. Nos dias atuais, muitos governos realizam medições meteorológicas altamente granulares a partir de centenas ou até milhares de estações meteorológicas mundo afora, e essas previsões têm como base os dados com informações precisas sobre a localização e o equipamento das estações meteorológicas. As origens dessas iniciativas remontam aos conjuntos de dados coordenados da década de 1870 e bem antes da prática renascentista de manter diários locais sobre o clima. Infelizmente, a previsão do tempo é um exemplo dos crescentes ataques à ciência que chegam até o âmbito da previsão de séries temporais. Não somente as discussões a respeito das séries temporais sobre temperaturas globais foram politizadas, como também as tarefas mais banais de previsão de séries temporais, tal como a previsão do rumo que um furacão tomará (*https://perma.cc/D9GG-FND2*).

Previsão de Crescimento Econômico

Os indicadores de produtividade e eficiência nos mercados há muito tempo fornecem dados interessantes para estudo a partir da análise de séries temporais. A questão mais interessante e premente tem sido a de prever futuras conjunturas econômicas com base no passado. Essas previsões não são somente vantajosas para ganhos financeiros, como também ajudam a incentivar a prosperidade e a evitar catástrofes sociais. Analisaremos alguns avanços importantes na história das previsões econômicas.

As previsões econômicas surgiram da apreensão desencadeada pelas crises bancárias inesperadas nos Estados Unidos e na Europa, no final do século XIX e início do século XX. Naquela época, os empresários e os pesquisadores se inspiravam na ideia de que a economia poderia ser comparada a um sistema cíclico, justamente como as condições climáticas se comportavam. Acreditava-se que, com os cálculos corretos, seria possível fazer previsões e evitar as crises.

Até mesmo o linguajar da previsão econômica inicial refletia o linguajar da previsão do tempo. Foi o tipo de coisa acidentalmente oportuna. No início do século XX, as previsões econômicas e meteorológicas eram de fato iguais: ambas eram péssimas. Mas as pretensões dos economistas criaram um ambiente no qual, pelo menos, se tinha a expectativa de progresso e, assim, uma variedade de instituições públicas e privadas foi idealizada para rastrear os dados econômicos. As primeiras iniciativas de previsão econômica resultaram na criação de indicadores econômicos e históricos tabulados e acessíveis ao público, indicadores que ainda são usados atualmente. Até usaremos alguns deles neste livro.

Hoje, os Estados Unidos e a maioria das outras nações têm milhares de pesquisadores do governo, e pessoas que cuidam do armazenamento de dados cujo trabalho é registrá-los com a maior precisão possível e disponibilizá-los ao público (veja a Figura 1-4). Essa prática revelou ser inestimável para o crescimento econômico e evitar catástrofes econômicas e ciclos dolorosos de picos de expansão e contração. Além do mais, as empresas se beneficiam de uma atmosfera com abundância de dados, pois esses conjuntos de dados públicos possibilitam que os fornecedores de transporte, fabricantes, pequenos proprietários de empresas e até agricultores prevejam as condições futuras do mercado. Tudo isso surgiu da tentativa de identificar os "ciclos de negócios" considerados os motivos das falências bancárias cíclicas, uma forma inicial de análise de séries temporais em economia.

BUSINESS CYCLE REFERENCE DATES		DURATION IN MONTHS		
Peak	Trough	Contraction	Expansion	Cycle
Quarterly dates are in parentheses		Peak to Trough	Previous trough to this peak	Trough from Previous Trough	Peak from Previous Peak
	December 1854 (IV)	--	--	--	--
June 1857(II)	December 1858 (IV)	18	30	48	--
October 1860(III)	June 1861 (III)	8	22	30	40
April 1865(I)	December 1867 (I)	32	46	78	54
June 1869(II)	December 1870 (IV)	18	18	36	50
October 1873(III)	March 1879 (I)	65	34	99	52
March 1882(I)	May 1885 (II)	38	36	74	101
March 1887(II)	April 1888 (I)	13	22	35	60
July 1890(III)	May 1891 (II)	10	27	37	40
January 1893(I)	June 1894 (II)	17	20	37	30
December 1895(IV)	June 1897 (II)	18	18	36	35
June 1899(III)	December 1900 (IV)	18	24	42	42
September 1902(IV)	August 1904 (III)	23	21	44	39

Figura 1-4. O governo federal dos EUA financia muitas agências governamentais e organizações sem fins lucrativos que registram estatísticas vitais e elaboram indicadores econômicos. Fonte: Agência Nacional de Pesquisa Econômica dos Estados Unidos (https:// www.nber.org/cycles/cyclesmain.html).

Boa parte dos dados econômicos coletados pelo governo, sobretudo os de interesse jornalístico, tende a ser indicador do bem-estar econômico geral da população. Um exemplo dessas informações imprescindíveis provém do número de pessoas que solicitam os benefícios de desemprego. Dentre os exemplos estão as estimativas governamentais do produto interno bruto e o total de declarações fiscais recebidas em um determinado ano.

Graças à fome de previsão econômica, o governo se tornou o curador dos dados e coletor de impostos. A coleta desses dados permitiu que a economia moderna, o setor financeiro contemporâneo e a ciência de dados prosperassem amplamente. Graças à análise de séries temporais suscitadas pelas questões econômicas, agora prevenimos com mais segurança as crises bancárias e financeiras do que qualquer governo poderia ter feito nos séculos passados. Além disso, centenas de livros didáticos de séries temporais foram escritos na forma de livros didáticos de economia para entendermos os ritmos desses indicadores financeiros.

Mercados de Trading

Vejamos mais uma vez o lado histórico das coisas. Uma vez que as iniciativas governamentais na coleta de dados foram bem-sucedidas, as organizações privadas começaram a copiar o armazenamento de registros do governo. Com o passar do tempo, as commodities e os mercados de ações se tornaram cada vez mais técnicos. Os almanaques financeiros também se tornaram populares. Isso aconteceu porque os participantes do mercado se tornaram mais sofisticados e as tecnologias emergentes possibilitaram maior automação e novas formas de competir e pensar os preços.

Esse armazenamento minucioso de registros originou a corrida de ganhar dinheiro à custa dos mercados por meio da matemática, e não mais da intuição, de uma forma exclusivamente orientada à estatística (e, mais recentemente, orientada ao aprendizado de máquina). Os pioneiros fizeram esse trabalho matemático com as próprias mãos, ao passo que os "quants" atuais o fazem via métodos analíticos de séries temporais bem complicados e exclusivos.

Um dos precursores do *trading mecânico*, ou previsão de séries temporais via algoritmo, foi Richard Dennis. Dennis se tornou milionário por conta própria e transformou pessoas comuns, chamadas de tartarugas, em traders celebridades, ensinando-lhes algumas regras especiais sobre como e quando negociar. Essas regras foram desenvolvidas em meados dos anos 1970 e 1980 e refletiam o pensamento de "IA" da década de 1980, no qual os métodos heurísticos ainda norteavam energicamente o paradigma de como construir máquinas inteligentes para trabalhar no mundo real. Desde então, muitos traders "mecânicos" adaptaram essas regras que, como resultado, se tornaram menos lucrativas em um mercado automatizado e movimentado. Os traders mecânicos continuam a crescer em número e fortuna, e estão constantemente em busca da próxima melhor negociação, pois existe muita concorrência.

Astronomia

A astronomia sempre dependeu e muito da representação gráfica de objetos, trajetórias e medições ao longo do tempo. Por esse motivo, os astrônomos dominam as séries temporais, tanto para calibrar instrumentos quanto para estudar seus objetos de interesse. Para exemplificar a história longínqua dos dados de séries temporais, tenha em mente que as séries temporais das manchas solares foram registradas na China antiga em 800 a.C., fazendo da coleta de dados das manchas solares um dos fenômenos naturais mais bem registrados de todos os tempos.

Algumas das descobertas astronômicas mais emocionantes do século passado estão relacionadas à análise de séries temporais. A descoberta de estrelas variáveis (que podem ser usadas para se deduzir as distâncias galácticas) e a observação de eventos transitórios, como supernovas (que contribuem para nosso entendimento de como o universo muda ao longo do tempo), são o resultado do monitoramento de transmissões em tempo real de dados de séries temporais com base nos comprimentos de onda e intensidades da luz. As séries temporais tiveram um impacto fundamental no que conseguimos saber mais sobre o Universo e mensurá-lo. A propósito, esse monitoramento de imagens astronômicas até possibilitou que os astrônomos capturassem eventos ao mesmo tempo em que eles aconteciam (*https://perma.cc/2TNK-2TFW*) (ou melhor dizendo, quando conseguimos observá-los, coisa que pode levar milhões de anos).

Nas últimas décadas, a disponibilidade de dados com timestamp explícitos, como séries temporais formais, aumentou exponencialmente no âmbito astronômico, com um amplo leque de novos tipos de telescópios que coletam todos os tipos de dados celestes. Alguns astrônomos já se referiram a uma "data deluge" ["enxurrada de dados"] de séries temporais.

A Análise de Séries Temporais Decola

George Box, um estatístico pioneiro que ajudou a desenvolver um modelo popular de série temporal, era um pragmático e tanto. Ele disse a famosa frase: "Todos os modelos estão errados, mas alguns são úteis." Box afirmou isso em resposta a uma atitude comum de que a modelagem adequada de séries temporais era uma questão de identificar o melhor modelo para ajustar os dados. Conforme explicou, a ideia de que qualquer modelo possa descrever o mundo real é bastante improvável. Box pronunciou essa frase em 1978, coisa aparentemente estranha e tardia na história de um campo tão importante quanto a análise de séries temporais, mas na prática a disciplina formal era bem recente. Por exemplo, uma das realizações que fizeram de George Box famoso, o método Box-Jenkins — tido como uma contribuição fundamental para a análise de séries temporais — apareceu somente em 1970.[4] Curiosamente, esse método apareceu pela primeira vez não em um periódico acadêmico, e sim em um livro de estatística, *Time Series Analysis: Forecasting and control* ["Análise de Séries Temporais: Previsão e controle", em tradução livre]. Aliás, este livro continua popular e atualmente está em sua quinta edição.

O modelo original de Box-Jenkins foi aplicado a um conjunto de dados de níveis de dióxido de carbono emitidos por um alto-forno a gás. Embora não exista nada de especial em um alto-forno, o conjunto de dados de trezentos pontos, usado com o objetivo de demonstrar o método, parece um tanto ultrapassado. Seguramente, conjuntos de dados maiores estavam disponíveis na década de 1970, mas lembre-se de que era extremamente difícil trabalhar com eles. Era uma época anterior às facilidades como as linguagens R, Python e até C ++. Os pesquisadores tiveram lá suas razões para se concentrar em pequenos conjuntos de dados e métodos que mitigavam os recursos computacionais.

---

4   O método Box-Jenkins se tornou uma técnica canônica com o intuito de escolher os melhores parâmetros para um modelo ARMA ou ARIMA visando modelar uma série temporal. No Capítulo 6, falaremos mais a respeito.

A análise e a previsão de séries temporais foram concebidas como os computadores, com conjuntos de dados maiores e ferramentas de programação mais fáceis, abrindo caminho para mais experimentação e a capacidade de responder a perguntas mais interessantes. O histórico de competições de previsão do professor Rob Hyndman (*https://perma.cc/32LJ -RFJW*) exemplifica bem como as competições de previsão de séries temporais se desenvolveram a um ritmo paralelo ao dos computadores. O professor Hyndman determina que o "primeiro estudo não trivial da acurácia da previsão de séries temporais" se deu em uma dissertação de doutorado em 1969 na Universidade de Nottingham, somente um ano antes da publicação do método Box-Jenkins. No início da década de 1970, esse primeiro esforço foi mais do que depressa seguido por competições organizadas de previsão de séries temporais, as primeiras com cerca de cem conjuntos de dados.[5] Nada mal, mas, com certeza, era algo que poderia ser feito manualmente, caso fosse necessário.

No final da década de 1970, os pesquisadores organizaram uma competição com aproximadamente mil conjuntos de dados, um aumento notável. A propósito, ela também fora assinalada pelo primeiro microprocessador comercial, o surgimento dos disquetes, os primeiros computadores pessoais da Apple e a linguagem Pascal. É provável que algumas dessas inovações tenham sido úteis. Uma competição de previsão de séries temporais do final dos anos 1990 incluía 3 mil conjuntos de dados. Ainda que essas coleções de conjuntos de dados fossem sem dúvida importantes e retratassem o trabalho hercúleo e inventividade para coletar e fazer a curadoria desses dados, elas são ofuscadas pela quantidade de dados atualmente disponíveis. Os dados de séries temporais estão em tudo; em breve tudo será uma série temporal.

Esse crescimento vertiginoso no tamanho e na qualidade dos conjuntos de dados deve sua origem aos avanços colossais feitos na computação nas últimas décadas. Os engenheiros de hardware conseguiram dar continuidade à tendência descrita pela Lei de Moore — uma previsão de crescimento exponencial da capacidade computacional — durante esse período. À medida que os dispositivos ficavam cada vez menores, mais poderosos e eficientes, era fácil ter muito mais, de forma acessível — para criar tudo, de computadores portáteis em miniatura com sensores conectados a grandes data centers que alimentavam a internet moderna em sua ânsia pelos dados. Recentemente, wearables, técnicas de aprendizado de máquina e GPUs revolucionaram a quantidade e a qualidade dos dados disponíveis para estudo.[6]

Não restam dúvidas de que as séries temporais se beneficiarão com o aumento da capacidade de processamento computacional, pois muitos aspectos dos dados de séries temporais são exigentes em termos computacionais. Com recursos computacionais e de dados potencializados, espera-se que a análise de séries temporais continue seu ritmo acentuado de desenvolvimento.

---

5   Ou seja, cem conjuntos de dados separados em diferentes domínios de várias séries temporais de diferentes tamanhos.

6   Dada a variedade de gadgets que os humanos carregam consigo, bem como os timestamp que criam ao comprar mantimentos, fazer login no computador ou em seu trabalho, navegar pela internet, verificar um indicador de saúde, fazer uma ligação telefônica ou verificar o tráfego com GPS, podemos dizer que um norte-americano provavelmente produz milhares de pontos de dados de séries temporais a cada ano de vida.

As Origens da Análise Estatística de Séries Temporais

A estatística é uma ciência bastante recente. O progresso na estatística, análise de dados e séries temporais sempre dependeu muito de quando, onde e como os dados estavam disponíveis e em que quantidade. A ascensão da análise de séries temporais como rigor está associada não apenas aos avanços na teoria das probabilidades, como também ao progresso de Estados-nação estáveis, em que a manutenção de registros se tornou um objetivo realizável e interessante. Abordamos isso anteriormente no que se refere a uma variedade de campos de atuação. Agora, vamos considerar a própria série temporal como um campo de atuação.

Um dos referenciais para o começo da análise de séries temporais como disciplina é a aplicação de modelos autorregressivos a dados reais. Isso não havia ocorrido até a década de 1920. Udny Yule, físico experimental, que se tornou docente de estatística na Universidade de Cambridge, aplicou um modelo autorregressivo aos dados das manchas solares, proporcionando uma maneira nova de pensar os dados, diferentemente dos métodos projetados para se ajustar à frequência de uma oscilação. Yule ressaltou que um modelo autorregressivo não começava com um modelo que presumia a periodicidade:

> Uma vez que a análise do periodograma é aplicada a dados que respeitam qualquer fenômeno físico na expectativa de extrair uma ou mais periodicidades verdadeiras, existe, em geral, como me parece, uma tendência que começa a partir da hipótese inicial de que a periodicidade ou periodicidades são dissimuladas apenas pelas oscilações sobrepostas mais ou menos aleatórias — oscilações que de modo algum atrapalham o curso estável da função ou funções periódicas subjacentes... Aparentemente não existe motivo para supor que essa seja a hipótese mais provável *a priori*.

O pensamento de Yule era próprio dele, contudo é provável que algumas influências históricas o levassem a perceber que o modelo tradicional pressupunha sua própria conclusão. Como ex-físico experimental que havia trabalhado na Alemanha (o epicentro da teoria crescente da mecânica quântica), Yule com certeza estaria a par dos avanços recentes que destacavam a natureza probabilística da mecânica quântica. Ele também teria reconhecido os perigos de restringir o pensamento de alguém a um modelo que pressupõe demais, como fizeram os físicos clássicos antes da descoberta da mecânica quântica.

Conforme o mundo se tornava um lugar mais ordenado, registrado e previsível, especialmente após a Segunda Guerra Mundial, os problemas iniciais na análise prática de séries temporais foram expostos pelo setor empresarial. Os problemas de séries temporais voltados para os negócios eram importantes e não demasiadamente teóricos em suas raízes. Isso englobava a previsão de demanda, estimativa de preços futuros de matérias-primas e hedge dos custos de fabricação. Nesses casos de uso industrial, as técnicas foram adotadas quando funcionavam e deixadas de lado quando não funcionavam. Provavelmente, isso ajudou a mão de obra industrial a ter acesso a conjuntos de dados maiores do que aqueles disponíveis para os acadêmicos da época (como ocorre atualmente). Isso significava que, às vezes, técnicas práticas, mas teoricamente pouco exploradas, eram amplamente utilizadas antes de serem bem compreendidas.

As Origens da Análise de Séries Temporais de Aprendizado de Máquina

O advento do aprendizado de máquina na análise de séries temporais remonta a muitas décadas. Um artigo citado com frequência de 1969, "The Combination of Forecasts" [A Combinação de Previsões, em tradução livre], analisou a ideia de combinar previsões em vez de escolher "a melhor delas" como forma de aprimorar o desempenho das previsões. A princípio, a ideia causava repugnância aos estatísticos tradicionais, no entanto os modelos ensemble se tornaram o padrão de excelência em muitos problemas de previsão. O ensemble rejeita a ideia de um modelo de previsão perfeito ou até superior em relação a todos os modelos possíveis. Mais recentemente, os usos práticos para análise de séries temporais e aprendizado de máquina surgiram no início da década de 1980 e abarcavam uma ampla variedade de cenários:

- Os especialistas em segurança de computadores propuseram a detecção de anomalias como um método de identificação de hackers/invasões.
- A distorção dinâmica do tempo (DTW), um dos métodos dominantes para "calcular" a similaridade das séries temporais, começou a ser usada porque a capacidade de processamento computacional finalmente possibilitaria um cálculo um tanto quanto rápido das "distâncias" entre diferentes gravações de áudio.
- As redes neurais recursivas foram inventadas e demonstraram ser úteis para extrair padrões de dados corrompidos.

A análise e a previsão de séries temporais ainda não chegaram à sua Idade de Ouro e, por ora, a análise de séries temporais segue dominada pelos métodos estatísticos tradicionais, bem como pelas técnicas mais simples de aprendizado de máquina, como conjuntos de árvores e ajustes lineares. Ainda estamos esperando um grande salto à frente para predizer o futuro.

Leituras e Recursos Adicionais

- Sobre a história da análise e previsão de séries temporais:

    Kenneth F. Wallis, "Revisiting Francis Galton's Forecasting Competition", Statistical Science 29, no. 3 (2014): 420–24. Disponível em: *https://perma.cc/FJ6V-8HUY.*
    Um artigo antigo sobre uma discussão histórica e estatística da previsão do peso de um boi abatido enquanto o animal ainda estava vivo em uma feira do condado.

    G. Udny Yule, "On a Method of Investigating Periodicities in Disturbed Series, with Special Reference to Wolfer's Sunspot Numbers", Philosophical Transactions of the Royal Society of London. Series A, Containing Papers of a Mathematical or Physical Character 226 (1927): 267–98. Disponível em: *https://perma.cc/D6SL-7UZS.*
    O artigo de referência de Udny Yule, uma das primeiras aplicações da análise de média móvel autorregressiva a dados reais, ilustra uma forma de remover a suposição de periodicidade da análise de um fenômeno presumidamente periódico.

J.M. Bates e C. W. J. Granger, "The Combination of Forecasts", Organizational Research Quarterly 20, No. 4 (1969): 451–68. Disponível em: https://perma.cc/9AEE-QZ2J.
Este artigo influente descreve o uso de conjuntos para previsão de séries temporais. A ideia de que a média de modelos era melhor para prever do que procurar um modelo perfeito era nova e controversa para muitos estatísticos tradicionais.

Jan De Gooijer e Rob Hyndman, "25 Years of Time Series Forecasting", International Journal of Forecasting 22, no. 3 (2006): 443–73. Disponível em: https://perma.cc/84RG-58BU.
Este é um resumo estatístico completo da pesquisa de previsão de séries temporais no século XX.

Rob Hyndman, "A Brief History of Time Series Forecasting Competitions", Blog Hyndsight, 11 de abril de 2018. Disponível em: https://perma.cc/32LJ-RFJW.
Esse histórico mais curto e específico fornece números, locais e autores específicos de importantes competições de previsão de séries temporais nos últimos cinquenta anos.

- Sobre histórias e comentários de séries temporais em campos específicos:

NASA, "Weather Forecasting Through the Ages", Nasa.gov, 22 de fevereiro de 2002. Disponível em: https://perma.cc/8GK5-JAVT.
A NASA conta uma história de como a previsão do tempo surgiu, enfatizando determinados desafios e sucessos de pesquisas no século XX.

Richard C. Cornes, "Early Meteorological Data from London and Paris: Extending the North Atlantic Oscillation Series", PhD diss., School of Environmental Sciences, University of East Anglia, Norwich, UK, maio de 2010. Disponível em: https://perma.cc/NJ33-WVXH.
Esta tese de doutorado oferece um relato fascinante dos tipos de informações meteorológicas disponíveis para duas das cidades mais importantes da Europa, informações completas com extensas listagens das localidades e da natureza do clima histórico no formato de séries temporais.

Dan Mayer, "A Brief History of Medicine and Statistics in Essential Evidence-Based Medicine", (Cambridge, UK: Cambridge University Press, 2004). Disponível em: https://perma.cc/WKU3-9SUX.
Este capítulo do livro de Mayer salienta como a relação entre medicina e estatística dependeu tanto de fatores sociais e políticos que disponibilizaram dados e treinamento estatístico para os profissionais de saúde.

Simon Vaughan, "Random Time Series in Astronomy", Philosophical Transactions of the Royal Society A: Mathematical, Physical and Engineering Sciences 371, no. 1984 (2013): 1–28. Disponível em: https://perma.cc/J3VS-6JYB.
Vaughan resume as diversas formas pelas quais a análise de séries temporais é relevante para a astronomia e alerta sobre o perigo de os astrônomos redescobrirem os princípios das séries temporais ou perderem colaborações bastante promissoras com estatísticos.

## CAPÍTULO 2

Encontrando Dados e Usando o Data Wrangling com Séries Temporais

Neste capítulo, abordamos os problemas que podem vir à tona durante o pré-processamento de dados de séries temporais. Os analistas de dados experientes estão familiarizados com alguns desses problemas, mas existem determinadas dificuldades impostas pelos timestamps[1]. Como em qualquer tarefa de análise de dados, a limpeza e o processamento adequado dos dados costumam ser a etapa fundamental de um pipeline de timestamps. Técnicas sofisticadas não podem corrigir dados desorganizados.

A maioria dos analistas de dados precisará encontrar, alinhar, limpar e suavizar seus próprios dados a fim de estudar a análise de séries temporais ou de fazer um trabalho relevante em suas organizações. Ao preparar os dados, você precisará realizar diversas tarefas, desde juntar colunas discrepantes até reamostrar dados irregulares ou ausentes e alinhar séries temporais com eixos de tempo diferentes. Neste capítulo, daremos juntos os primeiros passos para que você encontre um conjunto de dados de série temporal relevante e o prepare devidamente.

A seguir, analisamos as habilidades práticas para encontrar e limpar dados de séries temporais:

- Encontrar dados de séries temporais em repositórios online.
- Descobrir e preparar dados de séries temporais a partir de fontes não originalmente destinadas a séries temporais.
- Abordar as questões difíceis que você encontrará com dados de séries temporais, sobretudo os problemas decorrentes dos timestamps.

Após ler este capítulo, você terá as habilidades necessárias para identificar e preparar fontes relevantes de dados de séries temporais para análise em downstream.

---

1 N. da T.: Conhecido também como carimbo de data e hora. Nesta obra usaremos timestamp. Lembre-se de que o datetime representa a data conforme encontramos no calendário e a hora conforme encontramos no relógio. Já o timestamp é um ponto específico em determinada linha do tempo que considera determinado fuso horário (UTC).

Onde Encontrar Dados de Séries Temporais

Caso esteja interessado em encontrar dados de séries temporais e em como limpá-los, a solução oferecida neste capítulo dependerá de quais dados você quer usar e qual o objetivo principal deles:

- Encontrar um conjunto apropriado de dados para fins de aprendizagem ou testes.
- Criar um conjunto de dados de séries temporais a partir de dados existentes que não são armazenados de uma forma explicitamente orientada ao registro de tempo.

No primeiro caso, é possível encontrar conjuntos de dados existentes com benchmarks conhecidos para que você possa verificar se está fazendo corretamente sua análise. Na maioria das vezes, esses conjuntos são encontrados como conjuntos de dados para competição (como os do Kaggle) ou conjuntos de dados de repositório. Nessas circunstâncias, é provável que você precise limpar seus dados a depender de sua finalidade, ainda que eles já tenham sido trabalhados preliminarmente. No segundo caso, você deve pensar em maneiras eficazes de identificar dados com timestamps relevantes, transformá-los em uma série, limpá-los e alinhá-los com outros dados que tenham os mesmos timestamps para criar dados de séries temporais úteis. Vou me referir a esses dados encontrados nesses conjuntos de dados rudimentares como *séries temporais encontradas* (esse é um termo que inventei, e não um jargão técnico).

A seguir, analisaremos os conjuntos de dados preparados e as séries temporais encontradas.

Conjuntos de Dados Preparados

A melhor forma de aprender uma técnica analítica ou de modelagem é aplicá-la a uma variedade de conjuntos de dados, analisar como usá-la e como ela o ajuda a alcançar um objetivo concreto. Nesses casos, é vantajoso ter opções preparadas.

Apesar de os dados de séries temporais serem onipresentes, nem sempre é fácil encontrar o tipo de dado que você quer, quando deseja. Se você costuma se deparar com essa situação, deverá se familiarizar com alguns repositórios de dados de série temporal comumente usados. A seguir, veja algumas opções que devem ser consideradas.

UCI Machine Learning Repository

O UCI Machine Learning Repository (*https://perma.cc/M3XC-M9HU*) (veja a Figura 2-1) comporta cerca de oitenta conjuntos de dados de séries temporais que variam desde amostras horárias da qualidade atmosférica em uma cidade italiana, logs de acesso a arquivos da Amazon até registros de atividades, alimentação e informações sobre a glicemia sanguínea de pacientes com diabetes. São tipos de dados bastante diferentes e, quando consultamos os arquivos, eles retratam maneiras distintas de rastrear informações ao longo do tempo, embora cada um seja uma série temporal.

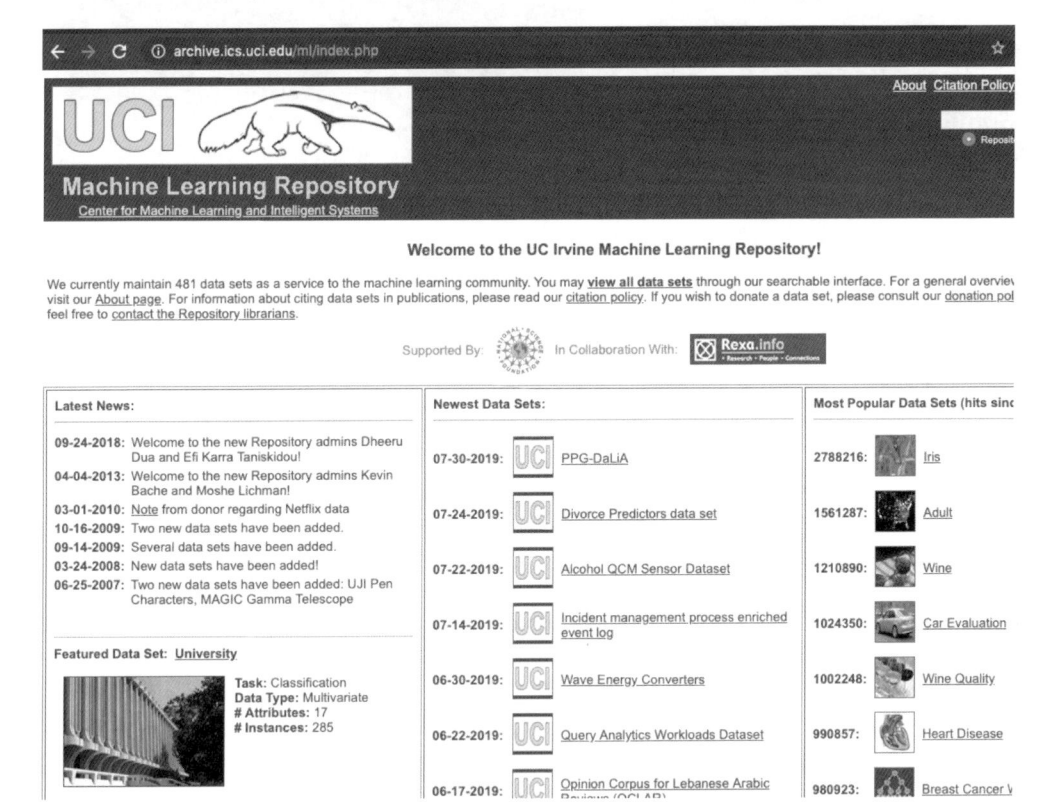

Figura 2-1. O UCI Machine Learning Repository inclui uma lista com explicações detalhadas de conjuntos de dados de séries temporais.

Considere o primeiro conjunto de dados (*https://perma.cc/8E7D-ESGM*) listado na seção Time Series no repositório UCI, um conjunto de dados sobre o absenteísmo no trabalho (veja a Figura 2-2).

Basta passar o olho nos dados para constatar que as colunas de tempo são limitadas a "Month of absence" [Mês de ausência], "Day of the week" [Dia da semana] e "Seasons" [Estações do ano], sem nenhuma coluna por ano. Os índices de tempo estão duplicados, mas também há uma coluna sinalizando o ID do funcionário para que possamos diferenciar esses pontos de tempo duplicados. Por fim, há várias colunas de atributos de funcionários.

Machine Learning Repository
Center for Machine Learning and Intelligent Systems

Absenteeism at work Data Set
Download: Data Folder, Data Set Description

Abstract: The database was created with records of absenteeism at work from July 2007 to July 2010 at a courier company in Brazil.

Data Set Characteristics:	Multivariate, Time-Series	Number of Instances:	740	Area:	Business
Attribute Characteristics:	Integer, Real	Number of Attributes:	21	Date Donated	2018-04-05
Associated Tasks:	Classification, Clustering	Missing Values?	N/A	Number of Web Hits:	92522

Figura 2-2. O conjunto de dados de absenteísmo no trabalho [absenteeism at work data set] é o primeiro na lista de conjuntos de dados de séries temporais no UCI Machine Learning Repository.

Talvez esse conjunto seja bastante complicado de processar, visto que primeiro é necessário determinar se os dados são todos de um ano ou se o ciclo dos meses 1 ao 12 ao longo das diversas progressões de linha indica que o ano está mudando. Você também precisaria decidir se deve analisar o problema como um todo, a partir de uma perspectiva de absenteísmo total por unidade de tempo ou se analisa o absenteísmo por ID informado no conjunto de dados (veja a Figura 2-3). No primeiro caso, você teria uma única série temporal, enquanto no último teria diversas séries temporais com timestamps sobrepostos. O modo como você analisa os dados depende da resposta que procura para determinada pergunta.

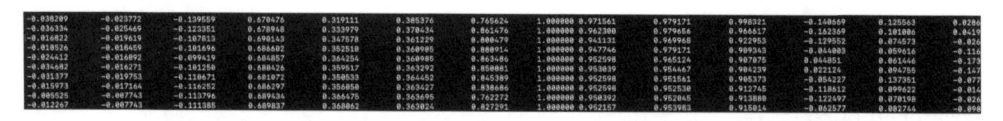

Figura 2-3. As primeiras linhas de um arquivo do conjunto de dados de linguagem de sinais australiana [Australian sign language data set]. Como você pode ver, este é um formato de arquivo de dados largo.

Compare o conjunto de dados de absenteísmo com outro conjunto de dados no início da lista, o conjunto de dados de linguagem de sinais australiana (*https://perma.cc/TC5E-Z6H4*), que inclui registros de sujeitos de pesquisa que usam a linguagem de sinais australiana com um Nintendo PowerGlove. O formato dos dados é largo e em arquivos CSV, cada um dentro de uma pasta indicando a medição do indivíduo e com um nome de arquivo indicando os sinais da linguagem.

Nesse conjunto de dados, as colunas não estão rotuladas e não têm timestamps. Ainda assim, trata-se de dados de série temporal; o eixo do tempo contabiliza os avanços de tempo, independentemente de quando os eventos reais ocorreram. Repare que, para considerarmos os sinais da linguagem como séries temporais, não importa qual seja a unidade de tempo, o importante é o sequenciamento e não o tempo exato. Assim, você só se importaria com a ordenação do evento e se poderia deduzir ou confirmar, ao ler a descrição dos dados, que as medições foram feitas em intervalos regulares. Conforme vemos ao inspecionar esses dois conjuntos de dados, você enfrentará todo tipo de desafios no data munging[2]. Alguns dos problemas já observados são:

- Timestamps incompletos.
- Em seus dados, os eixos de tempo podem ser horizontais ou verticais.
- Noções variáveis de tempo.

O Repositório de Classificação de Séries Temporais UEA e UCR

O Repositório de Classificação de Séries Temporais UEA e UCR [UEA and UCR Time Series Classification Repository] (*https://perma.cc/56Q5-YPNT*) é uma iniciativa recente que disponibiliza um conjunto de dados comum de séries temporais para experimentação e pesquisa em tarefas de classificação de séries temporais. Esse repositório também apresenta um conjunto muito diversificado de dados. Podemos constatar isso ao analisar dois conjuntos de dados.

Um dos conjuntos de dados se trata de uma tarefa de classificação de movimentos de yoga. A tarefa de classificação (*https://perma.cc/U6MU-2SCZ*) é a distinção de dois atores que fizeram uma série de transições entre as posturas de yoga enquanto as imagens eram gravadas. As imagens foram convertidas em uma série unidimensional. Os dados são armazenados em um arquivo CSV, com o rótulo na coluna mais à esquerda e as colunas restantes representando os intervalos de tempo. O tempo passa da esquerda para a direita nas colunas, em vez de passar de cima para baixo nas linhas. Os gráficos de duas amostras de séries temporais por gênero são exemplificados na Figura 2-4

Séries Temporais Univariadas versus Séries Temporais Multivariadas

Até agora, os conjuntos de dados que analisamos são séries temporais *univariadas*; ou seja, elas têm apenas uma variável medida ao longo do tempo. Já as séries temporais *multivariadas* são séries com múltiplas variáveis medidas em cada timestamp. Elas são bastante proveitosas para análise, pois muitas vezes as variáveis calculadas são inter-relacionadas e mostram dependências temporais entre si. Mais adiante, veremos esses dados de séries temporais multivariadas.

---

2 N. da T.: Não raro, usa-se data munging para se referir a data wrangling.

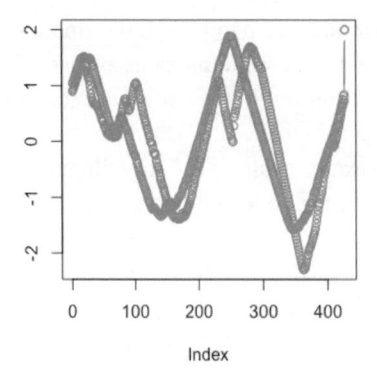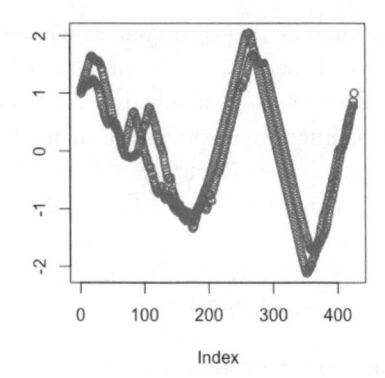

Figura 2-4. Gráficos de um ator e uma atriz realizando movimentos de yoga repetidamente. Plotamos duas séries temporais de amostra por ator. Não há rótulos de tempo explícitos no eixo x. Em vez da unidade de tempo, o que importa é se os pontos de dados do eixo x estão espaçados uniformemente, como são apresentados aqui.

Veja também o conjunto de dados de vinho (*https://perma.cc/CJ7A-SXFD*), em que os vinhos foram classificados por região de acordo com a forma de seus espectros. Mas por que isso é relevante para a análise de séries temporais? Um *espectro* é a representação gráfica do comprimento da onda de luz versus intensidade. Aqui, vemos uma tarefa de classificação de série temporal em que não existe a passagem do tempo. Entretanto, ainda podemos usar a análise de séries temporais, pois existe uma ordenação única e expressiva do eixo x, com um significado concreto de distância ao longo desse eixo. Ao usar as informações adicionais fornecidas pela ordenação no eixo x, seja tempo, comprimento de onda ou qualquer outra coisa, a análise de série temporal se diferencia da análise transversal. Na Figura 2-5, podemos observar um gráfico de séries "temporais". Não há elemento temporal, mesmo assim estamos olhando para uma série ordenada de dados, logo os princípios de séries temporais se aplicam.[3]

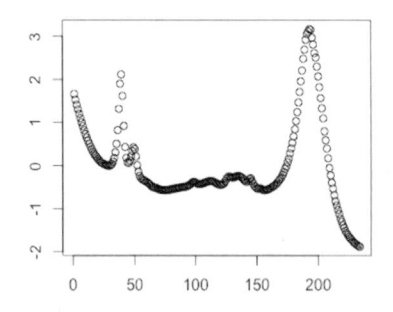

Figura 2-5. Um espectro de amostra do vinho amostrado no conjunto de dados de vinho UCI. Os picos na curva indicam regiões de comprimento de onda que têm taxas de absorção extremamente altas. Os comprimentos de onda são espaçados uniformemente ao longo do eixo x, enquanto o eixo y indica a taxa de absorção, também em escala linear. Podemos usar a análise de série temporal para comparar curvas entre si, como feito antes.

---

3   Para saber mais sobre esse tipo de análise de dados, veja as Leituras e os Recursos Adicionais deste capítulo.

Conjuntos de Dados de Séries Temporais do Governo

O governo dos Estados Unidos tem sido um verdadeiro fornecedor de dados de séries temporais por décadas ou mesmo séculos. Por exemplo, o NOAA's National Centers for Environmental Information (NCEI) (*https://perma.cc/EA5R-TP5L*) publica a cada quinze minutos uma gama de dados de séries temporais relacionados às temperaturas e à precipitação, oriundas de todas as estações meteorológicas do país. O Gabinete de Estatísticas do Trabalho dos EUA (*https:// www.bls.gov/*) divulga um índice mensal da taxa de desemprego norte-americana. O Centro de Controle e Prevenção de Doenças dos EUA (*https://perma.cc/ Y6KG-T948*) publica semanalmente os casos de gripe [Influenza]. O Federal Reserve Bank of St. Louis (*https://fred.stlouisfed.org/*) disponibiliza um conjunto abundante e útil de dados de séries temporais econômicas.

Para os estudos iniciais sobre a análise de séries temporais, recomendo que você acesse esses conjuntos de dados reais do governo norte-americano somente para fins de análise exploratória e visualização. Talvez seja difícil aprender com esses conjuntos de dados, já que apresentam problemas bem complexos. Por exemplo, muitos economistas passam toda a sua carreira tentando predizer a taxa de desemprego antes de sua publicação oficial, com pouco sucesso. Quanto aos problemas mais espinhosos e insolúveis enfrentados pelos governos, predizer o futuro não seria apenas socialmente vantajoso, como também bastante lucrativo. A despeito do progresso tecnológico seguir uma trilha um tanto decepcionante, muitas pessoas inteligentes e capacitadas estão tentando resolver esses problemas. Trabalhar com problemas espinhosos é ótimo, mas aprender com eles não é uma boa ideia.

Séries Temporais Encontradas em Dados Governamentais

É relativamente fácil encontrar uma variedade de conjuntos de dados oportunos e promissores em sites do governo, como já mencionado. No entanto, as séries temporais encontradas em dados governamentais também apresentam um grande potencial. Por exemplo, imagine traçar um paralelo com séries temporais econômicas e climáticas ou correlacionar crimes diferentes com padrões de gastos do governo. Esses dados são provenientes de várias fontes e seria necessário integrá-los.

Por diversas razões, é necessário tomar cuidado ao trabalhar com séries temporais encontradas em conjuntos de dados do governo. As convenções de registro, os nomes das colunas ou mesmo as definições das colunas mudam com o tempo e não apresentam nenhuma documentação anexa. Os projetos começam e terminam dependendo da política, orçamentos e outros critérios externos. Além do mais, os formatos de dados de sites do governo podem ser confusos e geralmente são mais desordenados e menos sólidos quando comparados aos conjuntos de dados do setor privado. Assim, construir séries temporais encontradas nesses conjuntos se torna um desafio.

Fontes adicionais úteis

Ainda que apresentar detalhadamente todas as boas fontes de dados de séries temporais fuja ao escopo deste livro, podemos citar outros repositórios que você deve explorar:

CompEngine (https://comp-engine.org)
> Esse "banco de dados auto-organizado de séries temporais" tem mais de 25 mil bancos de dados de séries temporais que totalizam quase 140 milhões de pontos de dados individuais. A ênfase desse repositório e do software oferecido por ele em sua interface web é facilitar e promover a *análise de séries temporais altamente comparativa* (hctsa). O objetivo dessa análise é gerar informações úteis de alto nível e um conhecimento de quantos tipos de comportamentos temporais podem ser entendidos sem dados específicos da disciplina.

Mcomp (https://cran.r-project.org/package=Mcomp) e M4comp2018 (https:// github.com/ carlanetto/M4comp2018) R packages
> Esses pacotes R fornecem os dados da competição de previsão do M-competition de 1982 (1.001 séries temporais), do M3 competition de 2000 (3.003 séries temporais) e do M4 competition de 2018 (100 mil séries temporais). Essas competições de previsão de séries temporais foram analisadas anteriormente na seção Panorama e Breve História do Capítulo 1, quando mencionamos a previsão de séries temporais do professor Rob Hyndman. Dados adicionais da competição de previsão de séries temporais estão incluídos no pacote *tscompdata* do R (*https://github.com/robjhyndman/tscompdata*). Por último, um conjunto mais especializado de dados de séries temporais também pode ser encontrado em uma variedade de pacotes descritos na lista do repositório CRAN de pacotes de série temporal (*https://perma.cc/2694-D79K*) na seção "Time Series Data".

Séries Temporais Encontradas

No início do capítulo, analisamos o conceito de séries temporais encontradas, dados de séries temporais que organizamos a partir de fontes de dados em livre circulação. Em termos específicos, essas séries temporais seriam organizadas a partir de pontos de dados individuais registrados sem quaisquer licenças de uso especiais para a análise de séries temporais, porém com informações suficientes para se construir uma série temporal. Por exemplo, podemos organizar uma série temporal de transações para um determinado cliente a partir de um banco de dados SQL que armazena as transações de uma empresa. Nesse caso, a série temporal poderia ser construída desde que um timestamp ou algum proxy para um timestamp fosse salvo no banco de dados.[4] Podemos também imaginar outras séries temporais

---

4 Os bancos de dados SQL são bancos tradicionais que usam um mecanismo de armazenamento de dados baseado em tabela. Por exemplo, se você quiser armazenar as transações do cliente em um banco de dados SQL, é possível registrá-las em uma tabela com informações do cliente, incluindo um identificador único, e outra tabela com transações, cada qual com identificadores únicos de cliente.

construídas a partir dos mesmos dados, como uma série temporal do volume total de transações por dia para a empresa ou volume total semanal em dólares para clientes mulheres. Podemos até imaginar a geração de dados de séries temporais multivariadas, como uma série temporal que indicaria de forma separada o volume total e semanal de todos os clientes com menos de 18 anos, o total semanal de dólares gastos por mulheres com mais de 65 anos e o gasto total semanal com publicidade da empresa. Isso nos forneceria três indicadores em cada intervalo do tempo, uma série temporal multivariada.

Quando se trata de timestamps onipresentes, encontrar dados de série temporal em dados estruturados não armazenados explicitamente como séries temporais pode ser fácil. A seguir, veja alguns exemplos dos timestamps que você encontrará em seu banco de dados:

Registros de eventos com timestamp

Se houver um timestamp em seus dados, você terá o potencial de construir uma série temporal. Mesmo que tudo o que faça seja registrar a hora em que um arquivo foi acessado sem outras informações, você terá uma série temporal. Por exemplo, você poderia modelar o delta time entre os timestamps, cada qual marcado conforme seu timestamp posterior, de forma que sua série temporal consistisse na representação da hora em seu eixo temporal e do delta time em seu eixo de valor. Você pode ir mais além e agregar esses delta times como médias ou totais em períodos maiores ou mantê-los registrados de maneira isolada.

Medições "atemporais" em que outra medida substitui o tempo

Em alguns casos, o tempo não está explícito nos dados, mas é contabilizado na lógica básica do conjunto de dados. Por exemplo, você pode considerar seus dados como "distância versus valor" quando a distância está sendo motivada por um parâmetro experimental conhecido, como a retração de um sensor em determinada posição a uma taxa conhecida. Se puder mapear uma de suas variáveis ao longo do tempo, terá uma série temporal. Como alternativa, se um de seus eixos tem uma distância conhecida e uma relação de ordenação (como comprimento de onda), você também está olhando para dados de séries temporais, como o caso do espectro de vinho mencionado anteriormente.

Indicativos físicos

Muitas áreas científicas registram indicativos físicos, seja para medicina, audiologia ou meteorologia. Antes, esses indicativos eram gerados fisicamente e coletados por meio de processos analógicos, mas hoje em dia são armazenados em formato digital. Eles também são séries temporais, ainda que sejam armazenados em um formato que não deixe isso muito óbvio, como em um arquivo de imagem ou em um único vetor dentro de um único campo de um banco de dados.

Readaptando uma Coleção de Dados de Séries Temporais a Partir de um Conjunto de Tabelas

O melhor exemplo de uma série temporal encontrada pode ser extraído de dados state-type e event-type em um banco de dados SQL. É também o exemplo mais relevante, pois muitos dados continuam a ser armazenados em tradicionais bancos de dados SQL estruturados. Vamos imaginar que você trabalha em uma grande organização sem fins lucrativos e tem monitorado uma variedade de fatores que podem ser úteis para a análise de séries temporais:

- A reação de um destinatário de e-mail em relação aos e-mails que recebeu no decorrer do tempo: ele abriu os e-mails ou não?
- Histórico de afiliação: houve períodos em que um membro deixou de ser afiliado?
- Histórico de transações: quando alguém compra e como predizer isso?

Você pode analisar os dados por meio de diversas técnicas de série temporal:

- Por meio de uma linha de tempo representativa de cada membro, é possível gerar um histograma 2D das respostas dos membros aos e-mails ao longo do tempo, assim temos uma ideia se eles já se fartaram ou não desses e-mails. (No Capítulo 3, exemplificaremos o uso de histogramas 2D com o objetivo de entender as séries temporais.)
- Você pode transformar as predições de doação em um problema de previsão de série temporal. (No Capítulo 4, analisaremos previsão estatística clássica.)
- É possível examinar se existem padrões típicos de trajetórias para o comportamento dos membros em situações importantes. Por exemplo, existe um padrão típico de eventos que indica quando um membro está prestes a deixar sua organização (talvez três exclusões seguidas de e-mail)? Na análise de série temporal, você pode enquadrar isso como detecção do estado subjacente de um membro baseada em ações externas. (No Capítulo 7, abordaremos isso quando analisarmos os métodos de espaço de estado de análise de séries temporais.)

Como podemos ver, existem muitas perguntas e respostas de séries temporais em um simples banco de dados SQL. Em muitos casos, ao estruturar seus bancos de dados, as organizações não os planejam para análise de séries temporais. Assim, precisamos coletar e reunir as séries temporais a partir de tabelas e fontes discrepantes.

Um Exemplo Prático: Reunindo uma Coleção de Dados de Séries Temporais

Caso seja sortudo o bastante de ter em mãos várias fontes de dados relacionadas disponíveis, você precisará alinhá-las e provavelmente lidar com as diferentes convenções de timestamp ou níveis de granularidade nos dados. Vamos criar alguns dados para o exemplo da organização sem fins lucrativos que estávamos usando. Suponha que você tenha os dados mostrados da Tabela 2-1 até a Tabela 2-3:

Tabela 2-1. Ano em que cada membro se afiliou e o status atual de membro

MemberId	YearJoined	MemberStatus
1	2017	gold
2	2018	silver
3	2016	inactive

Tabela 2-2. Número de e-mails enviados em uma determinada semana e abertos pelo membro

MemberId	Week	EmailsOpened
2	2017-01-08	3
2	2017-01-15	2
1	2017-01-15	1

Tabela 2-3. Tempo em que os membros doaram à sua organização

MemberId	Timestamp	DonationAmount
2	2017-05-22 11:27:49	1,000
2	2017-04-13 09:19:02	350
1	2018-01-01 00:15:45	25

Provavelmente você já trabalhou com dados nesse formato tabular. Com esses dados, é possível responder a muitas perguntas, por exemplo, como o número total de e-mails abertos por um membro se correlaciona com o total de doações.

É possível também responder a perguntas relacionadas ao tempo, como se um membro doa logo após se afiliar ou muito depois. Mas, sem colocar esses dados em um formato mais aderente de série temporal, não é possível obter comportamentos mais granulares que podem ajudá-lo a predizer a probabilidade de alguém fazer uma doação (digamos, com base no fato de ter aberto recentemente os e-mails).

É necessário colocar esses dados em um formato adequado para análise de séries temporais. E, neste momento, os desafios entram em cena. Primeiro, você deve considerar os eixos temporais dos dados que temos. Nas tabelas anteriores, temos três níveis de resolução temporal:

- Status de membro anual.
- Registro semanal de e-mails abertos.
- Timestamps instantâneos de doações.

É necessário examinar também se os dados significam o que você acha que significam. Por exemplo, você pode querer determinar se o status de membro é anual ou apenas o mais recente. Uma forma de responder isso é verificar se algum membro tem mais de uma entrada:

```
## python
>>> YearJoined.groupby('memberId').count().
                    groupby('memberStats').count()

1000
```

Podemos conferir que todos os mil membros têm apenas um status, de modo que o ano em que se afiliaram provavelmente será o `YearJoined`, acompanhado por um status que pode ser o status atual do membro ou quando se afiliou. Essa distinção afeta o modo como você usaria a variável de status; logo, se fosse analisar esses dados mais detalhadamente, teria que buscar informações com alguém que conhece esse pipeline de dados. Se estivesse usando o status atual de um membro em uma análise de dados anteriores, isso seria um *lookahead* porque você estaria inserindo algo em um modelo de série temporal que não pode ser reconhecido no momento. Por isso, não é recomendável usar uma variável de status, como a `YearJoined`, sem saber quando ela foi atribuída.

O que É o Tal de Lookahead?

Na análise de séries temporais, o termo *lookahead* é usado para indicar qualquer conhecimento do futuro. Você não tem esse conhecimento ao projetar, treinar ou avaliar um modelo. Por meio dos dados, o lookahead é uma forma de descobrir algo sobre o futuro antecipadamente.

Um lookahead é qualquer forma pela qual as informações a respeito do que acontecerá no futuro podem se propagar ao longo do tempo em sua modelagem e impactar como seu modelo se comporta temporalmente. Por exemplo, ao escolher os hiperparâmetros para um modelo, você pode testá-lo em várias linhas do tempo em seu conjunto de dados, em seguida, escolher o melhor modelo e começar a testá-lo em seus dados. E aí as coisas se complicam, já que você escolheu um modelo com um determinado tempo, sabendo do que aconteceria em um tempo posterior — um lookahead.

Infelizmente, não existe um código automatizado ou teste estatístico para um lookahead, então você dever ficar atento e tomar muito cuidado.

Ao analisar as tabelas de e-mails, tanto o nome da coluna `week` quanto seu conteúdo sugerem que os dados têm um timestamp ou período de tempo semanal. Isso deve ser agregado ao longo da semana, assim devemos considerar esses timestamps como períodos semanais em vez de timestamps que ocorrem com uma semana de diferença.

É necessário avaliar algumas características importantes. Por exemplo, você pode começar perguntando como as semanas são categorizadas no tempo. Apesar de não termos informações para reestruturar a tabela, se a semana for dividida de um modo estranho em relação à nossa atividade, vamos querer saber disso. Para analisar atividades humanas, geralmente se recomenda considerar a semana do calendário mesmo, de domingo a sábado ou de segunda-feira a domingo, em vez de considerar semanas que não condizem muito com o ciclo da atividade humana. Assim sendo, por exemplo, não comece sua semana de maneira arbitrária no dia 1º de janeiro.

Verifique também se as semanas nulas são relatadas. Ou seja, as semanas em que o membro não abriu nenhum e-mail aparecem na tabela? Isso é importante quando queremos fazer modelagem orientada ao tempo. Nesses casos, precisamos sempre ter as semanas nulas presentes nos dados, pois uma semana 0 ainda é um ponto de dados.

```python
## python
>>> emails[emails.EmailsOpened < 1]

Empty DataFrame
Columns: [EmailsOpened, member, week]
Index: []
```

Existem duas possibilidades: as semanas nulas não são relatadas ou os membros sempre têm pelo menos um evento de e-mail. Qualquer pessoa que já trabalhou com dados de e-mail sabe que é difícil fazer com que as pessoas os abram, logo a hipótese de que os membros sempre abrem pelo menos um e-mail por semana é improvável. Vamos resolver isso analisando o histórico de apenas um usuário:

```python
## python
>>> emails[emails.member == 998]
       EmailsOpened member   week
25464  1            998      2017-12-04
25465  3            998      2017-12-11
25466  3            998      2017-12-18
25467  3            998      2018-01-01
25468  3            998      2018-01-08
25469  2            998      2018-01-15
25470  3            998      2018-01-22
25471  2            998      2018-01-29
25472  3            998      2018-02-05
25473  3            998      2018-02-12
25474  3            998      2018-02-19
25475  2            998      2018-02-26
25476  2            998      2018-03-05
```

Podemos ver que algumas semanas estão ausentes. Não há eventos por e-mail após o dia 18 de dezembro de 2017. Podemos verificar isso matematicamente, calculando quantas observações semanais devemos ter entre o primeiro e o último evento para aquele membro. Primeiro, calculamos a duração da afiliação do membro, em semanas:

```python
## python
>>> (max(emails[emails.member == 998].week) -
               min(emails[emails.member == 998].week)).days/7
25.0
```

Em seguida, vemos quantas semanas correspondentes de dados temos para esse membro:

```python
## python
>>> emails[emails.member == 998].shape
(24, 3)
```

Temos 24 linhas, mas deveríamos ter 26. Isso mostra que algumas semanas de dados desse membro estão ausentes. A propósito, também poderíamos rodar esse cálculo em todos os membros simultaneamente com operações group-by, porém é mais fácil considerar apenas um membro para fins de exemplo.

Por que 26 linhas?

Talvez você esteja surpreso com o fato de precisarmos de 26 linhas em vez de 25, dada a operação de subtração que acabamos de fazer. Fizemos um cálculo incompleto. Ao trabalhar com dados de séries temporais, tenha sempre em mente que depois de realizar esse tipo de subtração, é necessário se perguntar se deve adicionar 1 a fim de calcular o offset no final. Grosso modo, você subtraiu as posições que queria calcular?

Vamos exemplificar: digamos que eu tenha informações de 7, 14, 21 e 28 de abril. Quero saber quantos pontos de dados tenho no total. Subtrair 7 de 28 e dividir por 7 resulta em 21/7 ou 3. Mas, obviamente, tenho que ter quatro pontos de dados. Eu subtraí 7 de abril e preciso colocá-lo de volta, logo o cálculo correto é a diferença entre o primeiro e o último dia dividido por 7, *mais 1* para contabilizar a data de início subtraída.

Prosseguiremos preenchendo os espaços em branco, de modo que tenhamos um conjunto de dados completo agora que confirmamos que existem semanas ausentes. Não temos certeza se identificamos todas as semanas ausentes, já que podemos ter a ocorrência de algumas delas antes do registro de nossa primeira data ou depois do registro de nossa última data. Mas podemos preencher os valores ausentes entre a primeira e a última vez em que um membro teve um evento não nulo.

Ao usar a indexação do Pandas, fica bem mais fácil preencher todas as semanas ausentes para todos os membros em vez de escrever nossa própria solução. Podemos gerar um MultiIndex para um dataframe do Pandas, que criará todas as combinações de semanas e membros — ou seja, um produto cartesiano:

```python
## python
>>> complete_idx = pd.MultiIndex.from_product((set(emails.week),
                                set(emails.member)))
```

Usamos esse índice para reindexar a tabela original e preencher os valores ausentes — neste caso com 0, supondo que, se nada foi registrado, significa que não havia nada a registrar. Redefinimos também o índice para disponibilizar as informações do membro e da semana como colunas e, em seguida, nomeamos essas colunas:

```python
## python
>>> all_email = emails.set_index(['week', 'member']).
                        reindex(complete_idx, fill_value = 0).
                        reset_index()
>>> all_email.columns = ['week', 'member', 'EmailsOpened']
```

Vamos dar uma olhada no membro 998 mais uma vez:

```python
## python
>>> all_email[all_email.member == 998].sort_values('week')
   week       member EmailsOpened
2015-02-09 998    0
2015-02-16 998    0
2015-02-23 998    0
2015-03-02 998    0
2015-03-09 998    0
```

Pacote Pandas em Python

Pandas é um pacote de análise (dataframe) em Python amplamente usado na comunidade de ciência de dados. Seu próprio nome indica sua compatibilidade para análise de séries temporais: "Pandas" se refere aos "dados em painel", nome usado pelos cientistas e estatísticos para os dados de séries temporais.

O Pandas é baseado em tabelas de dados com índices de linha e coluna. Apresenta operações integradas semelhantes à do SQL, como group by, row selection e key indexing. Apresenta também funcionalidades específicas para séries temporais, como indexação por período de tempo, downsampling e operações de agrupamento baseadas em tempo.

Caso não esteja familiarizado com o Pandas, recomendo veementemente que confira a documentação oficial (*https://perma.cc/7R9B-2YPS*).

Repare que temos um grande número de zeros no início. Provavelmente, isso ocorreu antes dos membros se afiliarem à organização, logo eles não estariam em uma lista de e-mail. Em geral, não se recomenda manter as semanas nulas do membro — sobretudo as semanas anteriores à abertura do e-mail —, já que não se usa isso na maioria dos tipos de análises

Se tivéssemos a data exata em que um membro começou a receber e-mails, teríamos um cutoff [ponto de corte] objetivo. Mas do jeito que está, vamos deixar que os dados nos guiem. Para cada membro, determinamos os pontos de corte start_date e end_date agrupando o DataFrame do e-mail por membro e selecionando os valores máximo e mínimo da semana:

```python
## python
>>> cutoff_dates = emails.groupby('member').week.
                        agg(['min', 'max']).reset_index)
>>> cutoff_dates = cutoff_dates.reset_index()
```

Dropamos as linhas do DataFrame que não contribuem muito para a cronologia, especificamente as linhas 0 antes da primeira contagem diferente de zero de cada membro:

```python
## python
>>> for _, row in cutoff_dates.iterrows():
>>>     member     = row['member']
>>>     start_date = row['min']
>>>     end_date   = row['max']
```

```
>>> all_email.drop(
        all_email[all_email.member == member]
        [all_email.week < start_date].index, inplace=True)
>>> all_email.drop(all_email[all_email.member == member]
        [all_email.week > end_date].index, inplace=True)
```

< ou <= ?

Usamos os operadores < e >, sem igualdade, porque start_date e end_date incluem os pontos de dados significativos e porque estamos dropando os dados, não os retendo, à medida que escrevemos nosso código. Nesse caso, queremos incluir essas semanas em nossa análise, pois elas foram o primeiro e o último pontos de dados significativos.

Seria interessante convencer seus engenheiros de dados e administradores de banco de dados a armazenar os dados de forma a registrar o tempo, sobretudo no que diz respeito a como os timestamps são criados e o que significam. Quanto mais problemas conseguir resolver no processo upstream (fonte de dados), menos trabalho terá com o processo downstream (destino dos dados) no pipeline de dados. Agora que limpamos nossos dados de e-mail, podemos levantar novas questões. Por exemplo, se quisermos analisar a relação do comportamento de e-mail dos membros com as doações, podemos fazer algumas coisas:

*   Agregar por semana o DonationAmount para que os horários sejam comparáveis. Então, fica razoável perguntar se as doações se correlacionam de alguma forma com as respostas dos membros aos e-mails.

*   Trate os EmailsOpened da semana anterior como um preditor para o DonationAmount de uma determinada semana. Repare que temos que usar a semana anterior porque EmailsOpened é uma estatística resumida da semana.

*   Se quisermos predizer uma doação de quarta-feira, e nosso EmailsOpened resume o comportamento de abrir o e-mail de segunda a domingo, então usar as informações da mesma semana nos dará possíveis informações sobre o que o membro fez posteriormente ao que poderíamos saber (por exemplo, se ele abriu um e-mail na sexta-feira após a doação).

Construindo uma Série Temporal Encontrada

Pense em como relacionar os dados de e-mail e doações entre si. Podemos fazer o downsampling dos dados de doação para transformá-los em uma série temporal semanal que seja comparável aos dados de e-mail. Como uma organização, estamos interessados nos montantes semanais totais, por isso agregamos os timestamps em períodos semanais ao somá-los. Mais de uma doação em uma semana é improvável, logo os valores de doação semanais representarão os valores de doação individual para a maioria dos doadores.

```
## python
>>> donations.timestamp = pd.to_datetime(donations.timestamp)
>>> donations.set_index('timestamp', inplace = True)
>>> agg_don = donations.groupby('member').apply(
                lambda df: df.amount.resample("W-MON").sum().dropna())
```

Nesse código, primeiro convertemos uma string character em uma classe de dados com timestamp apropriado, a fim de tirarmos vantagem da indexação relacionada à data integrada do Pandas. Definimos o timestamp como um índice, conforme necessário para reamostrar um dataframe. Por último, para o dataframe que obtivemos ao definir o subconjunto de cada membro, agrupamos e somamos as doações por semana, dropamos as semanas que não têm doações e, depois, coletamos estas.

Observe que reamostramos com uma semana ancorada, assim conseguimos bater as mesmas datas semanais que já temos em nossa tabela de e-mail. Veja também que uma semana ancorada em "segunda-feira" faz sentido do ponto de vista humano.

Agora temos as informações de doações e informações de e-mail amostradas na mesma periodicidade, assim podemos reuni-las. O Pandas simplifica o processo, contanto que ancoremos as semanas no mesmo dia da semana, como já fizemos. Podemos iterar por meio de cada membro e fazer o merge dos dataframes por membro:

```
## python
>>> for member, member_email in all_email.groupby('member'):
>>>       member_donations = agg_donations[agg_donations.member
                                == member]

>>>       member_donations.set_index('timestamp', inplace = True)
>>>       member_email.set_index    ('week', inplace = True)

>>>       member_email = all_email[all_email.member == member]
>>>       member_email.sort_values('week').set_index('week')

>>>       df = pd.merge(member_email, member_donations, how = 'left',
                    left_index = True,
                    right_index = True)
>>>       df.fillna(0)

>>>       df['member'] = df.member_x
>>>       merged_df = merged_df.append(df.reset_index()
                    [['member', 'week', 'emailsOpened', 'amount']])
```

Agora, temos nosso e-mail e dados de doações alinhados por membro. Para cada membro, incluímos apenas as semanas significativas, e não as semanas que aparecem antes ou depois do período de afiliação.

Podemos tratar o comportamento do e-mail como uma variável "state" em relação ao comportamento da doação, mas queremos reportar o estado da semana anterior a fim de evitar um lookahead. Suponha, por exemplo, que estamos construindo um modelo que usa o comportamento de e-mail para predizer a próxima doação de um membro. Nesse caso, podemos considerar o padrão de se abrir o e-mail ao longo do tempo como um possível indicador. É necessário alinhar a doação de uma determinada semana com o comportamento de e-mail da semana anterior. Podemos facilmente pegar nossos dados processados para alinharmos semana a semana e, em seguida, deslocá-los para o número adequado de semanas. Digamos que, se quisermos deslocar a doação uma semana à frente, podemos facilmente fazer isso com o operador shift, embora seja necessário fazê-lo para cada membro:

```python
## python
>>> df = merged_df[merged_df.member == 998]
>>> df['target'] = df.amount.shift(1)
>>> df = df.fillna(0)
>>> df
```

Como boa prática, recomenda-se armazenar esse target [alvo][5] em uma nova coluna em vez de sobrescrever a antiga, ainda mais se você não estiver predizendo o timestamp para o valor da doação separadamente. Deslocamos o valor da doação para uma semana no futuro, usando o shift do Pandas. Você também pode retroceder no tempo com números negativos. Em geral, você terá mais preditores do que alvos, então faz sentido deslocar seus alvos. Vejamos o resultado do código:

amount	emailsOpened	member	week	target
0	1	998	2017-12-04	0
0	3	998	2017-12-11	0
0	3	998	2017-12-18	0
0	0	998	2017-12-25	0
0	3	998	2018-01-01	0
50	3	998	2018-01-08	0
0	2	998	2018-01-15	50

Agora que preenchemos as linhas ausentes, temos as 26 linhas desejadas para o membro 998. Nossos dados estão mais limpos e completos.

Vamos recapitular as técnicas específicas para séries temporais que usamos com o objetivo de reestruturar os dados:

1. *Recalibramos a resolução dos nossos dados* para atender à nossa necessidade. Os dados frequentemente vêm com informações de tempo mais específicas do que precisamos.

2. Entendemos como podemos *evitar lookahead* ao não usar dados com timestamps que produzem a disponibilidade dos dados.

3. Registramos *todos os períodos de tempo relevantes* mesmo quando "nada aconteceu". Um cálculo zero é tão informativo quanto qualquer outro.

4. *Evitamos o lookahead* não utilizando dados em timestamp que produzem informações que ainda não conhecíamos.

Até agora, criamos séries temporais encontradas brutas, alinhando nossas séries temporais de doação e e-mail de modo a serem amostradas nos mesmos pontos de tempo e na mesma

---

5 N. da T.: Neste contexto, alvo é a variável dependente, variável de resposta, variável de resultado, aquilo que você está tentando predizer.

periodicidade. No entanto, não fizemos um trabalho minucioso de limpeza nesses dados ou de exploração completa antes da análise. Faremos isso no Capítulo 3.

Problemas com Timestamps

Os timestamps são bastante úteis para a análise de séries temporais. A partir deles, podemos extrapolar uma série de características interessantes[6], como hora do dia ou dia da semana. Essas características podem ser importantes para compreender seus dados, especialmente se eles são relacionados ao comportamento humano. Mas os timestamps são complicados. A seguir, analisaremos as dificuldades dos dados com timestamps.

De Quem É Esse Tal de Timestamp?

A primeira coisa que você deve perguntar ao se deparar com um timestamp é qual o processo que o gerou, como e quando. Não raro, um evento ocorrido não coincide com um registro desse evento. Por exemplo, um pesquisador escreve algo em seu notebook e depois passa isso para um arquivo CSV usado como registro. A questão é: o timestamp indica quando o pesquisador escreveu no notebook ou quando ele passou isso para o arquivo CSV? Ou ainda, um usuário de um app de celular pode realizar ações que acionam o registro quando seu telefone está offline, de modo que os dados só sejam carregados posteriormente em seu servidor por meio de combinação de timestamps. Esses timestamps podem retratar quando o comportamento ocorreu, quando a ação foi registrada pelo app, quando os metadados foram enviados para o servidor ou quando os dados foram acessados pela última vez para download e seu caminho do servidor para o app (ou qualquer outro evento ao longo do pipeline de dados).

A princípio, os timestamps parecem esclarecer as coisas, mas, se eles não estiverem devidamente documentados, essa impressão logo desaparece. Ao se deparar com novos timestamps, primeiro descubra o que puder sobre o que determinou a linha temporal de um evento. Vamos recorrer a um exemplo concreto para ilustrar essas dificuldades. Suponha que você esteja analisando os dados extraídos de um app de celular para perda de peso e se depare com um diário de refeições apresentado pela Tabela 2-4.

Tabela 2-4. Exemplo de diário de refeição de um app de perda de peso

Time	Intake
Mon, April 7, 11:14:32	pancakes
Mon, April 7, 11:14:32	sandwich
Mon, April 7, 11:14:32	pizza

---

6 N. da T.: Feature se refere a uma característica que descreve um objeto. Seja lá qual for o atributo do objeto, ele pode ser tratado como uma feature.

É possível que esse usuário tenha comido panquecas [pancakes], um sanduíche [sandwich] e uma pizza de uma vez só, porém temos a probabilidade de outros cenários. O usuário especificou essa hora ou ela foi gerada automaticamente? A interface oferece um horário automático que o usuário pode ajustar ou optar por ignorar? Algumas respostas poderiam explicar os timestamps idênticos melhor do que a possibilidade de um usuário, que está tentando perder peso, comer como aperitivo panquecas, um pedaço de pizza e um sanduíche.

Ainda que o usuário consumisse tudo isso às 11h14, estamos falando de qual horário? Da hora local do usuário ou da hora mundial? Mesmo no caso improvável de o usuário ter ingerido toda essa comida em uma refeição, se tomarmos essas linhas como base, ainda não sabemos muito sobre o aspecto temporal da refeição. Não sabemos se foi ingerida no café da manhã, no almoço, no jantar ou se foi um lanche. Para afirmarmos algo interessante sobre esse usuário, precisamos conseguir informações concretas sobre a hora local do dia, o que não podemos fazer sem as informações de fuso horário.

O melhor jeito de responder a essas perguntas é analisar todo o código que coleta e armazena os dados ou conversar com as pessoas que o escreveram. Após analisar todas as especificações de dados humanos e técnicos disponíveis no sistema, você também deve testá-lo por completo para garantir que os dados se comportam como lhe foi dito que se comportariam. Quanto mais conhecer seu pipeline de dados, menos perguntas erradas você fará, pois esses timestamps significarão o que você acha que significam.

Assuma a responsabilidade final pela compreensão dos dados. As pessoas que trabalham no processo upstream do pipeline de dados não sabem o que você tem em mente quando faz uma análise. Tente ser o mais prático possível ao avaliar como os timestamps são gerados. Assim, caso esteja analisando os dados oriundos de um pipeline de um app de celular, faça o download do app, dispare um trigger event em uma variedade de cenários e veja como esses dados se comportam. Você ficará boquiaberto com o modo como suas ações foram registradas depois de falar com aqueles que gerenciam o pipeline de dados. Não é nada fácil rastrear vários tipos de horários e eventualidades, logo a maioria dos conjuntos de dados achatará as realidades temporais. É necessário saber como isso foi feito.

Guesstimate de Timestamps para Compreender os Dados

Caso esteja lidando com pipelines de dados legados ou dados não documentados, talvez você não tenha a opção de explorar o pipeline funcionando e conversar com aqueles que cuidam dele. Será necessário uma investigação empírica a fim de entender se você consegue deduzir o que os timestamps significam:

- Ao ler os dados, como fizemos no exemplo anterior, você pode gerar hipóteses iniciais sobre o que os timestamps querem dizer. No caso anterior, analise os dados de vários usuários para conferir se o mesmo padrão (diversas linhas com timestamps idênticos e quantidade improvável em uma única refeição) foi mantido ou se era uma anomalia.

- Ao usar a análise agregada temporal, você pode testar hipóteses sobre o que significam ou provavelmente significam os timestamps. Para os dados anteriores, existem algumas questões em aberto:
  — Os timestamps se referem à hora local ou universal?
  — O tempo retrata uma ação do usuário ou alguma restrição externa, como conectividade?

Hora Local ou Universal?

A maioria dos timestamps é armazenada no horário universal (UTC) ou em um único fuso horário, dependendo da localização do servidor, mas independente da localização do usuário. É pouco comum armazenar dados conforme a hora local. No entanto, devemos considerar ambas as possibilidades, porque ambas são encontradas "por aí".

Partimos da hipótese de que se a hora for um timestamp local (local para cada usuário), devemos analisar as tendências diárias nos dados que refletem o comportamento diurno e noturno. Em termos específicos, espera-se não encontrar muita atividade durante a noite, já que nossos usuários estão dormindo. Se usarmos nosso exemplo do app de celular e criarmos um histograma de cálculo temporal da refeição por hora, possivelmente haverá horários com menos refeições registradas, pois, na maioria das culturas, as pessoas não se alimentam no meio da noite.

Se não percebêssemos um padrão diário nas horas exibidas, poderíamos concluir que os dados provavelmente foram registrados em timestamp de acordo com a hora universal e que a base de usuários deve ser compatível com vários fusos horários. Nesse caso, seria um belo desafio extrapolar os horários locais dos usuários individuais (assumindo que as informações de fuso horário não estivessem disponíveis). Podemos até considerar prospecções individuais por usuário a fim de tentarmos escrever funções heurísticas para rotular os usuários por fuso horário, mas é um esforço computacionalmente desgastante e nem sempre acurado.

Mesmo que você não consiga identificar o fuso horário exato do usuário, ajuda muito ter um timestamp global disponível. Para começar, você pode determinar os padrões de uso prováveis para os servidores do seu app, sabendo quando as refeições são registradas com mais frequência em um determinado horário do dia e dia da semana Você também pode calcular o diferencial de tempo entre cada refeição que o usuário registrou, sabendo que, já que os timestamps estão em tempo absoluto, não é preciso se preocupar se o usuário mudou de fuso horário. Além de servir para pesquisa, serviria como uma forma de gerar características:

```python
## python
>>> df['dt'] = df.time - df.time.shift(-1)
```

A coluna dt seria uma característica que você poderia passar em sua análise. Utilizar esse diferencial de tempo também pode lhe dar a oportunidade de estimar o fuso horário de cada usuário. É possível analisar a hora do dia em que o usuário tem um dt longo, que pode sinalizar o período noturno desse usuário. A partir disso, você pode identificar o período noturno de cada indivíduo sem ter que fazer análises repletas de curvas senoidais.

Comportamento do usuário ou da rede?

Vamos retomar outra questão levantada por nossa pequena amostra de dados e perguntar se nosso usuário teve uma refeição estranha ou se nossos timestamps estão relacionados à atividade de upload.

As mesmas análises usadas para identificar o fuso horário de um usuário são aplicáveis para determinar se os timestamps são uma função do usuário ou do comportamento da rede. Já que temos uma coluna dt (como calculado antes), você pode procurar por grupos de 0s e determinar qualitativamente a probabilidade de eles serem um único evento comportamental ou um único evento de rede. Você também pode verificar se os dts se comportam periodicamente em dias diferentes. É mais provável que eles se comportem periodicamente como uma função do comportamento do usuário do que como uma função de conectividade de rede ou outros comportamentos relacionados ao software. Para resumir, vejamos algumas questões que você poderia resolver com o conjunto de dados disponível, mesmo com pouca ou nenhuma informação sobre como os timestamps são gerados:

- Usar diferenças nos timestamps para cada usuário, assim você terá uma noção do intervalo entre as refeições ou entre as entradas de dados (dependendo da sua hipótese de trabalho sobre o que os tempos indicam, um comportamento do usuário ou um comportamento da rede).
- Descrever o comportamento do usuário agregado a fim de determinar quando seus servidores têm maior probabilidade de estarem ativos no ciclo de 24 horas.

Fuso Horário

Na melhor das hipóteses, seus dados estão registrados no horário UTC. A maioria dos bancos de dados e outros sistemas de armazenamento utilizarão esse padrão. No entanto, existem algumas situações em que é provável que você se depare com dados que não tenham o timestamp no horário UTC:

- Timestamps criados que não usam objetos de dados específicos de data, como chamadas de API. Elas usam strings em vez de objetos específicos de tempo.
- Dados criados manualmente em organizações de pequeno porte, em que os fusos horários não são relevantes, como planilhas geradas por analistas de negócios ou biólogos de campo.

O que É uma Escala de Tempo Significativa?

Você deve ser cauteloso ao considerar a resolução temporal do timestamp obtido, baseando-se no conhecimento especializado sobre o comportamento que está estudando e também nos detalhes que se pode delimitar em relação ao modo como os dados foram coletados.

Por exemplo, imagine que você está analisando os dados diários de vendas, mas sabe que em muitos casos os gerentes aguardam até o final da semana para registrar os números, estimando números diários aproximados em vez de registrá-los todos os dias. Provavelmente, o erro de medição será expressivo devido aos problemas de revocação e vieses cognitivos inatos. Talvez pense em alterar a resolução de seus dados de vendas de diários para semanais, a fim de reduzir ou calcular a média desse erro sistemático. Caso contrário, você deve construir um modelo que considere a possibilidade de erros tendenciosos em diferentes dias da semana. Por exemplo, pode ser que os gerentes superestimem de forma sistemática o desempenho de segunda-feira quando relatam os números em uma sexta-feira.

Desconto de Tempo Psicológico

Desconto de tempo é a manifestação de um fenômeno conhecido como *distância psicológica*, nossa tendência a ser mais otimistas (e menos realistas) ao fazer estimativas ou avaliações que estão mais "distantes" de nós. O desconto de tempo prediz que os dados relatados antes serão enviesados de forma sistemática em comparação com os dados relatados recentemente. Isso difere do problema geral de esquecimento e ocasiona um erro não aleatório. Quando estiver analisando dados gerados por humanos que foram inseridos manualmente e não de modo simultâneo ao evento registrado, fique atento a essa questão.

Outra situação envolve o conhecimento físico do sistema. Por exemplo, existe um limite para a rapidez com que o índice glicêmico no sangue de uma pessoa sofre alterações, logo, se estiver examinando uma série de medições de índice glicêmico com intervalos de segundos uma da outra, você deverá calcular a média deles em vez de tratá-los como pontos de dados distintos. Qualquer médico lhe dirá que você está analisando o erro do dispositivo, e não a taxa de variação do índice glicêmico no sangue, caso examine muitas medições com intervalos de segundos uma da outra.

Os Humanos Sabem que o Tempo Está Passando

Sempre que você estiver realizando medições em humanos, tenha em mente que as pessoas respondem de formas diferentes à passagem do tempo. Por exemplo, pesquisas recentes demonstram como a manipulação da velocidade de um relógio à vista de uma pessoa influencia a rapidez com que o nível glicêmico no sangue dessa pessoa sofre alterações.

Limpe Seus Dados

Nesta seção, abordaremos os seguintes problemas comuns em conjuntos de dados de séries temporais:

- Dados ausentes.
- Mudança da frequência de uma série temporal (upsampling e downsampling).
- Suavização dos dados.
- Lidar com a sazonalidade nos dados.
- Prevenir lookaheads não intencionais.

Lidando com Dados Ausentes

Dados ausentes são bastante comuns. Por exemplo, na área de assistência médica, os dados ausentes em séries temporais podem ser ocasionados por:

- Paciente que não tomou as medidas desejadas.
- Paciente que estava com a saúde em boas condições, assim não havia a necessidade de tomar uma medição específica.
- Paciente que foi esquecido ou tratado de forma inadequada.
- Dispositivo médico que apresentou um defeito técnico aleatório.
- Erro ocorrido na entrada de dados.

Generalizando de maneira bem arriscada, os dados ausentes são ainda mais comuns na análise de séries temporais do que na análise transversal de dados, porque a carga da amostragem longitudinal é bastante pesada: séries temporais incompletas são bem comuns e, por causa disso, se desenvolveu métodos para lidar com as ausências nos dados registrados. Os métodos mais comuns para lidar com dados ausentes em séries temporais são:

Imputação
Quando preenchemos os dados ausentes com base em observações sobre todo o conjunto de dados.

Interpolação
Quando usamos pontos de dados vizinhos a fim de estimar o valor ausente. A interpolação também pode ser uma forma de imputação.

Exclusão dos períodos de tempo afetados
Quando optamos por não usar períodos de tempo que tenham dados ausentes.

Em breve analisaremos as imputações e interpolações. Além disso, também exemplificaremos como esses métodos funcionam. Nosso foco é preservar os dados, enquanto a exclusão de períodos de tempo com dados ausentes resultará em menos dados para o seu modelo. Preservar os dados ou descartar períodos de tempo problemáticos dependerá do seu caso de uso e se você pode sacrificar os períodos de tempo em mãos conforme as necessidades de dados de seu modelo.

Preparando um conjunto de dados para testar metodologias de imputação de dados ausentes

Vamos trabalhar com dados mensais de desemprego, disponíveis gratuitamente para download (*https://data.bls.gov/timeseries/ LNS14000000*), divulgados pelo governo dos EUA desde 1948. Em seguida, geraremos dois conjuntos de dados a partir desses dados de baseline: um em que os dados estão de fato aleatoriamente ausentes e outro em que são os meses de desemprego mais altos da história da série temporal. Isso nos fornecerá dois casos de teste e, assim, analisaremos como a imputação se comporta na presença de dados ausentes aleatórios e sistemáticos.

 No próximo exemplo, usaremos a linguagem R. No decorrer desta obra, alteraremos livremente entre o R e Python. Presumo que você tenha alguma experiência em trabalhar com data frames, bem como matrizes, em R e Python.

```
## R
> require(zoo)         ## O zoo fornece os recursos para séries temporais.
> require(data.table) ## O data.table é um dataframe de alto desempenho.

> unemp <- fread("UNRATE.csv")
> unemp[, DATE := as.Date(DATE)]
> setkey(unemp, DATE)

> ## Gera um conjunto de dados onde os dados estão aleatoriamente ausentes.
> rand.unemp.idx <- sample(1:nrow(unemp), .1*nrow(unemp))
> rand.unemp      <- unemp[-rand.unemp.idx]

> ## Gera um conjunto de dados onde os dados possuem maior probabilidade
> ## de ausência quando o desemprego é alto.
> high.unemp.idx <- which(unemp$UNRATE > 8)
> num.to.select  <- .2 * length(high.unemp.idx)
> high.unemp.idx <- sample(high.unemp.idx,)
> bias.unemp     <- unemp[-high.unemp.idx]
```

Como excluímos as linhas de nossas tabelas de dados para criar um conjunto de dados com dados ausentes, precisaremos ler as datas ausentes e os valores NA. Para isso, usaremos o merge *rolling join* no pacote data.table.

Pacote data.table do R

O pacote data.table do R é uma alternativa de alto desempenho, ainda que subutilizada, ao data.frame, um dos principais pacotes do R. Apesar de muitos usuários estarem familiarizados com a seleção de pacotes tidyverse (*https://perma.cc/E4S8-RUHN*), o data.table é um pacote independente desenvolvido apenas sobre o data.frame. Ele apresenta diversas funções úteis para análise de séries temporais. Talvez isso tenha a ver com a sua origem, já que é um pacote desenvolvido por engenheiros de software que trabalhavam na área financeira e que precisavam de operações R de alto desempenho para lidar com dados financeiros, em sua maioria dados de séries temporais.

Mesmo que a curva de aprendizado do data.table seja maior que a do data.frame, considero esse pacote indispensável para trabalhar com dados de séries temporais em R. Por isso, usarei muito esse pacote ao longo do livro. Veja alguns exemplos de como o data.table funciona e se diferencia do data.frame:

```
dt[, new.col := old.col + 7]
```

Nesse exemplo, assumimos que o data.table original tem uma coluna antiga chamada old.col. Ao criarmos e adicionarmos uma nova coluna ao data.table, sem copiar todo o data.table para um objeto novo, reduzimos o uso de memória. Nesta obra, utilizaremos com frequência o operador :=.

Para acessar um subconjunto de colunas em um data.table, basta inseri-lo em uma lista no argumento de indexação da coluna, o segundo argumento do data.table:

```
dt[, .(col1, col2, col3)]
```

Isso retornará um subconjunto data.table, incluindo somente os valores col1, col2 e col3. Observe o operador .() em torno dos nomes das colunas. É um atalho para list().

Se quisermos fazer a seleção de linha em vez da seleção de coluna, usamos o primeiro argumento do data.table para criar um subconjunto em linhas:

```
dt[col1 < 3 & col2 > 5]
```

Isso retornará todas as colunas do data.table em que as duas condições lógicas foram atendidas. E, claro, podemos combinar a seleção de linha e coluna, assim:

```
dt[col1 < 3 & col2 > 5, .(col1, col2, col3)]
```

Por último, as operações group-by são bem eficientes e rápidas. Por exemplo, para contar o número de linhas em cada grupo entre os grupos designados na col1, poderíamos usar o seguinte código:

```
dt[, .N, col1]
```

E se quisermos usar diversas operações em nossos objetos agrupados, faríamos novamente uma lista e poderíamos até nomear as colunas:

```
dt[, .(total = .N, mean = mean(col2), col1]
```

O código acima, por grupos designados pela `col1`, retornaria o número total de linhas no grupo e a média de `col2` para cada grupo.

O pacote `data.table` está em constante desenvolvimento, sendo uma ferramenta inestimável para análise de séries temporais, sobretudo para grandes conjuntos de dados. Recomendo a leitura da introdução oficial (*https://perma.cc/3HEB-NE6A*) do `data.table`.

```
## R
> all.dates <- seq(from = unemp$DATE[1], to = tail(unemp$DATE, 1),
                                            by = "months")
> rand.unemp = rand.unemp[J(all.dates), roll=0]
> bias.unemp = bias.unemp[J(all.dates), roll=0]
> rand.unemp[, rpt := is.na(UNRATE)]
## Aqui, rotulamos os dados ausentes para plotá-los mais facilmente.
```

Por meio do rolling join, geramos a sequência de todas as datas que devem estar disponíveis entre as datas de início e término do conjunto de dados. Isso nos fornece as linhas no conjunto de dados, assim podemos preenchê-las com `NA`. Agora que temos conjuntos de dados com valores ausentes, veremos alguns modos específicos de preencher números nesses valores ausentes:

- Método de preenchimento forward fill.
- Média móvel.
- Interpolação.

Compararemos o desempenho desses métodos em conjuntos de dados ausentes de forma aleatória e ausentes de forma sistemática. Como geramos esses conjuntos de dados a partir de um conjunto de dados completo, podemos de fato determinar como eles se saíram, em vez de especularmos. Claro, no mundo real nunca teremos os dados ausentes para verificar nossa imputação de dados.

Rolling Joins

O rolling join do data.table nos fornece um join especial parecido com uma cláusula join do SQL com reconhecimento espacial desenvolvida para timestamps. Embora as tabelas nem sempre correspondam exatamente aos timestamps, os rolling joins podem lidar com timestamps de maneira inteligente.

```
## R
> ## Temos um pequeno data.table das datas de doação.
> donations <- data.table(
>   amt = c(99, 100, 5, 15, 11, 1200),
>   dt = as.Date(c("2019-2-27", "2019-3-2", "2019-6-13",
>                  "2019-8-1", "2019-8-31", "2019-9-15"))
> )
```

```
> ## Temos também informações sobre as datas
> ## de cada campanha publicitária.
> publicity <- data.table(
>                 identifier = c("q4q42", "4299hj", "bbg2"),
>                 dt         = as.Date(c("2019-1-1",
>                                        "2019-4-1",
>                                        "2019-7-1")))


> ## Definimos a chave primária em cada data.table.
> setkey(publicity, "dt")
> setkey(donations, "dt")


> ## Queremos rotular cada doação de acordo com a campanha publicitária
> ## que mais recentemente a precedeu.
> ### Podemos ver isso facilmente com roll = TRUE
> publicity[donations, roll = TRUE]
```

Esse código gera esta saída perfeita:

```
## R
> publicity[donations, roll = TRUE]
   identifier         dt  amt
1:      q4q42 2019-02-27   99
2:      q4q42 2019-03-02  100
3:     4299hj 2019-06-13    5
4:       bbg2 2019-08-01   15
5:       bbg2 2019-08-31   11
6:       bbg2 2019-09-15 1200
```

Agora, cada doação está combinada com o identificador de publicidade que indica a campanha que precedeu a doação mais imediata.

Método de preenchimento forward fill

Uma das formas mais simples de se preencher os valores ausentes é transferir o último valor conhecido para o valor ausente anterior, abordagem conhecida como *forward fill*. Não é necessário recorrer a cálculos matemáticos complexos. Basta pegar os dados que estavam disponíveis e avançar no tempo. Assim, podemos verificar que, em um ponto ausente no tempo, tudo o que você pode ter certeza é de que dados já foram registrados. Aqui, faz sentido usar a medição conhecida mais recente.

Podemos fazer facilmente o forward fill usando o na.locf proveniente do pacote zoo:

```
## R
> rand.unemp[, impute.ff := na.locf(UNRATE, na.rm = FALSE)]
> bias.unemp[, impute.ff := na.locf(UNRATE, na.rm = FALSE)]
>
> ## Para plotar um gráfico de amostra que mostra as partes achatadas.
> unemp[350:400, plot (DATE, UNRATE,
                       col = 1, lwd = 2, type = 'b')]
> rand.unemp[350:400, lines(DATE, impute.ff,
                       col = 2, lwd = 2, lty = 2)]
> rand.unemp[350:400][rpt == TRUE, points(DATE, impute.ff,
                       col = 2, pch = 6, cex = 2)]
```

Isso resultará em um gráfico que é aparentemente normal, exceto nos casos em que temos valores repetidos para contabilizar os dados ausentes, demonstrado na Figura 2-6. Como você perceberá no gráfico, os valores preenchidos normalmente não diferem muito dos valores reais.

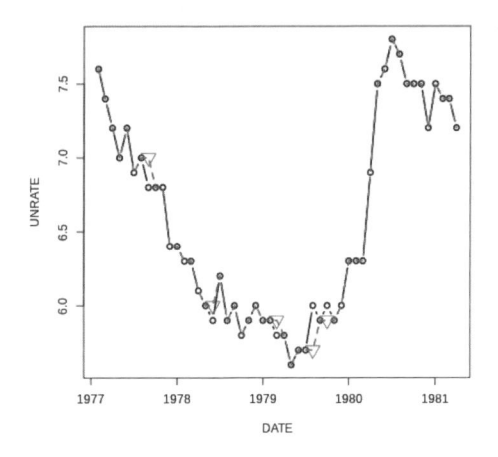

Figura 2-6. Série temporal original plotada com uma linha sólida e a série temporal com valores preenchidos pelo método foward fill para pontos aleatoriamente ausentes plotados com uma linha tracejada. Os valores preenchidos com o foward fill são marcados por meio de triângulos com vértices para baixo.

Podemos também comparar os valores na série plotando-os. Ou seja, para cada intervalo de tempo, plotamos o valor verdadeiro conhecido ao mesmo tempo que usamos a série com os valores imputados. Boa parte dos valores deve ter uma correspondência exata, pois a maioria dos dados está presente. Podemos conferir isso na linha 1:1 da Figura 2-7. Vemos também pontos espalhados fora dessa linha, mas eles não parecem estar sistematicamente fora.

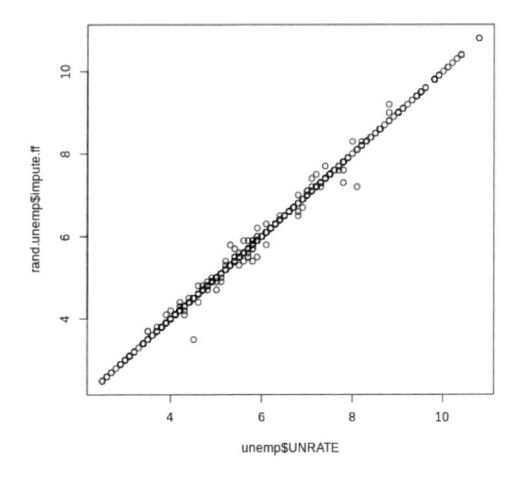

Figura 2-7. Plotando a taxa de desemprego real versus uma série que usou o foward fill. Esse gráfico mostra que o forward fill não distorceu sistematicamente os dados.

Backward Fill

Assim como é possível usar o foward fill para pegar valores do passado e projetá-los no futuro, preenchendo os dados ausentes, você também pode propagar esses valores para o passado. Mas, como trata-se de um caso de lookahead, você só deve fazer isso quando não estiver interessado em predizer o futuro a partir dos dados e quando, a partir do conhecimento desses mesmos dados, fizer mais sentido usar o backward fill do que o foward fill.

Em alguns ambientes, o forward fill é a melhor maneira de preencher os dados ausentes, mesmo que métodos "mais sofisticados" sejam possíveis.

Por exemplo, em ambientes médicos, um valor ausente geralmente sinaliza que um profissional da saúde não achou necessário recalcular um valor outra vez, porque se esperava que a medição do paciente fosse normal. Em muitos casos, isso significa que poderíamos aplicar o forward fill aos valores ausentes com o último valor conhecido, já que esse era o pressuposto que motivou o profissional da saúde a não refazer a medição.

O forward fill apresenta muitas vantagens: não é exigente em termos computacionais, pode ser facilmente aplicado a dados em tempo real e desempenha um trabalho decente em relação à imputação. Veremos um exemplo em breve.

Média móvel

Podemos imputar dados com uma média móvel ou mediana. A *média móvel* é semelhante a um forward fill com relação a usar os valores passados a fim de "predizer" os valores futuros ausentes (a imputação pode ser uma forma de previsão). Mas com uma média móvel, você usa entradas provenientes de *múltiplos* tempos recentes no passado.

Há diversas situações em que uma imputação de dados de média móvel melhor se adéqua à tarefa em questão do que um forward fill. Por exemplo, se os dados forem ruidosos e você tiver razões para duvidar do valor de qualquer ponto de dados individual em relação a uma média geral, recomenda-se usar uma média móvel em vez de um forward fill. O forward fill pode incluir mais ruído aleatório do que a métrica "verdadeira" que lhe interessa, ao passo que a média pode remover parte desse ruído. A fim de evitar um lookahead, use apenas os dados que ocorreram antes do ponto de dados ausente. Essa implementação seria mais ou menos assim:

```
## R
> ## média móvel sem lookahead
> rand.unemp[, impute.rm.nolookahead := rollapply(c(NA, NA, UNRATE), 3,
>              function(x) {
>                          if (!is.na(x[3])) x[3] else mean(x, na.rm = TRUE)
>                          })]
> bias.unemp[, impute.rm.nolookahead := rollapply(c(NA, NA, UNRATE), 3,
>              function(x) {
>                          if (!is.na(x[3])) x[3] else mean(x, na.rm = TRUE)
>                          })]
```

Definimos o valor dos dados ausentes com a média dos valores que vêm antes deles (porque indexamos o valor final e o usamos para determinar se ele está ausente e como substituí-lo).

 Uma média móvel não precisa necessariamente ser uma média aritmética. Por exemplo, as médias móveis exponenciais ponderadas forneceriam mais peso aos dados recentes do que aos dados passados. Como alternativa, uma média geométrica pode ser de grande serventia para séries temporais que apresentam forte correlação serial e nos casos em que os valores se combinam ao longo do tempo.

Ao imputar os dados ausentes com uma média móvel, veja se é necessário saber o valor da média móvel somente recorrendo aos dados prospectivos ou se você se sente à vontade para construir um lookahead. Caso não esteja preocupado com um lookahead, sua melhor estimativa incluirá pontos antes e depois dos dados ausentes, porque isso maximizará as informações que entram em suas estimativas. Nesse caso, você pode implementar uma janela rolante [rolling window], conforme exemplificado a seguir com o `rollapply()` do pacote zoo:

```
## R
> ## média móvel com lookahead
> rand.unemp[, complete.rm := rollapply(c(NA, UNRATE, NA), 3,
>              function(x) {
>                          if (!is.na(x[2]))
>                              x[2]
>                          else
>                              mean(x, na.rm = TRUE)
>                          })]
```

Usar informações passadas e futuras é conveniente para visualizações e manutenção de registros em uma aplicação, porém, como mencionado antes, isso não é apropriado caso esteja preparando seus dados para fornecê-los a um modelo preditivo. Os resultados de uma média móvel prospectiva e de uma média móvel calculada com base em dados futuros e passados são mostrados na Figura 2-8.

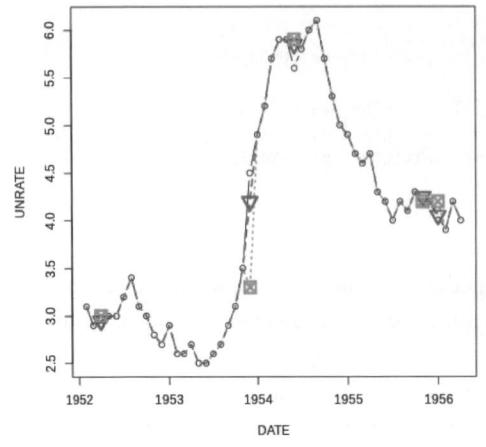

Figura 2-8. A linha pontilhada mostra a imputação da média móvel sem lookahead, enquanto a linha tracejada mostra a imputação da média móvel com lookahead. Da mesma forma, os quadrados mostram os pontos imputados sem lookahead, ao passo que os triângulos com vértices para baixo mostram a média móvel com um lookahead.

Uma imputação de dados da média móvel reduz a variância no conjunto de dados. Isso é algo que você precisa ter em mente ao calcular a acurácia, o coeficiente de determinação (R^2) ou outras métricas de erro. Seu cálculo pode superestimar o desempenho do seu modelo, problema frequente ao construir o modelo de série temporal.

Usando a Média de um Conjunto de Dados para Imputar Dados Ausentes

Em um contexto transversal, é comum imputar dados ausentes preenchendo a média ou mediana para determinada variável em que os dados estão ausentes. Embora isso possa ser feito com dados de séries temporais, na maioria dos casos não é apropriado. Saber a média do conjunto de dados envolve vislumbrar o futuro... Ou seja, um lookahead!

Interpolação

A interpolação é um método para determinar os valores dos pontos de dados ausentes com base em restrições geométricas sobre como queremos que os dados gerais se comportem. Por exemplo, uma interpolação linear restringe os dados ausentes a um ajuste linear consistente com pontos vizinhos conhecidos.

A interpolação linear é bastante útil e interessante, porque possibilita que você use seu conhecimento de como o sistema se comporta ao longo do tempo. Por exemplo, se você sabe que um sistema se comporta linearmente, pode arquitetar as coisas de forma que apenas tendências lineares sejam usadas para imputar dados ausentes. Em linguagem bayesiana, permite que você insira uma *distribuição a priori* em sua imputação. Assim como acontece com uma média móvel, a interpolação pode ser feita de modo que considere os dados passados e futuros ou apenas uma direção. Cabe aqui as ressalvas: somente permita que sua interpolação tenha acesso a dados futuros se aceitar que isso crie um lookahead e tiver certeza de que não representa um problema para sua tarefa.

A seguir, aplicamos a interpolação usando pontos de dados passados e futuros (veja a Figura 2-9):

```R
## R
> ## Interpolação linear
> rand.unemp[, impute.li := na.approx(UNRATE)]
> bias.unemp[, impute.li := na.approx(UNRATE)]
>
> ## Interpolação polinomial
> rand.unemp[, impute.sp := na.spline(UNRATE)]
> bias.unemp[, impute.sp := na.spline(UNRATE)]
>
> use.idx = 90:120
> unemp[use.idx, plot(DATE, UNRATE, col = 1, type = 'b')]
> rand.unemp[use.idx, lines(DATE, impute.li, col = 2, lwd = 2, lty = 2)]
> rand.unemp[use.idx, lines(DATE, impute.sp, col = 3, lwd = 2, lty = 3)]
```

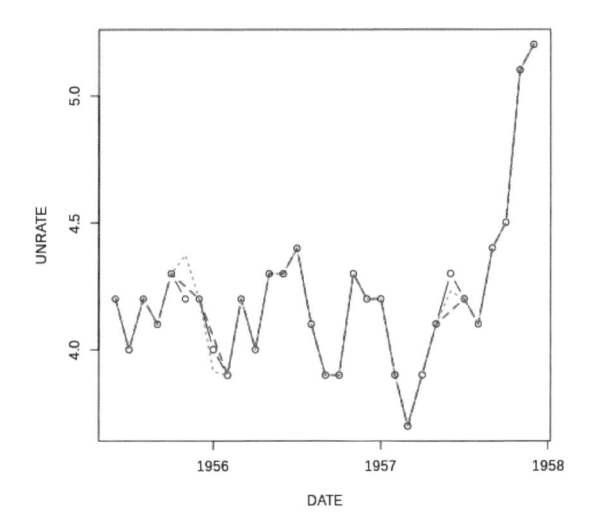

Figura 2-9. A linha tracejada mostra a interpolação linear, enquanto a linha pontilhada mostra a interpolação por splines.

Há muitas situações em que uma interpolação linear (ou por spline) é oportuna. Pense na temperatura média semanal, quando há uma tendência conhecida de aumento ou redução das temperaturas dependendo da época do ano. Ou pense nos dados de vendas anuais de uma empresa em expansão. Se a tendência é que o volume de negócios aumente linearmente ano após ano, seria sensato usar uma imputação de dados a fim de preencher os dados ausentes com base nessa tendência. Em outras palavras, poderíamos utilizar uma interpolação linear, representando a tendência, em vez de uma média móvel, que não representaria. Se houvesse uma tendência de valores crescentes, a média móvel subestimaria sistematicamente os valores ausentes.

Há também muitas situações em que a interpolação linear (ou por spline) não é nem um pouco oportuna. Por exemplo, caso existam dados ausentes de precipitação em um conjunto de dados meteorológicos, você não deve extrapolar linearmente os dias conhecidos; como todos sabemos, não é assim que as chuvas se comportam. Da mesma forma, se estamos analisando as horas de sono de alguém por dia, mas alguns dados diários estão ausentes, não devemos extrapolar linearmente as horas de sono nos últimos dias conhecidos. Por exemplo, um dos pontos finais conhecidos pode incluir uma noite inteira de estudos seguida por uma soneca de trinta minutos. É improvável que ocorra estimativa em relação aos dados ausentes.

Comparação geral

Agora que realizamos alguns tipos diferentes de imputações, podemos conferir os resultados para comparar como as diferentes imputações de dados se comportaram nesse conjunto de dados.

Geramos dois conjuntos de dados com dados ausentes, um com dados aleatoriamente ausentes e outro com pontos de dados desfavoráveis ausentes (desemprego alto). Quando comparamos os métodos que empregamos para ver qual deles gera os melhores resultados, podemos observar que o erro quadrático médio pode diferir em uma alta porcentagem:

```
## R
> sort(rand.unemp[ , lapply(.SD, function(x) mean((x - unemp$UNRATE)^2,
>            na.rm = TRUE)),
>         .SDcols = c("impute.ff", "impute.rm.lookahead",
>                 "impute.rm.nolookahead", "impute.li",
>                 "impute.sp")])
 impute.li  impute.rm.lookahead  impute.sp  impute.ff  impute.rm.nolookahead
  0.0017      0.0019              0.0021     0.0056      0.0080

> sort(bias.unemp[ , lapply(.SD, function(x) mean((x - unemp$UNRATE)^2,
>            na.rm = TRUE)),
>         .SDcols = c("impute.ff", "impute.rm.lookahead",
>                 "impute.rm.nolookahead", "impute.li",
>                 "impute.sp")])
 impute.sp  impute.li  impute.rm.lookahead  impute.rm.nolookahead  impute.ff
  0.0012     0.0013     0.0017               0.0030                 0.0052
```

Lembre-se de que muitos dos métodos anteriores incluem um lookahead. Os únicos métodos que não os incluem são o forward fill e a média móvel sem um lookahead (temos também uma média móvel com um lookahead). Por esse motivo, não é de se surpreender que haja uma variedade de diferenças nos erros e que os métodos sem um lookahead não tenham um desempenho tão bom quanto os outros.

Apontamentos finais

Até agora, abordamos os métodos mais simples e utilizados de imputação de dados ausentes para aplicações de séries temporais. A imputação de dados continua sendo uma área fundamental de pesquisa de ciência de dados. Quanto mais significativas as decisões que você está tomando, mais importante é considerar minuciosamente os possíveis motivos para a ocorrência de dados ausentes e as consequências em potencial de suas correções. A seguir, confira algumas dicas preventivas:

- Na prática, em boa parte das ocorrências, é impossível comprovar que os dados estão de fato aleatoriamente ausentes e é improvável que a ausência seja mesmo aleatória.

- Às vezes, a probabilidade de que uma medição esteja ausente pode ser explicada pelas variáveis que você mediu, outras vezes não. Amplos conjuntos de dados com muitas características são a melhor forma de investigar possíveis explicações para padrões de dados ausentes, contudo isso não é regra na análise de série temporal.

- Quando é necessário entender a incerteza introduzida pela imputação de valores aos dados ausentes, você deve analisar brevemente uma variedade de cenários e também falar com o maior número possível de pessoas envolvidas no processo de coleta de dados.

- A forma pela qual você lida com os dados ausentes deve levar em consideração o uso desses dados no processo de downstream. É necessário se precaver bastante contra os lookaheads e determinar a gravidade do impacto de um lookahead na validade de seu trabalho subsequente.

Upsampling e Downsampling

Normalmente, os dados de série temporal relacionados de fontes diferentes não terão a mesma frequência de amostragem. Essa é uma razão, entre muitas, pela qual você talvez queira alterar a frequência de amostragem de seus dados. Claro que você não pode alterar a taxa real em que as informações foram medidas, mas pode alterar a frequência dos timestamps em sua coleta de dados. Isso se chama *upsampling* e *downsampling*, ou técnicas de aumento e redução de frequência do timestamp, respectivamente.

Reduzimos a resolução de dados temporais no tópico "Readaptando uma Coleção de Dados de Séries Temporais". Aqui, abordaremos o tópico de forma mais geral, aprendendo como e por que reduzir ou aumentar a taxa de amostragem dos dados.

Downsampling é um subconjunto de dados no qual os timestamps ocorrem em uma frequência mais baixa do que na série temporal original. Já upsampling é a representação de dados como se eles fossem coletados com maior frequência do que se verifica na realidade.

Downsampling

Sempre que você reduz a frequência de seus dados, está reduzindo a resolução. Isso é feito muitas vezes nos seguintes casos.

A resolução original dos dados não é adequada: Pode haver muitos motivos pelos quais a granularidade original dos dados não é adequada. Por exemplo, você pode estar medindo algo com muita frequência. Suponhamos que você tenha um conjunto de dados em que alguém mediu a temperatura exterior a cada segundo. Pela prática, podemos determinar que essa medição é indevidamente frequente e poderá oferecer pouquíssimas informações novas em relação ao armazenamento adicional de dados e carga de processamento. Na verdade, é provável que o erro de medição seja tão grande quanto a variação em segundos da temperatura exterior. Assim sendo, é provável que você não queira armazenar dados excessivos e pouco informativos. Nesse caso — isto é, para dados regularmente amostrados, o downsampling é tão simples quanto selecionar cada *enésimo* elemento.

Foque uma parte específica de um ciclo sazonal: Em vez de se preocupar com os dados sazonais em uma série temporal, você pode optar por criar uma subsérie focando apenas uma época do ano. Por exemplo, podemos utilizar o downsampling para criar uma subsérie, como neste caso, em que a partir de uma série temporal original geramos uma série temporal de medições para o mês de janeiro. No processo, reduzimos a resolução dos dados para uma frequência anual.

```
## R
> unemp[seq.int(from = 1, to = nrow(unemp), by = 12)]
DATE        UNRATE
1948-01-01   3.4
1949-01-01   4.3
1950-01-01   6.5
1951-01-01   3.7
1952-01-01   3.2
1953-01-01   2.9
1954-01-01   4.9
1955-01-01   4.9
1956-01-01   4.0
1957-01-01   4.2
```

Compare com os dados em uma frequência menor: Talvez você queira reduzir a resolução dos dados para que possa combiná-los com outros dados de baixa frequência. Nesses casos, provavelmente desejará agregar os dados ou reduzir a resolução em vez de simplesmente dropar os pontos. Isso pode ser algo simples como uma média ou uma soma, ou algo mais complexo, como uma média ponderada, com valores posteriores que recebem mais peso. Antes, observamos nos dados de doações a soma de todas as doações em uma única semana, já que era o valor total doado que provavelmente seria mais conveniente.

Por outro lado, para nossos dados econômicos, o mais conveniente é uma média anual. Usamos uma média em vez de uma média móvel porque queremos resumir o ano, em vez de obter o valor mais recente desse ano para enfatizar a recência. (Repare a diferença da imputação de dados.) Nós agrupamos formatando a data em uma string, representando seu ano, um exemplo de como se pode explorar com criatividade o operador like do SQL para séries temporais:

```
## R
> unemp[, mean(UNRATE), by = format(DATE, "%Y")]
   format    V1
   1948    3.75
   1949    6.05
   1950    5.21
   1951    3.28
   1952    3.03
   1953    2.93
   1954    5.59
   1955    4.37
   1956    4.13
   1957    4.30
```

Upsampling

Upsampling não é somente o oposto de downsampling. A lógica da redução da taxa de amostragem é que ela se aplica no mundo real; é fácil tomar a decisão de se medir com menos frequência. Em contrapartida, o upsampling é como se você tentasse conseguir alguma coisa de graça — ou seja, você não faz nenhuma medição, mas espera obter dados de alta resolução a partir de medições infrequentes. Vamos citar o criador do popular pacote XTS de séries temporais em R (*https://perma.cc/83E9-4N79*):

> Não é possível converter uma série de uma periodicidade baixa em uma série de periodicidade alta — por exemplo, semanal para diária ou diária para cinco minutos, pois teríamos que ser mágicos.

No entanto, existem razões válidas para querer rotular os dados com uma frequência mais alta do que a frequência padrão. Basta ter em mente as limitações dos dados ao fazer isso. Lembre-se de que você está adicionando mais rótulos de tempo, não mais informações.

Vamos analisar algumas situações em que o upsampling é aplicável:

Séries temporais irregulares: Uma das razões mais comuns para se aumentar a taxa de amostragem é que você tem uma série temporal irregular amostrada e deseja convertê-la em uma série temporal regular. Essa é uma técnica de upsampling, pois você está convertendo todos os dados para uma frequência que é provavelmente mais alta do que a indicada pelos lags entre seus dados. Caso recorra a um upsampling por essa razão, você já sabe como fazê-lo com um rolling join, como fizemos para preencher os dados econômicos ausentes via R:

```
## R
> all.dates <- seq(from = unemp$DATE[1], to = tail(unemp$DATE, 1),
>                  by = "months")
> rand.unemp = rand.unemp[J(all.dates), roll=0]
```

Entradas amostradas em frequências diferentes: Não raro, você precisa aumentar a taxa de amostragem de informações de baixa frequência para transferi-la com suas informações de frequência mais alta para um modelo que exige que suas entradas sejam alinhadas e amostradas simultaneamente. É necessário estar atento ao lookahead, mas se presumirmos que os estados conhecidos são verdadeiros até que um novo estado conhecido entre em cena, podemos fazer tranquilamente um upsample e transferir nossos dados adiante. Por exemplo, suponha que nós sabemos que é (relativamente) verdade que a maioria dos novos empregos começa no primeiro dia do mês. Podemos decidir usar a taxa de desemprego para um determinado mês, indicada pelo relatório de empregos considerando o mês *inteiro* (sem considerarmos um lookahead porque presumimos que a taxa de desemprego se manterá estável durante o mês).

```
## R
> daily.unemployment = unemp[J(all.dates), roll = 31]
> daily.unemployment
    DATE      UNRATE
1948-01-01    3.4
1948-01-02    3.4
1948-01-03    3.4
1948-01-04    3.4
1948-01-05    3.4
```

Conhecimento da dinâmica das séries temporais: Se você possui um conhecimento básico do comportamento temporal costumeiro de uma variável, talvez consiga tratar um problema de upsampling como um problema de dados ausentes. Nesse caso, todas as técnicas que analisamos são válidas. Provavelmente, uma interpolação produzirá novos pontos de dados, mas você precisa ter certeza de que a dinâmica do seu sistema pode justificar sua decisão de interpolação.

Conforme já analisado, o upsampling e o downsampling acontecerão de forma sistemática, mesmo no conjunto de dados mais limpo, já que você quase sempre desejará comparar variáveis de diferentes escalas de tempo. Vale também salientar que o Pandas tem funcionalidades bastante úteis de upsampling e downsampling, como o método `resample`.

Suavização de Dados

A suavização de dados pode ser feita por vários motivos e, não raro, os dados de séries temporais do mundo real são suavizados antes da análise, sobretudo quando se trata de visualizações que têm como objetivo contar uma história compreensível sobre os dados. Nesta seção, vamos analisar com detalhes o porquê de a suavização ser feita, bem como a técnica de suavização de séries temporais mais comum: a suavização exponencial.

Finalidade da suavização

Embora a detecção de outliers seja um tópico abrangente, caso tenha motivos para acreditar que seus dados devem ser suavizados, você pode fazer isso com uma média móvel, eliminando os spikes (picos), erros de medição ou ambos. Ainda que os spikes sejam precisos, eles podem não refletir o processo subjacente e podem ser mais uma questão de problemas de instrumentação; por isso é comum suavizar os dados.

A suavização de dados está vivamente relacionada à imputação de dados ausentes. Assim, algumas de suas técnicas também são relevantes para nós. Por exemplo, você consegue suavizar os dados utilizando uma média móvel, com ou sem um lookahead, já que isso é simplesmente uma questão de posição do ponto em relação à janela usada para calcular seu valor suavizado. Ao usar a suavização, é necessário pensar em diversos aspectos:

- Por que você está suavizando? A suavização pode ter muitas finalidades:

    Preparação de dados
    Seus dados brutos são inadequados? Por exemplo, sabemos que valores muito altos são improváveis ou não físicos, porém é necessário um procedimento embasado para lidar com eles. A suavização é a solução mais simples.

    Geração de características
    Prática de pegar uma amostra de dados com muitas características, seja sobre uma pessoa, imagem ou qualquer outra coisa, e sintetizá-las com algumas métricas. Desse modo, uma amostra mais completa é reduzida ao longo de algumas dimensões ou reduzida a alguns atributos. A geração de características é de suma importância para o aprendizado de máquina.

    Predição
    A forma mais simples de predição para alguns tipos de processos é a reversão à média, que você obtém ao fazer predições a partir de uma característica suavizada.

    Visualização
    Você deseja acrescentar algum sinal ao que parece ser um gráfico de dispersão com bastante ruído? Em caso afirmativo, qual é sua intenção ao fazer isso?

- Como seus resultados serão ou não afetados pela suavização?
    — Seu modelo deduz ruído e dados não correlacionados, fazendo com que a suavização possa comprometer essa dedução?
    — Você precisará suavizar em um modelo de produção em tempo real? Em caso afirmativo, você precisa escolher um método de suavização que não use um lookahead.
    — Você recorrerá a um procedimento embasado para suavizar ou simplesmente fará um grid search hiperparametrizado? Caso escolha a última opção, como terá certeza de que usar uma técnica de validação cruzada com reconhecimento de tempo garantirá que seus dados futuros não vazem, retrocedendo no tempo?

Suavização exponencial

Ao usar a suavização, você geralmente não vai querer tratar todos os pontos de tempo de forma indiscriminada. Talvez queira tratar os dados mais recentes como dados mais informativos; nesse caso, a suavização exponencial é uma boa opção. Em comparação com a média móvel que examinamos antes — em que cada ponto onde estão os dados ausentes pode ser imputado à média de seus pontos circundantes —, a suavização exponencial é mais sensível à temporalidade, ponderando mais os pontos recentes do que pontos menos recentes. Logo, para uma determinada janela, o ponto no tempo mais próximo tem peso mais denso e cada ponto anterior no tempo tem peso exponencialmente menor (por isso o nome).

O processo da suavização exponencial funciona da seguinte maneira. Dado um determinado período de tempo t, você encontra o valor suavizado de uma série calculando:

$$\text{Valor suavizado no tempo } t = S_t = d \times ; S_{t-1} + (1 - d) \times x_t$$

Pense em como isso se propaga no tempo. O valor suavizado no tempo $(t - 1)$ é em si um resultado da mesma coisa:

$$S_{t-1} = d \times S_{t-2} + (1 - d) \times x_{t-1}$$

Logo, podemos ver uma expressão mais complexa para o valor suavizado no tempo t:

$$d \times (d \times S_{t-2} + (1 - d) \times x_{t-1}) + (1 - d) \times x_t$$

Os leitores que têm uma queda por matemática perceberão que temos uma notação:

$$d^3 \times x_{t-3} + d^2 \times x_{t-2} + d \times x_{t-1}$$

Na verdade, é graças a essa notação que as médias móveis exponenciais são bastante simples de se lidar. Mais detalhes estão disponíveis online e em livros didáticos, confira o tópico "Leituras e Recursos Adicionais", ao final deste capítulo. Exemplificarei a suavização em Python, pois o Pandas inclui uma variedade de opções de suavização. As opções de suavização também estão amplamente disponíveis em R, incluindo a base R, bem como muitos pacotes de séries temporais.

Após analisarmos os dados da taxa de desemprego nos Estados Unidos, agora passaremos para outro conjunto de dados comumente utilizado: o conjunto de dados de passageiros de companhias aéreas (que remonta ao famoso livro *Time Series Analysis: Forecasting and control* sobre o método Box e Jenkins de séries temporais). O conjunto de dados original é uma descrição de milhares de passageiros mensais de companhias aéreas, discriminados por mês:

```python
## python
>>> air
        Date  Passengers
0    1949-01         112
1    1949-02         118
2    1949-03         132
3    1949-04         129
4    1949-05         121
5    1949-06         135
6    1949-07         148
7    1949-08         148
8    1949-09         136
9    1949-10         119
10   1949-11         104
```

Podemos facilmente suavizar os valores dos passageiros usando uma variedade de operações de decaimento exponencial e a função `ewma()` do Pandas, confira:

```python
## python
>>> air['Smooth.5'] = pd.ewma(air, alpha = .5).Passengers
>>> air['Smooth.9'] = pd.ewma(air, alpha = .9).Passengers
```

Como podemos ver, o nível do parâmetro `alpha`, também chamado de *fator de suavização*, impacta o quanto o valor é atualizado para seu valor atual versus retenção de informações da média existente. Quanto mais alto o valor de `alpha`, mais rápido o valor é atualizado próximo ao seu preço atual. O Pandas comporta uma variedade de parâmetros integrados na mesma equação que proporcionam várias maneiras de pensar sobre a especificação de uma média móvel.[7]

---

7   Você pode especificar o fator de suavização alpha, a meia-vida, a data de início do período ou o centro de massa que você escolher. Confira os detalhes disponíveis na documentação (*https://perma.cc/4265-4U8L*).

```
## python
>>> air
       Date  Passengers    Smooth.5   Smooth.9
0    1949-01         112  112.000000  112.000000
1    1949-02         118  116.000000  117.454545
2    1949-03         132  125.142857  130.558559
3    1949-04         129  127.200000  129.155716
4    1949-05         121  124.000000  121.815498
5    1949-06         135  129.587302  133.681562
6    1949-07         148  138.866142  146.568157
7    1949-08         148  143.450980  147.856816
8    1949-09         136  139.718200  137.185682
9    1949-10         119  129.348974  120.818568
10   1949-11         104  116.668295  105.681857
```

No entanto, a suavização exponencial simples não apresenta um bom desempenho (para predição) no caso de dados com uma tendência de longo prazo. O método de Holt e a suavização de Holt-Winters (HW) são dois métodos de suavização exponencial aplicados a dados com uma tendência ou com tendência e sazonalidade.

Há muitas outras técnicas de suavização bastante utilizadas. Por exemplo, os filtros de Kalman suavizam os dados ao modelar um processo de série temporal como uma combinação de dinâmica conhecida e erro de medição. O LOESS (abreviação de locally estimated scatter plot smoothing, ou suavizador de gráfico de dispersão localmente estimado) é um método não paramétrico de suavização local de dados. Esses e outros métodos oferecem paulatinamente formas mais complexas de entender a suavização, porém exigem um custo computacional maior. Vale a pena destacar que os métodos Kalman e LOESS incorporam dados antes e depois no tempo, então, se você utilizá-los, fique ciente de que pode ocorrer o vazamento de informações que retrocedem no tempo, bem como o fato de que esses métodos normalmente não são apropriados para preparar dados que serão usados em previsões.

A suavização é uma forma comumente usada de previsão, e você pode utilizar uma série temporal suavizada (sem lookahead) como um modelo null ao testar se um método mais sofisticado está gerando uma previsão bem-sucedida.

Como Iniciar um Cálculo de Suavização

A importância de se usar uma função de suavização exponencial empacotada é que é difícil obter o início adequado de sua série suavizada. Imagine que o primeiro ponto em sua série é igual a 3 e o segundo ponto é igual a 6. Imagine também que o seu fator de desconto (que você define de acordo com a rapidez desejada para que a média se adapte às informações mais recentes) é igual a 0,7, de modo que você calcularia o segundo ponto em sua série como:

$$3 \times 0,7 + 6 \times (1 - 0,7) = 3,9$$

Na verdade, você estaria errado. O problema é que multiplicar o fator de desconto 0,7 por 3 pressupõe implicitamente que 3 é a soma de seu conhecimento que volta ao infinito no tempo, em vez de um mero ponto de dados que acabou de medir. Logo, ele pesa indevidamente 3 em relação a 6, como se 3 tivesse um conjunto de conhecimentos de longa data do que realmente tem.

O cálculo para derivar essa expressão é muito complicado, ainda mais para usá-lo em uma pequena barra lateral. Confira a seção de leituras e recursos adicionais no final deste capítulo para mais detalhes. Enquanto isso, recomenda-se que o 6 deve ser ponderado um pouco mais do que aqui, e o 3 ponderado um pouco menos. Conforme você avança em uma série de tempo, seus valores mais antigos devem ser ponderados mais perto de seu verdadeiro fator de desconto de 0,7. Isso pode ser visto na álgebra de expressões derivadas, então não deixe de conferir o final deste capítulo.

Dados Sazonais

Quando se trata de dados, a sazonalidade é qualquer tipo de comportamento recorrente no qual a frequência é estável. Pode ocorrer em muitas frequências diferentes e ao mesmo tempo. Por exemplo, o comportamento humano é propenso a ter uma sazonalidade diária (almoço no mesmo horário todos os dias), uma sazonalidade semanal (as segundas-feiras são semelhantes às outras segundas-feiras) e uma sazonalidade anual (o dia de ano-novo costuma ter pouco trânsito). Os sistemas físicos também apresentam sazonalidade, como o período que a Terra leva para girar em torno do Sol.

Identificar e lidar com a sazonalidade faz parte do processo de modelagem. Por outro lado, é também uma forma de limpeza de dados, como o economicamente importante relatório de empregos do Gabinete de Estatísticas do Trabalho dos EUA (*https://perma.cc/GX6J-QJG9*). Na verdade, muitas estatísticas do governo, principalmente as econômicas, são dessazonalizadas quando divulgadas.

Para ver o que a suavização de dados sazonais pode fazer, retornamos ao conjunto canônico de dados das contagens de passageiros de companhias aéreas. Um gráfico revela rápido que se trata de dados altamente sazonais, mas apenas se o plotarmos corretamente.

Observe a diferença entre usar o gráfico-padrão do R (que usa pontos; veja a Figura 2-10) versus adicionar o argumento para indicar que você quer uma linha (Figura 2-11).

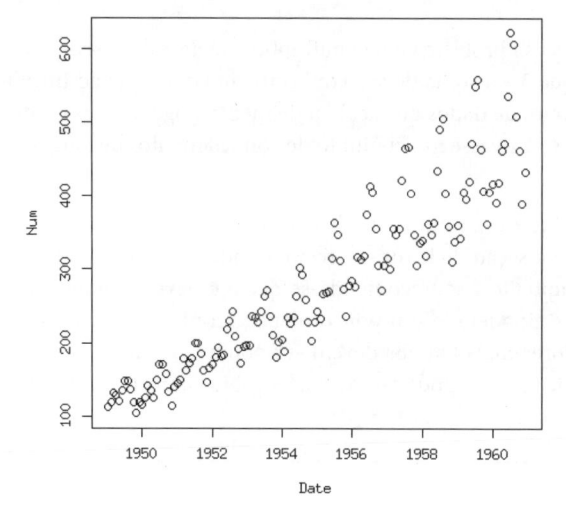

Figura 2-10. O aumento da média e da variância dos dados são aparentes em um gráfico de dispersão, mas não vemos uma tendência sazonal óbvia.

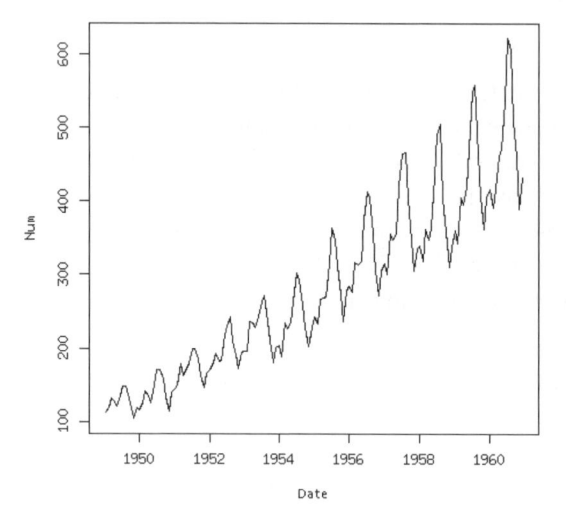

Figura 2-11. Um gráfico linear mostra claramente a sazonalidade.

Caso analise apenas o gráfico-padrão do R, a natureza sazonal dos dados pode enganá-lo. Felizmente, isso não duraria muito tempo, já que sem dúvida você também exploraria seus dados de forma mais completa, talvez com um gráfico de autocorrelação (analisado no Capítulo 3) ou outros diagnósticos.

Os Humanos São Criaturas com Hábitos

Com os dados do comportamento humano, quase sempre há alguma forma de sazonalidade, mesmo com diversos ciclos (um padrão de horário, semanal, verão-inverno etc.).

O gráfico de dispersão mostra algumas informações mais claramente do que o gráfico de linha. A variância de nossos dados está aumentando, assim como a média, o que fica mais óbvio quando vemos uma nuvem de pontos de dados se projetando externa e cônica, inclinada para cima. Esses dados claramente têm uma tendência, assim provavelmente recorreremos à data transformation [transformação de dados], talvez a log transform [transformação log ou transformação logarítmica] ou a data differencing [diferenciação de dados], dependendo das demandas de nosso modelo. Esses dados também apresentam uma clara tendência de variância crescente. Falaremos mais sobre as transformações de dados específicas do modelo em dados sazonais nos capítulos de modelagem, por isso, não entraremos em detalhes aqui.

Além da evidência de sazonalidade do gráfico de linha, obtemos também informações úteis: informações sobre que *tipo* de sazonalidade. Ou seja, vemos que os dados não são apenas sazonais, mas sazonais de forma multiplicativa. À medida que os valores gerais aumentam, aumentam também as oscilações sazonais (pense nisso como o dimensionamento da flutuação entre os níveis máximo e mínimo ou oscilações pico-vale).

Podemos decompor facilmente os dados em seus componentes sazonais, de tendência e os restantes em apenas uma linha R:

```R
## R
> plot(stl(AirPassengers, "periodic"))
```

Tomando como base os dados originais, o gráfico resultante parece razoável (veja a Figura 2-12). Podemos imaginar a adição dos dados sazonais, de tendência e do restante para obter a série original. Podemos observar também que essa decomposição em particular não levou em consideração o fato de que essa série apresenta uma sazonalidade multiplicativa em vez de aditiva, pois os resíduos são maiores no início e no final da série temporal. Aparentemente, essa decomposição se estabeleceu na variância sazonal média como variância do componente sazonal.

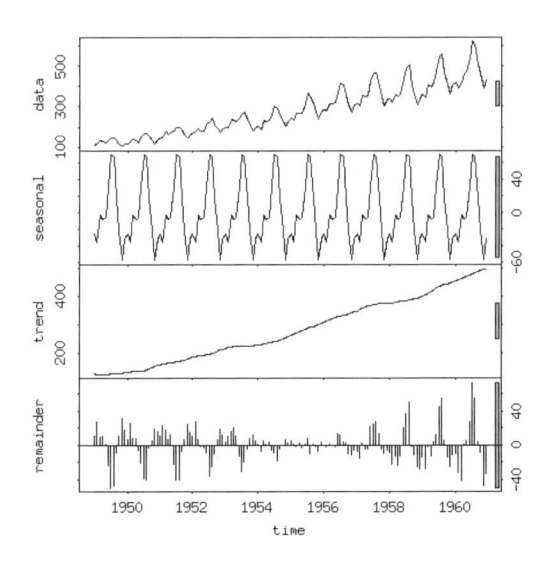

Figura 2-12. Uma decomposição da série temporal original em um componente sazonal, uma tendência e os resíduos. Preste atenção a cada eixo y do gráfico, pois eles são muito diferentes. Repare que esse é o motivo das barras cinzas no lado direito de cada gráfico. Elas apresentam o mesmo tamanho absoluto (em unidades do eixo y), de modo que sua exibição relativamente diferente é um lembrete visual das diferentes escalas do eixo y em diferentes componentes.

Para uma compreensão inicial de como isso funciona, podemos recorrer à documentação oficial do R:

> O LOESS encontra o componente sazonal e suaviza as subséries sazonais (as séries de todos os valores de janeiro, ...). Se s.window = "periodic", a suavização é efetivamente substituída pela média. Os valores sazonais são removidos, e o restante é suavizado para identificar a tendência. O nível geral é removido do componente sazonal e adicionado ao componente de tendência. Esse processo é iterado algumas vezes. O componente restante são os resíduos do ajuste sazonal mais tendência.

LOESS, apresentado anteriormente, é um método exigente em termos computacionais. Ele suaviza os pontos de dados que envolve uma janela móvel [moving window] para estimar o valor suavizado de cada ponto com base em seus vizinhos (espero que seu alerta de lookahead esteja ligado!).

Dados Sazonais e Dados Cíclicos

As séries temporais sazonais são séries temporais em que os comportamentos se repetem durante um período fixo. É possível ter várias periodicidades refletindo diferentes ritmos de sazonalidade, como a sazonalidade diária de 24 horas versus as estações do calendário de 12 meses, ambas as quais apresentam fortes características na maioria das séries temporais relacionadas ao comportamento humano.

As séries temporais cíclicas também apresentam comportamentos recorrentes, mas elas têm um período variável. Um exemplo comum é um ciclo de negócios, como os ciclos de alta e baixa do mercado de ações, que têm uma duração incerta. Da mesma forma, os vulcões apresentam comportamentos cíclicos, mas não sazonais. Conhecemos os períodos aproximados de erupção, mas eles não são precisos e variam com o tempo.

Fusos Horários

Os fusos horários são intrinsecamente entediantes, um pé no saco e difíceis de se acertar, mesmo com muito esforço. Por isso, você nunca deve usar sua própria solução. Desde a sua própria invenção, os fusos horários têm sido complicados e só ficaram mais complicados com o advento dos computadores pessoais. Há muitas razões para isso:

- Os fusos horários são moldados por decisões políticas e sociais.
- Não existe um padrão para transportar informações de fuso horário entre as linguagens de programação ou por meio de um protocolo HTTP.
- Não existe um protocolo único para nomear fusos horários ou para determinar as datas de início e o término dos ajustes de horário de verão.

- Graças ao horário de verão, alguns horários podem ocorrer duas vezes por ano no mesmo fuso horário!

A maioria das linguagens depende do sistema operacional para obter informações de fuso horário. Infelizmente, a função de recuperação automática de tempo integrada ao Python, `date time.datetime.now()`, não retorna um timestamp consciente do fuso horário. Isso se deve ao design da linguagem. Algumas das decisões tomadas pela biblioteca padrão incluem proibir informações de fuso horário no módulo `datetime` (porque essas informações mudam com muita frequência) e permitir objetos `datetime` com e sem informações de fuso horário. No entanto, comparar um objeto com fuso horário a outro sem fuso horário causará um `TypeError`.

Alguns blogueiros afirmam que a maioria das bibliotecas é escrita com o pressuposto de que `tzinfo==None`. Ainda que seja difícil sustentar essa alegação, ela é compatível com a experiência de muitos profissionais. As pessoas também relatam dificuldades com objetos que têm timestamp de fuso horário e são serializados/desserializados pelo módulo pickle. Assim, se você planejar usar o pickling[8], fique atento.

Então vamos conferir como trabalhar com fusos horários em Python. As principais bibliotecas que você provavelmente usará são `datetime`, `pytz` e a `dateutil`. Além disso, o Pandas disponibiliza uma funcionalidade conveniente, relacionada ao fuso horário, desenvolvida com base nas duas últimas bibliotecas. A seguir, abordaremos a funcionalidade de fuso horário mais importante.

Primeiro, repare que quando você recupera o "now" do módulo `datetime`, ele não vem com informações de fuso horário, embora forneça a hora apropriada para seu fuso horário. Observe, por exemplo, a diferença nas respostas para `now()` e `utcnow()`:

```python
## python
>>> datetime.datetime.utcnow()
datetime.datetime(2018, 5, 31, 14, 49, 43, 187680)

>>> datetime.datetime.now()
datetime.datetime(2018, 5, 31, 10, 49, 59, 984947)
>>> # Como podemos ver, minha máquina não retorna UTC,
>>> # embora não haja fuso horário anexado.

>>> datetime.datetime.now(datetime.timezone.utc)
datetime.datetime(2018, 5, 31, 14, 51, 35, 601355,
            tzinfo=datetime.timezone.utc)
```

Observe que, se passarmos em um fuso horário, obteremos as informações corretas, mas esse não é o comportamento padrão. Para trabalhar com fusos horários em Python, criamos um objeto de fuso horário, como `western` para o fuso horário do Pacífico dos EUA:

---

8   Pickling (serialização/desserialização) é o processo de armazenamento de objetos Python em formato de byte. Isso é feito por meio do popular módulo `pickle`. Na maioria das vezes, o pickling funciona bem, mas em outras, os objetos relacionados ao tempo podem ser difíceis de serializar/desserializar.

```python
## python
>>> western = pytz.timezone('US/Pacific')
>>> western.zone
'US/Pacific'
```

Podemos então usar esses objetos para `localize` um fuso horário da seguinte forma:

```python
## python
>>> ## A API oferece suporte a duas maneiras de construir um horário
>>> ## consciente do fuso horário, seja por meio de 'localize' ou
>>> ## para converter um fuso horário de um local em outro.
>>> # Aqui, usei o localize
>>> loc_dt = western.localize(datetime.datetime(2018, 5, 15, 12, 34, 0))

datetime.datetime(2018, 5, 15, 12, 34,
        tzinfo=<DstTzInfo 'US/Pacific' PDT-1 day, 17:00:00 DST>)
```

Veja, no entanto, que passar o fuso horário diretamente para o construtor do `datetime` em geral não gera o resultado que esperávamos:

```python
## python
>>> london_tz = pytz.timezone('Europe/London')
>>> london_dt = loc_dt.astimezone(london_tz)

>>> london_dt
datetime.datetime(2018, 5, 15, 20, 34,
        tzinfo=<DstTzInfo 'Europe/London' BST+1:00:00 DST>)

>>> f = '%Y-%m-%d %H:%M:%S %Z%z'
>>> datetime.datetime(2018, 5, 12, 12, 15, 0,
                    tzinfo = london_tz).strftime(f)
'2018-05-12 12:15:00 LMT-0001'

>>> ## Como destacado na documentação, o pytz usando o tzinfo do inicializador
>>> ## datetime.datetime nem sempre leva ao resultado desejado,
>>> ## como no exemplo de Londres.

>>> ## De acordo com a documentação do pytz, esse método leva aos resultados
>>> ## desejados em fusos horários sem horário de verão.
```

Isso é importante, como quando você está calculando time deltas. O primeiro exemplo dos três seguintes é uma pegadinha:

```python
## python
>>> # Em geral, você quer armazenar dados em UTC
>>> # e converter apenas ao gerar saída legível para usuários.
>>> # você também pode calcular a data com fusos horários.
>>> event1 = datetime.datetime(2018, 5, 12, 12, 15, 0,
                               tzinfo = london_tz)
>>> event2 = datetime.datetime(2018, 5, 13, 9, 15, 0,
                               tzinfo = western)
>>> event2 - event1
>>> ## Isso resultará no time delta errado,
>>> ## porque os fusos horários não foram rotulados corretamente.

>>> event1 = london_tz.localize(
             datetime.datetime(2018, 5, 12, 12, 15, 0))
>>> event2 = western.localize(
             datetime.datetime(2018, 5, 13, 9, 15, 0))
>>> event2 - event1

>>> event1 = london_tz.localize(
             (datetime.datetime(2018, 5, 12, 12, 15, 0))).
                 astimezone(datetime.timezone.utc)
>>> event2 = western.localize(
             datetime.datetime(2018, 5, 13, 9, 15, 0)).
                 astimezone(datetime.timezone.utc)
>>> event2 - event1
```

O pytz fornece uma lista de fusos horários comuns e fusos horários por país, sendo que ambos podem ser referências úteis:

```python
## python
## Dê uma olhada no pytz.common_timezones
>>> pytz.common_timezones
(long output...)

## Ou países específicos
>>> pytz.country_timezones('RU')
['Europe/Kaliningrad', 'Europe/Moscow', 'Europe/Simferopol',
'Europe/Volgograd', 'Europe/Kirov', 'Europe/Astrakhan',
'Europe/Saratov', 'Europe/Ulyanovsk', 'Europe/Samara',
'Asia/Yekaterinburg', 'Asia/Omsk', 'Asia/Novosibirsk',
'Asia/Barnaul', 'Asia/Tomsk', 'Asia/Novokuznetsk',
'Asia/Krasnoyarsk', 'Asia/Irkutsk', 'Asia/Chita',
'Asia/Yakutsk', 'Asia/Khandyga', 'Asia/Vladivostok',
'Asia/Ust-Nera', 'Asia/Magadan', 'Asia/Sakhalin',
'Asia/Srednekolymsk', 'Asia/Kamchatka', 'Asia/Anadyr']
>>>
>>> pytz.country_timezones('fr')
>>> ['Europe/Paris']
```

Um problema cabeludo é a questão do horário de verão. Certos tempos legíveis a usuários passam a existir duas vezes (anterior ao outono), enquanto outros nem existem (foram pulados na primavera):

```python
## python
>>> ## Fusos horários
>>> ambig_time = western.localize(
                    datetime.datetime(2002, 10, 27, 1, 30, 00)).
                    astimezone(datetime.timezone.utc)
>>> ambig_time_earlier = ambig_time - datetime.timedelta(hours=1)
>>> ambig_time_later = ambig_time + datetime.timedelta(hours=1)
>>> ambig_time_earlier.astimezone(western)
>>> ambig_time.astimezone(western)
>>> ambig_time_later.astimezone(western)

>>> #Resultados nesta saída
datetime.datetime(2002, 10, 27, 1, 30,
          tzinfo=<DstTzInfo 'US/Pacific' PDT-1 day, 17:00:00 DST>)
datetime.datetime(2002, 10, 27, 1, 30,
          tzinfo=<DstTzInfo 'US/Pacific' PST-1 day, 16:00:00 STD>)
datetime.datetime(2002, 10, 27, 2, 30,
          tzinfo=<DstTzInfo 'US/Pacific' PST-1 day, 16:00:00 STD>)
>>> # Veja que os dois últimos timestamps são idênticos, nada bom!


>>> ## Nesse caso, você precisa usar is_dst para indicar
>>> ## se o horário de verão está em vigor.

>>> ambig_time = western.localize(
        datetime.datetime(2002, 10, 27, 1, 30, 00), is_dst = True).
          astimezone(datetime.timezone.utc)
>>> ambig_time_earlier = ambig_time - datetime.timedelta(hours=1)
>>> ambig_time_later = ambig_time + datetime.timedelta(hours=1)
>>> ambig_time_earlier.astimezone(western)
>>> ambig_time.astimezone(western)
>>> ambig_time_later.astimezone(western)

datetime.datetime(2002, 10, 27, 0, 30,
          tzinfo=<DstTzInfo 'US/Pacific' PDT-1 day, 17:00:00 DST>)
datetime.datetime(2002, 10, 27, 1, 30,
          tzinfo=<DstTzInfo 'US/Pacific' PDT-1 day, 17:00:00 DST>)
datetime.datetime(2002, 10, 27, 1, 30,
          tzinfo=<DstTzInfo 'US/Pacific' PST-1 day, 16:00:00 STD>)
## Veja que agora não temos o mesmo tempo acontecendo duas vezes.
## Pode parecer assim até que você verifique o deslocamento do UTC.
```

As preocupações com o fuso horário podem não assumir tanta importância em seu trabalho, então a utilidade desse conhecimento dependerá da natureza dos seus dados. Sem dúvida, há situações em que errar pode ser catastrófico (digamos, gerar previsões do tempo para aviões comerciais que voam durante a mudança de horário e, de repente, os pilotos descobrem que suas rotas foram radicalmente alteradas).

Prevenindo o Lookahead

Um lookahead pode se intrometer fácil e perigosamente em um pipeline de modelagem, sobretudo aqueles com interfaces de manipulação de dados funcionais vetorizadas, como as oferecidas por R e Python. Basta deslocar uma variável na direção errada, deslocá-la mais ou menos do que você pretendia, ou se deparar com dados que não são totalmente "honestos", no sentido de que você tem dados disponíveis antes que fossem conhecidos em seu sistema.

Infelizmente, não existe um diagnóstico estatístico definitivo para um lookahead — afinal, toda a empreitada da análise de séries temporais é modelar o desconhecido. A menos que um sistema seja um tanto determinístico com leis dinâmicas conhecidas, pode ser difícil distinguir um modelo muito bom de um modelo com lookahead — isto é, até você subir um modelo em produção e perceber que ele tem dados ausentes, quando, na verdade, não era para ter, ou perceber que seus resultados em produção não refletem o que você vê durante o treinamento.

O melhor jeito de fugir dessa situação constrangedora é estar constantemente atento. Sempre que você está alterando dados no tempo, suavizando dados, imputando dados ou fazendo upsampling de dados, pergunte-se se consegue saber algo em um determinado momento. Lembre-se de que não se trata apenas do tempo do calendário. Inclui também lags de tempo realistas para refletir quanto tempo de lag existe entre algo acontecendo e sua organização ter esses dados disponíveis. Por exemplo, se sua organização usa o Twitter apenas semanalmente para coletar seus dados de análise semântica, é necessário incluir essa periodicidade semanal em seu treinamento e segmentação de dados de validação. Da mesma forma, caso possa treinar novamente seu modelo apenas uma vez por mês, precisará descobrir qual modelo se aplicaria a quais dados ao longo do tempo. Você não pode, por exemplo, treinar um modelo para julho e depois testá-lo em julho, pois em uma situação real você não teria aquele modelo treinado a tempo, caso o mesmo treinamento demorasse muito.

A seguir, veja algumas ideias para incluir em seu checklist geral. Ao planejar a construção de um modelo e ao auditar seu processo, não esqueça:

- Caso esteja suavizando dados ou imputando dados ausentes, pense cuidadosamente se isso pode impactar seus resultados introduzindo um lookahead. E não pense somente nisso — teste, como fizemos antes, e veja como as imputações e suavização funcionam. Elas parecem voltadas para o futuro? Em caso afirmativo, você pode justificar o uso delas? (Provavelmente não!)

- Construa todo o seu processo com um conjunto muito pequeno de dados (apenas algumas linhas em um `data.table` ou algumas linhas de intervalo de tempo em qualquer formato de dados). Em seguida, faça verificações aleatórias em cada etapa do processo e veja se transferiu sem querer alguma informação temporariamente para um local inadequado.

- Para cada tipo de dado, descubra qual é o lag em relação ao seu próprio timestamp. Por exemplo, se o timestamp é registrado quando os dados "acontecem", mas não quando foram carregados para seus servidores, é necessário saber disso. Diferentes colunas de um dataframe podem ter lags distintos. Para resolver isso, você pode customizar o lag por dataframe ou (melhor e mais realista) escolher o maior lag e aplicá-lo a tudo. Embora não queira pessimizar seu modelo indevidamente, é um bom ponto de partida, depois do qual você pode relaxar essas regras restritas uma de cada vez, e com cuidado!

- Use o teste de erro consciente (rolling) ou validação cruzada. Analisaremos isso no Capítulo 11, mas lembre-se de que randomizar seus conjuntos de dados de treinamento versus teste não funciona com dados de série temporal. Não é nada bom as informações do futuro vazarem para os modelos do passado.

- Introduza de propósito um lookahead e veja como seu modelo se comporta. Teste vários graus de lookahead para ter uma ideia de como ele modifica a acurácia. Tendo uma ideia da acurácia com o lookahead, você tem noção do que o máximo de lookahead fará em um modelo real sem um conhecimento injusto do futuro. Lembre-se de que muitos problemas de série temporal são bastante espinhosos, logo um modelo com lookahead pode parecer ótimo até que você perceba que está lidando com um conjunto de dados de alto ruído/baixo sinal.

- Adicione aos poucos as características, ainda mais aquelas que você esteja processando, de modo que seja possível procurar por saltos. Um sinal de lookahead é quando uma determinada característica se torna inesperadamente boa, mas a explicação para isso não é tão boa. Lookahead deve ser o primeiro item de seu checklist.

 O processamento e a limpeza de dados relacionados ao tempo podem ser um processo tedioso e repleto de detalhes. Quando se trata de limpeza e processamento de dados, o maior perigo são os *lookaheads*! Você deve introduzir lookaheads apenas se forem intencionais, e isso raramente é adequado.

Leituras e Recursos Adicionais

- Sobre dados ausentes:

Steffen Moritz et al., "Comparison of Different Methods for Univariate Time Series Imputation in R", artigo de pesquisa não publicado, 13 de outubro de 2015: https:// perma.cc/ M4LJ-2DFB.

Síntese minuciosa de 2015 que descreve os métodos disponíveis para imputar dados de série temporal, no caso de dados de série temporal univariadas. Os dados de série temporal univariada representam um desafio e tanto, já que muitos métodos avançados de imputação de dados ausentes dependem da análise de distribuições entre covariáveis, opção que não está disponível no caso de uma série temporal univariada. Esse artigo sintetiza a usabilidade e o desempenho de vários pacotes R, bem como os resultados empíricos dos métodos disponíveis em uma variedade de conjuntos de dados.

James Honaker e Gary King, "What to Do About Missing Values in Time-Series Cross-Section Data", American Journal of Political Science 54, no. 2 (2010): 561–81, https:// perma.cc/8ZLG-SMSX.
Artigo que explora as práticas recomendadas para dados ausentes em séries temporais com amplos grupos de covariáveis.

Léo Belzile, "Notes on Irregular Time Series and Missing Values", n.d.: https://perma. cc/8LHP-92FP.
O autor fornece exemplos de trabalho com dados irregulares como um problema de dados ausentes e uma visão geral de alguns pacotes R comumente usados.

- Sobre fusos horários:

Tom Scott, The Problem with Time & Timezones, Computerphile video, 30 de dezembro de 2013: https://oreil.ly/iKHkp.
Vídeo do YouTube de 10 minutos com mais de 1,5 milhão de visualizações mostra os perigos e desafios de lidar com fusos horários, sobretudo no contexto web application.

Wikipedia, "Time Zone": https://perma.cc/J6PB-232C.
História fascinante que resume e fornece alguns insights sobre como a marcação temporal funcionava antes do século passado e como os avanços da tecnologia (começando com as ferrovias) levaram à necessidade crescente de pessoas em diferentes locais coordenarem seu tempo. Apresenta também alguns mapas divertidos de fusos horários.

Declan Butler, "GPS Glitch Threatens Thousands of Scientific Instruments", Nature, 3 de abril de 2019: https://perma.cc/RPT6-AQBC.
Esse artigo não está diretamente relacionado a fusos horários, mas ao problema de timestamping de forma geral. Ele descreve um problema recente em que um bug no Sistema de Posicionamento Global dos EUA poderia ocasionar um problema aos dados com timestamps, porque transmite um "week number" binário de 10 dígitos que começou a ser contabilizado em 6 de janeiro de 1980. Esse sistema apenas dá conta de 1.024 semanas no total (2 elevado à potência de 10). Essa contagem foi alcançada pela segunda vez em abril de 2019. Dispositivos que não foram projetados para suportar essa limitação e dados científicos e industriais com timestamps incorretos são rebutados. Esse artigo descreve algumas das dificuldades com uma representação bastante limitada de tempo aliada a dispositivos científicos que não foram preparados para o futuro e tenta explicar o problema.

- Sobre suavização e sazonalidade:

Rob J. Hyndman e George Athanasopoulos,"Exponential Smoothing", in Forecasting: Principles and Practices, 2nd ed. (Melbourne: OTexts, 2018): https:// perma.cc/UX4K -2V5N.
Neste capítulo introdutório do livro acadêmico, Hyndman e Athanasopoulos abordam os métodos de suavização exponencial para dados de séries temporais, incluindo uma técnica de classificação útil de suavização exponencial e usos de suavização exponencial para apps de previsão.

David Owen, "The Correct Way to Start an Exponential Moving Average", blog Forward Motion, 31 de janeiro de 2017: https://perma.cc/ZPJ4-DJJK.
Conforme destacado anteriormente, as médias móveis exponenciais são conceitualmente simples e fáceis de calcular, mas como "iniciar" o cálculo é um pouco complicado. Queremos assegurar de que nossa média móvel se adapta às novas informações de forma a reconhecer há quanto tempo está as registrando. Se começarmos uma média móvel sem levar isso em consideração, até uma nova média móvel se comportará como se tivesse uma retrospeção infinita e descontará indevidamente novas informações em relação ao que deveria fazer. Nessa postagem de blog, mais detalhes e uma solução computacional são apresentados.

Avner Abrami, Aleksandr Arovkin e Younghun Kim, "Time Series Using Exponential Smoothing Cells", artigo de pesquisa não publicado, revisado pela última vez em 29 de setembro de 2017: https://perma.cc/2JRX-K2JZ.
Artigo de pesquisa de série temporal extremamente acessível, postulando a ideia de suavização exponencial simples para desenvolver "células de suavização exponencial".

- Sobre análise de dados funcionais:

Jane-Ling Wang, Jeng-Min Chiou e Hans-Georg Müller, "Review of Functional Data Analysis", Annual Reviews of Statistics and its Application, 2015: https:// perma.cc/ 3DNT-J9EZ.
Artigo de estatística que fornece uma visão matemática acessível de importantes técnicas de análise de dados funcionais. Ao longo do artigo, os autores exemplificam técnicas de visualização úteis.

Shahid Ullah e Caroline F. Finch, "Applications of Functional Data Analysis: A Systematic Review", BMC Medical Research Methodologyv, 13, no. 43 (2013): https:// perma.cc/VGK5-ZEUX.
Resenha com abordagem multidisciplinar para o levantamento de análises publicadas recentemente usando a análise de dados funcionais. Os autores argumentam que as técnicas de análise de dados funcionais têm uma aplicabilidade bem mais ampla do que é atualmente reconhecido e defendem que as ciências biológicas e da saúde poderiam se beneficiar mais do uso dessas técnicas para examinar os dados de séries temporais médicas.

Análise Exploratória de Dados para Séries Temporais

Dividiremos nosso estudo sobre análise exploratória de dados para séries temporais em duas seções diferentes. Na primeira, discutiremos a aplicabilidade de métodos de dados comumente usados em séries temporais. Em termos específicos, analisaremos como histogramas, plotagem e operações group-by podem ser aplicados a dados de séries temporais.

Na segunda, destacaremos os métodos essencialmente temporais para análise de séries temporais — ou seja, métodos desenvolvidos especificamente para dados de séries temporais cuja lógica só faz sentido no contexto de pontos de dados relacionados de forma temporal entre si (em vez de serem relacionados de forma transversal).

Métodos Conhecidos

Começaremos pensando em como aplicar técnicas de exploração de dados normalmente usadas em conjuntos de dados de séries temporais. Em primeiro lugar, o processo é igual ao utilizado nos dados que não são de séries temporais. Queremos saber as colunas disponíveis, seus intervalos de valores e quais unidades lógicas de medição funcionam melhor. Como em qualquer conjunto novo de dados, você fará as mesmas perguntas exploratórias:

- Existem correlações fortes entre algumas colunas?
- Qual é a média geral de uma variável relevante? Qual é a sua variância?

Para responder a essas perguntas, pode-se recorrer às técnicas conhecidas, como plotagem, síntese estatística, histogramas e gráficos de dispersão específicos. Você também buscará respostas para perguntas explicitamente temporais, como:

- Qual é o intervalo de valores que você vê? Eles variam por período de tempo ou outra unidade lógica de análise?

- Os dados parecem consistentes e medidos de um jeito uniforme ou sugerem mudanças na medição ou no comportamento ao longo do tempo?

Para responder a todas essas perguntas, é necessário que os métodos citados anteriormente — histogramas, gráficos de dispersão e síntese estatística — levem em consideração o eixo temporal. E para implementar esse comportamento, incorporaremos o tempo em nossas estatísticas como eixo em nossos gráficos ou como operações group by, iguais àquelas aplicadas a histogramas ou gráficos de dispersão.

No restante desta seção, veremos exemplos de análise exploratória de dados com alguns tipos diferentes de dados de séries temporais a fim de estudarmos como podemos usar métodos tradicionais atemporais diretamente ou com modificações específicas de tempo. E para demonstrar esses métodos exploratórios, utilizaremos dados provenientes dos mercados europeus de ações, um conjunto de dados de séries temporais disponível na base R.

Operações Group-by

Podemos agrupar os dados de séries temporais, assim como os dados não temporais. Logo, podemos usar as operações group-by-style. Por exemplo, em dados transversais é possível obter médias de grupo com base na idade, sexo ou bairro. Na análise de séries temporais, talvez você queira usar as operações exploratórias group-by, como calcular uma média mensal ou as medianas semanais. Pode-se combinar grupos temporais e atemporais, como a média mensal do consumo de calorias por gênero em uma população ou a média semanal da quantidade de sono por faixa etária em um conjunto de pacientes hospitalizados. O agrupamento de dados possibilita que o eixo temporal interaja de muitas formas com outros relacionamentos dentro dos dados. Por exemplo:

- Talvez você queira analisar diferentes períodos de tempo separadamente, caso esteja esperando uma mudança de sistema por motivos externos. Use sua análise exploratória a fim de encontrar demarcações coerentes para diferentes períodos de tempo expressivos.

- Você pode descobrir que os dados apresentados como uma única série (como quando as doações são feitas) se tornam mais evidentes quando divididos em muitos processos paralelos (tal como uma base cronológica de doações individuais).

Gráficos e Plotagens

Exploraremos uma típica série temporal fornecida pelo R, o conjunto de dados `EuStockMarkets`. Vamos analisar o head [cabeçalho] do conjunto de dados para entendê-lo melhor.

```
## R
> head(EuStockMarkets)
        DAX    SMI    CAC    FTSE
[1,] 1628.75 1678.1 1772.8 2443.6
[2,] 1613.63 1688.5 1750.5 2460.2

[3,] 1606.51 1678.6 1718.0 2448.2
[4,] 1621.04 1684.1 1708.1 2470.4
[5,] 1618.16 1686.6 1723.1 2484.7
[6,] 1610.61 1671.6 1714.3 2466.8
```

Esse é um conjunto integrado de dados na base R, com os preços dos fechamentos diários dos quatro principais índices europeus de ações da bolsa de 1991 a 1998, apenas com os dias úteis. Sendo o conjunto de dados mais bem preparado que vimos até agora, ele já vem adequadamente formatado e amostrado. Como não é necessário nos preocuparmos com valores ausentes, fusos horários ou medições incorretas, vamos à análise exploratória de dados.

As primeiras etapas para examiná-los serão muito parecidas com aquelas de uma série não temporal, embora a análise com dados temporais seja mais simples do que com dados transversais. Podemos plotar cada valor individual, e faz sentido montar um gráfico assim. Compare-o com os dados transversais, em que um gráfico de qualquer característica individual em relação ao seu índice no conjunto de dados revelará apenas, quando muito, a ordem em que os dados foram inseridos em uma tabela de dados ou retornados de um servidor SQL (ou seja, em ordem arbitrária), não revelando nada sobre o contexto subjacente. Mas a plotagem das séries temporais é bastante informativa, como mostra a Figura 3-1.

```
## R
> plot(EuStockMarkets)
```

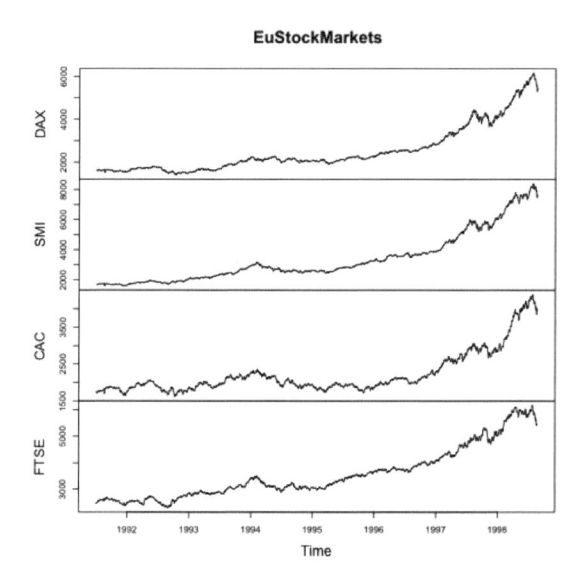

Figura 3-1. Um gráfico simples dos dados das séries temporais.

Perceba que a imagem é segmentada automaticamente em diferentes séries temporais com um simples comando `plot()`. Na verdade, como mostrado aqui, estamos usando um objeto `mts` do R (estaríamos usando um objeto `ts` se houvesse apenas uma série temporal, mas temos várias em paralelo):

```
## R
> class(EuStockMarkets)
[1] "mts"    "ts"      "matrix"
```

Muitos pacotes populares usam intensamente objetos `ts` e classes derivadas. Esses objetos vêm com boas chamadas automáticas para funções aplicáveis de plotagem, como vimos no exemplo anterior, em que simplesmente chamamos o `plot()` e ele criou um gráfico multipainel bem rotulado. Os objetos `ts` também apresentam algumas funções convenientes:

- `frequency` para descobrir a frequência anual dos dados:

  ```
  ## R
  > frequency(EuStockMarkets)
  [1] 260
  ```

- `start` e `end` para encontrar o primeiro e o último tempo representado na série:

  ```
  ## R
  > start(EuStockMarkets)
  [1] 1991   130
  > end(EuStockMarkets)
  1] 1998   169
  ```

- `window` para obter uma seção temporal dos dados:

  ```
  ## R
  > window(EuStockMarkets, start = 1997, end = 1998)
  Time Series:
  Start = c(1997, 1)
  End = c(1998, 1)
  Frequency = 260          DAX SMI CAC    FTSE
  1997.000 2844.09 3869.8 2289.6 4092.5
  1997.004 2844.09 3869.8 2289.6 4092.5
  1997.008 2844.09 3869.8 2303.8 4092.5
  ...
  1997.988 4162.92 6115.1 2894.5 5168.3
  1997.992 4055.35 5989.9 2822.9 5020.2
  1997.996 4125.54 6049.3 2869.7 5018.2
  1998.000 4132.79 6044.7 2858.1 5049.8
  ```

A classe `ts` tem suas vantagens e desvantagens. Como mencionado antes, a `ts` e suas classes derivadas são usadas em muitos pacotes de séries temporais. Além disso, a configuração automática dos parâmetros de plotagem pode ajudar. No entanto, a indexação às vezes é traiçoeira, e o processo de acessar as subseções de dados com a função `window` pode se complicar com o tempo. Neste livro, você verá diversas maneiras de conter e acessar dados de séries temporais, e caberá a você escolher a mais conveniente para seus casos de uso.

Histogramas

Vamos prosseguir com nossa comparação de análise exploratória de dados em séries temporais e dados não temporais. Gostaríamos de, por exemplo, obter um histograma dos dados, como se faz na maioria das análises exploratórias de dados. Acrescentamos uma dobra para obter também um histograma dos dados diferenciados, porque queremos usar nosso eixo do tempo (veja a Figura 3-2):

```R
## R
> hist(    EuStockMarkets[, "SMI"], 30)
> hist(diff(EuStockMarkets[, "SMI"], 30))
```

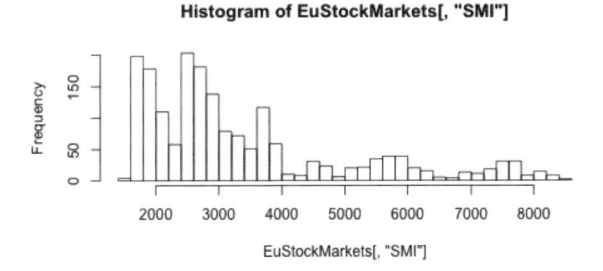

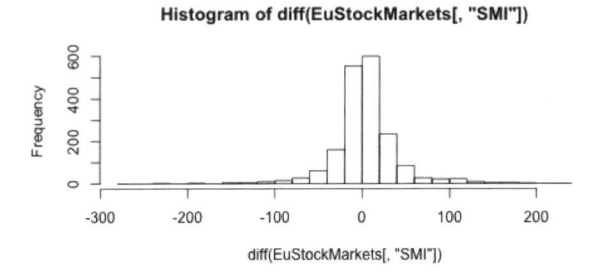

Figura 3-2. O histograma dos dados não transformados (parte superior) é bastante amplo e não mostra uma distribuição normal. Isso é esperado, visto que os dados subjacentes apresentam uma tendência. Diferenciamos os dados para remover a tendência e isso transforma os dados até uma forma de distribuição mais normal (parte inferior).

Em séries temporais, um `hist()` da diferença dos dados costuma ser mais interessante do que um `hist()` dos dados não transformados. Afinal, em séries temporais, não raro (ainda mais na área de finanças), o mais interessante é como o valor muda de uma medição para a próxima ao invés de mudar para a medição real desse mesmo valor. Isso vale ainda mais para plotagem, já que tirar o histograma de dados com uma tendência não gera uma visualização muito informativa.

Observe as novas informações que obtemos do histograma da série diferenciada. Enquanto os gráficos originais das ações na seção anterior retratavam um quadro econômico muito otimista com o aumento constante das ações, esse histograma nos mostra o cotidiano de alguém que acompanha o mercado de ações. O histograma da diferença nos informa que o valor da série temporal aumentou (valores de diferença positivos) e diminuiu (valores de diferença negativos) aproximadamente na mesma quantidade ao longo do tempo. Mas os índices de ações não subiram e caíram exatamente na mesma quantidade ao longo do tempo, pois sabemos que eles têm uma tendência de aumento. Contudo, nesse histograma, conseguimos ver que somente um pequeno viés favorável às diferenças positivas em relação às negativas esclareceria essa tendência.

Assim, esse é um bom exemplo de por que precisamos estar atentos na escala temporal ao amostrar, resumir e fazer perguntas sobre os dados. Se o desempenho será ótimo (gráfico de longo prazo) ou apenas mais ou menos (histograma de gráficos de diferença), isso dependerá de como é nossa escala temporal: preocupamo-nos com o dia a dia ou temos um horizonte de longo prazo? Se trabalhássemos em uma organização que negocia ações visando o lucro anual, seria necessário pensarmos no que aconteceria sempre que reportássemos a nossos chefes uma "diferença" que tende a valores negativos. Mas, se fôssemos um grande investidor institucional — talvez uma universidade ou um hospital —, poderíamos nos dar ao luxo de ter uma visão de longo prazo, com a previsão de uma escalada crescente. Este último cenário tem seus desafios: como vamos destinar tempo o suficiente para maximizar nosso lucro, mas não ao ponto de estender muito esse tempo? Esse é o tipo de pergunta que mantém o bom funcionamento do setor financeiro, das pesquisas e das predições sobre séries temporais.

Gráficos de Dispersão

O método tradicional de usar gráficos de dispersão é tão vantajoso para dados de séries temporais quanto para outros tipos de dados. Podemos usar gráficos de dispersão para determinar como duas ações estão vinculadas em um tempo específico e como suas mudanças de preço estão relacionadas ao longo do tempo.

Neste exemplo, representamos graficamente ambos os casos (veja a Figura 3-3):

- Os valores de duas ações diferentes ao longo do tempo.
- Os valores das mudanças diárias em relação a essas duas ações ao longo do tempo (via diferenciação) com a função `diff()` do R.

```
## R
> plot(    EuStockMarkets[, "SMI"],      EuStockMarkets[, "DAX"])
> plot(diff(EuStockMarkets[, "SMI"]), diff(EuStockMarkets[, "DAX"]))
```

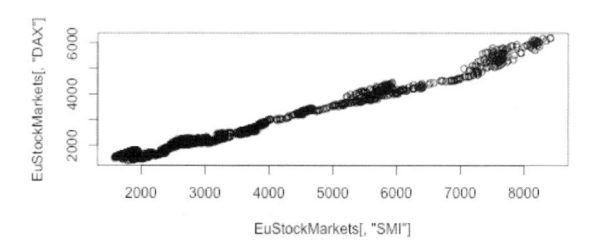

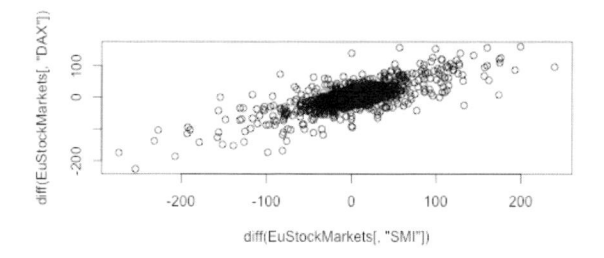

Figura 3-3. Esses gráficos de dispersão simples de dois índices de ações sugerem fortes correlações. No entanto, existem razões para desconfiarmos deles.

Como já vimos, os valores reais são menos informativos do que as diferenças entre pontos de tempo adjacentes, por isso plotamos as diferenças em um segundo gráfico de dispersão. À primeira vista, são correlações muito fortes, mas como nem tudo é o que parece, essas relações não são tão fortes assim. (Para se aprofundar, vá para a seção "Correlações Espúrias".)

As supostas correlações na Figura 3-3 são interessantes, mas, ainda que sejam correlações verdadeiras (e há motivos para duvidar que sejam), elas não são correlações que podemos monetizar como traders atuantes. Quando uma ação está em alta ou em queda, as outras ações com as quais ela está correlacionada também estarão, visto que estamos fazendo correlações de valores em pontos de tempo idênticos. O que precisamos fazer é descobrir se a mudança anterior no tempo de uma ação pode predizer a mudança posterior no tempo de outra ação. Para tal, recuamos uma das diferenças das ações em 1 antes de analisarmos o gráfico de dispersão. Leia o código a seguir com atenção; observe que ainda estamos diferenciando, mas agora estamos aplicando um lag a uma das séries temporais diferenciadas (veja a Figura 3-4):

```
## R
> plot(lag(diff(EuStockMarkets[, "SMI"]), 1),
        diff(EuStockMarkets[, "DAX"]))
```

 As linhas nesses exemplos de código são fáceis de ler porque cada seção está alinhada. Pode ser tentador escrever extensas linhas de código ilegível, sobretudo em uma linguagem de programação funcional como R ou Python, mas você deve evitar isso sempre que possível!

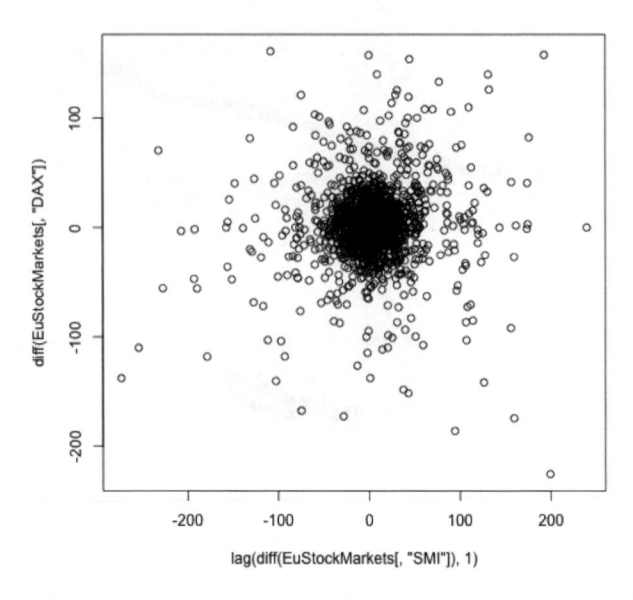

Figura 3-4. A correlação entre as ações desaparece assim que inserimos um lag de tempo, indicando que o SMI [Índice de Bolsa de Valores Suíço] não parece predizer o DAX [Índice de Ações Alemão].

Esse resultado nos apresenta muitos aspectos importantes:

- Embora possamos utilizar as mesmas técnicas exploratórias dos dados não temporais com dados de séries temporais, usos incoerentes não funcionarão. É necessário pensar em como explorar as mesmas técnicas, mas com dados remodelados.

- Não raro, é a relação entre os dados em pontos diferentes ou a mudança ao longo do tempo que informa mais sobre como seus dados se comportam.

- O gráfico na Figura 3-4 exemplifica por que pode ser difícil ser um trader. Se você for um investidor passivo e esperar que isso aconteça, pode se beneficiar com a tendência de alta de longo prazo. Porém, se está tentando predizer o futuro, verá que não é nada fácil!

 Talvez a função `lag()` do R não desloque os dados na direção temporal esperada. A função `lag()` é um salto temporal para o futuro. É importante lembrar-se disso, já que você não gostaria de deslocar os dados na direção temporal errada em um caso de uso específico, e saltos temporais para o futuro ou para o passado são justificáveis, dependendo dos casos de uso.

Métodos Exploratórios Específicos de Séries Temporais

Inúmeros métodos de análise de dados de séries temporais focam as relações de valores em tempos diferentes na mesma série, e você provavelmente nunca terá ouvido falar disso caso não tenha trabalhado com dados de séries temporais. No restante deste capítulo, estudaremos alguns conceitos e técnicas relacionadas usadas para classificar séries temporais.

Vamos explorar os seguintes conceitos:

Estacionariedade

O que significa uma série temporal ser estacionária e um teste estatístico de estacionariedade.

Self-correlation

O que significa dizer que uma série temporal se correlaciona consigo mesma e o que essa correlação indica sobre a dinâmica subjacente da série temporal.

Correlações espúrias

O que significa uma correlação espúria e como podemos encontrá-la.

Vamos aprender a usar os seguintes métodos:

- Funções de janela rolante e de expansão.
- Funções de self-correlation:
  — Função de autocorrelação.
  — Função de autocorrelação parcial.

Abordaremos os conceitos e seus métodos resultantes na seguinte ordem: estacionariedade, self-correlations e correlações espúrias. Antes de mergulharmos de cabeça nos detalhes, analisaremos a lógica por trás dessa ordem específica.

Talvez, a primeira coisa que você perguntará sobre uma série temporal é se ela retrata um sistema "estável" ou um que esteja em constante mudança. É fundamental avaliar o nível de estabilidade ou *estacionariedade*, pois precisamos saber de que modo o comportamento passado de longo prazo do sistema reflete o comportamento futuro de longo prazo. Após avaliarmos a "estabilidade" (essa palavra não está sendo usada tecnicamente aqui) de uma série temporal, tentamos identificar se há dinâmica interna nessa série (mudanças sazonais, por exemplo). Ou seja, estamos procurando por *self-correlations* para responder à pergunta: com que precisão os dados passados, distantes ou recentes, predizem os dados futuros? Por último, quando encontramos certas dinâmicas comportamentais dentro do sistema, é necessário ter certeza de que não estamos identificando relações baseadas em dinâmicas que não envolvem de forma alguma as relações causais que queremos descobrir; por isso, devemos procurar por *correlações espúrias*.

Compreendendo a Estacionariedade

Muitos modelos estatísticos tradicionais de séries temporais dependem de uma série temporal estacionária. Grosso modo, uma série temporal estacionária é aquela que tem propriedades estatísticas razoavelmente estáveis ao longo do tempo, sobretudo no que diz repeito à média e à variância. Aparentemente, é uma coisa simples.

Mas a estacionariedade é um conceito enganoso, principalmente quando aplicado a dados de séries temporais reais. Como é intuitivo e nos enganamos com facilidade, confiamos naturalmente nele. Então, antes de vermos um teste usual de estacionariedade e os detalhes práticos de como aplicar esse conceito, o analisaremos intuitiva e formalmente.

Intuição

Uma série temporal estacionária é aquela cuja medição de sua série temporal reflete um sistema em um estado estável. Às vezes, é difícil afirmar exatamente o que uma série temporal estacionária significa e pode ser mais fácil considerá-la como algo que *não* fica parado em vez de dizer que *é* algo estacionário. Um exemplo simples de dados que não são estacionários é o conjunto de dados de passageiros de companhias aéreas que examinamos no Capítulo 2, cujo gráfico é representado na Figura 3-5 (lembre que: em R, ele está disponível como AirPassengers, mas você também pode fazer o download dele na internet).

Há diversas peculiaridades demonstrando que esse processo não é estacionário. Primeiro, o valor médio está aumentando com o tempo, em vez de permanecer estável. Segundo, a distância entre as oscilações pico-vale em uma base anual está crescendo, assim a variância do processo está aumentando ao longo do tempo. Terceiro, o processo apresenta um forte comportamento sazonal, o oposto da estacionariedade.

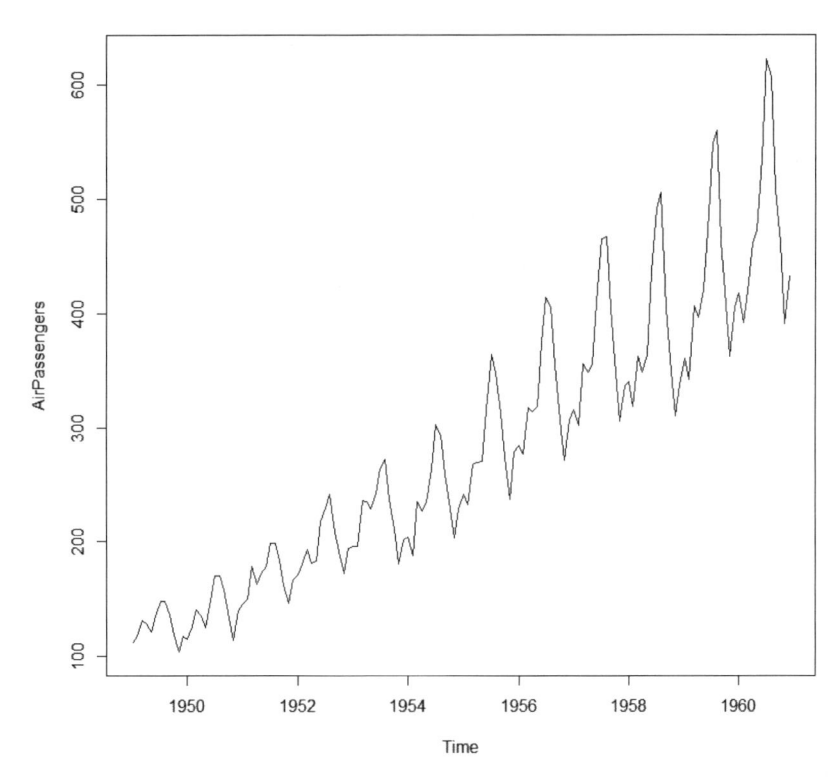

Figura 3-5. O conjunto de dados dos passageiros das companhias aéreas oferece um exemplo claro de uma série temporal não estacionária. Com o passar do tempo, tanto a média quanto a variância dos dados estão mudando. Vemos também evidências de sazonalidade refletindo intrinsecamente um processo não estacionário.

Definição de estacionariedade e o teste Dickey-Fuller aumentado

Vejamos uma definição simples de um processo estacionário: um processo é estacionário se, para todos os possíveis lags k, a distribuição de $yt, y_{t+1}, ..., y_{t+k}$ não depender de t.

Os testes estatísticos de estacionariedade muitas vezes se resumem à questão de saber se existe uma raiz unitária — isto é, se 1 é uma solução da equação característica do processo.[1] Uma série temporal linear não é estacionária se houver uma raiz unitária, embora a falta de uma raiz unitária não prove a estacionariedade. Abordar a estacionariedade como uma questão geral continua sendo um tanto complicado, e determinar se um processo tem uma raiz unitária continua sendo uma área de pesquisa ativa.

---

1   Se isso não o lembra de nada, não se preocupe. Caso queira se aprofundar no assunto, você pode recorrer às sugestões citadas na seção "Leituras e Recursos Adicionais" no final deste capítulo.

Contudo, podemos intuir o que é uma raiz unitária a partir do exemplo de um passeio aleatório (o famoso random walk):

$$y_t = \phi \times y_{t-1} + e_t$$

Nesse processo, o valor de uma série temporal em um determinado tempo é a função de seu valor no tempo imediatamente anterior e de algum erro aleatório. E se ϕ for igual a 1, a série tem raiz unitária, ela "fugirá" e não será estacionária. É interessante observar que, mesmo a série não sendo estacionária, isso não significa que ela deva ter uma tendência. Um passeio aleatório é um bom exemplo de uma série temporal não estacionária que não tem uma tendência subjacente.[2]

Os testes para determinar se um processo é estacionário se chamam *testes de hipóteses*. O teste Dickey-Fuller aumentado (ADF) é a métrica comumente usada para avaliar uma série temporal quanto se trata de problemas de estacionariedade. Esse teste postula uma hipótese nula de que uma raiz unitária está presente em uma série temporal. Dependendo dos resultados do teste, essa hipótese nula pode ser rejeitada para um nível de significância especificado, o que significa que a presença de um teste de raiz unitária pode ser rejeitada em um determinado nível de significância.

Observe que os testes de estacionariedade se concentram em se a média de uma série está mudando. A variância é tratada por transformações em vez de ser testada formalmente. O teste para saber se uma série é estacionária é, portanto, um teste para saber se uma série está integrada. Uma série integrada de ordem d é uma série que deve ser diferenciada d vezes para se tornar estacionária. A estrutura do teste Dickey-Fuller é a seguinte:

$$\Delta y_t = y_t - y_{t-1} = (\phi-1) \times y_{t-1} + \epsilon_t$$

Então, o teste para saber se $\phi = 1$ é um simples teste t que verifica se o parâmetro no lag y_{t-1} é igual a 0. A diferença é que o teste ADF leva em consideração mais lags, enquanto o modelo subjacente leva em consideração a dinâmica de ordem superior, que pode ser escrita como uma série de lags diferenciados:

$$Y_t - \phi_1 \times y_{t-1} - \phi_2 \times y_{t-2} \dots = \epsilon_t$$

Seriam necessários mais cálculos de álgebra para escrever uma série de lags diferenciados, e a distribuição esperada, com a qual se testa a hipótese nula, é diferente em comparação com o teste de Dickey-Fuller original. O teste ADF é o teste de estacionariedade usado com

---

2 Supostamente, quando se trata de um determinado processo de série temporal amostrado e gerado por um passeio aleatório, vemos uma tendência. Isso motiva debates acalorados, ainda mais nas análises de séries temporais de preços de ações.

---

maior frequência nos estudos e pesquisas de séries temporais. Infelizmente, esses testes estão longe de serem um remédio milagroso para seus problemas de estacionariedade, por muitas razões:

- Esses testes não conseguem distinguir muito as raízes unitárias *próximas* de raízes unitárias.
- Já que o tamanho amostral é reduzido, falsos positivos para raízes unitárias são bastante comuns.
- A maioria dos testes não testa as vantagens e desvantagens de todos os tipos de problemas que podem resultar em uma série temporal não estacionária. Por exemplo, algumas vezes o teste é específico para ver se a média ou a variância (mas não ambas) é estacionária. Outras, os testes examinarão a distribuição geral de forma mais ampla. É de suma importância entender os limites do teste aplicado ao usá-lo e garantir que esses mesmos limites sejam consistentes com suas opiniões sobre seus dados.

Definindo uma Hipótese Nula Alternativa: Teste KPSS

Enquanto o teste ADF postula uma hipótese nula de uma raiz unitária, o teste Kwiatkowski-Phillips-Schmidt-Shin (KPSS) postula uma hipótese nula de um processo estacionário. Ao contrário do teste ADF, o KPSS não está disponível na base R, mas ainda é bastante implementado. Há algumas nuances que explicam a serventia desses testes e como usá-los corretamente, porém esse assunto foge ao escopo deste livro, sendo amplamente discutido na internet (*https:// perma.cc/D3F2-TATY*).

Prática e realidade

Na prática, a estacionariedade é importante por uma série de motivos. Primeiro, um grande número de modelos assume um processo estacionário, como modelos tradicionais com aspectos positivos conhecidos e modelos estatísticos. No Capítulo 6, falaremos sobre essas classes de modelos.

O problema é que um modelo de série temporal não estacionário sofrerá variações em relação a sua acurácia ao mesmo tempo que as métricas da série temporal variam. Ou seja, se você está procurando um modelo para ajudá-lo a estimar a média de uma série temporal com uma média e variância não estacionárias, o viés e o erro em seu modelo variarão ao longo do tempo, chegado ao ponto em que o valor do seu modelo se torna questionável.

É comum que uma série temporal possa se tornar estacionária o suficiente com algumas transformações simples. Uma transformação log e uma transformação raiz quadrada são duas opções populares, sobretudo no caso de mudança da variância ao longo do tempo. Da mesma forma, a remoção de uma tendência é normalmente feita por diferenciação. Às vezes, uma série deve ser diferenciada mais de uma vez. No entanto, se você perceber que está diferindo demais (mais de duas ou três vezes), é improvável que consiga solucionar seu problema de estacionariedade com a diferenciação.

Log ou Raiz Quadrada?

Embora uma raiz quadrada costume ser menos complexa computacionalmente do que um logaritmo, você deve explorar as duas opções. Pense no intervalo de seus dados e como você quer compactar grandes valores em vez de otimizar antes da hora (ou seja, "pessimizar" indevidamente) seu código e análise.

A estacionariedade não é a única suposição que os modelos de previsão fazem. Outra suposição comum, mas distinta, é a normalização da distribuição das variáveis de entrada ou variável predita. Nesses casos, outras transformações podem ser necessárias. Uma das mais comuns é a transformação Box Cox, implementada no R pelo pacote `forecast` e no Python pelo pacote `scipy.stats`. A transformação normaliza os dados não distribuídos (dados distorcidos/skewed data). No entanto, não é porque se pode transformar seus dados que você deve fazer isso. Pense com cuidado sobre o significado das distâncias entre os pontos de dados em seu conjunto de dados original antes de transformá-los e faça questão, independentemente da sua tarefa, de que as transformações preservem as informações mais importantes.

As Transformações Têm Suposições

Talvez você ache que está escolhendo apenas transformações que não fazem suposições subjacentes (`log` e `sqrt` parece simples, certo?), mas pense bem se isso é mesmo verdade.

Como observado, as transformações log e raiz quadrada são normalmente usadas para reduzir a variância *da variância* ao longo do tempo. E elas fazem diversas suposições. Uma delas é que seus dados sempre serão positivos. Como alternativa, se escolher mudar seus dados antes de obter a raiz quadrada ou log, você está novamente adicionando um viés ou assumindo que isso não importa. Em último lugar, obter a raiz quadrada ou log faz com que os maiores valores sejam menos diferentes uns dos outros, compactando de modo efetivo o espaço entre os valores maiores, mas não entre os valores menores, e reduzindo as diferenças entre os outliers. Isso pode ser bom ou não, dependerá do contexto.

Usando Funções de Janela

Vamos analisar os gráficos exploratórios de séries temporais mais importantes, que provavelmente você usará para a maioria das análises iniciais de série temporal.

Janela rolante [Rolling windows]

Uma função comum e distinta nas séries temporais é uma função de janela: qualquer tipo de função em que você agrega dados para compactá-los (como vimos no caso de redução da resolução no capítulo anterior) ou para suavizá-los (que vimos também no Capítulo 2).

Além dos usos já analisados, os dados suavizados e os dados agregados por janela proporcionam visualizações exploratórias informativas. Podemos calcular uma média móvel e fazer outros cálculos de função linear de uma série de pontos com a função filter() da base R, veja:

```
## R
> ## Calcula uma média móvel usando a base R.
> ## Função de filtro.
> x  <- rnorm(n = 100, mean = 0, sd = 10) + 1:100
> mn <- function(n) rep(1/n, n)

> plot(x, type = 'l',           lwd = 1)
> lines(filter(x, mn( 5)), col = 2, lwd = 3, lty = 2)
> lines(filter(x, mn(50)), col = 3, lwd = 3, lty = 3)
```

Esse código gera o gráfico da Figura 3-6.

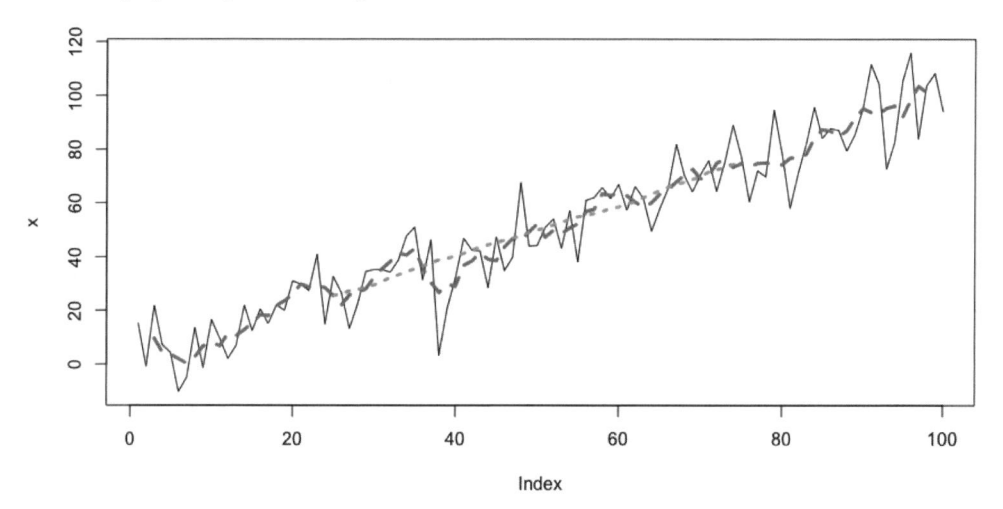

Figura 3-6. Duas curvas exploratórias geradas por meio da suavização de média móvel. Podemos usá-las para procurar uma tendência em dados com ruído ou para decidir que tipos de desvios do comportamento linear são interessantes para investigar versus quais são provavelmente um ruído.

Se estamos procurando funções que não são combinações lineares de todos os pontos da janela, não podemos utilizar a função filter(), pois ela depende de uma transformação linear dos dados. No entanto, podemos utilizar o zoo. A função rollapply() do pacote zoo é uma mão na roda (veja a Figura 3-7):

```
## R
> ## Você também pode escrever funções customizadas
> require(zoo)

> f1 <- rollapply(zoo(x), 20, function(w) min(w),
>                 align = "left",  partial = TRUE)
> f2 <- rollapply(zoo(x), 20, function(w) min(w),
>                 align = "right", partial = TRUE)

> plot (x,           lwd = 1,        type = 'l')
> lines(f1, col = 2, lwd = 3, lty = 2)
> lines(f2, col = 3, lwd = 3, lty = 3)
```

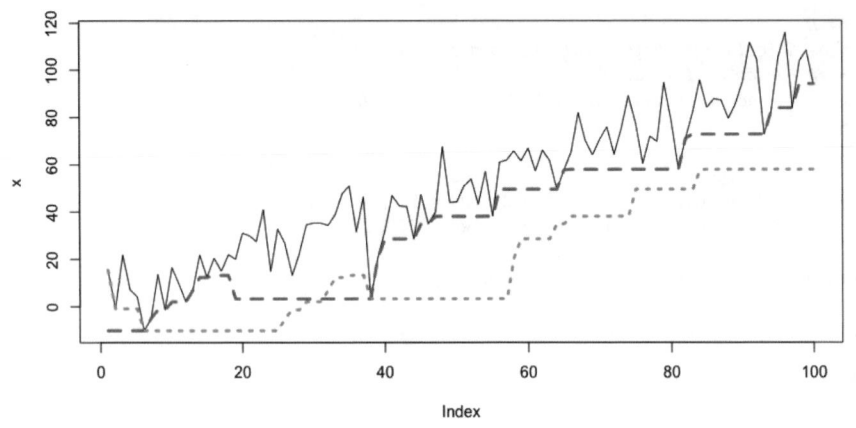

Figura 3-7. O mínimo possível de janela rolante alinhada à esquerda (traços longos) ou à direita (traços curtos). O alinhamento à esquerda prevê eventos no futuro, enquanto o direito analisa apenas eventos no passado. É importante observar isso para evitar o lookahead. No entanto, às vezes um alinhamento à esquerda pode ser útil para fazer perguntas exploratórias, como "se eu soubesse disso com antecedência, me ajudaria?". Não raro, nem um lookahead informa muita coisa, o que significa que uma determinada variável não é informativa. Quando se usa uma medição que não ajuda em nada para saber o futuro, ela não é uma medição que serve para alguma coisa em nenhum tempo de uma série temporal.

 Use objetos zoo em funções zoo. Caso passe vetores numéricos diretamente à função rollapply(), o argumento align não funcionará. Confirme isso excluindo o wrapper zoo() em torno de x no código anterior. Veja que apesar de as duas curvas serem idênticas, trata-se de uma grave falha silenciosa [fail-silent] na análise de série temporal, pois ela pode introduzir um lookahead não intencional. Esse é um exemplo de por que é necessário fazer os testes de validação [sanity-check] com frequência, mesmo em sua análise de dados exploratória. Infelizmente, a falha silenciosa é comum em muitos pacotes R populares e em outras linguagens de script, então fique atento!

É possível também "escrever suas próprias combinações do zero" para esse tipo de função, o que pode ser uma boa ideia para limitar dependências. Nesses casos, recomendo muito começar com o código-fonte (*https://perma.cc/5LTP-Q45T*) de um pacote existente amplamente usado, como o zoo. Isso ocorre porque, mesmo com uma série temporal univariada, há um número surpreendente de casos específicos para se pensar, como tratar NAs e o início e fim de uma série em que você terá menos pontos do que o tamanho especificado da janela.

Diversas Opções em R para Séries Temporais

No início deste capítulo, consideramos a classe ts disponível na base R para lidar com dados de séries temporais. Nesta seção, usamos objetos zoo. Talvez você também conheça os objetos xts. Vejamos um singelo resumo de como os objetos zoo e xts melhoram os objetos ts:

- Um objeto ts assume uma série temporal completa regularmente espaçada e, por esse motivo, não armazena os índices de tempo individuais, mas apenas o início, o fim e a frequência da série temporal.

- Objetos ts suportam um ciclo recorrente, como anos ou meses.

- Os objetos zoo armazenam timestamps como um atributo de índice, de forma que não exijam séries temporais periódicas com espaçamento regular.

- Os objetos zoo podem ser exibidos horizontal ou verticalmente.

- A parte de dados de um objeto zoo pode ser um vetor ou uma matriz.

- Os objetos xts são uma extensão dos objetos zoo, só que com ainda mais opções.

Janelas de expansão [Expanding windows]

As janelas de expansão são menos usadas na análise de séries temporais do que as janelas rolantes, pois seu uso adequado é mais restrito. Elas apenas fazem sentido nos casos em que você está estimando uma síntese estatística que acredita ser um processo estável, em vez de evoluir com o tempo ou oscilar significativamente. Uma janela de expansão começa com um determinado tamanho mínimo, mas, conforme você avança nas séries temporais, ela se expande para incluir todos os pontos até determinado tempo, em vez de incluir somente um tamanho finito e constante.

Uma janela de expansão proporciona maior certeza em sua estimativa das estatísticas de teste ao longo do tempo, possibilitando que você se beneficie por ir "mais fundo" em uma série de tempo específica. No entanto, ela funciona apenas se você supor que seu sistema subjacente é estacionário. Esse tipo de janela pode ajudá-lo a manter as sínteses estatísticas "online", pois você as estima em tempo real à medida que reúne mais informações.

Se vasculhar a base R, perceberá que muitas funções de janelas de expansão já estão disponíveis para implementação, como a cummax e cummin. É possível também reaproveitar a cumsum para criar uma média cumulativa. No gráfico a seguir, mostramos uma janela de expansão max e uma mean (veja a Figura 3-8):

```R
## R
> # expanding windows/janela de expansão.
> plot(x, type = 'l', lwd = 1)
> lines(cummax(x),              col = 2, lwd = 3, lty = 2) # max
> lines(cumsum(x)/1:length(x), col = 3, lwd = 3, lty = 3) # mean
```

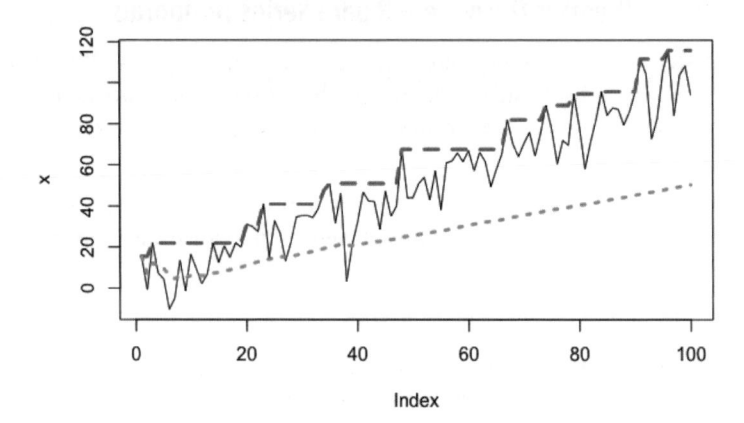

Figura 3-8. Uma janela de expansão "max" (traços longos) e uma janela de expansão "mean" (traços curtos). O uso de uma janela de expansão significa que o max sempre reflete o máximo global até aquele tempo, tornando-a uma função monotônica. Graças à extensa "memória" da janela de expansão, sua média é menor do que a média móvel (Figura 3-7), porque a tendência subjacente é menos proeminente na média de expansão. Agora, se isso é bom, ruim ou imparcial, depende de nossas suposições e nossos conhecimentos do sistema subjacente.

Se for necessário uma função customizada com janela rolante, você pode usar a rollapply(), como fizemos. Especifique uma sequência de tamanhos de janela em vez de um único escalar. Executar o código a seguir gerará um gráfico idêntico ao da Figura 3-8, mas, dessa vez, ele foi criado com a rollapply() em vez de funções R integradas:

```R
## R
> plot(x, type = 'l', lwd = 1)
> lines(rollapply(zoo(x), seq_along(x), function(w) max(w),
>                         partial = TRUE, align = "right"),
>        col = 2, lwd = 3, lty = 2)
> lines(rollapply(zoo(x), seq_along(x), function(w) mean(w),
>                         partial = TRUE, align = "right"),
>        col = 3, lwd = 3, lty = 3)
```

Funções rolling customizadas

Só nos interessamos por uma função rolling customizada/função de janela rolante quando realmente imaginamos como usá-la. Na prática, talvez você veja isso ao analisar domínios de séries temporais que abrangem leis fundamentais de comportamento ou heurísticas úteis necessárias para uma análise adequada.

Por exemplo, podemos nos deparar com janelas que incluem uma característica específica informativa, dado o conhecimento do domínio. Talvez seja necessário saber quando estamos em um sistema *monotônico* (digamos, o nível glicêmico está aumentando) versus um sistema oscilante, que sugere ruído instrumental em vez de uma tendência. Poderíamos escrever uma função customizada para esse cenário e usá-la com uma janela móvel ou com uma janela de expansão.

Compreendendo e Identificando a Self-correlation

O termo self-correlation [autocorrelação espacial ou autocorrelação de valores de um dado atributo originado de localizações relativas no espaço geográfico[3]] é, em essência, a ideia de que um valor em uma série temporal em um determinado ponto no tempo pode estar correlacionado com o valor em outro ponto no tempo. Veja que, aqui, o termo "self-correlation" está sendo usado de modo informal para descrever uma ideia geral, em vez de técnica.

Um exemplo de self-correlation seria compararmos uma série temporal anual de dados diários de temperatura, o dia 15 de maio de cada ano com o dia 15 de agosto de cada ano, e descobrirmos que os dias 15 de maio mais quentes tendem a se correlacionar com os dias 15 de agosto mais quentes (ou tendem a se correlacionar com os dias 15 de agosto mais frios). Talvez você ache que identificou um possível fato interessante sobre o sistema de temperatura, indicando que há uma certa previsibilidade de longo prazo. Por outro lado, podemos encontrar a correlação mais próxima de zero, em que você também terá encontrado algo interessante, ou seja, saber a temperatura do dia 15 de maio por si só não fornece informações sobre a provável variação de temperatura no dia 15 de agosto. Grosso modo, isso é self-correlation.

A partir desse exemplo simples, nos aprofundaremos na autocorrelação [autocorrelation], que generaliza a self-correlation por não se ancorar em um ponto específico no tempo. A autocorrelação levanta a questão mais geral de existir uma correlação entre quaisquer dois

---

3   N. da T.: Segundo Daniel A. Griffith, a autocorrelação espacial pode ser interpretada sob três óticas diferentes, "Em estatística intermediária, campo que aborda as correlações e regressão, compreende-se as autocorrelações espaciais como self-correlation. Já na análise multivariada, que aborda as eigenfunction e a multicolinearidade, entende-se a autocorrelação espacial em termos de mapa de padrões. Na matemática estatística, que aborda a versão de matriz de cálculos de expectativas, entende-se que a autocorrelação espacial se relaciona com informações redundantes." Mais informações em: *Spatial Autocorrelation and Spatial Filtering: Gaining understanding through theory and scientific visualization.*

pontos em uma série temporal específica com uma distância fixa em particular entre eles. A seguir, veremos isso e a autocorrelação parcial com mais detalhes.

Função de autocorrelação

Começamos com a excelente definição de autocorrelação da Wikipédia (*https://perma.cc/ U8JY-QD7U*):

> A autocorrelação, também conhecida como correlação serial, é a correlação de um sinal com uma cópia atrasada de si mesmo. Informalmente, é a semelhança entre as observações em função do lag de tempo entre elas.

Vamos simplificar as coisas: a autocorrelação dá uma ideia de como os pontos de dados em diferentes pontos no tempo estão linearmente relacionados entre si em função de sua diferença de tempo.

A *função de autocorrelação* (ACF) pode ser compreendida intuitivamente como uma representação gráfica. Podemos plotá-la facilmente em R (veja a Figura 3-9):

```
## R
> x <- 1:100
> y <- sin(x × pi /3)
> plot(y, type = "b")
> acf(y)
```

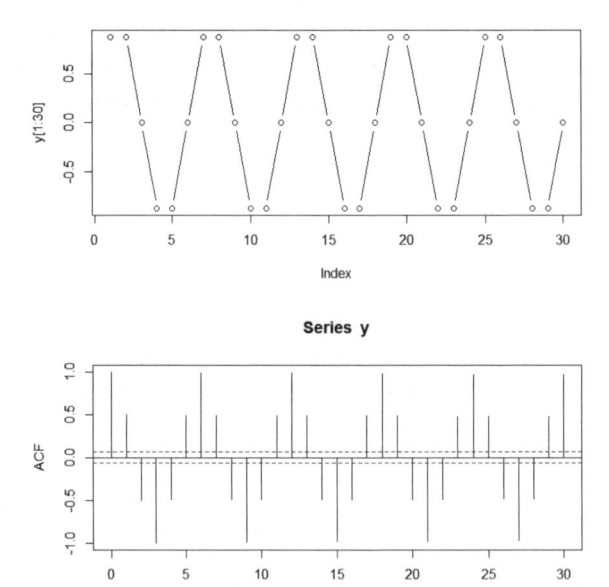

Figura 3-9. Gráfico de uma função seno e sua ACF.

Na função ACF, vemos que os pontos com um lag 0 entre eles têm uma correlação de 1 (isso vale para todas as séries temporais), enquanto os pontos separados por 1 lag têm uma correlação de 0,5. Os pontos separados por 2 lags apresentam uma correlação de –0,5 e assim por diante. Calcular a ACF é simples, basta usarmos a função shift() do data.table:

```
## R
> cor(y, shift(y, 1), use = "pairwise.complete.obs")
[1] 0.5000015
> cor(y, shift(y, 2), use = "pairwise.complete.obs")
[1] -0.5003747
```

Nossos cálculos correspondem aproximadamente aos resultados gráficos na Figura 3-9.[4] Embora seja simples calcular a ACF com código customizado, geralmente é melhor usar uma função predefinida, como a função acf do R. Vamos conferir suas vantagens:

- Plotagem automática com rótulos úteis.

- Um número máximo razoável (geralmente, mas nem sempre) de lags para se calcular a ACF, bem como a opção de sobrescrever esse máximo.

- Uma maneira elegante de lidar com séries temporais multivariadas.

Em termos matemáticos, existem alguns fatos importantes sobre a função ACF:

- A ACF de uma função periódica tem a mesma periodicidade do processo original. Você pode ver isso nos gráficos de seno exemplificados anteriormente.

- A autocorrelação da soma das funções periódicas é a soma das autocorrelações de cada função separada. Você pode conferir isso com algum código simples.

---

4   As correlações de amostra calculadas com a função cor() do R versus com a função acf() não corresponderão exatamente, porque elas usam divisores diferentes. Para mais informações, confira o StackExchange (*https://perma.cc/M7V6-HN5Y*).

- Todas as séries temporais têm uma autocorrelação de 1 no lag 0.

- A autocorrelação de uma amostra de ruído branco terá um valor de aproximadamente 0 em todos os lags diferentes de 0.

- A ACF é simétrica em relação aos lags negativos e positivos, assim apenas os lags positivos precisam ser considerados explicitamente. Para provar isso, você consegue plotar de forma manual ao calcular uma ACF.

- Uma regra estatística para determinar uma estimativa ACF diferente de zero significativa é dada por uma "região crítica" com fronteira em $+/-1.96 \times$ sqrt(n). Essa regra se baseia em um tamanho de amostra grande o bastante e em uma variância finita para o processo.

Função de autocorrelação parcial

Talvez a função de autocorrelação parcial (PACF) seja mais difícil de entender do que a função ACF. A autocorrelação parcial de uma série temporal para um determinado lag é a correlação parcial dessa série temporal com ela mesma nesse lag, dadas todas as informações entre os dois pontos no tempo.

A essa altura, é fácil concordar e achar tudo sensato. Mas o que exatamente significa representar as informações entre dois pontos no tempo? Significa que você precisa calcular uma série de correlações condicionais e subtraí-las a partir da correlação total. Calcular a PACF não é tão simples e há uma variedade de métodos para estimá-la. Não os abordaremos nesta obra, mas você pode encontrar discussões nas documentações oficiais do R e do Python.

É mais simples entender a PACF gráfica do que conceitualmente, pois seu uso fica mais claro (veja a Figura 3-10):

```
## R
> y <- sin(x × pi /3)
> plot(y[1:30], type = "b")
> pacf(y)
```

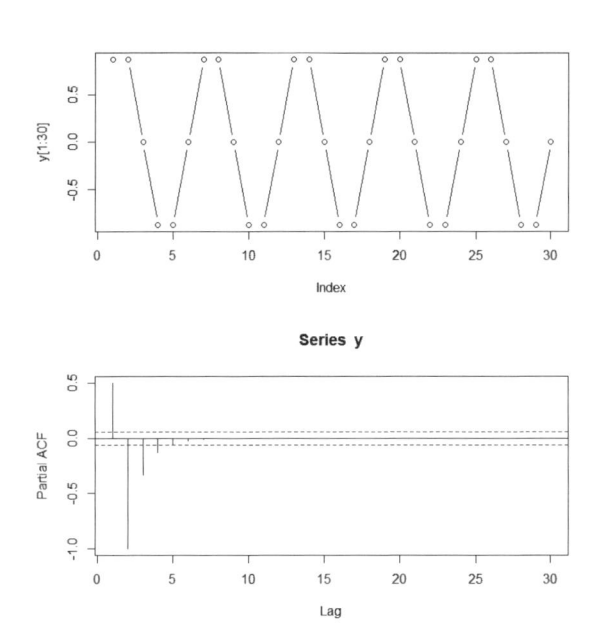

Figura 3-10. Plotagem e PACF de um processo sazonal sem ruído.

No caso de uma série senoidal, a função PACF diverge de maneira notável de uma função ACF. A PACF mostra quais pontos de dados são informativos e quais são os pontos harmônicos em períodos de tempo mais curtos.

Em um processo sazonal e sem ruído, como a função seno com período T, o mesmo valor da ACF será visto em T, 2T, 3T e assim por diante até o infinito. Uma ACF não consegue eliminar essas correlações redundantes. Em contrapartida, a PACF revela quais correlações são correlações informativas "verdadeiras" para lags específicos, em vez de redundâncias. Isso é inestimável, pois quando coletamos informações o bastante, podemos obter uma janela suficientemente longa em uma escala temporal adequada para nossos dados.

As regiões críticas para a PACF e para a ACF são as mesmas, pois suas fronteiras são $\pm 1.96\sqrt{n}$. Quaisquer lags com valores PACF calculados dentro da região crítica são efetivamente zero.

Até então, vimos somente exemplos perfeitos de processos de frequência única e sem ruído. Agora, veremos um exemplo um pouco mais complexo. Vamos considerar a soma de duas curvas senoidais nas seguintes condições: sem ruído, baixo ruído e alto ruído.

Primeiro, analisaremos gráficos sem ruído, cada um individualmente (veja a Figura 3-11):

```
## R
> y1 <- sin(x × pi /3)
> plot(y1, type = "b")
> acf (y1)
> pacf(y1)

> y2 <- sin(x × pi /10)
> plot(y2, type = "b")
> acf (y2)
> pacf(y2)
```

 A ACF de dados estacionários normalmente cai para o valor zero bem rápido. Já para dados não estacionários, o valor no lag 1 é positivo e grande.

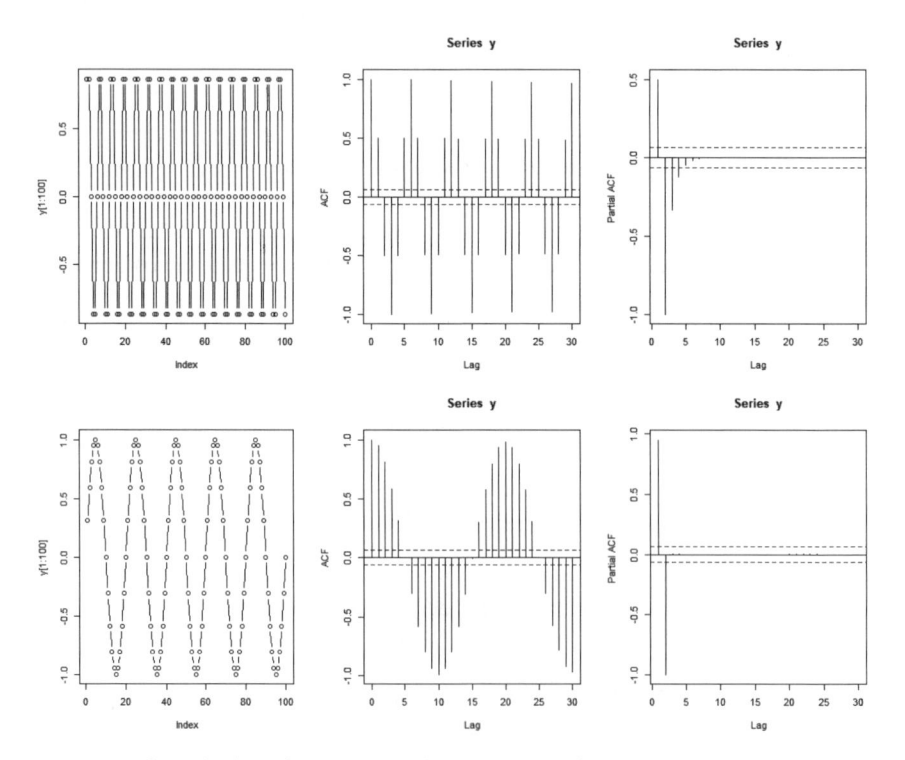

Figura 3-11. Gráficos de duas funções senoidais, com suas funções ACF e PACF, respectivamente.

Combinamos as duas séries ao somá-las e criamos os mesmos gráficos para a soma da série (veja a Figura 3-12):

```R
## R
> y <- y1 + y2
> plot(y, type = "b")
> acf (y)
> pacf(y)
```

Como podemos observar, nosso gráfico ACF é consistente com as propriedades anteriormente citadas; a soma ACF de duas séries periódicas é a soma das ACFs individuais. Podemos ver isso mais claramente por meio das seções positiva → negativa → positiva → negativa da ACF correlacionada às oscilações mais lentas da função. Dentro dessas ondas, é possível observar a flutuação mais rápida da ACF de alta frequência.

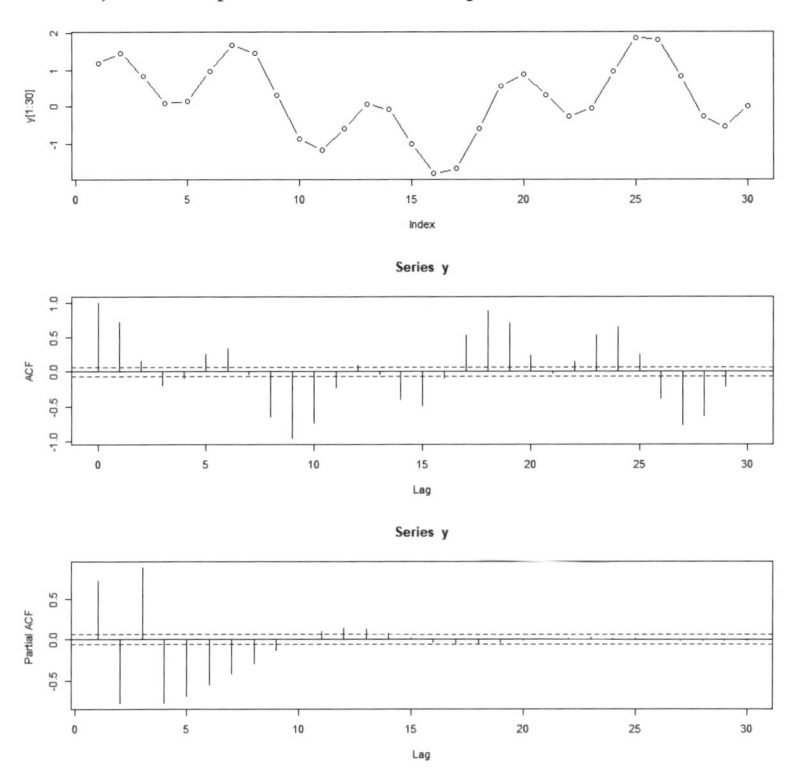

Figura 3-12. Gráfico e funções ACF e PACF para a soma das duas séries senoidais.

A PACF não é uma soma direta das funções PACF dos componentes individuais. É simples entender uma PACF depois de calculá-la, mas gerá-la ou predizê-la é outra história. Essa função PACF indica que a autocorrelação parcial é mais substancial na série somada do que em qualquer uma das séries originais. Ou seja, a correlação entre os pontos separados por um determinado lag, quando se calcula os valores dos pontos entre eles, é mais informativa na série somada do que na série original. Isso está relacionado aos dois períodos diferentes da série, resultando com que qualquer ponto seja menos determinado pelos valores dos pontos vizinhos uma vez que a localização dentro do ciclo dos dois períodos se torna menos fixa, pois as oscilações continuam em frequências diferentes.

Vejamos a mesma situação, porém com mais ruído (veja a Figura 3-13):

```R
## R
> noise1 <- rnorm(100, sd = 0.05)
> noise2 <- rnorm(100, sd = 0.05)

> y1 <- y1 + noise1
> y2 <- y2 + noise2
> y  <- y1 + y2

> plot(y1, type = 'b')
> acf (y1)
> pacf(y1)

> plot(y2, type = 'b')
> acf (y2)
> pacf(y2)

> plot(y, type = 'b')
> acf (y)
> pacf(y)
```

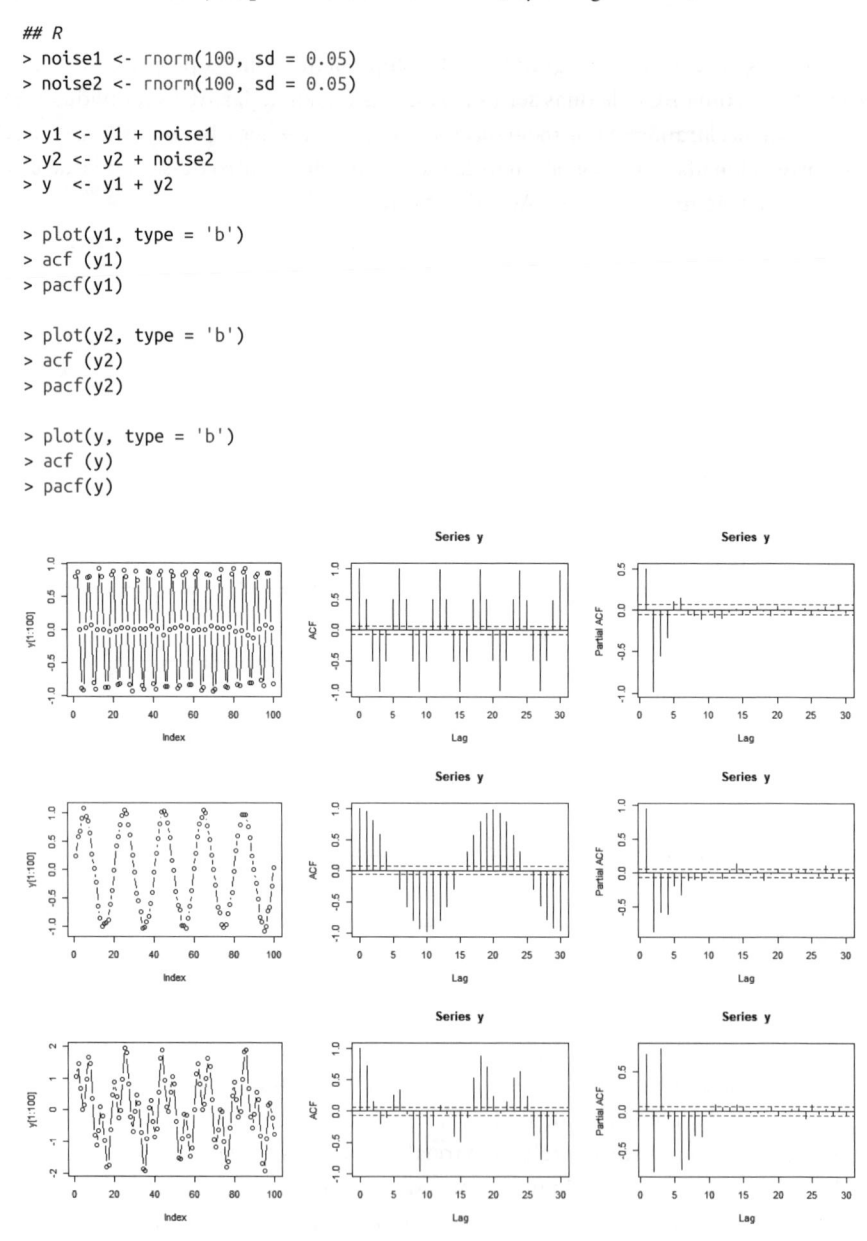

Figura 3-13. Gráficos de funções ACF e PACF de dois processos senoidais ruidosos e suas respectivas somas.

Por último, adicionamos mais ruído à série temporal, de modo que os próprios dados iniciais nem pareçam senoidais. (Omitimos o exemplo de código porque é o mesmo que o exemplo anterior, mas com maior parâmetro sd para rnorm.) Podemos observar que agora temos mais dificuldades com a interpretação, sobretudo com a PACF. A única diferença entre os gráficos da Figura 3-14 e os anteriores é um valor SD maior para as variáveis noise.

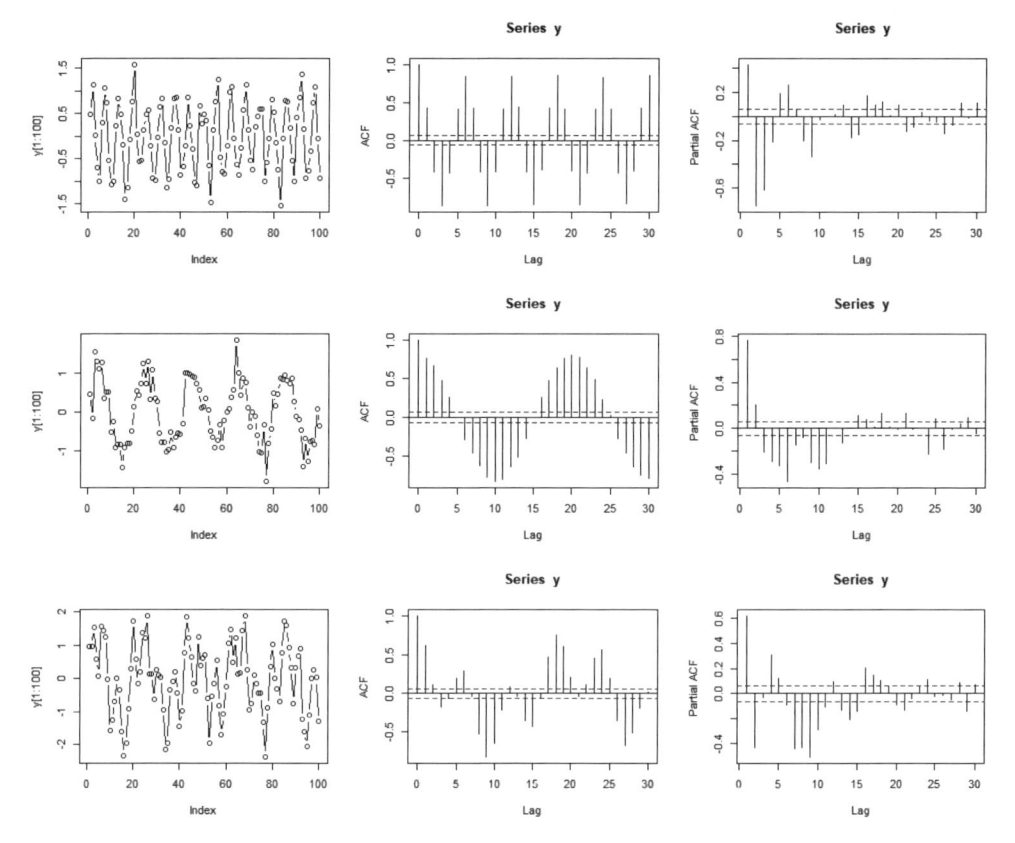

Figura 3-14. Gráficos e funções ACF e PACF relacionados à soma com muito ruído de dois processos senoidais.

Dados Não Estacionários

Vamos considerar como seriam as funções ACF e PACF se tivéssemos uma série com uma tendência, mas sem ciclo (veja a Figura 3-15):

```R
## R
> x <- 1:100
> plot(x)
> acf (x)
> pacf(x)
```

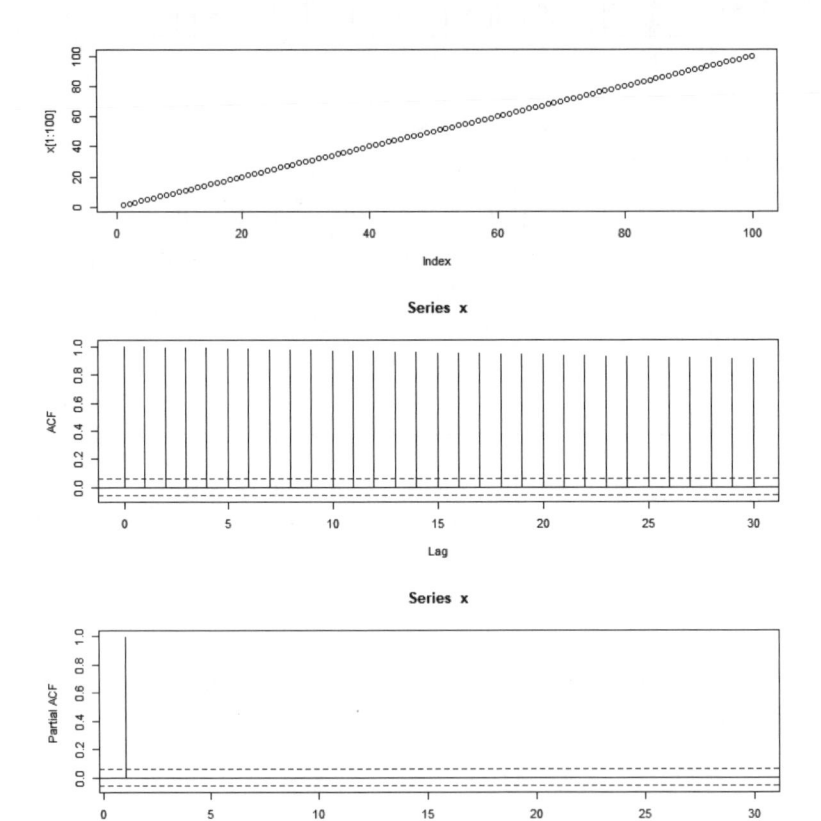

Figura 3-15. Gráficos e funções ACF e PACF de um processo de tendência linear.

A ACF não é informativa. A função tem um valor semelhante para cada lag, dando a entender que todos os lags são igualmente correlacionados aos dados. Não fica claro o que isso significa, sendo mais o caso de calcular *alguma coisa* do que tornar essa quantidade calculada significativa ou razoável.

Por sorte, não é tão difícil analisar a PACF, pois ela nos fornece as informações de que precisamos, ou seja, sua única correlação significativa está no lag 1. Mas por que isso acontece? Porque quando temos um determinado ponto no tempo e sabemos o ponto imediatamente anterior a ele, sabemos também todas as informações que a série pode nos fornecer sobre o seu ponto no tempo, já que o próximo ponto no tempo é 1 somado ao ponto antigo.

Vamos concluir esta seção observando as funções ACF e PACF de um conjunto real de dados. A seguir, examinamos os dados do AirPassengers. Considerando tudo que vimos até agora, pense sobre o porquê de a função ACF ter tantos valores "críticos" (resposta: tem uma tendência) e a função PACF ter um valor crítico para um grande lag (resposta: o ciclo sazonal anual, identificável mesmo com uma tendência nos dados).

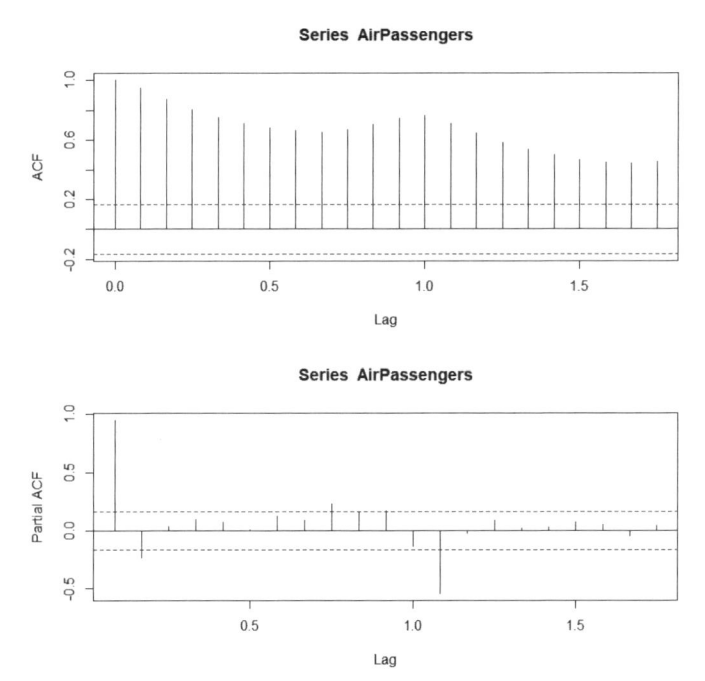

Figura 3-16. Gráficos das funções ACF e PACF dos dados do AirPassengers. Veja que aqui os lags não são números unitários, pois são expressos como frações de um ano. Isso ocorre porque o conjunto de dados AirPassengers assume a forma de um objeto ts, que tem uma frequência integrada usada para plotagem (e para outras finalidades).

Correlações Espúrias

Em geral, os novatos em análise de séries temporais começam com práticas exploratórias padrão de dados, como plotar um gráfico a fim de comparar duas variáveis, calculando sua correlação. No início do processo de exploração de dados, o novo analista ficará muito entusiasmado quando identificar uma aparente correlação forte e um relacionamento interessante. E, assim, ele continuará procurando e identificará outras tantas correlações surpreendentemente altas; que sistema incrível! Ele dirá que gostaria de ter começado a trabalhar com dados de séries temporais bem antes e pensará: "Como mandei bem."

Mas depois o analista fará uma leitura da análise de série temporal (cenário mais otimista) ou apresentará seus resultados a outra pessoa e perceberá que nem tudo são flores (cenário pessimista). Um cético dirá ao analista que as correlações são muito altas. Ele pode até ter a impressão de que quaisquer dois valores estão relacionados. Só que os problemas virão à tona conforme ele refaz sua análise com outros conjuntos de variáveis e descobre que eles também têm correlações surpreendentemente fortes. Em algum momento, ficará claro que é impossível haver tantas correlações verdadeiramente altas.

Esse cenário é semelhante aos primórdios da econometria. No século XIX, quando os economistas começaram a pensar na ideia de um ciclo econômico, alguns deles foram em busca de agentes externos ao ciclo, como manchas solares (um ciclo de onze anos) ou vários ciclos meteorológicos (como um ciclo de precipitação de quatro anos). Como insistiam obstinadamente na mesma ideia, obtiveram resultados positivos e altamente correlacionados, mesmo quando não tinham hipótese de causalidade para explicá-los.

Diversos economistas e estatísticos continuavam a desconfiar, e com razão. Udny Yule investigou o problema de modo formal em um artigo intitulado "Why Do We Sometimes Get Nonsense Correlations? [Por que às vezes Obtemos Correlações sem Sentido?, em tradução livre] (*https://www.jstor.org/stable/2341482*), que originou uma nova área de pesquisa e, ainda hoje, continua sendo motivo de dor de cabeça e alegria aos estudiosos. As correlações espúrias permanece sendo um problema importante contra o qual devemos nos precaver e são debatidas de modo ferrenho nos processos judiciais, em que um lado alega uma relação e o outro tenta desaboná-la. Ocorre uma mesma tentativa de desacreditar os dados das mudanças climáticas que se baseia em um argumento de que a correlação entre o aumento das emissões de carbono e o aquecimento global é uma correlação espúria devido às tendências nos dois conjuntos de dados (argumento nada convincente).

Com o passar do tempo, os economistas aprenderam que os dados com uma tendência subjacente provavelmente gerarão correlações espúrias. Veja uma maneira simples de pensar a respeito: há mais informações em uma série temporal com tendência do que em uma série temporal estacionária, logo há mais oportunidades para os pontos de dados se deslocarem juntos.

Além das tendências, algumas outras características comuns das séries temporais podem introduzir correlações espúrias:

- Sazonalidade — por exemplo, pense em uma correlação espúria entre o consumo de cachorro-quente e a morte por afogamento (verão).

- Mudanças de nível ou declive nos dados de mudanças de sistema ao longo do tempo (gerando uma distribuição dumbbell [dumbbell dot plots ou gráfico halteres] com alta correlação sem sentido).

- Quantidades somadas cumulativamente (este é um truque usado em determinados setores para fazer com que os modelos ou correlações pareçam melhores do que são).

Cointegração

Cointegração se refere a uma relação real entre duas séries temporais. Normalmente usamos o exemplo do pedestre bêbado e seu cachorro. Se medirmos as caminhadas dos dois de forma individual, elas podem parecer aleatórias. Mas o pedestre e o cachorro nunca se afastam muito um do outro.

No caso de cointegração, você verá altas correlações. A dificuldade será avaliar se dois processos são cointegrados ou se você está vendo uma correlação espúria, já que em ambos os casos você verá correlações surpreendentemente altas. O diferencial importante é que não precisa haver nenhuma relação em uma correlação espúria, ao passo que as séries temporais cointegradas estão fortemente relacionadas entre si.

Há um blog famoso (que virou livro) repleto de exemplos maravilhosos de correlações espúrias, e eu compartilho um desses exemplos na Figura 3-17. Sempre que se sentir tentado a pensar que identificou um relacionamento especial e muito forte, verifique seus dados em busca de causas óbvias de problemas, como tendências.

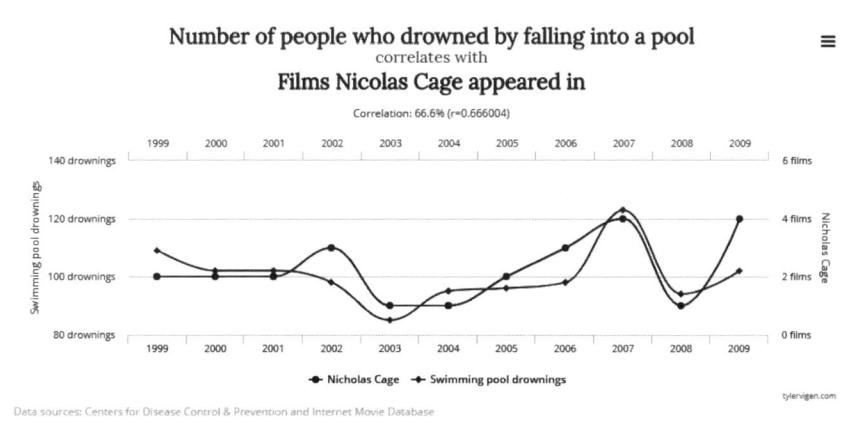

Figura 3-17. Algumas correlações espúrias podem parecer bastante convincentes. Esse gráfico foi retirado do site de Tyler Vigen (https://perma.cc/6UYH-FPBX) de correlações espúrias [Número de morte por afogamento em piscinas correlacionado com a aparição de Nicolas Cage em filmes].

Algumas Visualizações Úteis

Os gráficos são essenciais para uma análise exploratória minuciosa de séries temporais. Você sem dúvida desejará visualizar os dados em relação ao eixo temporal — de preferência de forma que responda às perguntas gerais que você tem a respeito do conjunto de dados, como o comportamento de uma variável específica ou a distribuição temporal geral dos pontos de dados.

No início deste capítulo, analisamos algumas técnicas de plotagem conhecidas de qualquer analista de dados, como um gráfico de valores em relação ao tempo ou um gráfico de dispersão de valores de colunas diferentes ao longo do tempo. Nesta seção final sobre análise exploratória de dados, examinaremos visualizações que são bastante úteis para oferecer novos insights sobre o comportamento de séries temporais.

Veremos as visualizações com diferentes graus de complexidade:

- Uma visualização unidimensional para entendermos a distribuição temporal, individual e geral com uma série temporal encontrada que reunimos no Capítulo 2.
- Um histograma bidimensional para compreendermos a típica trajetória de um valor ao longo do tempo, no caso de muitas medições paralelas (digamos, muitos anos medidos ou diversas séries temporais do mesmo fenômeno calculado).
- Uma visualização tridimensional em que o tempo pode ocupar até duas das dimensões ou nenhuma, mas ainda estar implicitamente presente.

Visualizações 1D

Quando temos diversas unidades de medição (muitos usuários, membros etc.), consideramos várias séries temporais em paralelo. Talvez seja uma boa empilhá-las visualmente, enfatizando as unidades individuais de análise e seus respectivos intervalos de tempo. Ignoramos os valores medidos e passamos a considerar a existência de dados em um determinado intervalo como informação de interesse. O próprio intervalo de tempo se torna a unidade de análise. Utilizamos o pacote `timevis` do R, mas existem muitas outras opções disponíveis. Vemos um pequeno subconjunto dos dados `donations` que preparamos no Capítulo 2 (veja a Figura 3-18):

```
## R
> require(timevis)
> donations <- fread("donations.csv")
> d           <- donations[, .(min(timestamp), max(timestamp)), user]
> names(d)  <- c("content", "start", "end")
> d           <- d[start != end]
> timevis(d[sample(1:nrow(d), 20)])
```

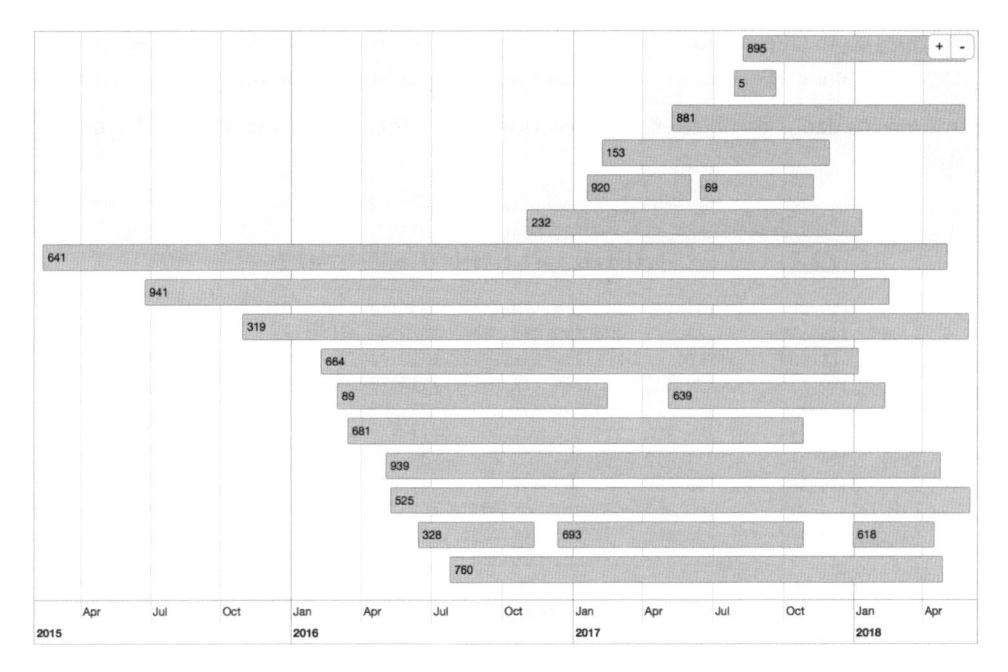

Figura 3-18. Esse gráfico de Gantt de uma amostra aleatória de dados pode nos dar uma ideia da distribuição das faixas de períodos de tempo "ativos" para os usuários/doadores.

O gráfico na Figura 3-18 nos ajuda a perceber que temos períodos "movimentados" global-mente em toda a população de membros. Inferimos também aos poucos a distribuição dos períodos de doação ativa durante a "vida" de um membro em nossa organização.

Os gráficos de Gantt são utilizados há mais de um século, na maioria das vezes para tare-fas de gerenciamento de projetos. Eles surgiram de forma independente em muitos campos diferentes de atuação, e basta olhar para um gráfico de Gantt para intuirmos os insights. Embora tenham raízes no gerenciamento de projetos, os gráficos de Gantt podem ser úteis na análise de séries temporais, em que há muitos atores independentes em vez de um único processo sendo medido. O gráfico na Figura 3-18 respondeu mais do que depressa às dúvi-das que eu tinha quanto à sobreposição relativa entre a base de usuários e seu histórico de doações, uma distribuição que achei difícil de entender apenas lendo os dados tabulares.

Visualizações 2D

Agora usaremos os dados do `AirPassengers` para conferir a sazonalidade e a tendência, no entanto não devemos considerar o tempo como linear. Ainda mais porque o tempo ocorre em mais de um eixo. Existe, é claro, o eixo do tempo que avança diária e anualmente, mas também podemos considerar a disposição do tempo ao longo do eixo diário de hora ou dia da semana, e assim por diante. Desse modo, podemos pensar mais facilmente em sazona-lidade como determinados comportamentos que acontecem em uma determinada hora do dia ou mês do ano. Pensamos sobretudo como entender nossos dados de uma forma sazonal, em vez de entendê-los apenas conforme as visualizações lineares e cronológicas de tempo.

Extraímos os dados do objeto ts do AirPassengers e os colocamos na forma adequada de matriz:

```
## R
> t(matrix(AirPassengers, nrow = 12, ncol = 12))
       [,1] [,2] [,3] [,4] [,5] [,6] [,7] [,8] [,9] [,10] [,11] [,12]
 [1,]   112  118  132  129  121  135  148  148  136   119   104   118
 [2,]   115  126  141  135  125  149  170  170  158   133   114   140
 [3,]   145  150  178  163  172  178  199  199  184   162   146   166
 [4,]   171  180  193  181  183  218  230  242  209   191   172   194
 [5,]   196  196  236  235  229  243  264  272  237   211   180   201
 [6,]   204  188  235  227  234  264  302  293  259   229   203   229
 [7,]   242  233  267  269  270  315  364  347  312   274   237   278
 [8,]   284  277  317  313  318  374  413  405  355   306   271   306
 [9,]   315  301  356  348  355  422  465  467  404   347   305   336
[10,]   340  318  362  348  363  435  491  505  404   359   310   337
[11,]   360  342  406  396  420  472  548  559  463   407   362   405
[12,]   417  391  419  461  472  535  622  606  508   461   390   432
```

Observe que tivemos que transpor os dados para que fiquem alinhados conforme apresentado pelo objeto ts.

Coluna Principal versus Linha Principal

Por padrão, R usa a coluna principal [column major] (*https://perma. cc/L4BH-DKB8*), o que é incomum e diferente do NumPy do Python (linha principal [row major]) e também diferente da maioria dos bancos de dados SQL. É bom ficar atento sobre os comportamentos padrões disponíveis em determinada linguagem, não apenas para fins de exibição, como também para pensar sobre como gerenciar e acessar a memória mais tarde.

Plotamos cada ano em um conjunto de eixos que refletem a progressão dos meses ao longo do ano (veja a Figura 3-19):

```R
## R
> colors <- c("green",  "red",          "pink",   "blue",
>               "yellow","lightsalmon", "black",  "gray",
>               "cyan",  "lightblue",   "maroon", "purple")
> matplot(matrix(AirPassengers, nrow = 12, ncol = 12),
>         type = 'l', col = colors,  lty = 1, lwd = 2.5,
>         xaxt = "n", ylab = "Passenger Count")
> legend("topleft", legend = 1949:1960, lty = 1, lwd = 2.5,
>        col = colors)
> axis(1, at = 1:12, labels = c("Jan", "Feb", "Mar", "Apr",
>                               "May", "Jun", "Jul", "Aug",
>                               "Sep", "Oct", "Nov", "Dec"))
```

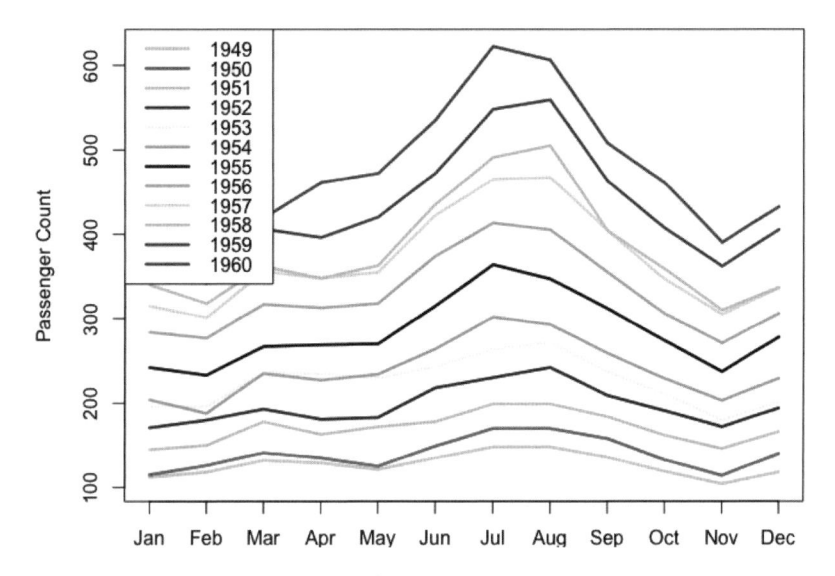

Figura 3-19. Contagem mês a mês por ano[5].

Podemos gerar o mesmo gráfico mais facilmente com o pacote forecast (veja a Figura 3-20):

```R
## R
> require(forecast)
> seasonplot(AirPassengers)
```

O eixo x é o mês do ano para todos os anos. Todos os anos, o número de passageiros de companhias aéreas atinge o pico em julho ou agosto (meses 7 e 8). Vemos também um pico local em março (mês 3) na maioria dos anos. Assim, esse gráfico pode nos mostrar mais detalhes sobre o comportamento da sazonalidade.

---

5   Visite o GitHub (*https://github.com/PracticalTimeSeriesAnalysis/BookRepo*) para visualizar a figura original ou faça um gráfico você mesmo para obter uma aparência mais detalhada.

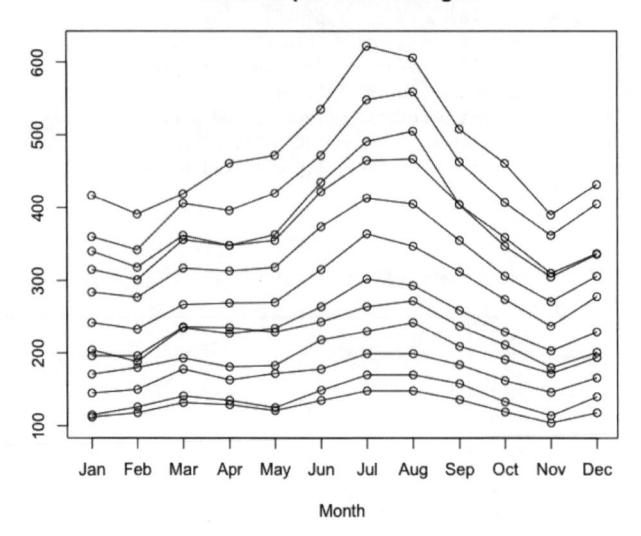

Seasonal plot: AirPassengers

Figura 3-20. Geramos um gráfico sazonal semelhante e com maior facilidade ao usar a função seasonplot().

As curvas de diferentes anos dificilmente se cruzam. O crescimento foi tão robusto que raros são os casos em que anos diferentes tinham o mesmo número de passageiros no mesmo mês. Algumas exceções fogem à regra, mas não durante os meses de pico. Somente a partir dessas observações já podemos aconselhar uma empresa de viagens aéreas que esteja procurando tomar decisões sobre como planejar o crescimento.

Um gráfico alternativo de curvas mensais em relação aos anos foge um pouco ao padrão, mas também é útil (veja a Figura 3-21):

```
## R
> months <- c("Jan", "Feb", "Mar", "Apr", "May", "Jun",
>             "Jul", "Aug", "Sep", "Oct", "Nov", "Dec")

> matplot(t(matrix(AirPassengers, nrow = 12, ncol = 12)),
>         type = 'l', col = colors, lty = 1, lwd = 2.5)
> legend("left", legend = months,
>                col = colors, lty = 1, lwd = 2.5)
```

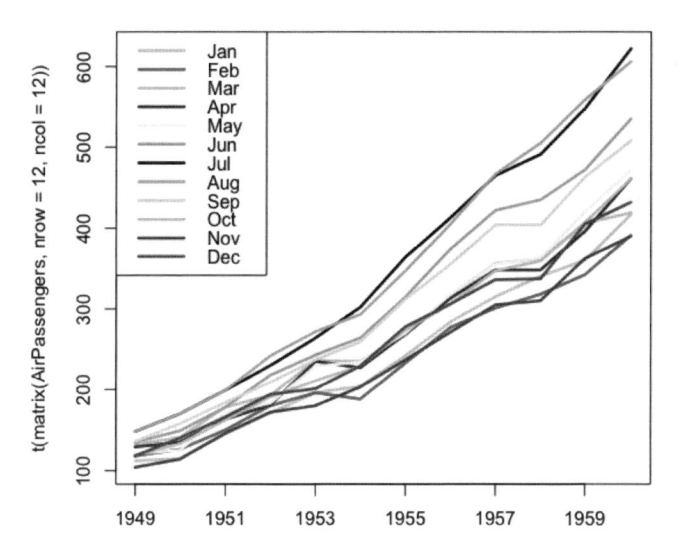

Figura 3-21. Curvas mensais de séries temporais ano a ano[6].

Ao longo dos anos, a tendência de crescimento vem acelerando; isto é, a própria taxa de crescimento está aumentando. Além do mais, dois meses estão crescendo mais rápido do que os outros: julho e agosto. Podemos obter uma visualização e insights semelhantes com uma simples função de visualização fornecida pelo pacote forecast (veja a Figura 3-22):

```
## R
> monthplot(AirPassengers)
```

Existem duas observações de caráter geral que podemos fazer a partir desses gráficos:

- As séries temporais têm mais de um conjunto útil de eixos temporais que utilizamos para comparar valores e plotar o gráfico. Usamos um eixo do mês do ano (janeiro a dezembro) e um eixo dos anos do conjunto de dados (do primeiro ano até o último/décimo segundo ano).

- Podemos reunir gradualmente muitas informações pertinentes e detalhes preditivos de visualizações que empilham dados de série temporal em vez de representá-los graficamente de forma linear.

---

6   Visite o GitHub (*https://github.com/PracticalTimeSeriesAnalysis/BookRepo*) para visualizar a figura original ou faça um gráfico você mesmo para obter uma aparência mais detalhada.

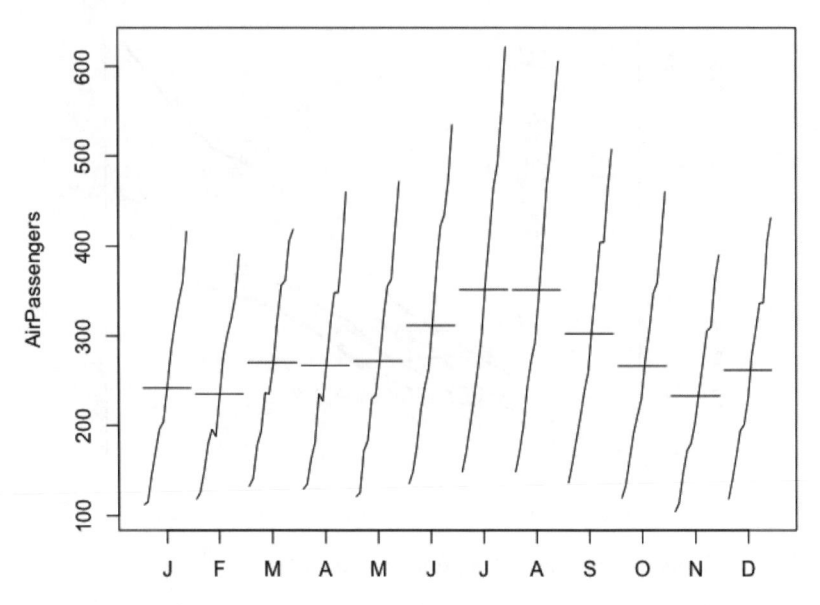

Figura 3-22. Ao usar a função monthplot(), podemos ver como o desempenho mensal muda com o passar dos anos.

Em seguida, consideramos um bom histograma bidimensional. Em séries temporais, podemos pensar em um histograma bidimensional como tendo um eixo para o tempo (ou um proxy para o tempo) e outro eixo para uma unidade de interesse. Os gráficos "empilhados" que acabamos de plotar estão prestes a se tornarem histogramas bidimensionais, mas algumas mudanças seriam convenientes:

- Precisamos fazer o binning dos dados (conhecido também como bucketing) no eixo do tempo e no número de passageiros.

- Precisamos de mais dados. Um histograma 2D não faz sentido até que as curvas empilhadas se esbarrem uma na outra; elas não podem ser analisadas adequadamente sozinhas. Caso contrário, o histograma 2D não conseguirá transmitir qualquer informação adicional.

Geramos o histograma 2D neste pequeno conjunto de dados para ilustrá-lo, depois passamos para um exemplo melhor. Construímos nossa própria função de histograma 2D do zero:

```r
## R
> hist2d <- function(data, nbins.y, xlabels) {
>     ## Fazemos ybins com espaçamento uniforme
>     ## para incluir pontos mínimos e máximos.
>     ymin = min(data)
>     ymax = max(data) × 1.0001
>     ## Saída lazy para evitar a preocupação com inclusão/exclusão.

>     ybins = seq(from = ymin, to = ymax, length.out = nbins.y + 1 )

>     Faz uma matriz zero do tamanho apropriado.
>     hist.matrix = matrix(0, nrow = nbins.y, ncol = ncol(data))

>     ## Os dados vêm em forma de matriz,
>     ## em que cada linha representa um ponto de dados.
>     for (i in 1:nrow(data)) {
>         ts = findInterval(data[i, ], ybins)
>         for (j in 1:ncol(data)) {
>             hist.matrix[ts[j], j] = hist.matrix[ts[j], j] + 1
>         }
>     }
>     hist.matrix
> }
```

Fazemos um histograma com coloração do mapa de calor, deste jeito:

```r
## R
> h = hist2d(t(matrix(AirPassengers, nrow = 12, ncol = 12)), 5, months)
> image(1:ncol(h), 1:nrow(h), t(h), col = heat.colors(5),
>       axes = FALSE, xlab = "Time", ylab = "Passenger Count")
```

No entanto, a imagem resultante (Figura 3-23) não é muito satisfatória.

Figura 3-23. Mapa de calor construído a partir de nosso histograma 2D manual dos dados do AirPassenger.

Esse gráfico não serve de nada porque não há dados suficientes. Temos apenas doze curvas e as dividimos em cinco buckets. Entretanto, uma questão ainda mais importante é que não temos dados estacionários. O uso de um histograma pressupõe um conjunto estacionário de dados. Nesse caso, há uma tendência. E, apesar de gostarmos de ver a sazonalidade, a tendência inevitavelmente nos atrapalhará.

Agora, veremos um conjunto de dados que apresenta um número maior de amostras e não é poluído por uma tendência. Esse é um subconjunto do conjunto de dados Fifty Words retirado do UCR Time Series Classification Archive (*https://perma.cc/Y982-9FPS*). Esse conjunto de dados engloba uma representação de cinquenta palavras diferentes, conforme registrado por uma série temporal univariada, e cada série temporal tem o mesmo comprimento. O subconjunto dos dados usados para plotar a Figura 3-24 é oriundo do conjunto de dados que usei em um segmento de classificação de séries temporais em um tutorial geral sobre o assunto. É possível fazer o download desse subconjunto (*https://oreil.ly/M6T-u*), embora você possa usar qualquer um para fazer este exercício.

```R
## R
> require(data.table)

> words <- fread(url.str)
> w1     <- words[V1 == 1]

> h = hist2d(w1, 25, 1:ncol(w1))

> colors <- gray.colors(20, start = 1, end = .5)
> par(mfrow = c(1, 2))
> image(1:ncol(h), 1:nrow(h), t(h),
>       col = colors, axes = FALSE, xlab = "Time",  ylab = "Projection Value")
> image(1:ncol(h), 1:nrow(h), t(log(h)),
>       col = colors, axes = FALSE, xlab = "Time", ylab = "Projection Value")
```

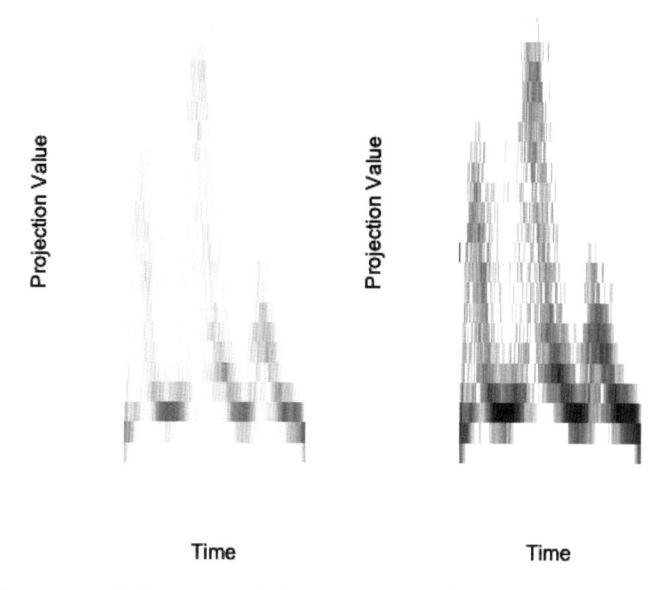

Figura 3-24. Histograma bidimensional de uma métrica de áudio para uma única palavra. O gráfico à esquerda tem uma escala de contagem linear, enquanto o gráfico à direita tem uma escala de contagem de transformação log.

O gráfico à direita na Figura 3-24 parece melhor porque as contagens estão coloridas conforme a transformação log da contagem, em vez da contagem diretamente.

Essa é uma aplicação da mesma ideia de obter o log de uma série temporal para diminuir a variância e reduzir a importância e a distância entre os outliers. O uso de uma transformação log melhora nossa visualização ao não desperdiçar uma grande parte do intervalo nos valores relativamente esparsos de contagem alta.

Nossa opção manual não será tão visualmente elegante quanto muitas opções predefinidas, então devemos analisá-las para ver o que está diferente. Para se beneficiar das soluções predefinidas, precisamos remodelar nossos dados, já que essas opções esperam que os pares de valores xy sejam transformados em um histograma 2D. Ao contrário de nossa solução própria, as opções predefinidas para histogramas 2D não são projetadas especificamente para dados de séries temporais. No entanto, elas oferecem excelentes soluções de visualização (veja a Figura 3-25):

```
## R
> w1 <- words[V1 == 1]

> ## Uso da função melt nos dados para os pares de coordenadas
> ## emparelhadas esperadas pela maioria das implementações de histograma 2D.
> names(w1) <- c("type", 1:270)
> w1        <- melt(w1, id.vars = "type")

> w1        <- w1[, -1]
> names(w1) <- c("Time point", "Value")

> plot(hexbin(w1))
```

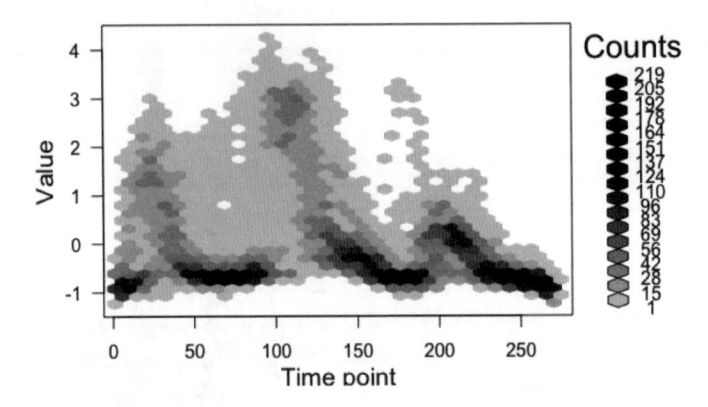

Figura 3-25. Uma visualização alternativa de histograma 2D dos mesmos dados.

Visualizações 3D

A base R não comporta visualizações 3D, mas existem muitos pacotes disponíveis para tal. A seguir, apresento alguns gráficos rápidos feitos com a plotly, escolhida por gerar gráficos que podem ser facilmente rotacionados no RStudio e exportados para interfaces web. Além disso, fazer o download e instalar o plotly costuma ser simples, coisa que não ocorre com a maioria dos pacotes de visualização.

Vamos considerar os dados do AirPassengers. Nós plotamos o conjunto em três dimensões, usando duas dimensões para o tempo (mês e ano) e uma dimensão para os valores dos dados:

```
## R
> require(plotly)
> require(data.table)

> months = 1:12
> ap = data.table(matrix(AirPassengers, nrow = 12, ncol = 12))
> names(ap) = as.character(1949:1960)
> ap[, month := months]
> ap = melt(ap, id.vars = 'month')
> names(ap) = c("month", "year", "count")

> p <- plot_ly(ap, x = ~month, y = ~year, z = ~count,
>              color = ~as.factor(month)) %>%
>    add_markers() %>%
>    layout(scene = list(xaxis = list(title = 'Month'),
>                        yaxis = list(title = 'Year'),
>                        zaxis = list(title = 'PassengerCount')))
```

Essa visualização 3D nos ajuda a ter uma noção da forma geral dos dados. Já vimos muito disso antes, mas expandir para um gráfico de dispersão tridimensional prova ser muito melhor do que um histograma bidimensional, talvez por causa da escassez dos dados (veja as Figuras 3-26 e 3-27).

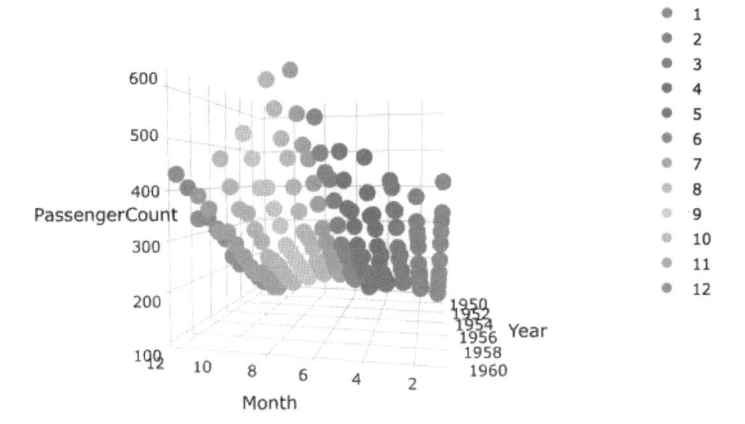

Figura 3-26. Um gráfico de dispersão 3D dos dados do AirPassenger. Essa perspectiva destaca a sazonalidade[7].

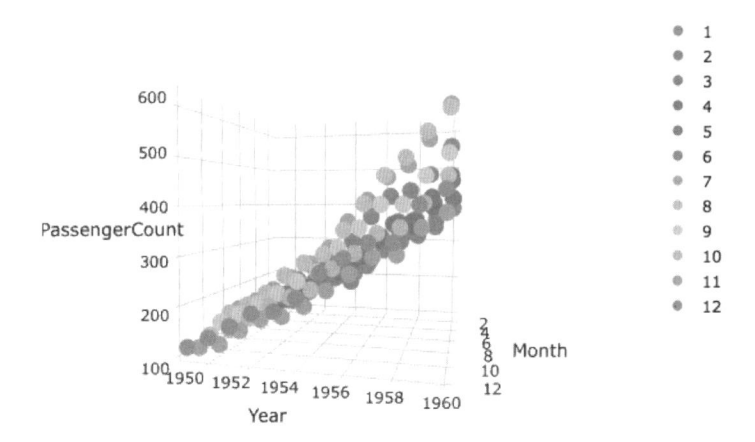

Figura 3-27. Outra perspectiva sobre os mesmos dados ilustra com mais clareza a tendência crescente de um ano para o outro. Eu recomendo muito que execute o código em seu próprio computador, no qual poderá rotacioná-lo você mesmo[8].

---

7 Visite o GitHub (*https://github.com/PracticalTimeSeriesAnalysis/BookRepo*) para visualizar a figura original ou faça um gráfico você mesmo para obter uma aparência mais detalhada.

8 Visite o GitHub (*https://github.com/PracticalTimeSeriesAnalysis/BookRepo*) para visualizar a figura original ou faça um gráfico você mesmo para obter uma aparência mais detalhada.

Não necessariamente precisamos empregar dois eixos no tempo. Em vez disso, podemos usar dois eixos para localização e um para tempo. Podemos visualizar um passeio aleatório bidimensional a seguir, com um exemplo um pouco modificado de um código demo plotly (veja as Figuras 3-28 e 3-29):

```
## R
> file.location <- 'https://raw.githubusercontent.com/plotly/datasets/master/\
                    _3d-line-plot.csv'
> data <- read.csv(file.location)
> p <- plot_ly(data, x = ~x1, y = ~y1, z = ~z1,
>                   type = 'scatter3d', mode = 'lines',
>                   line = list(color = '#1f77b4', width = 1))
```

A natureza interativa do gráfico é fundamental. As diferentes perspectivas podem ser falaciosas ou esclarecedoras, e só saberemos disso se rotacionarmos os dados.

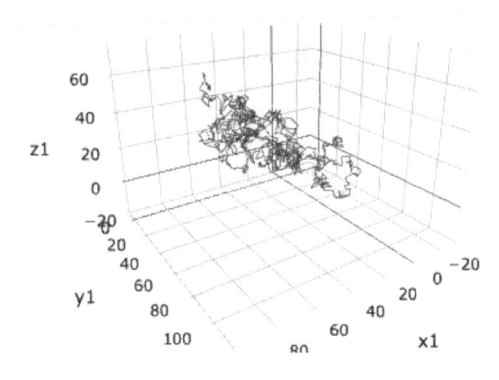

Figura 3-28. Uma perspectiva em um passeio aleatório bidimensional ao longo do tempo.

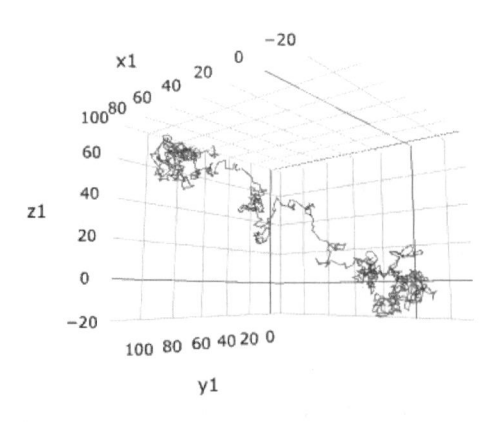

Figura 3-29. Essa perspectiva do mesmo passeio aleatório é mais reveladora. Novamente, o incentivo a testar esse código!

Um bom exercício seria gerar dados de movimento sazonal com ruído em duas dimensões e visualizá-lo da mesma forma que visualizamos o passeio aleatório. Deve haver uma grande diferença no que você vê nesse gráfico quando comparado aos dados do passeio aleatório. Pacotes como o `plotly` podem ajudá-lo a testar rapidamente e com feedback visual detalhado.

Leituras e Recursos Adicionais

- Sobre as correlações espúrias:

Ai Deng, "A Primer on Spurious Statistical Significance in Time Series Regressions", Economics Committee Newsletter 14, no. 1 (2015): https://perma.cc/9CQR-RWHC.
  Esse artigo crítico da área sobre o que são correlações espúrias e como elas aparecem nos dados é pertinente para fornecer insights práticos sobre quando e onde procurar esse problema em seus próprios conjuntos de dados. O material é bastante acessível.

Tyler Vigen, Spurious Correlations (Nova York: Hachette, 2015): https://perma.cc/YY6R-SKWA.
  Essa coletânea de correlações de séries temporais cômica é leitura essencial para qualquer analista de séries temporais ou pessoa prudente.

Antonio Noriega e Daniel Ventosa-Santaulària, "Spurious Regression Under Broken-Trend Stationarity", Journal of Time Series Analysis 27, no. 5 (2006): 671–84: https://perma.cc/V993-SF4F.
  Os autores exploram dados teóricos e de simulação a fim de demonstrar que mudanças de nível ou de tendência nos conjuntos de dados gerados de forma independente e aleatória influenciam a presença de correlações espúrias.

C.W.J. Granger e P. Newbold, "Spurious Regressions in Econometrics", Journal of Econometrics 2, no. 2 (1974): 111–20: https://perma.cc/M8TE-AL6U.
  Esse artigo de econometria ganhou o Prêmio Nobel por identificar as dificuldades inerentes a lidar com correlações espúrias e defender uma abordagem mais robusta para identificar séries temporais relacionadas.

- Sobre análise exploratória de dados:

David R. Brillinger e Mark A. Finney, "An Exploratory Data Analysis of the Temperature Fluctuations in a Spreading Fire", Environmetrics 25, no. 6 (2014): 443–53: https://perma.cc/QB3D-APKM.
  Esse é um exemplo aprofundado de como alguns laboratórios de dados reais com um grid geotemporal foram analisados por pesquisadores acadêmicos e governamentais.

Robert H. Shumway e David S. Stoffer, "Time Series Regression and Exploratory Data Analysis", in Time Series Analysis and Its Applications with R Examples (Nova York: Springer, 2011): https://perma.cc/UC5B-TPVS.

Capítulo sobre a análise exploratória de dados da obra canônico dos autores a respeito da análise de séries temporais para estudantes de graduação.

- Mais recursos sobre visualizações:

Christian Tominski e Wolfgang Aigner, "The TimeViz Browser": https://perma.cc/94ND-6ZA5.

Esse catálogo espetacular mostra exemplos e códigos-fonte para muitas visualizações de séries temporais interessantes de artigos de pesquisa acadêmica e casos de uso do setor.

Oscar Perpiñán Lamigueiro, "GitHub Repository for Displaying Time Series, Spaial, and Space-time Data with R": https://perma.cc/R69Y-5JPL.

Inclui o código-fonte para uma variedade de visualizações de séries temporais baseadas em R, inclusive dados geoespaciais de séries temporais.

Myles Harrison, "5 Ways to Do 2D Histograms in R", R-bloggers, 1º de setembro de 2014: https://perma.cc/ZCX9-FQQY.

Guia prático para uma variedade de opções disponibilizadas pelos pacotes R para construir histogramas 2D com cores e binning significativos. Além de uma visão geral básica, um segmento relacionado (*https://edav.info/tidy quant.html*) também fornece um passo a passo do pacote `tidyquant` para visualizar dados do mercado de ações, fonte importante de séries temporais.

- Sobre tendências diversas:

Halbert White e Clive W.J. Granger, "Considerations of Trends in Time Series", Journal of Time Series Econometrics 3, no. 1 (2011): https://perma.cc/WF2H-TVTL.

Esse artigo acadêmico recente assinala que, embora as tendências sejam onipresentes nos dados, mesmo as estatísticas tradicionais não têm um conjunto decisivo de definições para especificar diferentes tipos de tendências nos dados. De um jeito acessível, os autores oferecem insights estatísticos sobre as diferentes maneiras pelas quais os dados não estacionários podem ter uma tendência subjacente, além de orientação sobre como melhorar os métodos estatísticos para os dados.

## CAPÍTULO 4

Simulando Dados de Séries Temporais

Por ora, vimos onde encontrar dados de séries temporais e como processá-los. Agora veremos como criar dados de séries temporais por meio de simulação.

Nosso estudo será dividido em três partes. Na primeira, compararemos as simulações de dados de séries temporais com outros tipos de simulações de dados, verificando quais novas áreas de interesse específicas vêm à tona quando se considera a passagem do tempo. Na segunda, examinaremos algumas simulações baseadas em código. E, na terceira, analisaremos algumas tendências gerais em simulação de séries temporais.

Boa parte deste capítulo focará exemplos de código específicos para gerarmos diversos tipos de dados de séries temporais. Examinaremos os seguintes exemplos:

- Simularemos a abertura de e-mail e o comportamento de doação de membros de uma organização sem fins lucrativos ao longo de vários anos. Isso estará relacionado à análise que fizemos no Capítulo 2.

- Simularemos eventos em uma frota de táxis de mil veículos com vários horários de início de turno e frequências de embarque de passageiros dependentes da hora do dia ao longo de um único dia.

- Simularemos passo a passo a evolução do estado magnético de um sólido em uma dada temperatura e tamanho usando as leis relevantes da física.

Esses três exemplos se correlacionam a três classes de simulações de séries temporais:

Simulações heurísticas
Decidimos como o mundo deve funcionar, garantimos a lógica e a codificamos, uma regra de cada vez.

Simulações de eventos discretos (SED)

Criamos atores individuais que seguem determinadas regras em nosso universo e, em seguida, implementamos esses atores para conferir como o universo evolui ao longo do tempo.

Simulações baseadas em leis da física

Aplicamos as leis da física para ver como um sistema evolui ao longo do tempo.

A simulação de séries temporais pode ser um exercício analítico inestimável e também demonstraremos nos capítulos posteriores os modelos específicos referentes.

Por que a Simulação de Séries Temporais É Especial?

A simulação de dados é uma área da ciência de dados raramente ensinada, apesar de ser uma competência imprescindível para dados de séries temporais. Este é um dos aspectos negativos dos dados temporais: não há dois pontos de dados na mesma série de tempo exatamente comparáveis, já que esses pontos ocorrem em tempos diferentes. Se quisermos pensar sobre *o que poderia ter acontecido em um determinado tempo*, adentramos no mundo da simulação.

E as simulações podem ser simples ou complexas. Nas simples, você encontrará dados sintéticos em qualquer livro de estatística sobre séries temporais, como a forma de um passeio aleatório. Via de regra, eles são gerados como somas cumulativas de um processo aleatório (como a rnorm do R) ou por meio de uma função periódica (como uma curva seno). Já nas simulações mais complexas, muitos cientistas e engenheiros progridem em suas carreiras profissionais simulando séries temporais. As simulações de séries temporais continuam sendo uma área dinâmica de pesquisa — e exigente em termos computacionais — em diversos campos, incluindo:

- Meteorologia.
- Finanças.
- Epidemiologia.
- Química quântica.
- Física de plasma.

Em alguns desses casos, as regras fundamentais de comportamento são compreendidas em sua totalidade, mas ainda pode ser difícil explicar tudo o que pode acontecer devido à complexidade das equações (meteorologia, química quântica, física de plasma). Em outros casos, nem todas as variáveis preditivas podem ser conhecidas, e os especialistas nem ao menos têm certeza de que predições perfeitas podem ser realizadas devido à natureza estocástica não linear dos sistemas estudados (finanças, epidemiologia).

Simulação versus Previsão

Simulação e previsão são práticas semelhantes. Em ambas, devemos formular hipóteses sobre a dinâmica e os parâmetros do sistema subjacente e, em seguida, extrapolar a partir dessas hipóteses a fim de gerar pontos de dados. Entretanto, existem diferenças importantes a serem consideradas quanto ao aprendizado e desenvolvimento de simulações em vez de previsões:

- Pode ser mais fácil integrar observações qualitativas em uma simulação do que em uma previsão.
- As simulações são executadas em escala, de modo que possamos analisar diversos cenários alternativos (milhares ou mais), enquanto as previsões devem ser geradas com mais cuidado.
- Os riscos das simulações são menores do que das previsões, visto que não há vidas nem recursos em jogo. Logo, você pode ser mais criativo e exploratório em suas rodadas iniciais de simulações. Óbvio que você, mais cedo ou mais tarde, quer ter certeza de que pode justificar como constrói suas simulações, assim como justifica suas previsões.

Simulações no Código

A seguir, veremos três exemplos de simulação de séries temporais em códigos. À medida que ler esses exemplos, considere que um amplo leque de dados pode ser simulado para gerar uma "série temporal". O elemento temporal pode ser muito específico e orientado por humanos, como dias da semana e horários do dia das doações, como também muito inespecífico e basicamente sem rótulo, como a *enésima* etapa" de uma simulação de física.

Nesta seção, discutiremos os três exemplos seguintes de simulação:

- A simulação de um conjunto de dados sintéticos para testar nossas hipóteses sobre como os membros de uma organização podem (ou não) ter um comportamento correlacionado com a receptividade ao receber um e-mail organizacional e a disposição para fazer doações. Este é o exemplo mais personalizado em que embutimos no código os relacionamentos e geramos dados tabulares com loops for e similares.
- Simulação de um conjunto de dados sintéticos a fim de explorar o comportamento agregado em uma frota de táxis completa, com horários de turno e frequência de passageiros, a depender da hora do dia. Neste conjunto de dados, utilizamos atributos orientados a objetos do Python, bem como os geradores, bastante úteis quando queremos deixar o código pronto e ver o que ele pode fazer.
- Simulação do processo físico de um elemento magnético, orientando pouco a pouco seus componentes magnéticos individuais desordenados, mas que acabam se aglutinando em um sistema bem-ordenado. Neste exemplo, analisamos como as leis físicas

podem nortear uma simulação de série temporal e introduzir uma escala temporal natural dentro desse processo.

Faça Você Mesmo

Quando programamos simulações, é necessário não se esquecer das regras lógicas que se aplicam ao seu sistema. A seguir, vamos conferir um exemplo em que o programador realiza a maior parte do trabalho com o objetivo de garantir que os dados façam sentido (por exemplo, não especificando eventos que acontecem em uma ordem ilógica).

Começamos definindo o universo de membros — ou seja, quantos membros temos e quando cada um se afiliou à organização. Vinculamos também cada membro a um status de membro [memberStatus]:

```python
## python
>>> ## membership status
>>> years        = ['2014', '2015', '2016', '2017', '2018']
>>> memberStatus = ['bronze', 'silver', 'gold', 'inactive']

>>> memberYears = np.random.choice(years, 1000,
>>>              p = [0.1, 0.1, 0.15, 0.30, 0.35])
>>> memberStats = np.random.choice(memberStatus, 1000,
>>>              p = [0.5, 0.3, 0.1, 0.1])

>>> yearJoined = pd.DataFrame({'yearJoined': memberYears,
>>>                            'memberStats': memberStats})
```

Repare que já existem muitas regras/suposições integradas na simulação apenas nessas linhas de código. Estipulamos probabilidades específicas dos anos em que os membros se afiliaram. Fizemos também com que o status do membro fosse totalmente independente do ano em que se afiliou. Em termos concretos, é provável que possamos fazer melhor do que isso, pois essas duas variáveis devem ter alguma conexão, sobretudo se quisermos incentivar as pessoas a continuarem como membros.

Fizemos uma tabela indicando quando os membros abriram e-mails a cada semana. Aqui, definimos o comportamento da nossa organização: enviamos três e-mails por semana. Definimos também padrões distintos de comportamento dos membros em relação ao e-mail:

- Nunca abre o e-mail.
- Nível constante de engajamento/taxa de abertura de e-mail.
- Aumento ou redução do nível de engajamento.

Podemos imaginar meios de deixar tudo isso mais complexo e com diversas nuances, dependendo das observações anedóticas de membros veteranos ou novas hipóteses que temos sobre os processos não observáveis que afetam os dados:

```python
## python
>>> NUM_EMAILS_SENT_WEEKLY = 3

>>> ## Definimos várias funções para diferentes padrões.
>>> def never_opens(period_rng):
>>>     return []

>>> def constant_open_rate(period_rng):
>>>     n, p = NUM_EMAILS_SENT_WEEKLY, np.random.uniform(0, 1)
>>>     num_opened = np.random.binomial(n, p, len(period_rng))
>>>     return num_opened

>>> def increasing_open_rate(period_rng):
>>>     return open_rate_with_factor_change(period_rng,
>>>                                         np.random.uniform(1.01,
>>>                                                           1.30))

>>> def decreasing_open_rate(period_rng):
>>>     return open_rate_with_factor_change(period_rng,
>>>                                         np.random.uniform(0.5,
>>>                                                           0.99))

>>> def open_rate_with_factor_change(period_rng, fac):
>>>     if len(period_rng) < 1 :
>>>         return []
>>>     times = np.random.randint(0, len(period_rng),
>>>                               int(0.1 * len(period_rng)))
>>>     num_opened = np.zeros(len(period_rng))
>>>     for prd in range(0, len(period_rng), 2):
>>>         try:
>>>             n, p = NUM_EMAILS_SENT_WEEKLY, np.random.uniform(0,
>>>                                                              1)
>>>             num_opened[prd:(prd + 2)] = np.random.binomial(n, p,
>>>                                                            2)
>>>             p = max(min(1, p * fac), 0)
>>>         except:
>>>             num_opened[prd] = np.random.binomial(n, p, 1)
>>>     for t in range(len(times)):
>>>         num_opened[times[t]] = 0
>>>     return num_opened
```

Definimos funções para simular quatro tipos distintos de comportamento:

Membros que nunca abrem os e-mails que lhes enviamos:

   (never_opens())

Membros que abrem aproximadamente o mesmo número de e-mails todas as semanas:

   (constant_open_rate())

Membros que abrem um número decrescente de e-mails a cada semana:

   (decreasing_open_rate())

Membros que abrem um número crescente de e-mails a cada semana:

   (increasing_open_rate())

Garantimos que aqueles com engajamento cada vez maior ou perdem o interesse ao longo do tempo sejam simulados da mesma forma com a função `open_rate_with_factor_change()` via funções `increasing_open_rate()` e `decreasing_open_rate()`.

É necessário criar também um sistema para modelar o comportamento de doação. Não queremos ser muito ingênuos, ou nossa simulação não nos fornecerá insights sobre o que devemos esperar. Ou seja, queremos construir nossas hipóteses existentes sobre o comportamento dos membros dentro do modelo e, depois, testar se as simulações baseadas nessas hipóteses condizem com o que vemos em nossos dados reais. A seguir, adotamos um comportamento impreciso, porém não determinístico, de doação que se relaciona ao número de e-mails que um membro abriu:

```python
## python
>>> ## Comportamento de doação.
>>> def produce_donations(period_rng, member_behavior, num_emails,
>>>                        use_id, member_join_year):
>>>     donation_amounts = np.array([0, 25, 50, 75, 100, 250, 500,
>>>                                  1000, 1500, 2000])
>>>     member_has = np.random.choice(donation_amounts)
>>>     email_fraction = num_emails  /
>>>                      (NUM_EMAILS_SENT_WEEKLY * len(period_rng))
>>>     member_gives = member_has * email_fraction
>>>     member_gives_idx = np.where(member_gives
>>>                         >= donation_amounts)[0][-1]
>>>     member_gives_idx = max(min(member_gives_idx,
>>>                            len(donation_amounts) - 2),
>>>                            1)
>>>     num_times_gave = np.random.poisson(2) *
>>>                      (2018 - member_join_year)
>>>     times = np.random.randint(0, len(period_rng), num_times_gave)
>>>     dons = pd.DataFrame({'member'   : [],
>>>                          'amount'   : [],
>>>                          'timestamp': []})

>>>     for n in range(num_times_gave):
>>>         donation = donation_amounts[member_gives_idx
>>>                     + np.random.binomial(1, .3)]
>>>         ts = str(period_rng[times[n]].start_time
>>>              + random_weekly_time_delta())
>>>         dons = dons.append(pd.DataFrame(
>>>                {'member'   : [use_id],
>>>                 'amount'   : [donation],
>>>                 'timestamp': [ts]}))
>>>
>>>     if dons.shape[0] > 0:
>>>         dons = dons[dons.amount != 0]
>>>         ## Não relatamos a ausência de evento de doação,
>>>         ## pois isso não seria registrado em um banco de dados do mundo real.
>>>
>>>     return dons
```

Seguimos algumas etapas para assegurar que o código gere um comportamento realista:

- O número total de doações depende de quanto tempo alguém é membro.

- Geramos um status de prosperidade por membro, partindo da hipótese comportamental de que o valor doado está relacionado a um valor estável que uma pessoa teria reservado para fazer doações.

Como os comportamentos de nossos membros estão vinculados a timestamps específicos, temos que escolher as semanas em que cada membro fez doações e em que período dessa semana eles fizeram a doação. Escrevemos uma função de utilidade para escolher um tempo aleatório durante a semana:

```python
## python
>>> def random_weekly_time_delta():
>>>     days_of_week = [d for d in range(7)]
>>>     hours_of_day = [h for h in range(11, 23)]
>>>     minute_of_hour = [m for m in range(60)]
>>>     second_of_minute = [s for s in range(60)]
>>>     return pd.Timedelta(str(np.random.choice(days_of_week))
>>>                         + " days" ) +
>>>         pd.Timedelta(str(np.random.choice(hours_of_day))
>>>                         + " hours" )  +
>>>         pd.Timedelta(str(np.random.choice(minute_of_hour))
>>>                         + " minutes") +
>>>         pd.Timedelta(str(np.random.choice(second_of_minute))
>>>                         + " seconds")
```

Você deve ter percebido que esboçamos apenas a hora do timestamp no intervalo de 11 a 23 ((hours_of_day = [h for h in range(11, 23)]). Estamos concebendo um universo com pessoas em um intervalo muito restrito de fusos horários ou em apenas um único fuso horário, pois não permitimos horas fora desse intervalo. Ao construir, estamos considerando mais o nosso modelo subjacente do que o comportamento dos usuários.

Desse modo, esperamos por um comportamento uniforme de nossos usuários, como se todos eles estivessem em um ou alguns fusos horários adjacentes, além de postularmos que o comportamento razoável dos usuários para se fazer uma doação compreende o período do final da manhã até o começo da noite, não sendo possíveis doações durante a noite ou logo que acordem.

Por último, agrupamos todos os componentes recém-desenvolvidos visando simular um certo número de membros e eventos associados de modo a garantir que os eventos ocorram somente após um membro se afiliar, e que os eventos de e-mail de um membro tenham alguma relação (não uma relação ínfima e irrealista) com os eventos de doação:

```
## python
>>> behaviors        = [never_opens,
>>>                     constant_open_rate,
>>>                     increasing_open_rate,
>>>                     decreasing_open_rate]
>>> member_behaviors = np.random.choice(behaviors, 1000,
>>>                                     [0.2, 0.5, 0.1, 0.2])

>>> rng = pd.period_range('2015-02-14', '2018-06-01', freq = 'W')
>>> emails = pd.DataFrame({'member'      : [],
>>>                        'week'        : [],
>>>                        'emailsOpened': []})
>>> donations = pd.DataFrame({'member'   : [],
>>>                           'amount'   : [],
>>>                           'timestamp': []})

>>> for idx in range(yearJoined.shape[0]):
>>>     ## Gera aleatoriamente a data em que um membro teria se afiliado.
>>>     join_date = pd.Timestamp(yearJoined.iloc[idx].yearJoined) +
>>>                     pd.Timedelta(str(np.random.randint(0, 365)) +
>>>                         ' days')
>>>     join_date = min(join_date, pd.Timestamp('2018-06-01'))
>>>
>>>     ## Membro não deve ter timestamps vigentes antes de se afiliar.
>>>     member_rng = rng[rng > join_date]
>>>
>>>     if len(member_rng) < 1:
>>>         continue
>>>
>>>     info = member_behaviors[idx](member_rng)
>>>     if len(info) == len(member_rng):
>>>         emails = emails.append(pd.DataFrame(
>>>             {'member': [idx] * len(info),
>>>              'week': [str(r.start_time) for r in member_rng],
>>>              'emailsOpened': info}))
>>>         donations = donations.append(
>>>             produce_donations(member_rng, member_behaviors[idx],
>>>                                 sum(info), idx, join_date.year))
```

Em seguida, examinamos o comportamento temporal das doações para termos uma ideia de como podemos testar isso em análises ou previsões futuras. Plotamos a soma total das doações que recebemos para cada mês do conjunto de dados (veja a Figura 4-1)

```
## python
>>> df.set_index(pd.to_datetime(df.timestamp), inplace = True)
>>> df.sort_index(inplace = True)
>>> df.groupby(pd.Grouper(freq='M')).amount.sum().plot()
```

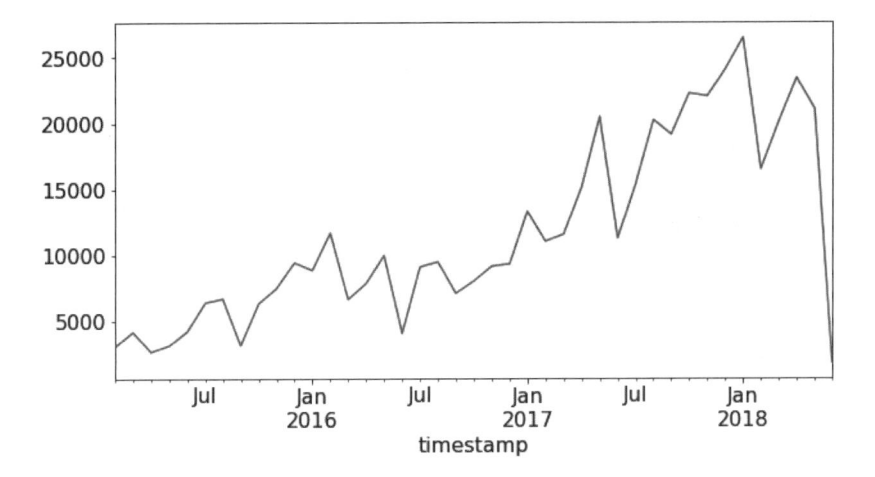

Figura 4-1. Soma total das doações recebidas para cada mês do conjunto de dados.

Ao que tudo indica, o número de doações e de e-mails abertos aumentou ao longo dos períodos de tempo de 2015 até 2018. O que não é de se admirar, visto que o número de membros também aumentou com o tempo, conforme indicado na soma acumulada de membros e do ano de afiliação. Na verdade, uma das suposições integradas em nosso modelo era que tínhamos que manter um membro por tempo indefinido após a afiliação. Não fizemos nenhuma previsão em relação ao cancelamento de membros, exceto permitir que os membros abram um número decrescente de e-mails. No entanto, mesmo nesse caso, deixamos em aberto a possibilidade de continuidade das doações. Vemos essa suposição de associação contínua indefinida (e comportamento de doação correlacionado) na Figura 4-1. Provavelmente deveríamos voltar e refinar nosso código, já que afiliação e doação ilimitadas não são um cenário realista.

Não sendo uma simulação clássica de série temporal, ela parece um pouco como um exercício de geração de dados tabulares. Sem dúvida é isso também, mas ficamos atentos às séries temporais:

- Tivemos que tomar decisões sobre em quantas séries temporais nossos usuários estavam.
- Tivemos que tomar decisões sobre quais tipos de tendências modelaríamos ao longo do tempo:
  — No caso do e-mail, optamos por três tendências: taxas de abertura de e-mail estáveis, crescentes e decrescentes.
  — No caso de doações, fizemos com que elas assumissem um padrão de comportamento estável relacionado a quantos e-mails o membro já havia aberto desde então. E isso implicava um lookahead, mas, como estávamos gerando dados, era uma forma de decidir se a afinidade geral de um membro na organização, o que resultaria em mais e-mails abertos, também aumentaria a frequência das doações.

- Tivemos que tomar cuidado para garantir que não existissem e-mails abertos ou doações feitas antes de o membro se afiliar à organização.

- Tivemos que assegurar que nossos dados não se deslocassem para o futuro, de modo que fossem mais realistas para os consumidores dos dados. Observe que, quando se trata de uma simulação, não tem problema se nossos dados forem para o futuro.

Mas a simulação não é perfeita. O código apresentado é deselegante e não gera um universo realista. Além do mais, já que o programador apenas verificou a lógica, ele pode ter deixado passar casos preocupantes, de modo que os eventos ocorreram em uma ordem ilógica. Seria bom definir métricas externas e padrões de validade, como uma proteção contra tais erros, antes de executar a simulação.

Precisamos de um software que implemente um universo lógico e consistente. Por isso, na próxima seção, analisaremos os geradores em Python, uma opção superior.

Construindo um Universo de Simulação Autogerido

Não raro, você tem um sistema específico e quer definir as regras para esse sistema e ver como ele roda. Talvez queira vislumbrar o que um universo de membros independentes acessando seu app usará, ou tentar validar uma teoria interna de tomada de decisão baseada em comportamento externo solicitado. Nesses casos, você quer saber como agentes individuais contribuem com suas métricas agregadas ao longo do tempo. E o Python se adéqua perfeitamente a esse trabalho graças à disponibilidade de geradores. Ao passar para o desenvolvimento de um software em vez de ficar estritamente na análise, faz sentido recorrer ao Python, mesmo que você se sinta mais à vontade com R.

Os geradores nos possibilitam criar uma série de atores independentes (ou dependentes!) e rodá-los a fim de observar o que fazem sem muito código boilerplate para manter o controle de tudo.

No próximo exemplo de código, exploramos uma simulação de táxi.[1] Queremos imaginar como uma frota de táxis, programada para iniciar seus turnos em horários diferentes, pode se comportar em conjunto. Para isso, é necessário criar muitos táxis individuais, soltá-los em uma cidade cibernética e fazer com que relatem suas atividades.

Essa simulação pode ser extremamente complicada. Para fins de demonstração, adotamos a construção de um mundo mais simples do que imaginamos ser realmente o caso (a velha máxima de George Box "Todos os modelos estão errados…"). Começamos tentando entender o que é um gerador em Python.

---

1 Este exemplo é inspirado no livro de Luciano Ramalho, *Fluent Python* (*https://oreil.ly/fluent-python*) (O'Reilly, 2015). No Brasil, foi publicado como *Python Fluente*. Recomendo bastante a leitura do capítulo completo sobre simulação, para melhorar suas habilidades de programação Python e ver oportunidades mais elaboradas para a simulação baseada em agente.

Primeiro, vamos considerar um método que escrevi para recuperar um número de identificação de táxi:

```python
## python
>>> import numpy as np

>>> def taxi_id_number(num_taxis):
>>>     arr = np.arange(num_taxis)
>>>     np.random.shuffle(arr)
>>>     for i in range(num_taxis):
>>>         yield arr[i]
```

Para quem não está familiarizado com geradores, este é o código anterior em ação:

```python
## python
>>> ids = taxi_id_number(10)
>>> print(next(ids))
>>> print(next(ids))
>>> print(next(ids))
```

que pode exibir:

```
7
2
5
```

Ele fará a iteração até gerar dez números, quando sairá do loop for dentro do gerador e lançará uma exceção StopIteration.

O taxi_id_number() gera objetos de uso único, todos independentes uns dos outros, mantendo seu próprio estado. Essa é uma função geradora. Pense nos geradores como miniobjetos que mantêm seu próprio pacote pequeno de variáveis de estado, o que é útil quando queremos muitos objetos paralelos entre si, cada qual se encarregando das próprias variáveis.

No caso desta simples simulação de táxi, compartimentamos nossos táxis em turnos diferentes e também usamos um gerador para sinalizar os turnos. Agendamos mais táxis durante o dia do que à noite ou em turnos noturnos, definindo diferentes probabilidades para iniciar um turno em um determinado horário:

```python
## python
>>> def shift_info():
>>>     start_times_and_freqs = [(0, 8), (8, 30), (16, 15)]
>>>     indices              = np.arange(len(start_times_and_freqs))
>>>     while True:
>>>         idx   = np.random.choice(indices, p = [0.25, 0.5, 0.25])
>>>         start = start_times_and_freqs[idx]
>>>         yield (start[0], start[0] + 7.5, start[1])
```

Preste atenção no start_times_and_freqs. Esse será nosso primeiro trecho de código que contribuirá para fazer com que esta seja uma simulação de série temporal. Estamos indicando que diferentes períodos do dia têm diferentes probabilidades de ter um táxi atribuído ao turno. Além disso, horas distintas do dia têm um número médio de viagens diferentes.

Agora criamos um gerador mais complexo que usará os geradores anteriores para definir os parâmetros individuais de táxi, bem como criar cronogramas individuais de táxi:

```python
## python
>>> def taxi_process(taxi_id_generator, shift_info_generator):
>>>     taxi_id = next(taxi_id_generator)
>>>     shift_start, shift_end, shift_mean_trips =
>>>                                 next(shift_info_generator)
>>>     actual_trips = round(np.random.normal(loc   = shift_mean_trips,
>>>                                           scale = 2))
>>>     average_trip_time = 6.5 / shift_mean_trips * 60
>>>     # Converte tempo médio de viagem em minutos.
>>>     between_events_time = 1.0 / (shift_mean_trips - 1) * 60
>>>     # Esta é uma cidade eficiente na qual os táxis raramente ficam sem rodar.
>>>     time = shift_start
>>>     yield TimePoint(taxi_id, 'start shift', time)
>>>     deltaT = np.random.poisson(between_events_time) / 60
>>>     time += deltaT
>>>     for i in range(actual_trips):
>>>         yield TimePoint(taxi_id, 'pick up   ', time)
>>>         deltaT = np.random.poisson(average_trip_time) / 60
>>>         time += deltaT
>>>         yield TimePoint(taxi_id, 'drop off  ', time)
>>>         deltaT = np.random.poisson(between_events_time) / 60
>>>         time += deltaT
>>>     deltaT = np.random.poisson(between_events_time) / 60
>>>     time += deltaT
>>>     yield TimePoint(taxi_id, 'end shift  ', time)
```

Aqui o táxi acessa os geradores a fim de determinar seu número de identificação, horários de início de turno e número médio de viagens para seu horário inicial. A partir disso, ele sai em sua própria jornada individual, à medida que faz um certo número de viagens em sua própria linha do tempo, gerando-as para o cliente e chamando o next() neste gerador. Na realidade, esse gerador produz uma série temporal de pontos para um táxi individual.

O gerador de táxi gera TimePoints, definidos da seguinte forma:

```python
## python
>>> from dataclasses import dataclass

>>> @dataclass
>>> class TimePoint:
>>>     taxi_id:   int
>>>     name: str
>>>     time: float

>>>     def __lt__(self, other):
>>>         return self.time < other.time
```

Usamos o decorador relativamente novo dataclass para simplificar o código (isso exige a vesão Python 3.7). Recomendo que todos os cientistas de dados que usam Python se familiarizem com essa nova e amigável funcionalidade.

Métodos Dunder do Python

Os métodos *dunder* do Python, cujos nomes começam e terminam com dois caracteres underscore, são um conjunto de métodos integrados para toda classe. Os métodos dunder são chamados automaticamente em seu percurso natural e usam um determinado objeto. Existem implementações predefinidas que podem ser sobrescritas quando você mesmo as define em sua classe. Há inúmeras razões pelas quais você pode optar por isso, como no caso do código anterior, no qual queremos que os `TimePoints` sejam comparados apenas com base em seu tempo, e não baseados em seus atributos `taxi_id` ou `name`. Dunder é a abreviação de "double under".

Além do inicializador gerado automaticamente para o `TimePoint,` precisamos apenas de dois outros métodos dunder, `__lt__` (para comparar os `TimePoints`) e `str` (para exibir `TimePoints`, não mostrado aqui). A comparação é necessária porque pegaremos todos os `TimePoints` gerados em uma estrutura de dados para ordená-los: uma fila de prioridade. Uma *fila de prioridade* é um tipo de dado abstrato, no qual os objetos podem ser inseridos independentemente da ordem, mas que gerará objetos em uma ordem especificada baseada em sua prioridade.

Tipo Abstrato de Dados

Um *tipo abstrato de dados* é um modelo computacional definido por seu comportamento, que consiste em um conjunto enumerado de possíveis ações e dados de entrada e quais devem ser os resultados de tais ações para determinados conjuntos de dados.

Um tipo abstrato de dados normalmente conhecido é o tipo first-in--first-out (FIFO) — primeiro a entrar, primeiro a sair. Ele exige que os objetos sejam gerados a partir da estrutura de dados na mesma ordem em que foram inseridos nela. A forma como o programador decide fazer isso é uma questão de implementação, e não de definição.

Temos uma classe de simulação para rodar esses geradores de táxi e mantê-los reunidos. Não se trata somente de um `dataclass` bastante funcional, mesmo no inicializador, para organizar as entradas em um array adequado de informações e processamento. Repare que a única funcionalidade pública é a função `run()`:

```python
## python
>>> import queue

>>> class Simulator:
>>>     def __init__(self, num_taxis):
>>>         self._time_points = queue.PriorityQueue()
>>>         taxi_id_generator = taxi_id_number(num_taxis)
>>>         shift_info_generator = shift_info()
>>>         self._taxis = [taxi_process(taxi_id_generator,

>>>                                     shift_info_generator) for
>>>                                        i in range(num_taxis)]
>>>         self._prepare_run()

>>>     def _prepare_run(self):
>>>         for t in self._taxis:
>>>             while True:
>>>                 try:
>>>                     e = next(t)
>>>                     self._time_points.put(e)
>>>                 except:
>>>                     break

>>>     def run(self):
>>>         sim_time = 0
>>>         while sim_time < 24:
>>>             if self._time_points.empty():
>>>                 break
>>>             p = self._time_points.get()
>>>             sim_time = p.time
>>>             print(p)
```

Primeiro, criamos o número de geradores de táxi de que precisamos para representar o número correto de veículos. Em seguida, passamos por esses táxis enquanto ainda têm TimePoints e colocamos todos esses TimePoints em uma fila de prioridade. A prioridade do objeto é determinada para uma classe customizada, como a TimePoint, por causa de nossa implementação do __lt__ dos TimePoints, em que comparamos o tempo de início. Assim, à medida que os TimePoints são empurrados para a fila de prioridade, isso os prepara para serem gerados em ordem temporal.

Rodamos a simulação:

```python
## python
>>> sim = Simulator(1000)
>>> sim.run()
```

A saída se parece mais ou menos com isso (sua saída será diferente, já que não definimos uma semente [seed] — e, cada vez que você rodar o código, a saída será diferente da última iteração):

```
id: 0539 name: drop off   time: 23:58
id: 0318 name: pick up    time: 23:58
id: 0759 name: end shift  time: 23:58
id: 0977 name: pick up    time: 23:58
id: 0693 name: end shift  time: 23:59
id: 0085 name: end shift  time: 23:59
id: 0351 name: end shift  time: 23:59
id: 0036 name: end shift  time: 23:59
id: 0314 name: drop off   time: 23:59
```

 **Definindo o Seed ao Gerar Números Aleatórios**

Ao escrever um código que está gerando números aleatórios, talvez seja necessário garantir que ele seja reproduzível (por exemplo, se você quiser definir testes unitários para um código que normalmente é aleatório ou se estiver tentando fazer o debugging e quiser restringir as fontes de variação para facilitar a depuração). Para assegurar que os números aleatórios saiam na mesma ordem não aleatória, você define um seed [semente]. Por ser uma prática comum, existem guias sobre como definir uma semente em qualquer linguagem de programação.

Arredondamos para o minuto mais próximo a fim de simplificar a exibição, embora tenhamos dados mais refinados disponíveis. A resolução temporal que usaremos dependerá de nossos objetivos:

- Se quisermos fazer uma exposição educativa para as pessoas em nossa cidade de como a frota de táxis impacta o tráfego, podemos exibir as horas agregadas.
- Se somos um app de táxi e precisamos conhecer a carga em nosso servidor, provavelmente analisaremos os dados minuto a minuto ou até mesmo dados com resolução melhor para pensar sobre o design e a capacidade de nossa infraestrutura.

Tomamos a decisão de relatar os `TimePoints` dos táxis conforme eles "acontecem". Ou seja, relatamos o início de uma corrida de táxi ("embarque") sem seu horário de término, embora pudéssemos facilmente ter condensado isso. Este é um modo de deixar a série temporal mais realista, no sentido de que provavelmente você teria registrado eventos assim em um stream de dados.

Perceba que, como no caso anterior, nossa simulação de série temporal ainda não gerou uma série temporal. Geramos um log e podemos transformá-lo em uma série temporal de várias maneiras:

- Saída para um arquivo CSV ou banco de dados de série temporal conforme executamos a simulação.

- Rodar algum tipo de modelo online conectado à nossa simulação para aprender como desenvolver um pipeline de processamento de dados de streaming em tempo real.
- Salvar a saída em um arquivo ou banco de dados e, depois, fazer mais pós-processamento para empacotar os dados de uma forma conveniente (possivelmente arriscando um lookahead), como parear os horários de início e término de uma determinada viagem a fim de estudar como a duração de uma corrida de táxi se comporta em diferentes horários do dia.

A simulação de dados tem diversas vantagens, além de testar hipóteses sobre a dinâmica de um sistema de táxi. Veja algumas situações em que esses dados sintéticos de série temporal podem ser úteis:

- Testar os benefícios de vários modelos de previsão em relação à conhecida dinâmica subjacente da simulação.
- Construir um pipeline para os dados que você mais tarde terá como base em seus dados sintéticos enquanto aguarda os dados reais.

Você será um analista de séries temporais bem preparado se desenvolver as habilidades de usar geradores e programação orientada a objetos. Este é apenas um exemplo de como esse conhecimento pode simplificar sua vida e melhorar a qualidade do seu código.

 **Para Simulações Extensivas, Considere a Modelagem Baseada em Agente**

A solução que acabamos de programar era boa, porém usamos uma bela dose de código boilerplate para garantir que as condições lógicas fossem respeitadas. Caso uma simulação de eventos discretos baseados nas ações de atores discretos seja uma fonte útil de dados simulados de série temporal, você deve considerar um módulo orientado para simulação. O módulo SimPy (*https:// simpy.readthedocs.io/en/ latest*) é uma ótima opção, vem com uma API acessível e um pouco de flexibilidade para fazer os tipos de tarefas de simulação que analisamos nesta seção.

Simulação das Leis da Física

Em outro tipo de cenário simulado, você pode estar em pleno controle das leis da física que definem um sistema. No entanto, não é necessário ser as leis da física propriamente ditas; isso também é válido em diversas áreas:

- As pesquisas quantitativas em finanças criam com frequência hipóteses sobre as regras "físicas" do mercado. Os economistas também, mesmo em escalas de tempo diferentes.
- Os psicólogos postulam regras "psicofísicas" de como os humanos tomam decisões. Elas podem ser utilizadas para gerar regras "físicas" sobre as respostas humanas esperadas a uma variedade de opções ao longo do tempo.

- Os biólogos pesquisam regras sobre como um sistema se comporta ao longo do tempo em resposta a inúmeros estímulos.

Com um ímã, pode-se conhecer algumas regras para um sistema físico simples. Estudaremos isso recorrendo a um modelo de mecânica estatística frequentemente ensinado, denominado modelo Ising.[2] Veremos um modelo simples de como simular seu comportamento ao longo do tempo com um material magnético, de modo que seus componentes magnéticos individuais apontem em direções aleatórias. Depois, veremos como esse sistema evolui para uma ordem em que todos os componentes magnéticos apontam na mesma direção, segundo as leis físicas conhecidas e de algumas linhas de código. A seguir, examinaremos como tal simulação é realizada por meio do método Monte Carlo e cadeia de Markov (MCMC), e discutiremos como esse método funciona em geral e como é aplicado a este sistema específico.

Simulações Monte Carlo e Cadeias de Markov

A ideia de uma simulação Monte Carlo é encontrar meios perspicazes de aplicar números aleatórios a situações que deveriam, em teoria, ter solução exata, mas que na prática são mais fáceis de resolver com meios probabilísticos. A cadeia de Markov é útil em uma simulação Monte Carlo geral, ainda mais na simulação de séries temporais.

Uma simulação Monte Carlo o ajudará a identificar como é uma determinada distribuição ou série de termos, mas não como esses termos devem evoluir ao longo do tempo. E é aqui que a cadeia de Markov entra em cena, calculando a probabilidade de transição entre estados e, quando fatoramos isso, damos "passos" em vez de simplesmente calcular uma integral global. Agora podemos ter uma simulação de série temporal em vez de somente o cálculo de uma integral.

Na física, uma simulação MCMC pode ser utilizada, por exemplo, para entender como as transições quânticas em moléculas individuais podem afetar as medições do conjunto agregado desse sistema ao longo do tempo. Nesse caso, precisamos recorrer a algumas regras específicas:

1. Em um processo de Markov, a probabilidade de uma transição para um estado no futuro depende somente do estado presente (não de informações anteriores).

2. Estabeleceremos a condição física específica de uma distribuição de Boltzmann para energia; ou seja, $T_{ij} / T_{ji} = e^{-b(E_j - E_i)}$. Para a maioria de nós, trata-se apenas de um detalhe de implementação, algo com que não precisamos nos preocupar.

---

2   O modelo Ising é um modelo mecânico clássico estatístico de ímãs bem conhecido e frequentemente ensinado. Você pode encontrar muitos exemplos de código e outras discussões sobre esse modelo online em contextos de programação e física, caso esteja interessado em aprender mais.

Implementamos uma simulação MCMC da seguinte forma:

1. Selecionamos o estado inicial de cada site de lattice [reticulado cristalino][3] individual aleatoriamente.
2. Para cada intervalo de tempo individual, escolha um site individual para o lattice e mude sua direção.
3. Calcule a mudança na energia que resultaria dessa inversão, dadas as leis físicas com as quais você está trabalhando. Neste caso, isso significa:

- Se a mudança na energia for negativa, você está fazendo a transição para um estado de energia inferior, que sempre será favorecido, então mantenha a troca e passe para a próxima etapa.
- Se a mudança na energia não for negativa, você a reconhece com a probabilidade de aceitação de $e^{(-\text{mudança de energia})}$. Isso é compatível com a regra 2.

Prossiga com as etapas 2 e 3 por tempo indefinido até a convergência a fim de determinar o estado mais provável para qualquer medição agregada que você esteja fazendo.

Vamos conferir os detalhes específicos do modelo Ising. Imagine que temos um material bidimensional composto de uma grade de objetos, cada um tendo o que se resume a um mini-ímã que pode apontar para cima ou para baixo. Colocamos esses mini-ímãs de forma aleatória em uma rotação para cima ou para baixo no tempo zero e, em seguida, executamos o registro do sistema (SOR) conforme ele evolui de um estado aleatório para um estado ordenado em baixa temperatura.[4]

Primeiro configuramos nosso sistema da seguinte maneira:

```python
## python
>>> ### CONFIGURAÇÃO
>>> ## Layout de física.
>>> N           = 5 # width of lattice
>>> M           = 5 # height of lattice
>>> ## Definições de temperatura.
>>> temperature = 0.5
>>> BETA        = 1 / temperature
```

Usamos alguns métodos utilitários, como a inicialização aleatória do nosso bloco inicial:

```python
>>> def initRandState(N, M):
>>>     block = np.random.choice([-1, 1], size = (N, M))
>>>     return block
```

---

3 N. da T.: Conjunto de pontos que estabelecem ligação com átomos ou grupos de átomos que se repetem no espaço tridimensional com certa periodicidade.

4 O modelo Ising é utilizado com mais frequência para entender o que é o estado de equilíbrio de um ferro-magneto, em vez de considerar o aspecto temporal de como um ferromagneto pode alcançar um estado de equilíbrio. No entanto, tratamos a evolução ao longo do tempo como uma série temporal.

Calculamos também a energia para um determinado alinhamento de estado central em relação aos seus vizinhos:

```python
## python
>>> def costForCenterState(state, i, j, n, m):
>>>     centerS = state[i, j]
>>>     neighbors = [((i + 1) % n, j), ((i - 1) % n, j),
>>>                  (i, (j + 1) % m), (i, (j - 1) % m)]
>>>     ## Observe o % n porque impomos condições de limite periódicas.
>>>     ## Ignore isso se não fizer sentido — é apenas restrição física
>>>     ## no sistema, dizendo que o sistema 2D é como
>>>     ## a superfície de um donut.
>>>     interactionE = [state[x, y] * centerS for (x, y) in neighbors]
>>>     return np.sum(interactionE)
```

E definimos a imantação/magnetização de todo o bloco para um determinado estado:

```python
## python
>>> def magnetizationForState(state):
>>>     return np.sum(state)
```

Aqui, é onde apresentamos as etapas MCMC analisadas anteriormente:

```python
## python
>>> def mcmcAdjust(state):
>>>     n = state.shape[0]
>>>     m = state.shape[1]
>>>     x, y = np.random.randint(0, n), np.random.randint(0, m)
>>>     centerS = state[x, y]
>>>     cost = costForCenterState(state, x, y, n, m)
>>>     if cost < 0:
>>>         centerS *= -1
>>>     elif np.random.random() < np.exp(-cost * BETA):
>>>         centerS *= -1
>>>     state[x, y] = centerS
>>>     return state
```

Agora, para de fato executar uma simulação, precisamos de alguns registros de dados, bem como chamadas repetidas para o ajuste MCMC:

```python
## python
>>> def runState(state, n_steps, snapsteps = None):
>>>     if snapsteps is None:
>>>         snapsteps = np.linspace(0, n_steps, num = round(n_steps / (M * N * 100)),
>>>             dtype = np.int32)
>>>     saved_states = []
>>>     sp = 0
>>>     magnet_hist = []
>>>     for i in range(n_steps):
>>>         state = mcmcAdjust(state)
>>>         magnet_hist.append(magnetizationForState(state))
>>>         if sp < len(snapsteps) and i == snapsteps[sp]:
>>>             saved_states.append(np.copy(state))
>>>             sp += 1
>>>     return state, saved_states, magnet_hist
```

Rodamos a simulação:

```python
## python
>>> ### EXECUTA A SIMULAÇÃO
>>> init_state = initRandState(N, M)
>>> print(init_state)
>>> final_state = runState(np.copy(init_state), 1000)
```

Com essa simulação, podemos obter algumas informações reveladoras observando os estados inicial e final (veja a Figura 4-2).

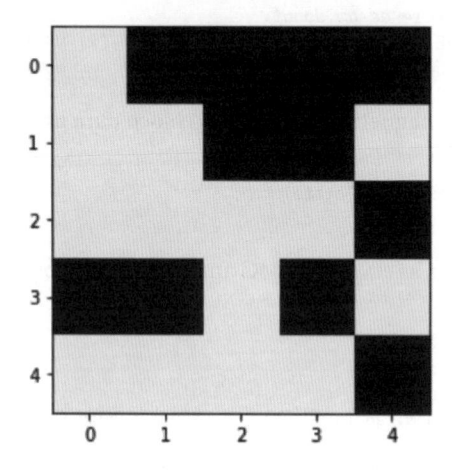

Figura 4-2. Estado inicial de um material ferromagnético simulado 5 × 5, inicializado com cada estado selecionado aleatoriamente, rotacionado para cima ou para baixo com probabilidade igual.

Na Figura 4-2, examinamos um estado inicial gerado de forma aleatória. Ainda que você espere ver os dois estados mais combinados, lembre-se de que, em termos probabilísticos, não é muito provável que se obtenha um efeito xadrez perfeito Tente gerar o estado inicial várias vezes e você verá que o estado aparentemente "aleatório" ou "50/50" do tabuleiro de xadrez não é nada provável. Contudo, repare que começamos com aproximadamente metade de nossos sites em cada estado. Perceba também que qualquer padrão encontrado nos estados iniciais possivelmente é fruto da imaginação de seu cérebro, que segue a tendência muito humana de ver padrões onde não existem.

Em seguida, passamos o estado inicial para a função `runState()`, permitindo que 1.000 intervalos de tempo passem e examinamos o resultado na Figura 4-3.

Este é um snapshot do estado obtido no intervalo 1.000. Há, pelo menos, duas observações interessantes. Primeiro, o estado dominante foi revertido em comparação com o intervalo 1.000. Segundo, o estado dominante não é mais dominante numericamente do que o outro estado dominante no intervalo 1.000. Isso sugere que a temperatura pode continuar a desviar os sites do estado dominante, mesmo quando poderia ser favorecida de outra forma. Para compreender melhor essa dinâmica, devemos considerar a plotagem de medidas agregadas gerais, como imantação/magnetização ou tirar snapshots onde podemos visualizar nossos dados bidimensionais em um formato de série temporal.

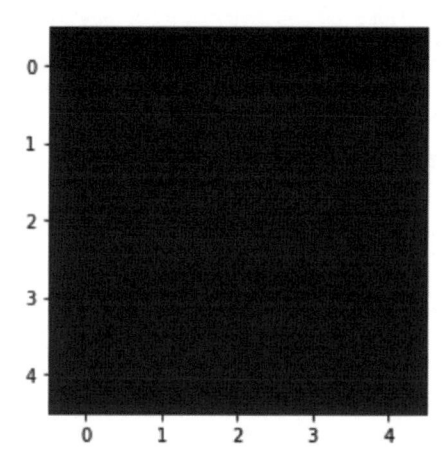

Figura 4-3. Estado final de baixa temperatura em nossa simulação executada, conforme visto em 1.000 intervalos de tempo.

Fazemos isso com a imantação/magnetização ao longo do tempo para muitas simulações anteriores executadas de modo independente, conforme exemplificado na Figura 4-4:

```python
## python
>>> Coletamos cada série temporal como um elemento separado na lista de resultados.
>>> results = []
>>> for i in range(100):
>>>     init_state = initRandState(N, M)
>>>     final_state, states, magnet_hist = runState(init_state, 1000)
>>>     results.append(magnet_hist)
>>>
>>> ## Plotamos cada curva com um pouco de transparência,
>>> ## de modo que possamos ver as curvas que se sobrepõem.
>>> for mh in results:
>>>     plt.plot(mh,'r', alpha=0.2)
```

As curvas de imantação/magnetização são apenas um exemplo de como poderíamos imaginar a evolução do sistema ao longo do tempo. Podemos também considerar o registro de séries temporais 2D, como o snapshot do estado geral em cada ponto no tempo. Ou talvez haja outras variáveis agregadas interessantes para medir em cada etapa, como uma medida de entropia de layout ou uma medida de energia total. Grandezas físicas como imantação/magnetização ou entropia são grandezas relacionadas, visto que são uma função do layout geométrico do estado em cada site do lattice, porém cada grandeza é uma medida um pouco diferente.

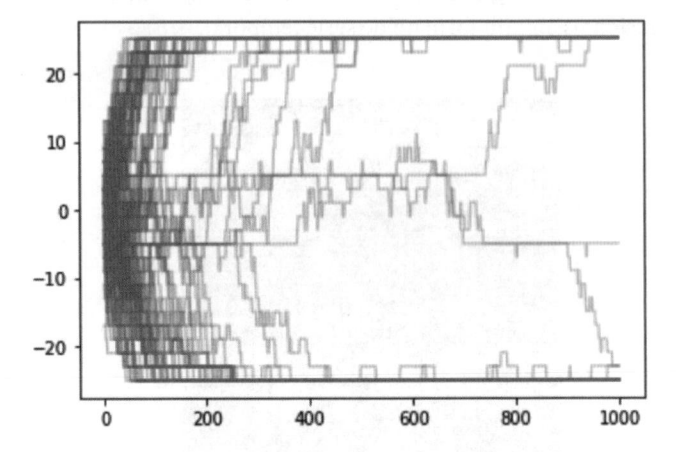

Figura 4-4. Cem simulações independentes de possíveis formas pelas quais o sistema poderia entrar em um estado magnetizado a temperatura baixa, mesmo quando cada site de lattice original foi inicializado aleatoriamente.

Podemos usar esses dados de maneira semelhante aos dados de táxi, ainda que o sistema subjacente seja bastante diferente. Poderíamos, por exemplo:

- Usar os dados simulados a fim de servir de motivação para configurar um pipeline.
- Testar os métodos de aprendizado de máquina nesses dados sintéticos para ver se eles podem ser úteis nos dados físicos antes de nos darmos ao trabalho de limpar os dados reais para tal modelagem.
- Observar as imagens semelhantes a filmes de importantes métricas para desenvolver melhores intuições físicas sobre o sistema.

Apontamentos Finais sobre as Simulações

Vimos diversos exemplos diferentes de medições de simulação que descrevem o comportamento ao longo do tempo. Vimos dados simulados relacionados ao comportamento do consumidor (afiliação a ONGs e doações), infraestrutura da cidade (padrões de embarque de táxis) e as leis da física (ordenação gradual de um material magnético aleatório). Esses exemplos devem deixá-lo à vontade o suficiente para começar a ler exemplos de código de dados simulados e também fornecer ideias de como seu próprio trabalho pode se beneficiar das simulações.

É provável que, no passado, você tenha feito suposições sobre seus dados sem saber como testar essas possibilidades ou alternativas. As simulações viabilizam uma rota a ser trilhada, o que significa que suas conversas sobre dados podem se aprofundar, incluindo exemplos hipotéticos pareados com métricas quantitativas de simulações. Isso fundamentará suas análises à medida que abre novas possibilidades tanto no âmbito de séries temporais quanto em outros campos de atuação da ciência de dados.

Simulações Estatísticas

As simulações estatísticas são o caminho mais tradicional para simular dados de série temporal. Elas são bastante oportunas quando conhecemos a dinâmica subjacente de um sistema estocástico e queremos estimar alguns parâmetros desconhecidos ou analisar como diferentes suposições impactariam o processo de estimativa de parâmetros (neste livro, veremos um exemplo disso mais a diante). Até para sistemas físicos, às vezes, a simulação estatística é melhor.

As simulações estatísticas de dados de séries temporais também são muito valiosas quando é necessário uma métrica quantitativa definitiva para estabelecer nossa própria incerteza sobre a acurácia de nossas simulações. Em simulações estatísticas tradicionais, como um modelo ARIMA (que será analisado no Capítulo 6), as fórmulas para o erro são comumente utilizadas, o que significa que para entender um sistema com um modelo estatístico subjacente solicitado, não é necessário executar muitas simulações para se ter afirmações numéricas sobre erro e variância.

Simulações de Aprendizado Profundo

As simulações de aprendizado profundo para séries temporais são um campo incipiente, ainda que promissor. A vantagem do aprendizado profundo é que dinâmicas não lineares complexas podem ser coletadas em dados de série temporal, mesmo que o profissional atuante não compreenda totalmente essa dinâmica. Isso também é uma desvantagem, já que o profissional atuante talvez não tenha os conhecimentos fundamentados para compreender a dinâmica do sistema.

As simulações de aprendizado profundo também são promissoras quando se trata da preocupação com a privacidade. Por exemplo, o aprendizado profundo tem sido usado para gerar dados sintéticos de séries temporais heterogêneas em aplicações médicas baseadas em dados de séries temporais reais, e sem o potencial risco do vazamento de informações privadas. Esse conjunto de dados, caso possa ser desenvolvido sem nenhum vazamento de privacidade, seria inestimável, pois os pesquisadores acessariam uma grande variedade de dados médicos (inacessível atualmente, já que são caros e violam a privacidade).

Leituras e Recursos Adicionais

Cristóbal Esteban, Stephanie L. Hyland e Gunnar Rätsch, "Real-Valued (Medical) Time Series Generation with Recurrent Conditional GANs", manuscrito não publicado, última revisão em 4 de dezembro de 2017: https://perma.cc/Q69W-L44Z.

Os autores demonstram como as redes adversárias gerativas podem ser usadas para gerar dados de série temporal heterogêneos, médicos e realistas. É um exemplo de como a simulação de aprendizado profundo pode ser usada para criar conjuntos de dados médicos éticos, legais e (com sorte) que preservem a privacidade, possibilitando um acesso mais amplo a dados úteis para aprendizado de máquina e profundo no campo médico.

Gordon Reikard e W. Erick Rogers, "Forecasting Ocean Waves: Comparing a Physics-based Model with Statistical Models", Coastal Engineering 58 (2011): 409–16: https://perma.cc/89DJ-ZENZ.

O artigo compara prática e acessivelmente duas formas bastante diferentes de modelar um sistema, com física ou estatística. Os pesquisadores concluem que, para o problema específico que abordam, a escala de tempo de interesse do previsor deve nortear as decisões sobre qual paradigma aplicar. Apesar de este artigo ser sobre previsão, temos simulações e insights.

Wolfgang Härdle, Joel Horowitz e Jens-Peter Kreiss, "Bootstrap Methods for Time Series", International Statistical Review/Revue Internationale de Statistique 71, no. 2 (2003): 435–59: https://perma.cc/6CQA-EG2E.

Uma clássica análise de 2005 das dificuldades da simulação estatística de dados de séries temporais dadas as dependências temporais. Os autores explicam, em um artigo de estatística extremamente técnico, por que os métodos de bootstrap de dados de séries temporais deixam a desejar em relação aos métodos de outros tipos de dados, bem como quais métodos promissores estavam disponíveis no momento em que escreveram o artigo. A tecnologia não mudou muita coisa, então esta é uma leitura útil, embora desafiadora.

## CAPÍTULO 5

Armazenando Dados Temporais

Em geral, o valor dos dados de séries temporais está na sua retrospectiva, em vez do live streaming de dados. Por esse motivo, o armazenamento de dados de séries temporais é necessário para a maioria das análises de série temporal.

Uma boa solução de armazenamento é aquela que viabiliza a facilidade de acesso e confiabilidade dos dados sem exigir um grande investimento de recursos computacionais. Neste capítulo, analisaremos quais aspectos de um conjunto de dados você deve considerar quando se trata de desenvolvimento para armazenamento de dados de séries temporais. Examinaremos também as vantagens dos bancos de dados SQL, bancos de dados NoSQL e uma variedade de formatos de arquivo flat [flat files].

Desenvolver uma solução geral de armazenamento de séries temporais é um desafio, pois há muitos tipos distintos de dados de séries temporais, cada qual com diferentes padrões de armazenamento, leitura/escrita e análise. Alguns dados serão armazenados e examinados repetidamente, ao passo que outros são úteis somente por um curto espaço de tempo, após o qual podem ser excluídos por completo. A seguir, confira alguns casos de uso para armazenamento de séries temporais com diferentes padrões de leitura, escrita e consulta:

1. Você está coletando métricas de desempenho em um sistema de produção. É necessário armazenar essas métricas de desempenho por anos a fio, porém, quanto mais antigos os dados ficam, menos detalhados eles precisam ser. Assim, é necessário um meio de armazenamento que faça o downsampling automaticamente e separe os dados conforme as informações ficam antigas.

2. Você tem acesso remoto a um repositório open source de dados de séries temporais, mas precisa manter uma cópia local em seu computador para diminuir o tráfego de rede. O repositório remoto armazena cada série temporal em uma pasta de arquivos disponíveis para download em um servidor web, mas você gostaria de compilar todos esses arquivos em um único banco de dados para simplificar as coisas. Os dados devem ser imutáveis e capazes de ser armazenados por tempo indeterminado, já que o intuito é ter uma cópia confiável do repositório remoto.

3. Você criou seus próprios dados de séries temporais integrando uma variedade de fontes de dados em diferentes escalas de tempo, e com pré-processamento e formatação distintos. A coleta e o processamento de dados foram cansativos e demorados. Agora, você gostaria de armazenar os dados em seu formato final em vez de executar uma etapa de pré-processamento sucessivamente, mas também gostaria de manter os dados brutos, para mais tarde explorar alternativas de pré-processamento. Talvez você reexamine os dados processados e brutos com frequência à medida que desenvolve novos modelos de aprendizado de máquina, readaptando novos modelos nos mesmos dados e também acrescentando dados ao longo do tempo conforme dados brutos mais recentes ficam disponíveis. Você nunca fará o downsampling ou separará os dados no armazenamento, mesmo se fizer isso em suas análises.

Dependendo de quais são suas principais demandas em um sistema, esses casos de uso variam bastante:

Importância de como o desempenho é escalonado com o tamanho

No primeiro caso de uso, procuraríamos uma solução que pudesse incorporar scripts automatizados para excluir dados antigos. Não estaríamos preocupados em como o sistema foi escalonado para grandes conjuntos de dados, já que planejamos manter o conjunto de dados pequeno. Por outro lado, no segundo e no terceiro casos de uso, esperaríamos ter uma grande e estável coleção de dados (caso de uso 2) ou uma coleção grande e crescente de dados (caso de uso 3).

Importância do acesso aleatório versus acesso sequencial de pontos de dados

No caso de uso 2, esperamos que todos os dados sejam acessados em partes iguais, já que esses dados de séries temporais teriam todos a mesma "idade" na inserção e todos referenciariam conjuntos de dados pertinentes. Em contrapartida, nos casos de uso 1 e 3 (sobretudo no 1, dada a descrição anterior), esperamos que os dados mais recentes sejam acessados com maior frequência.

Importância dos scripts de automação

Ao que tudo indica, o caso de uso 1 pode ser automatizado, enquanto o caso de uso 2 não exigiria automação (uma vez que os dados seriam imutáveis). O caso de uso 3 sugere pouca automação, e também uma quantidade considerável de coleta de dados e processamento de todas as partes dos dados, não somente as mais recentes. No caso de uso 1, queremos uma solução de armazenamento que possa ser integrada com scripts ou procedimentos armazenados, enquanto no caso de uso 3 queremos uma solução que viabilize a fácil customização do processamento de dados.

Apenas três exemplos já nos fornecem uma boa ideia dos muitos casos de uso que uma solução de série temporal multifuncional precisa atender.

Na prática, você poderá customizar sua solução de armazenamento sem se preocupar em encontrar uma ferramenta que se adapte a todos seus casos de uso. Assim, você quase sempre recorrerá a uma série de tecnologias semelhantes, que costumam se resumir em:

- Bancos de dados SQL.
- Bancos de dados NoSQL.
- Formato de arquivo flat.

Neste capítulo, abordaremos as três opções e analisaremos as vantagens e desvantagens de cada uma. Óbvio que as especificações dependerão do caso de uso em questão, mas este capítulo irá prepará-lo com os alicerces necessários para começar sua busca por uma opção de armazenamento de séries temporais que se adéque a seu caso de uso. Primeiro, analisaremos quais perguntas você deve fazer ao escolher uma solução de armazenamento. Em seguida, abordaremos a grande controvérsia SQL versus NoSQL e examinaremos algumas das soluções de armazenamento de séries temporais mais populares. Por último, consideramos a definição de políticas para possibilitar que dados antigos de séries temporais expirem e sejam excluídos.

Definindo os Requisitos

Ao considerar o armazenamento de dados de séries temporais, faça as seguintes perguntas:

- *Quantos dados de séries temporais você armazenará? Com que rapidez esses dados crescerão?* Você desejará escolher uma solução de armazenamento apropriada para a taxa de crescimento esperada dos dados. Os administradores de banco de dados que estão migrando do conjuntos de dados orientados a transações para séries temporais não raro ficam surpresos devido à rapidez com que os conjuntos de dados podem crescer.

- *Suas medições costumam ter canais ilimitados de atualizações (por exemplo, um fluxo constante de atualizações de tráfego da web) ou eventos distintos (por exemplo, uma série de horários de tráfego aéreo para cada feriado importante nos EUA nos últimos dez anos)?* Caso seus dados sejam como um canal ilimitado, você verá mais os dados recentes. Por outro lado, se seus dados são uma coleção de séries temporais distintas divididas em eventos separados, então os eventos mais distantes no tempo ainda podem ser bem interessantes. No último caso, o acesso aleatório é o padrão mais provável.

- *Seus dados terão espaçamento regular ou irregular?* Caso seus dados estejam regularmente espaçados, você pode calcular com mais acurácia e antecedência quantos dados espera coletar e com que frequência esses dados serão inseridos no sistema. Se seus dados estiverem espaçados de modo irregular, prepare-se para um estilo de acesso menos previsível aos dados, podendo viabilizar com eficiência os períodos inoperantes e os períodos de atividade de escrita.

- *Você coletará dados de modo contínuo ou seu projeto terá uma data final bem definida?* Caso tenha uma data final bem definida para a coleta de dados, ficará mais fácil saber o tamanho do conjunto de dados que você precisa acomodar. Mas após começar a coletar um tipo específico de série temporal, diversas organizações descobrem que não querem mais parar!

- *O que você fará com sua série temporal? É necessário visualizações em tempo real? Dados pré-processados para uma rede neural iterar milhares de vezes? Dados fragmentados altamente disponíveis para uma grande base de usuários móveis?* Seu caso de uso principal indicará se há maior probabilidade de precisar de acesso sequencial ou aleatório aos seus dados e a importância de um fator de latência para a escolha do formato de armazenamento.

- *Como você separará ou fará o downsampling dos dados? Como evitará o crescimento infinito? Qual deve ser o ciclo de vida de um ponto de dados individual em uma série temporal?* É impossível armazenar todos os eventos para sempre. É melhor tomar decisões sobre políticas sistemáticas de exclusão de dados antecipadamente do que fazer isso de modo pontual. Quanto mais você se antecipar, melhor será a escolha que poderá fazer em relação aos formatos de armazenamento. Na próxima seção, falaremos mais sobre isso.

As respostas a essas perguntas indicarão se você deve armazenar dados brutos ou processados, se os dados devem ser inseridos na memória de acordo com o tempo ou conforme algum outro eixo e se é necessário armazenar seus dados em um formato que seja fácil lê-los e escrevê-los. Os casos de uso variam, logo você deve fazer um novo inventário para cada conjunto novo de dados.

 Dados *fragmentados* [sharded data] são dados que fazem parte de um grande sistema de dados, mas que ficam distribuídos em pedaços menores e mais gerenciáveis entre vários servidores de uma rede.

Live Data versus Dados Armazenados

Ao pensar sobre quais opções de armazenamento são adequadas a seus dados, é fundamental entender o ciclo de vida deles. Quanto mais realista for sobre seus casos de uso para dados, menos dados precisará salvar e menos tempo gastará para encontrar o sistema de armazenamento ideal, pois você não fará o escalonamento em uma quantidade intratável de dados. Muitas vezes, as organizações registram excessivamente eventos de interesse, já que receiam perder seus armazenamentos de dados. Porém, ter mais dados armazenados de forma intratável é menos útil do que ter dados agregados armazenados em escalas de tempo significativas.

Quando se trata de live data de curta duração, como dados de desempenho que serão examinados apenas para garantir que nada esteja errado, talvez nunca precise armazenar os dados na forma em que são coletados, pelo menos não por muito tempo. Isso se adéqua mais a dados orientados a eventos, em que nenhum evento único é importante e, ao contrário, as estatísticas agregadas são os valores de interesse.

Suponha que você esteja rodando um servidor web que registra e relata a quantidade de tempo que cada dispositivo móvel demorou para carregar na íntegra uma determinada página web. A série temporal com espaçamento irregular resultante pode ser semelhante à Tabela 5-1.

Tabela 5-1. Série temporal do servidor web

Timestamp	Tempo para carregar a página
April 5, 2018 10:22:24 pm	23s
April 5, 2018 10:22:28 pm	15s
April 5, 2018 10:22:41 pm	14s
April 5, 2018 10:23:02 pm	11s

Por diversas razões, talvez você não esteja interessado em nenhuma medição individual do tempo para carregar uma página. Você gostaria de agregar os dados (digamos, tempo médio de carregar a página por minuto) e mesmo as estatísticas agregadas seriam interessantes apenas por um breve espaço de tempo. Suponha que esteja de plantão durante a noite por causa desse servidor. Você gostaria de ter certeza de que pode mostrar que o desempenho foi bom enquanto cuidava de tudo. Seria possível simplificar isso em um ponto de dados durante suas doze horas de plantão, logo você teria a maior parte das informações que pode imaginar, como mostrado na Tabela 5-2.

Tabela 5-2. Um ponto de dados simplificado para horas de seu plantão

Período	Horário mais acessado	Páginas carregadas	Tempo médio para carregar	Tempo máximo para carregar
April 5, 2018 8 pm–8 am	11 pm	3,470	21s	45s

Aqui, não devemos planejar armazenar os eventos individuais em prazo indeterminado. Pelo contrário, você deve construir uma solução de armazenamento que forneça a staging area dos eventos individuais apenas como armazenamento temporário até que os dados passem para sua forma final. Isso evitará muitas dores de cabeça para você e para seus colegas, evadindo o crescimento descontrolado de dados antes mesmo de começar. Em vez de ter 3.470 eventos individuais que não interessam a ninguém, você terá valores de interesse compactos e prontamente acessíveis. É necessário simplificar o armazenamento de dados por meio da agregação e deduplicação, sempre que possível.

A seguir, veremos oportunidades para reduzir dados sem perder informações.

Variáveis que mudam gradativamente

Caso esteja armazenando uma variável de estado, pense em registrar apenas os pontos de dados em que o valor foi alterado. Por exemplo, se estiver registrando a temperatura em incrementos de cinco minutos, sua curva pode parecer uma step function [função de degrau], sobretudo se você se preocupa somente com um valor, como o grau mais próximo. Nesse caso, não é necessário armazenar valores repetitivos, o que acaba economizando espaço de armazenamento.

Dados ruidosos e de alta frequência

Se os seus dados forem ruidosos, há motivos para não se importar muito com nenhum ponto específico de dados. Talvez você agregue os pontos de dados antes de registrá-los, pois o alto nível de ruído desvaloriza qualquer que seja a medição individual. Claro que isso será determinado pela especificidade do domínio e você precisará garantir que os usuários downstream ainda sejam capazes de avaliar o ruído nas medições deles.

Dados obsoletos

Quanto mais antigos são os dados, menos provável que sua organização os use, de modo geral. Sempre que começar a registrar um novo conjunto de dados de séries temporais, é importante se precaver sobre quando os dados se tornarão irrelevantes:

- Existe uma data de expiração?
- Caso não exista, você pode investigar as pesquisas anteriores do seu departamento de analytics e ver até que ponto no passado elas vão de maneira realista? Quando algum script em um repositório Git acessou os dados mais antigos em seu conjunto de dados?

Se puder automatizar a exclusão de dados de uma forma que não invalide as ações das análises de dados, suas opções de armazenamento serão melhores e você reduzirá a importância da escalabilidade ou lentidão das consultas em conjuntos de dados bloat.

Considerações Legais

Se você trabalha em uma organização de grande porte ou que lida com dados exigidos por terceiros (como em auditorias regulatórias), as considerações legais devem ser mensuradas nos requisitos do seu sistema. Você deve avaliar a frequência com que provavelmente receberá solicitações de dados de terceiros, a quantidade de dados que serão solicitados, se você seria capaz de escolher o formato ou se os regulamentos ditam um formato específico.

Pode parecer demasiadamente cauteloso mencionar requisitos legais ao avaliar as especificações de armazenamento de dados, porém acontecimentos recentes na Europa e nos Estados Unidos sugerem um aumento do interesse nos conjuntos de dados usados para impulsionar o aprendizado de máquina (por exemplo, o Regulamento Geral de Proteção de Dados da União Europeia — RGDP).

Até agora, analisamos os casos de usos gerais para armazenamento de séries temporais. Avaliamos também um conjunto de consultas relacionadas à forma como um conjunto de dados de série temporal será gerado e analisado, de modo que essas queries possam informar nossa seleção de um formato de armazenamento. Agora, examinaremos duas opções comuns para armazenar séries temporais: bancos de dados e arquivos.

Soluções de Banco de Dados

Para quase todos os analistas ou engenheiros de dados, um banco de dados é uma solução intuitiva e familiar quanto se trata de como armazenar dados. Assim como acontece com dados relacionais, um banco de dados costuma ser uma boa opção de armazenamento para dados de séries temporais. Isso é especialmente válido se você deseja uma solução inovadora para qualquer uma destas propriedades clássicas de banco de dados:

- Um sistema de armazenamento que pode ser escalonado para vários servidores.
- Um sistema de leitura/escrita de baixa latência.
- Funções já implementadas para calcular métricas comumente usadas (como calcular a média em uma consulta group-by, em que o group-by pode ser aplicado a métricas de tempo).
- Ferramentas de troubleshooting e monitoramento que podem ser usadas para aprimorar o desempenho do sistema e analisar gargalos.

Essas são, entre muitas outras, boas razões (*https://perma.cc/K994-RXE9*) para optar por um banco de dados em vez de um sistema de arquivos, e você deve sempre pensar em uma solução de banco de dados para armazenamento de dados, ainda mais ao trabalhar com novos conjuntos de dados. Um banco de dados, sobretudo um banco de dados NoSQL, pode ajudá-lo a assegurar a flexibilidade. Além do mais, um banco de dados fará seu projeto funcionar antes do que se estivesse trabalhando com arquivos individuais, pois muito do código boilerplate necessário já estará rodando. Mesmo que, no final das contas, você escolha uma solução de armazenamento de arquivos (e a maioria das pessoas não faz isso), trabalhar primeiro com um banco de dados pode ajudá-lo a determinar como estruturar seus próprios arquivos conforme seus novos processos de dados se estabilizam.

No restante desta seção, abordaremos as respectivas vantagens dos bancos de dados SQL e NoSQL para séries temporais e, a seguir, analisaremos as opções populares de banco de dados atualmente disponíveis para aplicações de séries temporais. A boa notícia é que, ao que tudo indica, os gráficos de séries temporais são a categoria de banco de dados que cresce cada vez mais (*https://perma.cc/RQ79-5AX7*), logo podemos esperar por mais e ainda melhores opções para soluções de banco de dados de séries temporais no futuro.

SQL versus NoSQL

Na comunidade de banco de dados de séries temporais, o debate entre o uso do SQL versus NoSQL é intenso e abrangente. Muitos experts em administração de banco de dados insistem que o SQL é a melhor linguagem padrão dos bancos de dados e que não há dados, independentemente do formato, que não possam ser bem descritos por um bom conjunto de tabelas relacionais. Apesar disso, na prática, quando as organizações tentam escalonar as soluções SQL para acomodar grandes quantidades de dados de séries temporais, a queda no desempenho é comum. Por esse motivo, vale a pena considerar também uma solução NoSQL, ainda mais se estiver procurando uma solução que possa ser escalonada para acomodar casos em que a coleta de dados de séries temporais começa sem nenhum horizonte de tempo finito à vista.

Embora as soluções SQL e NoSQL possam ser boas para os dados de séries temporais, o que motiva nosso debate são as dificuldades de aplicar a lógica de banco de dados aos dados de séries temporais, visto que esses mesmos dados de séries temporais divergem do tipo de dados para os quais os bancos de dados SQL foram desenvolvidos.

Propriedades dos dados que originalmente influenciaram bancos de dados SQL

Podemos entender melhor a incompatibilidade entre o SQL e os dados de séries temporais revisitando o histórico das soluções SQL. As soluções SQL têm como base os dados transacionais, quaisquer dados necessários que representem completamente um evento discreto. Uma transação é composta de atributos que retratam muitas chaves primárias, como produto, participantes, tempo e valor da transação. Repare que o tempo pode estar presente como uma chave primária, mas apenas como uma entre muitas e não como um eixo privilegiado de informação. Há dois elementos importantes de dados transacionais que são bastante diferentes das necessidades de séries temporais:

- Os pontos de dados existentes são atualizados com frequência.
- Os dados são acessados de forma um tanto aleatória, pois não há necessidade de ordenação subjacente.

Propriedades dos dados de séries temporais

Os dados de séries temporais detalham toda a história de algo, ao passo que um registro de transação nos informa apenas o estado final. Logo, os dados de séries temporais normalmente não exigem atualização, o que significa que o acesso aleatório para operações de registro é de baixa prioridade.

Grosso modo, os objetivos de desempenho fundamentais durante décadas de design de banco de dados SQL não são muito importantes para bancos de dados de séries temporais. Ao considerar os objetivos e projetar esses bancos de dados, temos prioridades bastante diferentes por causa de como usaremos nossos dados de séries temporais. Os principais recursos de nosso caso de uso de dados de séries temporais são:

- Operações de escrita prevalecem sobre as operações de leitura.
- Os dados não são registrados, lidos ou atualizados em ordem aleatória, mas sim na ordem relacionada ao sequenciamento temporal.
- A probabilidade de leituras simultâneas são maiores nos dados de séries temporais do que nos dados transacionais.

- Existem poucas chaves primárias, quando muito, além do próprio tempo.
- Exclusões em massa são mais comuns do que exclusões de pontos de dados individuais.

Os bancos de dados NoSQL suportam todos esses recursos, já que muitos desses bancos para uso geral viabilizam justamente o que queremos nos bancos de dados de séries temporais, sobretudo a ênfase em operações de registo em detrimento às operações de leitura. Em termos conceituais, os bancos de dados NoSQL mapeiam bem os dados de séries temporais, porque retratam de forma nativa aspectos da coleta de dados de séries temporais, como nem todos os campos serem coletados para todos os pontos de dados. Os esquemas flexíveis de NoSQL funcionam de forma natural com dados de séries temporais. Muitos dos dados que ocasionaram a popularidade atual dos bancos de dados NoSQL são dados de séries temporais.

Por isso, bancos de dados NoSQL costumam ter maior desempenho do que bancos de dados SQL em operações de escrita. A Figura 5-1 representa o desempenho de um banco de dados SQL versus um banco de dados NoSQL normalmente usado para o caso de inserções de pontos de dados de séries temporais (operações de escrita).

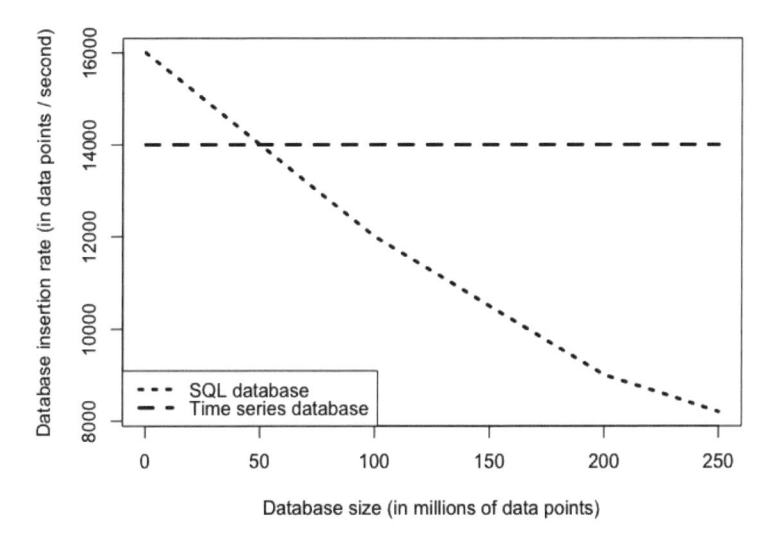

Figura 5-1. Um recurso comum de um banco de dados desenvolvido para uso de séries temporais é que a taxa de inserção de dados é constante em relação ao tamanho do banco de dados. Uma vantagem surpreendente em comparação a uma solução de armazenamento SQL tradicional.

Como escolher entre SQL e NoSQL

Talvez você tenha a impressão de que estou o pressionando para usar o NoSQL, mas também existem muitos casos de uso bons para os bancos de dados SQL. Ao pensar em seus próprios dados, lembre-se do princípio que sempre se aplica ao armazenamento de dados, seja em um banco de dados SQL, um banco de dados NoSQL ou um arquivo de texto simples: *dados que costumam ser solicitados ao mesmo tempo devem ser armazenados no mesmo local.* Esse é o fator mais importante, independentemente do caso de uso.

Muitas apresentações em conferências e postagens em blogs anunciam as soluções NoS-QL como se elas atendessem unicamente a um cenário de alta escrita e baixa atualização, no qual dados não são ordenados de modo aleatório. No entanto, os bancos de dados SQL são uma opção de armazenamento de séries temporais viável e regularmente usada. E, com algumas mudanças de arquitetura com ênfase nos tradicionais bancos de dados SQL e sua estrutura de memória interna, esses desafios podem ser superados, mantendo algumas das vantagens do SQL (*https://perma.cc/3ZUQB5WC*). Por exemplo, algo tão simples e aparentemente óbvio como estruturar a representação da memória interna das tabelas SQL para calcular o tempo pode fazer uma diferença enorme no desempenho.

Em última análise, as diferenças entre NoSQL e SQL são bastante dependentes da implementação e não são tão sistemáticas ou importantes quanto se acredita. Siga a orientação de seus dados sobre a implementação específica de uma dessas tecnologias. Ao considerar os atributos de seus dados de séries temporais e padrões de uso de acesso, lembre-se de algumas limitações gerais:

Vantagens do SQL para séries temporais

- Se sua série temporal estiver armazenada em um banco de dados SQL, você consegue relacioná-la facilmente a dados transversais relevantes também armazenados nesse banco de dados.

- Dados hierárquicos de séries temporais são uma opção natural para tabelas relacionais. Um conjunto adequado de esquemas SQL o ajudará a agrupar séries temporais relacionadas e delimitar claramente a hierarquia, considerando que elas poderiam ser distribuídas de forma menos sistemática em uma solução NoSQL.

- Caso esteja preparando uma série temporal com base em dados transacionais, em que os dados são mais bem armazenados em um banco de dados SQL, será vantajoso também armazenar sua série temporal no mesmo banco de dados para facilitar a verificação, cruzamento de dados e assim por diante.

Vantagens do NoSQL para séries temporais

- As escritas são rápidas.
- Bom se você não sabe o suficiente sobre dados futuros para projetar um esquema inteligente e robusto.
- Para o usuário inexperiente, esses bancos de dados costumam ser a solução inovadora e com melhor desempenho, pois é menos provável que você projete um esquema desajeitado ou fique empacado em um projeto com esquema medíocre.

Soluções Populares de Banco de Dados e de Arquivos de Séries Temporais

Agora, examinaremos algumas soluções de banco de dados populares para dados de séries temporais. Elas nos dão uma ideia do que está disponível para além das soluções SQL tradicionais. Veja que as tecnologias abordadas aqui fazem parte de um cenário tecnológico concorrido e fragmentado. O que é comumente usado este ano pode não ser tão popular no próximo. Desse modo, esta análise não deve ser vista como uma recomendação de tecnologia específica, e sim como um conjunto de amostras que ajudam a ilustrar o estado atual do mercado.

Bancos de dados específicos de séries temporais e ferramentas de monitoramento relacionadas

Primeiro, abordaremos as ferramentas desenvolvidas especificamente para armazenar e monitorar dados de séries temporais. Em especial, vamos espiar um banco de dados de séries temporais (InfluxDB) e outro produto, uma ferramenta de monitoramento de desempenho, que pode funcionar como uma solução de armazenamento de séries temporais (Prometheus). As vantagens de cada ferramenta espelham necessariamente sua ênfase e diferentes padrões de uso.

InfluxDB. InfluxDB é um banco de dados específico de séries temporais, de acordo com a própria descrição (*https:// oreil.ly/6qmVH*) na página do projeto no GitHub:

> O InfluxDB é um banco de dados de séries temporais open source... Útil para registrar métricas, eventos e realizar análises.

No InfluxDB, os dados são organizados por séries temporais. Um ponto de dados no InfluxDB consiste em:

- Um timestamp.
- Um rótulo indicando em que consiste a medição.
- Um ou mais campos-chave/valor (como `temperature=25.3`).
- Pares de chave/valor contendo tags de metadados.

O InfluxDB, como um banco de dados com reconhecimento de tempo, registra automaticamente os timestamps de qualquer ponto de dados que chegue sem um timestamp. Além disso, o InfluxDB utiliza queries semelhantes a do SQL, como:

```
SELECT * FROM access_counts WHERE value > 10000
```

Outras vantagens do InfluxDB são:

- Opções de retenção de dados que possibilitam automatizar facilmente a classificação e exclusão de dados obsoletos.
- Alta velocidade de ingestão de dados e compactação intensa de dados.

- Possibilidade de taguear séries temporais individuais para permitir a indexação rápida de séries temporais que correspondam a um critério específico.
- Fácil inscrição na TICK stack (*https://oreil.ly/KLjGo*), plataforma de captura, armazenamento, monitoração e exibição de dados de séries temporais.

Existem muitos outros bancos de dados específicos para séries temporais, porém atualmente o InfluxDB é o mais popular, logo você vai se deparar com ele. As opções oferecidas por ele são aquelas normalmente disponibilizadas por bancos de dados especializados para séries temporais, pois essas opções retratam os atributos mais desejados para armazenamento de dados de séries temporais.

Como um banco de dados, o InfluxDB é um sistema baseado em *push*, ou seja, ao usá-lo, você envia dados para o banco de dados para ingestão. O que é bem diferente da próxima opção que abordaremos, o Prometheus.

Tendo em conta as especificações, uma solução como o InfluxDB fornece todas as funcionalidades gerais inovadoras e com reconhecimento de tempo. Isso significa que você pode utilizar seus dotes em SQL e, ao mesmo tempo, se beneficiar das vantagens relacionadas à necessidade de capturar e controlar o crescimento dos dados de série temporal. Por último, você tem a escrita rápida e necessária ao capturar os dados de séries temporais conforme são produzidos.

Prometheus.   O Prometheus se descreve (*https://github.com/prometheus/prometheus*) como um "sistema de monitoramento e banco de dados de séries temporais" que funciona via HTTP. Essa descrição sinaliza sua ênfase geral: primeiro, monitoramento. Segundo, armazenamento. A grande vantagem do Prometheus é ser um sistema baseado em *pull*, ou seja, a lógica de como os dados são extraídos para criar uma série temporal e a frequência com que são centralizados podem ser facilmente ajustadas e inspecionadas.

O Prometheus é um excelente recurso a se ter em mãos durante emergências, porque é conciso e autossuficiente. Contudo, não se tem garantias de que ele seja perfeitamente atualizado ou preciso, devido à arquitetura baseada em pull. Mesmo que seja a tecnologia ideal para o monitoramento temporário de desempenho, ainda que nada elegante, ela não se adéqua a usos em que os dados precisam ter 100% de acurácia. O Prometheus se expressa em uma linguagem funcional chamada PromQL em suas queries:

```
access_counts > 10000
```

O Prometheus também oferece, via PromQL, uma API para muitas tarefas comuns de séries temporais, incluindo até funções sofisticadas, como fazer uma predição (`predict_lin ear()`) e calcular a taxa de aumento por unidade de tempo para uma série temporal (`rate()`). A agregação por períodos de tempo também tem uma interface simples. O Prometheus tende a enfatizar o monitoramento e a análise em vez da manutenção, assim, em comparação com o InfluxDB, há menos funcionalidades automatizadas de data curation [curadoria de dados].

O Prometheus é uma solução de armazenamento de séries temporais útil, sobretudo para aplicações de live streaming e quando a disponibilidade de dados é indispensável. Ele tem uma curva de aprendizado mais acentuada devido à linguagem de script customizada e à arquitetura e API menos semelhantes a banco de dados, porém mesmo assim é amplamente utilizado e caiu nas graças de muitos desenvolvedores.

Bancos de dados NoSQL gerais

Apesar de os bancos de dados específicos para séries temporais oferecerem muitas vantagens, pode-se também considerar o uso geral dos bancos de dados NoSQL. Esses tipos de banco de dados são orientados a *documento*, e não a *tabelas* (relacional) e, geralmente, não têm muitas funções explícitas e exclusivas para séries temporais.

No entanto, os esquemas flexíveis dos bancos de dados NoSQL são uma mão na roda para dados de séries temporais, sobretudo para novos projetos em que o ritmo de coleta de dados e o número de canais de entrada podem mudar ao longo do curso da vida útil de um conjunto de dados. Por exemplo, uma série temporal pode começar como um canal de dados, mas crescer gradualmente, incluindo mais tipos de dados, todos com timestamps. Mais tarde, pode ser decidido que alguns dos canais de entrada não são muito úteis e podem ser descontinuados. Nesse caso, armazenar os dados em uma tabela SQL seria difícil por vários motivos e resultaria em muitos NaNs onde os dados não estavam disponíveis. Um banco de dados NoSQL simplesmente ignoraria os canais ausentes quando não disponíveis, em vez de marcar o armazenamento de dados com um monte de NaNs.

Um banco de dados de séries temporais NoSQL popular e de alto desempenho é o MongoDB. O Mongo está bastante ciente do próprio valor como um banco de dados de séries temporais e tem um grande estímulo para desenvolver arquitetura e instruções amigáveis à IoT. Disponibiliza recursos de agregação de alto nível que podem ser aplicados a operações de agregação por tempo e agrupamentos relacionados temporais, e também oferece muitos processos automatizados para dividir o tempo em marcações relevantes orientadas a usuários, como dia da semana ou dia do mês:

- $dayOfWeek
- $dayOfMonth
- $hour

Além do mais, o Mongo se empenhou em um extensivo trabalho de documentação para demonstrar como as séries temporais podem ser tratadas.[1] Um conjunto preparado de documentação e foco institucional em dados de séries temporais significam explicitamente que os usuários podem esperar que esse banco de dados continue a desenvolver recursos ainda mais amigáveis de tempo.

---

1 Veja, por exemplo, "Schema Design for Time Series Data in MongoDB" (*https://perma.cc/E8XL-R3SY*), "Time Series Data and MongoDB: Part 1 — An introduction" (*https://perma.cc/A2D5-HDFB*) e "Time Series Data and MongoDB: Part 2 — Schema design best practices" (*https://perma.cc/2LU7-YDHX*). Para uma visão oposta, veja: "How to store time-series data in MongoDB, and why that's a bad idea" (*https://perma.cc/T4KM-Z2B4*).

Contudo, mais útil do que toda essa funcionalidade é a flexibilidade do Mongo na evolução do esquema ao longo do tempo. Essa flexibilidade de esquema vai livrá-lo de muita dor de cabeça caso trabalhe em um conjunto de dados de séries temporais em rápida evolução, com práticas de coleta que mudam constantemente.

Por exemplo, imagine uma sequência de práticas de coleta de dados de séries temporais, como as que ocorrem em uma startup de assistência médica:

1. Sua startup é lançada como um app de pressão arterial e coleta somente duas métricas, pressão arterial sistólica e diastólica, incentivando os usuários a medirem a pressão diversas vezes ao dia...

2. Mas seus usuários querem conselhos sobre como melhorar seu estilo de vida e ficarão contentes em fornecer mais dados; eles passam a fornecer tudo, desde suas datas de nascimento até registros mensais de peso, contagem de passos por hora e ingestão calórica. Claro, esses diferentes tipos de dados são coletados em ritmos totalmente diferentes...

3. Só que com o tempo você percebe que alguns desses dados não são muito úteis, então para de coletá-los...

4. No entanto, seus usuários perdem a exibição dos dados, e mesmo que não os use, você retoma a coleta dos dados mais populares...

5. Mas eis que o governo de um dos seus maiores nichos de mercado sanciona uma lei sobre armazenamento de dados médicos e você precisa fazer o purge desses dados ou criptografá-los, assim é necessário um novo nível de criptografia...

6. E as mudanças não param por aí.

Quando se precisa de consulta e flexibilidade de esquema em um app como esse, um banco de dados NoSQL lhe servirá bem, além de viabilizar o equilíbrio razoável entre flexibilidade específica e geral de tempo.

Outra vantagem de um banco de dados NoSQL geral, em vez de um banco específico de dados para séries temporais, é que você pode integrar com maior facilidade os dados que não são de séries temporais no mesmo banco de dados, visando facilitar o cruzamento dos dados dos conjuntos de dados relacionados. Não raro, um banco de dados NoSQL de uso geral é somente a combinação certa de considerações de desempenho e funcionalidade semelhante a SQL, sem a inteligência necessária a fim de otimizar um esquema de banco de dados SQL para funcionalidade de séries temporais.

Nesta seção, examinamos as soluções de banco de dados NoSQL[2] e levantamos algumas opções popularmente usadas. Embora possamos esperar que as tecnologias específicas dominantes no mercado evoluam com o tempo, os princípios gerais e as vantagens que fun-

---

2 A otimização de bancos de dados SQL para dados de séries temporais foge ao escopo desta obra e tende a ser muito específica dependendo do caso de uso. Alguns recursos no final do capítulo abordam essa questão.

damentam as operações dessas tecnologias permanecerão os mesmos. Vamos recapitular algumas das vantagens que encontramos em diferentes variedades de bancos de dados:

- Alta capacidade de leitura ou registro (ou ambos).
- Estruturas de dados flexíveis.
- Ingestão de dados push ou pull.
- Processos automatizados de coleta de dados.

Um banco específico de dados para séries temporais oferecerá automação mais inovadora para suas tarefas específicas de séries temporais, como também menos flexibilidade de esquema e menos oportunidades para integrar dados transversais relacionados do que um sistema mais geral, finalidade do banco de dados NoSQL. Via de regra, os bancos de dados têm mais flexibilidade do que os formatos de armazenamento de arquivos flat, mas essa flexibilidade significa que os bancos de dados são menos dinâmicos e apresentam menos performance I/O do que os arquivos flat, que analisaremos a seguir.

Soluções de Arquivo

No final das contas, um banco de dados é um software que integra scripts e armazenamento de dados. É basicamente um arquivo flat em um wrapper dentro de um software especial cuja responsabilidade é assegurar e facilitar o uso desse arquivo.

Às vezes faz sentido retirar essa camada externa e assumir a responsabilidade total pelo armazenamento de dados. Ainda que isso seja incomum em aplicações de negócios, é feito com frequência em pesquisas científicas e em raros usos industriais (como negociação algorítmica de alta frequência) em que a velocidade é fundamental. Nesses casos, é o analista que projetará um pipeline de dados bem mais complexo envolvendo alocação de espaço de armazenamento, abertura de arquivos, leitura de arquivos, fechamento de arquivos, proteção de arquivos e assim por diante, em vez de simplesmente escrever algumas queries de banco de dados.

Uma solução de arquivo flat é uma boa opção se qualquer uma destas condições se aplicar:

- Seu formato de dados é estável, de modo que você possa se comprometer com uma especificação por um período de tempo razoavelmente longo.
- Seu processamento de dados é I/O, logo faz sentido gastar tempo de desenvolvimento para acelerá-lo.
- Você não precisa de acesso aleatório, mas pode ler os dados sequencialmente.

Nesta seção, examinamos brevemente algumas soluções comuns de arquivo flat. Lembre-se também de que você sempre pode criar seu próprio formato de armazenamento de arquivos (*https://perma.cc/ DU98-FWW9*), embora isso seja bastante complexo e normalmente valha a pena fazê-los apenas se estiver trabalhando em uma linguagem de alto desempenho, como C ++ ou Java.

Se o seu sistema for estável e sensível ao desempenho o bastante para se adequar a um sistema de arquivos simples, as vantagens de se implementar um são muitas, ainda que isso signifique a migração de seus dados de um banco de dados. Essas vantagens incluem:

- Um formato de arquivo flat é independente do sistema. Se você precisar compartilhar dados, basta disponibilizar os arquivos em um formato conhecido que possa ser compartilhado. Não há necessidade de pedir a um colaborador para acessar remotamente seu banco de dados ou definir seu próprio banco de dados espelhado.

- A sobrecarga I/O de um formato de arquivo flat é necessariamente menor do que a de um banco de dados, porque isso equivale a uma operação de leitura simples para um arquivo flat, em vez de uma recuperação e uma leitura com um banco de dados.

- Um formato de arquivo flat codifica a ordem em que os dados devem ser lidos, enquanto nem todos os bancos de dados fazem isso. Isso impõe a leitura em série dos dados, o que pode ser desejável com sistemas de treinamento de aprendizado profundo.

- Seus dados ocuparão uma quantidade de memória bem menor do que em um banco de dados, porque você pode maximizar as oportunidades de compactação. Em paralelo, você pode ajustar o grau de compactação de dados para equilibrar explicitamente seu desejo de minimizar o footprint de armazenamento de dados e o tempo I/O em seu aplicativo. Mais compactação significará um footprint de dados menor, porém maiores esperas I/O.

NumPy

Se seus dados forem estritamente numéricos, uma opção bastante usada para armazenar esses dados é um array NumPy do Python. Os arrays NumPy podem ser facilmente salvos em uma variedade de formatos e há muitas publicações de benchmarking comparando seu relativo desempenho. Por exemplo, o `array_storage_benchmark` do GitHub (*https://perma. cc/ZBS7-PR56*) foi desenvolvido para testar a eficiência e velocidade de vários formatos de arquivo NumPy

Uma desvantagem dos arrays NumPy é que eles comportam um único tipo de dados, o que significa que você não pode armazenar dados heterogêneos de séries temporais de modo automático. Logo, você deve pensar se ter apenas um tipo de dados pode funcionar para seus dados em formato bruto ou processado (embora haja formas de burlar esta restrição). Outra desvantagem dos arrays NumPy é que não é natural adicionar rótulos a linhas ou colunas, então não há uma maneira direta de registrar o timestamp de cada linha de um array, por exemplo. A vantagem de usar um array NumPy é que há muitas opções para salvar um, incluindo um formato binário compactado que ocupa menos espaço e tem I/O mais rápido do que você verá com uma solução de banco de dados. É também o mais inovador possível em termos de estrutura de dados de desempenho para análise e armazenamento.

Pandas

Caso queira fácil rotulagem de dados ou armazenamento de dados heterogêneos de séries temporais (ou ambos), pense no data frame do Pandas: menos otimizado, porém mais flexível. Se você tiver uma série temporal composta de muitos tipos de dados diferentes, talvez incluindo contagens de eventos (ints), medidas de estado (floats) e rótulos (strings ou codificações one-hot), ele pode ser uma mão na roda. Nesses casos, você provavelmente ficará com os dataframes do Pandas (lembre-se também de que o nome "pandas" na verdade se origina da elisão "panel data", logo, esse é um formato natural para muitos casos de uso). Os data frames do Pandas são amplamente usados e existem vários recursos online para comparar os vários formatos (*https://perma.cc/BNJ5-EDGM*) utilizados em armazenagem de dados.

Equivalentes Padrões ao R

Os formatos nativos para armazenar objetos R são `.Rds` e `.Rdata`. São formatos de arquivo binários. Sendo assim, eles serão necessariamente mais eficientes para compactação e I/O do que os formatos baseados em texto e são semelhantes aos data frames Pandas em Python. Da mesma forma, o formato `feather` (*https://perma.cc/4C3J-TBK8*) pode ser usado em R e Python para salvar data frames em um formato de arquivo independente de linguagem. Para usuários do R, os formatos binários nativos (é claro) terão o melhor desempenho. A Tabela 5-3 compara as opções de formato de arquivo.

Tabela 5-3. Comparação de tamanho e desempenho de opções de formato de arquivo

Formato	Tamanho	Tempo relativo para carregar
.RDS	1x	1x
feather	2x	1x
csv	3x	20x

Como podemos ver, o formato nativo é claramente a melhor opção para minimizar o espaço de armazenamento e I/O, e aqueles que usam um formato de arquivo baseado em texto em vez de binário pagarão um alto preço em armazenamento e lentidão I/O.

Xarray

Quando os dados de sua série temporal tiverem muitas dimensões, pode ser hora de pensar em uma solução de dados mais prática, ou seja, o Xarray (*http://xarray.pydata.org/en/stable*), útil por uma série de razões:

- Dimensões nomeadas.
- Operações matemáticas vetorizadas, como NumPy.
- Operações group-by, como Pandas.

- Funcionalidade semelhante a banco de dados que permite a indexação com base em um intervalo de tempo.
- Variedade de opções de armazenamento de arquivos.

O Xarray é uma estrutura de dados que suporta muitas operações específicas de séries temporais, como indexação e resampling no tempo, interpolação de dados e acesso a componentes individuais de uma data e hora. Foi desenvolvido como um instrumento de computação científica de alto desempenho e é lamentavelmente subutilizado e subestimado nas aplicações de análise de séries temporais.

O Xarray é uma estrutura de dados em Python e com várias opções de armazenamento. Ele implementa o pickling e outro formato de arquivo binário chamado netCDF, um formato de dados científicos universal compatível com muitas plataformas e linguagens. Caso deseje se aprimorar em séries temporais em Python, o Xarray é um bom lugar para começar.

Conforme vimos, há muitas opções para armazenamento de arquivo flat de dados de séries temporais, alguns com funcionalidade associada (Xarray) e alguns com formatos totalmente numéricos muito simplificados (NumPy). Ao migrar um conjunto de dados de um pipeline orientado a banco de dados para um pipeline orientado a arquivo, teremos alguns problemas sucessivos relacionados à simplificação de dados e à reescrita de scripts para passar a lógica do banco de dados para os scripts ETL (extract-transform-load) explícito. Nos casos em que o desempenho é fundamental, passar seus dados para arquivos é provavelmente a etapa mais importante a fim de reduzir a latência. Veja os casos comuns que se aplicam:

- Previsão sensível à latência, como software voltado para o usuário.
- Situações de acesso a dados repetitivos com I/O intensivo, como modelos de treinamento de aprendizado profundo.

Por outro lado, para muitos aplicativos, a conveniência, a escalabilidade e a flexibilidade de um banco de dados compensam a latência mais alta. Sua situação ideal de armazenamento dependerá muito da natureza dos dados que você está armazenando e do que deseja fazer com eles.

Leituras e Recursos Adicionais

- Sobre tecnologias de banco de dados de séries temporais:

  Jason Moiron, "Thoughts on Time-Series Databases", jmoiron blog, 30 de junho de 2015: https://perma.cc/8GDC-6CTX.

  Clássica postagem de um blog de 2015 que oferece um vislumbre de um período anterior com bancos de dados de séries temporais e o culto de se registrar tudo. Essa visão geral de alto nível sobre opções para armazenar bancos de dados de séries temporais e típicos casos de uso é informativa para iniciantes em engenharia e administração de banco de dados.

Preetam Jinka, "List of Time Series Databases", Misframe blog, 9 de abril de 2016: https://perma.cc/9SCQ-9G57.
Lista extensa de bancos de dados de séries temporais atualizada com frequência para mostrar os bancos de dados atualmente no mercado. Cada entrada vem com destaques de como um banco de dados específico se relaciona com seus concorrentes e predecessores.

Peter Zaitsev, "Percona Blog Poll: What Database Engine Are You Using to Store Time Series Data?" Percona blog, 10 de fevereiro de 2017: https://perma.cc/5PXF-BF7L.
Essa pesquisa de 2017 com engenheiros de banco de dados demostrou que bancos de dados relacionais (bancos de dados SQL) continuaram dominantes, pois 35% dos entrevistados usam esses bancos de dados para armazenar dados de séries temporais. ElasticSearch, InfluxDB, MongoDB e Prometheus também eram favoritos.

Rachel Stephens, "The State of the Time Series Database Market", RedMonk, 3 de abril de 2018: https://perma.cc/WLA7-ABRU.
Esse recente artigo orientado a dados escrito por um analista de tecnologia descreve as soluções mais populares para armazenamento de banco de dados de séries temporais por meio de uma investigação empírica do GitHub e da atividade do Stack Overflow. Indica também um alto grau de fragmentação no domínio de armazenamento de séries temporais devido a uma ampla variedade de casos de uso para dados de séries temporais, bem como uma tendência maior de segmentação em bancos de dados.

Prometheus.io, "Prometheus Documentation: Comparison to Alternatives", n.d.: https://perma.cc/M83E-NBHQ.
Lista minuciosamente detalhada e abrangente que compara o Prometheus a uma série de outras soluções populares de armazenamento de séries temporais. Você pode usar esse modelo como referência rápida para as estruturas de dados e estruturas de armazenamento dominantes usadas pelas alternativas ao Prometheus. Um bom lugar para ter uma visão geral do que é oferecido e quais são as compensações entre os vários bancos de dados desenvolvidos para dados temporais.

- Sobre a adaptação de tecnologias gerais de banco de dados:

Gregory Trubetskoy, "Storing Time Series in PostreSQL Efficiently", Note to Self blog, 23 de setembro de 2015: https://perma.cc/QP2D-YBTS.
Essa postagem de blog mais antiga, porém ainda relevante, explica como armazenar séries temporais no Postgres de forma focada no desempenho. Trubetskoy explica as dificuldades da abordagem "ingênua" de uma coluna de valores e uma coluna de timestamps, além de oferecer conselhos práticos para abordagens baseadas em arrays Postgres.

Josiah Carlson, "Using Redis as a Time Series Database", InfoQ, 2 de janeiro de 2016: https://perma.cc/RDZ2-YM22.

Esse artigo fornece conselhos detalhados e exemplos relacionados ao uso do Redis como um banco de dados de séries temporais. Embora o Redis tenha sido usado para dados de séries temporais desde sua criação, existem várias pegadinhas que o autor aponta, bem como estruturas de dados vantajosas que podem ser aplicadas a muitos cenários de caso de uso de séries temporais. Artigo útil para aprender mais sobre como usar o Redis com dados de séries temporais, além de ser um exemplo de como ferramentas mais gerais podem ser reaproveitadas para usos específicos de séries temporais.

Mike Freedman, "Time Series Data: Why (and How) to Use a Relational Database Instead of NoSQL", Timescale blog, 20 de abril de 2017: https://perma.cc/A6CU-6XTZ.

Essa postagem do blog do fundador do TimescaleDB descreve as maneiras como sua equipe desenvolveu um banco de dados de séries temporais como um banco de dados relacional com modificações de layout de memória específicas para dados temporais. O TimescaleDB afirma que o principal problema com os bancos de dados SQL tradicionais para dados de séries temporais é que esses bancos de dados não escalonam, resultando em um desempenho lento conforme os dados são transferidos para dentro e para fora da memória para realizar consultas relacionadas ao tempo. O TimescaleDB propõe o layout e mapeamentos de memória para refletir a natureza temporal dos dados e reduzir a troca de dados díspares dentro e fora da memória.

Hilmar Buchta, "Combining Multiple Tables with Valid from/to Date Ranges into a Single Dimension", Oraylis blog, 17 de novembro de 2014: https://perma.cc/B8CT-BCEK.

Embora o título não seja lá muito atraente, essa é uma postagem de blog bem útil para aqueles que não são especialistas em banco de dados SQL. Ela ilustra uma boa maneira de lidar com o complicado problema de dados marcados como válidos apenas por um determinado intervalo de tempo e como combinar esses dados e agrupá-los em várias tabelas. Apesar de ser uma tarefa comum, é difícil. O exemplo abordado envolve alguns gráficos de recursos humanos, incluindo as datas válidas de emprego de um funcionário, datas válidas para certo departamento, datas válidas para um local de escritório específico e datas válidas para um carro da empresa. Uma tarefa muito provável seria determinar o status de um funcionário em um determinado dia — essa pessoa era empregada e, em caso afirmativo, em que departamento e em que local? O funcionário tinha um carro da empresa? Isso parece intuitivo, mas o SQL tem dificuldades em responder a essas perguntas.

## CAPÍTULO 6

Modelos Estatísticos para Séries Temporais

Neste capítulo, estudaremos alguns modelos estatísticos lineares para séries temporais. Esses modelos estão relacionados à regressão linear, mas representam as correlações entre os pontos de dados na mesma série temporal, diferentemente dos métodos padrão aplicados a dados transversais, em que se presume que cada ponto de dados é independente dos outros na amostra. Analisaremos os seguintes modelos específicos:

- Modelos autorregressivos (AR), modelos de média móvel (MA) e modelos autorregressivos integrados de média móvel (ARIMA).
- Autorregressão vetorial (VAR).
- Modelos hierárquicos.

Tradicionalmente, esses modelos têm sido a força motriz da previsão de séries temporais e continuam sendo usados em um amplo leque de situações, desde a pesquisa acadêmica até a modelagem em diversos campos de atuação.

Por que Não Usar uma Regressão Linear?

Como analista de dados, é provável que você já esteja familiarizado com regressões lineares. Caso não esteja, uma regressão linear presume que você tem dados *independentes e identicamente distribuídos* (iid). Conforme analisamos em detalhes nos capítulos anteriores, isso não ocorre com os dados de séries temporais. Neles, os pontos próximos no tempo costumam estar fortemente correlacionados uns com os outros. Na realidade, quando não há correlações temporais, os dados de séries temporais dificilmente servem para tarefas tradicionais de séries temporais, como predizer o futuro ou compreender a dinâmica temporal.

Não raro, os tutoriais e os livros de séries temporais nos passam a impressão indevida de que a regressão linear não serve para séries temporais. O que faz os alunos acreditarem que regressões lineares simples não são suficientes. Mas não é assim que funciona. A regressão linear de mínimos quadrados ordinários pode ser aplicada aos dados da série temporal, desde que as seguintes condições sejam atendidas:

Suposições a respeito do comportamento da série temporal:

- A série temporal tem uma resposta linear aos seus preditores.

- Nenhuma variável de entrada é constante ao longo do tempo ou perfeitamente correlacionada com outra variável de entrada. Assim, o tradicional requisito de regressão linear de variáveis independentes se amplifica para considerar a dimensão temporal dos dados.

Suposições a respeito do erro:

- Para cada ponto no tempo, o valor esperado do erro, dadas todas as variáveis explicativas para todos os períodos de tempo (passo à frente [forward] e passo para trás [backward]), é 0.

- O erro em qualquer período de tempo determinado não se correlaciona com as entradas em nenhum período de tempo no passado ou futuro. Portanto, um gráfico da função de autocorrelação dos erros não indicará nenhum padrão.

- A variância do erro independe do tempo.

Se essas suposições forem válidas, a regressão de mínimos quadrados ordinários é um estimador não viesado dos coeficientes dados às entradas, mesmo para dados de série temporal.[1] Nesse caso, as variâncias das estimativas amostradas têm a mesma forma matemática para a regressão linear padrão. Logo, se seus dados atenderem às suposições enumeradas, você pode aplicar uma regressão linear que sem dúvida ajudará a oferecer intuições claras e simples sobre o comportamento de sua série temporal. Os requisitos de dados que acabamos de descrever são semelhantes aos da regressão linear padrão aplicada a dados transversais. Adicionamos apenas uma ênfase nas propriedades temporais do conjunto de dados.

 Não force a regressão linear. Veja algumas das consequências do uso da regressão linear quando seus dados não atendem às suposições necessárias:

- Seus coeficientes não minimizarão o erro de seu modelo.

- Seus *valores-p* para determinar se seus coeficientes são diferentes de zero estarão incorretos, pois eles se baseiam em suposições que não são atendidas. Isso significa que suas avaliações da significância do coeficiente podem estar erradas.

---

1 Veja que os mínimos quadrados ordinários são não viesados, mesmo ao remover algumas dessas condições. Por exemplo, quando os erros são correlacionados e heterocedásticos, os mínimos quadrados ordinários ainda podem fornecer uma estimativa não viesada dos coeficientes, embora haja questões de eficiência. Para obter mais informações sobre eficiência, comece na Wikipédia (*https://perma.cc/4M4H-YKPS*).

> As regressões lineares servem para viabilizar simplicidade e transparência quando apropriado, porém um modelo incorreto não é nada transparente!

Por isso, é justo questionar o rigor exagerado dos analistas de séries temporais ao aplicar as suposições exigidas pela regressão linear padrão a tal ponto de não conseguirem usar a técnica de regressão linear. Na prática, os analistas tomam, de vez em quando, certas liberdades com as suposições do modelo. Isso pode ser produtivo, desde que as desvantagens potenciais sejam compreendidas.

A importância de acatar as suposições de um modelo depende bastante do domínio em questão. Às vezes, aplica-se um modelo com total conhecimento de que suas suposições básicas não são atendidas, pois as consequências justificam os benefícios. Por exemplo, em negociações de alta frequência, os modelos lineares são bastante populares por muitas razões, apesar de ninguém acreditar que os dados seguem estritamente todas as suposições padrão.[2]

 **O que É um Estimador Não Viesado?**

Se uma estimativa não for superestimada ou subestimada, ela está usando um estimador não viesado. Isso costuma ser bom, embora você deva estar atento ao *trade-off* de viés/variância (dilema viés-variância), a representação dos problemas estatísticos e de aprendizado de máquina em que modelos com um viés inferior em suas estimativas de parâmetros tendem a ter uma maior variância dessa mesma estimativa. A variância da estimativa do parâmetro retrata o nível de variância de uma estimativa em diferentes amostras de dados.

Caso se encontre em uma situação em que uma regressão linear pode ser um bom ajuste para sua tarefa de previsão, considere a `tslm()`, uma função do pacote `forecast` (*https://perma.cc/TR6C-4BUZ*) desenvolvida para fornecer metodologias fáceis de regressão linear para dados de série temporal.

Métodos Estatísticos Desenvolvidos para Séries Temporais

Analisaremos métodos estatísticos desenvolvidos exclusivamente para dados de séries temporais. Primeiro, estudaremos os métodos desenvolvidos para dados de séries temporais

---

2   Existem alguns fatores atenuantes para justificar o uso da regressão linear padrão nesse caso. Primeiro, alguns acreditam que em escalas suficientemente curtas as oscilações dos mercados financeiros são independentes uns dos outros (iid). Segundo, como as regressões lineares são tão eficientes do ponto de vista computacional, um modelo rápido, ainda que impreciso em suas suposições, é um bom modelo em setor cujo ritmo é vertiginoso. Terceiro, as empresas que usam esses modelos conseguem ganhar dinheiro, ou seja, devem estar fazendo alguma coisa certa.

univariadas, começando com um simples modelo autorregressivo, que afirma que os valores futuros de uma série temporal são uma função de seus valores passados. Depois, passaremos aos poucos para modelos mais complexos, e concluiremos nosso estudo com uma análise sobre a autorregressão vetorial para séries temporais multivariadas e alguns métodos especializados de séries temporais, como modelos GARCH e modelagem hierárquica.

Modelos Autorregressivos

O modelo autorregressivo (AR) toma como base a intuição de que o passado prediz o futuro. Desse modo, ele pressupõe um processo de série temporal no qual o valor em um ponto no tempo t é uma função dos valores da série em pontos anteriores no tempo.

E para que você tenha uma noção de como os estatísticos usam esses modelos e suas propriedades, nossa análise será minuciosa. Por isso, começaremos com uma visão geral teórica abrangente. Caso não tenha interesse na tecnicidade de como as propriedades dos modelos estatísticos são calculadas nas séries temporais, basta passar o olho nesta seção.

Usando álgebra para entender as restrições nos processos AR

A autorregressão se assemelha ao que muitas pessoas usariam como primeira tentativa de ajustar uma série temporal, sobretudo se não tivessem qualquer informação além da própria série temporal. É exatamente o que seu nome diz: uma regressão em valores passados para predizer valores futuros. O modelo AR mais simples, um modelo AR (1), representa um sistema da seguinte forma:

$$y_t = b_0 + b_1 \times y_{t-1} + e_t$$

O valor da série no tempo t é uma função de uma constante b_0, seu valor no intervalo de tempo anterior multiplicado por outra constante $b_1 \times y_{t-1}$ e um termo de erro que também varia com o tempo e_t. Pressupõe-se que esse termo de erro tem uma variância constante e uma média 0. Representamos um termo autorregressivo como um modelo AR (1) que considera o passado somente no momento imediatamente anterior, pois inclui um lookback de um lag. A propósito, o modelo AR (1) tem forma idêntica a um modelo de regressão linear simples com apenas uma variável explicativa. Ou seja, ele mapeia:

$$Y = b_0 + b_1 \times x + e$$

Podemos calcular o valor esperado de y_t e sua variância dado y_{t-1} se conhecermos o valor b_0 e b_1. Veja a Equação 6-1.[3]

---

3 Apenas as equações referenciadas posteriormente são numeradas.

Equação 6-1. $E(y_t \mid y_{t\text{-}1}) = b_0 + b_1 \times y_{t\text{-}1} + e_t$

$Var(y_t \mid y_{t\text{-}1}) = Var(e_t) = Var(e)$

O que Significa o Símbolo | ?

Em estatística, você pode condicionar probabilidades (probabilidade condicional), valores esperados e assim por diante, de uma variável em outra. Esse condicionamento é representado com o símbolo |, ou barra vertical, que deve ser lido como "dado". Por exemplo, P (A | B) deve ser lido como "probabilidade condicional de A dado B" ou ainda "a probabilidade condicional de A tal que B". Por que usamos esse símbolo no caso anterior? Na equação (0), queremos determinar o valor esperado do processo no tempo t, y_t dado o valor em um intervalo de tempo anterior. É um modo de expressar que sabemos informações até o momento $t - 1$. O valor esperado de y_t, se não tivermos nenhuma informação, é o valor esperado que podemos calcular de forma mais geral a partir do processo. Mas, se ocorre de sabermos o valor um intervalo de tempo antes, podemos ser mais específicos sobre o valor esperado no momento t.

A generalização da notação anterior permite que o valor presente de um processo AR dependa dos valores mais recentes p, gerando um processo AR(p). Agora mudamos para uma notação mais tradicional, que usa ϕ para representar os coeficientes de autorregressão:

$$y_t = \phi_0 + \phi_1 \times y_{t\text{-}1} + \phi_2 \times y_{t-2} + \ldots + \phi_p \times y_{t-p} + e_t$$

Conforme analisado no Capítulo 3, a estacionariedade é um conceito fundamental na análise de séries temporais, já que é exigência de muitos modelos de séries temporais, incluindo modelos AR. Podemos determinar as condições para um modelo AR ser estacionário a partir da definição de estacionariedade. Vamos continuar focando o modelo AR mais simples, AR (1), na Equação 6-2.

Equação 6-2. $y_t = \phi_0 + \phi_1 \times y_{t\text{-}1} + e_t$

Assumimos que o processo é estacionário. Assim, trabalhamos "um passo para trás" (backward) para ver como isso impacta os coeficientes. Primeiro, partindo do pressuposto da estacionariedade, sabemos que o valor esperado do processo deve ser o mesmo em todos os tempos. Podemos reescrever y_t de acordo com a equação para um processo AR (1):

$$E (y_t) = \mu = E (y_{t-1})$$

Por definição, e_t tem um valor esperado de 0. Além disso, os phis (φ) são constantes, logo seus valores esperados são seus valores constantes. Confira a Equação 6-2 reduzida do lado esquerdo:

$$E(y_t) = E(\phi_0 + \phi_1 \times y_{t-1} + e_t)$$
$$E(y_t) = \mu$$

E do lado direito:

$$\phi_0 + \phi_1 \times \mu + 0$$

Simplificada para:

$$\mu = \phi_0 + \phi_1 \times \mu$$

O que, por sua vez, gera a Equação 6-3:

$$Equação\ 6\text{-}3.\ \mu = \frac{\phi_0}{1 - \phi_1}$$

Assim, encontramos uma relação entre a média do processo e os coeficientes AR (1) subjacentes.

Podemos seguir uma abordagem parecida para ver como a variância e covariância constantes impõem condições aos coeficientes ϕ. Começamos substituindo o valor de ϕ_0, derivando a Equação 6-4 da Equação 6-3:

$$Equação\ 6\text{-}4.\ \phi_0 = \mu \times (1 - \phi_1)$$

Na Equação 6-2:

$$y_t = \phi_0 + \phi_1 \times y_{t-1} + e_t$$
$$y_t = (\mu - \mu \times \phi_1) + \phi_1 \times y_{t-1} + e_t$$
$$y_t - \mu = \phi_1(y_{t-1} - \mu) + e_t$$

Caso analise a Equação 6-4, o que deve saltar aos olhos são as expressões bastante parecidas nos lados esquerdo e direito, $y_t - \mu$ e $y_{t-1} - \mu$. Visto que essa série temporal é estacionária, sabemos que o cálculo no tempo $t - 1$ deve ser igual àquele no tempo t. Reescrevemos a Equação 6-4 do tempo anterior como Equação 6-5.

$$Equação\ 6\text{-}5.\ y_{t-1} - \mu = \phi_1(y_{t-2} - \mu) + e_{t-1}$$

Em seguida, podemos substituir isso na Equação 6-4 deste jeito:

$$y_t - \mu = \phi_1(\phi_1(y_{t-2} - \mu) + e_{t-1}) + e_t$$

Reorganizamos as coisas na Equação 6-6.

Equação 6-6. $y_t - \mu = e_t + \phi_1(e_{t-1} + \phi_1(y_{t-2} - \mu))$

Talvez chame sua atenção que outra substituição para $y_{t-2} - \mu$ na Equação 6-6 seja possível usando a mesma substituição recursiva que usamos antes, mas em vez de trabalhar no y_{t-1}, trabalharemos no y_{t-2}. Se fizer esta substituição, o padrão fica claro:

$$y_t - \mu = e_t + \phi_1(e_{t-1} + \phi_1(e_{t-2} + \phi_1(y_{t-3} - \mu)))$$
$$= e_t + \phi \times e_{t-1} + \phi^2 \times e_{t-2} + \phi^3 \times e_{t-3} + \text{(expressões que ainda serão substituídas)}$$

Assim, podemos concluir de forma mais geral que $y_t - \mu = \sum_{i=1}^{\infty} \phi_1^i \times e_{t-i}$.

Grosso modo, subtrair y_t da média do processo nos dá uma função linear dos termos de erro.

Esse resultado pode então ser usado para calcular a expectativa de $E[(y_t - \mu) \times e_{t+1}] = 0$, dado que os valores de e em diferentes valores de t são independentes. A partir disso, podemos concluir que a covariância de y_{t-1} e e_t é 0, como deveria ser. Podemos usar uma lógica seme-lhante para calcular a variância de y_t elevando essa equação ao quadrado:

$$y_t - \mu = \phi_1(y_{t-1} - \mu) + e_t$$
$$var(y_t) = \phi_1^2 var(y_{t-1}) + var(e_t)$$

Como as grandezas de variância em cada lado da equação devem ser iguais devido à estacio-nariedade, como $(var(y_t) = var(y_t - 1))$, isso significa que:

$$var(y_t) = \frac{var(e_t)}{1 - \phi_1^2}$$

Considerando que a variância deve ser maior ou igual a 0 por definição, podemos ver que ϕ_1^2 deve ser menor que 1 para garantir um valor positivo no lado direito da equação anterior. Ou seja, para um processo estacionário, devemos ter $-1 < \phi_1 < 1$. Essa é uma condição necessária e suficiente para esse tipo de estacionariedade fraca.

Estacionariedade Fraca versus Forte

Quando analisamos a estacionariedade neste livro, estamos sempre nos referindo à estacionariedade fraca. A estacionariedade fraca exige apenas que a média e a variância de um processo sejam invariáveis no tempo. A estacionariedade forte exige que a distribuição das variáveis aleatórias geradas por um processo permaneça a mesma ao longo do tempo. Por exemplo, exige que a distribuição estatística de y_1, y_2, y_3 seja a mesma que $y_{101}, y_{102}, y_{103}$ para qualquer medida dessa distribuição, em vez do primeiro e segundo momentos (a média e a variância).

Curiosidade: ainda que a estacionariedade forte aparentemente englobe a estacionariedade fraca em sua totalidade, as coisas não são bem assim. A estacionariedade forte inclui a estacionariedade fraca em que a média e a variância de um processo existem, mas se um processo não tiver uma média ou uma variância, ele pode ser fortemente estacionário, embora não fracamente estacionário. Um exemplo clássico é a *distribuição de Cauchy*, que tem média indefinida e variância infinita. Um processo de Cauchy não pode atender aos requisitos de estacionariedade fraca, mas pode atender aos requisitos de estacionariedade forte.

Estudamos o processo AR (1) porque é o processo autorregressivo mais simples. Na prática, você ajustará modelos mais complexos o tempo inteiro. É possível derivar condições semelhantes de estacionariedade para uma ordem arbitrária AR (p), e existem muitos livros que exemplificam isso. Se estiver interessado em como essas condições funcionam, confira os Recursos e Leituras Adicionais ao final deste capítulo. A conclusão mais importante que podemos tirar dessa análise é que se recorrermos à álgebra e à estatística, as séries temporais são bastante acessíveis, e que a estacionariedade não é apenas uma questão de representar graficamente um modelo, mas sim um conceito matemático que pode ser determinado em relação às especificidades de qualquer modelo estatístico dado.

 Uma *distribuição* é uma função estatística que representa a probabilidade para todos os valores possíveis de um determinado valor ser gerado por um processo. Ainda que você não conheça formalmente esse termo, sem dúvidas conhece o conceito. Por exemplo, considere a *curva de sino* (curva de bell), uma distribuição de probabilidade que indica que a maioria das medições sofrerá uma queda e será distribuída igualmente em ambos os lados da média. Em estatística, ela é chamada de *distribuição normal ou gaussiana*.

Escolhendo parâmetros para um modelo AR (p)

Para avaliar a adequabilidade de um modelo AR em seus dados, comece plotando o processo e sua *função de autocorrelação parcial* (PACF). A PACF de um processo AR deve ser reduzida a zero para além da ordem p de um processo AR (p), fornecendo indícios concretos e visuais da ordem de um processo AR visto de forma empírica nos dados.

Em contrapartida, um processo AR não terá uma função de autocorrelação informativa (ACF), embora tenha o formato característico de uma ACF: afilamento exponencial com deslocamento (offset) de tempo crescente.

Vamos analisar isso com alguns dados reais. Usamos alguns dados de previsão de demanda publicados no UCI Machine Learning Repository (*https://perma.cc/B7EQ-DNLU*). Primeiro, plotamos os dados em ordem cronológica (Figura 6-1). Já que os modelaremos como um processo AR, vamos analisar a PACF para definir um cutoff na ordem do processo (Figura 6-2).

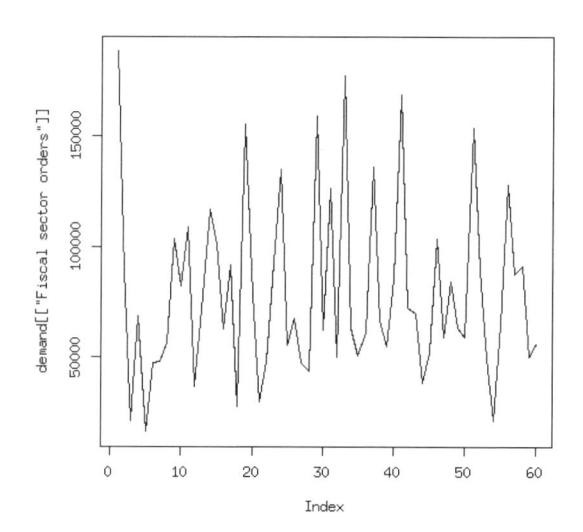

Figura 6-1. Número diário de ordens bancárias (2).

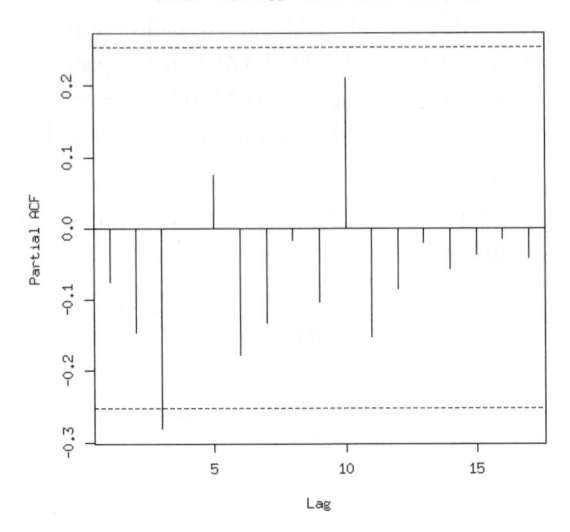

Figura 6-2. PACF das séries temporais das ordens não transformadas exemplificadas na Figura 6-1.

Podemos observar que o valor da PACF ultrapassa o threshold de significância de 5% no lag 3. Isso é compatível com os resultados da função `ar()` disponível no pacote `stats` do R. A função `ar()` escolhe automaticamente a ordem de um modelo autorregressivo se nenhum for especificado:

```
## R
> fit <- ar(demand[["Banking orders (2)"]], method = "mle")
> fit

Call:
ar(x = demand[["Banking orders (2)"]], method = "mle")
Coefficients:
      1          2          3
  -0.1360    -0.2014    -0.3175
```

Se examinarmos a documentação (*https://perma.cc/8H8Z-CX9R*) da função `ar()`, podemos ver que a ordem selecionada é determinada (com os parâmetros padrão que não alteramos) com base no *critério de informação de Akaike* (AIC). É bom conhecer esse critério, pois ele mostra que a seleção visual que fizemos examinando a PACF é compatível com a seleção que seria feita minimizando um critério de informação. Apesar de serem duas formas diferentes de escolher a ordem do modelo, aqui elas são compatíveis.

Critério de Informação de Akaike

O AIC de um modelo é igual a AIC = $2k - 2\ln L$, em que k é o número de parâmetros do modelo e L é o valor de máxima verossimilhança para essa função. Em geral, queremos diminuir a complexidade do modelo (ou seja, diminuir k) enquanto aumentamos a probabilidade/qualidade de ajuste do modelo (ou seja, L). Assim, daremos preferência aos modelos com valores de AIC menores em relação àqueles com valores de AIC maiores.

Uma função de verossimilhança é uma medida de quão provável determinado conjunto de parâmetros para uma função é relativo a outros parâmetros para aquela função considerando os dados fornecidos. Imagine que você está ajustando uma regressão linear de x em y dos seguintes dados:

x	y
1	1
2	2
3	3

Se estivesse ajustando isso ao modelo $y = b \times x$, sua função de probabilidade informaria que uma estimativa de $b = 1$ seria mais provável do que uma estimativa de $b = 0$. Pense nas funções de probabilidade como uma ferramenta para ajudá-lo a identificar os parâmetros verdadeiros mais prováveis de um modelo dado um conjunto de dados.

Observe que a função `ar()` também nos forneceu os coeficientes para o modelo. No entanto, podemos restringir os coeficientes. Por exemplo, ao analisar a PACF, podemos nos perguntar se queremos incluir um coeficiente para o termo lag – 1 ou se devemos atribuir a esse termo um coeficiente obrigatório de 0, dado que seu valor PACF está bem abaixo do threshold usado para significância. Nesse caso, podemos utilizar a função `arima()`, também do pacote `stats`.

A seguir, demonstramos como chamar a função para ajustar um AR (3) ao definir o parâmetro de ordenamento para `c(3, 0, 0)`, em que 3 se refere à ordem do componente AR (em exemplos posteriores, especificaremos outros componentes para os parâmetros de diferenciação e média móvel abordados nas próximas páginas):

```
## R
> est <- arima(x = demand[["Banking orders (2)"]],
>             order = c(3, 0, 0))
> est

Call:
arima(x = demand[["Banking orders (2)"]], order = c(3, 0, 0))

Coefficients:
          ar1 ar2      ar3 intercept
      -0.1358  -0.2013 -0.3176  79075.350
s.e.   0.1299   0.1289 0.1296   2981.125

sigma^2 estimated as 1.414e+09:  log likelihood = -717.42,
                                 aic = 1444.83
```

Para introduzir conhecimento ou opinião anterior em nosso modelo, podemos restringir um coeficiente a 0. Por exemplo, se quisermos restringir o termo lag – 1 para 0 em nosso modelo, usamos a seguinte chamada:

```
## R
> est.1 <- arima(x = demand[["Banking orders (2)"]],
>             order = c(3, 0, 0),
>             fixed = c(0, NA, NA, NA))
> est.1

Call:
arima(x = demand[["Banking orders (2)"]],
      order = c(3, 0, 0),
      fixed = c(0, NA, NA, NA))


Coefficients:
        ar1    ar2      ar3    intercept
          0  -0.1831  -0.3031   79190.705
s.e.      0   0.1289   0.1298    3345.253

sigma^2 estimated as 1.44e+09:  log likelihood = -717.96,
                                aic = 1443.91
```

Definir um valor no vetor passado ao parâmetro fixo da função `arima` para 0 em vez de `NA` restringirá esse valor em 0:

```
## R
> fixed <- c(0, NA, NA, NA)
```

Agora inspecionaremos o desempenho do nosso modelo em nossos dados de treinamento a fim de avaliar a qualidade do ajuste do nosso modelo neste conjunto de dados. Podemos fazer isso de duas formas. Primeiro, plotamos a ACF dos resíduos (ou seja, os erros) para ver se há um padrão de autocorrelação que nosso modelo não aborda. E plotar os resíduos é bastante simples graças à saída da função `arima()` (veja a Figura 6-3):

```
## R
> acf(est.1$residuals)
```

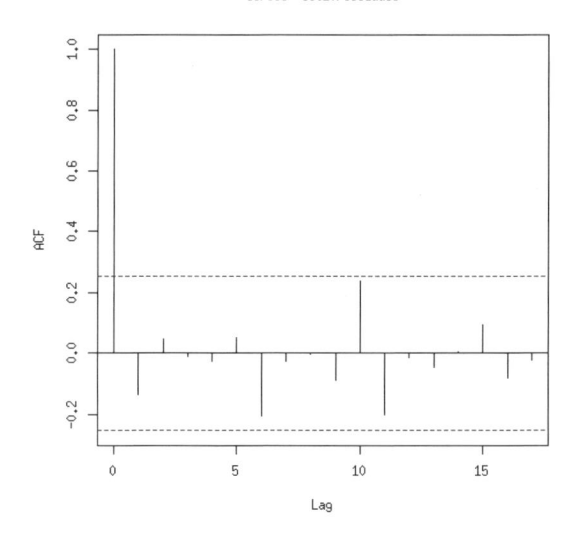

Series est1$residuals

Figura 6-3. ACF dos resíduos do modelo AR (3) que ajustamos ao forçar o parâmetro lag – 1 em 0.

Nenhum dos valores ACF ultrapassa o threshold de significância. Óbvio que não devemos ceder cegamente a um threshold de significância para avaliá-la ou rejeitá-la, mas essa observação é um ponto útil de dados em um modelo que acreditamos ser satisfatório por outras razões. Não vemos um padrão de autocorrelação entre os resíduos (ou seja, os termos de erro). Se tivéssemos visto esse padrão, provavelmente retornaríamos ao nosso modelo original, considerando a inclusão de termos adicionais para acrescentar complexidade e explicar a autocorrelação significativa dos resíduos. Outro teste normalmente realizado é o *teste de Ljung-Box*, um teste geral da aleatoriedade de uma série temporal. Em termos formais, esse teste elenca as seguintes hipóteses nulas e alternativas:

- H0: Os dados não apresentam correlação serial.
- H1: Os dados apresentam correlação serial.

Esse teste é aplicado com frequência a modelos AR (e em geral ARIMA) e, mais especificamente, aos resíduos do ajuste do modelo, em vez de ao próprio modelo:

```
## R
> Box.test(est.1$residuals, lag = 10, type = "Ljung", fitdf = 3)

Box-Ljung test

data:  est.1$residuals
X-squared = 9.3261, df = 7, p-value = 0.2301
```

Aplicamos o teste de Ljung-Box ao nosso modelo est.1 para avaliar a qualidade de ajuste. Não podemos rejeitar a hipótese nula de que os dados não apresentam correlação serial. Essa é a confirmação do que acabamos de descobrir plotando a ACF dos resíduos.

Previsão com um processo AR (p)

Nas seções a seguir, ilustraremos como fazer previsões com processos AR. Primeiro, exploraremos o caso de um passo à frente e, em seguida, analisaremos como a previsão de vários passos à frente difere do outro caso. A boa notícia é que pouca coisa muda do ponto de vista da programação, embora a matemática subjacente seja mais complica no último caso.

Previsões um passo à frente. Primeiro, consideramos o caso em que queremos prever um passo à frente com um modelo AR conhecido (ou estimado). Nessa hipótese, temos todas as informações de que precisamos.

Continuamos trabalhando com o modelo a partir dos dados de demanda, com o coeficiente lag – 1 restrito em 0 (ajustado como est.1 antes). Plotamos a previsão usando a função fitted() do pacote forecast. Veja o código completo; é muito fácil:

```R
## R
> require(forecast)
> plot(demand[["Banking orders (2)"]], type = 'l')
> lines(fitted(est.1), col = 3, lwd = 2) ## use o pacote forecast
```

Temos como resultado o gráfico mostrado na Figura 6-4.

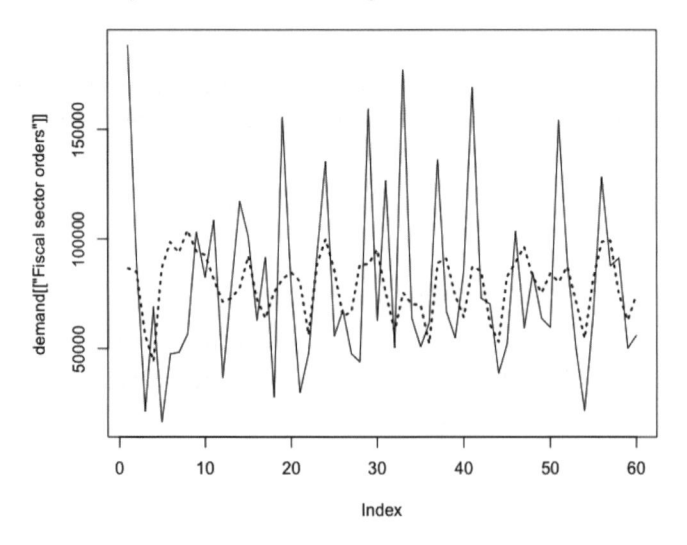

Figura 6-4. Aqui vemos a série temporal original na linha sólida e, na linha tracejada, a série temporal ajustada.

Os Modelos AR (p) São Funções de Janela Móvel

Temos uma opção além de usar a funcionalidade ajustada do pacote forecast para gerar uma previsão de nosso modelo AR (3): poderíamos escrever manualmente uma previsão de forma mais explícita com a função rollapply() do pacote zoo, que vimos anteriormente. Além de calcular funções de janela, ela também pode calcular um processo AR. Para tal, pegaríamos os coeficientes do ajuste ar() e aplicaríamos esses pesos a um vetor de entrada que representa os valores dos diferentes lags para gerar uma previsão em cada ponto. Considere isso como um exercício para você praticar depois.

Agora vamos pensar sobre a qualidade da previsão. Se calcularmos a correlação entre o valor previsto e o valor real, obtemos 0,29. Dependendo do contexto, isso não é tão ruim, mas lembre-se de que, às vezes, diferenciar os dados acaba removendo possíveis relacionamentos fortes e os substituindo por um que seja aleatório. Isso pode ocorrer especialmente se os dados não forem de fato estacionários quando os ajustamos, de modo que uma tendência não identificada possa ser mascarada como um bom desempenho do modelo, quando na verdade não passa de uma peculiaridade dos dados que deveria ser abordada antes da modelagem.

Podemos diferenciar a série e os valores preditos, conferindo assim se o modelo fez uma boa predição da mudança de um período de tempo para o próximo. Mesmo após a diferenciação, nossas predições e dados mostram padrões semelhantes, sugerindo que nosso modelo é significativo (veja a Figura 6-5).

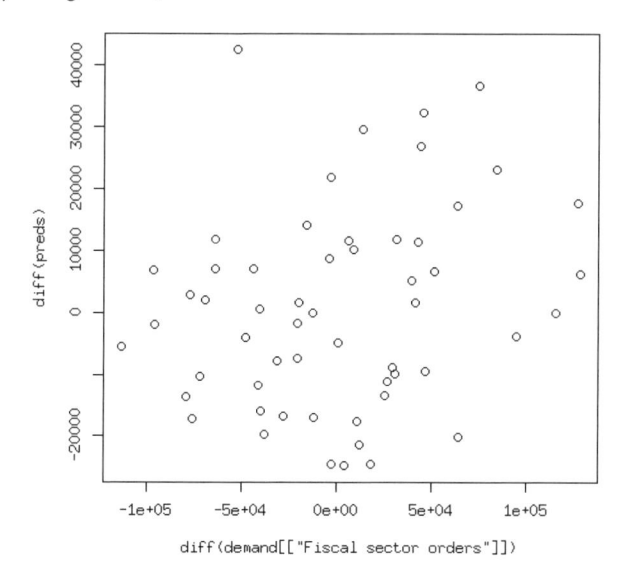

Figura 6-5. As séries e as predições diferenciadas estão fortemente correlacionadas, sugerindo que o modelo identificou uma relação subjacente.

Ao plotar as séries diferenciadas, podemos também testar se predizemos as mesmas ações ao mesmo tempo e observar essa correlação. Esse gráfico releva um pouco de correlação que podemos confirmar ao calcular seu valor. O modelo funciona até mesmo para predizer a mudança de um intervalo de tempo para o próximo.

Em uma análise retrospectiva do gráfico de previsão versus valores reais, observamos que a principal diferença entre a previsão e os dados é que a previsão sofre menos variação do que os dados. Talvez ela prediga a direção do futuro corretamente, mas não a escala da mudança de um período de tempo para outro. Não é necessariamente um problema, mas retrata o fato de que as previsões são médias das distribuições preditas e, como resultado, terão uma variabilidade menor do que os dados amostrados.

Às vezes, essa propriedade dos modelos estatísticos é esquecida devido à comodidade das rápidas visualizações cuja tendência sugere um futuro mais estável do que normalmente será o caso. Ao apresentar visualizações, faça questão de lembrar aos participantes o que está sendo representado graficamente. Aqui, nossas previsões sugerem um futuro mais tranquilo do que provavelmente ocorrerá.

Previsão multipassos à frente. Até agora, fizemos uma previsão de um passo à frente. No entanto, podemos querer predizer ainda mais o futuro. Vamos imaginar que queremos gerar uma previsão de dois passos à frente em vez de uma previsão de um passo à frente. Primeiro, faríamos uma previsão de um passo à frente e, em seguida, a usaríamos para fornecer o y_t que precisamos para predizer y_{t+1}.

Observe que, em nosso modelo atual, a mudança de uma previsão de um passo à frente para uma previsão de dois passos à frente não exigiria toda essa dinâmica, já que o valor y_{t-1} não é usado ao predizer y_t. Já sabemos tudo de que precisamos para realizar uma previsão de dois passos à frente e não é necessário fazer o guesstimate. Na verdade, devemos usar a mesma série de valores que usamos para a previsão de um passo à frente — não haverá novas fontes de erro ou variabilidade.

Contudo, se quisermos ir além, precisaremos gerar valores futuros previstos como entradas em nossa predição. Vamos predizer y_{t+3}. Será necessário um modelo com coeficientes dependentes y_{t+1} e y_t. Assim, precisaremos predizer esses dois valores — y_{t+1} e y_t — e, em seguida, usá-los na predição y_{t+3}. Como antes, podemos usar a função fitted() do pacote forecast para fazer isso — não é mais complicado do que a previsão de um passo à frente. Como mencionado anteriormente, isso também pode ser feito com um método rollapply(), só que é mais trabalhoso e mais sujeito a erros.

Usamos a função fitted() com um parâmetro adicional h para o horizonte. Vale lembrar que nosso objeto est.1 representa um processo AR (3) com o coeficiente lag – 1 (tempo menos 1) restrito em 0:

```R
## R
> fitted(est.1, h = 3)
```

Podemos utilizar a facilidade de predizer muitos passos de tempo à frente (no futuro), gerando múltiplas previsões de vários passos à frente para diferentes horizontes. No próximo exemplo, podemos observar a variância das previsões feitas cada vez mais longe em um futuro distante a partir do mesmo modelo subjacente. (Repare que, na exibição, arredondamentos e delimitações de vírgula alteram a saída original, de modo que é mais fácil ver o que está acontecendo com a variância da estimativa conforme o horizonte à frente aumenta.)

Como você pode ver na Figura 6-6, a variância da previsão diminui com o aumento do horizonte à frente. A razão para isso — que salienta uma limitação importante do modelo — é que quanto mais avançamos no tempo, menos os dados reais importam, pois os coeficientes para dados de entrada consideram apenas um conjunto anterior finito de pontos de tempo (neste modelo, voltando e considerando apenas o lag – 3, ou seja, tempo – 3). Em outras palavras, as previsões mais distantes no tempo convergem para a previsão incondicional — isto é, não condicionada nos dados. A predição futura se aproxima do valor médio da série à medida que o horizonte de tempo aumenta, assim a variância tanto do termo de erro quanto dos valores previstos diminui para 0, pois os valores previstos tendem a convergir para o valor médio incondicional:

```
## R
> var(fitted(est.1, h = 3), na.rm = TRUE)

[1] 174,870,141
> var(fitted(est.1, h = 5), na.rm = TRUE)
[1] 32,323,722
> var(fitted(est.1, h = 10), na.rm = TRUE)
[1] 1,013,396
> var(fitted(est.1, h = 20), na.rm = TRUE)
[1] 1,176
> var(fitted(est.1, h = 30), na.rm = TRUE)
[1] 3.5
```

As previsões para um futuro suficientemente distante só predirão a média do processo, o que faz sentido. Em algum ponto no futuro distante, nossos dados atuais não nos fornecem informações lógicas, específicas e relevantes para o futuro. Logo, nossa previsão cada vez mais retoma as propriedades de linha de base conhecidas sobre o processo, como sua média.

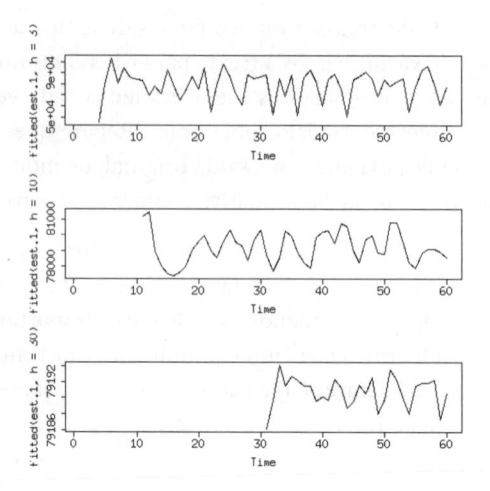

Figura 6-6. Gráficos de previsões para o futuro. Os valores distribuídos pelo eixo y se estreitam cada vez mais à medida que predizemos mais no futuro e, aparentemente, o modelo fornece uma predição constante do valor médio do processo. Os horizontes preditos aumentam de cima para baixo, exibindo 3, 10 e 30 intervalos de tempo, respectivamente.

Lembre-se de que os modelos AR (assim como MA, ARMA e ARIMA, que analisaremos em breve) são melhores para fazer predições de curto prazo. Quando há grandes horizontes futuros, esses modelos perdem influência preditiva. Nos outros modelos restantes, vamos usar uma abordagem semelhante à que usamos nos modelos autorregressivos, embora com menos detalhes. Caso se interesse por uma análise minuciosa, confira os livros de referência sobre análises de séries temporais.

Modelos de Média Móvel

Um modelo de média móvel (MA) se baseia em um processo em que o valor em cada ponto no tempo é uma função dos termos de "erro" do valor do passado recente, cada qual independente dos outros. Vamos retomar esse modelo com as mesmas etapas que usamos para estudar os modelos AR.

Equivalência AR MA

Muitas vezes, um processo MA pode ser expresso como um processo AR de ordem infinita. Já em outras, um processo AR pode ser expresso como um processo MA de ordem infinita. Para saber mais, confira a invertibilidade de um processo MA (*https://perma.cc/GJ6B-YASH*), o teorema de Wold (*https://perma.cc/B3DW-5QGB*) e a dualidade de MA/AR (*https://perma.cc/K78H-YA6U*) dos processos. Os cálculos envolvidos nesses processos fogem ao escopo deste livro!

O modelo

Um modelo de média móvel pode ser expresso de forma semelhante a um modelo autorregressivo, exceto que os termos incluídos na equação linear se referem a termos de erro presentes e passados, em vez de valores presentes e passados do próprio processo. Assim, um modelo MA de ordem q é expresso como:

$$y_t = \mu + e_t + \theta_1 \times e_{t-1} + \theta_2 \times e_{t-2} \ldots + \theta_q \times e_{t-q}$$

 Não confunda o modelo MA com uma média móvel. Eles não são a mesma coisa. Depois de saber como ajustar um processo de média móvel, você pode até comparar o ajuste de um modelo MA a uma média móvel da série temporal subjacente. Considere isso como um exercício para praticar depois.

Os economistas se referem a esses termos de erro como "choques" do sistema, enquanto um engenheiro elétrico poderia se referir a eles como impulsos e ao próprio modelo como um filtro de resposta a impulso finito, o que significa que os efeitos de qualquer impulso particular duram somente um período finito de tempo. A terminologia não é importante, e sim o conceito de muitos eventos independentes em diferentes tempos passados impactando o valor atual do processo, além da contribuição individual de cada um deles.

O Operador Backshift

O operador backshift, também conhecido como operador de defasagem, opera em pontos de séries temporais e os desloca um passo de tempo para trás cada vez que é aplicado. Em geral:

$$B^k y_t = y_{t-k}$$

O operador backshift ajuda a simplificar a expressão dos modelos de série temporal. Por exemplo, um modelo MA pode ser reescrito como:

$$y_t = \mu + (1 + \theta_1 \times B + \theta_2 \times B^2 + \ldots + \theta_q \times B^q)e_t$$

Por natureza, os modelos MA têm estacionariedade fraca sem a necessidade de impor quaisquer restrições aos seus parâmetros. Isso ocorre porque a média e a variância de um processo MA são finitas e invariantes com o tempo, já que os termos de erro são considerados iid com média 0. Vejamos:

$$E\,(y_t = \mu + e_t + \theta_1 \times e_{t\text{-}1} + \theta_2 \times e_{t\text{-}2}\ldots + \theta_q \times e_{t\text{-}q})$$
$$= E\,(\mu) + \theta_1 \times 0 + \theta_2 \times 0 + \ldots = \mu$$

Para calcular a variância do processo, usamos o fato de que os termos e_t são iid, e também a propriedade estatística geral de que a variância da soma de duas variáveis aleatórias é igual às suas variâncias individuais somadas duas vezes à sua covariância. Para variáveis iid, a covariância é 0. Isso gera a expressão:

$$Var(y_t) = (1 + \theta_1{}^2 + \theta_2{}^2 + \ldots + \theta_q{}^2) \times \sigma_e{}^2$$

Portanto, tanto a média quanto a variância de um processo MA são constantes com o tempo, independentemente dos valores dos parâmetros.

Escolhendo os parâmetros para um processo MA (q)

Ajustamos um modelo MA aos mesmos dados usados para ajustar o modelo AR e podemos usar a ACF a fim de determinar a ordem do processo MA (veja a Figura 6-7). Antes de prosseguir com a leitura, pense em como funciona um processo MA e veja se você consegue descobrir por que usamos a ACF em vez da PACF para determinar a ordem do processo:

```
## R
> acf(demand[["Banking orders (2)"]])
```

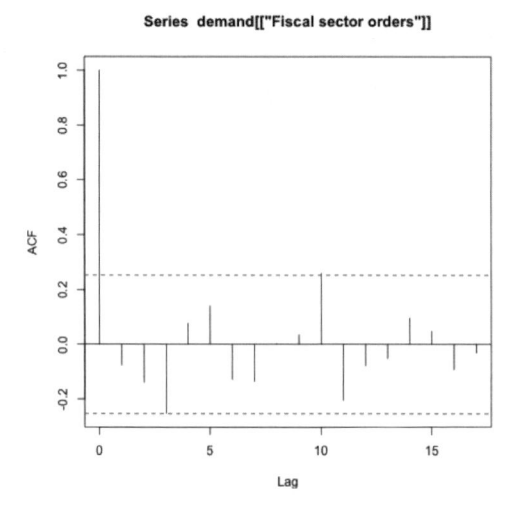

Figura 6-7. Usamos a ACF da série temporal de demanda para determinar a ordem do modelo MA.

Os Padrões ACF e PACF Diferem dos Processos MA e AR

Ao contrário de um processo autorregressivo que tem uma ACF de decaimento exponencial lento, a definição do processo MA garante um cutoff acentuado da ACF para qualquer valor maior que q, a ordem do processo MA. Isso ocorre porque um processo autorregressivo depende de termos anteriores, e eles incorporam impulsos anteriores ao sistema, ao passo que um modelo MA, que incorpora os impulsos diretamente por meio de seu valor, tem um mecanismo para impedir que a propagação dos impulsos progrida indefinidamente.

Vemos valores significativos nos lags 3 e 9, então ajustamos um modelo MA com esses lags. É necessário tomar cuidado para não restringir sem querer os coeficientes errados em 0 no modelo, o que podemos confirmar ao exibir:

```
## R
> ma.est = arima(x = demand[["Banking orders (2)"]],
                 order = c(0, 0, 9),
                 fixed = c(0, 0, NA, rep(0, 5), NA, NA))
> ma.est
 Call:
 arima(x = demand[["Banking orders (2)"]], order = c(0, 0, 9),

        fixed = c(0, 0, NA, rep(0, 5), NA, NA))

 Coefficients:
        ma1  ma2      ma3  ma4  ma5  ma6  ma7  ma8      ma9  intercept
          0    0  -0.4725    0    0    0    0    0  -0.0120   79689.81
 s.e.     0    0   0.1459    0    0    0    0    0   0.1444    2674.60

 sigma^2 estimated as 1.4e+09:  log likelihood = -717.31,
                                aic = 1442.61
```

Devemos também verificar nosso ajuste, como fizemos no modelo AR, plotando a ACF dos resíduos do modelo e, com um segundo teste de desempenho do modelo, executando o teste de Ljung-Box para verificar a aleatoriedade geral em qualquer ajuste dos resíduos. Veja que a entrada Box.test() exige que especifiquemos o número de graus de liberdade — isto é, quantos parâmetros do modelo estavam livres para serem estimados em vez de serem restritos a um valor específico. Nesse caso, os parâmetros livres foram a interceptação, bem como os termos MA3 e MA9:

```
## R
> Box.test(ma.est$residuals, lag = 10, type = "Ljung", fitdf = 3)

 Box-Ljung test

 data:  ma.est$residuals
 X-squared = 7.6516, df = 7, p-value = 0.3643
```

Não podemos rejeitar a hipótese nula de que não há correlação temporal entre os pontos residuais. Do mesmo modo, um gráfico da ACF dos resíduos sugere nenhuma correlação temporal (que isso fique como um exercício posterior para os leitores).

Previsão de um processo MA (q)

Podemos gerar mais uma vez uma previsão usando as técnicas mostradas anteriormente para um processo AR, recorrendo ao método fitted() do pacote forecast:

```
## R
> fitted(ma.est, h=1)

Time Series:
Start = 1
End = 60
Frequency = 1
 [1]    90116.64   80626.91  74090.45    38321.61  74734.77  101153.20   65930.90
 [8]   106351.80  104138.05  86938.99   102868.16  80502.02   81466.01   77619.15
[15]   100984.93   81463.10  61622.54    79660.81  88563.91   65370.99  104679.89
[22]    48047.39   73070.29 115034.16    80034.03  70052.29   70728.85   90437.86
[29]    80684.44   91533.59 101668.18    42273.27  93055.40   68187.65   75863.50
[36]    40195.15   82368.91  90605.60    69924.83  54032.55   90866.20   85839.41
[43]    64932.70   43030.64  85575.32    76561.14  82047.95   95683.35   66553.13
[50]    89532.20   85102.64  80937.97    93926.74  47468.84   75223.67  100887.60
[57]    92059.32   84459.85  67112.16    80917.23
```

Os modelos MA exibem uma forte reversão à média, desse modo as previsões convergem rapidamente para a média do processo. Faz todo sentido, visto que o processo é considerado uma função de ruído branco. Se você prevê além do intervalo do modelo estabelecido por sua ordem, por definição do processo, a previsão será necessariamente a média dele. Considere um modelo MA (1):

$$y_t = \mu + \theta_1 \times e_{t-1} + e_t$$

Para predizer um intervalo de tempo no futuro, nossa estimativa para y_{t+1} é $\mu + \theta_1 \times y_t + e_t$. Se quisermos predizer dois intervalos de tempo no futuro, nossa estimativa é:

$$E\,(y_{t+2} = \mu + e_{t+2} + \theta_1 \times\, ; e_{t+1}) = \mu + 0 + \theta_1 \times 0 = \mu$$

Com um processo MA (1) não podemos apresentar uma predição informativa além de um passo à frente, e para um processo MA(q) em geral não conseguimos apresentar uma predição mais informativa além de q passos do que o valor médio gerado pelo processo. Por predição *informativa*, quero dizer aquela em que nossas medições mais recentes impactam nossa previsão.

A Notação Tradicional É Negativa

Repare que o modelo MA não costuma ser escrito como foi neste livro. O sinal na frente dos coeficientes theta tradicionalmente é negativo. Isso se deve ao fato de como ele pode ser derivado, e uma maneira de pensar um modelo MA é levar em consideração um modelo AR com restrições em seus parâmetros. Essa notação algébrica leva a coeficientes negativos no theta.

Podemos conferir isso gerando predições com nosso modelo MA (9) que acabamos de ajustar e para o qual agora buscamos predições de dez passos à frente:

```
## R
> fitted(ma.est, h=10)

Time Series:
Start = 1
End = 60
Frequency = 1
 [1]     NA NA       NA NA NA       NA NA NA
 [9]     NA NA 79689.81 79689.81 79689.81 79689.81 79689.81 79689.81
[17] 79689.81 79689.81 79689.81 79689.81 79689.81 79689.81 79689.81 79689.81
[25] 79689.81 79689.81 79689.81 79689.81 79689.81 79689.81 79689.81 79689.81
[33] 79689.81 79689.81 79689.81 79689.81 79689.81 79689.81 79689.81 79689.81
[41] 79689.81 79689.81 79689.81 79689.81 79689.81 79689.81 79689.81 79689.81

[49] 79689.81 79689.81 79689.81 79689.81 79689.81 79689.81 79689.81 79689.81
[57] 79689.81 79689.81 79689.81 79689.81
```

Ao tentarmos predizer dez passos de tempo no futuro, predizemos a média para cada intervalo de tempo. Poderíamos ter feito isso sem um modelo estatístico sofisticado!

O bom senso é fundamental. Caso aplique um modelo sem entender como ele funciona, você pode até passar por situações constrangedoras, como enviar ao seu chefe a mesma previsão todos os dias depois de ter despendido tempo e recursos computacionais criando um modelo incongruente para a pergunta que está sendo feita.

Modelos Autorregressivos Integrados de Média Móvel

Agora que já estudamos os modelos AR e MA individualmente, examinaremos o modelo autorregressivo integrado de média móvel (ARIMA), que os combina, reconhecendo que a mesma série temporal pode ter a dinâmica dos modelos AR e MA subjacentes. Isso por si só nos levaria a um modelo ARMA, mas abordaremos o modelo ARIMA, que leva em conta a diferenciação, uma forma de remover tendências e tornar uma série temporal estacionária.

O que É Diferenciação?

Conforme analisado anteriormente neste livro, a diferenciação é a conversão de uma série temporal de valores em uma série temporal de mudanças nos valores ao longo do tempo. Na maioria das vezes, isso é feito calculando as diferenças de pares de pontos adjacentes no tempo, de modo que o valor da série diferenciada em um tempo t é o valor no tempo t menos o valor no tempo $t - 1$. No entanto, a diferenciação também pode ser realizada em diferentes janelas de lag, conforme conveniente.

Os modelos ARIMA continuam a proporcionar um desempenho próximo a tudo que há de mais moderno, sobretudo quando se trata de conjuntos pequenos de dados, em que o aprendizado de máquina mais sofisticado ou modelos de aprendizado profundo não são os melhores. Contudo, até os modelos ARIMA apresentam risco de sobreajuste, apesar de sua relativa simplicidade.

O modelo

Nessa altura, caso tenha prestado atenção, talvez esteja confuso, pois acabei de ajustar os mesmos dados a um processo AR e MA sem ao menos comentar a respeito. Esse é um péssimo hábito que você encontra às vezes em livros sobre análise de séries temporais. Alguns autores admitirão esse tipo de data laziness, enquanto outros sairão pela tangente. Não investigamos a fundo se alguns de nossos modelos anteriores foram ajustados de forma adequada mas, e tendo em vista o processo de ajuste que usamos, fica claro que temos justificativas aceitáveis para representar os dados com um modelo AR ou MA. Isso levanta a questão: não seria melhor incorporar ambos os comportamentos no mesmo modelo?

A Tabela 6-1 pode ser uma forma prática de examinar um processo de série temporal para ver qual representação AR, MA ou ARMA do processo é a melhor.

Tabela 6-1. Determinando qual modelo representa melhor nossa série temporal

Tipo de gráfico	AR (p)	MA (q)	ARMA
Comportamento ACF	Queda lenta	Queda acentuada após lag $= q$	Sem cutoff acentuado
Comportamento PACF	Queda acentuada após lag $= p$	Queda lenta	Sem cutoff acentuado

Isso nos leva a um modelo autorregressivo de média móvel (ARMA), aplicado nos casos em que nem os termos AR e MA são suficientes para representar a dinâmica empírica. Isso pode ocorrer quando os diagnósticos para estatísticas de ordem AR e MA (PACF e ACF, respectivamente) sinalizam valores diferentes de zero, indicando um termo de uma determinada ordem para um termo AR ou MA. Eles podem ser combinados com um modelo ARMA.

Teorema de Wold

O teorema de Wold afirma que toda série temporal com covariância e estacionária pode ser escrita como a soma de duas séries temporais, uma determinística e outra estocástica. Com base nesse teorema, também podemos alegar que um processo estacionário pode ser razoavelmente aproximado por um modelo ARMA, embora seja muito difícil identificar o modelo apropriado.

Aqui, mudamos para a notação estatística mais tradicional, aplicando sinais negativos aos coeficientes do processo MA:

$$y_t = \phi_0 + \Sigma\, (\phi_i \times ; r_{t-i}) + e_t - \Sigma\, (\theta_i \times e_{t-i})$$

Um Modelo ARMA Não É Necessariamente Exclusivo

Já que há fatores comuns entre as partes AR e MA da equação, é possível que um modelo ARMA (p, q) possa ser reduzido em outro conjunto de parâmetros. Precisamos evitar esse tipo de situação deturpada. Em geral, você deve escolher um modelo ARMA parcimonioso. Análises mais detalhadas fogem ao escopo desta obra, mas confira as referências e leituras adicionais no final do capítulo.

Um método simples de identificar os casos em que isso pode acontecer é usar o operador backshift (visto antes) do modelo ARMA e a boa e velha fatoração de polinômios para identificar fatores comuns em seus modelos AR e MA, que poderiam se dividir para gerar um modelo equivalente, porém mais simples. Vejamos um exemplo. Uma forma de expressar um modelo ARMA é colocar os componentes AR de um lado e os componentes MA do outro.

Suponha que temos o seguinte modelo ARMA:

$$y_t = 0,5 \times y_{t-1} + 0,24 \times y_{t-2} + e_t + 0,6 \times e_{t-1} + 0,09 \times e_{t-2}$$

Podemos reescrever o modelo de maneira fatorada, deslocando os termos AR (os coeficientes x) de um lado e deixando os termos MA do outro lado:

$$y_t - 0,5 \times y_{t-1} - 0,24 \times y_{t-2} = e_t + 0,6 \times e_{t-1} + 0,09 \times e_{t-2}$$

Em seguida, reexpressamos com o operador backshift. Logo, yt_{-2} é reexpresso como L^2y:

$$y_t - 0,5 \times L \times y_t - 0,24 \times L^2 \times y_t = e_t + 0,6 \times L \times e_t + 0,09 \times L^2 \times e_t$$

Ou simplificando ao realizar a fatoração dos fatores comuns de y_t no lado esquerdo e e_t no lado direito e, depois, fatorando os polinômios:

$$(1 + 0,3L) \times (1 - 0,8L) \times y_t = (1 + 0,3L) \times (1 + 0,3L) \times e_t$$

Perceba que, ao fatorar, devemos manter os valores operados pelo operador backshift à direita para que fatoremos y_t à direita dos fatores polinomiais envolvendo o operador backshift L, em vez de fazermos isso à esquerda, o que pode parecer mais natural. Depois de fazer essa fatoração, temos um fator comum no lado esquerdo e no lado direito, $(1 + 0,3L)$, e ainda podemos cancelá-lo de ambos os lados, assim:

$$(1 - 0,8L) \times y_t = (1 + 0,3L) \times e_t$$

Após a fatoração, a ordem do modelo geral foi reduzida e agora apresenta somente valores no tempo $t - 1$ em vez de também valores no tempo $t - 2$. Isso deve servir como alerta de que mesmo um modelo que não parece muito complicado, como um ARMA (2, 2), às vezes pode mascarar o fato de que é na verdade equivalente a um modelo ainda mais simples.

É bom se lembrar disso ao ajustar diretamente os modelos de forma computacional. Em conjuntos de dados do mundo real, você pode acabar com algo em que os dois lados são bastante semelhantes numericamente, mas não exatos. Talvez no lado esquerdo você possa encontrar um fator como $(1 - 0,29L)$, enquanto no lado direito é $(1 - 0,33L)$. Em tais casos, vale a pena considerar que isso é próximo o suficiente de um fator comum para se ter uma queda na complexidade do modelo.

A estacionariedade do processo ARMA se resume à estacionariedade de seu componente AR, sendo controlada pela mesma equação característica que controla se um modelo AR é estacionário. A transição de um modelo ARMA para um modelo ARIMA é simples. A diferença entre um modelo ARMA e um modelo ARIMA é que o modelo ARIMA inclui o termo *integrado*, que se refere a quantas vezes a série temporal modelada deve ser diferenciada para gerar a estacionariedade.

Na prática, os modelos ARIMA são mais implementados, sobretudo no campo de pesquisas acadêmicas e problemas de previsão, do que os modelos AR, MA e ARMA. Uma rápida pesquisa no Google Scholar revela a aplicação do modelo ARIMA em uma variedade de problemas de previsão, entre eles:

- Passageiros que chegam de avião em Taiwan.
- Demanda de energia na Turquia por tipo de combustível.
- Vendas diárias em um mercado atacadista de vegetais na Índia.

- Demanda de pronto-socorro no Oeste dos Estados Unidos.

Vale ressaltar que a ordem de diferenciação não deve ser muito grande. Em geral, o valor de cada parâmetro de um modelo ARIMA (p, d, q) deve ser o menor possível a fim de evitar complexidade injustificada e ajuste excessivo aos dados da amostra. Como regra prática, mas não generalizada, você deve desconfiar dos valores d quando estiverem acima de 2 e dos valores p e q quando estiverem acima de 5 ou perto disso. Além disso, espera-se que o termo p ou q seja maior e o outro seja relativamente menor. Essas são práticas profissionais de analistas e não verdades matemáticas generalizadas.

Selecionando parâmetros

O modelo ARIMA é especificado em termos de parâmetros (p, d, q). Selecionamos os valores de p, d e q adequados de acordo com os dados que temos. A seguir, veja a descrição de alguns exemplos bem conhecidos da Wikipédia sobre modelos ARIMA:

- ARIMA (0, 0, 0) é um modelo de ruído branco.
- ARIMA (0, 1, 0) é um passeio aleatório e ARIMA (0, 1, 0) com uma constante diferente de zero é um passeio aleatório com drift (deslocamento).
- ARIMA (0, 1, 1) é um modelo de suavização exponencial; e um ARIMA (0, 2, 2) é o mesmo que o método linear de Holt, que estende a suavização exponencial para dados com uma tendência, de modo que possa ser usado para prever dados com uma tendência subjacente.

Escolhemos a ordem de nosso modelo com base em uma combinação de conhecimento de domínio, diversas métricas de avaliação de ajuste (como o AIC) e conhecimento geral de como a PACF e a ACF devem figurar em um determinado processo subjacente (conforme descrito na Tabela 6-1). A seguir, demonstraremos o ajuste de um modelo ARIMA usando um processo iterativo manual baseado na PACF e na ACF e também em uma ferramenta de seleção de parâmetro automatizada por meio da função `auto.arima()` do pacote `forecast`.

Ajustando um modelo manualmente. Existem heurísticas para escolher os parâmetros de um modelo ARIMA, em que a *parcimônia é fundamental*. Um método popular e há muito defendido é o método de Box-Jenkins, um processo iterativo com várias etapas:

1. Use seus dados, visualizações e conhecimento subjacente para selecionar uma classe de modelo apropriada a seus dados.
2. Estime os parâmetros de acordo com seus dados de treinamento.
3. Avalie o desempenho de seu modelo com base em seus dados de treinamento e ajuste os parâmetros do modelo para abordar as lacunas que você identifica no diagnóstico de desempenho.

Vejamos um exemplo de dados ajustados. Primeiro, são necessários alguns dados. Neste caso, para fins de transparência e conhecimento da resposta adequada, geramos nossos dados a partir de um processo ARMA:

```
## R
> require(forecast)
> set.seed(1017)
> ## ordem do modelo arima escondida de propósito
> y = arima.sim(n = 1000, list(ar = ###, ma = ###))
```

Tente não reparar na ordem do modelo criado ainda; por enquanto, vamos considerar isso como um enigma. Primeiro, devemos plotar a série temporal, como sempre fazemos, para ver se ela é estacionária (Figura 6-8). Em seguida, analisamos a ACF e a PACF de y (Figura 6-9) e as comparamos com a Tabela 6-1.

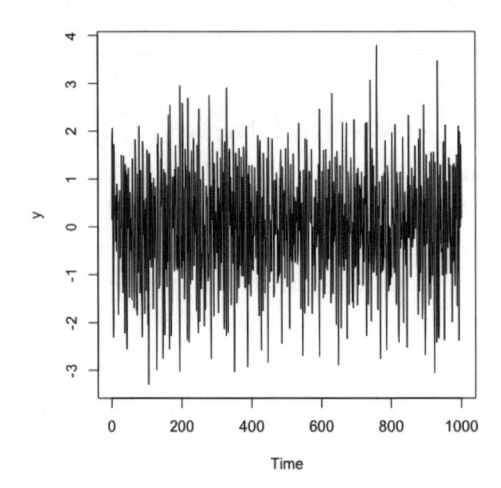

Figure 6-8. Gráfico de nossa série temporal.

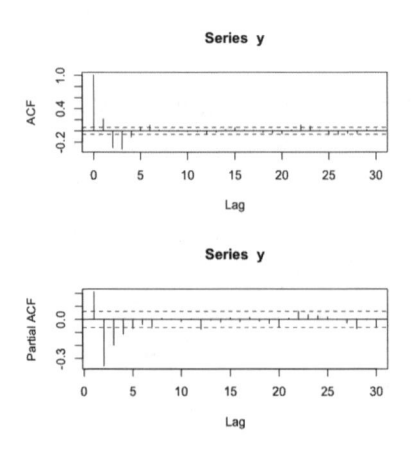

Figura 6-9. ACF e PACF de nossa série temporal.

Podemos ver que nem a função ACF tampouco a PACF têm um cutoff acentuado, sugerindo (veja a Tabela 6-1) que temos um processo ARMA. Começamos ajustando um modelo ARIMA (1, 0, 1) relativamente simples, pois não vemos necessidade de diferenciação e nenhuma evidência (Figura 6-10):

```R
## R
> ar1.ma1.model = Arima(y, order = c(1, 0, 1))
> par(mfrow = c(2,1))
> acf(ar1.ma1.model$residuals)
> pacf(ar1.ma1.model$residuals)
```

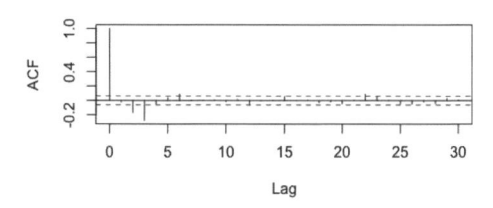

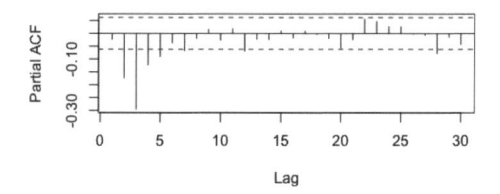

Figura 6-10. ACF e PACF dos resíduos de um modelo ARIMA (1, 0, 1).

Os resíduos na Figura 6-10 mostram valores PACF enormes, sugerindo que não representamos totalmente o comportamento autorregressivo. Por isso, criamos o modelo adicionando um componente AR de ordem superior, testamos um modelo ARIMA (2, 0, 1) no código a seguir e, depois, plotamos a ACF e PACF dos resíduos desse modelo mais complexo (Figura 6-11):

```R
## R
> ar2.ma1.model = Arima(y, order = c(2, 0, 1))
> plot(y, type = 'l')
> lines(ar2.ma1.model$fitted, col = 2)
> plot(y, ar2.ma1.model$fitted)
> par(mfrow = c(2,1))
> acf(ar2.ma1.model$residuals)
> pacf(ar2.ma1.model$residuals)
```

Series ar2.ma1.model$residuals

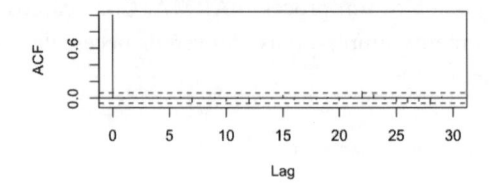

Series ar2.ma1.model$residuals

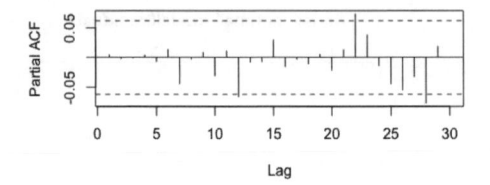

Figura 6-11. ACF e PACF dos resíduos de um modelo ARIMA (2, 0, 1).

Os resíduos na Figura 6-11 não mostram mais valores enormes para as respectivas ACF ou PACF. Dada nossa vontade de um modelo parcimonioso e os riscos de sobreajuste de um modelo ARIMA, um analista sábio pararia por aqui mesmo, já que não temos nenhum comportamento adicional nos resíduos que precisem ser ajustados por meio de um componente autorregressivo, de média móvel ou de diferenciação. Deixarei isso como um exercício para que o leitor pratique e considere o ajuste de modelos mais complexos. Apesar de os gráficos não serem mostrados, tentei ajustar modelos mais complexos no código a seguir: vi que eles não apresentaram uma melhora substancial no ajuste do modelo aos dados nem contribuíram para diminuir mais os valores ACF ou PACF do que o modelo anterior. Veja por si mesmo:

```
## R
> ar2.ma2.model = Arima(y, order = c(2, 0, 2))
> plot(y, type = 'l')
> lines(ar2.ma2.model$fitted, col = 2)
> plot(y, ar2.ma2.model$fitted)
> par(mfrow = c(2,1))
> acf(ar2.ma2.model$residuals)
> pacf(ar2.ma2.model$residuals)
>
> ar2.d1.ma2.model = Arima(y, order = c(2, 1, 2))
> plot(y, type = 'l')
> lines(ar2.d1.ma2.model$fitted, col = 2)
> plot(y, ar2.d1.ma2.model$fitted)
> par(mfrow = c(2,1))
> acf(ar2.d1.ma2.model$residuals)
> pacf(ar2.d1.ma2.model$residuals)
```

Confira uma forma rápida de comparar os modelos, na qual verificamos como as previsões de um modelo ajustado se correlacionam com os valores reais:

```
## R
> cor(y, ar1.ma1.model$fitted)
[1] 0.3018926
> cor(y, ar2.ma1.model$fitted)
[1] 0.4683598
> cor(y, ar2.ma2.model$fitted)
[1] 0.4684905
> cor(y, ar2.d1.ma2.model$fitted)
[1] 0.4688166
```

Observamos uma melhoria substancial na transição de um modelo ARIMA (1, 0, 1) para um modelo ARIMA (2, 0, 1) (os dois primeiros modelos), pois a correlação vai de 0,3 a 0,47. Por outro lado, conforme adicionamos mais complexidade, não vemos melhorias substanciais na correlação. Isso valida nossa conclusão anterior de que o modelo ARIMA (2, 0, 1) aparentemente representava bem o comportamento do modelo, sem necessidade de adicionar mais componentes AR ou MA para melhorar o ajuste.

Aliás, podemos ver a seguir até que ponto o ajuste se saiu bem, comparando os coeficientes originais ajustados (mostrados aqui, antes ocultos) com os coeficientes ajustados:

```
## R
## original coefficients
> y = arima.sim(n = 1000, list(ar = c(0.8, -0.4), ma = c(-0.7)))
> ar2.ma1.model$coef
          ar1         ar2         ma1    intercept
 0.785028320 -0.462287054 -0.612708282 -0.005227573
```

Vemos uma boa correspondência entre os coeficientes ajustados e os coeficientes reais utilizados para simular os dados.

Ajustar um modelo ARIMA manualmente é mais complexo do que acabamos de demonstrar. Ao longo de décadas, os profissionais desenvolveram boas regras práticas para identificar problemas, como a ocorrência de muitos termos de um certo tipo, a diferenciação excessiva de um modelo, quando o padrão nos resíduos sinaliza determinados problemas e assim por diante. Confira o excelente guia elaborado por um professor da Penn State disponível online (*https://perma.cc/P9BK-764B*).

Não podemos nos esquecer de que existem críticas válidas sobre o ajuste "manual" de um processo ARIMA. O ajuste manual de um modelo pode ser um processo que deixa a desejar quanto à especificação, visto que a representação do analista acaba sofrendo muita pressão, leva-se tempo e depende do resultado final. Apesar de ser uma boa solução para gerar previsões reais que funcionou bem por décadas, ela não é perfeita.

Usando ajuste de modelo automatizado. Hoje em dia, podemos abrir mão de um processo de ajuste interativo manual e usar, dependendo do caso, um modelo automatizado. A seleção do modelo dependerá de vários critérios de perda de informação, como o AIC visto brevemente por meio da função `auto.arima()` do pacote `forecast`:

```
## R
> est = auto.arima(demand[["Banking orders (2)"]],
            stepwise = FALSE, ## É bem lento,
                            ## mas nos permite uma pesquisa mais completa.
            max.p = 3, max.q = 9)
> est
Series: demand[["Banking orders (2)"]]
ARIMA(0,0,3) with non-zero mean

Coefficients:
          ma1      ma2      ma3      mean
      -0.0645  -0.1144  -0.4796  79914.783
s.e.   0.1327   0.1150   0.1915   1897.407

sigma^2 estimated as 1.467e+09:  log likelihood=-716.71
AIC=1443.42   AICc=1444.53   BIC=1453.89
```

Aqui, utilizamos uma one-liner com conhecimento prévio de nossa exploração anterior para definir as entradas. Ou seja, especificamos a ordem máxima do processo AR e MA que estávamos preparados para aceitar e, de fato, a seleção do modelo escolheu um modelo mais parcimonioso do que especificamos, sem nenhum termo AR. No entanto, esse modelo se ajusta bem e não devemos recorrer ao data snooping, a menos que tenhamos um motivo justificado para tal. Repare que, de acordo com os critérios AIC, nosso modelo MA escolhido manualmente na seção anterior se sai um pouco melhor do que este modelo, só que, quando olhamos os gráficos, a diferença não parece significativa.

Como exercício prático, deixo para o leitor a plotagem comparativa das predições, bem como a verificação de resíduos desse modelo selecionado automaticamente, de modo a confirmar que o modelo usado não deixa nenhum comportamento residual que precise ser tratado pelo acréscimo de mais termos. O código não é diferente do que usamos nas seções AR e MA anteriores. Ele também vale para fazer previsões, por isso o omitimos aqui, uma vez que o modelo ARIMA que selecionamos não é tão diferente do modelo MA analisado e usado na previsão anterior.

Podemos estudar brevemente como a `auto.arima()` seria executada no modelo que geramos na seção anterior, quando o ajustamos de forma manual:

```
## R
> auto.model = auto.arima(y)
> auto.model
Series: y
ARIMA(2,0,1) with zero mean

Coefficients:
         ar1      ar2      ma1
      0.7847  -0.4622  -0.6123

s.e.  0.0487   0.0285   0.0522

sigma^2 estimated as 1.019:  log likelihood=-1427.21
AIC=2862.41   AICc=2862.45   BIC=2882.04
```

Nem usamos os parâmetros opcionais para sugerir à `auto.arima()` onde deveria iniciar sua busca de modelo, e ainda assim ela convergiu para a mesma solução que a nossa. Então, como podemos ver, em alguns casos encontraremos a mesma solução com metodologias diferentes.

Realizamos nossa análise observando a ACF e PACF dos resíduos de modelos mais simples a fim de desenvolver modelos mais complexos, ao mesmo tempo em que a `auto.arima()` é, em grande parte, orientada por um grid search que minimiza o AIC. Obviamente, visto que geramos os dados originais de um processo ARIMA, isso representa um caso mais simples do que muitos dados do mundo real. Neste caso, nem sempre nossos ajustes manuais e seleção automática do modelo chegam à mesma conclusão.

Caso pretenda tornar a `auto.arima()`, ou uma ferramenta de seleção de modelo automatizada similar, parte essencial da análise, é importante ler a documentação, fazer testes com dados sintéticos e também ler sobre as experiências de outros analistas com a função. Existem cenários conhecidos em que a função não rodará conforme ingenuamente esperamos, mas também existem soluções paliativas conhecidas. No geral, essa é uma solução excelente, mas não perfeita.[4] Além disso, para se ter uma boa noção de como funciona a `auto.arima()`, confira o capítulo do livro disponível online sobre este tópico, (*https://perma.cc/P92B-6QXR*) escrito pelo criador da função, professor Rob Hyndman.

Ilustramos duas formas diferentes de estimar parâmetros: a abordagem Box-Jenkins para ajustar o modelo ou o ajuste automatizado do pacote `forecast`. Na verdade, os profissionais têm opiniões muito fortes a respeito. Alguns defendem com unhas e dentes a iteração manual e outros defendem em igual medida as ferramentas de seleção automatizadas. É um debate corrente na área, não acaba nunca. Em longo prazo, à medida que o Big Data assume cada vez mais a análise de séries temporais, é provável que a exploração automática e o ajuste de modelos venham a dominar a análise de séries temporais de grandes conjuntos de dados.

Autorregressão Vetorial

Na prática, às vezes temos sorte de ter várias séries temporais em paralelo supostamente relacionadas entre si. Já examinamos como limpar e alinhar esses dados e agora podemos aprender como utilizá-los ao máximo. É possível fazer isso gerando um modelo AR (p) para o caso de múltiplas variáveis. A graça desse modelo é que ele prevê o fato de que as variáveis influenciam umas às outras e, por sua vez, são influenciadas — ou seja, não há y privilegiado enquanto todo o resto é designado como x. Pelo contrário, o ajuste é simétrico em todas as variáveis. Observe que a diferenciação pode ser aplicada como em outros modelos anteriores, caso a série não seja estacionária.

---

4 Veja alguns exemplos de debates no Stack Overflow (*https://perma.cc/2KM3-Z4R4*) e no blog de Rob Hyndman (*https://perma.cc/9DH6-LGNW*).

Variáveis Exógenas e Endógenas

Falando estatisticamente, uma vez que empregamos um modelo em que as variáveis influenciam umas às outras, chamamos essas variáveis de *endógenas*, o que significa que seus valores são explicados pelo que vemos dentro do modelo. Por outro lado, as variáveis *exógenas* não são explicadas dentro do modelo — ou seja, não podem ser explicadas por suposição —, por isso aceitamos seus valores e não questionamos a dinâmica de como eles surgiram.

Visto que cada série temporal prevê de modo putativo todas as outras, bem como a si mesma, teremos uma equação por variável. Digamos que temos três séries temporais: representaremos o valor dessas séries temporais no tempo t como $y_{1,t}$ e $y_{2,t}$ e $y_{3,t}$. Assim, podemos escrever as equações vetoriais de autorregressão (VAR) de ordem 2 (fazendo a fatoração de 2 lags de tempo) como:

$$y_{1,t} = \phi_{01} + \phi_{11,1} \times y_{1,t-1} + \phi_{12,1} \times y_{2,t-1} + \phi_{13,1} \times y_{3,t-1} + \phi_{11,2} \times y_{1,t-2} + \phi_{12,2} \times y_{2,t-2} + \phi_{13,2} \times y_{3,t-2}$$

$$y_{2,t} = \phi_{02} + \phi_{21,1} \times y_{1,t-1} + \phi_{22,1} \times y_{2,t-1} + \phi_{23,1} \times y_{3,t-1} + \phi_{21,2} \times y_{1,t-2} + \phi_{22,2} \times y_{2,t-2} + \phi_{23,2} \times y_{3,t-2}$$

$$y_{1,t} = \phi_{03} + \phi_{31,1} \times y_{1,t-1} + \phi_{32,1} \times y_{2,t-1} + \phi_{33,1} \times y_{3,t-1} + \phi_{31,2} \times y_{1,t-2} + \phi_{32,2} \times y_{2,t-2} + \phi_{33,2} \times y_{3,t-2}$$

Multiplicação de Matriz

Como você já deve ter percebido se estiver familiarizado com álgebra linear, expressar as relações mostradas nas três equações anteriores é mais simples quando você usa a notação de matriz. É possível escrever um VAR de forma bastante semelhante a um AR. Na forma de matriz, as três equações podem ser expressas como:

$$y = \phi_0 + \phi_1 \times y_{t-1} + \phi_2 \times y_{t-2}$$

em que y e ϕ_0 são matrizes 3×1 e as outras matrizes ϕ são 3×3.

Mesmo em um caso simples, percebemos que o número de parâmetros no modelo cresce vertiginosamente. Por exemplo, se tivermos lags p e variáveis N, podemos ver que a equação preditora para cada variável é $1 + p \times N$. Como temos N valores para predizer, isso se traduz nas variáveis totais $N + p \times N^2$, significando que o número de variáveis cresce em proporção

---

$O(N^2)$ ao número de séries temporais estudadas. Por isso, não devemos usar séries temporais de modo leviano simplesmente porque temos dados. Devemos reservar esse método para quando tivermos um relacionamento.

Os modelos VAR são usados com mais frequência na econometria. Não raro, eles sofrem críticas, pois não têm nenhuma estrutura além da hipótese de que todos os valores influenciam uns aos outros. É justamente por essa razão que a qualidade de ajuste do modelo pode ser difícil de avaliar. No entanto, os modelos VAR ainda têm serventia — por exemplo, para testar se uma variável causa outra variável. Eles também são úteis para situações em que é necessário prever diversas variáveis e o analista não tem conhecimento de domínio para afirmar qualquer tipo específico de relacionamento. Às vezes também podem servir para determinar quanta variância em uma previsão de um valor é atribuída às suas "causas" subjacentes.

Veja uma breve demonstração. Analisaremos as informações de demanda UCI subjacentes e consideraremos o uso de uma segunda coluna para predizer ordens bancárias (2) em vez de seus próprios dados (note que também preveremos essa coluna devido à forma simétrica em que as variáveis são tratadas). Usaremos ordens do setor de controle de tráfego. Ao que tudo indica, elas deveriam ser diferentes, assim podem fornecer uma fonte independente de informações em relação às ordens anteriores do próprio setor fiscal. Podemos também imaginar que cada coluna fornece informações subjacentes sobre o andamento econômico e se a demanda aumentará ou diminuirá no futuro.

Para determinar quais parâmetros usar, usamos o pacote vars, que vem com o método VARselect():

```
## R
> VARselect(demand[, 11:12, with = FALSE], lag.max=4,
+             type="const")
$selection
AIC(n)  HQ(n)  SC(n) FPE(n)
    3      3      1      3

$criteria
                 1             2             3             4
AIC(n) 3.975854e+01 3.967373e+01 3.957496e+01 3.968281e+01
HQ(n)  3.984267e+01 3.981395e+01 3.977126e+01 3.993521e+01
SC(n)  3.997554e+01 4.003540e+01 4.008130e+01 4.033382e+01
FPE(n) 1.849280e+17 1.700189e+17 1.542863e+17 1.723729e+17
```

Podemos observar que a função viabiliza uma variedade de critérios de informação para ser escolhida. Observe também que indicamos que queríamos ajustar um termo "const" para acomodar uma média diferente de zero. Poderíamos também optar por ajustar um termo drift, ambos ou nenhum, mas a opção "const" parece ser a melhor para nossos dados. A seguir, começaremos analisando três lags, veja:

```
## R
> est.var <- VAR(demand[, 11:12, with = FALSE], p=3, type="const")
> est.var

> par(mfrow = c(2, 1))
> plot(demand$`Banking orders (2)`, type = "l")
> lines(fitted(est.var)[, 1], col = 2)
> plot(demand$`Banking orders (3)`,
>       type = "l")
> lines(fitted(est.var)[, 2], col = 2)

> par(mfrow = c(2, 1))
> acf(demand$`Banking orders (2)` - fitted(est.var)[, 1])
> acf(demand$`Banking orders (3)` -
>       fitted(est.var)[, 2])
```

Esse código gerou os gráficos mostrados nas Figuras 6-12 e 6-13.

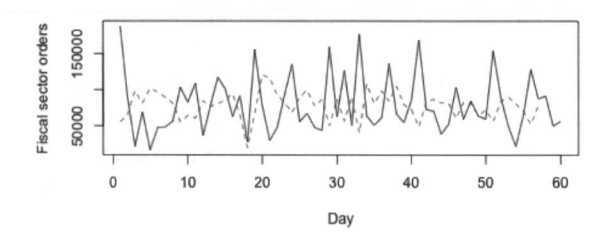

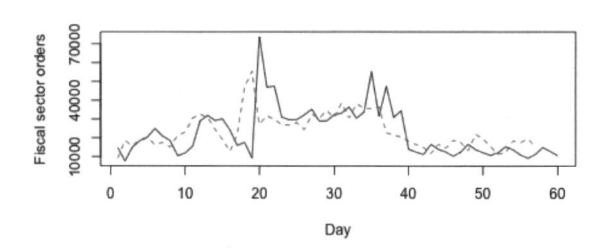

Figura 6-12. Na parte superior, vemos os valores reais (linha contínua) versus os valores preditos (linha tracejada) para as ordens bancárias (2) e, na parte inferior, vemos o mesmo para as ordens bancárias (3). Curiosamente, o gráfico superior se parece mais com uma previsão comum, em que a previsão é um pouco "lenta" na mudança em relação aos dados reais, ao passo que no gráfico inferior vemos que a previsão predisse mudanças um pouco antes de acontecerem. Isso sugere que as ordens bancárias (2) "lideram" as ordens bancárias (3), o que significa que as ordens bancárias (2) são úteis na predição de ordens do controlador de tráfego, mas não o contrário, ou pelo menos não em tal grau.

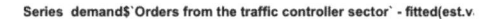

Series demand$`Fiscal sector orders` - fitted(est.var)[, 1]

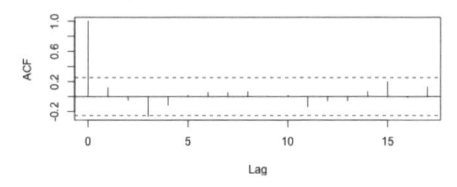

Series demand$`Orders from the traffic controller sector` - fitted(est.v

Figura 6-13. Plotamos a função de autocorrelação dos resíduos para cada série temporal. Repare que ambas as séries têm uma autocorrelação significativa dos erros no lag 3, que não pode ser totalmente contabilizada no modelo.

Não fica claro se a ACF é favorável à ausência de autocorrelação nos resíduos como gostaríamos. Assim, também podemos aplicar o teste *Portmanteau* para correlação serial por meio do método serial.test() do pacote vars. É um teste semelhante aos testes de correlação serial que vimos no caso univariado:

```R
## R
> serial.test(est.var, lags.pt = 8, type="PT.asymptotic")

Portmanteau Test (asymptotic)

data:  Residuals of VAR object est.var
Chi-squared = 20.463, df = 20, p-value = 0.4293
```

Como o valor-p é muito alto, não podemos rejeitar a hipótese nula de que não há correlação serial nos resíduos. Isso nos fornece mais evidências de que o modelo faz um trabalho aceitável.

Visto que para modelos univariados examinamos modelos diversos, resultando nas versões ARMA e ARIMA, talvez você esteja se perguntando: existe um modelo VARIMA? Sim, porém ele não é muito usado, já que o VAR tem um desempenho relativamente bom e é bastante complicado. Na prática, para casos de uso corporativo e acadêmico, você verá o uso predominante do VAR em vez do VARIMA.

Outra classe de modelo é o modelo CVAR, a autorregressão vetorial cointegrada. Refere-se ao caso em que as séries temporais individuais não são estacionárias, mas uma combinação linear da série temporal estacionária sem diferenciação.

Variações em Modelos Estatísticos

Existem muitos outros tipos de modelos estatísticos desenvolvidos para dados de séries temporais. Alguns deles ampliam o modelo ARIMA, enquanto outros fazem suposições subjacentes diferentes sobre a dinâmica temporal utilizada no modelo ARIMA. Nesta seção, veremos brevemente alguns dos modelos de série temporal estatísticos normalmente usados e conhecidos.

ARIMA sazonal

Um modelo ARIMA sazonal (SARIMA) pressupõe a sazonalidade multiplicativa. Por esse motivo, um modelo SARIMA pode ser expresso como ARIMA $(p, d, q) \times (P, D, Q)m$. O modelo elenca que o próprio comportamento sazonal pode ser pensado como um processo ARIMA, com m especificando o número de intervalos de tempo por ciclo sazonal. O importante nessa fatoração é que o modelo reconhece quais pontos adjacentes no tempo podem influenciar uns aos outros, seja na mesma sazonalidade ou em sazonalidades diferentes, por meio dos métodos usuais de proximidade temporal.

Identificar um modelo SARIMA é ainda mais complicado do que identificar um modelo ARIMA justamente porque é necessário lidar com os efeitos sazonais. Felizmente, a `autoarima()` no pacote `forecasts` pode lidar com isso do mesmo jeito que lida com uma tarefa de estimativa ARIMA padrão. Conforme analisado, há boas razões para escolher a seleção automática de parâmetros, a menos que você tenha um forte conhecimento que sugira a substituição do modelo selecionado determinado por métodos automatizados.

ARCH, GARCH e seus análogos

ARCH significa "heteroscedasticidade condicional autorregressiva". Esse modelo é usado quase que exclusivamente no setor financeiro. Muitas vezes, é abordado em cursos de séries temporais, por isso vale a pena mencioná-lo nesta obra. Essa classe de modelos é baseada na observação de que os preços das ações não têm variância constante e que, na verdade, a própria variância parece autorregressiva condicional quando comparada às variâncias anteriores (por exemplo, dias de alta volatilidade na bolsa de valores vêm em grupos). Nesses modelos, a variância de um processo é modelada como um processo autorregressivo e não o processo em si.

Modelos hierárquicos de série temporal

As séries temporais hierárquicas são bem comuns no mundo real, embora não sejam consideradas como tal. Você pode facilmente imaginar situações em que elas aparecem:

- Total da demanda mensal em dólares para os produtos de uma empresa, que pode ser resumida no número SKU (Unidade de Controle de Estoque).

- Dados de pesquisas políticas semanais do eleitorado e, em seguida, os mesmos dados de pesquisas divididos por dados demográficos (sobrepostos ou não), como mulheres versus homens ou hispânico versus afro-americano.

- Número total de turistas que desembarcam diariamente na UE em comparação com o número de turistas que desembarcam em cada país membro.

Uma forma conveniente de lidar com séries temporais hierárquicas é por meio do pacote hts do R. Pode-se usar esse pacote para visualizar dados hierárquicos de séries temporais e gerar previsões. As previsões podem ser geradas com uma série de metodologias diferentes tradicionalmente disponibilizadas nesse pacote:

- Gere previsões de nível mais baixo (mais individualizadas) e as agregue para gerar as previsões de nível mais alto.

- Gere as previsões de nível mais alto e, depois, gere previsões de nível mais baixo com base nas proporções históricas de cada componente do agregado. Essa metodologia tende a ter uma acurácia menor quando se trata de previsões de baixo nível, embora isso possa ser atenuado de alguma forma por meio de uma variedade de técnicas que predizem como as proporções agregadas mudarão ao longo do tempo.

- É possível tentar obter o melhor de cada metodologia escolhendo uma abordagem "intermediária" em que uma previsão de nível médio é gerada (supondo que você tenha várias camadas de hierarquia). Então basta propagar suas previsões de forma crescente e decrescente para realizar outras predições.

Por fim, o padrão de excelência do pacote hts possibilita que, em todos os níveis hierárquicos, as previsões possam ser geradas independentes de outros níveis da hierarquia. Assim, o hts combina essas previsões para garantir consistência em um método, segundo Hyndman et al. (*https://perma.cc/G4EG-6SMP*).

Muitos modelos estatísticos que analisamos neste capítulo, por sua vez, seriam aplicados ao problema de previsão de qualquer nível de série temporal que fosse estabelecido. A parte hierárquica da análise costuma ser um wrapper em torno desses modelos fundamentais.

Vantagens e Desvantagens dos Métodos Estatísticos para Séries Temporais

Ao considerar a possibilidade de aplicar um dos modelos estatísticos descritos aqui a um problema de série temporal, é uma boa começar levantando as vantagens e desvantagens. Nesta seção, vamos apresentá-las:

Vantagens

- Esses modelos são simples e transparentes. Assim, seus parâmetros podem ser entendidos com clareza.
- Por causa das expressões matemáticas simples que definem esses modelos, é possível derivar suas propriedades de interesse de um modo estatisticamente preciso.
- Você pode aplicar esses modelos a conjuntos de dados relativamente pequenos e ainda obter bons resultados.
- Esses modelos simples e modificações relacionadas têm um desempenho excelente, mesmo em comparação com modelos de aprendizado de máquina complicados. Desse modo, você obtém um bom desempenho sem o risco de sobreajuste.
- Metodologias automatizadas e bem desenvolvidas para escolher as ordens de seus modelos e estimar seus parâmetros simplificam a geração dessas previsões.

Desvantagens

- Como esses modelos são bastante simples, eles nem sempre melhoram o desempenho quando se trata de grandes conjuntos de dados. Caso esteja trabalhando com conjuntos gigantesco de dados, talvez seja melhor usar modelos complexos de aprendizado de máquina e metodologias de rede neural.
- Esses modelos estatísticos focam as estimativas pontuais do valor médio de uma distribuição, e não a distribuição. Sim, você pode derivar as variâncias da amostra e semelhantes como um proxy para a incerteza em suas previsões, contudo seu modelo fundamental viabiliza somente formas limitadas de expressar a incerteza em relação a todas as escolhas que você faz ao selecionar um modelo.
- Por definição, esses modelos não são criados para lidar com dinâmicas não lineares, deixando a desejar ao representar dados onde as relações não lineares são dominantes.

Leituras e Recursos Adicionais

- Clássicos:

  Rob J. Hyndman e George Athanasopoulos, Forecasting: Principles and Practice, 2nd ed. (Melbourne: OTexts, 2018): https://perma.cc/9JNK-K6US.
  Obra prática e bastante acessível com uma excelente introdução em R, além de estar disponível gratuitamente para download. Elenca todos os fundamentos do pré-processamento de dados de séries temporais e do uso desses dados para fazer previsões. A ênfase é atualizar e qualificar os leitores no uso de métodos práticos para previsão de séries temporais.

Ruey Tsay, Analysis of Financial Time Series (Hoboken, NJ: John Wiley & Sons, 2001).
Clássico que apresenta uma variedade de modelos de séries temporais, incluindo um capítulo muito abrangente e acessível sobre o desenvolvimento de modelos AR, MA e ARIMA, com aplicação de preço históricos de ações. Exemplos amplos no R também estão incluídos. Obra de complexidade intermediária. Presume-se que o leitor tenha um pouco de familiaridade com estatística e outras área matemáticas, porém qualquer pessoa que tenha o ensino médio e um curso introdutório de estatística consegue ler.

Robert H. Shumway, Time Series Analysis and Its Applications (Nova York: Springer International, 2017).
Outra obra clássica escrita, contudo um pouco mais teórica e menos acessível. É melhor conferir o livro de Tsay primeiro, apesar de o livro abordar análises adicionais sobre os processos matemáticos dos modelos estatísticos de séries temporais. Inclui também uma variedade maior de análises de dados provenientes das ciências, bem como de fontes de dados econômicos. Trata-se de uma leitura mais desafiadora do que os outros livros indicados, mas por ser uma obra densa e informativa, e não porque exige um nível altíssimo de domínio matemático (não exige, embora possa parecer exigir se o ler rápido demais).

- Orientações sobre heurística:

Robert Nau, "Summary of Rules for Identifying ARIMA Models", notas do curso da Fuqua da School of Business, Duke University: https://perma.cc/37BY-9RAZ.
Essas notas fornecem orientação detalhada sobre como escolher os três parâmetros de um modelo ARIMA. Ao lê-las, você perceberá de imediato uma forte ênfase em modelos parcimoniosos.

National Insitute of Standards and Technology (NIST), "Box-Jenkins Models", em NIST/SEMATECH e-Handbook of Statistical Methods (Washington, DC: NIST, US Department of Commerce, 2003): https://perma.cc/3XSC-Y7AG.
Essa seção do manual do NIST online oferece etapas concretas para implementar o método Box-Jenkins, uma metodologia normalmente usada para seleção de parâmetros ARIMA. É também um bom exemplo dos recursos que o NIST viabiliza para análise estatística de séries temporais de forma mais geral, parte de um manual de melhores práticas compiladas meticulosamente para análise de séries temporais.

Rob J. Hyndman, "The ARIMAX Model Muddle", Hyndsight blog, 4 de outubro de 2010: https://perma.cc/4W44-RQZB.
Essa postagem resumida do blog do conhecido analista de previsão Rob Hyndman descreve a incorporação de covariáveis em modelos ARIMA, uma metodologia alternativa ao VAR para lidar com séries temporais multivariadas.

Richard Hardy, "Cross Validation: Regularization for ARIMA Models", pergunta postada em Cross Validated, StackExchange, 13 de maio de 2015: https://perma.cc/ G8NQ-RCCU.

No cenário de uma ordem alta de termos autorregressivos, ou muitas entradas, no caso do VAR, pode fazer sentido regularizar e, em muitos campos de atuação, isso resulta em melhorias substanciais de desempenho. Essa postagem no site Cross Validated Q&A ilustra algumas discussões preliminares, bem como links para uma implementação computacional e pesquisas acadêmicas relacionadas.

## CAPÍTULO 7

Modelos de Espaço de Estados para Séries Temporais

Os modelos de espaço de estados (MMEs) são semelhantes aos modelos estatísticos que vimos no capítulo anterior, porém com uma motivação mais "real e prática". Eles abordam dificuldades que surgem em problemas reais de engenharia, como fatorar o erro de medição ao realizar estimativas e como introduzir conhecimento prévio ou opiniões nelas.

Os modelos de espaço de estados pressupõem um mundo no qual o estado verdadeiro não pode ser diretamente calculado, temos apenas uma inferência do que pode ser medido. Os modelos de espaço de estados também dependem da especificação da dinâmica de um sistema, por exemplo, como o verdadeiro estado do mundo evolui ao longo do tempo, devido à dinâmica interna e às forças externas aplicadas a um sistema.

Ainda que talvez você nunca tenha visto modelos de espaço de estados em um contexto matemático antes, provavelmente já os usou em sua vida cotidiana. Por exemplo, imagine um motorista ziguezagueando no trânsito. Você tenta determinar para onde o motorista está indo e como pode se defender melhor. Se o motorista estiver embriagado, você pode chamar a polícia, ao passo que, se ele estiver distraído por um motivo que nunca mais se repetirá, provavelmente você não vai se meter. Nos próximos segundos ou minutos, você atualizaria seu próprio modelo de espaço de estado desse motorista, antes de decidir o que fazer.

Um exemplo clássico de onde você usaria um modelo de espaço de estados é no lançamento de um foguete. Conhecemos as Leis de Newton, por isso podemos escrever as regras para a dinâmica do sistema e como o movimento deve ser ao longo do tempo. Sabemos também que nosso GPS, sensores ou seja lá o que usamos para rastrear a localização terá algum erro de medição, que podemos quantificar e tentar fatorar em relação à incerteza de nossos cálculos. Por último, sabemos que não conseguimos medir a ação de todas as forças do mundo em um determinado foguete, pois o sistema apresenta muitas indefinições. Ou seja, queremos um processo que seja robusto quando se trata de fontes desconhecidas de ruído, talvez vento solar, vento terrestre ou ambos. Como se constata, os avanços estatísticos e de engenharia nos últimos cinquenta anos se revelaram bastante úteis para lidar com esse tipo de situação.

Duas tendências históricas diferentes resultaram no desenvolvimento de modelos de espaço de estados e despertaram o interesse pelos tipos de problemas que abordam. Primeiro, por volta da metade do século XX, entramos na era da automação industrial. Os foguetes e as espaçonaves dominavam o céu, assim como os sistemas de navegação para submarinos e todos os tipos de outras invenções automatizadas que exigiam a estimativa de um estado do sistema que não podia ser medido. Conforme os pesquisadores pensavam em como estimar o estado do sistema, eles começaram a desenvolver métodos de espaço de estados, sobretudo para eliminar a ambiguidade de erros de medição de outros tipos de incerteza no sistema. Isso levou aos primeiros usos de métodos de espaço de estados.

Da mesma forma, durante esse período, a tecnologia de registro de dados e a computação associada a ela também evoluíam. Isso resultou na criação de conjuntos de dados bem maiores para séries temporais, incluindo medição dos conjuntos de dados de séries temporais extensos ou mais detalhados. Conforme mais dados de séries temporais são disponibilizados, desenvolve-se métodos mais intensivos de dados para esses mesmos dados junto com o novo pensamento sobre modelagem de espaço de estados. Neste capítulo, estudaremos os seguintes métodos de espaço de estados comumente usados:

- O filtro de Kalman aplicado a um modelo linear gaussiano.
- Modelos ocultos de Markov.
- Séries temporais estruturais bayesianas.

Em cada um desses casos, o uso de tais modelos é bastante acessível e bem implementado. Para cada modelo, buscaremos um pouco de intuição para a matemática e analisaremos que tipo de dados é apropriado ao método. Por último, veremos exemplos de código para cada método. Em cada um deles, faremos uma distinção entre o que observamos e o estado que gerou nossas observações. Ao estimar o estado subjacente com base em observações, podemos dividir nosso trabalho em diferentes estágios ou categorias:

Filtragem
   Usando a medição no tempo *t* para atualizar nossa estimativa do estado no tempo *t*.

Previsão
   Usando a medição no tempo *t* – 1 visando gerar uma predição para o estado esperado no tempo *t* (possibilitando inferir a medição esperada no tempo *t* também).

Suavização

Usando a medição durante um intervalo de tempo que inclui *t*, tanto antes como depois, para estimar qual era o verdadeiro estado no tempo *t*.

Os mecanismos dessas operações costumam ser parecidos, apesar de as diferenças serem importantes. A filtragem é uma maneira de decidir como comparar as informações mais recentes com as informações anteriores ao atualizar nossa estimativa de estado. A previsão é a predição do estado futuro, sem nenhuma informação sobre o futuro. A suavização é o uso de informações passadas e futuras para fazer a melhor estimativa do estado em um determinado tempo.

Modelos de Espaço de Estados: Prós e Contras

Os modelos de espaço de estados podem ser utilizados para aplicações determinísticas e estocásticas, como em amostras contínuas e amostras discretas de dados.[1] Só isso nos dá uma ideia de sua utilidade e notável flexibilidade. A flexibilidade dos modelos de espaço de estados maximiza as vantagens e as desvantagens dessa classe de modelos.

Um modelo de espaço de estado tem muitos aspectos positivos. Ele possibilita modelar o que costuma ser mais interessante em uma série temporal: o processo dinâmico e os estados que geram os dados ruidosos que estão sendo analisados, em vez de apenas os próprios dados ruidosos. Para começo de conversa, com um modelo de espaço de estados, introduzimos um modelo de *causalidade* no processo de modelagem para explicar o que está gerando um processo. Isso é vantajoso para casos em que temos teorias fortes ou conhecimento confiável sobre como um sistema funciona e onde queremos que nosso modelo nos ajude a identificar mais detalhes sobre a dinâmica geral com a qual já estamos familiarizados.

Um modelo de espaço de estado permite a mudança de coeficientes e parâmetros ao longo do tempo, significando que possibilita a mudança de comportamento ao longo do tempo. Não é necessário impor uma condição de estacionariedade aos nossos dados quando usamos os modelos de espaço de estados. É algo totalmente diferente dos modelos que examinamos no Capítulo 6, nos quais um processo estável é assumido e modelado com apenas um conjunto de coeficientes, em vez de coeficientes que variam no tempo. No entanto, um modelo de espaço de estado também tem desvantagens, e, não raro, os aspectos positivos desse modelo também são seus pontos fracos:

- Como os modelos de espaço de estados são muito flexíveis, há muitos parâmetros a serem definidos e muitas formas que um modelo de espaço de estado pode assumir. Isso significa que as propriedades de um modelo de espaço de estado espe-

---

1   Neste livro, analisamos amostras discretas de dados, mais comuns em aplicações do mundo real.

cífico muitas vezes não foram estudadas a fundo. Ao criar um modelo de espaço de estado tailored (sob medida, customizado) para seus dados de série temporal, dificilmente encontrará livros didáticos de estatística ou artigos de pesquisa acadêmica em que outros tenham estudado esse mesmo modelo também. Assim, você pisa em um terreno menos firme no que diz respeito à compreensão do desempenho do seu modelo ou aos erros cometidos.

- Os modelos de espaço de estados podem ser bem pesados em termos de recursos computacionais, pois têm muitos parâmetros. Além disso, o número elevado de parâmetros em alguns tipos de modelos de espaço de estados faz com que você corra o risco de sobreajuste, principalmente se não há muitos dados.

O Filtro de Kalman

O filtro de Kalman é um método avançado e bastante implementado para incorporar novas informações de uma série temporal e integrá-las de maneira inteligente com informações previamente conhecidas para estimar um estado subjacente O filtro de Kalman teve um de seus primeiros usos na missão Apollo 11 — ele foi escolhido quando os engenheiros da NASA perceberam que os recursos computacionais a bordo inviabilizavam outras técnicas de estimativa de posicionamento com uso mais intensivo de memória. Como você verá nesta seção, os benefícios do filtro de Kalman são a facilidade de cálculo e a não exigência do armazenamento de dados anteriores para realizar estimativas presentes ou previsões futuras.

Visão Geral

Para os iniciantes, os cálculos matemáticos do filtro de Kalman podem ser assustadores, não porque seja um bicho de sete cabeças, e sim porque há um número razoável de grandezas para acompanhar, e é um processo iterativo, um tanto circular, com muitas grandezas relacionadas. Por esse motivo, não derivaremos as equações do filtro de Kalman aqui; ao contrário, apresentarei uma visão geral de alto nível dessas equações para você ter uma noção de como elas funcionam.[2]

Começaremos com um modelo linear gaussiano, pressupondo que nosso estado e nossas observações têm a seguinte dinâmica:

$$x_t = F \times x_{t-1} + B \times u_t + w_t$$

---

2 Gostaria de recomendar a leitura de muitas explicações simples alternativas do filtro de Kalman no Mathematics StackExchange (*https://perma.cc/27RK-YQ52*).

$$y_t = A \times x_t + v_t$$

Ou seja, o estado no tempo t é uma função do estado no intervalo de tempo anterior ($F \times x_{t-1}$), um termo de força externa ($B \times u_t$) e um termo estocástico (w_t). Da mesma forma, a medição no tempo t é uma função do estado no tempo t e um termo de erro estocástico, erro de medição.

Vamos imaginar que x_t é a posição real de uma nave espacial, enquanto y_t é a posição que medimos com um sensor. v_t é o erro de medição em nosso dispositivo sensor (ou variedade de dispositivos). A seguinte equação fundamental e aplicável ao filtro de Kalman ilustra como atualizar nossa estimativa dada a nova informação para o tempo t:

$$\hat{x}_t = K_t \times y_t + (1 - K_t) \times \hat{x}_{t-1}$$

Vemos aqui uma etapa de filtragem — ou seja, uma decisão sobre como usar a medição no tempo t para atualizar nossa estimativa de estado no tempo t. Lembre-se de que postulamos uma situação na qual podemos observar apenas y_t e fazer inferências sobre o estado, mas nunca podemos ter certeza do estado exato. Vemos acima que a grandeza K_t estabelece um equilíbrio em nossa estimativa entre as informações antigas ($\hat{x}_{t-1}$) e as novas (y_t).

Agora, para detalharmos ainda mais as coisas, vamos à definição de alguns termos. Usamos P_t para representar nossa estimativa da covariância de nosso estado (pode ser um escalar ou uma matriz, dependerá se o estado é univariado ou multivariado, sendo o último mais comum). P^-_t é a estimativa para t antes de nossa medida no tempo t ser levada em consideração.

Utilizamos também R para representar a variância do erro de medição, a variância de v_t, que novamente pode ser um escalar ou uma matriz de covariância dependendo da dimensionalidade das medições. Em geral, R é usado para um sistema, uma vez que representa as propriedades físicas bem conhecidas de um determinado sensor ou dispositivo de medição. O valor apropriado para w_t, Q, é menos bem definido e sujeito a ajuste durante o processo de modelagem.

Em seguida, começaremos com um processo que conhecemos ou estimamos os valores de x e P no tempo 0. Depois, avançamos nos tempos após o tempo 0, adotamos um processo iterativo com uma fase de predição e atualização, com a fase de predição vindo primeiro, seguida pela fase de atualização/filtragem e assim por diante:

Predição:

$$\hat{x}^-_t = F \times \hat{x}_{t-1} + B \times u_t$$
$$P^-_t = F \times P_{t-1} \times F^T + Q$$

Filtragem:

$$\hat{x}_t = \hat{x}^-_t + K_t \times (y_t - A \times \hat{x}^-_t)$$
$$P_t = (I - K_t \times A) \times P^-_t$$

em que K_t, o ganho de Kalman, é:

$$K_t = P^-_t \times A^T \times (A \times P^-_t \times A^T + R)^{-1}$$

Você verá muitas visualizações desse processo recursivo. Alguns o dividirão em várias etapas, talvez até quatro ou cinco. Porém, a forma mais fácil de entender o processo é saber que existem os cálculos realizados para predizer os valores no tempo t, sem uma medição para y_t (a predição), e depois as etapas realizadas no tempo t, após a medição y_t conhecida (a filtragem). Para começar, são necessários os seguintes valores:

- Estimativas para R e Q — suas matrizes de covariância para erro de medição (fácil de saber) e estocasticidade de estado (geralmente estimada), respectivamente.
- Estimativas ou valores conhecidos para o seu estado no tempo 0, $\hat{x}_0$ (estimado com base em y_0).
- Conhecimento prévio de quais forças estão planejadas para serem aplicadas no tempo t e como isso impacta os estados — isto é, a matriz B e o valor u_t.
- Conhecimento da dinâmica do sistema que determina a transição de estado de um intervalo de tempo para outro, ou seja, F.
- Conhecimento de como a medição depende do estado, ou seja, A.

Há diversas formas de derivar as equações do filtro de Kalman, inclusive a partir de uma perspectiva probabilística em valores esperados, um problema de minimização de mínimos quadrados ou por meio de um problema de estimativa de máxima verossimilhança. As derivações do filtro de Kalman estão amplamente disponíveis e o leitor interessado pode pesquisar esse tópico na internet.

Código para o Filtro Kalman

Imaginemos um caso de uso clássico: tentar rastrear um objeto sujeito às Leis de Newton com sensores propensos a erros. Geramos uma série temporal com base nas Leis de Newton, ou seja, a posição de um objeto é uma função de sua velocidade e aceleração. Pensamos em realizar medições discretas, embora o movimento subjacente seja contínuo. Primeiro determinamos uma série de acelerações e, em seguida, assumimos que a posição e a velocidade começam em 0. Apesar de isso não ser fisicamente realista, determinamos mudanças de aceleração instantâneas no início de cada intervalo de tempo e um valor de aceleração constante:

```R
## R
## Foguete levará 100 intervalos de tempo.
ts.length <- 100

## A aceleração conduzirá o movimento.
a <- rep(0.5, ts.length)

## Posição e velocidade começam em 0.
x  <- rep(0, ts.length)
v  <- rep(0, ts.length)
for (ts in 2:ts.length) {

  x[ts] <- v[ts - 1] * 2 + x[ts - 1] + 1/2 * a[ts-1] ^ 2
  x[ts] <- x[ts] + rnorm(1, sd = 20) ## componente estocástico
  v[ts] <- v[ts - 1] + 2 * a[ts-1]
}
```

Caso não saiba ou não se lembre das Leis de Newton, talvez queira conhecê-las, embora também possa apenas considerá-las como valor aparente para os propósitos atuais (o cálculo de x[ts] e v[ts]). Um breve exercício de plotagem nos mostra o movimento que criamos com a aceleração estruturada (veja a Figura 7-1):

```R
## R
par(mfrow = c(3, 1))
plot(x,            main = "Position",     type = 'l')
plot(v,            main = "Velocity",     type = 'l')
plot(acceleration, main = "Acceleration", type = 'l')
```

Pressupomos que essas variáveis representariam uma descrição completa do estado, mas os únicos dados disponíveis para nós são a posição do objeto e o fato de que esses dados estão disponíveis somente a partir de um sensor ruidoso. Esse sensor é x no código a seguir, e plotamos como o valor medido se relaciona com a posição real na Figura 7-2:

```R
## R
z <-  x + rnorm(ts.length, sd = 300)
plot (x, ylim = range(c(x, z)))
lines(z)
```

Na Figura 7-2, vemos uma aceleração constante (gráfico inferior) levando a uma velocidade linearmente crescente (gráfico do meio) para gerar uma forma parábola em deslocamento (gráfico superior). Se não estiver familiarizado com essas relações, você pode considerá-las pelo valor aparente ou recorrer a uma breve revisão sobre mecânica básica em um livro introdutório de física.

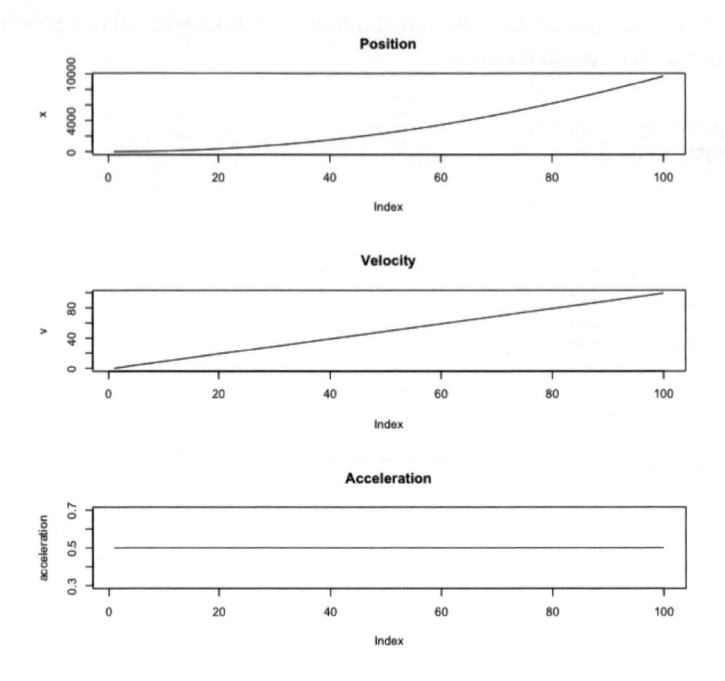

Figura 7-1. A posição, a velocidade e a aceleração do nosso foguete.

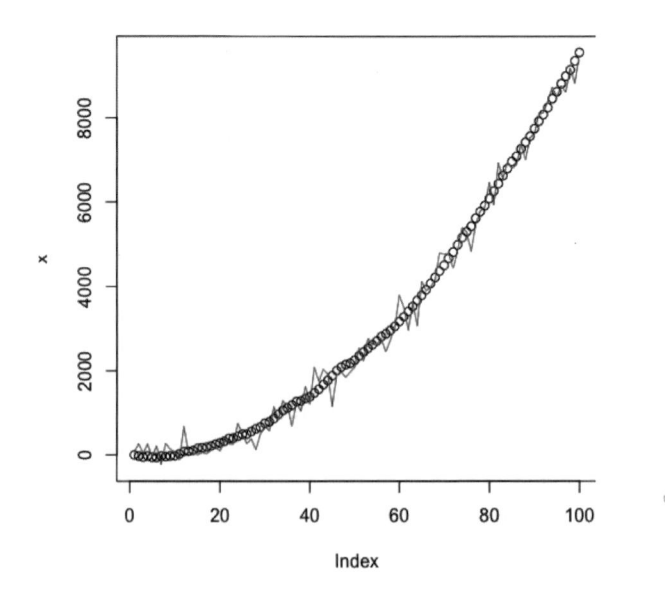

Figura 7-2. A verdadeira posição (pontos) versus nossa medição ruidosa (linha). Repare que a posição x não retrata uma parábola perfeita devido ao ruído que inserimos na equação de transição de estado.

Agora aplicamos um filtro de Kalman. Primeiro, escrevemos uma função geral para expressar nossa análise e derivação anteriores nesta seção:

```
## R
<alman.motion <- function(z, Q, R, A, H) {
  dimState = dim(Q)[1]

  xhatminus <- array(rep(0, ts.length * dimState),
                     c(ts.length, dimState))
  xhat      <- array(rep(0, ts.length * dimState),
                     c(ts.length, dimState))

  Pminus <- array(rep(0, ts.length * dimState * dimState),
                  c(ts.length, dimState, dimState))
  P      <- array(rep(0, ts.length * dimState * dimState),
                  c(ts.length, dimState, dimState))

  K <- array(rep(0, ts.length * dimState),
             c(ts.length, dimState)) # Kalman gain

  # Estimativas iniciais = começando em 0 para todas as métricas.
  xhat[1, ] <- rep(0, dimState)
  P[1, , ]  <- diag(dimState)

  for (k in 2:ts.length) {
    # Atualização do tempo.
    xhatminus[k, ] <- A %*% matrix(xhat[k-1, ])
    Pminus[k, , ] <- A %*% P[k-1, , ] %*% t(A) + Q

    K[k, ] <- Pminus[k, , ] %*% H %*%
                          solve( t(H) %*% Pminus[k, , ] %*% H + R )
    xhat[k, ] <- xhatminus[k, ] + K[k, ] %*%
                          (z[k]- t(H) %*% xhatminus[k, ])
    P[k, , ] <- (diag(dimState)-K[k,] %*% t(H)) %*% Pminus[k, , ]
  }

  ## Retornamos a previsão e o valor suavizado.
  return(list(xhat = xhat, xhatminus = xhatminus))
}
```

Aplicamos essa função para que somente a posição do foguete seja mensurável (e não a aceleração ou a velocidade):

```
## R
## Parâmetros de ruído:
R <- 10^2 ## Variância de medição – este valor deve ser definido de acordo com
          ## os limites físicos conhecidos da ferramenta de medição.
          ## Nós o definimos de acordo com o ruído que adicionamos a x
          ## para produzir x na geração de dados acima da variância do processo,
Q <- 10   ## geralmente considerado um hiperparâmetro
          ## a ser ajustado a fim de maximizar o desempenho.

## Parâmetros dinâmicos:
```

```
- matrix(1) ## x_t = A * x_t-1 (Como o x anterior afeta o x posterior)
- matrix(1) ## y_t = H * x_t   (Traduzindo estado para medição)

Executa os dados por meio do método de filtragem de Kalman
t <- kalman.motion(z, diag(1) * Q, R, A, H)[[1]]
```

Plotamos a posição verdadeira, a posição medida e a posição estimada na Figura 7-3.

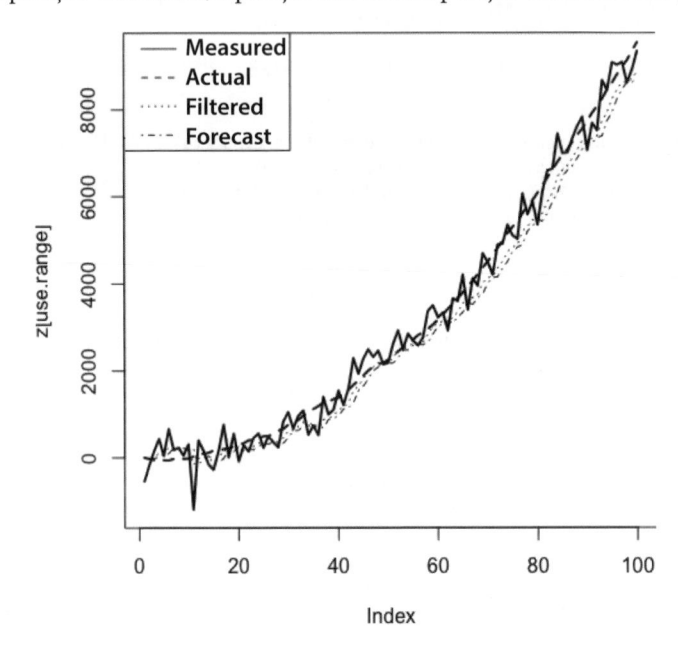

Figura 7-3. Muitas grandezas relacionadas: a posição medida (linha sólida); a posição real/verdadeira (linha tracejada); a estimativa de filtragem da posição (ou seja, a melhor estimativa para a posição no tempo t com a medição no tempo t incorporada, representada pela linha pontilhada); e a previsão da posição (ou seja, a melhor estimativa para a posição no tempo t incorporada somente à dinâmica conhecida somada às medições até o tempo t – 1, não incluindo o tempo t. Grandeza representada pela linha mista).

O filtro de Kalman remove muito do ruído do erro de medição. Em que medida ele fará isso dependerá do nosso valor para *R*, o parâmetro de ruído de medição, que retrata o quanto o filtro deve ponderar o valor mais recente em relação aos valores anteriores. Conforme podemos ver, o filtro desempenha um trabalho satisfatório de previsão dos dados. Em especial, observe que não há um lag entre os dados previstos e os dados reais, sugerindo que o método está somente predizendo o valor atual com base no último valor. Acabamos de ver um exemplo simples de um filtro de Kalman. O filtro de Kalman é bastante estudado, já que é muito útil em uma variedade de aplicações, sobretudo naquelas em que a dinâmica interna do sistema é bem compreendida. Isso faz dele a ferramenta ideal para o simples exemplo do foguete, no qual entendemos a dinâmica que está norteando o sistema.

Perceba que, nesse exemplo simples, todo o poder e utilidade do filtro de Kalman não são usados por completo. Isso ajuda muito quando, digamos, temos vários tipos de medições e calculamos as diferentes grandezas ou medimos a mesma coisa simultaneamente com diversos dispositivos. Além do mais, existem outras aplicações para o filtro de Kalman que valem a pena estudar, caso isso seja uma área promissora para seu domínio de interesse.

Um dos grandes benefícios do filtro de Kalman, como ilustramos, é sua recursividade. Isso significa que não é necessário examinar todos os pontos de dados em cada iteração do processo. Pelo contrário, em cada intervalo de tempo, todas as informações dos intervalos de tempo anteriores já estão incorporadas da melhor forma possível nos poucos parâmetros estimados, ou seja, o estado mais recente e a estimativa de covariância. A vantagem desse método é que podemos fazer atualizações de forma inteligente apenas usando essas "estatísticas resumidas" como medidas, e já sabemos como ponderá-las nos dados mais recentes. Isso faz com que o filtro de Kalman seja uma vantagem e tanto no mundo real, uma vez que tempo e recursos computacionais são poucos e valiosos. Em muitas ocasiões, ele é compatível com a dinâmica dos sistemas, em que os processos são relativamente markovianos (sem memória, exceto o estado imediatamente anterior), e temos uma função de um estado subjacente que só pode ser calculada com algum erro.

O filtro de Kalman pode ser usado em uma variedade de aplicações que não analisaremos nesta obra. A principal delas é adaptá-lo à *suavização*, o que significa usar dados antes e depois do tempo t para fazer a melhor estimativa do estado verdadeiro no tempo t. Os cálculos e os códigos são parecidos ao que já foi apresentado. Parecido também é o filtro de Kalman estendido (EKF), que adapta o filtro de Kalman a dados com dinâmica não linear. Isso também é relativamente simples de implementar e está amplamente disponível em uma variedade de pacotes R e Python.

O filtro de Kalman é $O(T)$ em relação ao comprimento da série temporal, e $O(d^2)$ em relação a d, a dimensão do estado. Por isso, é importante não especificar em excesso o estado, quando uma especificação mais simples já basta. Mas essa linearidade em relação ao comprimento da série temporal é que torna o filtro de Kalman normalmente usado em cenários reais de produção e muito mais popular do que outros filtros desenvolvidos para fins de modelagem de espaço de estado de séries temporais.

Modelos Ocultos de Markov

Os modelos ocultos de Markov (HMMs) são uma forma bastante útil e interessante de modelar uma série temporal, pois são uma instância rara de aprendizado não supervisionado na análise de série temporal. Ou seja, não há uma resposta correta e identificada para se considerar o treinamento. Um HMM é motivado por uma intuição semelhante à que usamos quando testamos o filtro de Kalman anteriormente neste capítulo, ou seja, a ideia de que as variáveis que conseguimos observar podem não ser as variáveis mais descritivas do sistema. Assim como acontece com o filtro de Kalman aplicado a um modelo linear gaussiano, pressupomos a ideia de que o processo tem um estado, e nossas observações viabilizam informações sobre esse estado. E mais uma vez é necessária uma opinião sobre como as variáveis de estado influenciam o que podemos observar. No caso de um HMM, determinamos que o processo é não linear e caracterizado por saltos entre estados discretos.

Como o Modelo Funciona

Um HMM postula um sistema no qual existem estados que não são diretamente observáveis. O sistema é um processo de Markov, o que significa que é "sem memória" no sentido de que as probabilidades de eventos futuros podem ser calculadas por completo considerando apenas o estado atual do sistema. Ou seja, conhecer o estado atual do sistema e seus estados anteriores não é mais útil do que conhecer apenas o estado atual dele.

Os processos de Markov são representados normalmente em matrizes. Por exemplo, suponha que temos um sistema oscilando entre o estado A e o estado B. Mas independente do estado, a probabilidade estatística de o sistema permanecer no mesmo estado era maior do que a mudança para outro estado em qualquer intervalo de tempo distinto. Um sistema desse tipo seria representado pela seguinte matriz:

```
    A    B
A  0.7  0.3
B  0.2  0.8
```

Vamos imaginar que nosso sistema está no estado A, (1, 0). (O estado B seria (0, 1).) Nesse caso, a probabilidade de o sistema permanecer no estado A é 0,7, enquanto a probabilidade de o sistema inverter isso é de 0,3. Não é necessário saber em que estados o sistema estava antes de seu tempo mais recente. Um processo de Markov significa justamente isso.

Um modelo oculto de Markov representa o mesmo tipo de sistema, exceto que não podemos inferir diretamente o estado do sistema a partir de nossas observações. Em vez disso, nossas observações fornecem pistas quanto ao estado do sistema (veja a Figura 7-4).

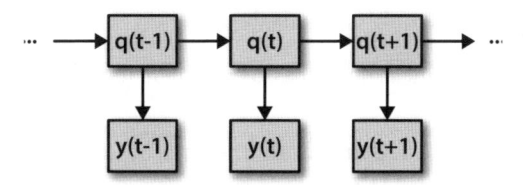

Figura 7-4. O processo de um HMM. Os estados reais do sistema em um determinado tempo são representados por x(t), ao passo que os dados observáveis em um determinado tempo são representados por y(t). Apenas x(t) é relevante para y(t). Em outras palavras, x(t − 1) não oferece nenhuma informação adicional para predizer y(t) se conhecermos x(t). Da mesma forma, apenas x(t) tem alguma relação para predizer x(t + 1) e não há nenhuma informação adicional de x(t − 1). Este é o aspecto Markov do sistema.

Veja que, para aplicações realistas, os estados normalmente gerarão saídas que se sobrepõem, de modo que não fica 100% claro qual estado está gerando a saída. Por exemplo, vamos aplicar um HMM aos dados que se parecem com a Figura 7-5. São dados simulados de quatro estados, mas não fica óbvio, mesmo se bater o olho rapidamente nas séries temporais, quantos estados existem, quais são suas divisões ou onde o sistema faz a transição entre estados.

Time series with four underlying states

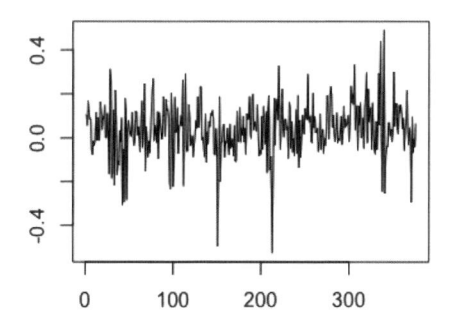

Figura 7-5. Essa série temporal foi simulada com quatro estados. Porém não fica claro, a partir de uma observação visual, que existem quatro estados nem onde um estado termina e outro começa.

Veja alguns exemplos de casos de uso reais de HMMs:

- Identificação de mudanças de processos nos mercados financeiros (*https://perma. cc/JRT2-ZDVJ*).
- Classificação, predição e correção de informações de sequenciamento *de DNA* (*https:// perma.cc/4V4A-53TZ*).
- Reconhecimento de estágios do sono conforme retratado nos dados de ECG (*https://perma.cc/G37Y-XBQH*).

Como Ajustamos o Modelo

Estamos pressupondo que existe um estado que não conseguimos medir de forma direta, e não há como obter uma resposta comprovadamente correta em muitos dos conjuntos de dados em que poderíamos usar esta técnica. Então, como esse algoritmo pode identificar estados ocultos sem saber nada sobre eles? A resposta é: iterativamente. Não existe fórmula mágica para derivar a sequência mais provável de estados ocultos visando explicar as observações, mas é possível abordarmos uma estimativa, uma vez que tenhamos especificado totalmente o sistema. Em um HMM, postulamos que o sistema é totalmente descrito com as seguintes informações:

- A *probabilidade de transição* de ir de $x(t)$ para $x(t) + 1$. Isso é equivalente a especificar uma matriz como a que acabamos de mencionar: a transição entre os estados A e B. O tamanho da matriz dependeria do número de estados hipotéticos.
- A *probabilidade de emissão* ou a probabilidade de observação $y(t)$ dado $x(t)$.
- O estado inicial do sistema.

Em termos mais concretos, veja uma lista das variáveis necessárias para caracterizar e ajustar um processo de HMM:

- $Q = q_1, q_2, \dots q_N$: os diferentes estados do sistema.
- $A = a_{i,j} = a_{1,1}, a_{1,2}, \dots a_{N,N}$: matriz de probabilidade de transição indicando a transição em qualquer intervalo de tempo dada a mudança do estado i para o estado j.
- $O = o_1, o_2, \dots o_T$: uma sequência de observações amostradas a partir desse processo em ordem, que é uma série temporal de observações.
- $b_{i(ot)}$ indicando as probabilidades de emissão, ou seja, as probabilidades de ver um determinado valor de observação, o_t se o estado for q_i.
- $p = p_1, p_2, \dots p_N$: as distribuições de probabilidade inicial, ou seja, a probabilidade de que o sistema iniciará no estado $q_1, q_2, \dots q_N$, respectivamente.

No entanto, com dados reais geralmente nenhuma dessas variáveis é conhecida. Tudo o que se sabe é a sequência real dos observáveis $y_1, y_2, \ldots y_t$.

Algoritmo Baum-Welch

Ao estimar os parâmetros de um modelo oculto de Markov, usamos *o algoritmo Baum-Welch*. Ele nos orienta em nossa complexa tarefa de estimar os valores de todos os parâmetros, conforme detalhados na seção anterior. Nossa tarefa é multifacetada e buscaremos:

- Identificar as probabilidades de emissão distintas para cada estado oculto possível e as probabilidades de transição de cada estado oculto possível para outro estado oculto possível. Para isso, usamos o algoritmo Baum-Welch.
- Determinar o estado oculto mais provável para cada intervalo de tempo, dado o histórico completo de observações. Para isso, usamos o algoritmo de Viterbi (descrito em breve).

Essas são duas tarefas relacionadas, e cada uma é difícil e exigente do ponto de vista computacional. Além do mais, elas são dependentes. No caso de duas tarefas inter-relacionadas, estimativa de parâmetro e maximização de probabilidade, podemos usar o algoritmo de *expectativa-maximização* para iterar entre essas duas etapas até que uma solução aceitável seja encontrada.

A primeira etapa para aplicar o algoritmo Baum-Welch é especificar a função de verossimilhança, que é a probabilidade de observar uma determinada sequência dados os parâmetros hipotéticos. Em nosso caso, os parâmetros hipotéticos seriam os parâmetros matemáticos por estado postulado.

Por exemplo, se assumirmos que os estados geram saídas gaussianas com médias e desvios-padrão diferentes dos valores observados que dependiam do estado, e se assumirmos um modelo de dois estados, podemos representar o modelo como μ_1, σ_1, μ_2 e σ_2 com $\mu_{u=i}$ indicando a média do *i-ésimo* estado e o *doi-ésimo* estado indicando o desvio-padrão do *i-ésimo* estado. Isso poderia descrever as probabilidades de emissão, e nós as representamos coletivamente como θ. Poderíamos também assumir a sequência de estados como $x_1, x_2, \ldots x_t$ (resumirei isso como X_t para abreviar), que não fomos capazes de observar, mas vamos imaginar que conseguimos.

Em seguida, a função de verossimilhança descreveria a probabilidade de observar a sequência que observamos considerando os parâmetros da probabilidade de emissão (ou seja, a probabilidade de uma determinada observação em um estado específico) e a sequência de estados ocultos como integral de todos os possíveis X_t de $p(y_1, y_2, \ldots y_t \mid \mu_1, \sigma_1, \mu_2, \sigma_2, \ldots \mu_N, \sigma_{Nt}) = p(y_1, y_2, \ldots y_t \mid \mu_1, \sigma_1, \mu_2, \sigma_2, \ldots \mu_N, \sigma_N)$.

Mas esse é um problema espinhoso por várias razões, incluindo o fato de que a complexidade aumenta exponencialmente com o número de intervalos de tempo. Ou seja, um grid search abrangente não corresponde à realidade. Portanto, simplificamos a tarefa usando o algoritmo EM da seguinte forma:

1. Inicializando aleatoriamente as variáveis de probabilidade de emissão.
2. Calculando a probabilidade de cada X_t possível, assumindo os valores de probabilidade de emissão.
3. Usando esses valores X_t para gerar uma melhor estimativa das variáveis de probabilidade de emissão.
4. Repetindo os passos 2 e 3 até alcançar a convergência.

O que isso significa, de um jeito mais informal, é que no caso de assumir (aleatoriamente) duas distribuições, analisaríamos cada intervalo de tempo e determinaríamos a probabilidade de que um determinado estado foi ocupado para cada intervalo de tempo (por exemplo, no intervalo de tempo *t* qual era a probabilidade do estado A? Ou estado B?). Depois de atribuirmos um estado putativo a cada intervalo de tempo, usaríamos esses rótulos para reestimar as probabilidades de emissão (escolhendo uma média e desvio-padrão melhores para o estado). Em seguida, repetiríamos o processo, usando as variáveis de probabilidade de emissão recém-atualizadas para melhorar nossa estimativa da trajetória X_t. Sobre o EM, vale ressaltar que não há garantia de que você encontrará um conjunto de parâmetros globalmente ideal. Por esse motivo, vale a pena fazer muitos ajustes a fim de analisar qual é o consenso global em várias inicializações. É importante ressaltar também que o ajuste exigirá um período de burn-in cujo tempo apropriado dependerá dos detalhes de seus dados e modelo.

Algoritmo de Viterbi

Já estimados os parâmetros de um processo HMM, como por meio do algoritmo Baum-Welch, é necessário analisar qual a série mais provável de estados subjacentes considerando a série temporal medida de valores observáveis. Ao contrário do algoritmo Baum-Welch, o algoritmo de Viterbi lhe garante a melhor solução para as perguntas feitas. Isso ocorre porque ele é um algoritmo de programação dinâmico desenvolvido para explorar de maneira completa e eficiente a gama de ajustes possíveis de modo que, à medida que o caminho do algoritmo se estende, não haja necessidade de recalcular todos os caminhos possíveis para todas as durações do caminho (veja a Figura 7-6).

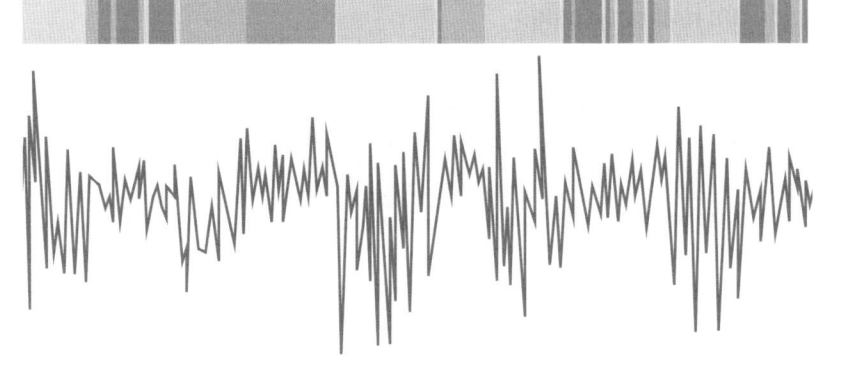

Figura 7-6. O algoritmo de Viterbi busca todos os caminhos possíveis para explicar uma dada série de tempo observada, em que um caminho indica qual estado foi ocupado em cada intervalo de tempo.

Programação Dinâmica

Os cientistas de dados nem sempre têm um caminho-padrão de algoritmos em seu conjunto de ferramentas, mas os algoritmos básicos podem ser bem úteis para a análise de séries temporais, em que inferência e recorrência são conceitos-chave para se pensar os dados ordenados temporalmente.

A maneira mais fácil de explicar o que é programação dinâmica costuma ser com um exemplo, e a forma clássica é a sequência de Fibonacci. Imagine que lhe pediram para calcular o oitavo número de Fibonacci. O modo mais fácil de fazer isso seria já conhecendo o sexto e o sétimo números de Fibonacci. Para tal, é necessário o quarto e o quinto número de Fibonacci e assim por diante. Como sabe que as soluções para os problemas de Fibonacci posteriores são determinadas a partir dos anteriores, você deve armazenar os números de Fibonacci em algum lugar conforme são computados para que sejam usados em problemas posteriores mais complicados. Por esse motivo, a programação dinâmica também é descrita como uma técnica de *memoização*.

Veja as situações em que a programação dinâmica pode ser aplicada:

- É possível calcular uma solução para um problema de tamanho N se você souber a solução para um problema de tamanho $N - 1$. Por esse motivo, lembrar, ou *memoizing* [memoização], as soluções para problemas menores anteriores o ajudará a resolver problemas posteriores com mais eficiência.

- O problema tem uma ordem claramente definida, dimensionando um problema menor para um problema maior.

- Você pode identificar um único caso-base que seja diretamente (e facilmente) calculável.

Ajustando um HMM no Código

Embora o processo de ajuste do HMM seja bem complicado, ele está implementado em vários pacotes R. Aqui, usamos o pacote depmixS4. Primeiro, é necessário definir uma série temporal apropriada. Veja como fazemos isso:

```R
## R
## Veja que, neste caso, escolhemos definir uma seed.
## Caso defina a mesma seed, nossos números devem ser correspondentes
set.seed(123)

## Define os parâmetros para a distribuição de cada um
## dos quatro estados de mercado que queremos representar.
bull_mu    <-  0.1
bull_sd    <-  0.1

neutral_mu <-  0.02
neutral_sd <-  0.08

bear_mu    <- -0.03
bear_sd    <-  0.2

panic_mu   <- -0.1
panic_sd   <-  0.3

## Coleta esses parâmetros em vetores para fácil indexação.
mus <- c(bull_mu, neutral_mu, bear_mu, panic_mu)
sds <- c(bull_sd, neutral_sd, bear_sd, panic_sd)

## Define algumas constantes para representar a série temporal que geraremos.
NUM.PERIODS     <- 10
SMALLEST.PERIOD <- 20
LONGEST.PERIOD  <- 40

## Determina estocasticamente uma série de contagens de dias,
## cada contagem de dias indica uma "execução" ou um estado do mercado
days <- sample(SMALLEST.PERIOD:LONGEST.PERIOD, NUM.PERIODS,
               replace = TRUE)

## Para cada número de dias no vetor days,
## geramos uma série temporal para essa série de dias em um determinado estado do mercado
## e a adicionamos à nossa série temporal geral.
returns   <- numeric()
true.mean <- numeric()
for (d in days) {
  idx = sample(1:4, 1, prob = c(0.2, 0.6, 0.18, 0.02))
  returns <- c(returns, rnorm(d, mean = mus[idx], sd = sds[idx]))
  true.mean <- c(true.mean, rep(mus[idx], d))
}
```

No código anterior, buscamos inspiração em um exemplo do mercado de ações por meio dos cenários bull market (ações em alta), bear market (ações em queda), neutro (ações estáveis) e pânico. Um número aleatório de dias para um estado persistir é selecionado, assim como as variáveis que representam a distribuição de probabilidade de emissão para cada estado (ou seja, as variáveis _mu e _sd, indicando que tipo de valores esperamos ver medidos em um determinado estado).

Podemos ter uma noção da aparência de nossa série temporal gerada e da frequência de cada estado, observando quantos dias na amostra correspondem a cada true.mean, a variável que estamos usando para rastrear o estado:

```
## R
> table(true.mean)
true.mean
-0.03  0.02   0.1
  155   103    58
```

Uma desgraça! Embora pretendêssemos incluir quatro estados na série simulada, apenas três foram incluídos. Provavelmente, o quarto estado teve uma probabilidade muito baixa de inclusão (0,02). Vemos que o estado menos provável nem foi selecionado para ser incluído na série. Nem sempre podemos saber isso em uma determinada série temporal — que nem todos os possíveis estados foram realmente incluídos —, fato que ressalta parte do motivo pelo qual ajustar HMMs é difícil e porque as coisas são um tanto injustas com o algoritmo. No entanto, seguiremos com a análise especificando quatro grupos, para ver o que nos é fornecido.[3]

Ainda precisamos ajustar um HMM. O HMM resultante fornecerá uma série temporal de probabilidades a posteriori para cada estado e para todos os estados que indicamos. Coerente com a descrição anterior do algoritmo EM, é necessário especificar nada mais do que o número de estados putativos. O resto será determinado gradualmente por meio de um processo iterativo de ida e volta.

Como costuma acontecer, com o pacote adequado, a parte difícil da análise é, na verdade, muito fácil em termos da quantidade de código que precisa ser escrita. Neste caso, usamos o pacote depmixS4[4] do R. O modelo é ajustado em duas etapas. Primeiro, ele é especificado com a função depmix(), que sinaliza a distribuição esperada, o número de estados e os dados de entrada a serem utilizados no ajuste. Em seguida, o modelo é ajustado por meio da função fit, que recebe a especificação do modelo como sua entrada. Por último, para gerar a distribuição a posteriori dos rótulos de estado conforme o ajuste aos dados, usamos a função posterior(). Neste ponto, o próprio modelo já foi ajustado, assim temos uma tarefa separada para rotular os dados, agora que os parâmetros que representam as distribuições de estado e probabilidades de transição foram estimados:

```
## R
require(depmixS4)
hmm.model  <- depmix(returns ~ 1, family = gaussian(),
                 nstates = 4, data=data.frame(returns=returns))
model.fit  <- fit(hmm.model)
post_probs <- posterior(model.fit)
```

---

3   Repare que outro problema com os dados simulados é que não estabelecemos uma matriz de probabilidade de transição para controlar o fluxo do estado oculto de um estado para outro. Basicamente, partimos do pressuposto de que é mais provável que um estado permaneça como está por muitos dias consecutivos e depois salte para qualquer um dos outros estados com a mesma probabilidade. Deixamos de fora a especificação formal e o uso de uma matriz de transição para manter o código mais simples.

4   O nome deste pacote se refere a outro nome usado para HMM, *modelos de mistura com dependência*.

Aqui, geramos um hmm.model, indicando que o observável é o vetor returns. Indicamos também o número de estados (4) e que as probabilidades de emissão vêm em uma distribuição gaussiana por meio de nossa especificação do parâmetro family. Ajustamos o modelo por meio de uma função fit() e, em seguida, calculamos as probabilidades a posteriori com a função posterior(). As probabilidades a posteriori nos fornecem a probabilidade de um determinado estado em um dado tempo para os parâmetros do modelo que definimos com o processo de ajuste.

Agora podemos visualizar os estados junto com os valores medidos da seguinte forma (veja a Figura 7-7):

```R
## R
plot(returns, type = 'l', lwd = 3, col = 1,
    yaxt = "n", xaxt = "n", xlab = "", ylab = "",
    ylim = c(-0.6, 0.6))

lapply(0:(length(returns) - 1, function (i) {
  ## Adiciona um retângulo de fundo da cor apropriada
  ## para indicar o estado durante um determinado intervalo de tempo.
  rect(i,-0.6,(i + 1),0.6,
      col = rgb(0.0,0.0,0.0,alpha=(0.2 * post_probs$state[i + 1])),
      border = NA)
}
```

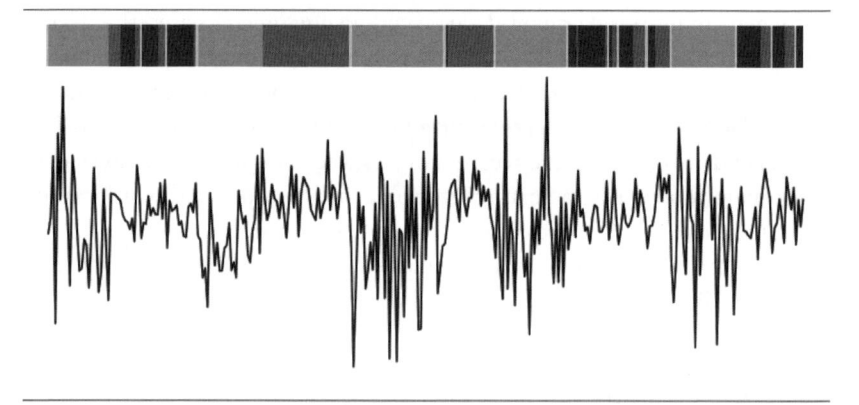

Figura 7-7. Nesse gráfico, o segundo plano indica um estado distinto e a linha preta sólida representa os valores reais. Os tipos de objetos de linha branca vertical são, na verdade, porções muito estreitas que representam os tempos, nos quais se estima que o processo esteja no que acaba sendo o mais raro dos quatro estados.

Podemos acessar as informações sobre os parâmetros de distribuição hipotéticos que o modelo determinou por meio de seus atributos. Ao analisarmos isso, não podemos esquecer nossos parâmetros originais que geraram os dados:

```
bull_mu    <-  0.1
bull_sd    <-  0.1

neutral_mu <-  0.02
neutral_sd <-  0.08

bear_mu    <-  -0.03
bear_sd    <-  0.2

panic_mu   <-  -0.1
panic_sd   <-  0.3
```

Se fôssemos combinar (lembrando que o cenário pânico não figurou nos dados), pareceria que, dos estados realmente presentes nos dados, os seguintes grupos se correlacionaram de maneira aproximada:

```
> attr(model.fit, "response")
[[1]]
[[1]][[1]] <- Coincidentemente, tem uma média próxima ao modelo pânico,
             mas esse modelo não gerou nenhum dado na amostra que fosse adequado.
             Em vez disso, o algoritmo atribuiu este quarto estado a valores mais negativos.

Model of type gaussian (identity), formula: returns ~ 1
Coefficients:
(Intercept)

-0.09190191
sd  0.03165587


[[2]]
[[2]][[1]] <- Poderia ser consistente com o modelo bear market.
Model of type gaussian (identity), formula: returns ~ 1
Coefficients:
(Intercept)
-0.05140387
sd  0.2002024


[[3]]
[[3]][[1]]  <- Poderia ser consistente com o modelo bull market.
Model of type gaussian (identity), formula: returns ~ 1
Coefficients:
(Intercept)
  0.0853683
sd  0.07115133


[[4]]
[[4]][[1]] <- Poderia ser um pouco consistente com o modelo neutro.
Model of type gaussian (identity), formula: returns ~ 1
Coefficients:
  (Intercept)
-0.0006163519
sd  0.0496334
```

Um possível motivo pelo qual o ajuste não se alinha melhor com nossos estados ocultos de linha de base é que não usamos uma matriz de transição adequada, enquanto o modelo usou uma para o ajuste. Nossas transições entre os estados não eram verdadeiramente markovianas, e isso pode impactar o ajuste. Além disso, ajustamos a uma série temporal relativamente curta com poucas transições entre os estados, enquanto os HMMs terão um desempenho melhor em séries temporais mais longas com mais oportunidades de observar/inferir transições de estado. Recomento que, quando você estiver testando essa técnica e se preparando para ajustá-la aos dados reais, use dados sintéticos mais realistas para testar um HMM proposto. Lembre-se de que, com boa parte dos dados reais, postula-se um estado não observável. Portanto, devem-se levar em conta os limites do desempenho do modelo por meio de uma configuração mais controlada (com dados sintéticos), antes de abraçar projetos mais ambiciosos.

Os HMMs servem para analisar muitos tipos de dados. Eles têm sido usados para modelar a alta ou recessão do mercado financeiro, determinar em que estágio está o enovelamento de uma proteína dentro de uma célula e descrever o movimento humano (antes do advento do aprendizado profundo). Esses modelos continuam úteis, porém servem mais para compreender a dinâmica de um sistema do que para fazer predições. Além do mais, os HMMs fornecem mais do que apenas uma estimativa pontual ou previsão. Por último, podemos introduzir conhecimento prévio ou opinião prévia em nosso modelo, especificando o número de estados usados para ajustar nosso HMM. Assim, colhemos os frutos dos métodos estatísticos, como também os parâmetros para parametrizar nosso conhecimento anterior sobre o sistema.

Os cálculos matemáticos dos HMMs são bem interessantes e acessíveis. Você pode aprender muitas técnicas de programação acessíveis e algoritmos de otimização numérica estudando as formas comuns em que os HMMs se ajustam aos dados. Você também aprenderá sobre técnicas de programação dinâmica, úteis para um cientista de dados ou engenheiro de software.

Como um filtro de Kalman, os HMMs podem ser utilizados em uma variedade de tarefas. Na prática, a variedade de problemas de inferência relacionados aos sistemas HMM é ainda mais complexa devido ao aumento da complexidade dos estados discretos, cada um com sua própria probabilidade de emissão. Você pode se deparar com as seguintes tarefas de inferência em um HMM:

- Determinar a descrição mais provável dos estados gerando uma série de observações. Isso envolve estimar as probabilidades de emissão desses estados, bem como a matriz de transmissão que representa a probabilidade de um estado levar a outro. Fizemos isso, apesar de não termos analisado explicitamente as probabilidades de transição.

- Determinar a sequência de estados mais provável dada uma série de observações e uma descrição dos estados e suas probabilidades de emissão e transição. Fizemos isso como parte da tarefa anterior. Não raro, as pessoas se referem a isso como a "explicação mais provável", sendo normalmente calculada com o algoritmo de Viterbi.

- Filtragem e suavização. Neste cenário, a filtragem seria estimar o estado oculto do intervalo de tempo mais recente dada a observação mais recente. A suavização seria determinar a distribuição mais provável do estado oculto em um dado intervalo de tempo, dadas as observações anteriores, durante e depois desse intervalo de tempo.

Séries Temporais Estruturais Bayesianas

As séries temporais estruturais bayesianas (BSTS) estão relacionadas ao modelo gaussiano linear que usamos anteriormente com a filtragem de Kalman. A principal diferença é que as séries temporais estruturais bayesianas fornecem uma maneira de usar componentes preexistentes para criar modelos mais complexos, que podem retratar fatos conhecidos ou hipóteses interessantes sobre um sistema. Desse modo, podemos então projetar a estrutura, usar técnicas de ajuste robustas com o objetivo de estimar parâmetros para o modelo criado no caso de nossos dados, e analisar se o modelo se sai bem ao descrever e predizer o comportamento de um sistema.

Em comparação com o modelo gaussiano linear que abordamos em nossa análise sobre o filtro de Kalman, os cálculos matemáticos do modelo BSTS são complicadíssimos e, em termos computacionais, pesados. Por essa razão, nos limitaremos a uma visão geral e, em seguida, ao código. Existem quatro etapas para ajustar um modelo BSTS, realizadas na seguinte ordem:

1. Um modelo estrutural é definido, incluindo a especificação das distribuições *a priori*.

2. Um filtro de Kalman é aplicado para atualizar estimativas de estado com base nos dados observados.

3. O método spike-and-slab [espigão e laje] é usado para realizar a seleção de variáveis dentro do modelo estrutural.[5]

4. A média do modelo bayesiano é aplicada para combinar resultados com o intuito de gerar uma previsão.

---

5 Para saber mais sobre o método spike-and-slab, comece com a Wikipédia (*https://perma.cc/4GNC -VDQY*). Os cálculos matemáticos são bem complexos, por isso não os abordaremos aqui. O método spike-and-slab é mais útil nos casos em que você tem muitas entradas e precisa de seleção de variável para simplificar seu modelo.

No próximo exemplo, focaremos apenas as etapas 1 e 2, em que definimos um modelo flexível de componentes modulares preexistentes e, em seguida, o usamos para ajustar nossos dados com um método bayesiano que atualiza a estimativa de parâmetro conforme o tempo passa.

Código para o bsts

Aqui, usamos o popular e poderoso pacote BSTS do Google, bsts, e um conjunto de dados open source da OpenEI.org (*https://openei.org*). Primeiro, plotamos os dados para ter uma ideia do que estamos tentando modelar (Figura 7-8):

```r
## R
elec = fread("electric.csv")

require(bsts)
n = colnames(elec)[9]
par(mfrow = c(2, 1))
plot(elec[[n]][1:4000])
plot(elec[[n]][1:96])
## Conforme analisado anteriormente no livro,
## a escala temporal apropriada é a chave para a compreensão dos dados ts.
```

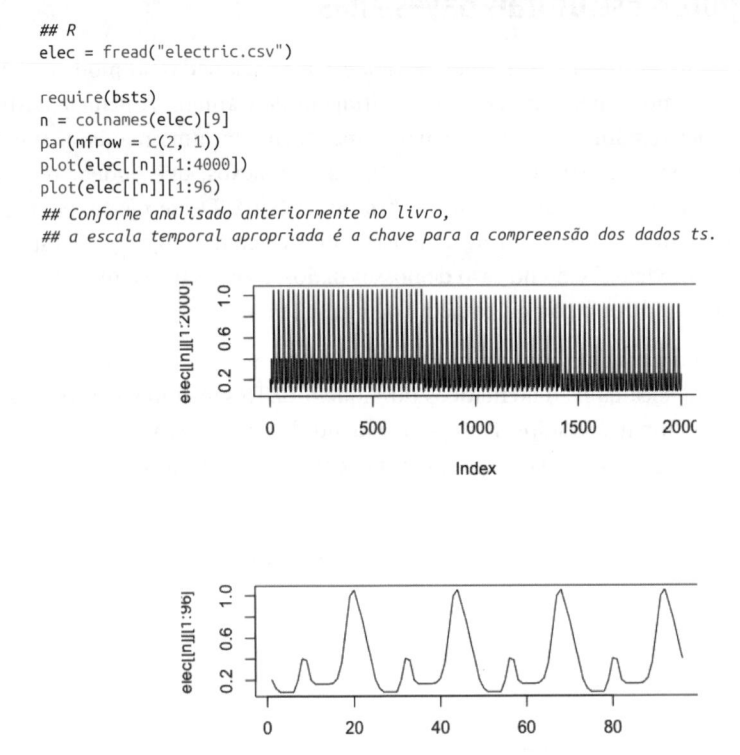

Figura 7-8. No gráfico superior, ajustamos a série completa (duas mil medições consecutivas de hora em hora). No gráfico inferior, temos um subconjunto menor e mais compreensível dos dados. Quando analisamos o gráfico de uma forma que evidencia os padrões diários, ele faz mais sentido.

Observar nossos dados nos dá uma noção de como modelar. Podemos verificar que certamente há um padrão diário e talvez até um padrão de dia da semana. Eles retratam o comportamento sazonal que descreveremos em nosso modelo. É necessário também permitir uma tendência nos dados, visto o comportamento não estacionário que vemos quando plotamos todos os dados no painel superior da Figura 7-8:

```R
## R
ss <- AddLocalLinearTrend(list(), elec[[n]])
ss <- AddSeasonal(ss, elec[[n]], nseasons = 24, season.duration = 1 )
ss <- AddSeasonal(ss, elec[[n]], nseasons = 7,  season.duration = 24)
```

Nesse modelo, a tendência linear local pressupõe que tanto a média quanto a inclinação de uma tendência nos dados seguem um passeio aleatório.[6]

O componente sazonal do modelo leva dois argumentos, um indicando o número de sazonalidades distintas e outro indicando a duração da sazonalidade. No primeiro componente sazonal que adicionamos e que reflete um ciclo diário, queremos uma sazonalidade para cada hora do dia, e cada sazonalidade dura somente uma hora. No segundo componente sazonal que adicionamos e que reflete um ciclo semanal, queremos uma sazonalidade para cada dia da semana e queremos que cada sazonalidade dure 24 horas.

Ainda que você se questione se estamos realmente começando à 00h01 de segunda-feira (ou seja lá como queremos definir a semana), a consistência é mais importante do que um rótulo sazonal do dia 1 corresponder exatamente a uma segunda-feira. No padrão recorrente que vemos aqui, aparentemente qualquer forma de dividir os dados em 24 horas seria aceitável para a análise de sazonalidade. A parte mais exigente do código em termos computacionais é mostrada a seguir. A vantagem do pacote bsts é que conseguimos rodar vários cálculos de Monte Carlo e cadeia de Markov (MCMC) da distribuição a posteriori:

```R
## R
model1 <- bsts(elec[[n]],
               state.specification = ss,
               niter = 100)
plot(model1, xlim = c(1800, 1900))
```

Conseguimos também inspecionar os componentes sazonais. Por exemplo, inspecionamos o componente sazonal do dia da semana assim (veja as Figuras 7-9 e 7-10):

```R
## R
plot(model1, "seasonal", nseasons = 7, season.duration = 24)
```

---

6   Procure mais informações na documentação (*https://perma.cc/2N77-ALJ4*).

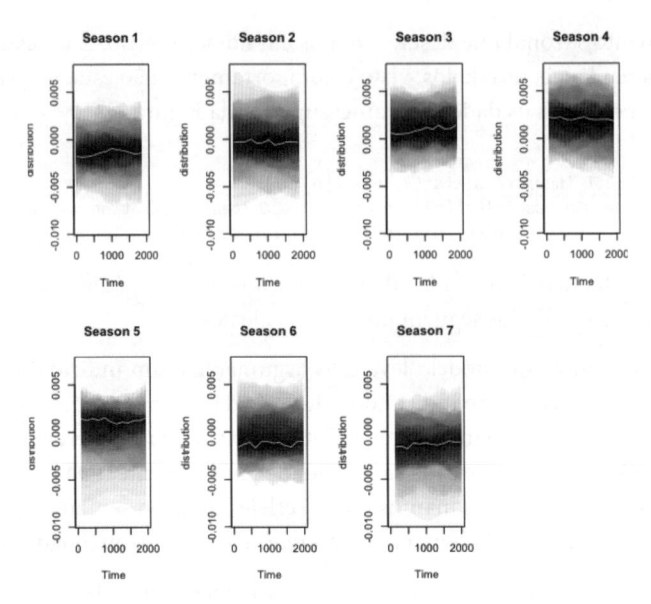

Figura 7-9. Os dias das sazonalidades da semana demonstram que há uma diferença em dias da semana distintos. Demonstra também que as distribuições dos parâmetros do dia da semana são estáveis ao longo do tempo para cada dia da semana.

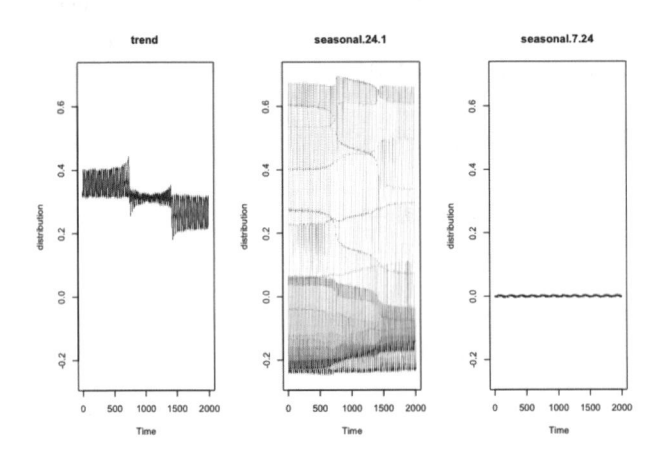

Figura 7-10. Distribuições de contribuições da tendência dos dados, bem como dos componentes sazonais diários e do dia da semana. Ao somar esses três componentes, você obterá o valor da predição.

O componente sazonal do dia da semana mostra grande estabilidade, enquanto a sazonalidade da hora do dia mostrada no gráfico do meio na Figura 7-10 tende a mostrar tendências ao longo do tempo, provavelmente relacionadas à mudança do horário do dia. Na Figura 7-10, vemos também o ajuste do parâmetro de nossa tendência linear local, que mostra um padrão decrescente na demanda geral de eletricidade.

Por fim, prevemos e plotamos um gráfico completo da distribuição a posteriori das previsões no futuro (veja a Figura 7-11). Repare que temos a flexibilidade até o final desse processo de modelagem para indicar quantos horizontes de tempo queremos predizer. Lembre-se de que esses dados são medidos de hora em hora, logo predizer 24 horizontes de tempo para frente é um tanto ambicioso, ainda que equivalha a apenas um dia. Indicamos também que queremos ver os 72 períodos de tempo antes da previsão para obter o contexto:

```
pred <- predict(model1, horizon = 24, quantiles = c(0.05, 0.95))
plot(pred, plot.original = 72)
```

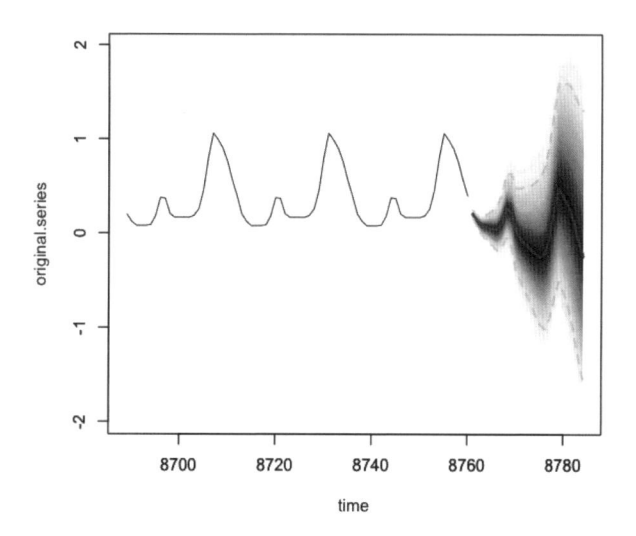

Figura 7-11. As últimas 72 horas em nossos dados combinadas com uma previsão para as próximas 24 horas, bem como limites de quantis de 5% e 95% nas previsões. Observe que a distribuição da previsão se espalha mais à medida que fazemos previsões mais no futuro.

Temos muitas opcionalidades no pacote bsts e na modelagem de séries temporais estruturais bayesianas que nem aproveitamos:

- Não especificamos as distribuições *a priori* não padronizadas.
- Não usamos o método spike-and-slab para selecionar os regressores.
- Não usamos a média do modelo bayesiano.

É possível usar tudo isso com o pacote bsts, e você pode encontrar orientações na documentação.

Em nosso exemplo, abordamos superficialmente o modelo BSTS. Veja outras opções disponíveis e importantes:

- O modelo BSTS possibilita que você introduza qualquer tipo de distribuição *a priori* em sua modelagem. O modelo linear gaussiano padrão que abordamos ao analisar o filtro de Kalman é apenas uma maneira de introduzir uma distribuição *a priori* bastante usual, enquanto o BSTS oferece muitas opções (por exemplo, distribuições *a priori* não simétricas).
- Os modelos BSTS permitem executar a seleção de variáveis.
- Os modelos BSTS podem ser combinados por meio da média do modelo bayesiano, que ajuda a explicar a incerteza associada à seleção de um modelo.

Apesar de não termos explorado todas essas opções em nossa modelagem atual, elas não são difíceis de incorporar ao pacote bsts e você pode encontrar muitos exemplos online.

Leituras e Recursos Adicionais

- Sobre filtros de Kalman e modelos lineares de espaço de estados gaussiano:

Greg Welch e Gary Bishop, "An Introduction to the Kalman Filter", relatório técnico, University of North Carolina at Chapel Hill, 1995: https://perma.cc/ZCU8-MXEF.
  Visão geral introdutória do filtro de Kalman que demonstra uma derivação e formulação de matriz do filtro. Essa visão também analisa o filtro de Kalman estendido, uma filtragem mais comum em cenários reais que pode ser usada para processos não lineares ou erros de medição não lineares.

R.E. Kalman, "A New Approach to Linear Filtering and Prediction Problems", Transactions of the ASME — Journal of Basic Engineering 82, Series D (1960): 35–45: https://perma.cc/GNC4-YLEC.
  Esse artigo de pesquisa de 1960 é a apresentação original do filtro de Kalman. Os cálculos matemáticos são bastante acessíveis, caso tenha formação básica em estatística e cálculo, e essa é uma leitura interessante para aprender as motivações originais da criação do filtro de Kalman e o contexto intelectual de seu criador.

R. Labbe, "Kalman and Bayesian Filters in Python", repositório GitHub: https://perma.cc/CMU5-Y94A.
  Esse surpreendente repositório GitHub inclui dezenas de exemplos de uso de filtros de Kalman e técnicas relacionadas de "filtragem" mais geral. O repositório é semelhante a um livro acadêmico, apresentando exemplos trabalhados, um livro PDF relacionado e exercícios com soluções.

Marie Auger-Méthé et al., "State-Space Models' Dirty Little Secrets: Even Simple Linear Gaussian Models Can Have Estimation Problems", Relatório científico 6, nº. 26677 (2016): https://perma.cc/9D8V-Z7KJ.

Artigo que ressalta um caso em que mesmo modelos lineares gaussianos simples, como aqueles que usamos em nossa análise sobre o filtro de Kalman, são facilmente sujeitos a erros de especificação extremos, sobretudo no caso de um erro de medição que é grande em relação aos valores de uma série temporal. Os autores focam esse problema da perspectiva dos ecologistas, mas a preocupação geral permanece válida para uma variedade de disciplinas baseadas em dados, e o artigo oferece uma visão mais equilibrada em comparação com as muitas vantagens enfatizadas desse método.

- Sobre modelos ocultos de Markov:

Andrew Moore, "Hidden Markov Models", notas de aula, School of Computer Sci- ence, Carnegie Mellon University: https://perma.cc/K3HP-28T8.

Notas de aula detalhadas que oferecem uma visão geral dos HMMs, com exemplos de algoritmos de estimativa e robótica de como os HMMs são usados em aplicações reais.

Dan Klein, "Artificial Intelligence: Hidden Markov Model", notas de aulas, University of California Berkeley: https://perma.cc/V7U4-WPUA.

Outro conjunto de notas de referência acessíveis que exemplifica a utilidade dos HMMs para digitalizar a fala e também para desenvolver IA para jogos estratégicos.

user34790, "What Is The Difference Between the Forward-Backward and Viterbi Algorithms?" questão feita no Cross Validated, StackExchange, 6 de julho de 2012: https://perma.cc/QNZ5-U3CN.

Postagem do StackExchange que proporciona uma discussão interessante e um resumo relacionado aos muitos algoritmos de estimativa implementados para casos de uso de HMM específicos. A postagem o ajudará a ter uma noção de como os HMMs podem ser usados para entender os dados de série temporal, mesmo se você não estiver interessado nos detalhes dos algoritmos de modelagem.

- Sobre séries temporais estruturais bayesianas:

Mark Steel, "Bayesian Time Series Analysis", em Macroeconometrics and Time Series Analysis, ed. Steven N. Durlauf e Lawrence E. Blume (Basingstoke, UK: Palgrave Macmillan, 2010), 35–45: https://perma.cc/578D-XCVH.

Breve leitura com uma visão geral abrangente das diferentes técnicas associadas à análise bayesiana de séries temporais, bem como um comentário conciso sobre os aspectos positivos e negativos de cada método.

Steven Scott e Hal Varian, "Predicting the Present with Bayesian Structural Time Series", artigo não publicado, 28 de junho de 2013: https://perma.cc/4EJX-6WGA.

Artigo do Google, baseado em séries temporais econômicas, que apresenta um exemplo de aplicação de um problema de previsão de séries temporais a dados em um determinado tempo que se tornam disponíveis com diferentes lags. Em particular, os autores usam pesquisas atuais do Google para predizer as taxas de desemprego, em que as últimas taxas são publicadas somente periodicamente, enquanto as contagens de pesquisa do Google estavam continuamente disponíveis. Este é um típico exemplo de "nowcasting" para indicar que uma previsão está sendo feita em relação ao presente, por causa de um lag de relatório. O artigo recorre a uma combinação de séries temporais estruturais bayesianas e técnicas de ensemble.

Jennifer Hoeting et al., "Bayesian Model Averaging: A Tutorial", Statistical Science 14, nº 4 (1999): 382–401: https://perma.cc/BRP8-Y33X.

Artigo que apresenta uma visão geral abrangente de como a média do modelo bayesiano funciona por meio de vários métodos diferentes. Como esse artigo descreve, o objetivo da média do modelo bayesiano é levar em conta a incerteza no processo de modelagem devido à seleção do modelo. Via exemplos trabalhados, os autores fornecem uma forma de estimar melhor a incerteza nas predições. Um resumo mais simples é fornecido em uma visão geral do BMA (*https://perma.cc/U7M4-PRMW*), um pacote R para a média do modelo bayesiano.

## CAPÍTULO 8

Gerando e Selecionando Características para uma Série Temporal

Nos dois capítulos anteriores, examinamos métodos de análise de séries temporais que dependem do uso de todos os pontos de dados em uma série temporal para ajustar um modelo. No entanto, já nos preparando para a discussão do próximo capítulo sobre a aplicação do aprendizado de máquina à análise de séries temporais, neste estudaremos como gerar e selecionar características para séries temporais, as conhecidas features. Caso não esteja familiarizado com o conceito de geração de características, você não ficará no escuro por muito tempo. É um processo intuitivo e que favorece o lado criativo da análise de dados.

A geração de características é o processo de identificar uma maneira quantitativa de encapsular os aspectos mais importantes dos dados da série temporal em apenas alguns valores numéricos e rótulos categóricos [labels]. Você compacta os dados brutos da série temporal em uma representação mais curta por meio de um conjunto de características para descrever determinada série temporal (analisaremos um exemplo rápido daqui a pouco). Por exemplo, uma geração de característica simples poderia descrever cada série temporal com seu valor médio e o número de intervalos de tempo na série. Seria uma forma de descrever essa série temporal sem analisar todos os dados brutos passo a passo.

O objetivo de gerar características é compactar o máximo possível de informações sobre a série temporal completa em algumas métricas ou, como alternativa, usar essas métricas para identificar as informações mais importantes sobre a série temporal e descartar o resto. Isso é indispensável para métodos de aprendizado de máquina, a maioria dos quais foi desenvolvido em dados não temporais, podendo ser aplicados com sucesso a problemas de séries temporais, desde que possamos digerir uma série temporal em uma entrada adequadamente formatada. Neste capítulo, focaremos principalmente os pacotes que nos permitem gerar de modo automático características de série temporal comumente usadas, assim não haverá necessidade de reinventá-las ou codificá-las manualmente.

Uma vez que tenhamos gerado algumas características putativamente úteis, devemos garantir que elas sejam de fato úteis. Embora seja improvável criar muitas características inúteis de forma manual, você se deparará com esse problema ao usar o código que gera automaticamente um grande número de características de uma série temporal para uso downstream no aprendizado de máquina. Por esse motivo, devemos inspecionar as características, quando geradas, a fim de analisar quais podem ser descartadas em análises posteriores.

Originalmente, os modelos tradicionais de aprendizado de máquina não foram desenvolvidos considerando as séries temporais, por isso não se adéquam automaticamente aos usos analíticos delas. No entanto, uma maneira de fazer esses modelos funcionarem com dados temporais é gerar características. Por exemplo, ao descrever uma série temporal univariada, sem muitos números detalhando as saídas passo a passo de um processo, e sim descrevendo-a com um conjunto de características, podemos acessar métodos projetados para dados transversais.

Neste capítulo, primeiro estudaremos um exemplo simples de geração de características para uma série temporal curta. Em seguida, analisaremos os pacotes de geração de características para séries temporais, tanto em R quanto em Python. Por último, veremos um exemplo de geração automatizada de características e seleção de características. Depois de ler este capítulo, você terá todas as habilidades necessárias para pré-processar um conjunto de dados de série temporal para uso downstream de aprendizado de máquina no Capítulo 9.

Exemplo Introdutório

Na Tabela 8-1, considere as temperaturas matinais, do meio-dia e da noite da última semana.

Tabela 8-1. Temperaturas da última semana

Time	Temperature (°F)
Monday morning	35
Monday midday	52
Monday evening	15
Tuesday morning	37
Tuesday midday	52
Tuesday evening	15
Wednesday morning	37
Wednesday midday	54
Wednesday evening	16

Time	Temperature (°F)
Thursday morning	39
Thursday midday	51
Thursday evening	12
Friday morning	41
Friday midday	55
Friday evening	20
Saturday morning	43
Saturday midday	58
Saturday evening	22
Sunday morning	46
Sunday midday	61
Sunday evening	35

Você poderia plotar esses dados e ver elementos de periodicidade (um ciclo diário) e também uma tendência de aumento geral das temperaturas. Contudo, não podemos armazenar a imagem de um gráfico em um banco de dados, e a maioria dos métodos que aceitam uma imagem como entrada são aplicações data-intensive que buscam reduzir a imagem em métricas resumidas. Ou seja, nós mesmo devemos fazer as métricas de resumo. Em vez de descrever os 21 números na Tabela 8-1 como uma série temporal, poderíamos descrever a série com algumas palavras e números:

- Diário/periódico.
- Tendência crescente; poderíamos tornar isso mais quantitativo calculando uma inclinação.
- Valores médios para cada manhã, meio-dia e noite.

Ao fazer isso, resumiríamos a série temporal de 21 pontos para 2 a 5 números — uma boa compactação de dados sem perder muitos detalhes. Este é um caso simples de geração de características. Desse modo, a *seleção* de características envolveria eliminar quaisquer características que não fossem descritivas o suficiente para justificar sua inclusão. A justificativa de inclusão dependerá de nosso uso downstream das características.

Considerações Gerais ao Calcular Características

Como quaisquer aspectos da análise, ao calcular características de séries temporais para um conjunto de dados de série temporal, você ponderará se sua análise faz sentido e se o empenho realizado para gerar características tem mais probabilidade de resultar em sobreajuste devido ao excesso de características do que resultar em insights relevantes.

A melhor abordagem é desenvolver um conjunto de características potencialmente úteis enquanto faz a exploração e a limpeza das séries temporais. À medida que você visualiza os dados e analisa as distinções entre as diferentes séries temporais no mesmo conjunto de dados ou nos diferentes períodos de tempo na mesma série temporal, é possível desenvolver ideias sobre quais tipos de medições seriam úteis para rotular ou predizer uma série temporal. Qualquer conhecimento prévio sobre um sistema ou mesmo hipóteses de trabalho que você gostaria de testar com análises posteriores podem ajudá-lo. A seguir, abordaremos algumas questões diferentes que você deve ter em mente ao gerar características de séries temporais.

A Natureza das Séries Temporais

Conforme decide quais características de série temporal gerar, não se esqueça dos atributos subjacentes de sua série temporal, determinados por você durante a exploração e limpeza de dados.

Estacionariedade

A estacionariedade é uma consideração. Muitas características de série temporal que assumem estacionariedade são inúteis, a não ser que os dados subjacentes sejam estacionários ou pelo menos ergódicos. Por exemplo, usar a média de uma série temporal como uma característica só é prático quando a série temporal é estacionária, de modo que a ideia de uma média faz sentido. Quando temos uma série temporal não estacionária, esse valor não é lá muito significativo, pois o valor medido como a média é meio que um acaso, um resultado de muitos processos emaranhados, como uma tendência ou um ciclo sazonal.

Série Temporal Estacionária versus Série Temporal Ergódica

Uma série temporal *ergódica* é aquela em que cada subamostra (relativamente grande) representa de forma igual uma série. É um rótulo mais fraco do que estacionariedade, exigindo que as subamostras tenham média e variância iguais. A ergodicidade requer que cada porção no tempo seja "igual" em conter informações sobre a série temporal, mas não necessariamente igual em suas medidas estatísticas (média e variância). Confira essa discussão útil no StackExchange (*https://perma.cc/5GW4-ZENE*).

Tamanho da série temporal

Outra consideração para a geração de características é o tamanho das séries temporais. Algumas características podem ser sensíveis em uma série temporal não estacionária, mas se tornam instáveis à medida que o tamanho da série aumenta, como os valores mínimo e máximo. Para o mesmo processo subjacente, uma série temporal mais longa provavelmente calculará valores máximos e mínimos mais extremos do que uma série temporal mais curta gerada pelo mesmo processo, simplesmente por haver mais oportunidades para coleta de dados.

Conhecimento do Domínio

O conhecimento do domínio é imprescindível para gerar características de séries temporais, já que, felizmente, isso viabiliza alguns insights. Mais adiante neste capítulo, veremos alguns exemplos de como se aplica o conhecimento do domínio para gerar características específicas de séries temporais. Por ora, focaremos a questão mais geral.

Por exemplo, caso esteja trabalhando com uma série temporal de física, você deve quantificar as características que fazem sentido na escala de tempo do sistema estudado, bem como garantir que as características selecionadas não sejam indevidamente influenciadas pelas propriedades, digamos, do erro de um sensor em vez dos caracteres de um sistema subjacente. Outro exemplo: imagine que você está trabalhando com dados de um mercado financeiro específico. Para assegurar a estabilidade financeira, esse mercado impõe variações máximas de preços em um determinado dia. Se o preço mudar muito, a bolsa de valores fecha. Nessa situação, talvez você considere gerar uma característica que indique o preço máximo visto em um determinado dia.

Considerações Externas

O alcance de seus recursos computacionais e de armazenamento também é importante. Da mesma forma, sua motivação para gerar características importa. Você está gerando características que serão armazenadas para que consiga descartar dados brutos volumosos? Ou está calculando as características para uma única análise e planejando manter apenas os dados brutos?

O propósito de sua geração de características de série temporal pode influenciar a decisão de quantas características calcular e se você deve considerar aquelas exigentes do ponto de vista computacional. Isso também pode depender do tamanho geral do conjunto de dados que você está analisando. Para um conjunto pequeno de dados, todas essas decisões representam um risco baixo, mas em conjuntos gigantescos de dados de séries temporais, você pode correr riscos ao gerar características que ficarão pela metade, desperdiçando recursos computacionais e tempo de programação.

Depois de considerar todos esses fatores, tente fazer uma lista de características e rodá-las em um conjunto pequeno de dados para ter uma ideia com que rapidez ou lentidão elas são executadas. Se o conjunto pequeno de dados for muito lento, reduza considera-velmente sua série temporal antes de continuar sua análise. Considere também inves-tigar a utilidade de características pesadas e exigentes do ponto de vista computacional em seu subconjunto de dados antes de fazer a análise com o conjunto de dados completo.

Um Catálogo de Lugares para Encontrar Características e Se Inspirar

A geração de características de série temporal é limitada somente por seus dados, sua imaginação, suas habilidades em programação e seu conhecimento de domínio. Con-tanto que você consiga mensurar uma forma razoavelmente geral e bem delimitada de quantificar o comportamento de uma série temporal, poderá gerar uma característica. Algumas características de série temporal simples e usadas com frequência equivalem às mesmas funções estatísticas resumidas que você já utilizou, como:

- Média e variância.
- Máximo e mínimo.
- Diferença entre o último e o primeiro valor.

É possível identificar visualmente outras características mais desafiadoras do ponto de vista computacional, mas que costumam ser úteis. Veja alguns exemplos:

- Número locais máximos e mínimos, também conhecidos como pontos extremos de uma função.
- Suavização da série temporal.
- Periodicidade e autocorrelação da série temporal.

Nesses casos, serão necessárias algumas definições de implementação, pois existem di-ferentes formas de identificar essas características comumente usadas. Isso contribui com a disponibilidade de sua biblioteca pessoal de código de geração de características, mas você também pode conferir as bibliotecas de geração de características para dados de séries temporais, especialmente se tiver interesse nas características que exigem mais do computador. Ou seja, procure uma implementação excelente, de modo que o código seja confiável e eficiente. Agora, estudaremos o uso de bibliotecas para gerar características de séries temporais, dando atenção especial à ampla variedade de características que, por meio da geração automática, podem beneficiá-lo.

Bibliotecas Open Source para Gerar Caraterísticas de Séries Temporais

Têm ocorrido muitos avanços para automatizar a criação de características de séries temporais, visto que costumam ser interessantes, descritivas e até preditivas em vários domínios.

O módulo tsfresh do Python

O módulo tsfresh do Python é um exemplo irresistível para a geração automática de características, pois implementa um conjunto amplo e geral de características. Podemos ter uma noção da abrangência das características implementadas (*https://perma.cc/2RCC-DJLR*) considerando algumas de suas categorias gerais disponíveis, que são:

Estatística descritiva

São motivadas pelas metodologias de séries temporais estatísticas tradicionais que estudamos no Capítulo 6, incluindo:

- Valor do teste Dickey-Fuller aumentado.
- Coeficiente AR (k).
- Autocorrelação para um lag, k.

Indicadores de não linearidade e complexidade inspirados na física

Esta categoria inclui:

- A função c3(), um proxy para calcular o valor esperado de $L^2(X^2) \times L(X) \times X$ (L é o operador de defasagem). Foi proposto como uma medida de *não linearidade* em uma série temporal.
- A função cid_ce(), que calcula a raiz quadrada da soma de 0 a n – 2 × lag de $(x_i - x_i + 1)^2$. Ela foi proposta como uma medida da *complexidade* de uma série temporal.
- A função friedrich_coefficients(), que retorna os coeficientes de um modelo ajustado para descrever o movimento não linear complexo.

Cálculos de compactação de histórico

Esta categoria inclui as seguintes características:

- A soma dos valores em uma série temporal que ocorre mais de uma vez.
- O tamanho da maior subsequência consecutiva que está acima ou abaixo da média.
- A primeira ocorrência na série temporal do valor mínimo ou máximo.

Um módulo como `tsfresh` pode ajudá-lo a ganhar tempo e escolher implementações eficientes para seleção de características. Pode também ensiná-lo formas de descrever dados relevantes que talvez você não tenha encontrado pesquisando. Esse módulo apresenta inúmeras vantagens, como sempre ocorre ao combinarmos a análise com ferramentas open source e completamente testadas, incluindo:

- Ao calcular as características-padrão, não é necessário reinventar a roda. Quando se usa uma biblioteca compartilhada, você tem um pouco de garantia de que outros usuários conferiram sua precisão, em vez de duvidar de seu próprio código e ter que verificá-lo.

- Uma biblioteca como essa disponibiliza um framework para calcular as características, não apenas uma lista extensa delas. Por exemplo, o `tsfresh` tem uma classe que calcula as características e que você pode usar a fim de estender essa biblioteca para seus propósitos, mas ainda se beneficiar de um framework sistemático.

- Essa biblioteca foi desenvolvida para atrair consumidores downstream de características, principalmente com `sklearn`. Assim, suas características podem ser usadas com facilidade nos modelos de aprendizado de máquina.

A biblioteca `tsfresh` tem uma pegada bastante técnica, visto que muitas de suas características são provenientes de ideias científicas sobre análise de dados experimentais.

A plataforma de análise de séries temporais Cesium

Um catálogo mais acessível, porém igualmente extenso, das características geradas é a lista implementada na biblioteca Cesium (*http://cesium-ml.org/docs/index.html*). A lista atual está disponível na documentação (*http://cesium-ml.org/docs/feature_table.html*), e a seguir selecionamos algumas características interessantes para análise e inspeção. As categorias gerais são divididas no código-fonte (*https:// perma.cc/8HX4-MXBU*), mas as detalhamos um pouco mais aqui:

- Características que descrevem a distribuição geral dos valores de dados sem levar em conta seus relacionamentos temporais. Essa categoria pode englobar um conjunto diversificado de características que, apesar de tudo, são independentes do tempo:
  — Quantos picos locais existem em um histograma dos dados?
  — Qual porcentagem dos pontos de dados está dentro de uma janela fixa de valores próximos à mediana dos dados?
- Características que descrevem a distribuição do tempo de dados:
  — Características que consideram a distribuição de tempo entre as medições como sua própria distribuição e calculam estatísticas semelhantes às que acabamos de descrever, agora na distribuição de diferenças de tempo em vez de nos valores de dados.

— Características que calculam a probabilidade de que a próxima observação ocorra dentro de *n* etapas de tempo, visto a distribuição observada.

- Características que descrevem medidas da periodicidade do comportamento na série temporal. Não raro, essas características estão associadas ao *periodograma de Lomb-Scargle*.

Periodogramas

Um periodograma de uma série temporal é uma estimativa do quanto diferentes frequências subjacentes contribuem para a série temporal. Um periodograma perfeito poderia traduzir uma série temporal a partir da fase espacial do valor de tempo, com o qual trabalhamos mais comumente, para um espaço de potência-frequência em que uma série temporal seria descrita em termos do quanto foi moldada por processos recorrentes em vários timestamps. Caso não esteja familiarizado com esse conceito, a Figura 8-1 o exemplifica visualmente.

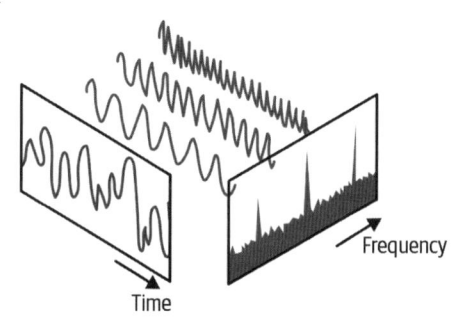

Figura 8-1. Os mesmos dados representados no domínio do tempo, em que são semelhantes a uma soma de séries temporais de seno. No domínio da frequência, vemos todo o carregamento de massa espectral nas três frequências que caracterizam os senos que foram somados para gerar a série.

Podemos calcular os periodogramas de várias formas. Uma definição e método computacional é a *transformada de Fourier* da função de autocorrelação. Uma forma mais intuitiva para considerar a criação de um periodograma é como um ajuste de mínimos quadrados dos dados originais a um conjunto de curvas senoidais de frequências variáveis.

Este último é o que o elogiadíssimo método Lomb-Scargle faz. O método de Lomb-Scargle constrói um periodograma para dados de séries temporais com amostragem irregular, ao contrário de um periodograma tradicional, que supõe uma série temporal com amostragem regular. Lomb e depois Scargle desenvolveram técnicas para estudar séries temporais irregulares com esse método e postularam que as propriedades estatísticas do periodograma construído a partir desses dados tinham as mesmas propriedades estatísticas de um periodograma tradicional amostrado a partir de dados de séries temporais regularmente amostrados. Os avanços de Lomb e Scargle possibilitaram o estudo de muitos problemas de ciências naturais para os quais séries temporais com amostragem irregular são inevitáveis, como dados climáticos, dados astrofísicos e dados geológicos.

As características que acabamos de descrever podem ser calculadas ao longo de toda a série temporal ou como funções de janela rolante ou de expansão. Visto o que aprendemos nos capítulos anteriores sobre os mecanismos de programação de funções de janela rolantes e de expansão, conseguiríamos sem dúvida implementar essas características, pois já podemos entender a documentação e o conceito do que essa biblioteca faz. Aqui, usaríamos funções de janela rolantes para resumir os dados em vez de limpá-los. Na análise de séries temporais as mesmas técnicas passaram a ser utilizadas em muitos casos diferentes, mas igualmente úteis.

A biblioteca `cesium` disponibiliza outras funcionalidades além da geração de características. Por exemplo, ela tem uma GUI baseada na web para executar a geração de características e também se integra à `sklearn`. Caso teste essas bibliotecas em seus dados, perceberá que gerar séries temporais consome um tempo enorme. Por isso, deve-se ponderar com cuidado quantas características você precisa gerar para seus dados e quando faz sentido gerá-las automaticamente em vez de desenvolver as suas próprias.

Muitas das características que essas bibliotecas geram são pesadas do ponto de vista computacional e — dada a abrangência das listas de características — muitas vezes não abordarão pontos de interesse para a pergunta que você está tentando responder. Com algum conhecimento do domínio, você pode até reconhecer que um tipo específico de característica é irrelevante, ruidoso ou não preditivo. Não calcule sem necessidade características inúteis. Isso deixa sua análise lenta e sem qualquer clareza. As bibliotecas de geração automática de características são úteis, mas devem ser usadas com cautela e não de modo indiscriminado.

O pacote tsfeatures do R

O `tsfeatures`, desenvolvido por Rob Hyndman et al., é um pacote R conveniente para gerar uma variedade de características de série temporal úteis e comumente utilizadas. A documentação inclui uma lista de características com as seguintes funções:

- Funções `acf_features()` e `pacf_features()`: cada uma calcula um número de valores relacionados, dado o senso geral do quanto a autocorrelação é importante no comportamento de uma série. Para a função `acf_features()`, a documentação descreve os seguintes valores de retorno: "Um vetor de seis valores: primeiro coeficiente de autocorrelação e soma do quadrado dos primeiros dez coeficientes de autocorrelação da série original, primeira série diferenciada e série duas vezes diferenciada. Para dados sazonais, o coeficiente de autocorrelação no primeiro lag sazonal também é retornado."

- As funções `lumpiness()` e `stability()` são orientadas por janelas lado a lado, ao passo que as funções `max_level_shift()` e `max_var_shift()` são orientadas por janelas rolantes. Em cada um desses casos, as diferenças e as estatísticas de medição de variedade são aplicadas aos valores medidos em janelas sobrepostas (rolantes) ou não sobrepostas (lado a lado) da série temporal.

- `unitroot_kpss()` (*https://perma.cc/WF3Y-7MDJ*) e `unitroot_pp()` (*https://perma.cc/54XY-4HWJ*).

O pacote `tsfeatures` consolida e inclui de forma útil o trabalho de uma variedade de projetos acadêmicos relacionados ao estudo de características de séries temporais, bem como de outros empenhos contínuos para melhorar o processo de criação de características de séries temporais que atendem a uma pluralidade de domínios. Dentre eles:

- `compengine()` calcula as mesmas características de séries temporais desenvolvidas pelo projeto compengine.org, consideradas úteis em uma ampla variedade de dados de séries temporais de muitos domínios.[1]

- Diversas características emprestadas do pacote `hctsa` (*https://github.com/benfulcher/hctsa*), cujo objetivo é executar análises de séries temporais altamente comparativas no Matlab. Algumas delas estão em: `autocorr_features()`, `firstmin_ac()`, `pred_features()` e `trev_num()`. Caso leia a documentação, também encontrará outras.

A documentação do `tsfeatures` também inclui exemplos úteis dos usos e saídas de cada uma das funções geradoras de características e uma bibliografia abrangente com links para trabalhos estatísticos e de aprendizado de máquina relacionados ao conjunto de características de séries temporais disponível no pacote.

---

1 Os leitores interessados que queiram explorar os detalhes podem conferir o conjunto Catch22 de características de séries temporais (*https://perma.cc/57AG-V8NP*), que se revelaram úteis em uma ampla variedade de conjuntos de dados de séries temporais. Reduzir o conjunto com mais de 4 mil características para 22 diminui o tempo de cálculo computacional por uma fração de mil, com redução na acurácia de somente 7% em uma tarefa de classificação. É também bastante informativo ler sobre o pipeline que os pesquisadores usaram para selecionar as características e garantir um conjunto de características relativamente independentes, mas ainda precisas, de seu conjunto inicial.

Exemplos de Características Específicas de Domínio

Outra fonte inspiradora pode vir de características específicas de domínio desenvolvidas para uma variedade de dados de séries temporais. Em geral, essas características foram desenvolvidas ao longo de décadas, seja a partir de heurísticas que funcionam empiricamente mesmo quando não são bem compreendidas ou a partir do conhecimento científico sobre como os mecanismos subjacentes de um sistema funcionam. A seguir, analisamos algumas características específicas de domínio para dois tipos de dados de séries temporais: financeiro e de assistência médica.

Indicadores técnicos do mercado de ações

Os indicadores técnicos do mercado de ações são provavelmente os conjuntos de indicadores mais amplamente documentados e formalizados usados para aplicações de séries temporais de um domínio específico. No último século, os economistas que estudaram os dados de séries temporais compilaram uma extensa lista de características que costumam usar para quantificar séries temporais nos mercados financeiros e fazer predições. Ainda que você não se interesse pelo mercado financeiro, essa lista é inspiradora para mostrar como uma lista de características específicas de um domínio também pode ser bastante extensa, descritiva e criativa.

Para que você possa ter uma noção da complexidade e da alta especificidade desses indicadores nos mercados financeiros, também incluímos uma lista não muito longa de características. Dada a complexidade, não é de se espantar que as pessoas passam toda a carreira profissional tentando entender como esses "sinais" podem prever a alta e a queda dos mercados financeiros.

Índice de Força Relativa (IRF, RSI em inglês)

Esta medida é igual a 100 – 100 / (1 + FR), em que *FR* é a força relativa da média de ganhos (MG) durante um período "de alta" (preços crescentes) dividido pela média de perdas (MP) durante um período "de queda" (preços decrescentes). O período de lookback para esses períodos de alta e queda é um parâmetro de entrada, de modo que você pode ter diferentes valores IRF para diferentes períodos de lookback. Os traders criaram regras práticas sobre quais valores cutoff de IRF indicam que um ativo está subvalorizado ou supervalorizado em relação ao seu valor real. O IRF é conhecido como um "indicador momentum" porque se baseia nas medidas de circulação de um ativo.

Média Móvel Convergente/Divergente (MACD)

Este indicador é composto de três séries temporais:

- A série temporal MACD é uma série temporal da diferença entre uma média móvel exponencial de curto prazo do ativo ("rápida") e uma média móvel exponencial de longo prazo do ativo ("lenta").

- A série temporal "média" é uma média móvel exponencial da série temporal MACD.
- A série temporal "divergente" é a diferença entre a série temporal MACD e a série temporal "média". Em geral, é o valor usado para fazer previsões financeiras. As outras séries de entrada (MACD e média) normalmente são preparadas somente para criar a série "divergente".

Fluxo de Dinheiro de Chaikin (CMF, Chaikin Money Flow)

Este indicador calcula a direção das tendências dos gastos. Veja o cálculo:

- Calcule o multiplicador do fluxo de dinheiro: ((*Fechamento – Mínima*) – (*Máxima – Fechamento*))/(Máxima – Mínima).
- Calcule o volume do fluxo de dinheiro, que é o volume de negociação do dia multiplicado pelo multiplicador do fluxo de dinheiro.
- Some esse volume do fluxo de dinheiro para um determinado período de dias e o divida pelo volume desse mesmo período de dias. Este indicador é um "oscilador" que varia entre –1 e 1 e indica "pressão de compra" ou "pressão de venda", uma medida de direção do mercado.

Nessa breve amostra das muitas características técnicas que podem ser criadas a partir de séries temporais financeiras simples, como você pode ver, existem diversas formas de descrever uma série temporal. Os mercados financeiros são um domínio abundante e muito estudado para geração de características.[2]

Séries temporais de assistência médica

Outro campo de atuação em que as características de séries temporais têm significados e até nomes específicos de domínio é a assistência médica. Como analisamos no Capítulo 1, os dados de saúde oferecem uma ampla variedade de dados de séries temporais. Um exemplo são os dados de EKG, eletrocardiograma (veja a Figura 8-2). Ler um eletrocardiograma é uma ciência e uma arte, e os médicos identificam diversas características e as usam para ler séries temporais. Se você fosse selecionar características para um estudo de aprendizado de máquina em dados de EKG, sem dúvida começaria estudando as características e conversando com um médico experiente para entender a finalidade delas e o que indicam.

---

2 Para um catálogo abrangente de características que podem ser usadas em aprendizado de máquina para séries temporais de mercados financeiros, confira a postagem do blog Kaggle (*https://perma.cc/ Q84C-44XD*). Infelizmente, não parece que o código foi bem-sucedido, mas é um excelente exemplo de preparação exaustiva de características potencialmente úteis com base em sua relevância de domínio.

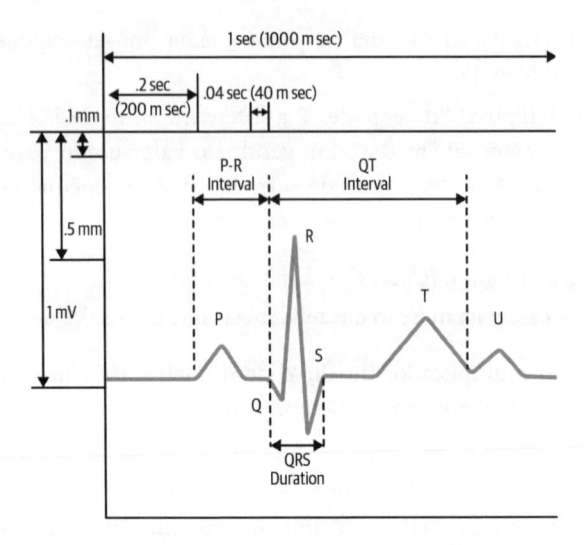

Figura 8-2. Exemplos de características de séries temporais que os profissionais da saúde usam para ler dados de séries temporais de um EKG.

Do mesmo modo, se estiver analisando dados de séries temporais de alta resolução sobre o índice glicêmico no sangue, isso também ajuda a compreender o tipo de padrões que tendem a impactar os dados diários, bem como um profissional de saúde entenderia e rotularia esses dados (veja a Figura 8-3). As duas séries temporais ilustradas nas Figuras 8-2 e 8-3 fornecem bons exemplos de como encontrar máximos locais ou distâncias entre eles. Por isso, podemos facilmente vislumbrar características específicas das bibliotecas tsfresh ou cesium, relevantes para séries temporais de assistência médica dado o conhecimento específico de domínio.

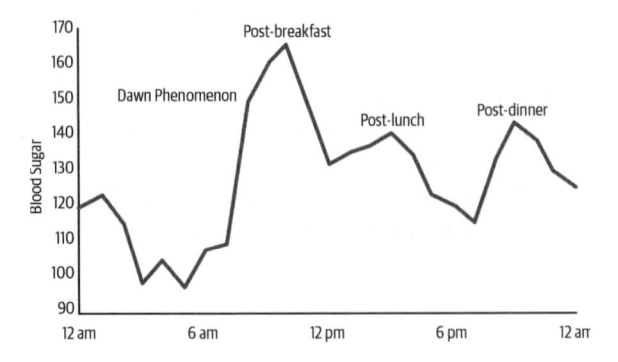

Figura 8-3. Na série temporal de índice glicêmico de um dia, podemos ver que existem quatro características que a maioria dos profissionais de saúde identificaria em um dia típico, e uma delas não está relacionada à alimentação, mas é conhecida como o "fenômeno do amanhecer" [Dawn Phenomenon] ou "fenômeno do alvorecer". É o tipo de dado que desejaríamos identificar em uma ou várias características.

Como Selecionar Características Depois de Gerá-las

Suponha que você tenha gerado automaticamente muitas características para descrever seu grande conjunto de dados de séries temporais. Talvez não consiga analisar todas as características propostas em uma primeira passagem pelos seus dados, logo pode ser útil complementar a *geração* automática de características com a *seleção* automática de características. Um bom algoritmo de seleção de características é o FRESH, implementado no pacote tsfresh descrito anteriormente. FRESH é acrônimo de extraction based on scalable hypothesis tests, ou seja, extração de características baseadas em testes de hipótese escalonáveis.

O algoritmo FRESH é motivado pela quantidade cada vez maior de dados de séries temporais disponíveis, em geral armazenados de forma distribuída, facilitando a computação paralela. O algoritmo avalia a importância de cada característica de entrada em relação a uma variável alvo por meio do cálculo de um *valor-p* para cada característica. Uma vez calculados, os *valores-p* por característica são avaliados juntos por meio do procedimento de Benjamini-Yekutieli, que determina quais características manter com base em parâmetros de entrada sobre taxas de erro aceitáveis e semelhantes. O *procedimento de Benjamini-Yekutieli* é um método de limitar o número de falsos positivos identificados durante o teste de hipótese usado para gerar os valores-p na etapa inicial do algoritmo FRESH.

Implementar essas etapas sozinho seria uma tarefa difícil, mas podemos fazer isso com algumas linhas de código por meio do tsfresh. A seguir, usamos o código de um exemplo na documentação do módulo. Primeiro, fizemos o download dos dados da série temporal relacionados às falhas de execução do robô:

```python
## python
>> from tsfresh.examples.robot_execution_failures import
                        download_robot_execution_failures,
                        load_robot_execution_failures
>> download_robot_execution_failures()
>> timeseries, y = load_robot_execution_failures()
```

Em seguida, extraímos as características sem precisar especificá-las, porque o pacote calcula automaticamente todas elas. Isso vai na contramão do conselho dado neste capítulo sobre ser extremamente inclusivo, sem se preocupar com recursos computacionais. Nesse conjunto de dados de teste, não há muitos pontos de dados, mas provavelmente você não gostaria de implementar isso de forma precipitada em seu conjunto de dados sem reduzi-lo a um número razoável de pontos:

```python
## python
>> from tsfresh import extract_features
>> extracted_features = extract_features(timeseries,
                                column_id   = "id",
                                column_sort = "time")
```

Embora o `tsfresh` forneça uma forma de especificar quais característica se deseja calcular, nesse exemplo optamos por incluir todas. Pode-se também definir manualmente os parâmetros para as características que levam em conta os parâmetros para cálculo, em vez de usar os padrões. Isso é abordado e exemplificado na documentação (*https://perma.cc/D5RS-BJ6T*). Caso faça uma extração completa, como fizemos com os dados de exemplo fornecidos pelo `tsfresh`, poderá ver que existem várias características calculadas:

```python
## python
>> extracted_features.columns
Index(['F_x__abs_energy', 'F_x__absolute_sum_of_changes',
       'F_x__agg_autocorrelation__f_agg_"mean"',
       'F_x__agg_autocorrelation__f_agg_"median"',
       'F_x__agg_autocorrelation__f_agg_"var"',
       'F_x__agg_linear_trend__f_agg_"max"__chunk_len_10__attr_
                                            "intercept"',
       'F_x__agg_linear_trend__f_agg_"max"__chunk_len_10__attr_
                                            "rvalue"',
       'F_x__agg_linear_trend__f_agg_"max"__chunk_len_10__attr_
                                            "slope"',
       'F_x__agg_linear_trend__f_agg_"max"__chunk_len_10__attr_
                                            "stderr"',
       'F_x__agg_linear_trend__f_agg_"max"__chunk_len_50__attr_
                                            "intercept"',
       ...
       'T_z__time_reversal_asymmetry_statistic__lag_1',
       'T_z__time_reversal_asymmetry_statistic__lag_2',
       'T_z__time_reversal_asymmetry_statistic__lag_3',
       'T_z__value_count__value_-inf', 'T_z__value_count__value_0',
       'T_z__value_count__value_1', 'T_z__value_count__value_inf',

     'T_z__value_count__value_nan', 'T_z__variance',
     'T_z__variance_larger_than_standard_deviation'],
    dtype='object', name='variable', length=4764)
```

Há 4.764 colunas. É um número bem maior de características do que poderíamos calcular à mão, mas a execução em um conjunto realista de dados também consome bastante tempo. Ao decidir como e quando implementar um conjunto tão grande de características, tente ser realista sobre seus recursos computacionais e sua capacidade de analisar cuidadosamente os resultados. Lembre-se de que, para dados de séries temporais, os outliers podem influenciar de forma desagradável e desnecessária as análises posteriores. Queremos assegurar que as características escolhidas sejam resistentes a outliers.

Embora o algoritmo FRESH ajude a contabilizar a dependência entre as características, é difícil entendê-lo. Podemos também usar uma técnica de seleção de características mais tradicional e transparente, a *eliminação recursiva de características* [*recursive feature elimination*] (RFE). Podemos usar a RFE para complementar o algoritmo FRESH e melhorar nossa compreensão do grau de diferença entre as características selecionadas pelo algoritmo FRESH e aquelas não selecionadas.

 A RFE é uma abordagem incremental para a seleção de características em que muitas delas são gradualmente eliminadas de um modelo mais inclusivo, criando assim um modelo menos inclusivo até o número mínimo de características a serem incluídas, definido no início do procedimento de seleção. Essa técnica é conhecida como *seleção backward*, pois você começa com o modelo mais inclusivo e o move "para trás" até um modelo mais simples. Em contrapartida, na *seleção forward*, as características são adicionadas de forma incremental até que o número máximo de características especificadas, ou algum outro critério de parada, seja alcançado.

Podemos usar a RFE para selecionar características e para classificá-las por grau de importância. Para testar isso, combinamos dez características selecionadas de forma aleatória a partir da lista de características mantidas pelo algoritmo FRESH com dez características selecionadas aleatoriamente a partir da lista de características rejeitadas pelo algoritmo FRESH:

```
## R
>> x_idx = random.sample(range(len(features_filtered.columns)), 10)
>> selX = features_filtered.iloc[:, x_idx].values
>> unselected_features = list(set(extracted_features.columns)
                        .difference(set(features_filtered.columns)))
>> unselected_features = random.sample(unselected_features, 10)
>> unsel_x_idx = [idx for (idx, val) in enumerate(
            extracted_features.columns) if val in unselected_features]
>> unselX = extracted_features.iloc[:, unsel_x_idx].values
>> mixed_X = np.hstack([selX, unselX])
```

Com esse conjunto de vinte características, podemos realizar a RFE para ter uma noção da importância classificada dessas características no conjunto de dados e no modelo que usamos dentro da RFE:

```
>> svc = SVC(kernel="linear", C=1)
>> rfe = RFE(estimator=svc, n_features_to_select=1, step=1)
>> rfe.fit(mixed_X, y)
>> rfe.ranking_
array([ 9, 12,  8,  1,  2,  3,  6,  4, 10, 11,
       16,  5, 15, 14,  7, 13, 17, 18, 19, 20])
```

Aqui podemos ver as classificações relativas das vinte características que fornecemos ao algoritmo RFE. Esperamos que as primeiras dez — aquelas selecionadas, dentre outras, pelo algoritmo FRESH — tenha a classificação mais alta do que aquelas não selecionadas pelo algoritmo FRESH. Isso acontece na maioria das vezes, mas há exceções que fogem à regra. Por exemplo, podemos ver que na segunda metade do array representando as classificações das características não selecionadas, a quinta e a sétima características são mais importantes dentre as vinte. No entanto, não podemos esperar uma combinação perfeita e os resultados são bastante consistentes.

Podemos utilizar a RFE nas características selecionadas como um modo de eliminação seletiva. Podemos também usá-la como um teste de validação, tentando ajustar os parâmetros de entrada do algoritmo FRESH ou a quantidade de características que estamos gerando como entrada para o algoritmo FRESH.

Repare que o algoritmo FRESH não tem basicamente nenhum parâmetro, assim o número e a qualidade das características que inserimos é o melhor jeito de impactar sua saída. O outro parâmetro que definimos para o algoritmo FRESH é o fdr_level, porcentagem de características irrelevantes esperadas depois de gerá-las. Esse parâmetro é padronizado como .05, mas você pode definir um valor mais alto para aprimorar a seletividade da filtragem de características, sobretudo quando estiver gerando um grande número delas sem levar em consideração se são adequadas para seu domínio de interesse.

Reflexões Finais

Neste capítulo, analisamos a motivação para a seleção de características e um exemplo simples de como gerar caraterísticas pode funcionar para converter até mesmo uma série temporal curta em um conjunto mais compactado de números quase tão informativo quanto o original. Vimos também exemplos de dois módulos Python desenvolvidos para implementar a geração e seleção automatizada de características em dados de séries temporais, que podem gerar facilmente milhares de características a partir de uma série temporal. Como há o risco de que muitas das características geradas desse jeito não sejam lá muito úteis, também vimos métodos com o intuito de selecionar as características mais úteis para passá-las adiante em nosso pipeline analítico, de modo que sua geração não ocasione ruído ou falta de informação delas. A geração de características serve para várias finalidades:

- Produzir dados downstream sobre séries temporais em um formato que seja propício para algoritmos de aprendizado de máquina que, em sua grande maioria, são desenvolvidos para aceitar conjuntos de características por ponto de dados em vez de uma série temporal.

- Resumir dados de séries temporais de um modo a compactar as observações temporais em um apanhado de números e indicadores qualitativos. Isso pode ajudar não somente a análise, como também o armazenamento de dados de séries temporais em um formato mais sucinto e legível nos casos em que não é necessário manter a série temporal completa.

- Fornecer um conjunto comum de métricas para descrever e identificar semelhanças entre os dados que podem ter sido medidos em muitas condições diferentes. Ao resumir nossos dados de forma mais geral, podemos torná-los comparáveis, já que do contrário a comparação não seria nada fácil.

No Capítulo 9, geraremos características a fim de prepararmos a entrada de dados para vários algoritmos de aprendizado de máquina, que dependem da entrada de características de séries temporais em vez de dados brutos de séries temporais, visando a classificação e previsão.

Leituras e Recursos Adicionais

- Sobre análises de séries temporais com base em caraterísticas:

Ben D. Fulcher, "Feature-Based Time-Series Analysis", eprint arXiv:1709.08055, 2017: https://perma.cc/6LZ6-S3NC.
Esse artigo de análise acessível foi escrito pela mesma pessoa que implementou o algoritmo `tsfresh` na Matlab. Oferece uma abrangente técnica de classificação de diferentes tipos de características que podem ser implementadas em dados de séries temporais, além de exemplos úteis das categorias analisadas de características. Enfatiza também o uso da geração de características como uma forma de exploração de dados para entender a análise apropriada para um determinado conjunto de dados de séries temporais.

- Sobre seleção de características:

Maximilian Christ et al., "Time Series FeatuRe Extraction on basis of Scalable Hypothesis tests (tsfresh—A Python package)", Neurocomputing 307 (2018): 72–7: https://oreil.ly/YDBM8.
Artigo que apresenta o pacote Python `tsfresh` e o algoritmo FRESH, analisados neste capítulo. Informações sobre a eficiência computacional de características específicas para se calcular e amostrar padrões de uso também são abordadas.

Maximilian Christ et al., "Distributed and Parallel Time Series Feature Extraction for Industrial Big Data Applications", artigo apresentado no ACML Workshop on Learning on Big Data (WLBD), Hamilton, NZ, 16 de novembro de 2016: https://arxiv.org/pdf/1610.07717.pdf.
Explicação mais técnica e teste do algoritmo FRESH que fornece mais detalhes sobre como o algoritmo funciona e por que ele é apropriado para a aplicação industrial de séries temporais, além de uma extensa lista de leitura de apoio na seção de referências.

- Sobre características específicas de domínio:

Wikipedia, "Technical Analysis for Financial Markets": https://perma.cc/8533-XFSZ.
Artigo da Wikipédia que oferece um histórico de como a análise técnica foi desenvolvida para os mercados financeiros, bem como uma extensa lista de muitos indicadores popularmente usados.

Amjed S. Al-Fahoum e Ausilah A. Al-Fraihat, "Methods of EEG Signal Features Extraction Using Linear Analysis in Frequency and Time-Frequency Domains", ISRN Neuroscience 2014, no. 730218 (2014): https://perma.cc/465U-QT53.
Artigo que fornece um exemplo de teste de característica de série temporal padrão no domínio dos sinais de EEG. Existe todo um campo de atuação para

a geração de características de séries temporais de assistência médica, e este artigo exemplifica como isso é feito.

Juan Bautista Cabral et al., "From FATS to Feets: Further Improvements to an Astronomical Feature Extraction Tool Based on Machine Learning", Astronomy and Computing 25 (2018): https://perma.cc/8ZEM-Y892.

Artigo que analisa um redesenho recente de um pacote Python desenvolvido para a extração de características de dados astronômicos de séries temporais. Embora o documento presuma alguma familiaridade com astronomia e os pacotes específicos, ainda é uma leitura útil para se ter uma ideia de como o software é projetado para extração de características, e para compreender alguns desafios e mudanças específicas que têm ocorrido em dados de séries temporais astronômicas em especial.

Alvin Rajkomar et al., "Supplementary Information for Scalable and Accurate Deep Learning for Electronic Health Records", npj Digital Medicine 1, no. 18 (2018): https://perma.cc/2LKM-326C.

Essas informações complementares abordam um artigo interessante publicado pelo Google, exemplificando um uso altamente bem-sucedido do aprendizado profundo para compreender os registros eletrônicos médicos. As informações complementares disponibilizam informações detalhadas sobre como os registros médicos foram transformados em características de entrada quantitativas que podem ser acessadas por uma rede neural. Se você não está familiarizado com o aprendizado profundo, talvez seja melhor retomar essa leitura após o Capítulo 10. Além do mais, seria uma boa ideia primeiro compreender um pouco do básico sobre as embeddings de aprendizado profundo (*https://perma.cc/ 3KAZ-9A3Y*).

- Sobre periodogramas:

"The Periodogram", notas de aulas, Eberly College of Science, Pennsylvania State University: https://perma.cc/5DRZ-VPR9.

Notas de aula do curso da Penn State sobre Análise Aplicada de Séries Temporais que oferecem uma introdução ao que é um periodograma, como interpretá-lo e como calculá-lo usando R.

Jacob T. VanderPlas, "Understanding the Lomb-Scargle Periodogram", Astrophysical Journal Supplement Series 236, no. 1 (2018): https://arxiv.org/pdf/1703.09824.pdf.

Esse artigo abrangente fornece uma compreensão intuitiva das estimativas de periodicidade em geral e, em particular, do método de Lomb-Scargle.

## CAPÍTULO 9

Aprendizado de Máquina
para Séries Temporais

Neste capítulo, veremos alguns exemplos da aplicação de métodos de aprendizado de máquina à análise de séries temporais, campo de atuação relativamente novo da análise de séries temporais, mas que tem se revelado promissor. Os métodos de aprendizado de máquina que estudaremos não foram desenvolvidos originalmente para dados específicos de séries temporais — ao contrário dos modelos estatísticos que estudamos nos dois capítulos anteriores —, embora tenham se mostrado vantajosos para tal.

Essa reviravolta representada pelo aprendizado de máquina é uma mudança em relação ao nosso estudo sobre previsão nos capítulos anteriores deste livro. Até agora, focamos os modelos estatísticos para previsões de séries temporais. Ao analisarmos esses modelos, formulamos uma teoria subjacente sobre a dinâmica de uma série temporal e as estatísticas que descrevem o ruído e a incerteza de seu comportamento. Em seguida, usamos a dinâmica hipotética do processo para realizar predições e também para estimar nosso grau de incerteza sobre elas. Por meio desses métodos, tanto a identificação do modelo quanto a estimativa dos parâmetros exigiram que pensássemos com cuidado sobre a melhor forma de representar a dinâmica de nossos dados.

Agora, trataremos das metodologias para as quais não determinamos um processo subjacente ou quaisquer regras para esse mesmo processo. Assim, focaremos a identificação de padrões que descrevem de forma relevante o comportamento do processo para predizer o resultado de interesse, como o rótulo de classificação adequado para uma série temporal. Falaremos também sobre o aprendizado não supervisionado para séries temporais, na forma de clusterização de séries temporais. Abordaremos a previsão e a classificação com metodologias baseadas em árvores de decisão e a clusterização como meio de classificação. No caso de metodologias baseadas em árvores de decisão, criar as características de nossa série temporal é uma etapa necessária para usar essa metodologia, já que as árvores de decisão não são métodos "cientes do tempo", ao contrário, digamos, de um modelo ARIMA.

Agora, quando se trata de clusterização e classificação baseada em distância, veremos que temos a opção de usar as características ou a série temporal original como entrada. Para usar a série temporal como entrada, estudaremos uma métrica conhecida como *dynamic time warping* (DTW), que pode ser aplicada diretamente à série temporal, preservando o conjunto cronológico completo de informações em nossos dados, em vez de reduzi-lo a um conjunto necessariamente limitado de características.

Classificação de Séries Temporais

Nesta seção, analisaremos um exemplo de conversão de dados de séries temporais de eletroencefalograma (EEG) em características, que por sua vez podem ser usadas com algoritmos de aprendizado de máquina. Em seguida, usamos métodos de árvore de decisão para classificar os dados do EEG depois de extrairmos as características das séries temporais EEG.

Selecionando e Gerando Características

No capítulo anterior, vimos um panorama geral sobre os objetivos da geração de características de séries temporais. Vimos também um breve exemplo de geração de características para um conjunto de dados de séries temporais por meio do `tsfresh`. Agora, geraremos características com outro pacote de série temporal que já analisamos: o `cesium`.

Uma das principais vantagens do pacote `cesium` é a disponibilização de uma variedade de conjuntos úteis de dados de séries temporais, incluindo um conjunto de dados EEG proveniente de um artigo de pesquisa de 2001 (*https://perma.cc/YZD5-CTJF*). Nesse artigo, você pode ler mais sobre os detalhes da preparação de dados. Para nós, basta saber que as cinco categorias de séries temporais de EEG presentes no conjunto de dados representam segmentos de comprimento igual, retirados de leituras temporais contínuas a partir de amostras de EEG, que compreendem:

- Registros EEG de pessoas saudáveis com olhos abertos e fechados (duas categorias separadas).
- Registros EEG de pacientes com epilepsia nos momentos em que não tiveram convulsão. Os registros compreendem duas áreas do cérebro não relacionadas às convulsões (duas categorias separadas).
- Registro EEG intracraniano durante uma convulsão (uma categoria).

Fizemos o download desse conjunto de dados por meio de uma função de conveniência fornecida pelo pacote `cesium`:

```
## python
>>> from cesium import datasets
>>> eeg = datasets.fetch_andrzejak()
```

Primeiro, é interessante ver alguns exemplos dos dados que estamos analisando para termos uma ideia de como gostaríamos de classificar essas séries temporais:

```
## python
>>> plt.subplot(3, 1, 1)
>>> plt.plot(eeg["measurements"][0])
>>> plt.legend(eeg['classes'][0])
>>> plt.subplot(3, 1, 2)

>>> plt.plot(eeg["measurements"][300])
>>> plt.legend(eeg['classes'][300])
>>> plt.subplot(3, 1, 3)
>>> plt.plot(eeg["measurements"][450])
>>> plt.legend(eeg['classes'][450])
```

Estes gráficos mostram algumas diferenças entre as classes de medição EEG (veja a Figura 9-1). Não é de admirar que os gráficos EGG sejam consideravelmente diferentes: eles medem a atividade em diferentes partes do cérebro durante atividades distintas, tanto em pessoas saudáveis quanto em pacientes com epilepsia.

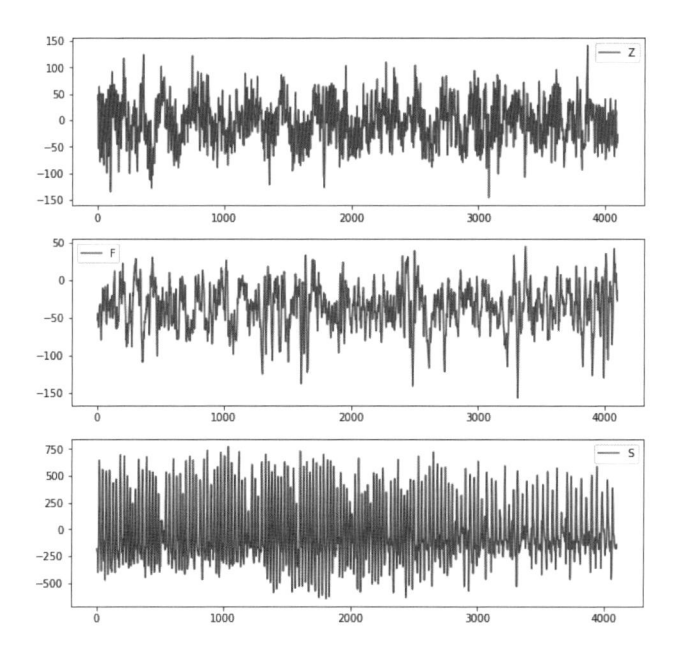

Figura 9-1. Plotamos três amostras selecionadas aleatoriamente do conjunto de dados EEG. As amostras são independentes e não medições contemporâneas de diferentes partes do mesmo cérebro. Cada uma é uma medição de série temporal independente feita com um paciente diferente em um momento distinto.

Essas visualizações nos servem como orientação para gerar características. Por exemplo, as classes Z e G parecem ter menos dados distorcidos do que a classe S. Além disso, cada classe tem um intervalo de valores bastante diferente, como podemos ver ao inspecionar o eixo y. Isso sugere que uma característica de amplitude pode ser útil. Além do mais, não se trata somente da amplitude geral, e sim da distribuição geral dos pontos que parece caracteristicamente diferente nas três classes. Em nossa análise, usaremos essas e outras características, e depois veremos o código para gerá-las.

Visualização e Aprendizado de Máquina

Esses dados EEG seriam uma ótima oportunidade para usar um histograma 2D. Em particular, um histograma 2D geraria uma composição de imagem útil de cada tipo de série temporal e poderia confirmar (ou negar) a representatividade provável das características que acabamos de falar, como estabelecer se a amplitude ou inclinação é uma diferença consistente entre as classes.

Os histogramas univariados também seriam úteis, gerando um histograma por classe. Você também pode ir além para calcular e plotar uma *estimativa de densidade por kernel* para cada classe.

Uma estimativa de densidade por kernel é como um histograma, mas pode ser modelada para ter propriedades como continuidade e suavização, transformando efetivamente os dados brutos do histograma em uma estimativa de suavização, mas não paramétrica, de uma possível distribuição para a variável subjacente. A Wikipédia (*https://perma.cc/P3UT-UBCL*) disponibiliza uma boa visão geral da estimativa da densidade por kernel, que pode ser realizada de muitas formas, como via Scikit-Learn (*https://perma.cc/DN7N-YD5R*) no Python ou por meio da função density() no pacote stats do R.

Aqui, geramos as características com o pacote cesium:

```python
## python
>>> from cesium import featurize.featurize_time_series as ft
>>> features_to_use = ["amplitude",
>>>                    "percent_beyond_1_std",
>>>                    "percent_close_to_median",
>>>                    "skew",
>>>                    "max_slope"]
>>> fset_cesium = ft(times          = eeg["times"],
>>>                  values         = eeg["measurements"],
>>>                  errors         = None,
>>>                  features_to_use = features_to_use,
>>>                  scheduler      = None)
```

Esse código gera nossas características, conforme ilustrado na Figura 9-2, um screenshot do Jupyter notebook.

```
fset_cesium.head()
```

feature	amplitude	percent_beyond_1_std	percent_close_to_median	skew	max_slope
channel	0	0	0	0	0
0	143.5	0.327313	0.505004	0.032805	11107.796610
1	211.5	0.290212	0.640469	-0.092715	20653.559322
2	165.0	0.302660	0.515987	-0.004100	13537.627119
3	171.5	0.300952	0.541128	0.063678	17008.813559
4	170.0	0.305101	0.566268	0.142753	13016.949153

Figura 9-2. Valores numéricos das características que geramos para as primeiras amostras em nosso conjunto de dados.

Repare que muitos desses valores não estão normalizados. Logo, levaríamos isso em consideração se estivéssemos usando uma técnica que assumisse entradas normalizadas. Devemos também validar que entendemos o que nossas características estão indicando e que nosso entendimento corresponde ao cálculo do pacote cesium. Para ilustrar a verificação de erro e afirmação de bom senso, podemos verificar o percent_beyond_1_std para uma amostra de série temporal:

```python
## python
>>> np.std(eeg_small["measurements"][0])
40.411
>>> np.mean(eeg_small["measurements"][0])
-4.132
>>> sample_ts = eeg_small["measurements"][0]
>>> sz = len(sample_ts)
>>> ll = -4.13 - 40.4
>>> ul = -4.13 + 40.4
>>> quals = [i for i in range(sz) if sample_ts[i] < ll or
                                     sample_ts[i] > ul  ]
>>> len(quals)/len(ser)
0.327 ## Compatível com a característica gerada na Figura 9-2
```

As Características Devem Ser Ergódicas

Ao escolher as características a serem geradas para uma série temporal, faça questão de selecionar características *ergódicas*, pois os valores medidos convergirão para um valor estável à medida que mais dados do mesmo processo são coletados. Um bom exemplo no qual isso não se aplica é um passeio aleatório, em que o cálculo da média do processo não faz o menor sentido, portanto não é ergódico. A média de um passeio aleatório não convergirá para um valor específico. Nos dados EEG que plotamos, diferentes subamostras de qualquer série temporal são nitidamente comparáveis e a série em si tem estacionariedade fraca. Desse modo, as características que geramos fazem sentido.

Você deve ser capaz de verificar qualquer uma das características que está usando. Trata-se simplesmente de uma análise responsável. Não forneça informações ao seu algoritmo que não possa compreender, explicar e verificar.

 Não abuse das bibliotecas de geração de características. Não é difícil escrever seu próprio código para gerá-las. Caso trabalhe com um domínio em que seja necessário gerar com frequência um determinado conjunto de características com as mesmíssimas combinações, escreva seu próprio código, ainda que tenha utilizado inicialmente um pacote.

Você consegue otimizar seu código de maneiras que os autores de um pacote exploratório não conseguem. Por exemplo, caso tenha várias características em mãos que dependam do cálculo da média de uma série temporal, basta escrever o código para calcular essa média apenas uma vez. Não precisa ficar escrevendo o mesmo código para calcular a mesma média sempre.

Métodos de Árvores de Decisão

Os métodos baseados em árvores de decisão retratam a forma como os humanos decidem as coisas: um passo de cada vez e de um jeito não linear. Eles retratam a maneira como tomamos decisões complicadas: um passo de cada vez, pensando sobre como uma variável deve impactar nossa decisão, e depois outra, como um fluxograma.

Presumo que você já tenha trabalhado com árvores de decisão ou possa intuir rapidamente o que são árvores de decisão. Se precisar de ajuda, pare aqui e confira algumas leituras de apoio (*https://perma.cc/G9AA-ANEN*). A Figura 9-3 mostra um exemplo simples de uma árvore de decisão que pode ser usada para fazer uma estimativa do peso corporal de alguém.

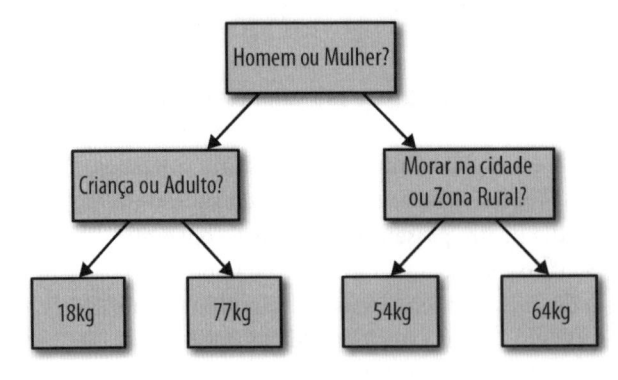

Figura 9-3. Nesta árvore de regressão simples, uma série de ramificações lógicas é utilizada para se chegar à predição de peso de um ser humano. Trata-se de um modelo bruto, mas ilustra a abordagem não linear e variável que até um modelo de árvore simples pode aplicar a um problema de regressão.

Há inúmeros exemplos de pessoas que se comportam como uma árvore de decisão ao analisar dados de séries temporais. Por exemplo, um trader que trabalha no discricionário mercado de ações pode usar indicadores técnicos. Mas, provavelmente, esses indicadores serão usados de uma forma hierárquica serial, como uma árvore — primeiro perguntando, por exemplo, qual rumo à tendência do indicador momentum está tomando de acordo com um indicador técnico, antes de perguntar como a oscilação está evoluindo ao longo do tempo. A resposta para essa segunda pergunta interage com a resposta da primeira de um modo não linear, semelhante a uma árvore. É bem provável que os traders tenham em seus cérebros uma estrutura de árvore de decisão, possibilitando que façam previsões sobre o rumo que o mercado está tomando.

A mesma coisa acontece quando um profissional da saúde lê um EEG ou um ECG. Não é incomum procurarem primeiro a presença de uma característica antes de considerar outra, trabalhando sequencialmente por meio de uma série de fatores. Se uma característica estiver presente e outra não, o resultado será um diagnóstico diferente e, consequentemente, uma previsão diferente em relação ao prognóstico do paciente.

Vamos utilizar as características que geramos a partir dos dados EEG como entradas para dois métodos de árvores de decisão diferentes: florestas aleatórias e Gradient Tree Boosting (gradient boosting). Ambos podem ser usados em tarefas de classificação. Nossa tarefa será classificar os dados EEG que analisamos apenas com base nas características que geramos a partir dos dados brutos.

Floresta aleatória

Floresta aleatória [random forest] é um modelo em que usamos não uma árvore de decisão, mas várias. Nossa classificação ou regressão é o resultado da média dos resultados dessas árvores. As florestas aleatórias consideram a "sabedoria da multidão". Essa multidão é formada por muitos modelos simples e, apesar de nenhum deles ser bom, juntos eles muitas vezes superam uma única árvore de decisão altamente refinada.

A ideia de reunir uma coleção de modelos que gerasse previsões em vez de se debater para encontrar o "melhor" modelo já havia sido estruturada em 1969, no artigo de pesquisa *The Combination of Forecasts*, escrito por J.M. Bates e C.W.J. Granger, dois estatísticos respeitáveis. O artigo demonstrou que a combinação (ensemble) de duas previsões distintas a partir de dados dos passageiros de companhias aéreas poderia resultar em um modelo com erro quadrático médio inferior, resultado surpreendente e, na época, não intuitivo. A geração mais jovem de analistas, que não raro chegou à análise de dados por meio do aprendizado de máquina e não da estatística, acha tal ideia intuitiva em vez de preocupante, visto que o algoritmo floresta aleatória se tornou uma ferramenta para todos os tipos de problemas de previsão.

Uma floresta aleatória é construída segundo os parâmetros que especificam o número de árvores a serem treinadas, bem como a profundidade máxima permitida dessas árvores. Assim sendo, para cada árvore individual, uma amostra aleatória dos dados e de suas características é usada para treinar essa árvore. Grosso modo, as árvores são parametrizadas para serem bem simples, de modo a evitar o sobreajuste e o modelo possa ter uma média de muitos modelos gerais. Apesar de nenhum modelo ser particularmente bom, todos são suficientemente gerais para evitar "armadilhas" nos dados.

Conforme mencionado antes, inseriremos as características calculadas para cada amostra de série temporal no modelo como saídas de treinamento. Em teoria, poderíamos considerar formas de inserir nossos dados brutos de séries temporais, em vez de inserir as características calculadas, mas há inúmeros problemas com isso:

- Seria complicado lidar com séries temporais de comprimento desigual.

- Um número enorme de entradas (igual ou próximo ao número de intervalos de tempo) resultaria em modelos e treinamento pesados do ponto de vista computacional.

- Supondo que nenhum intervalo de tempo específico seja muito importante (visto que qualquer intervalo de tempo determinado estaria correlacionado a uma característica), haveria muito ruído e pouco sinal para treinamento a partir da metodologia de árvore de decisão, que consideraria cada intervalo de tempo como uma entrada.

Portanto, as florestas aleatórias não são uma boa ferramenta para trabalhar com dados em sua forma bruta de séries temporais, mas podem ser úteis, desde que os dados sejam compactados em características de resumo. Vejamos alguns motivos específicos:

- De uma perspectiva de eficiência/recursos computacionais, é maravilhoso pensar que podemos destilar séries temporais extremamente longas em uma porção de características e encontrar um modelo com acurácia razoável.

- Uma floresta aleatória ajuda a mitigar o risco de sobreajuste. Como vimos anteriormente, o sobreajuste é um problema para a análise de séries temporais por causa das sinergias desagradáveis entre o sobreajuste e o lookahead. Uma metodologia propositalmente simples ajuda a mitigar parte dessa preocupação.

- As florestas aleatórias podem se adequar bem em dados de séries temporais para os quais não temos um modelo de trabalho ou hipótese a respeito dos mecanismos subjacentes do processo.

Via de regra, os analistas foram mais bem-sucedidos na implementação de florestas aleatórias nos casos de classificação de séries temporais do que nos casos de previsão de séries temporais. Por outro lado, o próximo método que analisaremos, o gradient tree boosting, foi bem-sucedido em ambas as tarefas.

Gradient boosted trees

O gradient *boosting* é outra forma de construir uma combinação de preditores. O boosting cria modelos de formas sequenciais baseado na ideia de que os modelos posteriores devem corrigir os erros dos modelos anteriores e os dados desajustados pelos modelos anteriores devem ser ponderados pelos modelos posteriores. O gradient boosted trees se tornou a metodologia preferida de boosting, além de bem-sucedida, para séries temporais, conforme evidenciado em algumas competições de ciência de dados nos últimos anos.

O `XGBoost` constrói árvores sequencialmente, e cada uma delas busca predizer os resíduos da combinação de árvores anteriores. Assim, por exemplo, a primeira árvore construída pelo XGBoost tentará combinar os dados diretamente (uma categoria ou um valor numérico). A segunda árvore tentará predizer o valor verdadeiro menos o valor predito. A terceira árvore tentará predizer o valor verdadeiro menos o valor predito da primeira árvore e menos a predição da segunda árvore em relação aos resíduos da primeira.

No entanto, o `XGBoost` não constrói simplesmente um número infinito de modelos, tentando minimizar os resíduos preditos dos resíduos preditos ad infinitum. O algoritmo `XGBoost` minimiza uma função de perda que também inclui um termo de penalidade para a complexidade do modelo, e esse termo de penalidade limita o número de árvores que serão geradas. É possível limitar diretamente o número de árvores geradas. Nos últimos anos, muitas pessoas têm informado que, quando se trata de séries temporais, o `XGBoost` tem sido mais bem-sucedido do que o aprendizado de máquina, sobretudo nas competições Kaggle ou em congressos de aprendizado de máquina.

 O *método bagging* (ou, mais formalmente, *agregação bootstrap*) é uma técnica para modelos de treinamento em que conjuntos de treinamento gerados aleatoriamente são criados para cada modelo diferente em um conjunto. As florestas aleatórias geralmente usam o método bagging no treinamento do modelo. Já o método boosting, como observado, é uma técnica para modelos de treinamento em que um conjunto é composto de modelos treinados de forma sequencial e cada um deles se concentra em corrigir o erro cometido por seu predecessor. O boosting é o alicerce de como os modelos gradient boosted tree são treinados.

Exemplo de código

No caso de florestas aleatórias e do `XGBoost`, pode ser mais fácil programar um modelo de aprendizado de máquina do que entender como esse modelo funciona. Neste exemplo, treinaremos uma floresta aleatória e um modelo gradient boosted tree para classificar nossos dados EEG com base nas características que geramos. Usamos a `sklearn` para dividir nossos dados em conjuntos de treinamento e em conjunto de teste:

```python
## python
>>> from sklearn.model_selection import train_test_split
>>> X_train, X_test, y_train, y_test = train_test_split(
        fset_cesium.values, eeg["classes"], random_state=21)
```

Começamos com um classificador random forest. Aqui, vemos a facilidade com que podemos criar um modelo para classificar nossos dados EEG:

```python
## python
>>> from sklearn.ensemble import RandomForestClassifier
>>> rf_clf = RandomForestClassifier(n_estimators = 10,
>>>                                 max_depth    = 3,
>>>                                 random_state = 21)
>>> rf_clf.fit(X_train, y_train)
```

Em seguida, podemos determinar a acurácia para previsões fora da amostra [out-of--sample] de nossos dados com uma chamada de método no objeto `Classifier`:

```python
## python
>>> rf_clf.score(X_test, y_test)
0.616
```

Bastam algumas linhas de código e temos um modelo com um desempenho melhor do que eu teria com uma classificadora humana (uma classificadora sem formação médica). Lembre-se também de que, graças à seleção de características, esse modelo analisa apenas a síntese estatística em vez de um EEG inteiro. O código para o classificador `XGBoost` é igualmente simples e sucinto:

```python
## python
>>> import xgboost as xgb
>>> xgb_clf = xgb.XGBClassifier(n_estimators   = 10,

>>>                             max_depth      = 3,
>>>                             random_state   = 21)
>>> xgb_clf.fit(X_train, y_train)
>>> xgb_clf.score(X_test, y_test)
0.648
```

Podemos observar que o modelo do classificador `XGBoost` se sai um pouco melhor do que o modelo de floresta aleatória. O treinamento também é um tanto mais rápido, como podemos ver com este teste rápido que calcula o tempo de treinamento para cada modelo:

```python
## python
>>> start = time.time()
>>> xgb_clf.fit(X_train, y_train)
>>> end = time.time()
>>> end - start
0.0189

## Random Forest
>>> start = time.time()
>>> rf_clf.fit(X_train, y_train)
>>> end = time.time()
>>> end - start
0.027
```

Representa uma melhora substancial na velocidade de execução, pois a floresta aleatória leva 50% mais tempo do que o XGBoost. Embora não seja um teste definitivo, ele demonstra uma vantagem do XGBoost, sobretudo se você estiver lidando com grandes conjuntos de dados. Ao usar conjuntos maiores de dados com mais exemplos e mais características, é bom ter certeza de que essa vantagem aumenta.

Não É Assim que Se Faz um Teste de Desempenho!

Podemos criticar e muito o código anterior. Para começar, existem meios mais compactos de escrever um método para testar o desempenho. Além disso, você quer calcular a média do tempo de treinamento e rodá-la em dados e em condições de treinamento realistas, não em um exemplo de teste no Jupyter notebook.

E, ainda mais importante, só porque um algoritmo comumente disponível demora para ser executado, não significa que seja lento por natureza. Às vezes, os algoritmos em módulos são escritos mais para transparência de código do que para desempenho, e isso quer dizer que sua execução é mais lenta do que o necessário. Outras vezes, os algoritmos são implementados em casos mais generalizados, ao passo que você pode descobrir que suas necessidades de dados são altamente especializadas de modo que seja necessário modificar as implementações-padrão de algoritmos para atender aos seus propósitos. No Capítulo 12, analisaremos as considerações de desempenho específicas para séries temporais.

Seria justo perguntar se alguma coisa em nosso conjunto de hiperparâmetros forneceu vantagem ao XGBoost e não à floresta aleatória. Por exemplo, e se usarmos árvores menos complexas definindo uma profundidade menor? E se deixarmos menos árvores de decisão totais no modelo? É fácil testar essas possibilidades e, mais uma vez, vemos que o XGBoost mantém sua vantagem.

Por exemplo, se deixarmos o mesmo número de árvores de decisão na combinação, mas reduzirmos a complexidade diminuindo a profundidade das árvores, vemos que o modelo de gradient boosting mantém uma acurácia maior do que o modelo de floresta aleatória:

```python
## python
>>> ## Testa o mesmo número de árvores (10), porém com menos complexidade
>>> ## (max_depth = 2)
>>>
>>> ## XGBoost
>>> xgb_clf = xgb.XGBClassifier(n_estimators = 10,
                                max_depth    = 2,
                                random_state = 21)
>>> xgb_clf.fit(X_train, y_train)
>>> xgb_clf.score(X_test, y_test)
0.616
```

```
>>> ## Random Forest
>>> rf_clf = RandomForestClassifier(n_estimators = 10,
                                     max_depth    = 2,
                                     random_state = 21)
>>> rf_clf.fit(X_train, y_train)
>>> rf_clf.score(X_test, y_test)
0.544
```

Isso vale até mesmo quando reduzimos ainda mais a complexidade da árvore:

```
>>> ## Testa o mesmo número de árvores (10), porém com menos complexidade
>>> ## (max_depth = 1)

>>> ## XGBoost
>>> xgb_clf = xgb.XGBClassifier(n_estimators = 10,
                                max_depth    = 1,
                                random_state = 21)
>>> xgb_clf.fit(X_train, y_train)
>>> xgb_clf.score(X_test, y_test)
0.632

>>> ## Random Forest
>>> rf_clf = RandomForestClassifier(n_estimators = 10,
                                     max_depth    = 1,
                                     random_state = 21)
>>> rf_clf.fit(X_train, y_train)
>>> rf_clf.score(X_test, y_test)
0.376
```

Existem diversas razões possíveis para explicar o desempenho e a suposta vantagem dos modelos gradient boosted trees em relação às florestas aleatórias. Uma consideração importante: não sabemos com certeza se todas as características que selecionamos para nossa classificação são úteis. Isso destaca um exemplo de quando o método boosting (gradient boosted tree) pode ser preferível ao método bagging (floresta aleatória). É mais provável que o boosting ignore características inúteis porque sempre usará todo o conjunto de características e privilegiará aquelas relevantes, ao passo que algumas árvores resultantes do método bagging serão forçadas a usar características menos significativas.

Isso também sugere a eficiência do método boosting quando aliado às bibliotecas superpotentes de geração de características analisadas no último capítulo. Se você adotar a abordagem de gerar centenas de caraterísticas de séries temporais — mais do que você pode inspecionar —, o boosting pode ser uma defesa contra resultados desastrosos.

 Os modelos gradient boosted trees são bem úteis para grandes conjuntos de dados, incluindo aqueles de séries temporais. É provável que a implementação escolhida afete um pouco sua acurácia e velocidade do treinamento. Além do XGBoost, você também deve considerar o LightGBM e o CatBoost. Relata-se que esses últimos pacotes às vezes têm um desempenho um pouco mais rápido do que o XGBoost, ainda que apresentem uma ligeira diminuição na acurácia do teste fora da amostra.

Classificação versus regressão

Nos exemplos anteriores, consideramos florestas aleatórias e métodos gradient boosted trees para classificação de séries temporais. Esses mesmos métodos também podem ser usados para predições de séries temporais.

Muitos estatísticos alegam que o aprendizado de máquina teve menos sucesso — ou a mesma taxa de sucesso — no domínio da previsão do que a tradicional análise estatística de séries temporais. Contudo, nos últimos anos, os métodos gradient boosted trees para previsão ganharam destaque e, na verdade, estão superando com frequência os modelos estatísticos tradicionais quando se considera conjuntos grandes de dados, tanto em competições de previsão como em aplicações do setor. Mas, nesses casos, leva-se muito tempo para ajustar os parâmetros dos modelos, bem como para preparar as características de séries temporais.

Uma das vantagens dos modelos gradient boosted tree é que eles usam a abordagem "autopilot" para eliminar características irrelevantes ou ruidosas e focar aquelas mais importantes. Mas essa tendência por si só não será o bastante para obter o melhor desempenho de um modelo. Mesmo para um método supostamente automático, como o gradient boosted tree, as saídas só podem ser tão boas quanto as entradas. A melhor forma de aprimorar seu modelo será fornecer características de entrada de alta qualidade e devidamente testadas.

Há muitas opções para melhorar o modelo atual. Poderíamos empregar a opção XGBoost para gerar métricas relevantes de características. Isso nos ajudaria a identificar atributos de características úteis e inúteis e, assim, poderíamos expandir o conjunto de dados ao adicionar características semelhantes àquelas já tidas como úteis. Poderíamos também usar um grid search nos hiperparâmetros para ajustar a parametrização do nosso modelo. Por fim, poderíamos analisar a série temporal bruta de nossos dados incorretamente rotulados para conferir se há atributos que podem não ser representados por nosso conjunto atual de características. Poderíamos adicionar características que descrevessem melhor os dados incorretamente rotulados, expandindo (data augmentation) ainda mais nossas entradas.

Clusterização

A clusterização é a ideia geral de que os pontos de dados semelhantes entre si formam grupos significativos sujeitos à análise. E essa ideia vale tanto para dados de séries temporais como para outros tipos de dados.

Conforme nossa análise anterior, suponho que você esteja um pouco familiarizado com os conceitos relevantes de aprendizado de máquina em um contexto que não seja de séries temporais. Caso não esteja familiarizado com as técnicas de clusterização, recomendo que faça uma breve leitura de apoio (*https://perma.cc/36EX-3QJU*) antes de continuar esta seção.

A clusterização de séries temporais pode ser usada tanto para classificação quanto para previsão. Na classificação, podemos usar algoritmos de clusterização para identificar o número desejado de clusters durante a fase de treinamento. Desse modo, podemos usar esses clusters para determinar tipos de séries temporais e reconhecer quando novas amostras pertencem a um determinado grupo.

Na previsão, podemos usar a clusterização pura ou buscar inspiração nela para utilizar métricas relevantes de distância (falaremos mais sobre métricas de distância daqui a pouco). Existem algumas opções para gerar previsões em um horizonte, h, no futuro que tomam como base a clusterização e técnicas relacionadas. Lembre-se de que não observaremos por completo uma série temporal, mas somente seus primeiros intervalos N, a partir dos quais podemos prever seu valor no intervalo de tempo $N + h$. Nesse caso, temos algumas opções.

Uma opção é usar a associação de classe para gerar uma previsão com base no comportamento típico dessa classe. Para tal, primeiro determine a qual cluster uma amostra de série temporal pertence com base em seus primeiros intervalos de tempo N e, em seguida, deduza o comportamento futuro provável com base no cluster membership. Nesse cluster, analise especificamente como os valores das séries temporais tendem a mudar seus valores entre o intervalo de tempo N e o intervalo de tempo $N + h$. Veja que queremos executar o armazenamento no cluster original para toda a série temporal com base em seus primeiros intervalos N, em vez de todas as partes da série temporal para evitar o lookahead.

Outra opção é predizer o comportamento futuro de uma amostra de série temporal com base no comportamento de seu vizinho (ou vizinhos, conhecido como algoritmo k-ésimo vizinho mais próximo, ou k-Nearest Neighbors) mais próximo no espaço de amostra. Nesse cenário, com base nas métricas dos primeiros intervalos de tempo N, encontre o(s) vizinho(s) mais próximo(s) de uma amostra de série temporal em que a trajetória completa é conhecida. Em seguida, calcule a média do comportamento $N + h$ desses vizinhos mais próximos. Essa é sua previsão para a amostra atual.

Na classificação e na previsão, o fundamental é como avaliar a similaridade entre as séries temporais. Pode-se realizar a clusterização com uma variedade de métricas de distância, e muitas pesquisas se dedicaram ao estudo de como mensurar a distância em problemas de alta dimensão. Por exemplo, qual é a "distância" entre dois candidatos a uma vaga de emprego? Qual é a "distância" entre duas amostras de sangue? Já podemos encontrar esses desafios em dados transversais e eles são persistentes em dados de séries temporais. Ao aplicar as técnicas de clusterização a dados de série temporal, temos duas classes abrangentes de opções de métrica de distância:

Distância baseada em características

Gera características para a série temporal e as trata como coordenadas para calcular os dados. Isso não resolve totalmente o problema de escolher uma métrica de distância, mas o reduz ao mesmo problema de métrica de distância apresentado por qualquer conjunto de dados transversais.

Distância com base nos dados brutos da série temporal

Encontra um modo de determinar a proximidade das diferentes séries temporais, de preferência de uma forma que consiga lidar com diferentes escalas temporais e medições, assim como outras prováveis disparidades entre as amostras de séries temporais.

Usaremos essas duas métricas de distância em um conjunto de dados de série temporal em que cada amostra representa a projeção de uma palavra escrita à mão a partir de uma imagem 2D para uma série temporal 1D.

Gerando Características a Partir de Dados

Já analisamos maneiras de gerar e selecionar características. Aqui, consideraremos como avaliar a distância entre os conjuntos de dados de séries temporais com base na similaridade de suas características.

Em um cenário ideal, já teríamos eliminado as séries temporais insignificantes ou desinteressantes, talvez usando uma árvore de decisão para avaliar a importância da característica. Não queremos incluir essas características em um cálculo de distância, visto que podem erroneamente assinalar diferenças entre duas séries temporais, quando, na verdade, elas não indicam uma similaridade relevante em relação às classes em nossa tarefa de classificação ou resultado em nossa tarefa de previsão.

Como fizemos com o conjunto de dados EEG, começamos nossa análise verificando alguns exemplos de classes e observando quais diferenças óbvias existem ao longo do tempo e na estrutura da série temporal.

Nossos dados são um subconjunto do conjunto de dados FiftyWords (*https://oreil.ly/yadNp*) disponível no Repositório de Classificação de Séries temporais UEA e UCR. Esse conjunto de dados foi divulgado pelos autores de um artigo de 2003 sobre clusterização de palavras manuscritas em documentos históricos (*https://oreil.ly/01UJ8*). Nesse artigo, os autores desenvolveram "perfis de palavras" como forma de mapear a imagem 2D de uma palavra manuscrita em uma curva 1D, usando o mesmo número de medidas independentemente do comprimento da palavra. O conjunto de dados do repositório não é idêntico ao do artigo, ainda que os mesmos princípios se apliquem. O intuito do artigo original era desenvolver um método para rotular todas as palavras semelhantes ou idênticas em um documento com um único rótulo, de modo que os humanos pudessem rotular essas palavras digitalmente (proeza que, hoje em dia, pode muito bem ser realizada diretamente por um sistema de rede neural, já que foram vinte anos de aperfeiçoamento tecnológico para desenvolver essa tarefa).

Portanto, nesse exemplo, vemos *perfis de projeção* de amostra das palavras, em que "projeção" se refere à conversão de imagem de um espaço 2D para um espaço 1D, e este último espaço, desde que se considere sua ordenação, está sujeito à análise de séries temporais. Veja que o eixo "tempo" não é efetivamente o tempo, mas as progressões da esquerda para a direita das palavras escritas. No entanto, o conceito é o mesmo — dados ordenados e igualmente espaçados —, logo, para simplificar, usarei as palavras *tempo* e *temporal* na análise, embora isso não seja totalmente verdade. Para nosso caso de uso, não faz diferença.

Na Figura 9-4, vemos exemplos de algumas palavras distintas.[1]

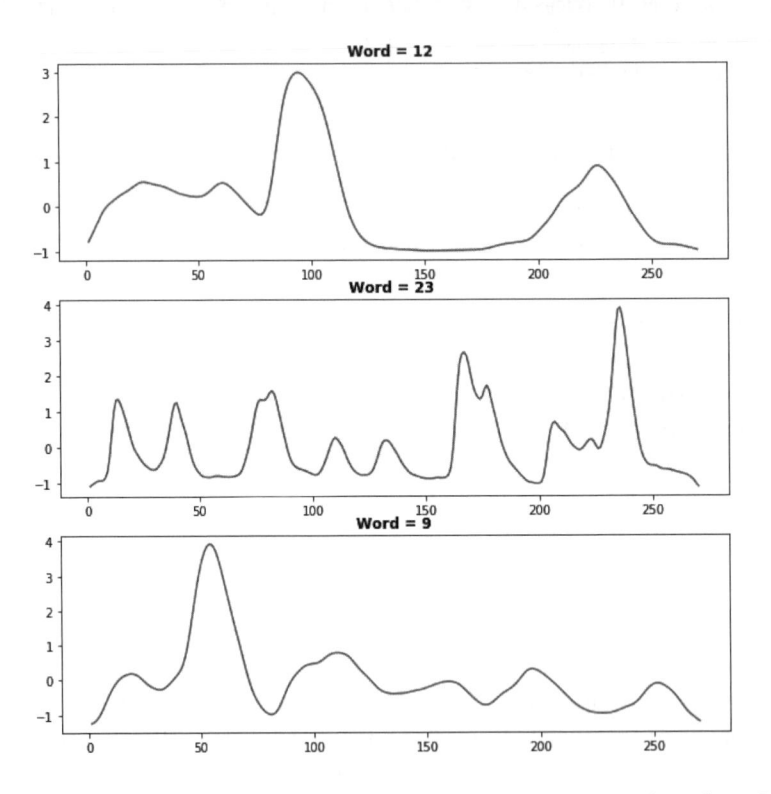

Figura 9-4. Os perfis de projeção de três palavras distintas (12, 23 e 9) são bem diferentes uns dos outros. Já vimos também algumas características que poderiam distinguir essas palavras umas das outras: a localização temporal (eixo x) do maior pico ou mesmo do segundo maior pico, o número de picos locais, o intervalo geral de valores e a convexidade média das curvas.

---

1 Observe que as informações sobre o conteúdo real de cada "palavra" não estão disponíveis e não eram relevantes quando o conjunto de dados original foi reunido. A ideia era reconhecer que todas as palavras de um rótulo eram iguais, visando reduzir o esforço humano necessário para rotular documentos.

Ao examinarmos esses dados e, sobretudo, quando consideramos os padrões óbvios para o olho humano nos gráficos, podemos considerar, assim como no EEG, algumas características em nossa análise como ponto de partida — por exemplo, as alturas e localizações dos picos, bem como suas características, como a intensidade com que a elevação aumenta e a forma que assumem no topo desse pico.

Ao descrever muitas dessas características, temos a impressão de que elas são mais características de reconhecimento de imagem do que de séries temporais. Mas essa impressão ajuda na geração de características. Afinal, os dados visuais normalmente são dados que podemos processar com mais facilidade, além de serem mais intuitivos do que dados de séries temporais. Pensar em termos de imagem ajuda a pensar sobre as características. E também ilustra por que gerar características pode ser extremamente difícil. Em alguns casos, quando analisamos uma série temporal, pode ser óbvio distinguir duas classes, mas quando escrevemos o código, descobrimos que as coisas não são assim tão óbvias. Até podemos escrever o código, mas é um trabalho exaustivo.

Na última década, o aprendizado profundo se tornou a melhor forma para classificação de imagens e, com dados suficientes, poderíamos treinar um classificador de aprendizado profundo nas imagens desses gráficos (falaremos mais a respeito no Capítulo 10). Por ora, é interessante pensarmos em como contornar a dificuldade de programação. Por exemplo, seria difícil gerar características localizando cada pico, pois localizar o pico é exigente em termos de programação, sem mencionar que é uma forma de arte.

Podemos também usar um histograma 1D de todos os exemplos de classe ou de um exemplo individual. Em termos computacionais, talvez isso sugira formas menos exigentes de identificar picos ou outros valores proxy que serão mapeados dentro dos formatos gerais que vemos nas séries temporais. A seguir, plotamos os mesmos membros das classes individuais representadas graficamente antes, agora acompanhadas por seus histogramas 1D (veja a Figura 9-5):

```python
## python
>>> plt.subplot(3, 2, 1)
>>> plt.plot(words.iloc[1, 1:-1])
>>> plt.title("Word = " + str(words.word[1]), fontweight = 'bold')
>>> plt.subplot(3, 2, 2)
>>> plt.hist(words.iloc[1, 1:-1], 10)
>>> plt.subplot(3, 2, 3)
>>> plt.plot(words.iloc[3, 1:-1])
>>> plt.title("Word = " + str(words.word[3]), fontweight = 'bold')
>>> plt.subplot(3, 2, 4)
>>> plt.hist(words.iloc[3, 1:-1], 10)
>>> plt.subplot(3, 2, 5)
>>> plt.plot(words.iloc[5, 1:-1])
>>> plt.title("Word = " + str(words.word[11]), fontweight = 'bold')
>>> plt.subplot(3, 2, 6)
>>> plt.hist(words.iloc[5, 1:-1], 10)
```

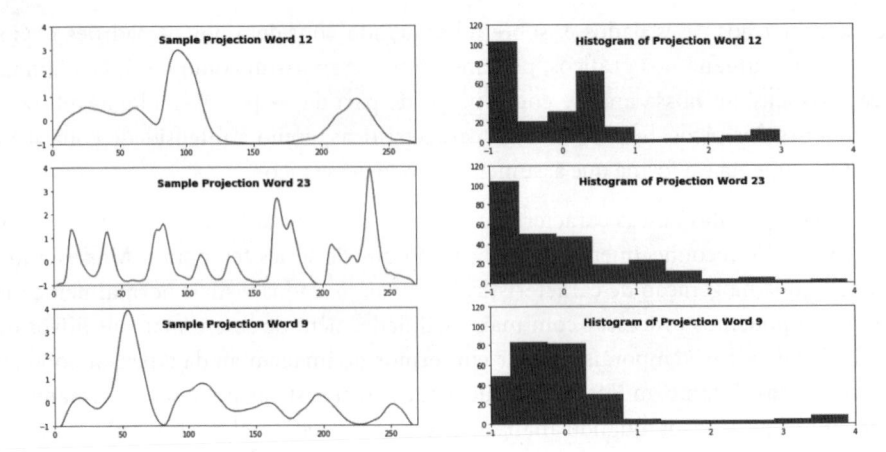

Figura 9-5. Outra maneira de medir as classes para fazer um brainstorming de características úteis. O histograma de exemplos de classes individuais sinaliza que os atributos desse histograma, como o total de picos locais, a assimetria e a curtose seriam úteis e possivelmente bons substitutos para alguns dos atributos das curvas da série temporal, óbvias ao olho humano, mas nada fáceis de identificar com o código.

É necessário também termos certeza de que os exemplos que estamos vendo não são discrepantes em comparação com os outros exemplos dessas palavras. Por esse motivo, construímos o histograma 2D para duas palavras a fim de ter uma noção da variação individual (veja a Figura 9-6):

```python
## python
>>> x = np.array([])
>>> y = np.array([])
>>>
>>> w = 12
>>> selected_words = words[words.word == w]

>>> selected_words.shape
>>>
>>> for idx, row in selected_words.iterrows():
>>>     y = np.hstack([y, row[1:271]])
>>>     x = np.hstack([x, np.array(range(270))])
>>>
>>> fig, ax = plt.subplots()
```

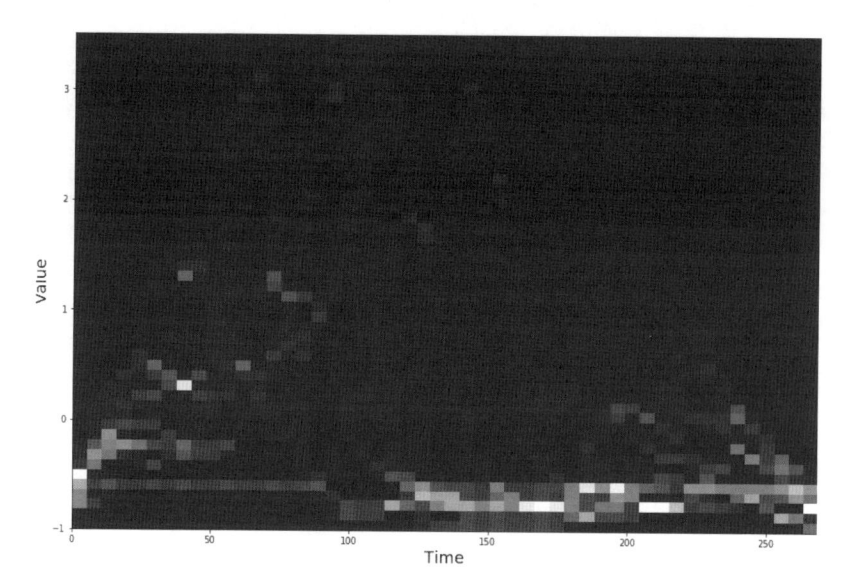

Figura 9-6. Um histograma 2D das projeções de palavra 1D para palavra = 12. O eixo y é o valor em um determinado intervalo de tempo, e o eixo x representa os 270 intervalos de tempo para cada amostra de série temporal/projeção de palavra.

A Figura 9-6 mostra o histograma 2D para todas as palavras = 12 membros do conjunto de dados. Na Figura 9-5, a curva individual sugeriu que nos concentrássemos em identificar os dois grandes picos que pareciam dominantes na série temporal, mas aqui vemos que a semelhança entre a maioria dos membros desta classe é o intervalo plano entre esses picos que, aparentemente, gira em torno dos intervalos de tempo 120 a 200, baseado na intensidade dos pontos nessa região. Podemos também usar esse histograma 2D para estabelecer um ponto de cutoff para o pico máximo dessa classe, que parece sofrer variação de localização entre os intervalos de tempo 50 e 150. Será que conseguimos codificar uma característica tão específica como "o valor máximo alcançado entre os pontos 50 e 150"?

Plotamos outro histograma 2D pelo mesmíssimo motivo, dessa vez escolhendo a classe de palavras 23, que tem pequenas oscilações no exemplo que plotamos na Figura 9-5, uma característica difícil de quantificar (veja a Figura 9-7).

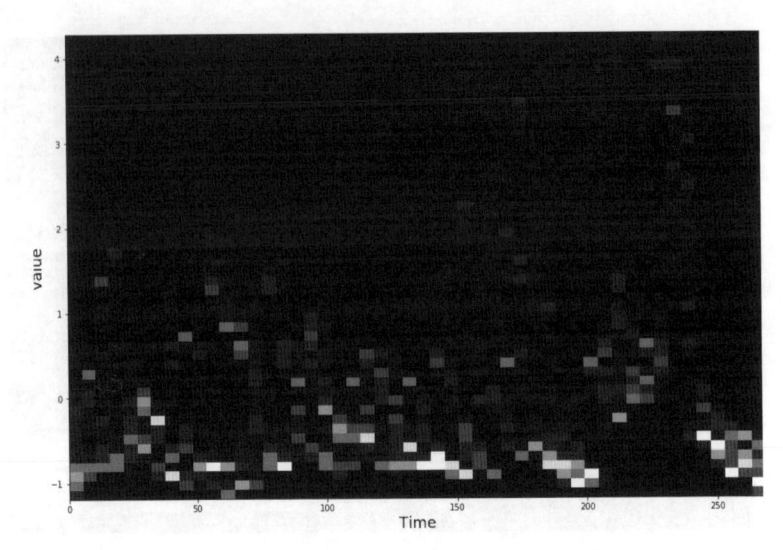

Figura 9-7. Um histograma 2D das projeções de palavra 1D para palavra = 23. O eixo y é o valor em um determinado intervalo de tempo e o eixo x representa os 270 intervalos de tempo para cada amostra de série temporal/projeção de palavra.

Não é de se espantar ver um histograma "manchado" para a classe de palavras 23 na Figura 9-7, visto que até mesmo o exemplo plotado na Figura 9-5 apresentava tantas características que era de se esperar muitas manchas no histograma 2D, ainda que as características não correspondessem exatamente entre as amostras. No entanto, também vemos que o valor de ponto máximo nessa classe vem em um intervalo não sobreposto de intervalos de tempo, em comparação com a classe de palavras 12. Para essa classe, o valor máximo vem depois de 150, o que faz sentido, considerando que os dois maiores picos que vimos no exemplo da classe de palavras 23 estavam nesse intervalo. A tendência do histograma 2D é justificar que o pico anterior não é tão alto quanto o pico posterior, sugerindo outras maneiras de quantificar o formato da série temporal para distingui-la de outras classes.

Os histogramas 2D ajudam a nos informar sobre a variabilidade de uma característica dentro de uma classe individual, assim não dependemos de modo indevido de um único exemplo de classe ao pensar sobre como gerar nossas características.

Neste caso, optamos por gerar um conjunto de características derivadas do formato de projeção da palavra e um conjunto adicional de características oriundas do formato do histograma de projeção da palavra (projetando um resumo 1D em um resumo 1D diferente, a partir do qual geramos características). Fizemos isso em resposta às grandes "manchas" que vemos nos histogramas 2D, indicando que há picos cuja localização não é lá muito estável. Usar um histograma para gerar um segundo formato de característica para cada projeção de palavra pode ser mais confiável e representativo do que a própria projeção da palavra. Os histogramas representam quais tipos de valores constam nas séries sem caracterizar sua localização, o que é importante para nós, uma vez que os picos nas projeções não têm localizações temporais muito estáveis dentro da série temporal.

Primeiro, geramos características para as séries temporais, que são 270 intervalos de tempo por cada comprimento. Assim, para o código ficar legível, abreviamos o nome da função usada para gerar características:

```python
from cesium import featurize.featurize_time as ft

## python
>>> word_vals       = words.iloc[:, 1:271]
>>> times           = []
>>> word_values     = []
>>> for idx, row in word_vals.iterrows():
>>>     word_values.append(row.values)
>>>     times.append(np.array([i for i in range(row.values.shape[0])]))
>>>
>>> features_to_use = ['amplitude',
>>>                    'percent_beyond_1_std',
>>>                    'percent_close_to_median']
>>> featurized_words = ft(times           = times,
>>>                        values          = word_values,
>>>                        errors          = None,
>>>                        features_to_use = features_to_use,
>>>                        scheduler       = None)
```

Em seguida, geramos histogramas e os usamos como outra série temporal para a qual geramos características:[2]

```python
## python
>>> ## Cria algumas características derivadas do histograma
>>> times = []
>>> hist_values = []
>>> for idx, row in words_features.iterrows():
>>>     hist_values.append(np.histogram(row.values,
>>>                        bins=10,
>>>                        range=(-2.5, 5.0))[0] + .0001)
>>>                        ## 0s cause downstream problems
>>>     times.append(np.array([i for i in range(9)]))
>>>
>>> features_to_use = ["amplitude",
>>>                    "percent_close_to_median",
>>>                    "skew"
>>>                    ]
>>>
>>> featurized_hists = ft(times           = times,
>>>                        values          = hist_values,
>>>                        errors          = None,
>>>                        features_to_use = features_to_use,
>>>                        scheduler       = None)
```

---

2   Assim como as próprias projeções de palavras, para as quais o eixo x não é de fato o tempo, mas outro eixo ordenado e uniformemente espaçado que pode ser o tempo, o mesmo vale para os histogramas. Para os fins de nossa análise, como a geração de características, podemos considerar o eixo x como tempo.

Garantimos que todos os histogramas usassem o mesmo número de categorias e o mesmo intervalo de valores como base nos bins, por meio dos parâmetros que passamos para o `np.histogram()`. Isso assegura que todos os histogramas possam ser diretamente comparados, tendo o mesmo intervalo de valores bin, que será o eixo "temporal" quando esses histogramas forem executados por meio da geração de características de séries temporais. Se não implementássemos essa consistência, as características geradas não seriam necessariamente significativas na comparação de um histograma com outro. Por último, combinamos essas duas fontes de características:

```python
## python
>>> features = pd.concat([featurized_words.reset_index(drop=True),
>>>                       featurized_hists],
>>>                       axis=1)
```

Métricas de Distância com Reconhecimento Temporal

Ao rodar a análise de clusterização, temos que escolher uma métrica de distância. Por meio das características de séries temporais, como acabamos de fazer, podemos aplicar uma variedade de métricas de distância padrão, como ocorre na análise de clusterização padrão em dados transversais. Caso não esteja familiarizado com o processo de escolha de uma métrica de distância, recomendo um pequeno desvio para fazer algumas leituras de apoio (*https://perma.cc/MHL9-2Y8A*).

Nesta seção, focaremos o problema de medir a similaridade entre as séries temporais, definindo uma métrica de distância entre elas. Um dos exemplos mais conhecidos dessas métricas é a dynamic time warping (DTW). A DTW serve para a clusterização de séries temporais cujas características mais importantes sejam seu formato geral, exemplo do que ocorre com nossos dados de projeção de palavras.

O nome dessa técnica se inspira em uma metodologia que toma como base o algoritmo "warping" de tempo para alinhar as séries temporais ao longo de seu eixo temporal, de modo a comparar seus formatos. Como uma imagem vale mais que mil palavras, confira o conceito de dynamic time warping na Figura 9-8. O eixo temporal (x) arqueado — se expande ou se contrai conforme conveniente — para encontrar o melhor alinhamento de pontos entre as duas curvas representadas (por exemplo, duas séries temporais), a fim de comparar seu formato.

Observe que os valores de tempo reais no eixo do tempo de uma curva em comparação com outra não são relevantes para o modelo-padrão desse algoritmo. Seria possível comparar uma série temporal medida em nanossegundos com outra medida em milênios (embora isso não seja um exercício coerente). O objetivo do algoritmo é o mesmo que comparar o "formato" visual desse algoritmo, em vez de pensar sobre quanto tempo está passando. Na verdade, o significado de "tempo" é mais no sentido geral de um conjunto ordenado de pontos uniformemente espaçados ao longo do eixo x, em vez de tempo propriamente dito.

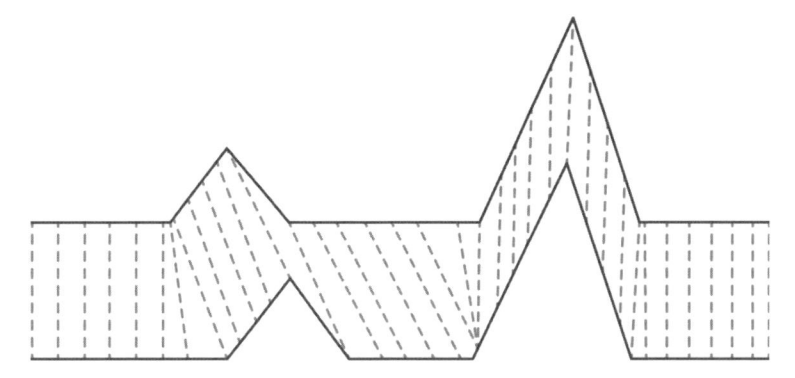

Figura 9-8. Funcionamento do dynamic time warping. Cada ponto em uma série temporal é mapeado em um ponto na série temporal oposta, apesar de não se exigir nenhum mapeamento ponto a ponto. Mas isso gera consequências: (1) As séries temporais não precisam ter o mesmo comprimento ou a mesma escala temporal. O importante é o formato. (2) O tempo nem sempre avança durante o processo de ajuste e talvez não se mova no mesmo ritmo para cada série temporal. Quando digo não se mover no tempo significa progredir ao longo da curva na direção do eixo x. Fonte: Wikipédia (https://perma.cc/F9ER-RTDS).

Vamos conferir as regras do DTW:

- Cada ponto em uma série temporal deve ser combinado com pelo menos um ponto de outra série temporal.
- O primeiro e o último índice de cada série temporal devem ser comparados com seus equivalentes nas outras séries temporais.
- O mapeamento dos pontos deve ser tal que o tempo avance e não retroceda. Não há como voltar no tempo combinando um ponto em uma série temporal com um ponto em outra série temporal que já foi passado no eixo do temporal. Contudo, o tempo não precisa avançar de forma constante. Por exemplo, dois intervalos de tempo consecutivos na série original podem ser curvados ao serem condensados no mesmo lugar no eixo x durante o ajuste, conforme ilustrado na Figura 9-8, na primeira "dobra", na curva superior/linha contínua.

Para seguir essas regras, podemos ajustar o alinhamento temporal de várias formas, mas a correspondência selecionada é aquela que minimiza a distância entre as curvas. Essa distância, ou função de custo, é frequentemente medida como a soma das diferenças absolutas entre os pontos combinados, em que a diferença absoluta é a diferença entre os valores dos pontos. Agora que temos uma ideia intuitiva de como o DTW funciona, vamos conferir o código:

```python
## python
>>> def distDTW(ts1, ts2):
>>>     ## Aqui é a configuração
>>>     DTW={}
>>>     for i in range(len(ts1)):
>>>         DTW[(i, -1)] = np.inf
>>>     for i in range(len(ts2)):
>>>         DTW[(-1, i)] = np.inf
>>>     DTW[(-1, -1)] = 0
>>>
>>>     ## Aqui, é onde realmente calculamos o ideal,
>>>     ## um passo de cada vez.
>>>     for i in range(len(ts1)):
>>>         for j in range(len(ts2)):
>>>             dist = (ts1[i] - ts2[j])**2
>>>             DTW[(i, j)] = dist + min(DTW[(i-1, j)],
>>>                                      DTW[(i, j-1)],
>>>                                      DTW[(i-1, j-1)])
>>>             ## Este é um exemplo de programação dinâmica
>>>
>>>     ## Quando encontramos o caminho completo,
>>>     ## retornamos a distância associada.
>>>     return sqrt(DTW[len(ts1)-1, len(ts2)-1])
```

Conforme indicado nos comentários, a solução para esse problema é um exemplo de programação dinâmica, sendo a distância DTW um problema clássico de programação dinâmica. No caminho de cada série temporal, podemos dar um passo de cada vez, até o fim, e sabemos que podemos encontrar a solução desse modo e recorrer ao nosso conhecimento anterior para tomar decisões futuras.

O DTW apresenta várias implementações diferentes que, quando aliadas a uma variedade de ideias, tornam sua busca pela solução ideal, ou quase ideal, mais eficiente. Explore isso, principalmente se estiver trabalhando com um conjunto de dados grande. A seguir, vamos conferir outras formas de medir distâncias entre séries temporais:

Distância Fréchet

Distância máxima entre duas curvas durante um cruzamento das curvas em formato time-warping, que sempre busca minimizar a distância entre duas curvas. Em geral, explica-se essa métrica de distância por meio da seguinte analogia: um homem está passeando com seu cachorro preso em uma coleira, e cada um pode se mover em uma curva diferente. Cada um percorre uma curva separada, de um ponto ao outro. Eles se movimentam em velocidades diferentes e essas velocidades variam ao longo da curva, desde que se movam sempre na mesma direção. A distância Fréchet é o menor comprimento necessário da coleira para que os dois possam concluir sua trajetória ideal (supondo que eles consigam encontrá-la!).

Correlação de Pearson

A correlação entre duas séries temporais pode ser uma forma de medir a distância entre elas. Ao contrário de outras métricas de distância, você minimizará a distância entre as séries temporais maximizando a métrica da correlação. A correlação é relativamente fácil de calcular. No entanto, esse método exige que as séries temporais tenham o mesmo número de pontos de dados ou que uma delas passe por downsampling para se igualar aos mesmos pontos de dados que a outra. A complexidade de tempo da correlação computacional é $O(n)$, o que a torna uma métrica bastante eficiente do ponto de vista de recursos computacionais.

Subsequência comum mais longa

Essa medida de distância é apropriada para séries temporais que representam uma sequência de valores categóricos ou integrais. Nesses casos, para considerar a similaridade de duas séries temporais, podemos determinar o comprimento da subsequência comum mais longa, ou seja, o comprimento mais longo de valores consecutivos exatamente idênticos, embora sua localização exata na série temporal não seja necessária para igualá-las. Como acontece com o DTW, isso significa que estamos mais preocupados em encontrar um formato de pontos comuns, em vez do lugar no tempo em que o formato comum está ocorrendo. Repare também que, assim como o DTW, mas diferente da correlação de Pearson, essa métrica de distância não exige que as séries temporais tenham o mesmo comprimento. Uma medida correspondente é a *distância de edição*, por meio da qual encontramos o número de alterações que precisaríamos fazer em uma série temporal para torná-la idêntica a outra e usar esse valor para definir uma métrica de distância.

Distância versus Similaridade

Os estudos sobre medição de distâncias entre séries temporais também usam o termo similaridade para descrever essas métricas. Na maioria dos casos, você pode tratar esses termos de forma intercambiável, como uma forma de estabelecer quais séries temporais são mais ou menos semelhantes. Dito isso, algumas métricas serão distâncias propriamente ditas, como a distância Fréchet, que pode ser calculada com unidades adequadas (como "pés" ou "kg/dólar" ou qualquer métrica que uma série temporal esteja medindo). Outras medidas não têm unidade, como uma correlação.

Não raro, um pouco de criatividade pode ajudar a encontrar uma solução simples, mas adequada, por isso é sempre uma boa ideia considerar exatamente quais são suas necessidades e defini-las da forma mais específica possível. Confira uma postagem do Stack

Overflow (*https://perma.cc/389W-68AH*) que busca uma métrica de distância para um uso específico, classificar séries temporais para combiná-las a um dos três centroides de uma análise de clusterização anterior. As três classes eram:

- Uma linha contínua.
- Um pico no início da série temporal, seguido por uma linha contínua.
- Um pico no final da série temporal, antecedido por uma linha contínua. O usuário descobriu que várias métricas de distância padrão, incluindo distância euclidiana e DTW, não funcionavam. Nesse caso, o DTW era muito generoso e classificava qualquer série temporal com um pico igualmente próximo da série temporal com um pico no final e um pico no início (logo, o DTW não é o remédio para todos os males, apesar de ser computacionalmente pesado!).

Um usuário inteligente sugeriu uma transformação que faria as métricas de distância funcionarem melhor, ou seja, comparar as séries temporais somadas cumulativas em vez da série temporal original. Após essa transformação, as distâncias euclidiana e DTW apresentaram a ordenação correta, de modo que uma série temporal com um pico no início mostrasse a menor distância para o modelo dessa classe, em vez de uma distância igual para o modelo com um pico no início da série temporal e o modelo com um pico no final da série temporal. Isso deve nos lembrar das análises anteriores que estudamos, nas quais a transformação de uma série temporal pode tornar o ARIMA apropriado, mesmo se os dados brutos não atenderem às condições necessárias.

Evite as Medidas de Distância Euclidianas para Séries Temporais

Talvez você tenha percebido que a distância euclidiana não foi mencionada em nossa análise sobre medidas de similaridade de séries temporais. As distâncias euclidianas costumam ter um desempenho insatisfatório na avaliação da similaridade entre as séries temporais de uma forma importante. Para conferir o porquê, vamos comparar duas curvas senoidais e uma linha contínua. Se as curvas senoidais têm o mesmo período, mas uma fase diferente (deslocamento ao longo do tempo/eixo x) ou se apresentam amplitudes suficientemente diferentes, a linha contínua terá uma distância euclidiana mais curta em relação à curva senoidal do que a outra curva senoidal. Em geral, esse não é o resultado desejado, porém nos mostra as vantagens de algumas das métricas de distância anteriores:

- Capacidade de compensar a fase, ou seja, o deslocamento ao longo do eixo do tempo que não é importante para comparação.
- Capacidade de reconhecer similaridade de formatos em vez de similaridades de magnitudes.

É fácil escrever o código para esse tipo de exercício, então tente!

> Caso decida que uma medida de distância euclidiana é apropriada, considere o uso da transformada de Fourier em vez de uma distância euclidiana. Nesse caso, você pode usar a redução de dimensionalidade por ter um teto de frequência, apropriado para a maioria dos dados de séries temporais em que as frequências mais altas tendem a ser menos importantes para o formato geral e a dinâmica de uma série temporal. Outra opção é usar a técnica Symbolic Aggregate Approximation (SAX, desenvolvida pela primeira vez em 2007) para reduzir a dimensionalidade dos dados das séries temporais antes de calcular um limite inferior na distância euclidiana.

Infelizmente, não existe um "autopilot" para escolher uma métrica de distância. Será necessário usar seu bom senso para encontrar um equilíbrio entre:

- Minimizar o uso de recursos computacionais.

- Escolher uma métrica que enfatize as características de uma série temporal mais relevantes para seu objetivo final.

- Garantir que sua métrica de distância retrate as premissas e as vantagens/desvantagens dos métodos analíticos que você está combinando. Por exemplo, a clusterização k-means [clusterização k-média] não usa distâncias por pares, porém minimiza as variâncias, de forma que apenas distâncias semelhantes às euclidianas façam sentido para essa técnica.

Código de Clusterização

Agora que já vimos como gerar características para análise de clusterização e como medir a distância diretamente entre as séries temporais como uma métrica de distância para clusterização, faremos a clusterização com nossas características selecionadas e com nossa matriz de distância por pares DTW a fim de comparar os resultados.

Clusterização hierárquica de características normalizadas

Calculamos as características para nossas palavras como séries temporais, tanto para a série temporal de registro original quanto para o histograma da série temporal. Essas características podem ocorrer em escalas bastante diferentes. Desse modo, se quisermos aplicar uma única métrica de distância a elas, precisamos normalizá-las, como é o procedimento operacional padrão para a clusterização baseada em características:

```python
## python
>>> from sklearn import preprocessing
>>> feature_values = preprocessing.scale(features.values)
```

Selecionamos um algoritmo de clusterização hierárquico e ajustamos cinquenta clusters, já que queremos combinar esses clusters com as cinquenta palavras em nosso conjunto de dados:

```
## python
>>> from sklearn.cluster import AgglomerativeClustering
>>> feature_clustering = AgglomerativeClustering(n_clusters = 50,
>>>                                               linkage    = 'ward')
>>> feature_clustering.fit(feature_values)
>>> words['feature_labels'] = feature_clustering.fit_predict(p)
```

Em seguida, queremos ver se os clusters (cujos rótulos são arbitrários em relação aos rótulos das palavras originais) apresentam correspondências úteis para os rótulos das palavras:

```
## python
>>> from sklearn.metrics.cluster import homogeneity_score
>>> homogeneity_score(words.word, words.feature_labels)
0.508
```

Temos sorte de trabalhar com dados rotulados, pois, de outra forma, poderíamos chegar a conclusões incorretas com base nos clusters que reunimos. Nesse caso, menos da metade dos clusters está altamente relacionada a uma única palavra. Se voltarmos e pensarmos em como melhorar esse resultado, temos várias opções:

- Utilizamos apenas seis características. Não é uma quantidade grande de características, então poderíamos adicionar mais.

- Poderíamos procurar características relativamente não correlacionadas, coisa que não fizemos.

- Ainda faltam características obviamente úteis. Não incluímos características que percebemos na exploração visual dos dados, como o número e a localização de picos distintos. Provavelmente deveríamos refazer essa análise para incluir essa informação ou algum proxy melhor.

- Devemos explorar o uso de outras métricas de distância, talvez algumas que atribuam maior peso a certas características do que outras, privilegiando as características que o olho humano considera úteis.

Clusterização hierárquica com a matriz de distância DTW

Já concluímos a parte difícil da clusterização direta com base na clusterização de séries temporais, calculando a matriz de distância por pares via DTW. Isso é pesado do ponto de vista computacional, e é por isso que tomamos o cuidado de salvar os resultados, no caso de querermos fazer uma reanálise:

```
## python
>>> p = pairwise_distances(X, metric = distDTW)
>>> ## Isso leva tempo para ser calculado então vale a pena salvar
>>> with open("pairwise_word_distances.npy", "wb") as f:
        np.save(f, p)
```

Agora podemos usar um algoritmo de clusterização hierárquica:

```
## python
>>> from sklearn.cluster import AgglomerativeClustering
>>> dtw_clustering = AgglomerativeClustering(linkage  = 'average',
>>>                                          n_clusters = 50,
>>>                                          affinity  = 'precomputed')
>>> words['dtw_labels'] = dtw_clustering.fit_predict(p)
```

E, por último, assim como antes, comparamos a correspondência entre os clusters ajustados e os rótulos conhecidos:

```
## python
>>> from sklearn.metrics.cluster import homogeneity_score,
>>>                                 completeness_score
>>> homogeneity_score(words.word,  words.dtw_labels)
0.828
>>> completeness_score(words.word, words.dtw_labels)
0.923
```

Vemos que esse cluster baseado em DTW funciona substancialmente melhor do que nosso cluster baseado em características. No entanto, caso rode o código de cálculo de distância DTW em seu próprio computador — sobretudo se for uma máquina-padrão —, você verá que o cálculo do DTW demorará mais em comparação com as características que escolhemos. É provável que possamos melhorar nossa clusterização baseada em caraterísticas, ao contrário da clusterização de distância DTW que já foi calculada e não deixa nenhuma margem direta de melhoria. Nossas alternativas de melhoria seriam:

- Incluir características, bem como a distância DTW. Isso é delicado, tanto da perspectiva de programação quanto da perspectiva conceitual de decidir como combinar as características com a distância DTW.

- Testar outras métricas de distância. Conforme analisado antes, a métrica de distância apropriada dependerá de seus dados, seus objetivos e de sua análise downstream. Precisaríamos definir nosso objetivo para essa análise de palavras de modo mais restrito e geométrico, pois só assim podemos pensar se o DTW é a melhor métrica para o que queremos fazer.

Leituras e Recursos Adicionais

- Sobre medidas de distância e similaridade da série temporal:

  Meinard Müller, "Dynamic Time Warping", em Information Retrieval for Music and Motion (Berlim: Springer, 2007), 69–84: https://perma.cc/R24Q-UR84.
      Esse capítulo do livro de Müller apresenta uma visão geral e ampla da medida dynamic time warping, incluindo uma análise de aproximações comuns feitas para reduzir a complexidade computacional do cálculo DTW.

  Stéphane Pelletier, "Computing the Fréchet Distance Between Two Polygonal Curves", (notas de aula, Computational Geometry, McGill University, 2002): https://perma.cc/5QER-Z89V.

Esse conjunto de notas de aula da Universidade McGill oferece uma explicação visual e algorítmica intuitiva do que é a distância Fréchet e de como ela pode ser calculada.

Pjotr Roelofsen, "Time Series Clustering", dissertação de mestrado, Business Analytics, Vrije Universiteit Amsterdam, 2018: https://perma.cc/K8HJ-7FFE.
Dissertação de mestrado sobre clusterização de séries temporais que começa com uma análise útil e bem completa das técnicas convencionais para calcular distâncias entre séries temporais, incluindo informações sobre a complexidade computacional do cálculo de distância e exemplos que auxiliam na intuição.

Joan Serrà e Josep Ll. Arcos, "An Empirical Evaluation of Similarity Measures for Time Series Classification", Knowledge-Based Systems 67 (2014): 305–14: https://perma.cc/G2J4-TNMX.
Artigo com uma análise empírica sobre a acurácia do teste fora da amostra para modelos de classificação desenvolvidos com sete medidas diferentes de similaridade de séries temporais: distância euclidiana, coeficientes de Fourier, modelos AR, DTW, distância de edição, time-warped edit distance e dissimilaridade de custos de salto mínimo. Os autores testaram essas medidas em 45 conjuntos de dados disponíveis no Repositório de Séries Temporais UCR.

- Sobre aprendizado de máquina para séries temporais:

Keogh Eamonn, "Introduction to Time Series Data Mining", tutorial em slideshow, n.d.: https://perma.cc/ZM9L-NW7J.
Essa série de slides apresenta uma visão geral do pré-processamento de dados de séries temporais para aprendizado de máquina, medindo a distância entre as séries temporais e identificando "motivos" que podem ser usados para análise e comparação.

Spyros Makridakis, Evangelos Spiliotis e Vassilios Assimakopoulos, "The M4 Competition: Results, Findings, Conclusion and Way Forward", International Journal of Forecasting 34, no. 4 (2018): 802–8: https://perma.cc/42HZ-YVUU.
O artigo sintetiza os resultados da competição M4 em 2018, que comparou uma variedade de técnicas de previsão de série temporal, incluindo muitas técnicas de clusterização, em um conjunto selecionado aleatoriamente de 100 mil séries temporais, até mesmo com dados coletados em diversas frequências (anualmente, a cada hora etc.). Nessa visão geral dos resultados da competição, os autores sinalizam que algumas abordagens "híbridas", baseadas em estatísticas e também em alguns componentes de aprendizado de máquina, ficaram em primeiro e segundo lugar na competição. Resultados como esses apontam para a importância de entender e implementar abordagens estatísticas e de aprendizado de máquina para fazer previsões.

## CAPÍTULO 10

Aprendizado Profundo para Séries Temporais

O aprendizado profundo para séries temporais é uma iniciativa relativamente nova, mas promissora. Como é uma técnica bastante flexível, ele pode ser vantajoso para a análise de séries temporais. Além de promissora, a técnica possibilita a modelagem de comportamentos temporais extremamente complexos e não lineares sem a necessidade de supor seus formatos funcionais — o que pode ser um divisor de águas para as técnicas de previsão não estatísticas.

Caso não esteja familiarizado com o aprendizado profundo, vamos conferir um breve resumo (entraremos em detalhes mais adiante). O aprendizado profundo representa uma subárea do aprendizado de máquina no qual um "grafo" é construído para conectar os nós de entrada a uma estrutura complicada de nós e arestas. Ao passar de um nó para outro por meio de uma aresta, um valor é multiplicado pelo peso dessa aresta e, depois, normalmente, passa por algum tipo de função de ativação não linear. É essa função de ativação não linear que torna o aprendizado profundo tão interessante: ela nos possibilita ajustar dados não lineares extremamente complexos, coisa que antes não era feita com tanto sucesso.

O aprendizado profundo se consolidou principalmente nos últimos dez anos, conforme as melhorias em hardware disponível comercialmente foram combinadas com grandes quantidades de dados para possibilitar esse tipo de ajuste pesado de modelo. Os modelos de aprendizado profundo podem ter milhões de parâmetros. Assim, uma forma de entendê-los é imaginar qualquer grafo com todos os tipos de multiplicações de matrizes e transformações não lineares, e depois imaginar um otimizador inteligente que otimiza seu modelo em um pequeno grupo de dados de cada vez, ajustando continuamente os pesos desse modelo grande para que gerem resultados cada vez melhores. Em poucas palavras, isso é aprendizado profundo.

O aprendizado profundo ainda não gerou resultados surpreendentes de previsão como tem gerado em outras áreas, como o processamento de imagem e processamento de linguagem natural. Apesar disso, há boas razões para ser otimista de que o aprendizado profundo acabará aprimorando a arte da previsão ao mesmo tempo que minimizará a natureza sensível e altamente uniforme das suposições e requisitos técnicos comuns aos modelos de previsão tradicionais.

A maioria dos obstáculos do pré-processamento de dados para ajustar as suposições de um modelo desaparece quando se usa os modelos de aprendizado profundo:

- Não se exige estacionariedade.
- Desaparece a necessidade de desenvolver a arte e a habilidade de selecionar parâmetros, como avaliar a sazonalidade e a ordem de um modelo ARIMA sazonal.
- Desaparece a necessidade de desenvolver uma hipótese sobre a dinâmica subjacente de um sistema, o que costuma ajudar na modelagem de espaço de estados.

Você deve estar familiarizado com essas vantagens após ler o Capítulo 9, em que analisamos a aplicação do aprendizado de máquina a séries temporais. O aprendizado profundo é ainda mais flexível por diversos motivos:

- Muitos algoritmos de aprendizado de máquina costumam ser bastante sensíveis em termos de dimensionalidade e tipos de dados de entrada necessários para o funcionamento de um algoritmo de treinamento. Em contrapartida, o aprendizado profundo é bastante flexível quanto ao modelo e à natureza das entradas.
- Os dados heterogêneos podem ser desafiadores com muitas técnicas de aprendizado de máquina comumente utilizadas, apesar de serem comumente usados com modelos de aprendizado profundo.
- Enquanto o aprendizado profundo tem bastante flexibilidade no que se refere ao desenvolvimento de arquiteturas específicas para dados temporais, os modelos de aprendizado de máquina dificilmente são desenvolvidos para problemas de séries temporais.

No entanto, o aprendizado profundo não é o remédio para todos os males. Ainda que a estacionariedade não seja uma exigência para o aprendizado profundo aplicado a séries temporais, na prática, o aprendizado profundo não ajusta bem os dados com uma tendência, a menos que as arquiteturas-padrão sejam modificadas para se ajustar à tendência. Ou seja, ainda precisamos pré-processar nossos dados ou nossa técnica.

Além do mais, o aprendizado profundo se sai melhor com entradas numéricas em canais diferentes, todos escalonados para valores semelhantes entre −1 e 1. Isso significa que você precisará pré-processar seus dados, embora teoricamente não seja necessário. Você também precisa fazer esse pré-processamento para evitar o lookahead, algo que, em geral, a comunidade de aprendizado profundo não passa muito tempo aperfeiçoando.

Por fim, técnicas de otimização de aprendizado profundo e modelagem para redes neurais orientadas ao tempo (cuja maior classe são as redes neurais recorrentes ou RNNs) não são tão bem desenvolvidas quanto aquelas para processamento de imagem (cuja maior classe são as redes neurais convolucionais, ou CNNs). Ou seja, você encontrará menos orientação sobre as melhores práticas e regras gerais para selecionar e treinar uma arquitetura do que encontraria para tarefas não temporais.

Além dessas dificuldades de aplicar o aprendizado profundo a séries temporais, você descobrirá que as vantagens de fazer isso têm seus lados positivos e negativos. Para começo de conversa, o desempenho do aprendizado profundo para séries temporais não supera invariavelmente os métodos mais tradicionais de previsão e classificação de séries temporais. Na verdade, a previsão é uma área apta para melhorias de aprendizado profundo, porém, até o momento em que eu escrevia esta obra, essas melhorias ainda não tinham se concretizado.

Contudo, há razões para se esperar benefícios imediatos e de longo prazo ao adicionar aprendizado profundo ao seu conjunto de ferramentas de análise de séries temporais. Primeiro, empresas tecnológicas de grande porte começaram a promover o aprendizado profundo para serviços de séries temporais com arquiteturas customizadas que desenvolveram internamente, muitas vezes considerando tarefas de modelagem específicas. Você pode usar esses serviços ou combiná-los com suas próprias análises para obter um bom desempenho.

Segundo, você pode ter um conjunto de dados que funciona muito bem com o aprendizado profundo para séries temporais. Em geral, quanto mais forte for a relação sinal/ruído, melhor será o seu desempenho. Já ouvi de mais de um programador novo dizer que obtiveram um grau surpreendente de sucesso usando o aprendizado profundo.

Por exemplo, uma faculdade descobriu que uma simples LSTM (falarei mais sobre ela adiante) teve um desempenho tão bom quanto os orientadores sobrecarregados em predizer quais alunos provavelmente reprovariam ou desistiriam em breve, de modo que a faculdade pudesse abordar esses alunos e fornecer mais recursos. Embora a melhor solução seja ter mais orientadores, é animador saber que uma simples LSTM aplicada aos dados heterogêneos da série temporal das notas e do registro de frequência de um aluno pode ajudar a abordar as vulnerabilidades dos estudantes, ressaltando uma maior assistência e apoio. No futuro, acredito que podemos esperar mais desses usos inovadores e assistivos do aprendizado profundo para séries temporais.

 Lembre-se de que todo modelo tem suposições. Os modelos de aprendizado de máquina, incluindo redes neurais, invariavelmente têm suposições integradas, tanto na arquitetura quanto nas metodologias de treinamento. Até mesmo o fato de que a maioria das redes neurais funciona melhor com entradas escalo-

nadas para [−1, 1] sugere que há fortes suposições integradas no modelo, ainda que não tenham sido bem identificadas. Pode até ser que as previsões de redes neurais ainda não tenham alcançado seu desempenho ideal e que uma melhor compreensão dos fundamentos teóricos e dos requisitos relacionados às previsões de redes neurais leve a melhorias de desempenho.

Caso seja novo no aprendizado profundo, este capítulo não lhe fornecerá todos os instrumentos conceituais e de programação necessários para iniciar na área. Mas será um ponto de partida e, a partir daqui, você poderá conferir bons tutoriais, livros e até cursos online para aprender mais. A boa notícia é que não há a necessidade de ser o gênio matemático para se ter uma ideia geral de como o aprendizado profundo funciona e é programado. Além disso, as APIs estão disponíveis em vários níveis de especificidade. Isso significa que um iniciante pode usar APIs de alto nível para testar algumas técnicas introdutórias e, sinceramente, até mesmo os especialistas usarão essas APIs de alto nível para economizar tempo. Mais tarde, quando for necessário um pouco de inovação na arquitetura e à medida que adquirir mais entendimento, poderá usar as APIs de baixo nível para decidir e especificar as coisas de forma mais concreta.

Neste capítulo, faremos uma breve análise sobre os conceitos que inspiraram e respaldaram o aprendizado profundo como uma busca matemática e da ciência da computação, bem como exemplos concretos do código que você pode usar para aplicar um modelo de aprendizado profundo aos dados.

Conceitos de Aprendizado Profundo

O aprendizado profundo tem raízes em inúmeros campos de atuação. Buscou-se inspiração nas ciências biológicas, e os cientistas da computação, assim como os analistas quantitativos, viviam questionando se a forma de construir máquinas inteligentes era, no final das contas, simular um cérebro com suas redes neurais que disparavam respostas a determinados gatilhos. Buscou-se inspiração na matemática por meio do Teorema da Aproximação Universal, cujas evidências remontam ao final da década de 1980 e início da década de 1990. Por fim, houve o avanço dos recursos e disponibilidade computacionais, junto com a área crescente de aprendizado de máquina cujo sucesso mostrou que, com dados e parâmetros suficientes, sistemas complicados podiam ser modelados e preditos. O aprendizado profundo levou todas essas ideias ainda mais além, criando redes com milhões de parâmetros, treinadas em grandes conjuntos de dados e com a base teórica de que uma rede neural deve ser capaz de representar uma função arbitrária e não linear com alto grau de acurácia. A Figura 10-1 mostra uma rede neural simples, uma *perceptron* multicamadas (ou rede totalmente conectada).

Na Figura 10-1 podemos observar como as entradas multicanais são fornecidas ao modelo sob a forma de um vetor de dimensão d. Os nós representam os valores de entrada, ao passo que as arestas representam os multiplicadores. Todas as arestas que entram em um nó representam um valor anterior multiplicado pelo valor da aresta que ele atravessou. Os valores de todas as entradas em um único nó são somados e, em seguida, passados para uma função de ativação não linear, criando uma não linearidade.

Podemos ver que a entrada consiste em três canais, ou um vetor de comprimento 3. E temos 4 unidades ocultas. Multiplicamos cada uma das 3 entradas por um peso diferente para cada uma das 4 unidades ocultas às quais é destinada, ou seja, precisamos de $3 \times 4 = 12$ pesos para representar completamente o problema. Além do mais, como somaremos os resultados dessas várias multiplicações, a multiplicação de matrizes não é apenas *análoga ao* que estamos fazendo, mas *justamente* o que estamos fazendo.

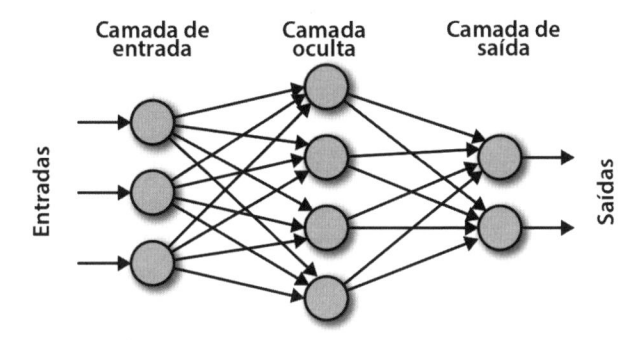

Figura 10-1. Uma simples rede feedforward.

Se documentássemos as etapas do que estamos fazendo, elas seriam mais ou menos assim:

1. O vetor de entrada X tem três elementos. Os pesos da camada 1 são denominados por W_1, uma matriz 4×3, de modo que calculamos os valores da camada oculta como $W_1 \times X_1$. Isso resulta em uma matriz 4×1, apesar de não ser realmente a saída da camada oculta:

    $$W_1 \times X_1$$

2. É necessário aplicar uma não linearidade, o que podemos fazer com várias "funções de ativação", como a tan hiperbólica (tanh) ou a função sigmoide (σ). Normalmente também aplicaremos um viés (bias), B1, dentro da função de ativação, de modo que a saída da camada oculta seja realmente:

    $$H = a(W_1 \times X_1 + B_1)$$

3. Na rede neural representada na Figura 10-1, temos duas saídas para predizer. Por esse motivo, precisamos converter a saída de estado oculto quadridimensional em duas saídas. Tradicionalmente, a última camada não inclui uma função de ativação não linear, a menos que nosso cálculo aplique uma função de ativação softmax no caso de um problema de categorização. Vamos supor que estamos apenas tentando predizer dois números, não duas probabilidades ou categorias. Assim, basta aplicarmos uma última "camada densa" para combinar as quatro saídas da camada oculta por saída final. Essa camada densa combinará quatro entradas em duas saídas, logo precisamos de uma matriz 2 × 4, W_2:

$$Y = W_2 \times H$$

Espero que isso tenha lhe dado uma noção de como esses modelos funcionam. A ideia geral é ter muitos parâmetros e oportunidades para não linearidades. Escolher o número e o formato adequado de parâmetros e hiperparâmetros é uma espécie de arte, além de ser um problema acessível. O importante é aprender como treinar esses parâmetros, inicializá-los de modo inteligente desde o começo e ter certeza de que o modelo está na direção certa rumo a uma solução razoavelmente boa. Como essa é uma classe de modelos não convexa, a intenção não é encontrar o ideal global. Em vez disso, como dita o raciocínio, desde que encontre formas inteligentes de regularizar o modelo, você identificará um ideal local "bom o suficiente" para atender às suas necessidades.

Programando uma Rede Neural

De início, entender como as redes neurais funcionam parece mais fácil do que compreender como funcionam os frameworks de programação usados nesse tipo de problema. No entanto, conforme analisaremos, esses frameworks têm algumas coisas em comum.

Dados, Símbolos, Operações, Camadas e Grafos

Em geral, os frameworks de aprendizado profundo se concentram na noção de um grafo e em sua construção. A ideia é que qualquer arquitetura possa ser representada em termos de seus componentes individuais e de sua relação uns com os outros. Além disso, a ideia de variáveis dissociadas dos valores reais também é imprescindível. Ou seja, você pode ter um símbolo A, um símbolo B e um terceiro símbolo, C, resultado da multiplicação da matriz A e B:

```
# pseudo code
symbol A;
symbol B;
symbol C = matmul(A, B);
```

A distinção entre símbolos e dados é essencial para cada framework devido à relação entre o símbolo e os dados. O símbolo é usado para aprender uma relação mais geral; os dados podem ter ruído. Existe apenas um símbolo A, mesmo que tenhamos milhões ou mesmo bilhões de valores para fornecer a A, cada um combinado com seus B e C respectivos.

Frameworks Populares

Como em muitos outros domínios da tecnologia, o panorama de ofertas no mundo do aprendizado profundo está em constante mudança. E, assim como no mundo dos negócios, muitas vezes ocorrem diferentes fusões e aquisições, como a fusão da TensorFlow e Theano, e da MXNet e Caffe. Nenhum framework se estabeleceu como líder em aprendizado profundo de séries temporais, embora a MXNet possa ser a melhor aposta para o futuro próximo, dado o próprio interesse da Amazon em previsão e seu aprendizado profundo recém-lançado para serviços de previsão de séries temporais. Como alguém que normalmente precisa escrever iteradores de dados customizados para projetos de análise de série temporal em aprendizado profundo, descobri que é mais fácil fazer isso na MXNet.

Para alguém novo na área, as bibliotecas mais importantes e amplamente utilizadas, e seus respectivos gigantes tecnológicos, são:

- TensorFlow (Google).

- MXNet (Amazon).

- Torch (Facebook).

No entanto, muitas vezes existem bibliotecas iniciantes acadêmicas e open source que oferecem inovações que podem dominar uma área ou, pelo menos, fazer uma contribuição substancial para um framework existente. Essa hegemonia surge e desaparece, apesar de os gigantes tecnológicos terem começado a implementar hardware compatível com seus softwares, significando que os líderes de mercado podem ganhar mais força do que foi visto nos anos anteriores.

Quando recuamos um pouco e pensamos no que fazer com esses dados, nos deparamos com algumas operações. Podemos somar ou multiplicar símbolos juntos e podemos pensar neles como operações. Também podemos realizar operações univariadas, como alterar o formato de um símbolo (talvez converter o símbolo A de uma matriz 2×4 em uma matriz 8×1) ou passar valores para uma função de ativação, como calcular a tanh (A). Se recuarmos ainda mais, podemos pensar em camadas como unidades tradicionais de processamento que associamos a arquiteturas comuns, como uma camada totalmente conectada, vista na seção anterior. Levando em consideração a função de ativação e viés, bem como a principal operação da matriz, podemos dizer:

camada L = tanh(A × B + viés)

Em muitos frameworks, essa camada pode ser expressa como uma ou duas camadas, em vez de diversas operações, dependendo se uma combinação de operações é popular o bastante para garantir sua própria atribuição como uma unidade de uma camada.

Por fim, podemos relacionar várias camadas entre si, passando uma para a próxima:

camada L1 = tanh(A × B + viés1)

camada L2 = tanh(L1 × D + viés2)

O aglomerado de todos esses símbolos, operações e camadas resulta em um grafo. Um grafo não precisa estar totalmente conectado — ou seja, todos os símbolos não necessariamente dependerão uns dos outros. Um grafo é usado justamente para classificar quais símbolos dependem de outros símbolos e como. Isso é essencial para que, ao calcular os gradientes descendentes, possamos ajustar nossos pesos a cada iteração a fim de obter uma solução melhor. O bom é que a maioria dos pacotes de aprendizado profundo moderno se encarrega de todos esses cálculos. Não é necessário especificar o que depende do que e como o gradiente muda com cada camada adicionada — tudo está no pacote.

E o mais importante, como mencionei antes, podemos usar APIs de alto nível de forma que não precisemos descrever multiplicações de matrizes como fiz no exemplo anterior. Ao contrário, se quisermos usar uma camada totalmente conectada, o equivalente a uma multiplicação de matriz, seguida por uma adição de matriz e, depois, uma função de ativação elemento a elemento (element-wise) de algum tipo, não precisamos escrever todos esses cálculos. Por exemplo, na mxnet, podemos fazer isso com o seguinte código:

```python
## python
>>> import mxnet as mx
>>> fc1 = mx.gluon.nn.Dense(120, activation='relu')
```

Isso nos fornecerá uma camada totalmente conectada que converte as entradas em uma dimensão de saída de 120. Além disso, esta linha representa tudo o que acabei de mencionar: uma multiplicação de matriz, seguida por uma adição de matriz, seguida por uma função de ativação elemento a elemento.

Você pode conferir isso na documentação (*https://perma.cc/8PQW-4NKY*) ou testar as saídas e entradas amostradas quando souber os pesos. É de admirar o quanto a API não exige nada de você. Não exige que você especifique o formato de entrada (embora isso deva ser uma constante, já que você construiu seu grafo para que isso possa ser deduzido), não exige que você especifique um tipo de dados — o padrão é o valor mais sensível e mais comumente usado do float32 (float64 é um exagero para aprendizado profundo). Por exemplo, caso seus dados estejam em um formato diferente de 1D, essa camada também "nivelará" automaticamente seus dados de modo que fiquem no formato adequado para serem inseridos em uma camada totalmente conectada/densa. Isso ajuda quem está começando, mas, depois de adquirir o mínimo de competência, é bom rever a documentação para entender o quanto está sendo cuidado e decidido por você, mesmo em um modelo simples de aprendizado profundo.

Claro que esse simples código não aborda tudo de que você precisa, nem mesmo para uma tarefa curta de aprendizado profundo. É necessário descrever suas entradas, seus alvos e como deseja calcular a perda. É necessário também situar sua camada dentro de um modelo. Fazemos isso no seguinte código:

```python
## python
>>> ## Cria uma rede em vez de uma camada independente.
>>> from mx.gluon import nn
>>> net = nn.Sequential()
>>> net.add(nn.Dense(120, activation='relu'),
>>>         nn.Dense(1))
>>> net.initialize(init=init.Xavier())
>>>
>>> ## Define a perda que queremos.
>>> L2Loss = gluon.loss.L2Loss()
>>>
>>> trainer = gluon.Train(net.collect_params(), 'sgd',
>>>                                     {'learning_rate': 0.01})
```

Por último, supondo que também configuramos nossos dados conforme necessário, podemos percorrer uma época de treinamento (ou seja, uma passagem por todos os dados) deste modo:

```python
## python
>>> for data,target in train_data:
>>>     ## Calcula o gradiente.
>>>     with autograd.record():
>>>         out = net(data)
>>>         loss = L2Loss(output, data)
>>>     loss.backward()
>>>     ## Aplica o gradiente para atualizar os parâmetros.
>>>     trainer.step(batch_size)
```

Na maioria dos pacotes, também é fácil, como no mxnet, salvar seu modelo e os parâmetros que o acompanham para uso posterior em produção ou treinamento adicional:

```python
## python
>>> net.save_parameters('model.params')
```

Nos exemplos a seguir, usaremos a Module API do mxnet para exemplificar outro estilo de criação de grafos e modelos de treinamento.

Como um profissional de aprendizado profundo, você desejará se familiarizar com todos os principais pacotes e suas várias APIs (geralmente os pacotes têm, pelo menos, uma API de alto nível e uma API de baixo nível) para que consiga facilmente ler o código de amostra. O conhecimento prático de todos os principais módulos de aprendizado profundo é necessário para acompanhar as últimas práticas do setor e pesquisas acadêmicas, pois essas informações são melhores aprendidas por meio do código-fonte aberto.

Construindo um Pipeline de Treinamento

Ao longo desta seção, modelaremos o mesmo conjunto de dados: uma medição do uso de energia elétrica por hora em uma variedade de locais durante vários anos. Vamos pré-processar esses dados, de modo que possamos analisar as mudanças no uso de energia elétrica, tarefa mais difícil do que predizer os valores gerais, pois estaremos examinando a parte mais imprevisível da série temporal.

Inspecionando Nosso Conjunto de Dados

Usamos um repositório de dados open source de medições elétricas por hora, fornecidas em uma base de código que demonstra uma nova arquitetura de rede neural (que analisaremos posteriormente).[1] Para ter uma ideia de como são esses dados, os leremos em R e faremos alguns grafos rápidos:

```R
## R
> elec = fread("electricity.txt")
> elec
      V1 V2  V3  V4  V5   V6 V7   V8  V9 V10 V11 V12 V13 V14 V15  V16 V17 V18
1: 14  69 234 415 215 1056 29  840 226 265 179 148 112 171 229 1001  49 162
2: 18  92 312 556 292 1363 29 1102 271 340 235 192 143 213 301 1223  64 216
3: 21  96 312 560 272 1240 29 1025 270 300 221 171 132 185 261 1172  61 197
4: 20  92 312 443 213  845 24  833 179 211 170 149 116 151 209  813  40 173
5: 22  91 312 346 190  647 16  733 186 179 142 170  99 136 148  688  29 144
```

Basta uma rápida inspeção para ver quantas linhas e colunas de dados temos e que não existem timestamps. Fomos informados de que esses timestamps são de hora em hora, mas não sabemos quando exatamente essas medições ocorreram:

```R
## R
> ncol(elec)
[1] 321
> nrow(elec)
[1] 26304
```

Podemos também representar graficamente algumas amostras aleatórias dos dados para ter uma ideia de como são (veja a Figura 10-2). Como se trata de dados por hora, sabemos que, se plotarmos 24 pontos de dados, teremos o valor de um dia inteiro de dados:

```R
## R
> elec[125:148, plot(V4,    type = 'l', col = 1, ylim = c(0, 1000))]
> elec[125:148, lines(V14,  type = 'l', col = 2)]
> elec[125:148, lines(V114, type = 'l', col = 3)]
```

Plotamos também um gráfico semanal (veja a Figura 10-3):

```R
## R
> elec[1:168, plot(V4,    type = 'l', col = 1, ylim = c(0, 1000))]
> elec[1:168, lines(V14,  type = 'l', col = 2)]
> elec[1:168, lines(V114, type = 'l', col = 3)]
```

Lembre-se de que não sabemos qual é a hora local para nenhum índice em particular, embora conheçamos a relação entre eles. No entanto, conforme nossas análises no Capítulo 2, provavelmente poderíamos deduzir quais partes do dia representam os horários humanos padrão com base nos padrões de uso da energia elétrica. Provavelmente também conseguiríamos identificar o fim de semana. Apesar de não fazermos isso aqui, pode ser uma boa ideia incluir modelos relacionados à hora do dia e ao dia da semana para uma análise e modelagem mais aprofundadas desse conjunto de dados.

---

1 O download do arquivo (*https://github.com/laiguokun/multivariate-time-series-data/raw/master/ electricity/electric ity.txt.gz*) vem dos data providers no GitHub.

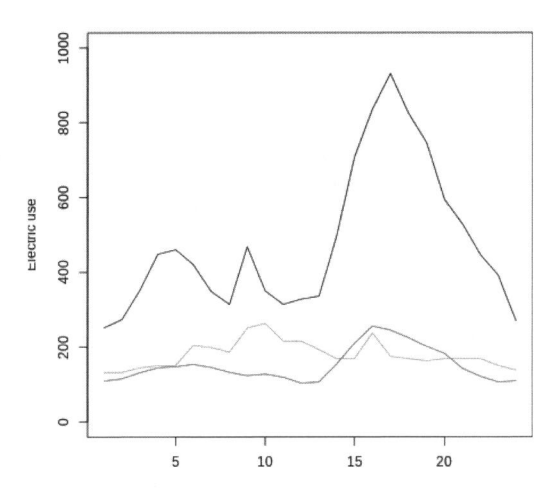

Figura 10-2. Vinte e quatro horas amostradas a partir do conjunto de dados para 3 locais diferentes, em relação aos 321 locais disponíveis no conjunto de dados. Embora não tenhamos noção de a que horas locais esses índices correspondem, vemos um padrão diário coerente.

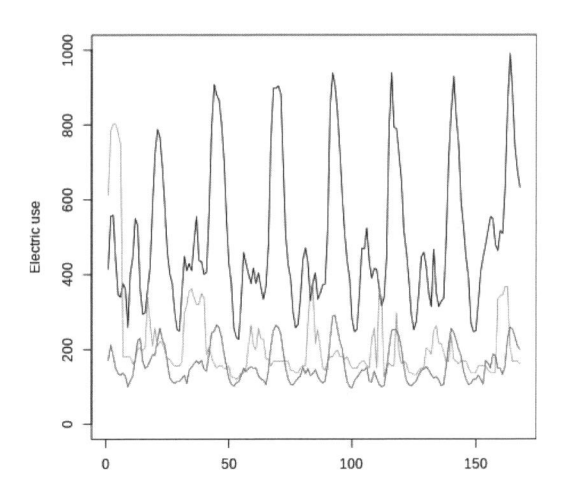

Figura 10-3. Um ciclo completo de sete dias dos dados amostrados para os mesmos três locais, conforme ilustrado no gráfico diário. Nossa sensação de um padrão diário é corroborada com essa visão mais ampla dos dados, indicando que um grande pico por dia junto com algumas características menores parece consistente no comportamento.

Ainda que pudéssemos predizer os valores absolutos dos dados como nossa técnica de previsão, isso já foi feito em artigos acadêmicos e postagens de blog. Em vez disso, vamos predizer a diferença dos dados. Predizer as diferenças em vez de valores totais de uma série temporal costuma ser mais desafiador porque os dados são mais ruidosos, e podemos ver isso mesmo em gráficos semelhantes ao que fizemos anteriormente (veja a Figura 10-4):[2]

```
## R
> elec.diff[1:168, plot( V4, type = 'l', col = 1, ylim = c(-350, 350))]
> elec.diff[1:168, lines(V14, type = 'l', col = 2)]
> elec.diff[1:168, lines(V114, type = 'l', col = 3)]
```

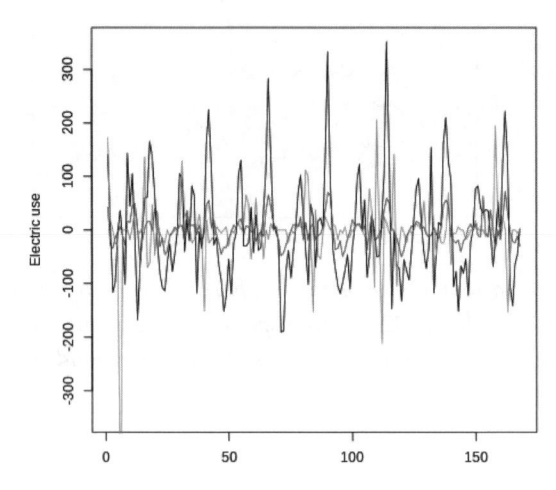

Figura 10-4. Uma amostra de uma semana das mesmas séries temporais de energia elétrica diferenciadas dos mesmos três locais, representando a mudança de hora em hora. Embora essa série ainda apresente um padrão, assim como a série original, os componentes imprevisíveis da série se tornam mais aparentes, pois representam uma porção maior do valor da série diferenciada do que da série original.

Se fôssemos executar um modelo estatístico tradicional, um modelo de espaço de estados ou mesmo um modelo de aprendizado de máquina, seria necessário fazer uma boa análise nesse ponto para examinar as correlações entre diferentes locais consumidores de energia elétrica no conjunto de dados. Gostaríamos de saber se houve desvio ao longo do tempo nos dados e avaliar a estacionariedade.

É necessário fazer essas coisas também no aprendizado profundo, de modo que você consiga avaliar os modelos apropriados para um conjunto de dados e também determinar as expectativas de quão bem você acha que o seu modelo pode funcionar. Contudo, o bom do aprendizado profundo é que podemos seguir em frente mesmo com dados um pouco mais confusos e sem passar nenhum teste estatístico específico para a qualidade de nossos dados. Em um ambiente de produção, dedicaríamos mais tempo na exploração de dados, mas, neste capítulo, seguiremos direto para nossas opções de modelagem.

---

2 Não incluo o código de diferenciação, pois o abordamos no Capítulo 11 e ele tem poucas linhas.

Etapas de um Pipeline de Treinamento

Em geral, quando estamos modelando com uma rede neural, existem algumas etapas comuns que nossos scripts sempre terão. Escrever esses scripts normalmente é mais desafiador do que ajustar modelos estatísticos de aprendizado de máquina tradicionais, porque nossos conjuntos de dados tendem a ser maiores. Além do mais, ajustamos esses modelos profundos em batches para usarmos iteradores em vez de arrays do conjunto de dados completo.

Um pipeline de dados incluirá as seguintes etapas:

- Facilitação da parametrização do código, ao importar uma lista predefinida de parâmetros para valores de treinamento padrão, o que é bastante conveniente, pois, de outra forma, teríamos que definir muitos valores.
- Extração dos dados para a memória e o devido pré-processamento.
- Modelagem adequada dos dados no formato esperado.
- Criação de iteradores apropriados para o módulo de aprendizado profundo que você está usando.
- Criação do grafo que usa esses iteradores para saber qual formato de dados esperar. Isso inclui a construção de todo o modelo.
- Definição dos parâmetros de treinamento, como seu otimizador, sua taxa de aprendizado e em quantas épocas você treinará.
- Estabelecimento de um tipo de sistema de registros de dados para seus pesos e para seus resultados de época para época.

Facilitando a parametrização do nosso código

O código a seguir mostra como realizamos essas tarefas. Começamos com uma lista de importações padrão:

```python
## python
>>> from math import floor
>>>
>>> ## Para arquivamento.
>>> import os
>>> import argparse
>>>
>>> ## Módulo de aprendizado profundo.
>>> import mxnet as mx
>>>
>>> ## Processamento de dados.
>>> import numpy as np
>>> import pandas as pd
>>>
>>> ## Relatórios customizados.
>>> import perf
```

Em seguida, usamos uma combinação de variáveis codificadas e parâmetros ajustáveis. Até certo ponto, trata-se de uma questão de experiência e de suas prioridades durante o treinamento. Não espere que as variáveis façam muito sentido ainda, pois muitos desses parâmetros se aplicam aos componentes da rede neural que analisaremos posteriormente neste capítulo. O principal é perceber a ajustabilidade dos parâmetros:

```python
## python
>>> ## Alguns hiperparâmetros que não ajustaremos por meio de entradas de linha de comando
>>> DATA SEGMENTS    = { 'tr': 0.6. 'va': 0.2. 'tst': 0.2}

>>> THRESHOLD_EPOCHS = 5
>>> COR_THRESHOLD    = 0.0005
>>>
>>> ## Define o parser.
>>> parser = argparse.ArgumentParser()
>>>
>>> ## DATA SHAPING
>>> parser.add_argument('--win',        type=int,   default=24*7)
>>> parser.add_argument('--h',          type=int,   default=3)
>>>
>>> ## ESPECIFICAÇÕES DO MODELO
>>> parser.add_argument('--model',      type=str,   default='rnn_model')
>>> ## Componentes da CNN
>>> parser.add_argument('--sz-filt',    type=str,   default=8)
>>> parser.add_argument('--n-filt',     type=int,   default=10)
>>> ## Componentes da RNN
>>> parser.add_argument('--rnn-units',  type=int,   default=10)
>>>
>>> ## DETALHES DO TREINAMENTO
>>> parser.add_argument('--batch-n',    type=int,   default=1024)
>>> parser.add_argument('--lr',         type=float, default=0.0001)
>>> parser.add_argument('--drop',       type=float, default=0.2)
>>> parser.add_argument('--n-epochs',   type=int,   default=30)
>>>
>>> ## REPOSITÓRIO DE TRABALHO
>>> parser.add_argument('--data-dir',   type=str,   default='../data')
>>> parser.add_argument('--save-dir',   type=str,   default=None)
```

É de suma importância ter muitos parâmetros ajustáveis, visto que treinar um modelo de aprendizado profundo sempre envolve pesquisas de hiperparâmetros para melhorar o modelo a partir da linha de base. Os hiperparâmetros normalmente ajustados impactam todos os aspectos do treinamento, desde a preparação de dados (até que ponto retroceder no tempo para análise) até a especificação do modelo (nível de complexidade e que tipo de modelo construir) e treinamento (por quanto tempo treinar e quão grande é a taxa de aprendizagem a ser usada).

Existem categorias diferentes de parâmetros no código anterior. Em primeiro lugar, o data shaping se relaciona a como queremos obter nossa entrada bruta, nesse caso um CSV cheio de séries temporais paralelas diferenciadas de uso de energia elétrica em 321 estações. Para moldar nossos dados, precisamos de dois parâmetros. A variável window é o quão distante no tempo permitiremos que nossos modelos considerem ao tentar fazer predições. A variável horizon é o quão à frente no tempo queremos predizer. Veja que não se trata de especificidade por unidades, como "cinco minutos", e sim de intervalos de tempo, conforme nossas práticas nos capítulos anteriores. Como outros modelos estatísticos e de aprendizado de máquina, o importante para as redes neurais é nossa representação computacional. Assim, quando analisamos os dados, os modelos não distinguem entre cinco minutos ou séculos.

A penúltima seção, os detalhes de treinamento, costuma ser a mais importante para a otimização de hiperparâmetros e a mais ajustada. Desde o começo, é crucial testar a taxa de aprendizado e ter certeza de que fez a escolha correta. Uma boa regra prática é começar com 0,001 e depois ajustar para cima e para baixo por ordens de magnitude. A taxa de aprendizado certa não é tão importante, e sim a ordem de magnitude.

As especificações do modelo nos permitem definir uma variedade de modelos (como um RNN versus CNN) e detalhes das arquiteturas desses modelos. Em geral, queremos ajustar os hiperparâmetros. Para os exemplos atuais, usamos os seguintes hiperparâmetros fornecidos ao nosso script na linha de comando:

```
--drop=0.2 --win=96 --batch-n=128 --lr=0.001 --n-epochs=25
--data-dir=/data/elec --save-dir=/archive/results
--model=model_will_vary
```

Preparando nossos dados de entrada

Assim que tivermos configurado os parâmetros, há uma maneira de fornecer informações ao nosso script, como onde encontrar um arquivo, o quão longe queremos predizer e o quanto retrocederemos no tempo queremos incluir em nossas entradas para um determinado horizonte. A configuração desses parâmetros é importante mesmo na etapa preliminar de leitura de dados e formatação adequada. É necessário também organizar a infraestrutura para trabalhar com os dados, porque as redes neurais são treinadas por meio de variações de gradiente descendente estocástico. Ou seja, o treinamento ocorre em pequenos batches de dados por vez, com uma época significando que todos os dados foram usados para treinamento (embora não ao mesmo tempo).

A seguir, analisaremos o processo de alto nível de fornecimento de dados para treinamento por meio de iteradores e os detalhes de baixo nível de modelagem dos dados que vão para os iteradores.

Data shaping das entradas. Na seção anterior, vimos como criar iteradores a partir de arrays NumPy e consideramos o fornecimento desses arrays NumPy como certo. Agora, examinaremos como os dados são modelados, primeiro conceitualmente e, em seguida, com exemplos por meio de código. Analisaremos dois formatos de dados, NC e NTC. Começaremos nossa análise sobre diferentes formatos de dados de entrada com um exemplo prático que não tem nada a ver com programação. Vamos imaginar que temos dados multivariados de uma série temporal, com colunas A, B e C.

Time	A	B	C
$t-3$	0	-1	-2
$t-2$	3	-2	-3
$t-1$	4	-2	-4
t	8	-3	-9

Queremos construir um modelo que preveja um passo à frente e queremos usar os dados dos dois tempos [time, na tabela] anteriores para fazer a predição. Queremos usar os dados de A, B e C para predizer A, B e C. Chamaremos nossas entradas de X e nossas saídas de Y. Tentamos predizer Y no tempo t. No tempo t, estes são os valores reais de Y = [A, B, C]:

t 8 -3 -9

Especificamos que teríamos os dois pontos de tempo anteriores disponíveis para todas as variáveis para realizar a predição. Isso equivale ao seguinte:

$A, t-1$	$A, t-2$	$B, t-1$	$B, t-2$	$C, t-1$	$C, t-2$
4	3	-2	-2	-4	-3

Do mesmo modo, para predizer Y no tempo $t-1$, temos os seguintes dados como nossos alvos:

$t-1$ 4 -2 -4

E esperamos ter os seguintes valores disponíveis para fazer a predição:

$A, t-2$	$A, t-3$	$B, t-2$	$B, t-3$	$C, t-2$	$C, t-3$
3	0	-2	-1	-3	-2

Se quiséssemos armazenar as entradas para esses dois pontos de dados em um formato de dados, seria assim:

Time	A, time − 1	A, time − 2	B, time − 1	B, time − 2	C, time − 1	C, time − 2
$t-1$	3	0	-2	-1	-3	-2
t	4	3	-2	-2	-4	-3

Isso é o que chamamos de formato de dados NC, em que N indica amostras indivi-duais e C indica canais, outra maneira de representar informações multivariadas. Usa-remos esse formato de dados para treinar uma rede neural totalmente conectada. Essa é a primeira opção do método que analisaremos mais adiante, pois ele pega os dados de entrada no formato CSV e os converte em arrays NumPy com o formato e a dimensio-nalidade adequadas.

Por outro lado, podemos modelar os dados de modo distinto e que crie um eixo especí-fico para o tempo. Em geral, isso é feito colocando os dados no formato NTC, que deter-mina o número de amostras × tempo × canais. Nesse caso, a amostra é cada linha dos dados originais — ou seja, cada fatia no tempo para a qual queremos fazer uma predição (e para a qual temos dados disponíveis). A dimensão temporal é o quanto retrocedere-mos no tempo, que, neste exemplo, são dois intervalos de tempo (em nosso script de exemplo, especificados por --win).

No formato NTC, os dados de entrada que formatamos antes para predizer o horizonte $t - 1$ seriam mais ou menos assim:

Time	A	B	C
$t - 1$	0, 3	−1, −2	−2, −3

Se quiséssemos representar os dados de entrada para ambas as amostras que geramos anteriormente, poderíamos fazer deste modo:

Time	A	B	C
$t - 1$	0, 3	−1, −2	−2, −3
t	3, 4	−2, −2	−3, −4

Isso poderia ser adicionado aos rótulos que geramos para Y:

Time	A	B	C
$t - 1$	4	−2	−4
t	8	−3	−9

Nenhuma dessas representações tem acurácia maior do que a outra. Porém, um dos aspectos convenientes da representação NTC é que o tempo tem significado com um eixo temporal explícito. Criamos formatos de entradas porque alguns modelos preferem formatos diferentes. Usaremos o formato NTC para entrada em redes neurais convolu-cionais e recorrentes, que examinaremos mais adiante neste capítulo.

NTC versus TNC

Há algumas coisas a serem observadas sobre o formato de armazenamento de dados NTC que acabou de ser exemplificado. Uma delas é que ele é bastante repetitivo. Isso pode ser evitado se o ordenamento dos seus dados não for importante, utilizando o formato TNC em vez do formato NTC. No TNC, você pode usar o eixo "batch" para percorrer diferentes partes dos dados em paralelo. Assim, por exemplo, treinaríamos três batches de uma vez na seguinte sequência de números:

56 **29** 56 94 10 92 52 32 19 59 88 94 6 57 73 59 95 79 97 38 65 51 27
18 **77** 39 4 19 60 38 73 51 65 4 96 96 6 12 62 59 21 49 65 37 64 69
36 **32** 48 97 33 44 63 99 10 56 75 20 61 53 71 48 41 2 58 18 4 10 17
66 **64** 53 24 36 23 33 38 1 17 59 11 36 43 61 96 55 21 45 44 53 26 55
99 22 10 26 25 82 54 82

Se você os preparou no formato NTC, com apenas um canal seus dados ficariam assim:

Time	Values
t	56, 29, 56, 94
$t+1$	29, 56, 94, 10
$t+2$	56, 94, 10, 92

É muita repetição, mas a boa notícia é que o algoritmo treinará na ordem cronológica dos dados, já que todos os batches estão intimamente relacionados no tempo. Em contrapartida, se escolhermos o formato TNC (N sendo o número de amostras por batch), e se supuséssemos um tamanho 4 de batch (pequeno e pouco realista), poderíamos imaginar nossos dados assim:

Time	Batch member 1	Batch member 2	Batch member 3	Batch member 4
t	29	77	32	64
$t+1$	56	39	48	53
$t+2$	94	4	97	24

Nesse caso, podemos ver que não há repetição de dados na preparação de nossas entradas. Se queremos treinar em dados sequenciados em ordem cronológica ou não, isso dependerá do conjunto de dados. Aqueles que trabalharam com processamento de linguagem natural (PNL) de aprendizado profundo reconhecerão esse formato, bem-sucedido para várias tarefas de PNL, mas que nem sempre ajuda os dados numéricos de séries temporais.

Construindo iteradores. Em linhas gerais, se quisermos fornecer dados a uma rotina de treinamento, precisamos fornecer iteradores. Os iteradores não se limitam somente ao aprendizado profundo ou o Python, pois eles retratam a ideia geral de um objeto que percorre algum tipo de coleção, rastreando onde ele está e indicando quando percorreu uma coleção inteira. Quando temos dados de treinamento oriundos de um array NumPy, criar um iterador é simples. Se X e Y são arrays NumPy, vejamos o quão simples é:

```python
## python
>>> ###############################
>>> ## PREPARAÇÃO DOS DADOS ##
>>> ###############################
>>>
>>> def prepare_iters(data_dir, win, h, model, batch_n):
>>>     X, Y = prepared_data(data_dir, win, h, model)
>>>
>>>     n_tr = int(Y.shape[0] * DATA_SEGMENTS['tr'])
>>>     n_va = int(Y.shape[0] * DATA_SEGMENTS['va'])
>>>
>>>     X_tr, X_valid, X_test = X[            : n_tr],
>>>                             X[n_tr        : n_tr + n_va],
>>>                             X[n_tr + n_va : ]
>>>     Y_tr, Y_valid, Y_test = Y[            : n_tr],
>>>
>>>                             Y[n_tr        : n_tr + n_va],
>>>                             Y[n_tr + n_va : ]
>>>
>>>     iter_tr = mx.io.NDArrayIter(data       = X_tr,
>>>                                 label      = Y_tr,
>>>                                 batch_size = batch_n)
>>>     iter_val = mx.io.NDArrayIter(data       = X_valid,
>>>                                  label      = Y_valid,
>>>                                  batch_size = batch_n)
>>>     iter_test = mx.io.NDArrayIter(data       = X_test,
>>>                                   label      = Y_test,
>>>                                   batch_size = batch_n)
>>>
>>>     return (iter_tr, iter_val, iter_test)
```

Aqui, temos um método que prepara os iteradores para o conjunto de dados, e esses iteradores envolvem arrays numpy em um wrapper que, por sua vez, são recebidos por um método chamado prepared_data() (daqui a pouco falaremos sobre isso). Uma vez disponíveis, os arrays são divididos em fontes de dados de treinamento, validação e teste. Os dados de treinamento são divididos primeiro, a validação é usada como um modo de ajustar os hiperparâmetros fora da amostra e os dados de teste são mantidos até o final para testes verdadeiros.[3] Observe que o inicializador de um iterador leva a entrada (da-

---

3 Como analisamos anteriormente, o padrão de excelência é treinar e implementar modelos em muitos segmentos de tempo, mas evitamos essa complicação nesse código. Em uma base de código de produção, recomenda-se ter validação e testes contínuos para otimizar seu modelo e obter uma noção melhor do desempenho real; aqui, a técnica introduz um lag adicional entre os dados de teste e treinamento e também significa que os dados de teste usados para julgar o modelo retratam, em última análise, apenas um período de todo o histórico.

dos), o valor-alvo (label) e o parâmetro batch_size, que reflete quantos exemplos serão usados por iteração para calcular gradientes e atualizar o peso do modelo.

Modelando os dados no código

Agora que sabemos os dois formatos de dados que queremos criar, podemos conferir o código que usaremos para modelagem:

```python
## python
>>> def prepared_data(data_dir, win, h, model_name):
>>>     df = pd.read_csv(os.path.join(data_dir, 'electricity.diff.txt'),
>>>                     sep=',', header=0)
>>>     x  = df.as_matrix()
>>>     ## Normaliza os dados. Isso cria um lookahead, já que
>>>     ## normalizamos baseados nos valores medidos no conjunto
>>>     ## de dados. Em um pipeline menos básico, calcularíamos
>>>     ## isso como uma média móvel para evitar o lookahead.
>>>     x = (x - np.mean(x, axis = 0)) / (np.std(x, axis = 0))
>>>
>>>     if model_name == 'fc_model': ## NC data format
>>>
>>>         ## Fornece o primeiro e o segundo lookbacks em uma entrada simples.
>>>         X = np.hstack([x[1:-1], x[:-h]])
>>>         Y = x[h:]
>>>         return (X, Y)
>>>     else:                       ## TNC data format
>>>         # Pré-aloca X e Y
>>>         # X shape = num examples * time win * num channels (NTC)
>>>         X = np.zeros((x.shape[0] - win - h, win, x.shape[1]))
>>>         Y = np.zeros((x.shape[0] - win - h, x.shape[1]))
>>>
>>>         for i in range(win, x.shape[0] - h):
>>>             ## O valor alvo/rótulo está h passos à frente.
>>>             Y[i-win] = x[i + h - 1      , :]
>>>             ## Os dados de entrada são os passos anteriores do win
>>>             X[i-win] = x[(i - win) : i , :]
>>>
>>>         return (X, Y)
```

Depois de ler nossos dados a partir de um arquivo de texto, padronizamos cada coluna. Veja que cada coluna é padronizada individualmente, em vez de ser padronizada de forma homogênea em todo o conjunto de dados. Isso ocorre porque vimos, mesmo em nossa breve exploração de dados, que diferentes locais de energia elétrica tinham valores distintos (veja os gráficos nas Figuras 10-2 e 10-4):

```python
## python
>>> x = (x - np.mean(x, axis = 0)) / (np.std(x, axis = 0))
```

Formato de dados NC.   Gerar um formato de dados NC é bastante simples:

```python
## python
>>> if model_name == 'fc_model': ## NC data format
>>>     ## Fornece o primeiro e o segundo lookbacks em uma entrada achatada.
>>>     X = np.hstack([x[1:-h], x[0:-(h+1)]])
>>>     Y = x[(h+1):]
```

Para gerar as entradas X que representam o tempo $t - h$ e fazer uma predição em t, pegamos x e removemos as últimas linhas h (já que os dados de entrada exigiriam valores de rótulo posteriores no tempo em relação aos últimos dados que temos). Em seguida, deslocamos esses dados de volta ao longo do eixo do tempo a fim de gerar mais valores de lags. Precisamos ter certeza de que os arrays NumPy que representam diferentes lags tenham o mesmo formato para que possam ser empilhados juntos. Isso é o que leva à formulação anterior. Vale a pena trabalhar nisso em sua própria máquina e provar que funciona. Pense também em como generalizar a expressão para um lookback arbitrariamente longo.

Verificamos nosso trabalho definindo um breakpoint Pdb e verificando se os valores em X e Y correspondem a seus equivalentes esperados em x:

```python
## python
(Pdb) X[0, 1:10] == x[1, 1:10]
array([ True,  True,  True,  True,  True,  True,  True,  True,  True])
(Pdb) X[0, 322:331] == x[0, 1:10]
array([ True,  True,  True,  True,  True,  True,  True,  True,  True])

(Pdb) Y[0, 1:10] == x[4, 1:10]
array([ True,  True,  True,  True,  True,  True,  True,  True,  True])
```

A primeira metade das colunas em X representa os últimos pontos no tempo que disponibilizamos para predição, e o rótulo/alvo da predição está três intervalos à frente disso. Por isso, X [0, 1:10] deve corresponder a x[1, 1:10] e Y[0, 1:10] deve corresponder a x[4, 1:10], porque deve estar três intervalos de tempo à frente (nossa entrada definiu o horizonte em 3).

Talvez seja confuso que o tempo e as amostras (índices de pontos de dados) geralmente tenham o mesmo rótulo, porém são duas coisas diferentes. Temos o tempo um passo à frente que estamos prevendo, o tempo em que tiramos o snapshot das entradas para fazer a previsão e o tempo um passo atrás para coletarmos os dados a fim de fazer a previsão. Apesar de esses valores estarem necessariamente inter-relacionados, é bom separar os conceitos.

Formato de dados NTC.   Gerar o formato NTC também não é tão difícil:

```python
## python
>>> # Pré-aloca X e Y.
>>> # X shape = num examples * time win * num channels (NTC)
>>> X = np.zeros((x.shape[0] - win - h, win, x.shape[1]))
>>> Y = np.zeros((x.shape[0] - win - h, x.shape[1]))
>>>
>>> for i in range(win, x.shape[0] - h):
>>>         ## O valor alvo/rótulo está h passos à frente.
>>>         Y[i-win] = x[i + h - 1    , :]
>>>         ## Os dados de entrada são os passos anteriores do win.
>>>         X[i-win] = x[(i - win) : i , :]
```

Para qualquer exemplo dado (a dimensão *N*, ou seja, a primeira dimensão), pegamos as últimas linhas win dos dados de entrada em todas as colunas. É assim que criamos as três dimensões. A primeira dimensão é basicamente o índice de ponto de dados, e os valores fornecidos nesse ponto de dados correspondem a dados 2D, ou seja, tempo × canais (aqui, locais de energia elétrica).

Como antes, definimos um breakpoint Pdb para testar esse código. Repare que também confirmamos nosso próprio entendimento do que fizemos para testar o código. Não raro, o código para testar um formato de dados é mais esclarecedor do que o código atual, porque usamos números concretos para realizar verificações pontuais:

```python
## python
(Pdb) Y[0, 1:10] == x[98, 1:10]
array([ True,   True,   True,   True,   True,   True,   True,   True,   True])
(Pdb) X.shape
(26204, 96, 321)
(Pdb) X[0, :, 1] == x[0:96, 1]
array([ True,   True,   True,   True,   True,   True,   True,   True,   True,
        True,   True,   True,   True,   True,   True,   True,   True,   True,
        True,   True,   True,   True,   True,   True,   True,   True,   True,
        True,   True,   True,   True,   True,   True,   True,   True,   True,
        True,   True,   True,   True,   True,   True,   True,   True,   True,

        True,   True,   True,   True,   True,   True,   True,   True,   True,
        True,   True,   True,   True,   True,   True,   True,   True,   True,
        True,   True,   True,   True,   True,   True,   True,   True,   True,
        True,   True,   True,   True,   True,   True,   True,   True,   True,
        True,   True,   True,   True,   True,   True,   True,   True,   True,
        True,   True,   True,   True,   True,   True])
```

Vemos que o primeiro ponto de dados que preparamos em X e Y (ou seja, a primeira linha) corresponde às linhas 0:96 (já que definimos nossa janela de lookback configurável como 96 intervalos de tempo em nossas entradas do parser). E o horizonte forward de 3 intervalos de tempo à frente corresponde à linha 98 (porque x termina em 95; lembre-se: a indexação em uma fatia exclui o último número na fatia, assim x representa todas as linhas incluídas de 0 a 95 ou as linhas excludentes de 0 a 96).

O código de processamento de dados é sujeito a bugs, confuso e lento. Contudo, você descobrirá que, quanto mais vezes escrever e trabalhar com ele, mais sentido ele fará. Apesar disso, é bom testar seu código de processamento de dados completamente e, em seguida, salvá-lo em um lugar seguro para evitar problemas de amostra sempre que precisar modelar seus dados. Aconselha-se também fazer o versionamento desse código, assim você sabe qual versão do código foi usada no treinamento de um modelo específico.

Definindo parâmetros de treinamento e criando um sistema de registro de dados

Nas próximas seções, analisaremos os detalhes de diversos modelos. Por ora, ignoraremos a parte do código relacionada à construção de grafos e vamos diretamente para o treinamento e a organização do registro dos dados.

É assim que implementamos o treinamento nos exemplos simples que vimos:

```python
## python
>>> def train(symbol, iter_train, valid_iter, iter_test,
>>>           data_names, label_names,
>>>           save_dir):
>>>     ## Salva as informações/resultados de treinamento.
>>>     if not os.path.exists(args.save_dir):
>>>         os.makedirs(args.save_dir)
>>>     printFile = open(os.path.join(args.save_dir, 'log.txt'), 'w')
>>>     def print_to_file(msg):
>>>         print(msg)
>>>         print(msg, file = printFile, flush = True)
>>>     ## Cabeçalho dos resultados de arquivamento.
>>>     print_to_file('Epoch      Training Cor      Validation Cor')
>>>
>>>     ## Armazena os valores de épocas anteriores para definir um threshold de melhoria.
>>>     ## Finaliza mais cedo se o progresso for lento.
>>>     buf     = RingBuffer(THRESHOLD_EPOCHS)
>>>     old_val = None
>>>
>>>     ## Boilerplate do mxnet
>>>     ## O padrão é 1 gpu cujo índice é 0.
>>>     devs = [mx.gpu(0)]
>>>     module = mx.mod.Module(symbol,
>>>                            data_names=data_names,
>>>                            label_names=label_names,
>>>                            context=devs)
>>>     module.bind(data_shapes=iter_train.provide_data,
>>>                 label_shapes=iter_train.provide_label)
>>>     module.init_params(mx.initializer.Uniform(0.1))
>>>     module.init_optimizer(optimizer='adam',
>>>                           optimizer_params={'learning_rate':
>>>                                             args.lr})
>>>
>>>     ## Treinamento.
>>>     for epoch in range( args.n_epochs):
>>>         iter_train.reset()
>>>         iter_val.reset()
>>>         for batch in iter_train:
```

```
>>>             # Calcula as predições.
>>>             module.forward(batch, is_train=True)
>>>             # Calcula os gradientes.
>>>             module.backward()
>>>             # Atualiza os parâmetros.
>>>             module.update()
>>>
>>>         ## Resultados do treinamento.
>>>         train_pred  = module.predict(iter_train).asnumpy()
>>>         train_label = iter_train.label[0][1].asnumpy()
>>>         train_perf  = perf.write_eval(train_pred, train_label,
>>>                                 save_dir, 'train', epoch)
>>>
>>>         ## Resultados de validação.
>>>         val_pred  = module.predict(iter_val).asnumpy()
>>>         val_label = iter_val.label[0][1].asnumpy()
>>>         val_perf = perf.write_eval(val_pred, val_label,
>>>                                 save_dir, 'valid', epoch)
>>>
>>>         print_to_file('%d        %f       %f ' %
>>>                     (epoch, train_perf['COR'], val_perf['COR']))
>>>
>>>         # Se ainda não tiver medidas de melhoria, pule.
>>>         if epoch > 0:
>>>             buf.append(val_perf['COR'] - old_val)
>>>          # Se tiver medidas de melhoria, verifique-as.
>>>         if epoch > 2:
>>>             vals = buf.get()
>>>             vals = [v for v in vals if v != 0]
>>>             if sum([v < COR_THRESHOLD for v in vals]) == len(vals):
>>>                 print_to_file('EARLY EXIT')
>>>                 break
>>>         old_val = val_perf['COR']
>>>
>>>     ## Treinamento
>>>     test_pred  = module.predict(iter_test).asnumpy()
>>>     test_label = iter_test.label[0][1].asnumpy()
>>>     test_perf = perf.write_eval(test_pred, test_label,
>>>                             save_dir, 'tst', epoch)
>>>     print_to_file('TESTING PERFORMANCE')
>>>     print_to_file(test_perf)
```

Por que Usar um Ring Buffer?

Um *ring buffer* [buffer circular] é um lugar para colocar valores de modo que o primeiro valor a entrar seja o primeiro a sair ao recuperar um valor. Ele também tem a característica de crescer apenas até um valor predefinido. Embora o desempenho e o tamanho da memória não sejam um problema, o uso dessa classe nos ajuda a evitar boilerplate.

Python não tem um ring buffer integrado, mas você pode encontrar exemplos simples online. Eles são úteis sempre que você quiser controlar um pequeno número de valores na ordem em que foram recebidos.

O código anterior executa um conjunto diversificado de tarefas, todas rotineiras. Primeiro, definimos os valores para rastrear o histórico dos scores de acurácia da validação a fim de garantir que o treinamento esteja apresentando melhorias. Caso o modelo não esteja treinando com rapidez suficiente, não queremos sobrecarregar nossas GPUs, desperdiçando tempo e energia elétrica. O boilerplate do MXNet usa a API Module (ao contrário da API Gluon que vimos anteriormente neste capítulo):

```python
## python
>>>     ## Boilerplate do mxnet.
>>>     ## O padrão é 1 gpu cujo índice é 0
>>>     devs = [mx.gpu(0)]
>>>     module = mx.mod.Module(symbol,
>>>                            data_names=data_names,
>>>                            label_names=label_names,
>>>                            context=devs)
>>>     module.bind(data_shapes=iter_train.provide_data,
>>>             label_shapes=iter_train.provide_label)
>>>     module.init_params(mx.initializer.Uniform(0.1))
>>>     module.init_optimizer(optimizer='adam',
>>>                           optimizer_params={'learning_rate':
>>>                                              args.lr})
```

Veja o que as quatro linhas seguintes de código fazem:

1. Definem o componente bruto de uma rede neural como um grafo computacional.

2. Define o formato de dados para que a rede saiba o que esperar e possa otimizar.

3. Inicializa todos os pesos no grafo para valores aleatórios (isso é uma arte, não simplesmente um conjunto aleatório de números extraídos de possibilidades infinitas).

4. Inicializa um otimizador, que pode ser variado e para o qual definimos explicitamente a taxa de aprendizado inicial, dependendo de nossos parâmetros de entrada.

Em seguida, usamos nosso iterador de dados de treinamento para incrementar nosso caminho por meio dos dados à medida que treinamos:

```python
## python
>>> for epoch in range( args.n_epochs):
>>>     iter_train.reset()
>>>     iter_val.reset()
>>>     for batch in iter_train:
>>>         module.forward(batch, is_train=True) # Calcula as predições.
>>>         module.backward()                    # Calcula os gradientes.
>>>         module.update()                      # Atualiza os parâmetros.
```

Depois, calculamos os resultados preditos para os conjuntos de treinamento e validação (no mesmo loop for de antes):

```python
## python
>>> ## Resultados do treinamento.
>>> train_pred  = module.predict(iter_train).asnumpy()
>>> train_label = iter_train.label[0][1].asnumpy()
>>> train_perf  = evaluate_and_write(train_pred, train_label,
>>>                                  save_dir, 'train', epoch)
>>>
>>> ## Resultados da validação.
>>> val_pred  = module.predict(iter_val).asnumpy()
>>> val_label = iter_val.label[0][1].asnumpy()
>>> val_perf  = evaluate_and_write(val_pred, val_label,
>>>                                save_dir, 'valid', epoch)
```

O loop termina com alguma lógica para uma early stopping [parada antecipada ou parada precoce]:

```python
## python
>>> if epoch > 0:
>>>     buf.append(val_perf['COR'] - old_val)
>>> if epoch > 2:
>>>     vals = buf.get()
>>>     vals = [v for v in vals if v != 0]
>>>     if sum([v < COR_THRESHOLD for v in vals]) == len(vals):
>>>         print_to_file('EARLY EXIT')
>>>         break
>>> old_val = val_perf['COR']
```

Esse código desajeitado registra um pouco os dados e tem uma lógica simples, registrando cada valor de correlação sucessivo entre os valores preditos e reais. Se a correlação de época para época não melhorar o bastante por épocas suficientes (ou mesmo piorar), o treinamento será interrompido.

Avaliação de métricas

Nossa função, evaluate_and_write, registra as correlações por época e o valor bruto para o valor-alvo e para o valor estimado. Fazemos o mesmo para o teste no final de todo o treinamento:

```python
## python
>>> def evaluate_and_write(pred, label, save_dir, mode, epoch):
>>>     if not os.path.exists(save_dir):
>>>         os.makedirs(save_dir)
>>>
>>>     pred_df  = pd.DataFrame(pred)
>>>     label_df = pd.DataFrame(label)
>>>     pred_df.to_csv( os.path.join(save_dir, '%s_pred%d.csv'
>>>                                  % (mode, epoch)))
>>>     label_df.to_csv(os.path.join(save_dir, '%s_label%d.csv'
>>>                                  % (mode, epoch)))
>>>
>>>     return { 'COR': COR(label,pred) }
```

Este, por sua vez, usa uma função de correlação que definimos da seguinte forma:

```python
## python
>>> def COR(label, pred):
>>>     label_demeaned = label - label.mean(0)
>>>     label_sumsquares = np.sum(np.square(label_demeaned), 0)
>>>
>>>     pred_demeaned = pred - pred.mean(0)
>>>     pred_sumsquares = np.sum(np.square(pred_demeaned), 0)
>>>
>>>     cor_coef =  np.diagonal(np.dot(label_demeaned.T, pred_demeaned)) /
>>>                 np.sqrt(label_sumsquares * pred_sumsquares)
>>>
>>>     return np.nanmean(cor_coef)
```

Neste conjunto de dados, haverá eventualmente casos de variância zero, o que pode criar um NAN em uma coluna. Assim, optamos por usar np.nanmean() em vez de np.mean(). Repare que aqui não incluímos a funcionalidade básica de salvar os pesos do modelo, que faz verificações durante todo o processo de treinamento. Caso estivéssemos treinando para produção e fosse necessário recarregar o modelo e implementá-lo, poderíamos usar o Module.save_checkpoint (para salvar os pesos) e o Module.load (para carregar um modelo de volta na memória, a partir do qual você pode continuar treinando ou implementando seu modelo). Para você começar a criar um pipeline de aprendizado profundo, é necessário aprender muito mais. Aqui, veremos apenas o básico.

Organizando tudo

Colocamos nossos componentes de pipeline juntos no corpo de nosso escopo __main__:

```python
## python
>>> if __name__ == '__main__':
>>>
>>>     # Parser dos argumentos de linha de comando.
>>>     args = parser.parse_args()
>>>
>>>     # Cria iteradores de dados.
>>>     iter_train, iter_val, iter_test = prepare_iters(
>>>         args.data_dir, args.win, args.h,
>>>         args.model, args.batch_n)
>>>
>>>     ## Prepara os símbolos.
>>>     input_feature_shape = iter_train.provide_data[0][1]
>>>
>>>     X = mx.sym.Variable(iter_train.provide_data[0].name )
>>>     Y = mx.sym.Variable(iter_train.provide_label[0].name)
>>>
>>>     # Define o modelo.
>>>     model_dict = {
>>>         'fc_model'            : fc_model,
>>>         'rnn_model'           : rnn_model,
>>>         'cnn_model'           : cnn_model,
>>>         'simple_lstnet_model' : simple_lstnet_model
>>>         }
```

```
>>>         }
>>>     model = model_dict[args.model]
>>>
>>>     symbol, data_names, label_names = model(iter_train,
>>>                                             input_feature_shape,
>>>                                             X, Y,
>>>                                             args.win, args.sz_filt,
>>>                                             args.n_filt, args.drop)
>>>
>>>     ## Treina.
>>>     train(symbol, iter_train, iter_val, iter_test,
>>>           data_names, label_names, args.save_dir)
```

Usamos a infraestrutura que acabamos de organizar. Primeiro, analisamos nossos argumentos de linha de comando. Em seguida, criamos iteradores com as entradas configuráveis, incluindo nosso horizonte de predição, nossa janela de lookback, nosso tamanho de batch e o nome do modelo que queremos construir. Criamos símbolos MXNet e também registramos o formato de entrada que é passado conforme construímos o modelo. Por último, passamos informações sobre o modelo, junto com nossos iteradores e nosso diretório de salvamento, para a função de treinamento, que faz a parte interessante: treina um modelo e gera suas métricas de desempenho.

Então, nesse caso, vemos um pipeline de treinamento ínfimo, mas totalmente funcional, com ingestão e remodelagem de dados, construção de modelo, treinamento de modelo e log de valores importantes para avaliações de modelo. A propósito, nosso método `print_to_file()` não passa de um wrapper útil para `print()`:

```
## python
def print_to_file(msg):

    print(msg, file = printFile, flush = True)esfa
print_to_file(args)
```

Você desejará criar um registro de seu modelo enquanto ele treina. É possível que seus pesos de modelo preferidos não sejam aqueles finalizados na execução do treinamento, mas estejam um pouco antes. Um registro do progresso do treinamento ajuda você a ajustar os hiperparâmetros relacionados à estrutura do modelo e ao treinamento, que podem variar na quantidade de parâmetros (para evitar subajuste ou sobreajuste) até a taxa de aprendizado de treinamento (para evitar ajustes excessivamente grandes ou pequenos durante o treinamento). Agora temos um pipeline viável, mínimo e completo, apesar de não termos ainda nossos modelos. Analisaremos alguns tipos básicos de modelos que podem ser aplicados a dados de séries temporais e treinaremos cada um para conferirmos seu desempenho relativo.

Redes Feedforward

Partindo do contexto da análise de séries temporais, este livro usa uma abordagem um tanto incomum para apresentar as redes feedforward. A maioria dos problemas modernos de análise de séries temporais ocorre em estruturas de rede recorrentes ou, mais raramente, em estruturas de redes convolucionais. No entanto, começamos com a rede neural feedforward, pois é a estrutura de rede mais simples e antiga. Vejamos os diversos motivos pelos quais elas são um bom lugar para começar:

- As redes feedforward são paralelizáveis, o que significa que têm um alto desempenho. Se puder encontrar um modelo feedforward razoavelmente bom para usar, poderá rodá-lo bem rápido.

- As redes feedforward servem como um bom teste para sabermos se existem dinâmicas de eixo temporal complexas em sua sequência. Nem todas as séries temporais são verdadeiramente séries temporais quando se trata de dinâmica de eixo temporal, em que valores anteriores têm uma relação específica com valores posteriores. Talvez seja uma boa ajustar uma rede neural feedforward como uma linha de base, independentemente se for um modelo linear mais simples.

- Os componentes da rede feedforward normalmente se integram às arquiteturas de aprendizado profundo de séries temporais maiores e mais complexas. Desse modo, é necessário saber como eles funcionam, mesmo que você não trabalhe com esses modelos.

Um Simples Exemplo

A rede feedforward é o tipo mais simples de rede neural, assim começaremos aplicando uma arquitetura feedforward a um exemplo de série temporal. Não há nada na estrutura de uma rede neural feedforward padrão que sinalize uma relação temporal. Contudo, a ideia é que o algoritmo possa aprender como as entradas passadas predizem entradas futuras. Vimos um exemplo de rede feedforward na Figura 10-1. Uma rede feedforward é uma série de camadas totalmente conectadas, o que significa que a entrada de cada camada se conecta com todos os nós do grafo.

Começamos com este simples exemplo, que usa o primeiro tipo de formatação de dados que vimos. Ou seja, nossa entrada, X, serão dados bidimensionais de $N \times C$ (isto é, amostras × canais), em que os componentes de tempo foram achatados em canais. Isso corresponde à seguinte formatação de dados:

A, $t-2$	A, $t-3$	B, $t-2$	B, $t-3$	C, $t-2$	C, $t-3$
3	0	−2	−1	−3	2

Vale lembrar que o código a seguir representa essa ramificação dos dados:

```python
## python
>>> if model_name == 'fc_model':
>>>     ## Fornece o primeiro e o segundo lookbacks em uma entrada achatada.
>>>     X = np.hstack([x[1:-1], x[:-2]])
>>>     Y = x[2:]
>>>     return (X, Y)
```

Então, construímos um modelo totalmente conectado com a API do módulo MXNet:

```python
## python
>>> def fc_model(iter_train, window, filter_size, num_filter, dropout):
>>>     X = mx.sym.Variable(iter_train.provide_data[0].name)
>>>     Y = mx.sym.Variable(iter_train.provide_label[0].name)
>>>
>>>     output = mx.sym.FullyConnected(data=X, num_hidden = 20)
>>>     output = mx.sym.Activation(output, act_type = 'relu')
>>>     output = mx.sym.FullyConnected(data=output, num_hidden = 10)
>>>     output = mx.sym.Activation(output, act_type = 'relu')
>>>     output = mx.sym.FullyConnected(data = output, num_hidden = 321)
>>>
>>>     loss_grad = mx.sym.LinearRegressionOutput(data  = output,
>>>                                               label = Y)
>>>     return loss_grad, [v.name for v in iter_train.provide_data],
>>>                       [v.name for v in iter_train.provide_label]
```

Aqui, construímos uma rede de três camadas totalmente conectada. A primeira camada tem vinte unidades ocultas e a segunda camada tem dez unidades ocultas. Após as duas primeiras camadas, existe uma camada de "ativação". Isso faz com que o modelo seja não linear. Sem isso, teríamos simplesmente uma série de multiplicações de matrizes que se resumiriam a um modelo linear. Na prática, uma camada totalmente conectada é:

$$Y = X\ W^T + b$$

W é um conjunto de pesos correspondente às dimensões de correção para uma multiplicação de matriz, com a saída resultando em um vetor de dimensões igual às unidades ocultas. Essa saída então é adicionada com um viés. Os pesos em W e b são treináveis. No entanto, treinar um desses conjuntos de pesos, ou mesmo uma série desses pesos, não seria lá muito interessante — seria uma forma indireta de rodar uma regressão linear. Mas é a ativação aplicada após esse conjunto de operações de matriz que cria o interesse. A camada de ativação aplica diversas funções não lineares, como a tanh e a ReLU, exemplificadas nas Figuras 10-5 e 10-6.

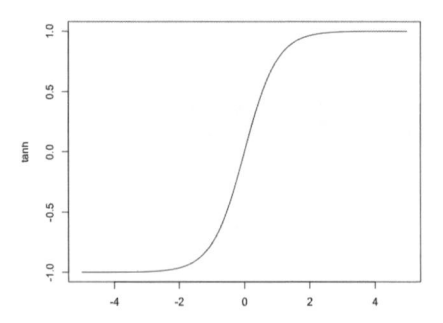

Figura 10-5. A função tanh exibe comportamento não linear em valores pequenos antes de se tornar funcionalmente constante, com uma derivada zero, em valores mais altos.

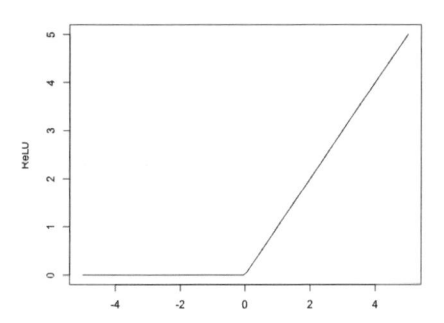

Figura 10-6. Apesar de a função ReLU ser fácil de ser calcular, ela introduz uma não linearidade.

No código anterior, repare que usamos a função ReLU como nossa função de ativação. Muitas vezes, faz sentido testar uma variedade de funções de ativação (ReLU, tanh, sigmoide) em seus estágios iniciais de construção do modelo e ajuste de hiperparâmetros. Agora, treinaremos este modelo para ver como ele funciona:

```
Epoch      Training Cor      Validation Cor
0          0.578666          0.557897
1          0.628315          0.604025
2          0.645306          0.620324

3          0.654522          0.629658
4          0.663114          0.636299
5          0.670672          0.640713
6          0.677172          0.644602
7          0.682624          0.648478
8          0.688570          0.653288
9          0.694247          0.657925
10         0.699431          0.663191
11         0.703147          0.666099
12         0.706557          0.668977
13         0.708794          0.670228
14         0.711115          0.672429
15         0.712701          0.673287
16         0.714385          0.674821
17         0.715376          0.674976
18         0.716477          0.675744
19         0.717273          0.676195
20         0.717911          0.676139
21         0.718690          0.676634
22         0.719405          0.677273
23         0.719947          0.677286
24         0.720647          0.677451

TESTING PERFORMANCE
{'COR': 0.66301745}
```

Ele tem um bom desempenho? À primeira vista, é difícil saber. Você só deve colocar em produção um modelo de aprendizado profundo se ele tiver um desempenho melhor do que o dos modelos consideravelmente mais simples que analisamos nos capítulos anteriores. Um modelo de aprendizado profundo demorará mais para calcular uma predição e geralmente tem uma sobrecarga maior. Ou seja, ele deve ser usado apenas quando os benefícios se justificarem. Por esse motivo, ao abordar um problema de série temporal com ferramentas de aprendizado profundo, recomendam-se modelos anteriores adequados, como um padrão objetivo a ser superado. De qualquer forma, vemos que mesmo um modelo sem qualquer consciência temporal pode treinar e gerar predições razoavelmente correlacionadas com os valores medidos.

Usando Mecanismo de Atenção para Tornar as Redes Feedforward Conscientes do Tempo

Apesar de as redes feedforward não terem progredido muito em relação aos problemas de séries temporais, os pesquisadores estudam variações de arquitetura que poderiam melhorar seu desempenho em dados sequenciais. Uma delas é a *atenção*: mecanismos adicionados a uma rede neural que possibilitam aprender qual parte de uma sequência focar e qual parte de uma sequência de entrada pode estar relacionada às saídas desejáveis.

A atenção é a ideia de que uma arquitetura de rede neural forneça um mecanismo para um modelo aprender quais informações são importantes e quando. Isso é feito por meio de *pesos de atenção*, ajustados para cada intervalo de tempo com o objetivo de que o modelo aprenda como combinar informações de diferentes intervalos. Esses pesos de atenção multiplicam o que seria a saída ou o estado oculto de um modelo, convertendo assim esse estado oculto em um *vetor de contexto* que, por sua vez, contabiliza e se relaciona melhor com todas as informações contidas na série temporal ao longo tempo e, com sorte, consegue também incluir os padrões temporais.

A Função Softmax

Talvez você não esteja familiarizado com a função softmax; vejamos sua forma funcional: $softmax(y_i) = exp(y_i) / \sum_j exp(y_j)$, que serve para duas coisas:

- As saídas agora somam 1, como faria um conjunto completo de probabilidades. Muitas vezes, essa é a interpretação das saídas de uma softmax.

- Não se esqueça da forma geral da função exponencial, as entradas maiores (y_i) tendem a ficar ainda maiores, ao passo que entradas menores tendem a ficar relativamente menores. Isso acentua as ativações/pesos fortes e diminui a ênfase dos sinais mais fracos.

A função softmax também é conhecida como função *exponencial normalizada*, cujo nome é claramente relacionado à forma funcional que vemos aqui.

A atenção foi primeiramente usada em redes neurais recorrentes (falaremos mais sobre isso daqui a pouco). Para entender melhor seu uso e implementação em uma variante proposta de arquitetura feedforward, confira o artigo acadêmico disponível em: *https:// arxiv.org/pdf/1512.08756.pdf*. O artigo propõe uma maneira de aplicar redes neurais feedforward a dados sequenciais, de modo que a reação da rede a cada intervalo da sequência possa ser utilizada como uma entrada para a saída final dessa rede. Essa abordagem também possibilita o uso de sequências de comprimento variável, um problema prático das séries temporais.

A Figura 10-7 exemplifica uma arquitetura de como uma rede neural feedforward pode ser usada para uma tarefa de processamento de dados sequenciais.

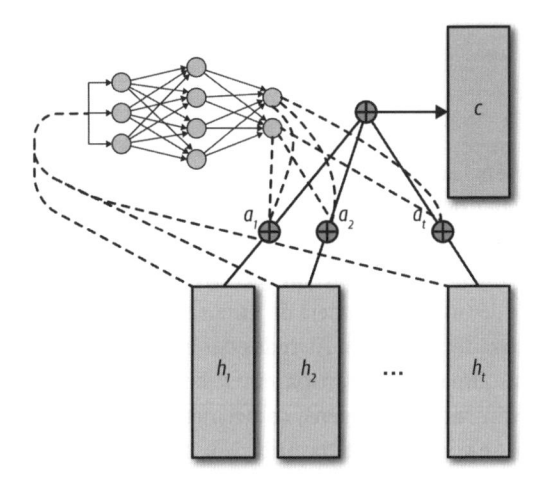

Figura 10-7. Um "mecanismo de atenção feedforward".

Aplica-se individualmente uma rede feedforward às entradas em cada intervalo de tempo, gerando um "estado oculto" para cada intervalo de tempo $h_1 \ldots h_T$. Isso efetivamente cria uma série de estados ocultos. No canto, vemos segunda rede neural, desenvolvida para aprender $a(h_t)$, que é o mecanismo de atenção. O mecanismo de atenção permite que a rede aprenda quanto ponderar cada entrada, em que cada entrada representa um estado oriundo de um ponto diferente no tempo. Isso possibilita que o mecanismo determine quais intervalos de tempo terão maior ou menor peso na soma final das entradas.

Em seguida, os estados ocultos de tempos diferentes são combinados com seus coeficientes de atenção antes do processamento final para gerar qualquer alvo/rótulo desejado. Os pesquisadores que desenvolveram essa rede descobriram que ela teve um desempenho considerável em uma variedade de tarefas normalmente consideradas necessárias para que uma rede neural recorrente atenda aos requisitos de memorizar as entradas anteriores e combiná-las com as posteriores. Esse é um ótimo exemplo de como não existem arquiteturas simples em modelos de aprendizado profundo devido às inúmeras possibilidades para adaptar até mesmo um modelo básico a uma série temporal complexa.

Conforme observado, as redes neurais feedforward não são as melhores redes para problemas de séries temporais. No entanto, elas são um ponto de partida útil para verificar o desempenho de um modelo relativamente simples. Curiosamente, se não incluirmos funções de ativação, podemos usá-las para codificar modelos AR e VAR usando a estrutura MXNet, o que por si só já ajuda. E o mais importante, existem variações de arquitetura de modelos totalmente conectados que podem apresentar acurácia muito boa para determinados conjuntos de dados de séries temporais.

CNNs

Caso já tenha experiência com aprendizado profundo, você provavelmente está familiarizado com as redes neurais convolucionais (CNNs). Nos últimos anos, boa parte das tarefas humanas que os computadores fizeram e que quebraram recordes, deixando todo mundo boquiaberto, se deve às arquiteturas convolucionais complexas e extremamente sofisticadas. Apesar de tudo isso, a ideia de uma rede convolucional é bastante intuitiva e antecede o aprendizado profundo. As redes convolucionais têm sido usadas há muito tempo em tarefas humanas mais transparentes, como no processamento de imagens e estudos de reconhecimento de imagens, começando com algo muito simples como um desfoque gaussiano. Se você não está familiarizado com os conceitos de kernels de processamento de imagem e não tem uma ideia de como programar um, o Stack Overflow (*https://perma.cc/8U8Y-RBYW*) fornece uma boa explicação de como isso pode ser feito com uma API de alto nível ou manualmente via NumPy.

Convolução significa aplicar um kernel (uma matriz) a uma matriz maior, deslizando-o pela matriz maior para formar uma nova. Cada elemento da nova matriz é a soma da multiplicação elemento a elemento do kernel e uma subseção da matriz maior. Esse kernel é aplicado repetidamente conforme desliza por uma matriz/imagem. Isso é feito com um número pré-especificado de kernels para que diferentes características possam surgir. Um esquema de como isso funciona em muitas camadas é mostrado na Figura 10-8

Por muitas razões, a convolução tradicional não combina nem um pouco com as séries temporais. Uma das principais características das redes convolucionais é que todos os espaços são tratados de forma igual. Isso faz sentido para imagens, mas não para séries temporais, em que alguns pontos no tempo são necessariamente mais próximos do que outros. Em geral, as redes convolucionais são estruturadas para serem invariantes à escala. Independentemente se temos uma escala maior ou menor da imagem, podemos identificar um cavalo, por exemplo. Contudo, nas séries temporais, mais uma vez, queremos preservar a escala e as características escalonadas. Uma oscilação sazonal anual não deve ser interpretada da mesma forma ou "disparada" pelo mesmo seletor de características que uma oscilação diária, embora em alguns contextos isso possa ajudar.

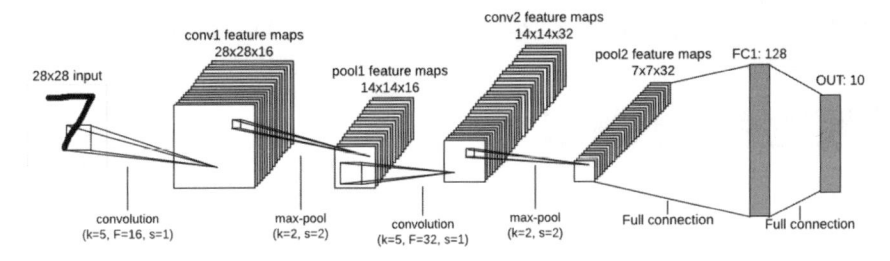

Figura 10-8. Uma rede convolucional. Muitas janelas bidimensionais do tamanho do kernel especificado deslizam pela imagem original, gerando muitos mapas de características [feature maps] a partir dos pesos treináveis aplicados à imagem. Não raro, eles são combinados e, depois, pós-processados com uma função de ativação. O processo é repetido diversas vezes em várias camadas com o objetivo de reduzir muitas características em um intervalo menor de valores, resultando, por exemplo, em um sistema de classificação.

As redes convolucionais são como uma faca de dois gumes — do ponto de vista de uma série temporal, seus pontos fortes são sua fraqueza —, o que resulta em seu uso frequente como um componente de uma rede para análise de séries temporais, em vez de toda a rede. Além do mais, essas redes são mais estudadas para fins de classificação do que de previsão, embora ambos os usos sejam encontrados no campo.

Vejamos alguns usos das redes convolucionais em séries temporais:

- Estabelecer uma "impressão digital" para o histórico de navegação de um usuário da internet, o que ajuda a detectar atividades de navegação anômalas.
- Identificar padrões anômalos de batimento cardíaco a partir de dados de EKG.
- Gerar predições de tráfego com base em registros anteriores de vários locais em uma grande cidade.

As redes convolucionais não são tão interessantes assim quando aplicadas a uma série temporal univariada. As séries temporais multicanais podem ser mais interessantes, uma vez que podemos desenvolver uma imagem 2D (ou mesmo 3D) em que o tempo é apenas um eixo. Veremos outras arquiteturas inovadoras à medida que analisarmos dois exemplos de convoluções para séries temporais na próxima seção.

Modelo Convolucional Simples

Podemos ajustar um modelo convolucional aos nossos dados, em vez de um totalmente conectado; basta trocá-lo por um modelo diferente. Nesse caso (e para o restante dos exemplos), pegamos os dados no formato NTC, que, vale lembrar, são mais ou menos assim:

Time	A	B	C
$t-1$	0, 3	−1, −2	−2, −3
t	3, 4	−2, −2	−3, −4

Isso é N × T × C. Porém, os dados esperados por uma camada convolucional são batch_size, channel, height × width:

```python
## python
>>> def cnn_model(iter_train, input_feature_shape, X, Y,
>>>                 win, sz_filt, n_filter, drop):
>>>     conv_input = mx.sym.reshape(data=X, shape=(0, 1, win, -1))
>>>     ## A convolução espera entrada 4d (N x channel x height x width)
>>>     ## em nosso caso canal = 1 (semelhante a uma imagem em preto e branco.)
>>>     ## height = time e width = canais recortam os locais de energia elétrica.
>>>
>>>     cnn_output = mx.sym.Convolution(data=conv_input,

>>>                                     kernel=(sz_filt,
>>>                                             input_feature_shape[2]),
>>>                                     num_filter=n_filter)
>>>     cnn_output = mx.sym.Activation(data=cnn_output, act_type='relu')
>>>     cnn_output = mx.sym.reshape(mx.sym.transpose(data=cnn_output,
>>>                                                  axes=(0, 2, 1, 3)),
>>>                                 shape=(0, 0, 0))
>>>     cnn_output = mx.sym.Dropout(cnn_output, p=drop)
>>>
>>>     output = mx.sym.FullyConnected(data=cnn_output,
>>>                                    num_hidden=input_feature_shape[2])
>>>     loss_grad = mx.sym.LinearRegressionOutput(data=output, label=Y)
>>>     return (loss_grad,
>>>             [v.name for v in iter_train.provide_data],
>>>             [v.name for v in iter_train.provide_label])
```

Veja que, novamente, isso não inclui qualquer consciência temporal explícita. O que ocorre de diferente é que agora o tempo está disposto ao longo de um único eixo, dando-lhe um pouco de ordenamento. Isso melhora o desempenho? Possivelmente não:

```
0          0.330701          0.292515
1          0.389125          0.349906
2          0.443271          0.388266
3          0.491140          0.442201
4          0.478684          0.410715
5          0.612608          0.564204
6          0.581578          0.543928
7          0.633367          0.596467
8          0.662014          0.586691
9          0.699139          0.600454
10         0.692562          0.623640
11         0.717497          0.650300
12         0.710350          0.644042
13         0.715771          0.651708
14         0.717952          0.651409
15         0.712251          0.655117
16         0.708909          0.645550
17         0.696493          0.650402
18         0.695321          0.634691
19         0.672669          0.620604
20         0.662301          0.597580
21         0.680593          0.631812
22         0.670143          0.623459
23         0.684297          0.633189
24         0.660073          0.604098

TESTING PERFORMANCE
{'COR': 0.5561901}
```

Pode ser difícil determinar por que um modelo não melhora o outro. Na verdade, muitas vezes até quem cria um modelo pode estar errado sobre a razão de o modelo funcionar tão bem. Há poucas provas analíticas e, considerando o quanto o modelo pode depender dos contornos de um conjunto de dados, isso também pode gerar confusão. A CNN não está retratando melhor o fato de que a maioria das informações importantes está nos pontos mais próximos no tempo? Ou ela retrata uma diferença no número de parâmetros? Ou, talvez, ela esteja retratando uma falha quanto à escolha de bons hiperparâmetros. Na prática, seria importante entender se o desempenho parece ao menos razoável, dada a estrutura do modelo, dos dados e do número geral de parâmetros disponíveis.

No código, vemos também uma falha em nossa lógica de early stopping. Supostamente, ela foi muito leniente. Aqui, analisei o problema e percebi que as mudanças na correlação poderiam, ao longo de uma série de épocas, se parecer com o seguinte:

```
[-0.023024142, 0.03423196, -0.008353353, 0.009730637, -0.029091835]
```

Isso significa que a mudança na correlação seria terrível — até mesmo negativa —, desde que haja uma melhora, ainda que pequena, de vez em quando. Essa leniência acabou sendo uma péssima decisão, então seria uma boa ideia reverter nosso pipeline para uma condição mais rigorosa de early stopping. Esse é o típico exemplo de concessão mútua que você encontrará ao ajustar os modelos de aprendizado profundo. Execuções de teste ajudam à medida que você constrói seu pipeline para ter uma ideia de quais parâmetros funcionam em seu conjunto de dados e modelos de interesse — mas lembre-se de que eles variam substancialmente de um conjunto de dados para o outro.

Modelos Convolucionais Alternativos

O modelo convolucional simples que acabamos de ver se saiu espantosamente bem, embora não incluísse nenhuma modificação sobre estar ciente do tempo. Agora analisaremos duas abordagens de pesquisa e da área que usam arquiteturas convolucionais em problemas de séries temporais.

Por que isso é atraente? Por uma série de razões. Primeiro, as arquiteturas convolucionais são métodos consagrados que estabelecem uma profusão de práticas recomendadas bem conhecidas pelos profissionais. E isso faz com que os modelos convolucionais sejam atraentes. Além do mais, os modelos convolucionais têm poucos parâmetros, já que os mesmos filtros são continuamente repetidos, o que significa que não há muitos pesos para treinar. E, por fim, grandes porções dos modelos convolucionais podem ser calculadas em paralelo, o que significa que eles podem ser muito rápidos quando se trata de inferência.

Convoluções causais

As convoluções causais são mais bem entendidas com uma imagem, pois elas podem expressar de forma intuitiva como as convoluções são modificadas para gerar causalidade e uma noção de tempo. A Figura 10-9 mostra um exemplo de *convolução causal dilatada*. A parte da causalidade se refere ao fato de que somente pontos anteriores no tempo entram em qualquer filtro convolucional. Por isso, a imagem não é simétrica: pontos anteriores fluem para as convoluções usadas em tempos posteriores, mas não vice-versa.

A dilatação se refere ao fato de que os pontos são ignorados na disposição dos filtros convolucionais, de modo que qualquer ponto determinado entre apenas em um filtro convolucional em cada nível de formação de camadas. Isso promove a esparsidade do modelo e reduz as convoluções redundantes ou sobrepostas, possibilitando que o modelo faça uma análise mais anterior no tempo, ao passo que mantém os cálculos gerais razoavelmente contidos.

Esse exemplo de convolução causal dilatada introduz a noção de causalidade temporal, permitindo somente dados de pontos de tempo anteriores. Ou seja, nessa imagem, as convoluções não são oportunidades iguais; elas permitem que os dados fluam apenas do passado para o futuro e não o contrário. Cada ponto de dados na entrada original impacta o ponto final. Observe o significado de dilatação aqui: camadas cada vez mais "profundas" na convolução passeiam entre um número crescente de pontos de dados nas camadas anteriores. Da forma como a dilatação foi configurada aqui, cada ponto de dados na entrada original é incluído na entrada final uma única vez. Isso não é necessário para a dilatação, porém foi usado nesse caso. A dilatação também pode ser utilizada para pular pontos no tempo.

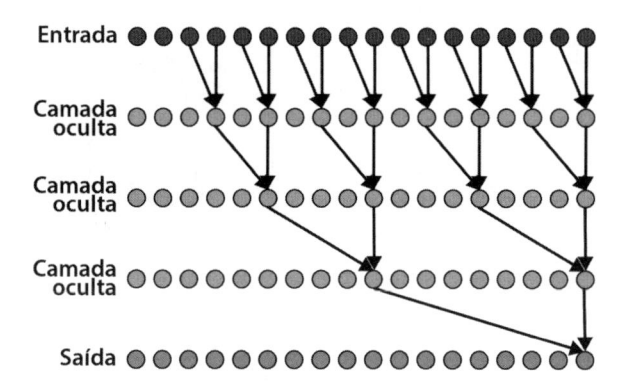

Figura 10-9. Este gráfico representa um componente importante da arquitetura WaveNet (https://perma.cc/Z4KZ-ZXBQ). Aqui, vemos como as redes neurais convolucionais têm modificações de arquitetura adequadas para séries temporais.

Ainda que as convoluções causais pareçam complicadas e teóricas, elas são surpreendentemente fáceis de executar. Basta adicionar um padding ao lado esquerdo da matriz — ou seja, adicione substitutos de intervalo de tempo anteriores que são zero, de modo que não contribuam para o valor (conhecido como zero-padding) — e, em seguida, defina o padding como "válido". Assim, a convolução só funcionará quando comparada às fronteiras reais da matriz, sem incluir células vazias imaginárias. Visto que as convoluções funcionam como a soma dos componentes elemento a elemento, adicionar zeros ao lado esquerdo da Figura 10-9 significa que poderíamos executar uma convolução padrão e que as células zero extras não mudariam o resultado final. As convoluções causais são bem-sucedidas, sobretudo como parte do modelo usado para as tecnologias de texto para fala e reconhecimento de voz do Google.

Converter uma série temporal em imagens

Os modelos convolucionais são conhecidos por funcionar perfeitamente na análise de imagens. Logo, uma boa ideia ao tentar torná-los relevantes para as séries temporais é encontrar uma forma de transformar uma série temporal em uma imagem. Existem muitas formas de fazer isso. Uma delas é transformar até mesmo uma série temporal univariada em uma imagem: construir um gráfico de recorrência (veja a Figura 10-10).

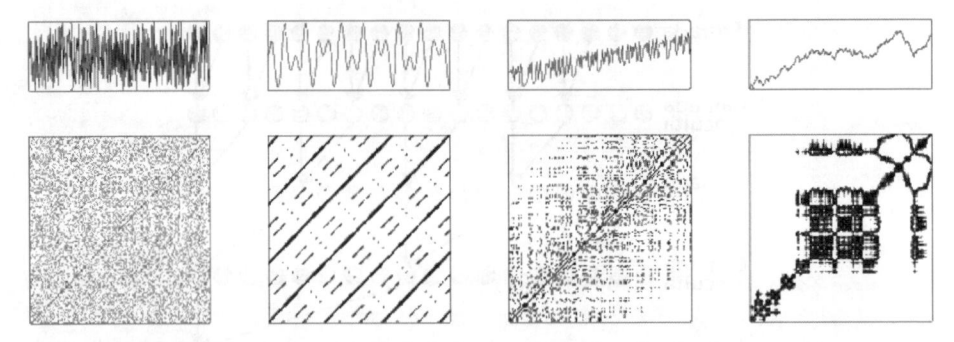

Figura 10-10. Uma visualização agradável e transparente de quatro tipos de séries temporais, da esquerda para a direita: (1) ruído branco, (2) séries harmônicas/sazonais com duas frequências, (3) dados caóticos com uma tendência e (4) um processo autorregressivo. Fonte: Wikipédia (https://perma.cc/4BV2-57T4), fornecida por Norbert Marwan em 2006.

Um gráfico de recorrência é um modo de representar, no espaço do estado de fase, quando uma série temporal revisita aproximadamente a mesma fase e o estado em que estava, em um momento anterior no tempo. Isso é definido por meio da função de recorrência binária. A recorrência é definida como $R(i, j) = 1$ se $f(i) - f(j)$ for suficientemente pequeno; 0 caso contrário. Isso resulta em uma imagem binária em preto e branco, como as que vemos na Figura 10-10. Repare que i e j se referem aos valores de tempo, e o eixo do tempo não é delimitado ou de alguma forma restrito.

Embora seja relativamente fácil codificar seu próprio gráfico de recorrência, o gráfico de recorrência também está disponível em pacotes como o `pyts` (*https://perma.cc/4K5X-VYQR*), e o código-fonte (*https://perma.cc/VS2Z-EJ8J*) para a plotagem é fácil de encontrar e entender. Imagine estender essa ideia para além de uma série temporal univariada, tratando diferentes variáveis de uma série temporal multivariada como diferentes "canais" de uma imagem. Esse é somente um exemplo de como as arquiteturas e técnicas de aprendizado profundo são bem versáteis e sujeitas às variações.

RNNs

As redes neurais recorrentes (RNNs) são uma classe abrangente em que os mesmos parâmetros são aplicados repetidamente, mesmo quando as entradas mudam com a passagem do tempo. Elas se parecem bastante com as redes neurais feedforward abordadas antes, e mesmo assim as RNNs representam — em sua totalidade ou parcialmente — muitos dos modelos de maior sucesso no campo acadêmico e no mercado quando se trata de tarefas baseadas em sequência, linguagem, previsão e classificação de séries temporais. Vejamos as principais diferenças entre uma RNN e uma rede feedforward:

- Uma RNN analisa intervalos de tempo um de cada vez e ordenados.

- O estado de uma RNN preserva um intervalo de tempo para o outro. É esse estado, bem como seus parâmetros estáticos, que determinam suas atualizações de resposta a cada informação nova em cada intervalo.

- Assim, uma RNN tem parâmetros que a ajudam a "atualizar" seu estado, incluindo um estado oculto, de um intervalo de tempo para o outro.

Não raro, apresenta-se as RNNs por meio do paradigma de "unrolling" (unrolling the network through time, ou desenrolando a rede ao longo do tempo, em tradução livre), pois sua arquitetura é baseada em células. Os mesmos parâmetros são usados repetidamente, de modo que o número de parâmetros seja pequeno, mesmo para sequências de tempo muito longas (veja a Figura 10-11).

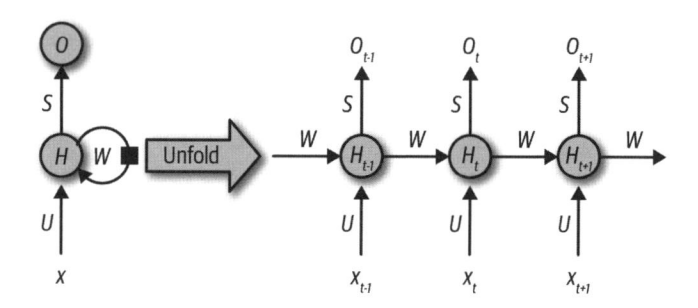

Figura 10-11. Como uma arquitetura de rede neural recorrente é desenrolada uma vez para cada intervalo de tempo quando aplicada aos dados.

Porém, o modo mais fácil de entender como funciona uma RNN é por meio de um exemplo. Minha célula RNN favorita é a Gated Recurrent Unit (GRU). Às vezes, é mais assustador lidar com as expressões em forma matemática do que em código, então aqui eu fiz uma implementação de uma GRU em Python com a ajuda do NumPy. Como você pode ver, existem duas funções de ativação usadas: a sigmoide e a tanh. Além disso, faremos a multiplicação e a adição da matriz, bem como a multiplicação da matriz por elemento a elemento (o *produto Hadamard*):

```python
## python
>>> ## Esse código foi escrito para funcionar com pesos exportados
>>> ## da TensorFlow:
>>> ## https://www.tensorflow.org/api_docs/python/tf/contrib/cudnn_rnn/CudnnGRU
>>> ## Mas pode ser facilmente reaproveitado para acomodar outros pesos:
>>> def calc_gru(X, weights, num_inputs, num_features):
>>>     Us = weights[:(3*num_features*num_inputs)]
>>>     Us = np.reshape(Us, [3, num_features, num_inputs])
>>>
>>>     Ws = weights[(3*num_features*num_inputs):(3*num_features*num_features +
>>>     3*num_features*num_inputs)]
>>>     Ws = np.reshape(Ws, [3, num_features, num_features])
>>>
```

```
>>>    Bs = weights[(-6 * num_features) :]
>>>    Bs = np.reshape(Bs, [6, num_features])
>>>    s = np.zeros([129, num_features])
>>>    h = np.zeros([129, num_features])
>>>
>>>    for t in range(X.shape[0]):
>>>        z = sigmoid(np.matmul(Us[0, :, :], X[t, :]) +
>>>    np.matmul(Ws[0, :, :], s[t, :]) + Bs[0, :] + Bs[3, :])
>>>        r = sigmoid(np.matmul(Us[1, :, :], X[t, :]) +
>>>    np.matmul(Ws[1, :, :], s[t, :]) + Bs[1, :] + Bs[4, :])
>>>        h[t+1, :] = np.tanh(np.matmul(Us[2, :, :], X[t, :]) +
>>>    Bs[2, :] +
>>>    r*(np.matmul(Ws[2, :, :], s[t, :]) + Bs[5, :]))
>>>        s[t+1, :] = (1 - z)*h[t + 1, :] + z*s[t, :]
>>>
>>>    return h, s
```

Atualmente, a GRU é uma das células RNN mais utilizadas. Ela é uma versão mais simples da célula Long Short-Term Memory (LSTM), que funciona de maneira semelhante. Vejamos as diferenças entre uma GRU e uma LSTM:

- Uma GRU tem duas "portas", enquanto uma LSTM tem três. Essas portas são usadas para determinar quantas informações novas podem entrar, quantas informações antigas são preservadas e assim por diante. Como uma LSTM tem mais portas, ela tem mais parâmetros.

- Uma LSTM costuma ter um desempenho melhor, porém uma GRU é mais rápida de treinar (devido ao número de parâmetros). No entanto, existem resultados divulgados em que uma GRU supera o desempenho de uma LSTM. Em tarefas não linguísticas, é bem provável que uma GRU consiga ter um melhor desempenho do que uma LSTM.

Como você pode observar, a diferença é mais uma questão do grau de complexidade apropriado para suas características de treinamento e do que você está tentando entender e predizer. É essencial estudar a implementação da matriz da GRU e da LSTM para que você tenha uma noção de como elas funcionam. Depois disso, você também pode adquirir intuição de por que elas não treinam em determinado conjunto de dados. Talvez a dinâmica não seja facilmente reconhecida pelo formato demonstrado aqui.

Repare que as GRUs e as LSTMs ajudam a solucionar o problema encontrado pela primeira vez quando as RNNs foram usadas, ou seja, os gradientes de fuga e a explosão de gradientes. Por causa da aplicação recorrente dos mesmos parâmetros, os gradientes atingiam zero com frequência (o que não ajudava em nada) ou infinito (o que também não ajudava). Ou seja, a retropropagação era difícil ou mesmo impossível, pois a rede recorrente estava desenrolada. Este problema foi resolvido com a GRU e a LSTM, pois elas tendem a manter as entradas e as saídas da célula em intervalos de valores tratáveis. Isso se deve ao formato da função de ativação que elas usam e à maneira como a porta de atualização pode aprender a passar informações ou não, resultando em valores de gradientes razoáveis mais prováveis do que uma célula RNN tradicional (conhecida também como célula RNN vanilla), que não tem essa noção de uma porta.

Embora as GRUs e as LSTMs sejam razoavelmente fáceis de usar, como acabamos de demonstrar, na realidade, você não gostaria de usá-las. O problema é que muitas das operações de multiplicação de matrizes podem ser combinadas. A implementação mais eficiente e acessível que se encarrega disso e explora o hardware é a biblioteca cuDNN da NVIDIA, que combina as operações de multiplicação de matrizes necessárias para as células GRU e LSTM. É mais rápido usar a cuDNN em vez de outra implementação. A biblioteca foi mencionada até mesmo por alguns vencedores do Kaggle como a diferença entre vencer e nem chegar perto de vencer, pois ela ajuda a acelerar e muito o treinamento. Os principais frameworks de aprendizado profundo disponibilizam essa implementação, embora, em alguns casos (como o tf.contrib.cudnn_rnn da TensorFlow), seja necessário utilizar uma interface especial. Em outros casos, como o MXNet, você usará a cuDNN por padrão, desde que não faça nada muito sofisticado com as células desenroladas customizadas.

Continuando Nosso Exemplo de Energia Elétrica

Podemos usar a RNN com nosso exemplo de previsão de energia elétrica. Mais uma vez, começamos com o formato de dados TNC como entrada. Este é o formato esperado por uma RNN, então nem precisamos alterá-lo:

```python
## python
>>> def rnn_model(iter_train, window, filter_size, num_filter,
>>>               dropout):
>>>     input_feature_shape = iter_train.provide_data[0][1]
>>>     X = mx.sym.Variable(iter_train.provide_data[0].name)
>>>     Y = mx.sym.Variable(iter_train.provide_label[0].name)
>>>
>>>     rnn_cells = mx.rnn.SequentialRNNCell()
>>>     rnn_cells.add(mx.rnn.GRUCell(num_hidden=args.rnn_units))
>>>     rnn_cells.add(mx.rnn.DropoutCell(dropout))
>>>     outputs, _ = rnn_cells.unroll(length=window, inputs=X,
>>>                         merge_outputs=False)
>>>
>>>     output = mx.sym.FullyConnected(data=outputs[-1],
>>>                         num_hidden =
>>>                         input_feature_shape[2])
>>>     loss_grad = mx.sym.LinearRegressionOutput(data  = output,
>>>                         label = Y)
>>>
>>>     return loss_grad, [v.name for v in iter_train.provide_data],
>>>                 [v.name for v in iter_train.provide_label]
```

O desempenho desse modelo é decepcionante, visto que foi projetado para lidar com dados temporais:

```
Epoch     Training Cor     Validation Cor
0            0.072042        0.069731
1            0.182215        0.172532
2            0.297282        0.286091
3            0.371913        0.362091
4            0.409293        0.400009
5            0.433166        0.422921
6            0.449039        0.438942
7            0.453482        0.443348
8            0.451456        0.444014
9            0.454096        0.448437
10           0.457957        0.452124
11           0.457557        0.452186
12           0.463094        0.455822
13           0.469880        0.461116
14           0.474144        0.464173
15           0.474631        0.464381
16           0.475872        0.466868
17           0.476915        0.468521
18           0.484525        0.477189
19           0.487937        0.483717
20           0.487227        0.485799
21           0.479950        0.478439
22           0.460862        0.455787
23           0.430904        0.427170
24           0.385353        0.387026

TESTING PERFORMANCE
{'COR': 0.36212805}
```

Teríamos que investigar mais a fundo para ver por que o desempenho foi abaixo do esperado. Será que não fornecemos parâmetros suficientes para a RNN? Seria necessário adicionar algumas arquiteturas de modelo relacionadas comumente usadas, como o mecanismo de atenção? (Isso se aplica às RNNs, bem como às redes feedforward, conforme analisado anteriormente.) O modelo alcançou seu desempenho máximo um pouco mais cedo no processo de treinamento do que os modelos feedforward ou convolucional. Ou seja, temos a ausência de parâmetros suficientes para descrever o conjunto de dados. Ou uma RNN é feita sob medida para esses dados ou outra coisa a mais. Seria necessário testar e fazer ajustes adicionais para ter uma ideia do motivo.

A Inovação dos Autoencoders

Vez ou outra, você pode encontrar um conjunto de dados em que um modelo muito simples já desempenhou um trabalho espetacular para a tarefa que você espera realizar.[4] Mas às vezes pensar fora da caixa também pode ser produtivo. Por exemplo, logo no início foi descoberto que uma inovação simples com uma RNN poderia melhorar consideravelmente o desempenho na modelagem em sequência. Originalmente, ainda que esse modelo tenha sido desenvolvido para aprendizado de idiomas e tradução automática, ele tem tido um sucesso enorme em tarefas mais numéricas, como previsão

---

4 Há boatos de que, em algum momento, o Google Translate foi alimentado por um LSTM de sete camadas bastante simples. No entanto, a amplitude de seu conjunto de dados sem dúvida ajudou, assim como um treinamento inteligente e cuidadoso. Nem todos os modelos vanilla são iguais!

de energia elétrica consumida ou preços de ações. Conhecido como o *autoencoder* ou, alternativamente, como *o* modelo *seq2seq,* este modelo é bastante usado. Logo, ele deve fazer parte de seu kit de ferramentas de aprendizado profundo de séries temporais (veja a Figura 10-12). Nos capítulos posteriores, em que analisaremos dados de séries temporais do mundo real, vamos implementá-lo.

As redes autoencoders são compostas de duas camadas recorrentes, mas não no sentido tradicional em que cada camada processa sucessivamente cada entrada. Ao contrário, a primeira camada é executada até a conclusão. Depois, seu estado oculto é passado para a segunda camada, que assume esse estado oculto e suas próprias saídas como novas entradas para o próximo intervalo. Esse modelo foi especialmente criado para a tradução automática, em que a geração como saída de uma previsão em cada intervalo de tempo não era significativa, uma vez que, em diferentes idiomas, a ordenação de palavras e conceitos pode ser radicalmente distinta e dizer a mesma coisa. A ideia era que, uma vez que a primeira camada tivesse processado totalmente a série temporal, seu estado oculto poderia vir a ter uma espécie de função de resumo. Esse resumo seria então injetado no novo modelo, que gradualmente desenrolaria o significado na nova linguagem, combinando esse resumo com sua própria saída em cada intervalo de tempo para que reconhecesse o que havia sido dito.

Conforme mencionado, apesar das origens de processamento de linguagem natural desse modelo, ele também é útil para tarefas de séries temporais mais tradicionais, como a predição de séries temporais univariadas ou multivariadas. Por exemplo, em uma competição do Kaggle para predizer o tráfego web nas postagens da Wikipédia, o primeiro lugar, depois de tentar muitos hiperparâmetros e componentes de arquitetura, acabou optando por um modelo autoencoder. Supostamente, a vantagem do vencedor estava no treinamento inteligente e na pesquisa de hiperparâmetros, bem como em um bom estudo de como gerar e selecionar características úteis.

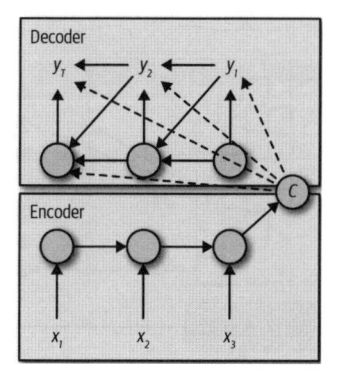

Figura 10-12. Um autoencoder, também conhecido como modelo seq2seq, é muito popular para processamento e modelagem de linguagem, além de também ter demonstrado sucesso considerável na análise de séries temporais.

Arquiteturas Combinadas

Com muita frequência, as aplicações bem-sucedidas do mercado e das competições de aprendizado profundo para a previsão de séries temporais usarão algum tipo de arquitetura nova, seja uma nova abordagem na aplicação de células LSTM tradicionais ou combinação de diferentes componentes. Um exemplo disso é uma arquitetura de rede neural de 2018 proposta por pesquisadores da Carnegie Mellon University. Os pesquisadores exploraram os pontos fortes das arquiteturas convolucional e recorrente, mas também adicionaram outras inovações.

Eles desenvolveram uma camada "skip recurrent", em que o modelo recorrente pode ser ajustado para prestar atenção às periodicidades (como anual, semanal, diária, dependendo da natureza do conjunto de dados) presentes nos dados (e essa periodicidade pode ser explorada como um hiperparâmetro).

Eles reconheceram que muitas séries temporais têm tendências que não são bem modeladas por modelos não lineares de aprendizado profundo. Ou seja, sozinho, um modelo de aprendizado profundo não mostraria as mudanças de escala substanciais ao longo do tempo que alguns conjuntos de dados de séries temporais demonstram. Os pesquisadores o adaptaram usando um modelo linear tradicional, ou seja, o modelo autorregressivo que analisamos no Capítulo 6.

O modelo final, o *LSTNet modificado*, foi uma soma das saídas do modelo AR e um modelo construído com uma camada recorrente tradicional e uma camada skip recurrent em paralelo. As entradas fornecidas em cada camada recorrente eram as saídas das camadas convolucionais que foram combinadas ao longo do tempo e do eixo do canal (veja a Figura 10-13).

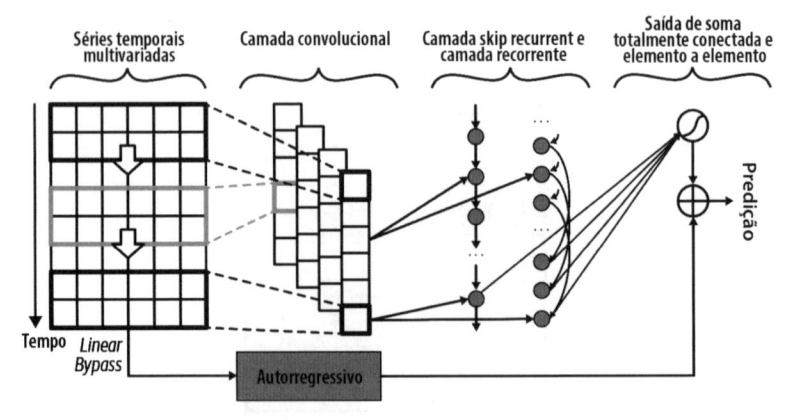

Figura 10-13. Na arquitetura LSTNet modificada, podemos ver que há um componente autorregressivo (parte inferior da imagem) em paralelo a uma arquitetura de rede neural. A arquitetura da rede neural coloca um elemento convolucional e um elemento recorrente em ordem consecutiva, operando nas mesmas entradas, um após o outro.

Os pesquisadores descobriram que três dos quatro conjuntos de dados testados tiveram um melhor desempenho do que os resultados inovadores divulgados que abrangiam um amplo leque de áreas especializadas. Eles só não foram bem-sucedidos nas cotações de câmbio, área financeira notoriamente difícil de predizer, devido às altas relações de sinal-ruído, em que qualquer sinal se dissipa rapidamente à medida que o mercado se torna eficiente e os investidores tentam encontrar uma vantagem.

Nossa próxima inspiração vem do artigo dos pesquisadores, e estaremos trabalhando com o código modificado (*https://perma.cc/3W4Y-E8E2*)[5] do catálogo de exemplos do pacote MXNet, descrito em detalhes pelo autor do exemplo, Oliver Pringle, em uma postagem do blog (*https://perma.cc/9KM2-RNPK*).

Aqui, como observado, aplicamos o código com base nas modificações do repositório MXNet, simplificando-o e removendo as conexões sazonais/skip com apenas um tamanho de filtro convencional. Aplicamos uma camada convolucional, assim como fizemos no exemplo `cnn_model` anterior:

```python
## python
>>> ## Deve ser 4d ou 5d para usar o padding.
>>> conv_input = mx.sym.reshape(data=X, shape=(0, 1, win, -1))
>>>
>>> ## Elemento convolucional.
>>> ## Adicionamos o padding no final do tempo win
>>> cnn_output = mx.sym.pad(data=conv_input,
>>>                          mode="constant",
>>>                          constant_value=0,
>>>                          pad_width=(0, 0,
>>>                                     0, 0,
>>>                                     0, sz_filt - 1,
>>>                                     0, 0))
>>> cnn_output = mx.sym.Convolution(data=cnn_output,
>>>                                 kernel=(sz_filt,
>>>                                         input_feature_shape[2]),
>>>                                 num_filter=n_filter)
>>> cnn_output = mx.sym.Activation(data=cnn_output, act_type='relu')
>>> cnn_output = mx.sym.reshape(mx.sym.transpose(data=cnn_output,
>>>                                               axes=(0, 2, 1, 3)),
>>>                             shape=(0, 0, 0))
>>> cnn_output = mx.sym.Dropout(cnn_output, p=drop)
```

Em seguida, aplicamos uma RNN não às entradas originais, mas ao componente convolucional, assim:

```python
## python
>>> ## Elemento recorrente
>>> stacked_rnn_cells = mx.rnn.SequentialRNNCell()
>>> stacked_rnn_cells.add(mx.rnn.GRUCell(num_hidden=args.rnn_units))
>>> outputs, _ = stacked_rnn_cells.unroll(length=win,
>>>                                        inputs=cnn_output,
>>>                                        merge_outputs=False)
>>>
>>> rnn_output    = outputs[-1]
>>> n_outputs     = input_feature_shape[2]
>>> cnn_rnn_model = mx.sym.FullyConnected(data=rnn_output,
>>>                                        num_hidden=n_outputs)
```

---

5   O código também está disponível no GitHub pessoal de Oliver Pringle (*https://oreil.ly/L-7ri*).

Por último, em paralelo a essa combinação CNN/RNN, treinamos um modelo AR junto com outro modelo AR por localização de estação elétrica (ou seja, 321 modelos AR distintos, um por coluna/variável/localização de estação elétrica), conforme mostrado aqui. O código usa cada ponto de tempo para cada estação, e o modelo é especificado uma estação por vez:

```python
## python
>>> ## Elemento ar
>>> ar_outputs = []
>>> for i in list(range(input_feature_shape[2])):
>>>     ar_series = mx.sym.slice_axis(data=X,
>>>                                   axis=2,
>>>                                   begin=i,
>>>                                   end=i+1)
>>>     fc_ar = mx.sym.FullyConnected(data=ar_series, num_hidden=1)
>>>     ar_outputs.append(fc_ar)
>>> ar_model = mx.sym.concat(*ar_outputs, dim=1)
```

Veja o código completo:

```python
## python
>>> def simple_lstnet_model(iter_train,  input_feature_shape, X, Y,
>>>                          win, sz_filt, n_filter, drop):
>>>     ## Deve ser 4d ou 5d para usar o padding.
>>>     conv_input = mx.sym.reshape(data=X, shape=(0, 1, win, -1))
>>>
>>>     ## Elemento convolucional.
>>>     ## Adicionamos o padding no final do tempo win.
>>>     cnn_output = mx.sym.pad(data=conv_input,
>>>                             mode="constant",
>>>                             constant_value=0,
>>>                             pad_width=(0, 0,
>>>                                        0, 0,
>>>                                        0, sz_filt - 1,
>>>                                        0, 0))
>>>     cnn_output = mx.sym.Convolution(data = cnn_output,
>>>                                     kernel = (sz_filt,
>>>                                               input_feature_shape[2]),
>>>                                     num_filter = n_filter)
>>>     cnn_output = mx.sym.Activation(data     = cnn_output,
>>>                                    act_type = 'relu')
>>>     cnn_output = mx.sym.reshape(mx.sym.transpose(data = cnn_output,
>>>                                                  axes = (0, 2, 1, 3)),
>>>                                 shape=(0, 0, 0))
>>>     cnn_output = mx.sym.Dropout(cnn_output, p = drop)
>>>
>>>     ## Elemento recorrente.
>>>     stacked_rnn_cells = mx.rnn.SequentialRNNCell()
>>>     stacked_rnn_cells.add(mx.rnn.GRUCell(num_hidden = args.rnn_units))
>>>     outputs, _ = stacked_rnn_cells.unroll(length = win,
>>>                                           inputs = cnn_output,
>>>                                           merge_outputs = False)
>>>     rnn_output    = outputs[-1]
>>>     n_outputs     = input_feature_shape[2]
>>>     cnn_rnn_model = mx.sym.FullyConnected(data=rnn_output,
>>>                                           num_hidden=n_outputs)
```

```
>>>    ## Elemento ar.
>>>    ar_outputs = []
>>>    for i in list(range(input_feature_shape[2])):
>>>        ar_series = mx.sym.slice_axis(data=X,
>>>                                      axis=2,
>>>                                      begin=i,
>>>                                      end=i+1)
>>>        fc_ar = mx.sym.FullyConnected(data      = ar_series,
>>>                                      num_hidden = 1)
>>>        ar_outputs.append(fc_ar)
>>>    ar_model = mx.sym.concat(*ar_outputs, dim=1)
>>>
>>>    output = cnn_rnn_model + ar_model
>>>    loss_grad = mx.sym.LinearRegressionOutput(data=output, label=Y)
>>>    return (loss_grad,
>>>            [v.name for v in iter_train.provide_data],
>>>            [v.name for v in iter_train.provide_label])
```

Observe que o desempenho é muito melhor nesse modelo do que em qualquer outro:

```
Epoch    Training Cor    Validation Cor
0        0.256770        0.234937
1        0.434099        0.407904
2        0.533922        0.506611
3        0.591801        0.564167
4        0.630204        0.602560
5        0.657628        0.629978
6        0.678421        0.650730
7        0.694862        0.667147
8        0.708346        0.680659
9        0.719600        0.691968
10       0.729215        0.701734
11       0.737400        0.709933
12       0.744532        0.717168
13       0.750767        0.723566
14       0.756166        0.729052
15       0.760954        0.733959
16       0.765159        0.738307
17       0.768900        0.742223
18       0.772208        0.745687
19       0.775171        0.748792
20       0.777806        0.751554
21       0.780167        0.754034
22       0.782299        0.756265
23       0.784197        0.758194
24       0.785910        0.760000

TESTING PERFORMANCE
{'COR': 0.7622162}
```

Claro que esse modelo se sai um pouco melhor do que os outros modelos. Logo, podemos deduzir que há algo especial nessa arquitetura que usa imagens convolucionais como dados sequenciais nos quais a camada recorrente treina. A ferramenta estatística tradicional de um modelo de AR também é funcional.[6] Sem dúvidas, esse modelo é o melhor, e aprendemos uma bela lição, mesmo com a pouca e breve exploração e treina-

---

6 Tente treinar sem o componente AR se você não acredita em mim — não é difícil remover esse componente do código.

mento que fizemos. Vale a pena testar uma variedade de modelos, e você nem precisa gastar tanto tempo treinando todos os modelos para descobrir qual é o melhor.

Resumindo

Neste capítulo, vimos que em nosso treinamento, o desempenho dos modelos não foi como esperávamos. Uma simples rede feedforward superou consideravelmente o desempenho de alguns modelos mais complicados do ponto de vista conceitual. Mas isso não necessariamente resolve a questão de quais modelos são melhores ou piores para nosso conjunto de dados:

- Não verificamos o número de parâmetros usados em cada modelo. É possível que diferentes gêneros de modelos tenham desempenhos bastante distintos com diferentes números de parâmetros. Poderíamos brincar com a complexidade do modelo, como número de camadas convolucionais/recorrentes ou número de filtros/ unidades ocultas.
- Não ajustamos os hiperparâmetros. Às vezes, obter os hiperparâmetros corretos pode fazer uma enorme diferença no desempenho de um modelo.
- Não exploramos nossos dados o suficiente para ter uma ideia prévia de qual modelo teria um desempenho melhor ou pior, dadas as correlações ao longo do tempo e entre diferentes colunas/localizações de estação elétrica.

Como Desenvolver Suas Habilidades

Caso comece a ler periódicos acadêmicos, conferências e postagens do arXiv procurando por recursos de aprendizado profundo para séries temporais, muitas vezes ficará frustrado com algumas convenções:

- Muitas pesquisas de séries temporais se consideram primeiro como específicas do domínio e depois como séries temporais. Isso significa que você realmente deve estar procurando em domínios relacionados, como economia, saúde e estudos climáticos.
- Pesquisadores de aprendizado profundo costumam pensar em "aprendizado profundo" ou "redes neurais" como redes convolucionais. Assim, caso queira se aprofundar especificamente em "redes neurais recorrentes", faça uma busca cuidadosa.
- Infelizmente, ninguém ainda escreveu um modelo de aprendizado profundo para ajudá-lo a encontrar artigos sobre aprendizado profundo. Seria ótimo.

Leituras e Recursos Adicionais

- Documentos históricos:

Sepp Hochreiter e Jürgen Schmidhuber, "Long Short-Term Memory", Neural Computation 9, no. 8 (1997):1735–80: https://perma.cc/AHR3-FU5H.
> Artigo de suma importância de 1997 que apresentou a célula Long Short-Term Memory (LSTM) e também propôs vários benchmarks experimentais que são usados até hoje para estudar o desempenho de redes neurais na análise de sequência.

Peter G. Zhang, Eddy Patuwo e Michael Hu, "Forecasting with Artificial Neural Networks: The State of the Art", International Journal of Forecasting 14, no. 1 (1998): 35–62: https://perma.cc/Z32G-4ZQ3.
> Esse artigo oferece uma visão geral inovadora das séries temporais e aprendizado profundo em 1998.

- Sobre RNNs:

Aurélien Geron, "Processamento de Sequência Usando RNNs e CNNs", em Mãos à Obra: Aprendizado de Máquina com Scikit-Learn, Keras e TensorFlow, 2ª Edição, 2021.
> Nesse conhecido livro, Aurélien Geron exemplifica amplamente como aplicar o aprendizado profundo aos dados de séries temporais. Caso se sinta à vontade, confira os Jupyter notebooks (*https://perma.cc/D3UG-59SX*) que oferecem um excelente exemplo de muitos tipos diferentes de modelos aplicados a dados sequenciais, incluindo alguns exercícios com soluções.

Valentin Flunkert, David Salinas e Jan Gasthaus, "DeepAR: Probabilistic Forecasting with Autoregressive Recurrent Networks", artigo não publicado, 2017, https://perma.cc/MT7N-A2L6.
> Esse artigo pioneiro ilustrou o modelo da Amazon que foi desenvolvido para se ajustar a séries temporais em seus dados de varejo, que ocorrem em uma grande variedade de escalas e com tendências. Uma inovação específica foi a capacidade de fazer previsões probabilísticas, em vez das estimativas pontuais usuais, que tendem a ser o resultado de análises de aprendizado profundo.

Lingxue Zhu e Nikolay Laptev, "Deep and Confident Prediction for Time Series at Uber", artigo apresentado na Conferência Internacional IEEE de Workshops de Mineração de Dados (ICDMW), ICDMW), Nova Orleans, LA: https://perma.cc/PV8R-PHV4.
> Artigo que ilustra outro exemplo de probabilidade e modificações inspiradas estatisticamente em típicas RNNs. Nesse caso, a Uber propôs um novo modelo bayesiano de profundidade que fornecia uma estimativa pontual e uma estimativa de incerteza que poderia ser implementada em produção com desempenho consideravelmente rápido.

Zhengping Che et al., "Recurrent Neural Networks for Multivariate Time Series with Missing Values", Scientific Reports 8, no. 6085 (2018): https://perma.cc/4YM4-SFNX.
Artigo que mostra um exemplo de trabalho pioneiro sobre séries temporais de assistência médica. Ele demonstra o uso de uma GRU, aliada a novas arquiteturas para contabilizar os dados ausentes e torná-los um atributo informativo. Os autores apresentam redes neurais que superam todas as métricas clínicas existentes atualmente implementadas para fazer predições sobre a saúde do paciente e as estatísticas de internação hospitalar. Um ótimo exemplo de como uma modificação intuitiva e fácil de entender em uma simples estrutura RNN e amplamente usada (a GRU) pode levar a resultados inovadores em um bom conjunto de dados.

- Sobre CNNs:

Aäron van den Oord e Sander Dieleman, "WaveNet: A Generative Model for Raw Audio DeepMind", DeepMind blog, 8 de setembro de 2016: https://perma.cc/G37Y-WFCM.
Blog que fornece uma descrição extremamente bem feita e acessível de uma arquitetura inovadora CNN usada para aprimorar as tecnologias de texto para fala e fala para texto, em uma variedade de idiomas e com diferentes falantes. A nova arquitetura levou a um aumento significativo no desempenho e foi posteriormente implementada em outras tarefas de IA relacionadas à sequência, sobretudo no que diz respeito à previsão de séries temporais.

- Sobre os usos de aprendizado profundo:

Vera Rimmer et al., "Automated Website Fingerprinting Through Deep Learning", artigo apresentado na NDSS 2018, San Diego, CA: https://perma.cc/YR2G-UJUW.
Artigo que ilustra a maneira pela qual o aprendizado profundo pode ser usado para descobrir informações privadas sobre o conteúdo de navegação de um usuário na internet por meio de impressões digitais de sites. Os autores ressaltaram uma maneira pela qual várias arquiteturas de rede neural podem ser empregadas para formular ataques fingerprint a sites para violar as proteções de privacidade do usuário.

CPMP, "Second Place Solution to the Kaggle Web Traffic Forecasting Competition", Kaggle blog, 2017: https://perma.cc/UUR4-VNEU.
Esse blog, escrito antes da conclusão da competição, descreve o pensamento do segundo colocado ao projetar uma solução mista de aprendizado de máquina/aprendizado profundo para previsão. Veja também alguns comentários retrospectivos disponíveis em uma postagem de blog relacionada (*https://perma.cc/73M3-D7DW*). Este é um ótimo exemplo de uma mistura de pacotes modernos e um estilo de codificação relevante e prático. Confira também a solução no GitHub (*https://perma.cc/K6RW-KA9E*) e uma discussão sobre sua arquitetura baseada em rede neural (*https://perma.cc/G9DW-T8LE*).

## CAPÍTULO 11

Medição de Erros

Nos capítulos anteriores, usamos uma variedade de medidas para comparar modelos ou julgar o quão bem um modelo executou sua tarefa. Neste capítulo, analisaremos as melhores práticas para julgar a acurácia das previsões, enfatizando as questões específicas que diz respeito aos dados de séries temporais.

Para aqueles que são novos na previsão de séries temporais, é mais importante entender que normalmente não se recomenda a validação cruzada padrão. Não é possível selecionar conjuntos de dados de treinamento, validação e testes amostrados aleatoriamente para cada uma dessas categorias de uma forma independente do tempo.

No entanto, a coisa é ainda mais complicada. Você precisa pensar sobre como diferentes amostras de dados se relacionam umas com as outras no tempo, ainda que pareçam independentes. Por exemplo, suponha que você esteja trabalhando em uma tarefa de classificação de série temporal, de modo que tenha muitas amostras de séries temporais separadas, em que cada uma é seu próprio ponto de dados. Pode ser tentador achar que, neste caso, é possível escolher aleatoriamente séries temporais para cada conjunto de treinamento, validação e teste, só que isso não funciona. O problema com essa abordagem é que ela não reflete como você usaria seu modelo, ou seja, ela não refletiria o treinamento de seu modelo em dados anteriores nem o teste em dados posteriores.

Não queremos que informações futuras vazem para o seu modelo, pois a modelagem não funciona assim na prática. Por sua vez, isso significa que o erro de previsão que você mede em seu modelo será menor durante o teste do que na produção, já que no teste você terá usado a validação cruzada em seu modelo de modo a gerar informações futuras (por exemplo, feedback sobre qual modelo usar).

Vejamos um cenário realista de como isso poderia acontecer. Imagine que você esteja treinando um detector de qualidade do ar para as principais cidades do Oeste dos Estados Unidos. Em seu conjunto de treinamento, você inclui todos os dados de 2017 e 2018 para São Francisco, Salt Lake City, Denver e San Diego. Em seu conjunto de testes, você inclui o mesmo intervalo de datas para Las Vegas, Los Angeles, Oakland e Phoenix. Você descobre que seu modelo de qualidade do ar se sai muito bem nas medições de Las Vegas e Los Angeles, porém se sai melhor ainda em 2018. Ótimo!

Em seguida, você tenta replicar o processo de treinamento do modelo em dados das décadas anteriores e descobre que ele não se sai tão bem no teste quanto na execução do treinamento. Assim, se lembra dos incêndios florestais que quebraram recordes no Sul da Califórnia em 2018 e percebe que eles foram "incorporados" ao teste/treinamento original porque seu conjunto de treinamento lhe forneceu uma janela para o futuro. É justamente por isso que devemos evitar a validação cruzada padrão.

Há ocasiões em que a propagação de informações do futuro para a escolha de um modelo não é um problema. Por exemplo, caso esteja somente tentando compreender a dinâmica de uma série temporal ao testar o nível de qualidade de uma previsão, você não está tentando fazer uma previsão, e sim testando o melhor ajuste possível de um determinado modelo aos dados. Nesse caso, incluir dados futuros ajuda a entender a dinâmica, embora deva tomar cuidado com o sobreajuste. E mesmo neste caso, não restam dúvidas de que manter um conjunto de teste válido — cuja exigência é não permitir que informações vazem do futuro — ainda justificaria as preocupações sobre séries temporais e validação cruzada.

Agora que esclarecemos as coisas, voltaremos para um exemplo concreto de divisão de dados para treinamento, validação e teste de um modelo. Em seguida, analisaremos de forma mais geral como determinar quando uma previsão é boa o suficiente, ou tão boa quanto possível. Examinaremos também como estimar a incerteza de nossa previsão ao usarmos técnicas que não produzem diretamente uma incerteza ou medida de erro como parte da saída. Finalizaremos o capítulo com uma lista de armadilhas que pode contribuir com a construção de seu modelo de série temporal ou com a preparação para colocá-lo em produção. Isso pode ajudá-lo a não passar vergonha!

Conceitos Básicos: Como Testar Previsões

O elemento mais importante é garantir que você esteja construindo apenas com dados que possam ser acessados com antecedência o bastante e que possam ser utilizados para gerar a previsão. Por esse motivo, é necessário pensar não somente em quando os eventos acontecem, mas também em quando os dados estarão disponíveis para você.[1]

---

[1] Aliás, a modelagem com ou sem dados disponíveis em determinados momentos para mostrar a importância da entrega oportuna de dados pode motivar seus engenheiros e gerentes de dados a priorizar entradas de dados específicos, caso você possa demonstrar que isso faria diferença na acurácia do seu modelo e/ou para os resultados financeiros da sua organização.

Embora isso pareça simples, lembre-se de que o pré-processamento comum, como a suavização exponencial, pode acidentalmente ocasionar vazamento do período de treinamento para o período de teste. É possível testar isso primeiro ajustando uma regressão linear a uma série temporal autorregressiva e, depois, a uma série temporal autorregressiva exponencialmente suavizada. Você observará que quanto mais suaviza a série temporal, e, quanto maior a meia-vida da suavização, "melhores" suas previsões se tornam. Isso ocorre porque, na verdade, você está tendo que fazer cada vez menos uma previsão, pois cada vez mais seu valor é composto de uma média exponencial de valores anteriores. Ou seja, é um lookahead perigoso e traiçoeiro que, apesar disso, ainda aparece em artigos acadêmicos!

Tendo em mente esses perigos e outras formas difíceis de perceber de alimentar o passado com o futuro e vice-versa, o padrão de excelência para qualquer modelo deve ser o backtesting com treinamento, validação e o roll-forward testing.

No backtesting, desenvolve-se um modelo para um conjunto ou intervalos de dados e, depois, ele é testado exaustivamente em dados históricos, de preferência representando toda a gama de possíveis condições e variabilidade. É importante também ressaltar que os profissionais precisam de razões fundamentadas para realizar o backtesting de um modelo específico e devem evitar testar muitos modelos. Como a maioria dos analistas de dados sabe, quanto mais modelos você testar, maior será a probabilidade de esse modelo se sobreajustar aos dados — ou seja, maior será a probabilidade de ele escolher um modelo com detalhes excessivamente específicos sobre o atual conjunto de dados, em vez de generalizá-lo de maneira robusta. Infelizmente, para os profissionais de séries temporais, isso significa um equilíbrio capcioso que pode levar a resultados embaraçosos quando colocarem modelos em produção.

Mas como implementamos um backtesting? Fazemos essa implementação de uma forma que preserve uma estrutura semelhante à validação cruzada, embora seja temporalmente ciente. O paradigma comum, supondo que você tenha dados que representam a passagem sequencial do tempo "em ordem alfabética", é o seguinte:

```
Train with [A]          test with [B]
Train with [A B]        test with [C]
Train with [A B C]      test with [D]
Train with [A B C D]    test with [E]
Train with [A B C D E]  test with [F]
```

A Figura 11-1 ilustra essa estrutura de teste.

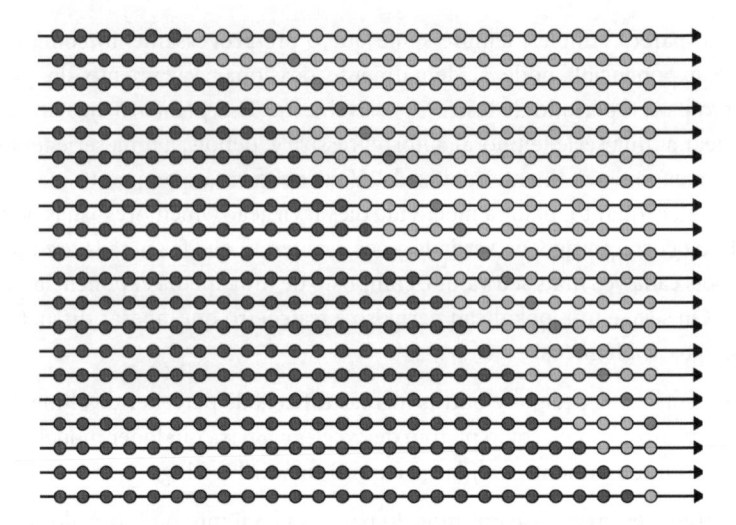

Figura 11-1. O padrão de excelência para avaliar o desempenho de um modelo de série temporal, treinamento roll-forward, validação e janelas de teste.

É possível também mover a janela de dados de treinamento em vez de expandi-la. Nesse caso, seu treinamento poderia ser mais ou menos assim:

```
Train with [A B]   test with [C]
Train with [B C]   test with [D]
Train with [C D]   test with [E]
Train with [D E]   test with [F]
```

O método escolhido depende em parte de você achar que o comportamento de sua série está evoluindo com o tempo. Em caso afirmativo, é melhor usar uma janela móvel para que todos os períodos de teste sejam testados com um modelo treinado nos dados mais relevantes. Talvez você também queira evitar o sobreajuste e, nesse caso, usar uma janela de expansão disciplinará melhor seu modelo do que uma janela de comprimento fixo. Como esse tipo de divisão contínua é uma necessidade comum de treinamento, o R e o Python podem facilmente gerá-las:

- No Python, uma maneira fácil de gerar divisões de dados é por meio do `sklearn.model_selection.TimeSeriesSplit`.

- No R, o `tsCV` do pacote `forecast` avançará um modelo no tempo usando o backtesting e reportará os erros.

Existem outros pacotes em R e Python que farão o mesmo. É possível também escrever suas próprias funções para dividir seus dados, caso tenha ideias sobre como implementar esse teste de modelo em um projeto específico. Talvez você queira ignorar determinados períodos de tempo porque exibiram uma dinâmica anômala, ou talvez queira ponderar mais o desempenho de determinados períodos de tempo.

Por exemplo, suponha que você trabalhe com dados financeiros. Dependendo de seus objetivos, pode valer a pena excluir dados de períodos extraordinários, como a crise financeira de 2008. Ou, caso trabalhe com dados de varejo, talvez queira ponderar mais o desempenho do modelo para a temporada de compras de Natal, ainda que sacrifique um pouco da acurácia nas previsões de temporadas de baixo volume.

Considerações Específicas do Modelo para Backtesting

Considere a dinâmica do modelo que você está treinando ao estruturar seu backtesting, sobretudo ao treinar um modelo com um determinado intervalo temporal de dados. Com modelos estatísticos tradicionais, como ARIMA, todos os pontos de dados são fatorados igualmente ao selecionar os parâmetros do modelo. Assim, quanto mais dados, menor a acurácia do modelo, caso você ache que os parâmetros do modelo devem variar ao longo do tempo. Isso também vale para modelos de aprendizado de máquina em que todos os dados de treinamento são fatorados igualmente.[2]

Por outro lado, os métodos estocásticos em batch podem resultar em pesos e estimativas que evoluem com o tempo. Desse modo, se você treinar os dados em ordem cronológica, os modelos de rede neural treinados com os típicos métodos de gradiente descendente estocásticos, considerarão, até certo ponto, a natureza temporal dos dados. Os ajustes de gradiente mais recentes para o peso retratarão os dados mais recentes. Na maioria dos casos, os modelos de rede neural de séries temporais são treinados nos dados em ordem cronológica, assim tendem a gerar resultados melhores do que os modelos treinados nos dados em ordem aleatória.

 Não deixe brechas em seus dados. A própria dificuldade e graça dos dados de séries temporais é que os pontos de dados são autocorrelacionados. Por essa razão, não podemos selecionar aleatoriamente pontos em nossas séries temporais para validação ou teste, pois isso destruirá parte da autocorrelação nos dados. Como resultado, o reconhecimento do nosso modelo de um componente autorregressivo dos dados seria prejudicado, um resultado indesejável.

Os modelos de espaço de estados também oferecem oportunidades para que o ajuste se adapte ao longo do tempo com o modo. Isso contribui com uma janela de treinamento mais longa, porque uma janela de tempo longa não impedirá a estimativa posterior de evoluir ao longo do tempo.

---

2   Repare que você pode escrever sua própria função de ponderação customizada para a função de perda a fim de ponderar os dados mais recentes com mais intensidade, mas isso exige habilidade de programação acima da média e conhecimento sobre otimizações numéricas.

Snapshot do Seu Modelo ao Longo do Tempo

Já que você testará seus modelos usando o roll-forward no tempo após ajustá-los aos dados anteriores, é necessário salvar um modelo com um timestamp para saber o ponto no tempo mais antigo em que você poderia ter usado adequadamente esse modelo. Isso o ajudará a evitar o teste inadvertido de um modelo em seus próprios dados de treinamento e também lhe dará a oportunidade de aplicar vários modelos diferentes com períodos distintos de tempo para testar dados. Talvez essa seja uma forma de analisar o nível de importância de um modelo treinado recentemente em relação à sua acurácia nos dados de teste, o que pode ajudar a escolher um ritmo para a frequência com que os modelos de séries temporais precisam ser reajustados no código de produção.

Quando Sua Previsão É Boa o Suficiente?

A qualidade de sua previsão dependerá de seus objetivos gerais, do nível de qualidade mínima necessário para o que você precisa fazer, dos limites e da natureza de seus dados. Caso seus dados tenham uma relação ruído-sinal muito alta, você deve ter expectativas limitadas em relação ao seu modelo.

Lembre-se: um modelo de séries temporais não é perfeito. Mas você deve buscar se sair tão bem quanto ou um pouco melhor do que os métodos alternativos, como resolver um sistema de equações diferenciais sobre as mudanças climáticas, pedir uma dica a um corretor de ações bem informado ou recorrer a um livro de medicina que mostra como classificar um EEG. Ao avaliar o desempenho, tenha em mente os limites conhecidos do domínio específico na previsão, conforme indicados pelas medições — por enquanto, o limite superior do desempenho em muitos problemas de previsão.

Há momentos em que você sabe que o modelo ainda não é bom o suficiente e que pode fazer melhor. Vejamos algumas coisas que você pode fazer para identificar essas oportunidades:

Plote as saídas do modelo para o conjunto de dados de teste

A distribuição gerada pelo modelo deve corresponder à distribuição dos valores que você está tentando prever, supondo que não haja nenhuma mudança de regime esperada ou tendência subjacente. Por exemplo, caso esteja tentado predizer as cotações das ações e sabendo que essas cotações sofrem quedas e altas com a mesma frequência, se o modelo sempre prediz uma alta, você tem um modelo inadequado. Às vezes, as distribuições estarão claramente erradas, ao passo que, outras vezes, você pode aplicar um teste estatístico para comparar a saída do seu modelo com seus alvos reais.

Plote os resíduos do modelo ao longo do tempo

Se os resíduos não forem homogêneos ao longo do tempo, seu modelo não foi espe-cificado. O comportamento temporal dos resíduos pode indicar parâmetros adicio-nais necessários no modelo para representar o comportamento temporal.

Teste o modelo em relação a um simples modelo temporalmente ciente e null

Um modelo null comum é aquele em que toda previsão para o tempo t deve ter o valor no tempo $t - 1$. Caso o modelo não tenha um desempenho melhor do que um modelo simples, não poderá justificá-lo. Se um modelo simples e ingênuo consegue superar o modelo que você criou, o seu tem um problema intrínseco de função de perda ou pré-processamento de dados, em vez de um problema com o grid search dos hiperparâmetros. Como alternativa, pode ser um sinal de dados que têm muito ruído em relação ao sinal, o que também sugere que seu modelo é inútil para a fi-nalidade prevista.[3]

Estude como o modelo lida com outliers

Em muitas áreas, os outliers são simplesmente dados fora da curva normal. Pro-vavelmente, esses eventos não puderam ser preditos. Ou seja,[4] o melhor que seu modelo pode fazer é ignorar esses outliers em vez de ajustá-los. Na verdade, se seu modelo fizer uma boa predição de outliers, isso pode ser um sinal de sobrea-juste ou de uma péssima seleção de função de perda. Isso depende do modelo que você escolheu e das funções de perda que empregou. No entanto, na maioria dos usos, recomenda-se um modelo cujas predições não sejam tão extremas quanto os valores extremos em seu conjunto de dados. É claro que essa recomendação não se aplica quando o custo de eventos de outlier é alto e quando a tarefa de previsão é sobretudo alertar sobre eventos de outlier, quando possível.

Faça uma análise de sensibilidade temporal

Os comportamentos qualitativamente semelhantes em séries temporais relaciona-das estão gerando resultados relacionados em seu modelo? Ao usar seu conheci-mento da dinâmica subjacente de seu sistema, certifique-se de que ele se aplique e de que seu modelo reconheça e trate os padrões temporais semelhantes da mesma forma. Por exemplo, se uma série temporal mostra uma tendência ascendente com um drift de 3 unidades por dia e outra mostra uma tendência ascendente com um drift de 2,9 unidades por dia, você quer ter certeza de que as previsões feitas para essas séries sejam semelhantes. Além do mais, você gostaria de ter certeza de que a classificação das previsões em comparação com os dados de entrada foi sensata (um drift maior deve resultar em um valor de previsão maior). Se esse não for o caso, seu modelo pode ter um sobreajuste.

---

3 O desempenho de um simples modelo null pode ser surpreendentemente bom.

4 Em alguns casos, pode não haver nada a aprender para decisões futuras.

Essa lista não compreende as muitas formas de testar seu modelo de série temporal, mas pode ser um ponto de partida, a partir do qual você adquire experiência em um domínio específico.

Estimando a Incerteza em Seu Modelo com uma Simulação

Uma vantagem da análise de série temporal estatística tradicional é que essas análises têm fórmulas analíticas bem definidas para a incerteza em uma estimativa. No entanto, mesmo assim — e também no caso de métodos não estatísticos — pode ser útil entender a incerteza associada a um modelo de previsão por meio de métodos computacionais. Uma forma muito intuitiva e acessível de fazer isso é com uma simulação simples. Suponha que realizamos uma análise do que acreditamos ser um processo AR (1). Vale relembrar que um processo AR (1) pode ser expresso como:

$$y_t = \phi \times y_{t-1} + e_t$$

Seguindo um ajuste de modelo, queremos estudar o quão variável pode ser nossa estimativa do coeficiente ϕ. Aqui, uma forma de estudar isso é rodar várias simulações de Monte Carlo. Podemos rodá-la facilmente no R, desde que nos lembremos do que aprendemos sobre os processos AR no Capítulo 6:

```R
## R
> require(forecast)
>
> phi         <- 0.7
> time_steps  <- 24
> N           <- 1000
> sigma_error <- 1
>
> sd_series   <- sigma_error^2 / (1 - phi^2)
> starts      <- rnorm(N, sd = sqrt(sd_series))
> estimates   <- numeric(N)
> res         <- numeric(time_steps)
>
> for (i in 1:N) {
>   errs = rnorm(time_steps, sd = sigma_error)
>   res[1]  <- starts[i] + errs[1]
>
>   for (t in 2:time_steps) {
>     res[t] <- phi * tail(res, 1) + errs[t]
>   }
>   estimates <- c(estimates, arima(res, c(1, 0, 0))$coef[1])
> }
>
> hist(estimates,
>      main = "Estimated Phi for AR(1) when ts is AR(1)",
>      breaks = 50)
```

Isso resulta no histograma mostrado na Figura 11-2 para o ϕ estimado.

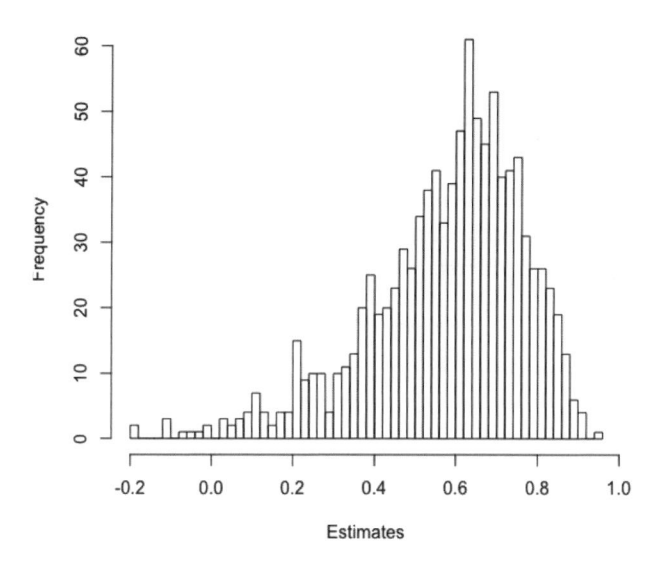

Figura 11-2. A distribuição das estimativas [estimates] para φ.

Podemos também ter uma noção do intervalo das estimativas e dos quantis com a função summary() aplicada a estimates:

```
## R
> summary(estimates1)
   Min. 1st Qu.  Median    Mean 3rd Qu.    Max.
-0.3436  0.4909  0.6224  0.5919  0.7204  0.9331
```

Podemos também usar o bootstrap para fazer perguntas mais complicadas. Suponha que queiramos saber os custos numéricos em relação à simplificação excessiva de nosso modelo quando comparado à verdade fundamental [ground truth]. Imagine que o processo estudado seja um AR (2), embora o tenhamos diagnosticado como um processo AR (1). Para descobrir seu impacto em nossa estimativa, podemos modificar o código R anterior assim:

```
## R
> ## Agora vamos assumir que temos um verdadeiro processo AR (2),
> ## e como isso é mais complicado, vamos mudar para arima.sim
> phi_1 <- 0.7
> phi_2 <- -0.2
>
> estimates <- numeric(N)
> for (i in 1:N) {
>   res <- arima.sim(list(order = c(2,0,0),
>                         ar = c(phi_1, phi_2)),
```

```
>                  n = time_steps)
>   estimates[i] <- arima(res, c(1, 0, 0))$coef[1]
> }
>
> hist(estimates,
>       main = "Estimated Phi for AR(1) when ts is AR(2)",
>       breaks = 50)
```

Vemos a distribuição resultante na Figura 11-3. Conforme podemos ver, a distribuição não é tão suave e bem definida para esse modelo especificado de modo errôneo como era para o modelo apropriadamente especificado na Figura 11-2.

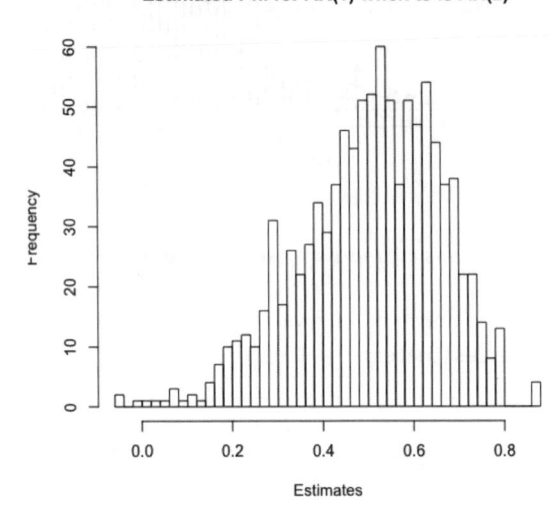

Figura 11-3. A distribuição estimada do coeficiente do lag 1 para um modelo AR (1) se ajusta a um processo para o qual a verdadeira representação é um processo AR (2).

Talvez essas distribuições não pareçam tão diferentes para você, e não são mesmo. Confirmamos isso com as sínteses estatísticas:[5]

```
## R
> summary(estimates)
   Min. 1st Qu. Median   Mean 3rd Qu.   Max.
-0.5252  0.4766  0.6143  0.5846  0.7215  0.9468
```

Podemos ver que o intervalo de estimativas é mais amplo quando o modelo é especificado incorretamente e que a estimativa para o termo de primeira ordem é um tanto pior do que quando o modelo foi especificado corretamente, porém o drift não é muito gran-

---

5   Se o ajuste errôneo é um problema, dependerá dos coeficientes específicos. Aqui, o impacto da especificação incorreta do nosso modelo não é tão ruim, mas em outros casos pode ser catastrófico.

de. Isso pode abordar as preocupações de que subestimar a ordem do modelo impactará nossa estimativa ϕ. Podemos rodar uma variedade de cenários de simulação para abordar os possíveis problemas e compreender a gama de prováveis erros de estimativas, dadas algumas possibilidades imaginadas.

Predizendo Múltiplos Passos à Frente

Nos capítulos anteriores, embora tenhamos abordado a previsão um passo à frente, talvez você queira predizer múltiplos passos de tempo à frente. Isso acontece, entre outros motivos, quando os dados da série temporal que você tem estão em uma resolução temporal maior do que os valores da série temporal que você gostaria de predizer. Por exemplo, você pode ter cotações de ações diárias disponíveis, mas gostaria de predizer as cotações mensais para que possa bolar uma estratégia de longo prazo para seu plano de aposentadoria. Ou você pode ter leituras da atividade elétrica do cérebro feitas a cada minuto, mas gostaria de predizer uma convulsão com pelo menos cinco minutos de antecedência para avisar seus usuários/pacientes assim que possível. Nesses casos, você tem várias opções para gerar previsões de múltiplos passos à frente.

Ajuste Diretamente o Horizonte de Interesse

É tão simples quanto definir seu valor y (alvo) para refletir o horizonte de previsão de interesse. Assim, caso os seus dados sejam indicadores minuto a minuto, mas você queira um horizonte à frente de cinco minutos para sua previsão, basta cortar as entradas do modelo no tempo t e as treinar para um rótulo gerado nos dados até o tempo $t + 5$. Em seguida, você ajustaria esses dados conforme o que está tentando predizer, seja por meio de uma regressão linear simples ou um modelo de aprendizado de máquina, ou até mesmo uma rede de aprendizado profundo. Seria efetivamente assim:

$$modelo(X) = Y$$

Nesse contexto, você pode escolher Y para ter qualquer horizonte de tempo que desejar. Desse modo, cada um deles seria um cenário legítimo, dependendo do seu horizonte futuro de interesse (sejam dez intervalos ou três intervalos, conforme mostrado aqui):

- $modelo_1(X_t)$ é ajustado ao Y_{t+10}
- $modelo_2(X_t)$ é ajustado ao Y_{t+3}

Abordagem Recursiva para Horizontes Temporais Distantes

Quando se usa uma abordagem recursiva para ajustar uma variedade de horizontes, você constrói um modelo, mas se prepara para alimentar sua própria saída como uma entrada para predizer horizontes mais distantes. Talvez você se recorde dessa ideia, porque demonstramos como fazer previsões com múltiplos passos à frente com a modelagem ARIMA, que usa essa mesma estratégia. Suponha que desenvolvemos um modelo para ajustar um passo à frente, treinando o $modelo(X_t) = Y_{t+1}$. Se quiséssemos ajustar os horizontes três passos à frente, faríamos o seguinte:

- $modelo(X_t) \rightarrow estimativa\ Y_{t+1}$
- $modelo(X_t$ com a estimativa de $Y_{t+1}) \rightarrow$ estimativa Y_{t+2}
- $modelo(X_t$ com estimativa de Y_{t+1} e estimativa de $Y_{t+2}) \rightarrow$ estimativa Y_{t+3}

O erro esperado para nossa estimativa de Y_{t+3} seria necessariamente maior do que nossa estimativa para Y_{t+1}. Quão maior? Isso já é complicado. Uma ótima opção para ter uma ideia seria rodar uma simulação, conforme analisado anteriormente neste capítulo.

Aprendizado Multitarefa Aplicado a Séries Temporais

O aprendizado multitarefa é um conceito geral de aprendizado profundo que pode ser aplicado com um significado particular para a análise de séries temporais. Em termos mais gerais, o aprendizado multitarefa representa a ideia de que um modelo pode ser construído para vários propósitos ao mesmo tempo ou para aprender a generalizar ao tentar predizer vários alvos diferentes, mas relacionados, ao mesmo tempo. Alguns consideram isso como uma forma de regularização, que incentiva o modelo a ser mais geral, ensinando-lhe tarefas relacionadas. Em séries temporais, você pode aplicar o aprendizado multitarefa definindo alvos para diferentes horizontes de tempo no contexto de previsão. Nesse caso, o ajuste do seu modelo seria mais ou menos assim:

- $modelo(X_t) = (Y_{t+1}, Y_{t+10}, Y_{t+100})$
- $modelo(X_t) = (Y_{t+1}, Y_{t+2}, Y_{t+3})$

Ao treinar esse modelo, você também pode pensar em como ver a função de perda: gostaria de ponderar todas as previsões igualmente ou gostaria de privilegiar determinados horizontes de previsão em detrimento de outros?

Caso esteja tentando fazer uma previsão muito distante, é possível usar horizontes multitarefa para ensinar seu modelo com a inclusão de horizontes de curto prazo que podem apontar para características salientes e úteis para horizonte de tempo mais longo, porém difíceis de identificar diretamente a partir dos dados com baixo sinal-ruído de previsões de um futuro distante. Outro cenário para modelagem multitarefa seria ajustar várias janelas de tempo no futuro, todas com a mesma temporada, mas talvez em pontos diferentes no tempo (como primavera em vários anos ou segundas-feiras em várias semanas). Essa seria uma forma de ajustar a sazonalidade e uma tendência ao mesmo tempo.

Armadilhas de Validação de Modelo

A seguir, veja os pontos mais importantes a serem considerados quando você pensa em testar adequadamente seu modelo em comparação com as implementações de produção esperadas:

Lookahead

Ao longo deste livro, buscou-se ressaltar o lookahead porque ele é muito difícil de evitar, e possivelmente catastrófico e embaraçoso quando um modelo é colocado em produção. Sempre que possível, evite o perigo de implementar um modelo que, de repente, pare de ser validado em produção. Esse é o traço distintivo de não estar ciente sobre o lookahead em seu sistema. Não deixe isso acontecer com você!

Mudanças Estruturais

Identificar mudanças estruturais é, em partes, uma questão de julgamento, do problema em mãos e da qualidade de seus dados. A dinâmica subjacente a uma série temporal pode mudar ao longo do tempo, e pode mudar o suficiente para que um modelo adequado a uma parte de uma série temporal não seja adequado em outra. Por isso, a análise exploratória é importante — para garantir que você não treine o mesmo modelo em mudanças estruturais que não sejam justificáveis nem sensatas.

Leituras e Recursos Adicionais

Christoph Bergmeir, Rob J. Hyndman e Bonsoo Koo, "A Note on the Validity of Cross-Validation for Evaluating Autoregressive Time Series Prediction", Computational Statistics & Data Analysis 120 (2018): 70–83: https://perma.cc/YS3J-6DMD.

Os autores desse artigo (incluindo o respeitável e altamente prolífico Rob Hyndman) analisam casos em que a validação cruzada produzirá bons resultados, mesmo para análise de séries temporais. Artigo útil, pois oferece insights sobre por que os erros surgem da validação cruzada e também quais tipos de modelos você pode usar com a divisão de validação cruzada padrão no lugar do backfitting.

Angelo Canty, "tsboot: Bootstrapping of Time Series", n.d.: https://perma.cc/MQ77-U5HL.

Descrição da função `tsboot()` incluída no pacote `boot` serve como leitura educacional, pois implementa diversas variações amplamente aceitas na amostragem de blocos como uma forma de bootstrapping. Explorar as opções disponíveis nessa função é uma boa maneira de se familiarizar com as muitas maneiras de inicializar séries temporais, e a familiaridade com essa função, por sua vez, possibilitará que você faça estimativas convenientes e confiáveis de testes estatísticos e avalie a incerteza de sua estimativa, mesmo em caso de pequenos conjuntos de dados.

Hans R. Kunsch, "The Jackknife and the Bootstrap for General Stationary Observations", Annals of Statistics 17, no. 3 (1989): 1217–41, https://perma.cc/5B2T-XPBC.

Artigo clássico e amplamente citado que demonstra uma abordagem estatística para estender os métodos jackknife (menos usados) e bootstrapping para dados de séries temporais, eliminando a suposição de tais métodos de que os pontos de dados são distribuídos de forma independente. Esse artigo apresenta a ideia de pensar e amostrar a partir de séries temporais com unidades de blocos de pontos em vez de pontos individuais.

Christian Kleiber, "Structural Changes in (Economic) Time Series", em Complexity and Synergetics, ed. Stefan Müller et al. (Cham, Suíça: Springer International, 2018): https://perma.cc/7U8N-T4RC.

Esse capítulo resume uma variedade de métodos canônicos para identificar mudanças estruturais em séries temporais e foi escrito a partir de uma perspectiva empresarial e econômica de séries temporais, embora as lições possam ser aplicadas de modo amplo. Extremamente útil, porque fornece uma lista dos pacotes R que podem ser utilizados para aplicar esses métodos de identificação de mudança estrutural amplamente aceitos e oferece visualizações úteis de como os métodos se comportam de maneira um pouco diferente ao analisar a mesma série temporal.

Robert Stambaugh, "Predictive Regressions", Journal of Financial Economics 54 (1999): 375–421: https://perma.cc/YD7U-RXBM.

Artigo amplamente citado que demonstra como realizar uma estimativa bayesiana a posteriori dos coeficientes de regressão e como as estimativas de quantidades de amostras finitas podem diferir substancialmente, haja vista as diferentes suposições sobre a dinâmica subjacente dos modelos de séries temporais financeiras. Exemplo excelente, embora específico de um domínio, do quanto as suposições iniciais podem impactar as estimativas de incerteza em suas estimativas e parâmetros.

## CAPÍTULO 12

Considerações de Desempenho em Ajustes e Disponibilização de Modelos de Séries Temporais

Nos estudos sobre aprendizado de máquina e análises estatísticas, o foco predominante costuma ser no desempenho dos modelos em termos de acurácia. Ainda que a acurácia normalmente deva ser a principal preocupação ao avaliar um modelo, às vezes as considerações de desempenho computacional são imprescindíveis à vista de conjuntos grandes de dados ou modelos amplamente implementados para atender grandes populações de aplicativos clientes.

Os conjuntos de dados de séries temporais ficam tão grandes que simplesmente não se consegue realizar nenhuma análise — ou não se consegue fazê-las corretamente —, pois são bastante exigentes em termos de recursos computacionais disponíveis. Nesses casos, muitas organizações fazem o seguinte:

- Maximizam os recursos computacionais (caro e muitas vezes um desperdício, tanto econômico quanto ambiental).

- Conduzem mal um projeto (ajuste de hiperparâmetros insuficiente, dados insuficientes etc.).

- Não fazem o projeto.[1]

Nenhuma dessas opções é satisfatória, sobretudo quando você está apenas começando um novo conjunto de dados ou uma nova técnica analítica. Pode ser frustrante não saber se suas falhas são resultado de dados ruins, de um problema espinhoso ou da falta

---

1   Sim, isso é muito comum.

de recursos. Felizmente, abordaremos algumas soluções alternativas para expandir suas opções no caso de análises muito exigentes ou conjuntos de dados enormes.

O intuito deste capítulo é orientá-lo com algumas considerações sobre como diminuir os recursos computacionais necessários para treinamento ou inferência em um modelo específico. Na maioria das vezes, essas perguntas são específicas para um determinado conjunto de dados, como também para os recursos que você tem disponíveis e suas metas de acurácia e velocidade. Neste capítulo, abordaremos essas preocupações, com a esperança de que elas abranjam parcialmente os problemas que você encontrar e possam inspirar um futuro brainstorming. Essas considerações virão à tona quando você tiver concluído suas primeiras rodadas de análise e modelagem e não devem ser uma prioridade quando estiver lidando com um problema pela primeira vez. Contudo, quando chegar a hora de colocar algo em produção ou estender um pequeno projeto de pesquisa, você deve rever essas preocupações com frequência.

Trabalhando com Ferramentas Construídas para Casos de Usos Gerais

Um desafio dos dados de séries temporais é que a maioria das ferramentas, principalmente aquelas para aprendizado de máquina, é construída para um caso de uso mais geral, e a maioria dos exemplos ilustrativos mostra o uso de dados transversais. Mas esses métodos de aprendizado de máquina não são tão eficientes com dados de séries temporais. As soluções para seus problemas individuais variam, mas as ideias gerais são as mesmas. Nesta seção, analiso problemas comuns e possíveis soluções.

Modelos Construídos para Dados Transversais Não "Compartilham" Dados entre Amostras

Em muitos casos, quando se fornecem amostras discretas de dados de séries temporais para um algoritmo, na maioria das vezes modelos de aprendizado de máquina, você perceberá que blocos grandes de dados que estão sendo fornecidos entre as amostras se sobrepõem. Por exemplo, suponha que você tenha os seguintes dados sobre vendas mensais de widgets:

Month	Widgets sold
Jan 2014	11,221
Feb 2014	9,880
Mar 2014	14,423
Apr 2014	16,720
May 2014	17,347

Jun 2014	22,020
Jul 2014	21,340
Aug 2014	25,973
Sep 2014	11,210
Oct 2014	11,583
Nov 2014	12,014
Dec 2014	11,400
Jan 2015	11,539
Feb 2015	10,240

Você está tentando fazer predições mapeando cada "formato" para uma curva vizinha mais próxima. Você prepara muitos formatos a partir desses dados. Aqui, listamos somente alguns desses pontos de dados, pois talvez queira usar curvas de seis meses como os "formatos" de interesse (observe que não estamos fazendo nenhum pré-processamento de dados para normalizar ou criar características adicionais de interesse, como média móvel ou curvas suavizadas):[2]

> 11221, 9880, 14423, 16720, 17347, 22020
> 9880, 14423, 16720, 17347, 22020, 21340
> 14423, 16720, 17347, 22020, 21340, 25973

Curiosamente, tudo o que conseguimos fazer com essa preparação de entradas foi tornar nosso conjunto de dados seis vezes maior sem incluir nenhuma informação adicional. E, do ponto de vista do desempenho, isso é uma verdadeira catástrofe, ainda que necessário para as entradas em uma variedade de módulos de aprendizado de máquina. Caso tenha se deparado com esse problema, considere algumas soluções.

Não use dados sobrepostos

Pense sobre gerar apenas um "ponto de dados" para que cada mês abra seu caminho em somente uma curva. Se fizer isso, os dados anteriores podem ser semelhantes à tabela a seguir:

> 11221, 9880, 14423, 16720, 17347, 22020
> 21340, 25973, 11210, 11583, 12014, 11400

Repare que isso seria bem fácil, porque equivale a uma remodelagem de array simples, em vez de uma repetição customizada de dados.

---

2   Usamos muitos exemplos de séries temporais de uma grande série temporal no caso do aprendizado de máquina e dos modelos de aprendizado profundo analisado nos capítulos anteriores.

Use um paradigma do tipo gerador para iterar por meio do conjunto de dados

Usar um paradigma semelhante ao gerador para iterar por meio do conjunto de dados, reamostrando a mesma estrutura de dados conforme apropriado, é fácil em Python, mas também se pode usar R e outras linguagens. Se imaginarmos que os dados originais são armazenados em um array NumPy 1D, isso seria parecido com o código a seguir (observe que isso teria que se aliar a uma estrutura de dados de aprendizado de máquina ou algoritmo que aceite geradores):

```python
## python
>>> def array_to_ts(arr):
>>>     idx = 0
>>>     while idx + 6 <= arr.shape[0]:
>>>         yield arr[idx:(idx+6)]
```

Veja que é recomendável programar um código de modelagem de dados que não prejudique desnecessariamente um conjunto de dados, tanto do ponto de vista de treinamento quanto de produção. No treinamento, isso possibilitará que você ajuste mais exemplos de treinamento na memória e, na produção, você poderá realizar várias predições com menos recursos de treinamento, no caso de predições (ou classificações) em dados sobrepostos. Caso esteja fazendo predições frequentes para o mesmo caso de uso, provavelmente estará trabalhando com dados sobrepostos; logo, esse problema e suas soluções serão bastante relevantes.

Modelos que Não São Pré-calculados Geram Lag Desnecessário entre a Medição de Dados e a Realização de uma Previsão

Normalmente, os modelos de aprendizado de máquina não se preparam nem levam em consideração a possibilidade de pré-calcular parte de um resultado antes de ter todos os dados. No entanto, esse é um cenário bem comum para séries temporais.

Se estiver disponibilizando seu modelo em uma aplicação sensível ao tempo, como para predições médicas, estimativas de localização de veículos ou previsão de cotação de ações, você pode descobrir que o lag de calcular uma previsão somente depois que todos os dados estiverem disponíveis é enorme. Nesse caso, considere se o modelo escolhido pode ser pré-calculado parcialmente com antecedência. Vejamos alguns exemplos de como isso é possível:

- Caso esteja usando uma rede neural recorrente que obtém vários canais de informação em 100 intervalos de tempo diferentes, você pode pré-calcular/desenrolar a rede neural nos primeiros 99 intervalos de tempo. Assim, quando o último ponto de dados finalmente chegar, você só precisará fazer um conjunto final de multiplicações de matrizes (e outros cálculos de função de ativação) em vez de 100. Em teoria, isso acelera seu tempo de resposta em 100 vezes.

- Se estiver usando um modelo AR (5), você pode pré-calcular tudo, exceto o termo mais recente na soma que constitui o modo. Vale relembrar que um processo AR (5) se parece com a equação a seguir. Se está prestes a gerar uma previsão, você já conhece os valores de $y_t - 4$, $y_t - 3$, $y_t - _2$ e y_{t-1}, o que significa que você pode ter tudo, exceto o $ph\ i_0 \tilde{A}\ y_t$ pronto para usar antes de saber y_t:

$$y_{t+1} = ph\ i_4 \times y_{t-4} + ph\ i_3 \times y_{t-3} + ph\ i_2 \times y_{t-2} + ph\ i_1 \times y_{t-1} + ph\ i_0 \times y_t$$

- Caso esteja usando um modelo de clusterização para encontrar os vizinhos mais próximos, sintetizando as características de uma série temporal (média, desvio-padrão, máximo, mínimo etc.), você pode calcular essas características com uma série temporal com um ponto de dados a menos e rodar seu modelo com essa série temporal para identificar vários vizinhos mais próximos. Em seguida, poderá atualizar essas características assim que o valor final for alcançado e rodar a análise novamente com apenas os vizinhos mais próximos encontrados na primeira rodada de análise. Na verdade, isso exigirá mais recursos computacionais, porém resultará em um menor intervalo de tempo entre a medição final e a entrega da previsão.

Em muitos casos, seu modelo pode não ser tão lento quanto o lag da rede ou outros fatores, assim o pré-cálculo é uma técnica que vale a pena somente quando o tempo de feedback é extremamente importante e quando você está confiante de que o cálculo do modelo está contribuindo para o tempo entre um aplicativo que recebe todas as informações necessárias e a saída de uma predição útil.

Formatos de Armazenamento de Dados: Vantagens e Desvantagens

Uma área negligenciada quando se trata de gargalos de desempenho para modelos de séries temporais de treinamento e produtização é o armazenamento de dados. Vejamos alguns erros comuns:

- *Armazenamento de dados em um formato de dados baseado em linha, mesmo que a série temporal seja formada ao percorrer uma coluna.* Isso resulta em dados em que os pontos adjacentes no tempo não são adjacentes na memória.
- *Armazenamento de dados brutos e execução de análises a partir desses dados.* Dependendo do modelo, é preferível ter dados pré-processados e que tenham passado por downsampling, na medida do possível.

A seguir, analisaremos esses fatores de armazenamento de dados para que o treinamento e a inferência de seu modelo ocorram o mais rápido possível.

Armazene Seus Dados em Formato Binário

É tentador armazenar dados em um arquivo de texto separado por vírgulas, como um arquivo CSV. Normalmente, é assim que os dados são fornecidos, logo a inércia nos leva a fazer essa escolha. Esses formatos de arquivo também podem ser lidos por humanos, o que facilita a verificação dos dados no arquivo em relação às saídas do pipeline. Por fim, esses dados geralmente são fáceis de enviar para diferentes plataformas.[3]

No entanto, não é fácil para o seu computador ler arquivos de texto (*https://perma.cc/XD3Y-NEGP*). Caso esteja trabalhando com conjuntos de dados tão grandes que não consiga colocar todos os seus dados na memória durante o treinamento, você estará lidando com I/O e processamento relacionado associado ao formato de arquivo que você escolher. Ao armazenar dados em um formato binário, você pode reduzir substancialmente as lentidões relacionadas ao I/O de várias maneiras:

- Como os dados estão em formato binário, seu pacote de processamento de dados já os "entende". Não há necessidade de ler um CSV e transformá-lo em um data frame. Ao imputar os dados, você já terá um data frame.

- Já que os dados estão em formato binário, eles podem ser melhor compactados do que um CSV ou outro arquivo baseado em texto. Ou seja, o I/O em si será mais curto, pois há menos memória física para ler em um arquivo e recriar seu conteúdo.

Os formatos de armazenamento binário são facilmente acessíveis em R e Python. No R, use `save()` e `load()` para `data.table`. No Python, use o pickling e observe que tanto a Pandas (`pd.DataFrame.load()`, `pd.DataFrame.save()`) e o NumPy (`np.load()` e `np.save()`) incluem wrappers em torno do pickling que você pode usar para seus objetos específicos.

Pré-processe Seus Dados de Forma que Você Possa "Deslizar" sobre Eles

Essa recomendação está relacionada à seção anterior, "Modelos Construídos para Dados Transversais não 'Compartilham' Dados entre Amostras". Nesse caso, você também deve pensar em como pré-processar seus dados e garantir que a maneira como faz isso seja consistente com o uso de uma janela móvel sobre esses dados para gerar várias amostras de teste.

---

3 No entanto, existem problemas unicode relacionados às diferentes plataformas e dispositivos, então você não está isento de riscos porque usa um formato de arquivo baseado em texto.

Como exemplo, considere a normalização ou médias móveis como etapas de pré-processamento. Caso planeje fazer isso para cada janela de tempo, poderá ter uma melhor acurácia do modelo (embora, em minha experiência, esses ganhos sejam frequentemente ínfimos). No entanto, existem várias desvantagens:

- São necessários mais recursos computacionais para calcular essas características de pré-processamento repetidas vezes em dados sobrepostos — apenas para terminar com números muito semelhantes.
- Você precisa armazenar dados sobrepostos com pré-processamento um pouco diferente repetidas vezes.
- Você não consegue tirar o máximo proveito quando desliza uma janela sobre seus dados.

Modificando Sua Análise para Se Adequar às Considerações de Desempenho

Muitos de nós somos culpados de ficar muito à vontade com um determinado conjunto de ferramentas analíticas e o conjunto de software e regras práticas sobre como ajustar um modelo que usamos. Tendemos a avaliar as necessidades de acurácia uma vez e não reavaliar quando determinamos o custo computacional de vários desempenhos de modelos possíveis.

Os dados de séries temporais, geralmente usados para fazer uma previsão rápida, são especialmente propensos a precisar de modelos que podem ser ajustados e produtizados de imediato. É necessário ajustar rapidamente os modelos, de modo que possam ser atualizados conforme novos dados chegam, e eles precisam ter um desempenho rápido para que os consumidores das previsões dos modelos tenham o máximo de tempo possível para agir conforme elas. Por causa disso, às vezes você pode desejar mudar as expectativas — e a análise que as acompanha — para tornar os processos de análise e previsão mais rápidos e computacionalmente simplificados.

Usar Todos os Seus Dados Não É Necessariamente Melhor

Um fator importante ao pensar sobre como otimizar sua análise é entender que nem todos os dados em uma série temporal são igualmente importantes. Dados mais distantes são menos importantes. Os dados durante tempos "excepcionais" são menos importantes para construir um modelo para tempos normais.

Existem diversas maneiras de reduzir a quantidade de dados que você usa para treinar um modelo. Apesar de muitas dessas opções terem sido analisadas anteriormente neste livro, é bom revisá-las, sobretudo no que diz respeito ao desempenho:

Downsampling

Geralmente, você pode utilizar dados menos frequentes para cobrir a mesma janela de lookback ao realizar uma predição. Essa é uma maneira de reduzir o tamanho de seus dados por um fator multiplicativo. Veja que, dependendo da técnica analítica usada, você também tem opções mais criativas, como empregar o downsampling em taxas diferentes, dependendo de quanto os dados retrocedem.

Treinamento apenas em dados recentes

Ainda que o aprendizado de máquina adore dados, existem muitos modelos de séries temporais em que as técnicas estatísticas ou mesmo de aprendizado profundo se sairão melhor apenas em dados recentes, em vez de treinar em todos os dados. Isso o ajudará a reduzir seus dados de entrada, subtraindo dados que são apenas infimamente informativos para seu modelo.

Reduza a janela de lookback usada para fazer sua predição

Em muitos modelos de série temporal, o desempenho do modelo continuará a melhorar, mesmo que pouco, à medida que você retrocede cada vez mais no passado. Você deve decidir o quanto de acurácia é realmente necessária para o desempenho. Pode ser que você esteja carregando muito mais dados na memória por amostra do que é necessário para um desempenho aceitável.

Modelos Complicados nem Sempre São Melhores

Pode ser interessante e divertido testar o que há de melhor e mais recente quando se trata de escolher um modelo analítico. Contudo, a verdade nua e crua é: o "custo-benefício" de um modelo mais sofisticado compensa os recursos computacionais adicionais necessários?

No aprendizado de máquina, basicamente todos os progressos feitos nos últimos anos usam cada vez mais poder de processamento computacional para solucionar um problema. Quanto se trata de problemas como reconhecimento de imagem, em que definitivamente há uma resposta certa e 100% de acurácia, isso faz todo o sentido.

Em contrapartida, quando se trata de problemas como predições de séries temporais, em que pode haver limites físicos ou matemáticos para o nível de acurácia que uma predição pode ter, estude se a escolha de um modelo mais complexo não passa simplesmente de um upgrade automático sem uma análise de custo-benefício. Pense se os ganhos em termos de acurácia justificam o lag adicional que o modelo pode gerar no cálculo de uma previsão. Pense se o tempo de treinamento adicional que será necessário ou se os recursos computacionais adicionais valem a pena. Pode ser que um método menos intensivo de recursos com uma acurácia um pouco pior seja um "negócio" melhor do que um modelo sofisticado que quase não apresenta melhora sobre a outra versão.

Caso seja analista de dados, essa compensação entre complexidade/acurácia e tempo de lag/recursos computacionais é algo que você deve analisar. Considere isso como outro hiperparâmetro a ajustar. É seu trabalho sinalizar essas compensações, em vez de presumir que um engenheiro de dados cuidará disso. No pipeline de dados, as pessoas que trabalham tanto no processo upstream como no processo downstream não podem deixar de lado seu julgamento a favor da seleção do modelo. Assim, leve em consideração o lado da engenharia da ciência de dados, ao mesmo tempo em que pondera os prós e os contras.

Breve Menção de Ferramentas Alternativas de Alto Desempenho

Caso tenha explorado totalmente as opções anteriores, talvez possa pensar em alterar sua base de código subjacente, mais especificamente abrindo mão de linguagens de script mais lentas, como Python e R. Existem várias maneiras de fazer isso:

- Faça tudo com C++ e Java. Mesmo que não tenha considerado essas linguagens, aprender o básico às vezes pode acelerar as partes lentas do pipeline o suficiente para transformar tarefas impossíveis em gerenciáveis. Em termos de usabilidade e bibliotecas padrão aplicáveis ao processamento de dados, o C++ evoluiu bastante. As sintaxes STL e C++ 17 agora oferecem muitas opções bastante comparáveis ao Python para operar em conjuntos de dados em uma variedade de estruturas de dados. Ainda que você odeie C++ e Java, pense sobre usar ambas as linguagens.[4]

- No Python, você pode usar vários módulos diferentes em que pode escrever código Python, em seguida compilado em código C ou C++, acelerando o tempo de execução. Isso pode ajudar um código muito repetitivo com muitos loops `for`, que são lentos em Python e podem se tornar mais eficientes em C ou C++ sem a necessidade de um design inteligente — basta implementar o mesmo código em uma linguagem mais rápida para resolver o problema. `Numba` e `Cython` são módulos Python acessíveis que podem ajudá-lo a acelerar trechos lentos de código Python.

- Em R, outrossim, você pode usar `Rcpp` para uma funcionalidade semelhante.

---

4   A curva de aprendizado é íngreme, mas, uma vez que você tenha a infraestrutura básica de compilação definida, isso pode ser uma grande vantagem para sua organização.

Leituras e Recursos Adicionais

- Sobre modelos com desempenho igual:

Anthony Bagnall et al., "The Great Time Series Classification Bake Off: An Experimental Evaluation of Recently Proposed Algorithms", Data Mining and Knowledge Discovery 31, no. 3 (2017): 606–60: https://perma.cc/T76B-M635.

> Artigo que conduz um abrangente leque de experimentos para avaliar o desempenho de metodologias modernas de classificação de séries temporais, comparando seu desempenho em uma ampla variedade de conjuntos de dados disponíveis publicamente. A complexidade computacional dos conjuntos de dados acaba variando um pouco mais do que o desempenho real dos métodos experimentados. Como os autores salientam, continua sendo uma arte e uma área de pesquisa determinar, sem experimentar todos, qual método funcionará melhor em certo conjunto de dados. Do ponto de vista dos recursos computacionais, a lição a aprender aqui é que a complexidade computacional deve ser um fator significativo nas decisões metodológicas. A menos que você tenha um caso de uso muito atraente para um algoritmo complicado e que consome muitos recursos, escolha algo mais simples.

- Sobre a construção de modelos mais simples:

Yoon Kim e Alexander M. Rush, "Sequence Level Knowledge Distillation", em Proceedings of the 2016 Conference on Empirical Methods in Natural Language Processing, ed. Jian Su, Kevin Duh e Xavier Carreras (Austin, TX: Association for Computational Linguistics, 2016): 1317–27, https://perma.cc/V4U6-EJNU.

> Artigo que aplica o conceito geral de "destilação" ao aprendizado de sequência, aplicado a uma tarefa de tradução automática. O conceito de destilação é muito útil. A ideia é que primeiro um modelo complexo seja projetado e treinado nos dados originais e, em seguida, um modelo mais simples seja treinado nos resultados do modelo complexo. As saídas do modelo complexo, em vez dos dados em si, reduzem o ruído e simplificam o problema de aprendizado, facilitando com que um modelo mais simples aprenda aproximadamente a mesma relação ao cortar o ruído. Embora essa técnica não diminua o tempo de treinamento, deve gerar um modelo que execute mais rapidamente e exija menos recursos quando colocado em produção.

## CAPÍTULO 13

Aplicações na Área de Assistência Médica

Neste capítulo, examinaremos a análise de séries temporais no contexto da assistência médica, partindo de dois casos de estudo: previsão e previsão imediata [nowcasting] da gripe [influenza] e a previsão do índice glicêmico no sangue. Ambos os usos são importantes para detectar problemas comuns de saúde. Além disso, nos dois casos, esses não são problemas resolvidos, mas sim tópicos de pesquisa contínua na academia e na área de assistência médica.

Predizendo a Gripe

Predizer o índice da gripe semanal em uma determinada área geográfica é um problema de longa data e constante. Infectologistas e profissionais de segurança global concordam que as doenças infecciosas representam um risco significativo para o bem-estar humano (*https://perma.cc/ZDA8-AKX6*). Esse é o caso da gripe, que acomete pessoas vulneráveis em todo o mundo, provocando centenas de mortes todos os anos, principalmente entre os muito jovens e muito velhos. É crucial, tanto do ponto de vista da assistência médica quanto da segurança nacional, desenvolver modelos precisos de como a gripe se desenvolverá em uma determinada estação. Os modelos de predição de gripe ajudam a predizer o vírus especificamente e também ajudam os pesquisadores a explorar teorias gerais sobre como as doenças infecciosas viajam geograficamente.

Caso de Estudo sobre a Gripe em uma Área Metropolitana

Veremos um conjunto de dados de relatórios semanais sobre a gripe em uma variedade de regiões administrativas na França, correspondentes aos anos de 2004 a 2013. Vamos predizer o índice da gripe em Île-de-France, região metropolitana de Paris. Você pode fazer o download dos dados no Kaggle (*https://perma.cc/W9VQ-UUJC*)[1] e eles também estão disponíveis no repositório de código deste livro.

Exploração e limpeza de dados

Começamos nos familiarizando com os dados brutos, primeiro os analisando em seu formato tabular:

```
## R
> flu = fread("train.csv")
> flu[, flu.rate := as.numeric(TauxGrippe)]
> head(flu)
     Id   week region_code      region_name TauxGrippe flu.rate
1: 3235 201352          42            ALSACE          7        7
2: 3236 201352          72         AQUITAINE          0        0
3: 3237 201352          83         AUVERGNE          88       88
4: 3238 201352          25 BASSE-NORMANDIE          15       15
5: 3239 201352          26         BOURGOGNE          0        0
6: 3240 201352          53          BRETAGNE         67       67
```

Fizemos também algumas verificações básicas de qualidade, como procurar NA em nossas variáveis de interesse. Podemos não saber de onde vêm esses valores NA, mas precisamos considerá-los:

```
## R
> nrow(flu[is.na(flu.rate)]) / nrow(flu)
[1] 0.01393243
> unique(flu[is.na(flu.rate)]$region_name)
 [1] "HAUTE-NORMANDIE"     "NORD-PAS-DE-CALAIS"  "PICARDIE"
 [4] "LIMOUSIN"            "FRANCHE-COMTE"       "CENTRE"
 [7] "AUVERGNE"            "BASSE-NORMANDIE"     "BOURGOGNE"
[10] "CHAMPAGNE-ARDENNE"   "LANGUEDOC-ROUSSILLON" "PAYS-DE-LA-LOIRE"
[13] "CORSE"
```

O índice geral de pontos de dados NA não é muito alto. Além do mais, nossa região de interesse, Île-de-France, não está incluída na lista de regiões com valores NA. Fizemos uma limpeza de dados, separando a parte da semana e do ano da coluna timestamp (que atualmente está em formato de caractere, não em formato numérico ou de timestamp):

```
## R
> flu[, year := as.numeric(substr(week, 1, 4))]
> flu[, wk   := as.numeric(substr(week, 5, 6))]
> ## O estilo não é ótimo, temos colunas de 2 semanas.
```

Acrescentamos uma coluna de classe Date para que possamos ter melhores eixos de plotagem para o tempo do que se tratássemos os dados sem timestamp:

```
## R
> flu[, date:= as.Date(paste0(as.character(flu$week), "1"), "%Y%U%u")]
```

---

1 Embora este não seja um conjunto de dados públicos, é possível acessá-lo se inscrevendo no Kaggle.

Essa linha de código é um pouco complicada. Para converter as combinações mês/semana em datas, adicionamos um componente que indica o dia. Essa é a finalidade do `paste0()`, que marca cada data como o primeiro dia da semana, colando um "1" em uma string que já designa o ano e a semana do ano (das 52 semanas do ano — falaremos mais sobre isso em breve).[2] Observe o `%U` e `%u` no string format: eles têm a ver com a marcação do tempo de acordo com a semana do ano e o dia da semana, um formato timestamp um tanto incomum.[3] Em seguida, dividimos os dados relacionados especificamente a Paris e os classificamos por data:[4]

```
## R
## Vamos focar Paris.
> paris.flu = flu[region_name == "ILE-DE-FRANCE"]
> paris.flu = paris.flu[order(date, decreasing = FALSE)]

> paris.flu[, .(week, date, flu.rate)]
        week       date flu.rate
  1: 200401 2004-01-05       66
  2: 200402 2004-01-12       74
  3: 200403 2004-01-19       88
  4: 200404 2004-01-26       26
  5: 200405 2004-02-02       17
 ---
518: 201350 2013-12-16       13
519: 201351 2013-12-23       49
520: 201352 2013-12-30       24
521: 200953       <NA>      145
522: 200453       <NA>       56
```

Caso esteja prestando atenção, ficará surpreso com a contagem de linhas. Se há 52 semanas em um ano e temos 10 anos de dados, por que temos 522 linhas? Esperávamos 52 semanas × 10 anos = 520 linhas. Da mesma forma, por que existem duas datas NA? Se voltarmos aos dados originais, teremos uma explicação. Aparentemente, tem uma 53ª semana tanto para 2004 quanto para 2009. De tempos em tempos, há um ano que tem 53 semanas em vez de 52 — não é um erro, mas sim uma parte do sistema de calendário gregoriano (*https://perma.cc/4ETJ-88QR*).

---

2   O dia da semana correto (com as opções de 1 a 7) para começar depende da data em que o índice da gripe foi calculado, só que não sabemos disso a partir dos dados fornecidos. Escolhemos o primeiro dia pela simplicidade. O último dia seria igualmente sensato nessa situação, e isso não é importante para a análise, desde que sejamos consistentes.

3   A string de formatação adequada para a semana do ano e o dia da semana pode depender do seu sistema operacional. Minha solução funcionou em um macOS, enquanto usei uma formatação um pouco diferente no Linux.

4   Se estivéssemos trabalhando em um grande conjunto de dados, deveríamos fazer isso como uma primeira etapa para evitar operações computacionalmente pesadas, como a conversão de strings em objetos `Date` para dados irrelevantes.

Em seguida, verificamos se os dados abrangem um intervalo de datas completo e regularmente amostrado, primeiro nos certificando de que cada ano tem o mesmo número de pontos de dados:[5]

```R
## R
> paris.flu[, .N, year]
    year  N
 1: 2004 53
 2: 2005 52
...
 9: 2012 52
10: 2013 52

> paris.flu[, .N, wk]
    wk  N
 1:  1 10
 2:  2 10
 3:  3 10
...
51: 51 10
52: 52 10
53: 53  2
    wk  N
```

Podemos observar que os dados estão conforme o esperado; ou seja, cada ano (exceto os dois que acabamos de analisar) tem 52 semanas, e cada rótulo da semana do ano tem 10 pontos de dados, um para cada ano (exceto a semana 53). Já que consideramos os timestamps dos dados, inspecionaremos os valores reais da série temporal (até agora consideramos apenas a indexação de tempo). Existe uma tendência? Sazonalidade? Vejamos (veja a Figura 13-1):

```R
## R
> paris.flu[, plot(date, flu.rate,
>                   type = "l", xlab = "Date",
>                   ylab = "Flu rate")]
```

A partir de um simples gráfico de linhas, fica claro que há uma sazonalidade considerável (algo que você provavelmente já viu em sua própria comunidade). Esse gráfico sugere um forte componente sazonal, porém não sugere um drift temporal além da sazonalidade.

As coisas se complicam no comportamento sazonal da 53ª semana. Se quisermos ajustar um modelo sazonal, é necessário definir a sazonalidade em semanas do ano e não podemos ter tamanhos sazonais variáveis (isso é o que distingue uma temporada de um ciclo, conforme analisado no Capítulo 3). Embora possamos imaginar algumas soluções criativas para o problema da 53ª semana, optaremos por excluir esses dados:

```R
## R
> paris.flu <- paris.flu[week != 53]
```

---

5   Essa não é a única verificação necessária para garantir que os dados sejam regularmente amostrados e completos. O resto é com você!

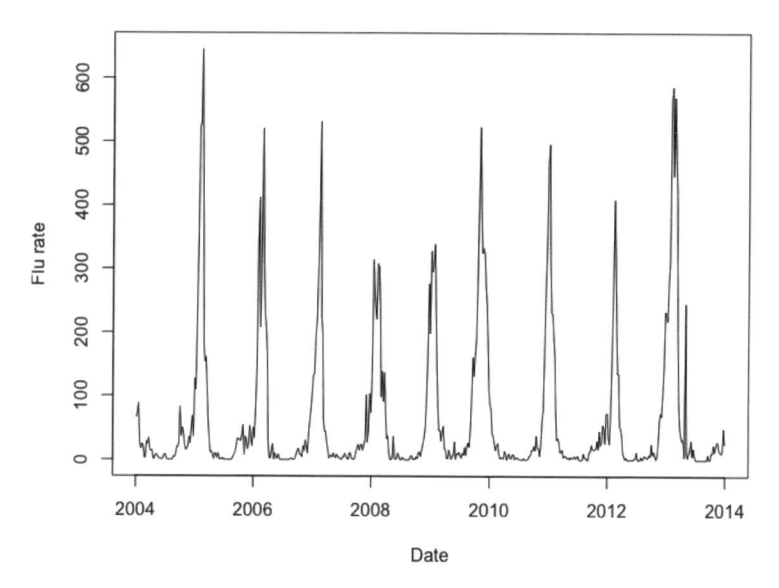

Figura 13-1. Ao plotar a série temporal do índice da gripe [flu rate], podemos ver a sazonalidade do índice da gripe em Paris.

Se excluir um ponto de dados é um problema significativo, dependerá do conjunto de dados e da pergunta que estamos fazendo. Considere isso como um exercício: explore outras possibilidades de ajustar os dados, mantendo os dados da 53ª semana. Existem várias opções de se fazer isso. Uma delas é fazer o merge dos dados da 53ª semana com os dados da 52ª, calculando a média das duas semanas. Outra é utilizar um modelo que possa levar em conta o comportamento cíclico, sem ficar preso exatamente à mesma duração do ciclo a cada ano. Uma terceira opção é usar um modelo de aprendizado de máquina capaz de acomodar isso com alguns rótulos criativos dos dados e, assim, indicar sazonalidade para o modelo como uma característica de entrada.

Ajustando um modelo ARIMA sazonal

Primeiro, consideramos ajustar um modelo ARIMA sazonal aos dados devido à forte sazonalidade. Nesse caso, a periodicidade dos dados é 52, já que os dados estão semanalmente amostrados. Queremos escolher um modelo relativamente parcimonioso — sem muitos parâmetros — porque, com 520 pontos de dados, nossa série temporal não é muito longa.

Essa série temporal é um bom exemplo de como podemos nos dar mal se dependermos muito do autopilot. Por exemplo, podemos pensar se devemos, ou não, diferenciar os dados. Assim, podemos considerar o gráfico de autocorrelação do índice da gripe e a autocorrelação das séries temporais diferenciadas a partir do índice da gripe. Cada um é mostrado na Figura 13-2:

```
## R
> acf(paris.flu$flu.rate,          )
> acf(diff(paris.flu$flu.rate, 52))
```

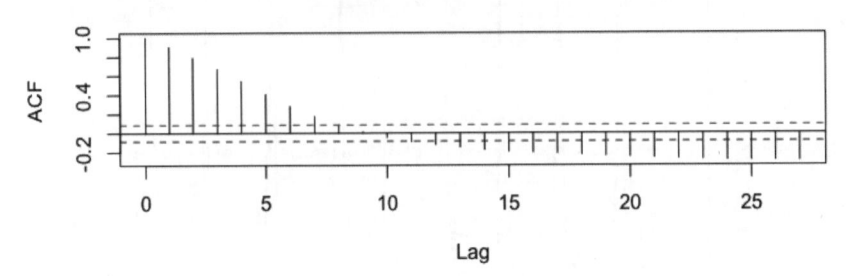

Series paris.flu$flu.rate

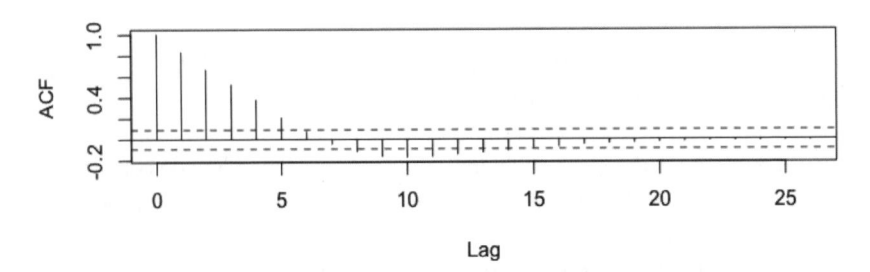

Series diff(paris.flu$flu.rate, 52)

Figura 13-2. No primeiro gráfico, plotamos a função de autocorrelação para o índice da gripe de Paris e, no segundo gráfico, plotamos o índice da gripe de Paris diferenciado. Analisamos apenas um intervalo limitado de valores de lag.

Se fôssemos negligentes, estaríamos à vontade por ter resolvido o problema da estacionariedade dessa série temporal ao fazer a diferenciação apenas uma vez. Mas isso não faz o menor sentido. Esses dados são semanais, e observamos uma forte sazonalidade. Por que não estamos vendo isso em nosso gráfico de autocorrelação? Apesar de termos pegado os parâmetros-padrão da função acf(), eles não nos levavam longe o suficiente no espaço de lag para analisarmos os efeitos sazonais, que começamos no lag 52 (um ano). Remodelaremos a acf() com uma janela adequada (Figura 13-3):

```
## R
> acf(paris.flu$flu.rate,            lag.max = 104)
> acf(diff(paris.flu$flu.rate, 52), lag.max = 104)
```

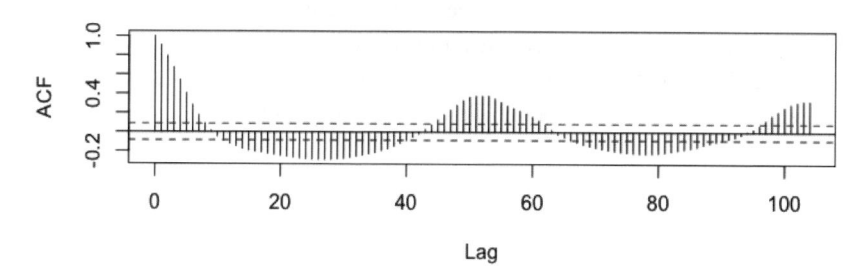

Series paris.flu$flu.rate

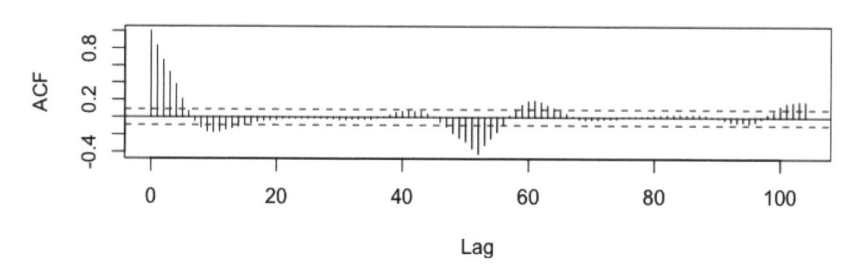

Series diff(paris.flu$flu.rate, 52)

Figura 13-3. No primeiro gráfico, plotamos a função de autocorrelação para o índice da gripe de Paris e, no segundo gráfico, plotamos o índice da gripe de Paris diferenciado. Agora examinamos um leque mais amplo de valores de lag.

Isso nos fornece um panorama mais realista da autocorrelação de nossa série. Conforme podemos ver, há autocorrelações substanciais em vários lags, e isso faz sentido (pelo menos na minha experiência) em um clima de quatro estações. Os índices de gripe terão uma forte correlação com as semanas vizinhas — ou seja, perto do momento da medição.

Eles também terão forte correlação, dada a sazonalidade, com períodos de lag em torno de 52 ou em torno de 104, pois isso indica a sazonalidade anual. No entanto, os índices de gripe também apresentam uma relação bastante forte com períodos de tempo de lag devido aos valores intermediários, como metade de um ano (26 semanas), visto que esses lags também estão relacionados a diferenças sazonais e variações meteorológicas previsíveis. Por exemplo, sabemos que na metade de um ano o valor da gripe provavelmente terá mudado um pouco. Se antes ele foi alto, agora deve ser baixo e vice-versa, novamente devido à sazonalidade. Tudo isso está representado no gráfico superior da Figura 13-3.

Em seguida, examinamos a série diferenciada, conforme ilustrado no gráfico inferior da Figura 13-3. Agora vemos que uma parte considerável da autocorrelação da série temporal diminuiu. No entanto, há um pouco de autocorrelação em um intervalo de valores, não apenas em 52 ou 104 semanas (um ou dois anos), como também em valores intermediários.

Ainda que possamos ficar tentados a continuar a diferenciação, precisamos lembrar que os dados do mundo real nunca se ajustarão perfeitamente em um modelo SARIMA. Em vez disso, buscamos uma maneira razoável de modelar os dados. Podemos considerar mais uma vez a diferenciação sazonal ou adotar uma tática distinta e fazer a diferenciação no tempo linear. Plotamos cada uma dessas possibilidades (veja a Figura 13-4):

```
## R
> plot(diff(diff(paris.flu$flu.rate, 52), 52))
> plot(diff(diff(paris.flu$flu.rate, 52), 1))
```

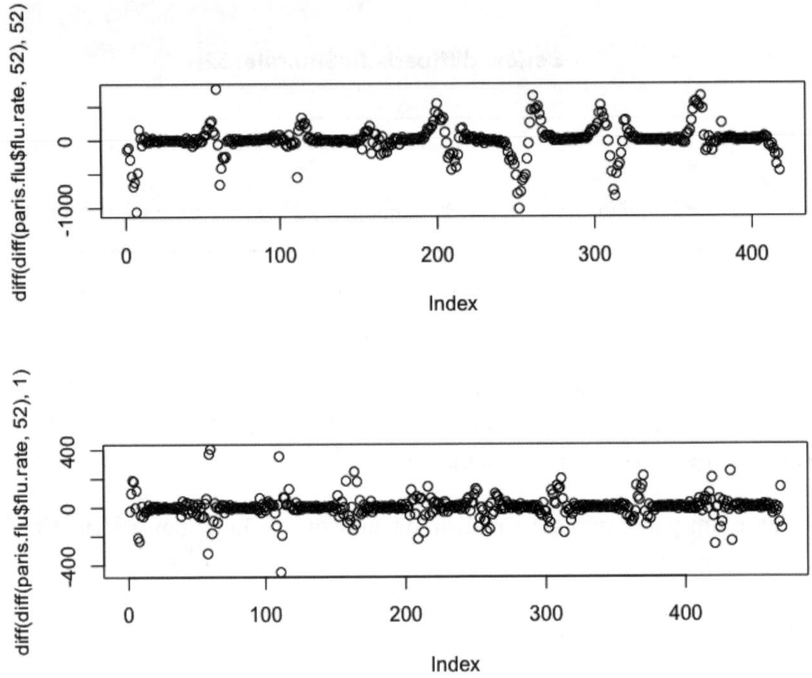

Figura 13-4. Gráfico de duas versões de diferenciação de nossa série para ter uma ideia do comportamento sazonal nos dados.

Embora nenhum dos resultados seja ideal, o último, uma primeira diferenciação-padrão de uma diferenciação sazonal, é mais satisfatório.

A decisão de um ajuste ou escolha de um parâmetro é uma questão de julgamento, assim como a aplicação de testes. Aqui, optamos por dar peso à sazonalidade que observamos de forma clara, mas também a usamos porque ela não prejudica o modelo nem o deixa indevidamente opaco. Desse modo, ajustaremos um modelo SARIMA (p, d, q) (P, D, Q), com d = 1 e D = 1. Em seguida, escolhemos nossos parâmetros AR e MA para nossos parâmetros

ARIMA padrão, p e q. Fazemos isso com visualizações-padrão, usando o código a seguir (veja a Figura 13-5):

```R
## R
> par(mfrow = c(2, 1))
> acf (diff(diff(paris.flu$flu.rate, 52), 1), lag.max = 104)
> pacf(diff(diff(paris.flu$flu.rate, 52), 1), lag.max = 104)
```

Series diff(diff(paris.flu$flu.rate, 52), 52)

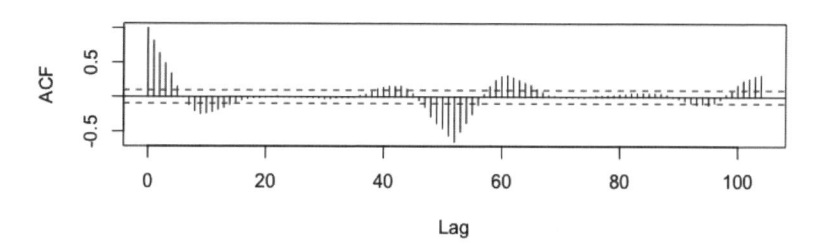

Lag

Series diff(diff(paris.flu$flu.rate, 52), 1)

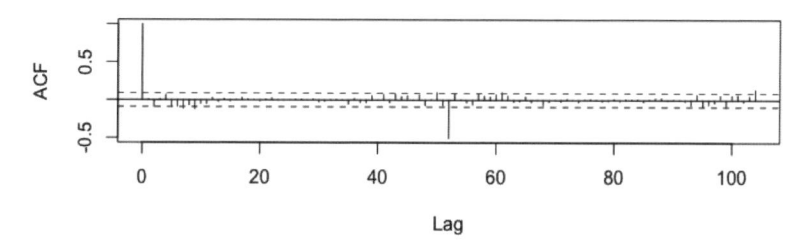

Lag

Figura 13-5. Gráfico da função de autocorrelação parcial das séries diferenciadas que selecionamos.

Temos um conjunto limitado de dados e preferimos um modelo mais simples. O modelo PACF sugere que um modelo AR (2) pode ser apropriado, assim modelaremos nossos dados de forma parcimoniosa como um SARIMA (2, 1, 0), (0, 1, 0). Estamos interessados em entender como esse modelo funcionaria se o ajustássemos continuamente em novos dados à medida que se tornassem disponíveis, de modo como a maioria dos modelos construídos para sistemas do mundo real funciona. Ou seja, se estivéssemos modelando o índice da gripe há vários anos, cada semana modelando apenas os dados disponíveis até aquele momento, como nosso modelo se sairia? Respondemos a isso ao deslizarmos pelo ajuste e avaliação do modelo, assim:

```R
## R
> ## Ajuste do arima.
> ## Vamos estimar 2 semanas à frente.
> first.fit.size <- 104
> h               <- 2
> n               <- nrow(paris.flu) - h - first.fit.size
```

```
>
> ## gObtém as dimensões padrão para ajustes que produziremos
> ## e as informações relacionadas, como os coeficientes.
> first.fit <- arima(paris.flu$flu.rate[1:first.fit.size], order = c(2, 1, 0),
>                     seasonal = list(order = c(0,1,0), period = 52))
> first.order <- arimaorder(first.fit)
>
> ## Pré-alocar espaço para armazenar nossas predições e coeficientes.
> fit.preds <- array(0, dim = c(n, h))
> fit.coefs <- array(0, dim = c(n, length(first.fit$coef)))
>
> ## Após ajuste inicial, avançamos o ajuste uma semana de cada vez,
> ## cada vez reajustando o modelo
> ## e salvando os novos coeficientes e a nova previsão.
> ## Atenção! Este loop demora um pouco para rodar.
> for (i in (first.fit.size + 1):(nrow(paris.flu) - h)) {
>     ## predict for an increasingly large window
>     data.to.fit = paris.flu[1:i]
>     fit = arima(data.to.fit$flu.rate, order = first.order[1:3],
>             seasonal = first.order[4:6])
>     fit.preds[i - first.fit.size, ] <- forecast(fit, h = 2)$mean
>     fit.coefs[i - first.fit.size, ] <- fit$coef
> }
```

Depois, plotamos esses resultados (veja a Figura 13-6):

```
## R
> ylim <- range(paris.flu$flu.rate[300:400],
>                     fit.preds[, h][(300-h):(400-h)])
> par(mfrow = c(1, 1))
> plot(paris.flu$date[300:400], paris.flu$flu.rate[300:400],
>     ylim = ylim, cex = 0.8,
> main = "Actual and predicted flu with SARIMA (2, 1, 0), (0, 1, 0)",
> xlab = "Date", ylab = "Flu rate")
> lines(paris.flu$date[300:400], fit.preds[, h][(300-h):(400-h)],
>     col = 2, type = "l",
>     lty = 2, lwd = 2)
```

O gráfico mostra uma previsão útil, mas também salienta algumas limitações do modelo. É um modelo insuficientemente realista, e isso é demonstrado pelo fato de que às vezes ele prevê índices de gripe negativos. Talvez o modelo faça isso porque não há nada intrínseco a um modelo ARIMA para aplicar restrições, como índices de gripe não negativos. Aplicar esses tipos de restrições físicas é algo que devemos fazer com as transformações de dados, antes de ajustar um modelo.

Além do mais, o modelo aparentemente é mais sensível a pontos de outlier do que gostaríamos. O início de 2013 é um excelente exemplo em que o modelo diversas vezes superestima radicalmente o índice da gripe. Quando se trata de alocação de recursos essenciais para o combate às doenças, esse não é um modelo aceitável.

Por fim, esse modelo gera valores mais extremos nos picos do que os medidos em um determinado ano. Isso pode resultar na superalocação de recursos em relação à necessidade real, o que não é um bom resultado, ainda mais quando os recursos são altamente limitados. É o tipo de preocupação com o modelo que está tão enraizada nas limitações de recursos do mundo real quanto na pura análise de dados.

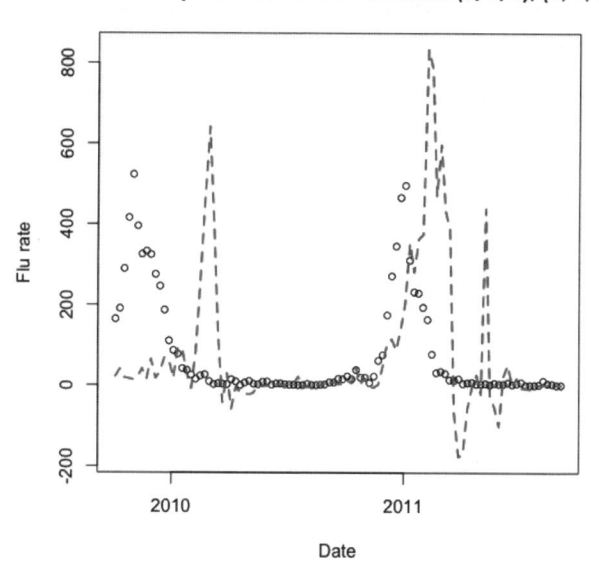

Actual and predicted flu with SARIMA (2, 1, 0), (0, 1, 0)

Figura 13-6. Os índices da gripe [flu rate] (pontos) acompanhados de nossas previsões SARIMA (linha pontilhada). As predições desse modelo simples podem auxiliar no planejamento da saúde pública.

Agora que consideramos o ajuste de um modelo ARIMA básico para esse problema, veremos outras possibilidades de modelagem.

Modelo ARIMA alternativo: regressores harmônicos exógenos em vez de sazonalidade

Visto o desempenho do modelo SARIMA analisado na seção anterior, podemos fazer uma variedade de modificações. Aqui, consideramos duas modificações, cada uma independente da outra e que podem ser aplicadas separadamente.[6]

Primeiro, gostaríamos de aplicar restrições ao nosso modelo para evitar a predição de valores negativos. Um jeito de fazer isso é usar a transformação logarítmica dos dados, de modo que possamos predizer o logaritmo do valor da série temporal, em vez do valor propriamente dito. Assim, quando quisermos ver a série "verdadeira" que representa os números realmente medidos, usaremos uma transformação exponencial para retroceder a transformação logarítmica e obter as predições em suas unidades reais.

---

6 Normalmente, você deve considerá-las separadamente, mas aqui elas são combinadas para sermos mais sucintos.

Segundo, gostaríamos de encontrar uma forma mais transparente de lidar com a sazonalidade dos dados. Mesmo que tenhamos representado nosso modelo ARIMA sazonal como um modelo simples, na prática, um modelo que lida com uma recorrência sazonal de 52 não é nada simples. Os modelos ARIMA sazonais funcionam melhor em ciclos sazonais mais curtos e pior em ciclos sazonais mais longos (52 é um ciclo sazonal longo).

Aqui, usaremos a *regressão harmônica dinâmica*. Nessa abordagem, encontraremos uma série de Fourier que representa a periodicidade em nossos dados e, depois, usaremos essa série como um regressor exógeno que se ajusta aos termos ARIMA.[7] Como podemos extrapolar a série de Fourier à frente no tempo (devido à sua natureza exclusivamente periódica), também podemos pré-calcular os valores que esperamos para o futuro ao gerar previsões. A força desse modelo é que seus graus de liberdade podem ser usados para explicar o comportamento subjacente, além do comportamento sazonal, em vez de dedicar muito poder explicativo ao comportamento sazonal.

Mas a regressão harmônica também tem suas desvantagens. Primeiro, presumimos que o comportamento é bem regular e se repete exatamente no mesmo intervalo. Segundo, presumimos que o comportamento sazonal não está mudando; ou seja, o período e a amplitude do comportamento sazonal não estão mudando. Essas limitações são parecidas com o modelo SARIMA, embora o modelo SARIMA mostre mais flexibilidade em como a amplitude da sazonalidade impacta os dados ao longo do tempo. A seguir, demonstramos como realizar uma regressão harmônica dinâmica com R semelhante ao que empregamos antes:

```
## R
> ## Pré-aloca os vetores para manter coeficientes e ajustes.
> fit.preds      <- array(0, dim = c(n, h))
> fit.coefs      <- array(0, dim = c(n, 100))
>
> ## Regressores exógenos.
> ## que são componentes da série de Fourier ajustados aos dados
> flu.ts         <- ts(log(paris.flu$flu.rate + 1) + 0.0001,
>                         frequency = 52)
> ## Adiciona pequenos deslocamentos,
> ## pois os valores 0 pequenos causam problemas numéricos no ajuste.
> exog.regressors <- fourier(flu.ts, K = 2)
> exog.colnames   <- colnames(exog.regressors)
```

---

7   Uma série de Fourier é a prática de representar uma função como uma série de senos e cossenos. Mencionamos a série Fourier anteriormente de passagem. Caso não esteja familiarizado com ela, reserve um tempo para estudar alguns materiais de referência. Há formas consolidadas de "ajustar" uma série de Fourier a qualquer série temporal, e elas estão disponíveis em pacotes R e Python. Ritchie Vink tem um breve tutorial que gosto muito (*https://perma.cc/7HJJ-HC2T*).

```
>
> ## Ajusta o modelo novamente a cada semana
> ## com a janela de expansão dos dados de treinamento.
> for (i in (first.fit.size + 1):(nrow(paris.flu) - h)) {
>   data.to.fit       <- ts(flu.ts[1:i], frequency = 52)
>   exogs.for.fit     <- exog.regressors[1:i,]
>   exogs.for.predict <- exog.regressors[(i + 1):(i + h),]
>
>   fit <- auto.arima(data.to.fit,
>                     xreg = exogs.for.fit,
>                     seasonal = FALSE)
>
>   fit.preds[i - first.fit.size, ] <- forecast(fit, h = h,
>                                       xreg = exogs.for.predict)$mean
>   fit.coefs[i - first.fit.size, 1:length(fit$coef)] = fit$coef
> }
```

Aqui fizemos alguns ajustes no código da seção anterior. Primeiro, usamos um objeto ts.[8] Com um objeto ts, indicamos explicitamente a sazonalidade da série temporal (52 semanas) ao criá-lo. Também fizemos a transformação logarítmica dos dados nesse momento para garantir predições positivas de nosso valor de interesse final, o índice da gripe:

```
## R
> flu.ts = ts(log(paris.flu$flu.rate + 1) + 0.0001, ## add epsilon
>             frequency = 52)
```

Adicionamos também um pequeno deslocamento numérico (+ 0,0001), porque o ajuste numérico não funciona bem com valores zero estritos ou mesmo valores muito pequenos. Um de nossos dois ajustes já foi realizado apenas com essa linha de código (ou seja, a transformação logarítmica para aplicar uma condição física de valores não negativos). Em seguida, geramos os regressores harmônicos exógenos (a aproximação de Fourier) que estamos usando no lugar dos parâmetros sazonais no SARIMA. Fazemos isso por meio da função fourier() do pacote forecast:

```
## R
> exog.regressors <- fourier(flu.ts, K = 2)
> exog.colnames   <- colnames(exog.regressors)
```

Geramos primeiro a série harmônica que acompanha toda a nossa série temporal e, depois, a subdividimos conforme apropriado para nosso ajuste posterior de janela em expansão no loop.

O hiperparâmetro K sinaliza quantos pares seno/cosseno separados incluiremos em nosso ajuste, em que cada um representa uma nova frequência usada para ajustar o seno/cosseno. Em geral, K será maior para períodos sazonais mais longos e menor para períodos mais curtos. Em um exemplo mais completo, poderíamos considerar como usar um critério de informação para ajustar K, mas, nesse exemplo, usamos K = 2 como um modelo razoável.

---

8   Eles foram brevemente analisados no Capítulo 3.

Por último, tudo o que resta fazer é gerar novos ajustes que levem em consideração os componentes exógenos de Fourier que acabamos de ajustar. Fazemos o ajuste da seguinte maneira: o parâmetro xreg comporta a série de ajuste de Fourier como regressores adicionais, que são ajustados junto com os parâmetros ARIMA padrão:

```R
## R
> fit <- auto.arima(data.to.fit,
>                   xreg     = exogs.for.fit,
>                   seasonal = FALSE)
```

Definimos o parâmetro seasonal como FALSE a fim de garantir que não teremos parâmetros sazonais redundantes, dada a nossa decisão de usar regressão harmônica dinâmica. É necessário também incluir regressores quando geramos uma previsão, o que significa que precisamos indicar quais serão os regressores no momento em que a previsão está segmentando:

```R
## R
> fit.preds[i - first.fit.size, ] <- forecast(fit, h = 2h,
>                                     xreg = exogs.for.predict)$mean
```

Plotamos o desempenho desse modelo, como segue (veja Figura 13-7):

```R
## R
> ylim = range(paris.flu$flu.rate)
> plot(paris.flu$date[300:400], paris.flu$flu.rate[300:400],
>     ylim = ylim, cex = 0.8,
> main = "Actual and predicted flu with ARIMA +
> harmonic regressors",
> xlab = "Date", ylab = "Flu rate")
> lines(paris.flu$date[300:400], exp(fit.preds[, h][(300-h):(400-h)]),
>     col = 2, type = 'l',
> lty = 2, lwd = 2)
```

A vantagem é que agora nossa série predita não apresenta mais valores negativos. No entanto, existem muitos aspectos decepcionantes no desempenho do modelo. O mais óbvio é que muitas das predições são ruins. Os picos têm magnitude errada e ocorrem na hora errada.

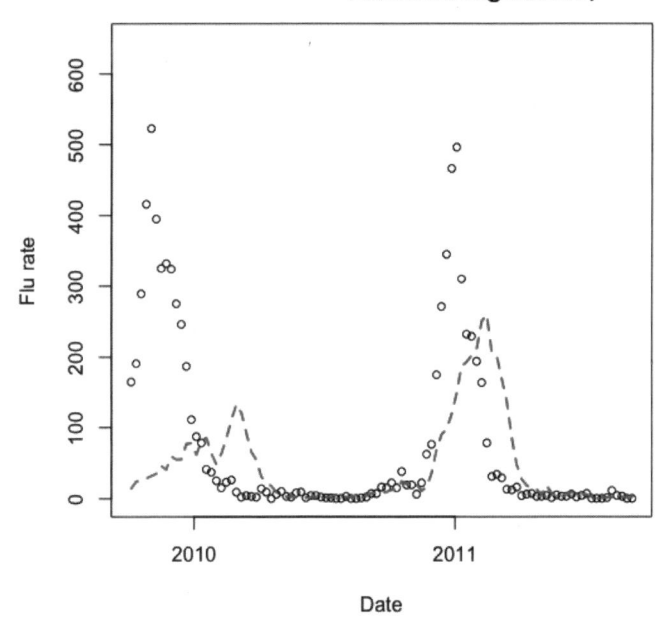

Figura 13-7. Gráfico dos índices reais de gripe (pontos) em comparação com nossas predições do modelo de regressão harmônica dinâmica ARIMA (linha tracejada).

Uma explicação para os problemas é que a sazonalidade regular não é uma boa representação da sazonalidade da gripe.[9] Segundo os Centros para Controle e Prevenção de Doenças (CDC) (*https://perma.cc/58SP-B3YH*), a gripe pode atingir, nos Estados Unidos, seu pico a cada inverno no início de dezembro ou no final de março. Podemos observar isso nos dados de teste. Considere o seguinte código e o gráfico na Figura 13-8, que identifica os picos no intervalo de teste dos dados:

```
## R
> plot(test$flu.rate)
> which(test$flu.rate > 400)
Error in which(res$flu.rate > 400) : object 'res' not found
> which(test$flu.rate > 400)
[1]    1  59 108 109 110 111 112 113
> abline(v = 59)
> which.max(test$flu.rate)
[1] 109
> abline(v = 109)
```

---

9   Para testar se essa explicação se adéqua à situação, você pode usar uma simulação para gerar alguns dados sintéticos a fim de testar conjuntos de dados alternativos com esse modelo e ver se o comportamento é cíclico em vez de sazonal, como os dados da gripe parecem sugerir, causando esse tipo de falha do modelo de regressor harmônico exógeno.

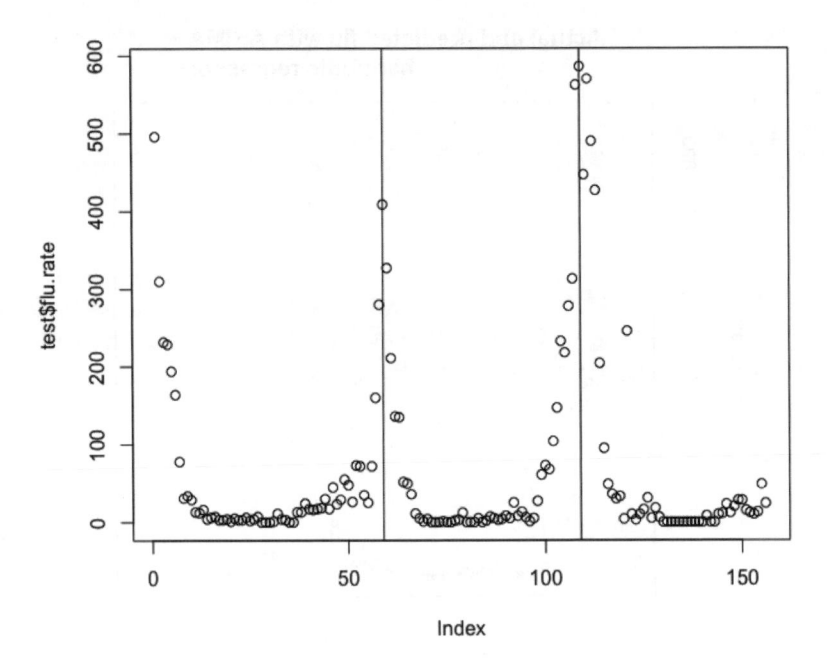

Figura 13-8. Gráfico que contempla apenas os valores de teste para a gripe e seus locais de pico aparentes.

Os picos ocorrem nos índices 59 e 109, ou seja, 50 semanas (não 52 semanas) um do outro. Além do mais, o pico no índice 59 surgiu pelo menos 59 semanas após o pico anterior, e possivelmente mais, já que não temos a extensão total do pico em torno do índice = 0 em nosso gráfico.

Com distâncias de pico a pico amostradas a partir de mais de 59 em um caso e 50 em outro, podemos ver uma grande variabilidade de ano para ano. Nossa regressão harmônica dinâmica não consideraria isso e aplicaria um modelo mais estrito de sazonalidade do que o modelo SARIMA, visto que o comportamento sazonal deste último pode mudar com o tempo. Essa incompatibilidade entre as suposições e os dados pode ajudar muito a explicar o baixo desempenho desse modelo, de modo que o uso de um modelo ruim de fato chamou nossa atenção para características importantes de nossos dados que não havíamos percebido antes.

Apesar do baixo desempenho, esse modelo alternativo se revelou útil por alguns motivos. Ele nos mostrou o valor de incluir as limitações físicas do sistema em nosso pré-processamento de dados, nesse caso por meio de uma transformação logarítmica. E também nos mostrou o valor de testar várias classes de modelos com uma teoria subjacente por trás da seleção do modelo em cada ponto. Escolhemos esse modelo para simplificar nossa sazonalidade, mas o que descobrimos é que, provavelmente, nem o SARIMA tampouco o modelo de regressão harmônica dinâmica de sazonalidade são bons para esse sistema.

Qual É a Tecnologia de Ponta na Previsão da Gripe?

Os modelos que acabamos de explorar eram relativamente simples, ainda que razoavelmente eficazes no que diz respeito a fazer previsões, imediatas ou não, dos índices de gripe na região metropolitana de Paris para horizontes de previsão curtos. Esses modelos são um bom começo para conhecer seu conjunto de dados e reconhecer as limitações do que poderia ser preditivo em um sistema ruidoso, mas complicado, como o índice da gripe em uma determinada região geográfica.

É interessante comparar nossas abordagens com algumas abordagens inovadoras atualmente implementadas por agências governamentais ou recém-publicadas por acadêmicos que buscam discutir a tecnologia de ponta. A seguir, apresento uma breve visão geral de como as previsões de gripe funcionam nos dias de hoje e quais abordagens novas os pesquisadores desenvolveram nos últimos anos para tentar aperfeiçoar os modelos tradicionais.

Pesquisa em previsões de gripe

O CDC incentiva ativamente os pesquisadores a trabalharem na previsão da gripe, até mesmo patrocinando um pacote R (*https://perma.cc/TDX8-4Z7T*) para disponibilizar seus dados. Durante mais de cinco anos, o CDC também patrocinou competições de previsão da gripe, embora tenha sido somente no período de gripe de 2017–2018 que o centro incorporou as previsões do índice da gripe em suas comunicações e boletins oficiais. O grupo de pesquisa Delphi da Carnegie Mellon ganhou a maioria das competições até agora, e o grupo prevê a gripe por meio de três iniciativas distintas:

- Abordagem empírica de Bayes (*https://perma.cc/8EBA-GN2C*), que aplica os dados do período anterior de gripe com uma série de manipulações visando gerar distribuições *a priori* para os dados do período atual, com base nos "formatos" gerais da série temporal de períodos anteriores da gripe.

- Plataforma crowdsourcing (*https://perma.cc/XDE9-A9Y4*) na qual qualquer pessoa pode enviar uma predição dos índices da gripe.

- Método de previsão imediata que usa a *fusão de sensores* (*https://perma.cc/NGZ8-TD39*), agregando dados de várias fontes, como contagens de acesso da Wikipédia e consultas relevantes no Twitter, a fim de gerar predições de gripe geograficamente localizadas.

E veja que esse é o conjunto de abordagens utilizadas em somente um grupo de pesquisa acadêmica! Se formos além, veremos ainda mais diversidade:

- Uso de redes convolucionais profundas (CNNs) para classificar imagens do Instagram e usar as saídas dessas CNNS junto com características textuais do Twitter como entradas em uma variedade de modelos de aprendizado de máquina, incluindo o XGBoost. Um desses trabalhos (*https://perma.cc/N39F-GSL5*) tinha a vantagem de focar uma pequena comunidade linguística (falantes de finlandês), o que possibilitou o uso de plataformas de mídia social convencionais de um jeito que continuaria regionalmente específico.

- Identificação de usuários confiáveis em grandes clusters de mídia social. Este artigo (*https://perma.cc/25GR-MHRK*) se concentra em melhorar as predições da gripe, encontrando os usuários mais bem posicionados e confiáveis nas plataformas de mídia social.

- Acesso aos registros eletrônicos de saúde para ter uma fonte de dados mais completa e adicional, além dos dados públicos. Este artigo (*https://perma.cc/Q8B7-5TC4*) demonstrou que ganhos extremamente grandes na acurácia da previsão em uma série de escalas temporais poderiam ser obtidos por meio da integração de registros eletrônicos de saúde em fluxos de entrada de previsão. Infelizmente, isso é difícil de organizar e sugere que habilidades de acurácia de previsão da gripe irão para detentores abastados dos dados, em vez de ir para os pesquisadores mais criativos (embora, é claro, às vezes eles podem ser a mesma pessoa ou organização).

Como podemos ver pela diversidade de abordagens para esse problema, existem muitos caminhos a se percorrer em uma previsão da gripe, e nenhum deles é o melhor. Essa é uma área ativa de pesquisa e desenvolvimento, mesmo que algumas das melhores estratégias tenham sido aplicadas a usos governamentais e informações públicas.

Aqui, apenas analisamos a ponta do iceberg. Para se determinar o curso de um período de gripe, temos que envolver áreas como a biologia, sociologia, medicina e política econômica. E ainda há uma variedade de modelos que são menos orientados à análise de séries temporais e mais orientados a outros aspectos do comportamento da gripe. Por meio de uma perspectiva abrangente, as séries temporais contribuem com uma área extremamente complicada.

Predizendo os Índices Glicêmicos no Sangue

Outra área ativa da pesquisa de aprendizado de máquina para dados de séries temporais na assistência médica é a predição dos índices glicêmicos no sangue em pacientes individuais. Os próprios pacientes com diabetes fazem essas predições o tempo todo, sobretudo quando precisam injetar bolus de insulina, usado especificamente durante as refeições (bolus refeição). Nesses casos, os diabéticos precisam calcular como a comida ingerida afetará o açúcar no sangue e ajustar adequadamente a dose de insulina.

Os pacientes diabéticos também devem cronometrar suas refeições e medicamentos para otimizar o açúcar no sangue, que deve ser mantido dentro de um intervalo específico, nem muito alto nem muito baixo. Além de precisar levar em conta as atividades que alteram o açúcar no sangue, como alimentação e exercícios, os diabéticos também precisam considerar os efeitos específicos do horário do dia. Por exemplo, o fenômeno do amanhecer (*https://*

perma.cc/GE3B-MAKY) é o aumento do açúcar no sangue que ocorre em todos os humanos, mas pode ser problemático para os diabéticos. Por outro lado, para pessoas com diabetes tipo 1, os baixos níveis de açúcar no sangue durante as horas de sono podem ser eventos fatais resultantes do fracasso em realizar uma predição precisa.

Aqui, analisaremos um pequeno conjunto de dados: os dados do monitor contínuo de glicose (CGM) para um indivíduo em vários segmentos não contíguos de tempo. Esses dados foram publicados na internet e modificados para preservar a privacidade do paciente.

Existem outras opções para obter conjuntos de dados de diabetes. Além de companhias de assistência médica de grande porte e algumas startups que têm em mãos uma enorme quantidade de dados CGM, existem vários conjuntos de dados publicados e disponíveis, já que as pessoas gerenciam cada vez mais seu diabetes por meio de iniciativas DIY, como o projeto Night Scout (*https://perma.cc/N42T-A35K*). Existem também diversos conjuntos de dados de CGM (*https://perma.cc/RXG2-CYEE*) abertos para fins de pesquisa.

Nesta seção, exploraremos a desordem de um conjunto de dados do mundo real e tentaremos prever esses dados.

Limpeza e Exploração de Dados

Os dados são armazenados em vários arquivos disponíveis no GitHub deste livro (*https://github.com/PracticalTimeSeriesAnalysis/BookRepo*). Primeiro, carregamos os arquivos e os combinamos em um data.table:

```r
## R
> files <- list.files(full.names = TRUE)
> files <- grep("entries", files, value = TRUE)
> dt    <- data.table()
> for (f in files) {
>   dt <- rbindlist(list(dt, fread(f)))
> }
>
> ## Remove o na das colunas
> dt <- dt[!is.na(sgv)]
```

As strings de informações de data estão disponíveis, mas não temos uma coluna de classe de timestamp apropriada, então fizemos uma com as informações que temos, que inclui um fuso horário, bem como uma date string:

```r
## R
> dt[, timestamp := as.POSIXct(date)]
> ## Funciona para mim porque meu computador está no horário EST
> ## (horário da Costa Leste dos EUA), mas pode não funcionar para você.
>
> ## Forma adequada.
> dt[, timestamp := force_tz(as.POSIXct(date), "EST")]
>
> ## Ordem cronológica.
> dt = dt[order(timestamp, decreasing = FALSE)]
```

Em seguida, inspecionamos o pós-processamento dos dados:

```R
## R
> head(dt[, .(date, sgv)])
                   date sgv
1: 2015-02-18 06:30:09 162
2: 2015-02-18 06:30:09 162
3: 2015-02-18 06:30:09 162
4: 2015-02-18 06:30:09 162
5: 2015-02-18 06:35:09 154
6: 2015-02-18 06:35:09 154
```

Existem muitas entradas duplicadas de dados, logo precisamos depurá-las por dois motivos:

- Não há motivo para que certos pontos de dados sejam mais privilegiados ou mais ponderados do que outros, mas a duplicação gerará esse efeito.

- Se formos criar uma característica com base em janelas de séries temporais, elas não funcionarão se tivermos pontos de tempo duplicados.

Primeiro, veremos se podemos solucionar esse problema removendo todas as linhas duplicadas:

```R
## R
> dt <- dt[!duplicated(dt)]
```

Mas não devemos achar que isso resolve o problema, então verificamos se existem pontos de dados não idênticos para o mesmo timestamp:

```R
## R
> nrow(dt)
[1] 24861
> length(unique(dt$timestamp))
[1] 23273
> ## Ainda temos dados duplicados, tanto quanto timestamps,
> ## por isso os deletaremos.
```

Como ainda temos pontos de tempo duplicados, fazemos uma análise de dados para ver o que isso significa. Identificamos o timestamp com o maior número de linhas duplicadas e as examinamos:

```R
## R
> ## Podemos identificar um exemplo usando dt[, .N, timestamp][order(N)]
> ## analisando a maioria dos dados repetidos.
> dt[date == "2015-03-10 06:27:19"]
   device                date            dateString sgv direction type
1: dexcom 2015-03-10 06:27:19 Tue Mar 10 06:27:18 EDT 2015  66      Flat  sgv
2: dexcom 2015-03-10 06:27:19 Tue Mar 10 06:27:18 EDT 2015  70      Flat  sgv
3: dexcom 2015-03-10 06:27:19 Tue Mar 10 06:27:18 EDT 2015  66      Flat  sgv
4: dexcom 2015-03-10 06:27:19 Tue Mar 10 06:27:18 EDT 2015  70      Flat  sgv
5: dexcom 2015-03-10 06:27:19 Tue Mar 10 06:27:18 EDT 2015  66      Flat  sgv
6: dexcom 2015-03-10 06:27:19 Tue Mar 10 06:27:18 EDT 2015  70      Flat  sgv
7: dexcom 2015-03-10 06:27:19 Tue Mar 10 06:27:18 EDT 2015  66      Flat  sgv
8: dexcom 2015-03-10 06:27:19 Tue Mar 10 06:27:18 EDT 2015  70      Flat  sgv
## Um pouco mais de inspeção sugere que isso não é muito importante.
```

Ao analisar esses valores, podemos observar que há valores distintos de glicose no sangue relatados, mas eles não são muito diferentes,[10] então excluímos os timestamps duplicados, embora não sejam duplicatas exatas:[11]

```
## R
> dt <- unique(dt, by=c("timestamp"))
```

Agora que temos timestamps adequados e valores únicos por timestamps, podemos plotar nossos dados e ter uma noção de sua extensão e comportamento (veja a Figura 13-9).

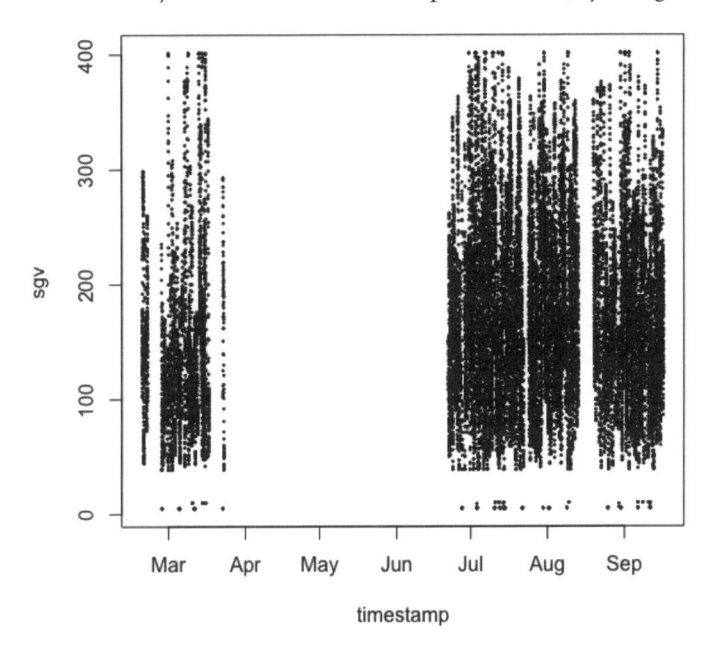

Figura 13-9. O domínio de tempo integral e o intervalo de valor dos dados disponíveis neste gráfico ingênuo da série temporal. Infelizmente, os dados são tão dispersos no tempo e incoerentes que o gráfico não nos fornece uma boa compreensão do comportamento do sistema.

Ampliamos o período que vemos no início da série temporal, março de 2015 (veja a Figura 13-10):

```
## R
> ## Vamos dar uma olhada em algumas janelas de tempo mais curtas nos dados.
> start.date <- as.Date("2015-01-01")
> stop.date  <- as.Date("2015-04-01")
```

---

10   O erro aceito em medidores de glicose no sangue tende a ser cerca de quinze no sistema norte-americano de unidades de medida, usado nesses números.

11   Existem outras opções além de excluir. Você pode explorá-las por conta própria.

```
> dt[between(timestamp, start.date, stop.date),
>              plot(timestamp, sgv, cex = .5)]
```

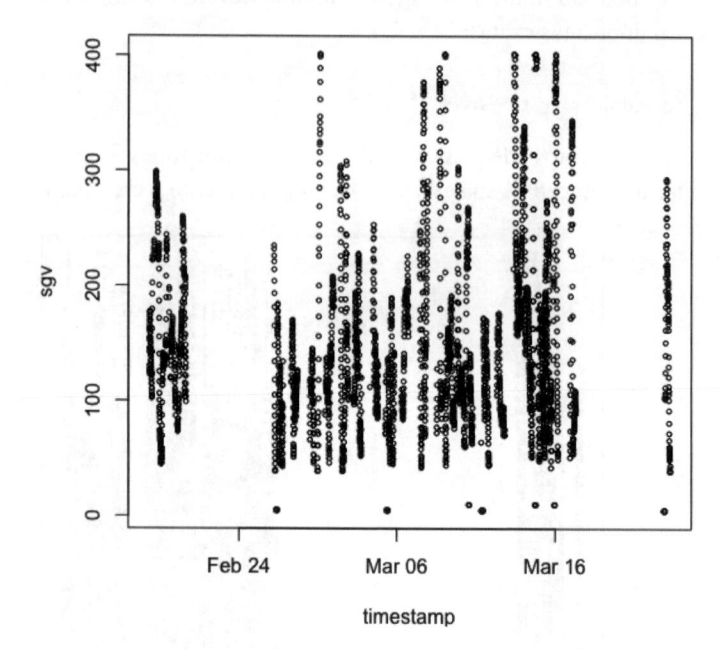

Figura 13-10. Focar um segmento específico da série temporal ajuda, porém é um segmento muito compacto para termos uma noção de qualquer tipo de dinâmica da série temporal. Devemos ampliar ainda mais o eixo do tempo.

Mesmo no gráfico com apenas as datas de março, ainda não temos uma noção do comportamento da série temporal. Existe sazonalidade? Drift? Um padrão diário? Não sabemos, então plotamos uma janela de tempo ainda mais curta (veja a Figura 13-11):

```
## R
> ## Analise também um único dia para ver com o que se parecer
> ## Se tivéssemos mais tempo, provavelmente deveríamos fazer histogramas 2D de dias
> ## e ver como isso funciona.
> par(mfrow = c(2, 1))
> start.date = as.Date("2015-07-04")
> stop.date  = as.Date("2015-07-05")
> dt[between(timestamp, start.date, stop.date),
>              plot(timestamp, sgv, cex = .5)]
>
> start.date = as.Date("2015-07-05")
> stop.date  = as.Date("2015-07-06")
> dt[between(timestamp, start.date, stop.date),
>              plot(timestamp, sgv, cex = .5)]
> ## Se tivéssemos mais dias, poderíamos fazer algumas análises dos "day shapes",
> ## mas aqui parece que não temos dados suficientes.
```

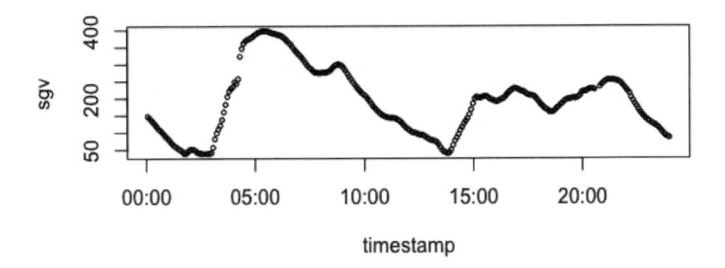

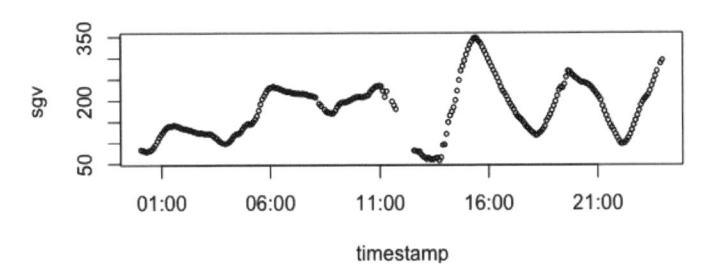

Figura 13-11. Gráfico dos dados de dois dias específicos em julho. Podemos ver o surgimento de uma espécie de padrão diário. Por fim, estamos examinando os dados em uma escala temporal em que o olho humano pode entender o que está ocorrendo.

Ao plotar mais desses gráficos exploratórios (deixarei isso como exercício para que o leitor pratique), é necessário desenvolver uma intuição da escala dos dados, da dinâmica qualitativa e do que pode ser importante na descrição de seu comportamento. Vejamos algumas outras técnicas exploratórias que você deve aplicar a esse conjunto de dados:

- Histogramas 2D de duração diária para identificar padrões intradiários e exercícios de clusterização relacionados. Existem diferentes tipos de dias?
- Estatísticas group-by em horas do dia ou estações do ano para identificar diferenças sistemáticas ao longo do tempo.
- Suavização dos dados a fim de identificar tendências de longo prazo e, principalmente, para comparar relacionamentos interdiários, em vez de relacionamentos intradiários. Seria inestimável desenvolver predições do índice glicêmico do sangue de longo alcance, algo possível apenas ao analisar além dos padrões intradiários mais óbvios.

Gerando Características

Munidos com um pouco de conhecimento prévio — bem como com observações de nossa breve exploração do conjunto de dados —, podemos gerar características para nossos dados que ajudariam a predizer o índice glicêmico no sangue. Começamos gerando características do próprio tempo. Por exemplo, notamos que o dia parece ter uma estrutura, sugerindo que a hora do dia deve ser relevante para fazer predições. Da mesma forma, se você plotar a série temporal do índice glicêmico no sangue para diferentes meses de dados, alguns meses mostram uma variância maior do que outros.[12] A seguir, geramos algumas características relacionadas ao tempo (veja a Figura 13-12):

```R
## R
> ## Devemos considerar uma característica para o mês do ano.
> ## Talvez haja efeitos sazonais.
> dt[, month := strftime(timestamp, "%m")]
>
> dt[, local.hour := as.numeric(strftime(timestamp, "%H"))]
> ## Percebemos que algumas horas do dia estão excessivamente representadas
> ## porque essa pessoa não está usando o dispositivo de forma consistente
> ## ou talvez o dispositivo tenha problemas de registro ou funcionalidade.
> ## Como é um pico estranho à meia-noite,
> ## isso parece sugerir problemas com o dispositivo em vez do usuário
> ## (quem liga e desliga o dispositivo à meia-noite?).
>
> hist(dt$local.hour)
```

Consideramos também a qualidade dos valores da série temporal e não apenas os times-tamps da coleta de dados. Por exemplo, podemos ver que os valores médios do índice glicê-mico no sangue variam conforme a hora do dia (Figura 13-13):

```R
## R
> ## Os valores do índice glicêmico tendem a depender da hora do dia.
> plot(dt[, mean(sgv), local.hour][order(local.hour)], type = 'l',
>        ylab = "Mean blood glucose per local hour",
>        xlab = "Local hour")
```

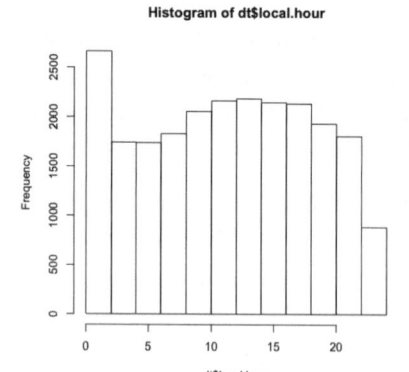

Figura 13-12. A partir do histograma de hora local, podemos observar que os horários em que o CGM está coletando e informando os dados não são aleatórios. A grande concentração por volta da meia-noite também sugere uma irregularidade nos relatórios ou no funcionamento do dispositivo, que provavelmente não se deve ao comportamento do usuário (é pouco provável que o usuário esteja manipulando o dispositivo a essa hora).

---

12 Todas essas observações devem ser vistas com uma grande dose de ceticismo. Esse conjunto de dados apenas tem dados de um único usuário com partes de um único ano, e eles não são contínuos. Isso significa que não podemos tirar conclusões sobre a sazonalidade, mesmo que sejamos tentados a especular. Ainda assim, para fins de ajuste dos dados limitados de que dispomos, consideraremos esses componentes temporais.

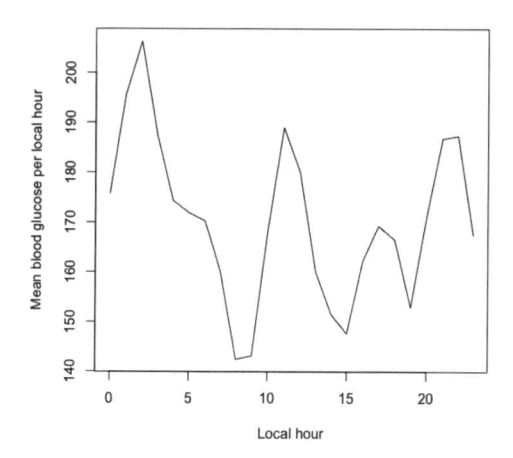

Figura 13-13. A média do índice glicêmico no sangue varia bastante conforme a hora do dia.

Existem outros dados interessantes sobre os valores do índice glicêmico. No conjunto de dados, a coluna `direction` extrai informações do dispositivo CGM, usa o software proprietário do fabricante e apresenta um rótulo de tendência direcional para os dados. Podemos usar isso em vez de calcular nossas próprias estatísticas de tendência e, assim, tentamos entender um pouco, perguntando se existem diferentes tendências para horários distintos. Definimos uma função que nos fornecerá o *e*-nésimo rótulo mais popular para um determinado vetor e, primeiro, o usamos para encontrar o rótulo mais popular para cada hora local do dia:

```
## R
> nth.pos = function(x, pos) {
>     names(sort(-table(x)))[pos]
>     ## Temos esse trecho de código graças ao grupo de usuários r
> }
> dt[, nth.pos(direction, 1), local.hour][order(local.hour)]
     local.hour   V1
 1:           0 Flat
 2:           1 Flat
 3:           2 Flat
...
21:          20 Flat
22:          21 Flat
23:          22 Flat
24:          23 Flat
     local.hour   V1
```

O rótulo `direction` mais popular é "achatado" para todas as horas do dia, o que é tranquilizador, já que a dinâmica do sistema seria questionável se a tendência pudesse ser predita simplesmente pela hora do dia. No entanto, o segundo rótulo `direction` mais comum por hora do dia varia com a hora diária, como podemos ver:

```
## R
> dt[, nth.pos(direction, 2), local.hour][order(local.hour)]
    local.hour            V1
 1:             0   FortyFiveUp
 2:             1   FortyFiveUp
 3:             2   FortyFiveUp
 4:             3 FortyFiveDown
 5:             4 FortyFiveDown
 6:             5   FortyFiveUp
 7:             6 FortyFiveDown
 8:             7 FortyFiveDown
 9:             8 FortyFiveDown
10:             9   FortyFiveUp
11:            10   FortyFiveUp
12:            11 FortyFiveDown
13:            12 FortyFiveDown
14:            13 FortyFiveDown
15:            14 FortyFiveDown
16:            15 FortyFiveDown
17:            16   FortyFiveUp
18:            17   FortyFiveUp
19:            18 FortyFiveDown
20:            19   FortyFiveUp
21:            20   FortyFiveUp
22:            21   FortyFiveUp
23:            22   FortyFiveUp
24:            23 FortyFiveDown
    local.hour            V1
```

É interessante fazer a referência cruzada desses rótulos com os gráficos de dados intradiários incluídos na seção anterior. Os resultados são correspondentes? (Deixo a resposta como exercício para o leitor.)

Em seguida, pegamos um rótulo numérico que pode ser preditivo, ou seja, a variância das medidas do nível glicêmico no sangue na janela de tempo mais recente. Calculamos o desvio-padrão para uma janela curta de lookback.

Para fazer isso, devemos levar em consideração a natureza não contígua dos dados. Não queremos calcular desvios-padrão de pontos de dados que não são adjacentes no tempo, mas apenas adjacentes ao data.table. Calcularemos os times deltas entre o início e o fim da janela alvo para garantir que estejam na escala de tempo correta, porém é necessário termos cuidado sobre como fazemos isso. Vejamos um exemplo de como podemos facilmente nos dar mal:

```
## R
> ## PRIMEIRO, não faça isso da maneira errada!
> ## Nota: cuidado ao calcular as diferenças de tempo ingenuamente!
> as.numeric(dt$timestamp[10] - dt$timestamp[1])
[1] 40
> as.numeric(dt$timestamp[1000] - dt$timestamp[1])
[1] 11.69274
> dt$timestamp[1000] - dt$timestamp[1]
Time difference of 11.69274 days
```

É possível que as diferenças de tempo sejam retornadas em unidades diferentes, o que tornaria os resultados do código anterior sem sentido. O modo correto de calcular um time delta, bem como a maneira em que usamos esse time delta a fim de determinar a validade de um cálculo de desvio-padrão para determinada linha, é a seguinte:

```R
## R
> dt[, delta.t := as.numeric(difftime(timestamp, shift(timestamp, 6),
>                                       units = 'mins'))]
> dt[, valid.sd := !is.na(delta.t) & delta.t < 31]
> dt[, .N, valid.sd]
valid.sd      N
1:    FALSE  1838
2:     TRUE 21435
```

Depois de rotular as linhas para as quais um cálculo de desvio-padrão é apropriado, executamos os cálculos. Calculamos todas as linhas e planejamos substituir os valores inválidos por uma média de coluna como uma forma simples de imputação de valor ausente:

```R
## R
> dt[, sd.window := 0]
> for (i in 7:nrow(dt)) {
>   dt[i, ]$sd.window = sd(dt[(i-6):i]$sgv)
> }
> ## Imputaremos os dados ausentes para os casos sd inválidos
> ## preenchendo a média da população (alerta de LOOKAHEAD, mas estamos cientes).
> imputed.val = mean(dt[valid.sd == TRUE]$sd.window)
> dt[valid.sd == FALSE, sd.window := imputed.val]
```

Em seguida, definimos uma coluna para estabelecer o valor verdadeiro que devemos almejar para nossa previsão. Optamos por prever os valores de índice glicêmico no sangue com trinta minutos de antecedência, pois isso seria tempo suficiente para alertar alguém com diabetes se o índice de açúcar predito é perigosamente alto ou baixo. Colocamos o valor-alvo da previsão em uma coluna chamada target. Criamos também outra coluna, pred.valid, que sinaliza se os pontos de dados anteriores ao tempo que queremos fazer uma previsão estão suficientemente completos (ou seja, regularmente amostrados nos trinta minutos anteriores em incrementos de cinco minutos):

```R
## R
> ## Agora também precisamos preencher nosso valor y,
> ## o alvo real.
> ## Isso também exigirá que verifiquemos a validade quando calculamos sd
> ## por causa dos dados atemporais contínuos no mesmo data.table.
> ## Vamos tentar prever 30 minutos à frente
> ## (previsões mais curtas são mais fáceis).
>
> ## udamos para 6 porque estamos amostrando a cada 5 minutos.
> dt[, pred.delta.t := as.numeric(difftime(shift(timestamp, 6,
>                                                  type = "lead"),
>                                           timestamp,
>                                           units = 'mins'))]
> dt[, pred.valid := !is.na(pred.delta.t) & pred.delta.t < 31]
>
> dt[, target := 0]
> for (i in 1:nrow(dt)) {
>   dt[i, ]$target = dt[i + 6]$sgv
> }
```

Fizemos uma verificação pontual para ver se ele gera resultados sensatos:

```
## R
> ## Agora devemos verificar o nosso trabalho.
> i = 300
> dt[i + (-12:10), .(timestamp, sgv, target, pred.valid)]
              timestamp sgv target pred.valid
 1: 2015-02-19 16:15:05 146    158       TRUE
 2: 2015-02-19 16:20:05 150    158       TRUE
 3: 2015-02-19 16:25:05 154    151      FALSE
 4: 2015-02-19 16:30:05 157    146      FALSE
 5: 2015-02-19 16:35:05 160    144      FALSE
 6: 2015-02-19 16:40:05 161    143      FALSE
 7: 2015-02-19 16:45:05 158    144      FALSE
 8: 2015-02-19 16:50:05 158    145      FALSE
 9: 2015-02-19 17:00:05 151    149       TRUE
10: 2015-02-19 17:05:05 146    153       TRUE
11: 2015-02-19 17:10:05 144    154       TRUE
12: 2015-02-19 17:15:05 143    155       TRUE
13: 2015-02-19 17:20:05 144    157       TRUE
14: 2015-02-19 17:25:05 145    158       TRUE
15: 2015-02-19 17:30:05 149    159       TRUE
16: 2015-02-19 17:35:05 153    161       TRUE
17: 2015-02-19 17:40:05 154    164       TRUE
18: 2015-02-19 17:45:05 155    166       TRUE
19: 2015-02-19 17:50:05 157    168       TRUE
20: 2015-02-19 17:55:05 158    170       TRUE
21: 2015-02-19 18:00:04 159    172       TRUE
22: 2015-02-19 18:05:04 161    153      FALSE
23: 2015-02-19 18:10:04 164    149      FALSE
              timestamp sgv target pred.valid
```

Dê uma boa olhada nessa saída. Alguma coisa nela talvez o faça questionar se fomos muito rigorosos ao avaliar a "validade" para calcular o desvio-padrão de uma janela recente nos dados de índices glicêmicos no sangue. Como um exercício independente, veja se consegue identificar esses pontos e pense em como poderia retrabalhar o rótulo pred.valid para ser corretamente mais inclusivo.

Agora temos um amplo leque de características e um valor-alvo para usar no treinamento de qualquer modelo para gerar previsões, porém ainda não terminamos de gerar as características. Devemos simplificar algumas das características temporais que já geramos a fim de atenuar as complicações de nosso modelo. Por exemplo, em vez de fazer com que a hora local seja uma entrada de 23 binários (um para cada hora do dia menos um), devemos diminuir o número de categorias de "hora", deste modo:

```
## R
> ## Vamos dividir o dia em três partes, em vez de
> ## segmentos de 24 horas. Fazemos isso com base na
> ## noção de um dia "típico".
> dt[, day.q.1 := between(local.hour,  5, 10.99)]
> dt[, day.q.2 := between(local.hour, 11, 16.99)]
> dt[, day.q.3 := between(local.hour, 17, 22.99)]
> dt[, day.q.4 := !day.q.1 & !day.q.2 & !day.q.3]
```

Simplificamos também os dados do mês para um conjunto mais simples de categorias:

```
## R
> ## Vamos definir um rótulo a "winter/not winter" em vez de
> ## um rótulo mensal. Esta decisão é parcialmente baseada na
> ## distribuição temporal de nossos dados.
> dt[, is.winter := as.numeric(month) < 4]
```

Por último, para usar a coluna `direction`, é necessário apelar para a codificação one-hot desse valor, assim como fizemos em diferentes horários do dia. Limpamos também algumas características rotuladas de forma inconsistente ("NOT COMPUTABLE" vs. "NOT_COMPUTABLE):

```
## R
> ## Precisamos também usar a codificação na características
> ## direction e limpar um pouco os dados.
> dt[direction == "NOT COMPUTABLE", direction := "NOT_COMPUTABLE"]
> dir.names = character()
> for (nm in unique(dt$direction)) {
>   new.col = paste0("dir_", nm)
>   dir.names = c(dir.names, new.col)
>   dt[, eval(parse(text = paste0(new.col, " :=
                        (direction == '", nm, "')")))]
> }
```

Agora que temos características relevantes e simplificadas por meio da codificação one-hot, estamos prontos para direcionar essas características em um modelo.

Ajustando um Modelo

Por fim, chegamos à parte divertida da análise de séries temporais: fazer uma predição.

Quanto Tempo Você Deve Dedicar à Modelagem?

Conforme você viu nos modelos deste capítulo, os dados do mundo real são desordenados e, cada vez que são limpos, deve-se fazer isso com conhecimento de domínio e bom senso. Não existe um modelo geral. Mas, ao fazer o ajuste de um modelo, seja sempre cuidadoso e não tenha pressa. Só ajuste um modelo quando estiver confiante de que não está jogando porcaria dentro dele!

Nossa primeira tarefa é criar conjuntos de dados de treinamento e teste:[13]

---

13 Na prática, e com um conjunto de dados maior, recomenda-se também reservar um conjunto de teste de validação, que seria um subconjunto especial de seus dados de treinamento semelhante a um teste, sem poluir seus dados de teste reais. Assim como os dados de teste geralmente devem ser os dados mais recentes temporários (para evitar vazamento de informações futuras, por exemplo, lookahead), o conjunto de dados de validação em tais casos deve vir no final do período de treinamento. Defina isso por conta própria para explorar os hiperparâmetros do modelo.

```R
## R
> ## Precisamos definir dados de treinamento e teste para testá-los.
> ## Não queremos que todos os testes cheguem ao final do período de teste,
> ## e como hipotetizamos que alguns comportamentos podem ser sazonais,
> ## testaremos os dados de teste e finais de ambas as "temporadas".
> winter.data      <- dt[is.winter == TRUE]
> train.row.cutoff <- round(nrow(winter.data) * .9)
> train.winter     <- winter.data[1:train.row.cutoff]
> test.winter      <- winter.data[(train.row.cutoff + 1): nrow(winter.data)]
>
> spring.data      <- dt[is.winter == FALSE]
> train.row.cutoff <- round(nrow(spring.data) * .9)
> train.spring     <- spring.data[1:train.row.cutoff]
> test.spring      <- spring.data[(train.row.cutoff + 1): nrow(spring.data)]
>
> train.data <- rbindlist(list(train.winter, train.spring))
> test.data  <- rbindlist(list(test.winter,  test.spring))
>
> ## Agora inclua apenas as colunas que devemos
> ## usar valores categóricos: valid.sd, day.q.1, day.q.2, day.q.3, is.winter
> ## mais todos os nomes das colunas 'dir_'.
> col.names <- c(dir.names, "sgv", "sd.window", "valid.sd",
>                "day.q.1", "day.q.2", "day.q.3", "is.winter")
>
> train.X <- train.data[, col.names, with = FALSE]
> train.Y <- train.data$target
>
> test.X <- test.data[, col.names, with = FALSE]
> test.Y <- test.data$target
```

Conforme muitos trabalhos de ponta, escolhemos o gradient boosted trees XGBoost como nosso modelo. As últimas publicações demonstraram que ele atendeu ou superou as métricas de última geração para a predição dos índices glicêmicos em alguns casos de uso:[14]

```R
## R
> model <- xgboost(data = as.matrix(train.X), label = train.Y,
>                   max.depth = 2,
>                   eta       = 1,
>                   nthread   = 2,
>                   nrounds   = 250,
>                   objective = "reg:linear")
> y.pred <- predict(model, as.matrix(test.X))
```

Podemos então inspecionar os resultados dessa predição (veja a Figura 13-14). Analisamos também nossa previsão para um dia específico (veja a Figura 13-15):

---

14   Não ajustamos os hiperparâmetros aqui (isso exigiria um conjunto de dados de validação), mas é algo que você deve fazer com o XGBoost depois de definir um pipeline de modelagem geral.

```
## R
> ## Agora, vamos considerar um dia específico.
> test.data[date < as.Date("2015-03-17")]
> par(mfrow = c(1, 1))
> i <- 1
> j <- 102
> ylim <- range(test.Y[i:j], y.pred[i:j])
> plot(test.data$timestamp[i:j], test.Y[i:j], ylim = ylim)
> points(test.data$timestamp[i:j], y.pred[i:j], cex = .5, col = 2)
```

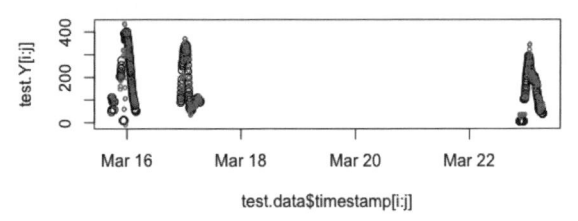

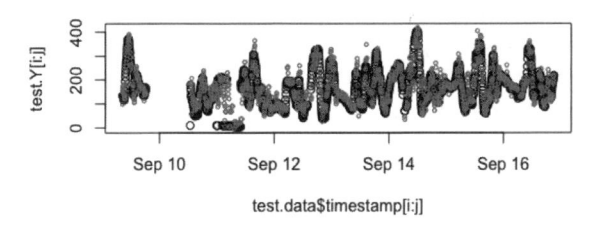

Figura 13-14. Em larga escala, nossas predições aparentemente são boas, mas, por ora, é difícil analisá-las se não as ampliarmos. Não é assim que alguém usando a previsão a testaria.

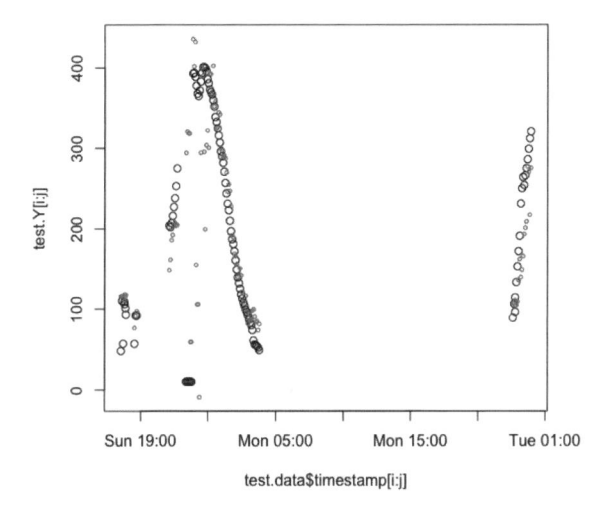

Figura 13-15. Analisar dias específicos de cada vez oferece uma perspectiva melhor sobre o funcionamento do nosso algoritmo de predição.

À primeira vista, as predições são razoáveis, mas esse gráfico sugere que também pode haver problemas com os dados subjacentes. O borrão [blob] por volta da meia-noite entre domingo e segunda-feira parece baixo demais, de modo irreal, mesmo porque os pontos vizinhos não são baixos. É mais provável que o dispositivo tenha funcionado mal do que alguém ter tido uma baixa glicêmica no sangue drástica, ainda que de curta duração. Podemos considerar mais depuração de dados [data scrubbing] ou talvez rótulos adicionais para indicar quais pontos específicos parecem suspeitos.[15] Talvez, quando nosso modelo prevê os pontos de dados provavelmente inválidos de índice glicêmico no sangue, isso seja um sinal de sobreajuste. Queremos que nosso modelo preveja os valores reais do índice e não o mau funcionamento do dispositivo.

Neste ponto, devemos considerar os objetivos de nosso algoritmo. Se apenas quisermos mostrar que podemos fazer um trabalho razoavelmente bom ao predizer o índice glicêmico no sangue com meia hora de antecedência, sem ao mesmo saber o que alguém está comendo ou quando está se exercitando, já podemos dizer "missão cumprida". O que já é alguma coisa — é impressionante que possamos fazer previsões razoáveis sem dados relevantes, como refeições e informações sobre exercícios.

Contudo, nosso objetivo principal é uma previsão que alertará as pessoas sobre o perigo — ou seja, quando o índice glicêmico estiver muito baixo ou muito alto. Focaremos esses pontos de dados enquanto consideramos como nossas predições se comparam aos valores medidos. É importante observar que plotamos os valores alto e baixo do índice glicêmico separadamente. Se os representarmos juntos, veremos uma correlação aparentemente alta, criando uma distribuição artificial em forma de haltere de pontos altos e baixos (veja a Figura 13-16):

```
## R
> par(mfrow = c(2, 1))
> high.idx = which(test.Y > 300)
> plot(test.Y[high.idx], y.pred[high.idx], xlim = c(200, 400),
>                                          ylim = c(200, 400))
> cor(test.Y[high.idx], y.pred[high.idx])
[1] 0.3304997
>
> low.idx = which((test.Y < 60 & test.Y > 10))
> plot(test.Y[low.idx], y.pred[low.idx], xlim = c(0, 200),
>                                        ylim = c(0, 200))
> cor(test.Y[low.idx], y.pred[low.idx])
[1] 0.08747175
```

---

15 Uma ideia seria aplicar a detecção outlier de uma maneira baseada em séries temporais para observar que esses pontos não parecem corresponder à tendência geral para janela de tempo. Poderíamos também usar física, química e biologia básicas em alguns casos para dizer que determinadas quedas simplesmente não são possíveis.

Esses gráficos analisam o desempenho de nosso modelo de modo mais rigoroso. O mais preocupante é que o modelo não se sai muito bem com níveis baixos de açúcar no sangue. Talvez isso aconteça porque as ocorrências de glicose perigosamente baixas no sangue são incidentes raros, de modo que o modelo não tem muita oportunidade de treiná-las. Assim, devemos considerar o data augmentation ou a reamostragem de dados para detectar maneiras de tornar esse fenômeno mais relevante para nosso modelo. Podemos também modificar nossa função de perda para ponderar mais os exemplos em nossos dados.

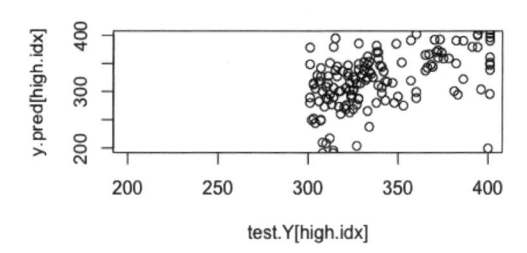

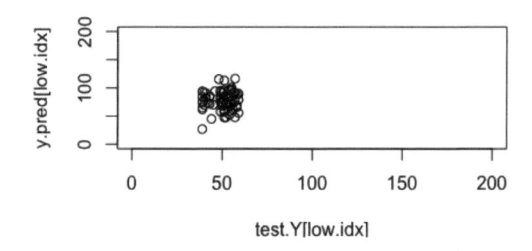

Figura 13-16. Gráfico das predições e dos valores reais comparados individualmente em cada extremidade. Na parte superior, representamos os valores comparados com os valores altos dos índices glicêmicos medidos no sangue e, na parte inferior, comparamos os valores baixos.

Neste capítulo, vimos um caso em que as previsões de um modelo inicial parecem respeitáveis, mas podem não satisfazer o propósito mais essencial do modelo. Nesse caso, podemos predizer as tendências gerais do índice glicêmico no sangue, mas devemos nos esforçar mais para predizer os níveis altos e baixos do índice glicêmico no sangue, com ênfase nos níveis baixos que representam risco à vida.

Aqui, como no caso da previsão da gripe, vimos que o bom senso é essencial para modelar séries temporais. Não podemos limpar dados irrefletidamente ou preparar características sem pensar sobre o que elas significam no contexto. Da mesma forma, quanto mais sabemos sobre o domínio das séries temporais, como entender a importância da hora do dia para o índice glicêmico em humanos, mais ficamos bem preparados para limpar dados, preparar as características e examinar nossas previsões para importantes casos de sucesso ou fracasso.

Leituras e Recursos Adicionais

Vasileios Lampos et al.,"Advances in Nowcasting Influenza-Like Illness Rates Using Search Query Logs", Scientific Reports 5, no. 12760 (2015): https://perma.cc/NQ6B-RUXF.

Artigo da Nature Communications de 2015 bastante acessível e uma boa introdução à previsão imediata da gripe. Vale também como artigo histórico, já que mostra como a previsão imediata e a previsão foram revolucionadas pelo Big Data, mídia social em tempo real e pelas entradas de dados da internet. Os autores trabalham com um modelo linear tradicional e um modelo não linear inovador para comparar diferentes abordagens e demonstrar a utilidade dos modelos não lineares em um sistema tão complexo como os índices sazonais de doenças infecciosas.

David Farrow, "Modeling the Past, Present, and Future of Influenza", tese de doutorado, Computational Biology Department, School of Computer Science, Carnegie Mellon University, 2016: https://perma.cc/96CZ-5SX2.

Tese que detalha um pouco a teoria e prática da "fusão de sensores" usados para integrar fontes de mídia social de várias granularidades geográficas e temporais, a fim de gerar uma das principais previsões de influenza do grupo Delphi. Fornece uma visão geral extremamente detalhada da previsão da gripe, desde a virologia até a dinâmica populacional e os experimentos de ciência de dados sobre como o processamento de dados impacta as previsões.

Rob J. Hyndman, "Dynamic Regression", notas de aulas, n.d.: https://perma.cc/5TPY-PYZS.

Notas de aula com exemplos práticos de como usar regressão dinâmica para complementar os modelos tradicionais de previsão estatística com uma série de modelos alternativos para sazonalidade, quando não se espera que o SARIMA seja um bom ajuste — normalmente porque a periodicidade é muito complexa ou os períodos são muito longos em relação à quantidade de dados ou recursos computacionais disponíveis.

## CAPÍTULO 14

Aplicações na Área Financeira

O mercado financeiro é o avô de todos os dados de séries temporais. Caso você pague por dados proprietários de trading relacionados ao câmbio de ações de alta tecnologia, poderá receber avalanches de dados do tamanho de terabytes que podem levar dias para serem processadas, mesmo que tenha em mãos um desempenho computacional altíssimo e acesso ao processamento embarrassingly parallel.

De um lado, temos a tecnologia de negociação de alta frequência (HFT), que já está entre os membros mais novos e famigerados da comunidade financeira e negocia com base em informações e insights resultantes da análise de séries temporais no nível de microssegundos. E do outro lado, temos as empresas tradicionais de trading — que analisam as séries temporais de longo prazo durante horas, dias ou até meses —, que continuam a ter sucesso nos mercados, mostrando que a análise de séries temporais para dados financeiros pode ser realizada em uma miríade de formas bem-sucedidas e em escalas de tempo que abrangem muitas ordens de magnitude, de milissegundos a meses.

 *Processamento Embarrassingly parallel* [embaraçosamente paralelo] descreve tarefas de processamento de dados em que os resultados do processamento de um segmento de dados não dependem de modo algum dos valores de outro segmento de dados. Nesses casos, é embaraçosamente fácil converter as tarefas de análise de dados para que sejam executadas em paralelo, em vez de em sequência, para aproveitar as vantagens das opções de cálculos com vários núcleos ou várias máquinas.

Considere, por exemplo, a tarefa de calcular a média diária dos retornos minuto a minuto de uma determinada ação. Cada dia pode ser tratado separadamente e em paralelo. Em contrapartida, o cálculo da média móvel exponencialmente ponderada (EWMA) da volatilidade diária não é embaraçosamente paralelo, já que o valor de um dia específico depende dos valores dos dias anteriores. Não raro, tarefas que não são embaraçosamente paralelas ainda podem ser executadas parcialmente e em paralelo, mas isso depende dos detalhes.

Aqui, trabalharemos com um exemplo clássico de análise de série temporal para diversão e lucro: prever os retornos das ações de amanhã de acordo com o índice S&P 500.

Obtendo e Explorando Dados Financeiros

Pode ser bem difícil obter dados financeiros se você estiver buscando um determinado produto ou resolução temporal. Nesses casos, é necessário comprar os dados. Mas os dados históricos da cotação das ações estão disponíveis em uma variedade de serviços, incluindo:

- Yahoo Finance. Embora o Yahoo tenha descontinuado a manutenção de sua API de dados históricos,[1] os dados históricos diários estão disponíveis para download (*https://perma.cc/RQ6D-U4JX*).
- Empresas mais novas, como a AlphaVantage (*https://www.alphavantage.co/*) e Quandl (*https://www.quandl.com*) oferecem uma combinação de informações de preços históricos e em tempo real para dados do mercado de ações.

Restringimos nossa análise a dados diários da cotação de ações disponíveis gratuitamente no Yahoo. Fizemos o download dos dados para o S&P 500 contemplando as datas de 1990 a 2019. No código a seguir, vemos quais colunas estão disponíveis no conjunto de dados que fizemos o download e plotamos a cotação diária de fechamento para começar a explorar nossos dados (veja a Figura 14-1):

```python
## python
>>> df = pd.read_csv("sp500.csv")
>>> df.head()
>>> df.tail()
>>> df.index = df.Date
>>> df.Close.plot()
```

Podemos observar que os valores são extremamente diferentes no início e no final do período de datas contemplados pelos arquivos CSV. A mudança nos valores é ainda mais evidente quando plotamos a série temporal completa para a cotação de fechamento (Figura 14-2) do que quando analisamos as amostras do data frame.

A Figura 14-2 mostra que a série temporal não é estacionária. Vemos também que pode haver diferentes "regimes". Por razões claramente vistas no gráfico, os analistas financeiros estão ansiosos para desenvolver modelos que identifiquem mudanças de regime

---

1 A propósito, isso criou alguns códigos não funcionais nas comunidades R e Python.

na cotação das ações. Ao que tudo indica, há diferentes regimes, mesmo que não tenhamos uma definição exata de onde termina um e começa o outro.[2]

```
In [9]: df.head()
Out[9]:
```

	Date	Open	High	Low	Close	Adj Close	Volume
0	1990-02-13	330.079987	331.609985	327.920013	331.019989	331.019989	144490000
1	1990-02-14	331.019989	333.200012	330.640015	332.010010	332.010010	138530000
2	1990-02-15	332.010010	335.209991	331.609985	334.890015	334.890015	174620000
3	1990-02-16	334.890015	335.640015	332.420013	332.720001	332.720001	166840000
4	1990-02-20	332.720001	332.720001	326.260010	327.989990	327.989990	147300000

```
In [75]: df.tail()
Out[75]:
```

	Date	Open	High	Low	Close	Adj Close	Volume
7301	2019-02-06	2735.050049	2738.080078	2724.149902	2731.610107	2731.610107	3472690000
7302	2019-02-07	2717.530029	2719.320068	2687.260010	2706.050049	2706.050049	4099490000
7303	2019-02-08	2692.360107	2708.070068	2681.830078	2707.879883	2707.879883	3622330000
7304	2019-02-11	2712.399902	2718.050049	2703.790039	2709.800049	2709.800049	3361970000
7305	2019-02-12	2722.610107	2748.189941	2722.610107	2744.729980	2744.729980	3827770000

Figura 14-1. Dados brutos do início e do final do arquivo CSV. Observe que os valores mudam visivelmente de 1990 a 2019 — nenhuma surpresa para quem conhece a história dos mercados financeiros dos Estados Unidos.

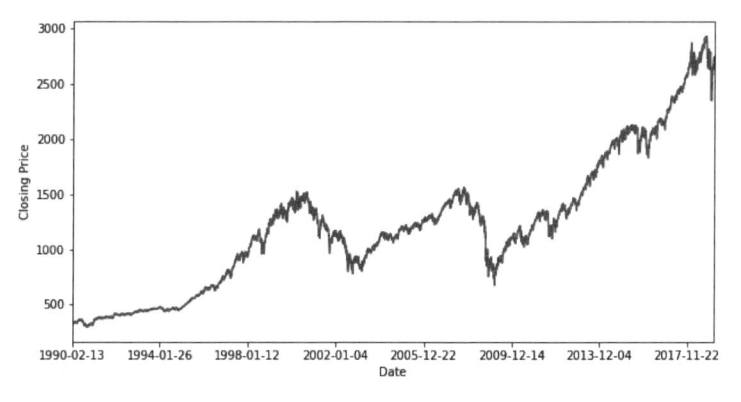

Figura 14-2. A cotação diária de fechamento do S&P 500 não é uma série temporal estacionária.

---

2 Veja que o índice S&P 500 também é complicado, pois é um composto de muitas ações diferentes como entradas, com ponderações ajustadas periodicamente e com um fator inteiramente proprietário também usado para dividir a média ponderada das ações. Por esse motivo, um forte conhecimento do domínio e uma compreensão de como diferentes decisões tomadas pelas empresas podem afetar os preços de suas ações, e suas ponderações S&P 500 também seriam elementos importantes para entender melhor o comportamento de longo prazo que vemos aqui.

O potencial para pontos de mudança e diferentes regimes indica que pode ser uma boa ideia dividir o conjunto de dados em diferentes subconjuntos de dados para serem modelados de forma separada. Contudo, queremos manter os dados juntos, já que os dados diários não geram muitos pontos de dados em algumas décadas; precisamos manter todos os dados que conseguirmos. Se estivermos interessados somente nas previsões para o dia seguinte, vejamos se conseguimos justificar e manter esses dados juntos.

Vejamos se a normalização dos dados pode contribuir com a comparação dos dados de diferentes períodos de tempo. Analisaremos o valor de uma semana de cotação de fechamento em escala de três décadas diferentes dentro da série temporal (Figura 14-3):

```python
## python
>>> ## Escolhe três semanas (seg-sex) de anos diferentes.
>>> ## Escala a cotação de fechamento de cada dia pelas médias
>>> ## das cotações de fechamento da semana. 1990.
>>> vals = df['1990-05-07':'1990-05-11'].Close.values
>>> mean_val = np.mean(vals)
>>> plt.plot([1, 2, 3, 4, 5], vals/mean_val)
>>> plt.xticks([1, 2, 3, 4, 5],
>>>     labels = ['Monday', 'Tuesday', 'Wednesday', 'Thursday', 'Friday'])
>>>
>>> ## 2000
>>> vals = df['2000-05-08':'2000-05-12'].Close.values
>>> mean_val = np.mean(vals)
>>> plt.plot([1, 2, 3, 4, 5], vals/mean_val)
>>> plt.xticks([1, 2, 3, 4, 5],
>>>     labels = ['Monday', 'Tuesday', 'Wednesday', 'Thursday', 'Friday'])
>>>
>>> ## 2018
>>> vals = df['2018-05-07':'2018-05-11'].Close.values
>>> mean_val = np.mean(vals)
>>> plt.plot([1, 2, 3, 4, 5], vals/mean_val)
>>> plt.xticks([1, 2, 3, 4, 5],
>>>     labels = ['Monday', 'Tuesday', 'Wednesday', 'Thursday', 'Friday'])
```

Plotamos as cotações de fechamento ao longo de três semanas em três décadas diferentes, cada uma escalonada pela média daquela semana conforme o código anterior. As mudanças percentuais relativas de um dia para o outro no decorrer de uma semana parecem quase as mesmas ao longo das décadas.

Esses gráficos são promissores. Embora os valores médios e a variância das cotações de fechamento tenham mudado consideravelmente ao longo do tempo, os gráficos sugerem um comportamento semelhante ao longo do tempo, visto que normalizamos os dados para seu valor médio em uma determinada década.

Assim sendo, consideramos se podemos encontrar uma forma de tornar todos os dados do período de tempo integral semelhantes o bastante para treiná-los significativamente com um modelo. Queremos saber se há uma maneira de transformar os dados que seja financeiramente significativa, como também tornar os dados comparáveis em todo o período de tempo.

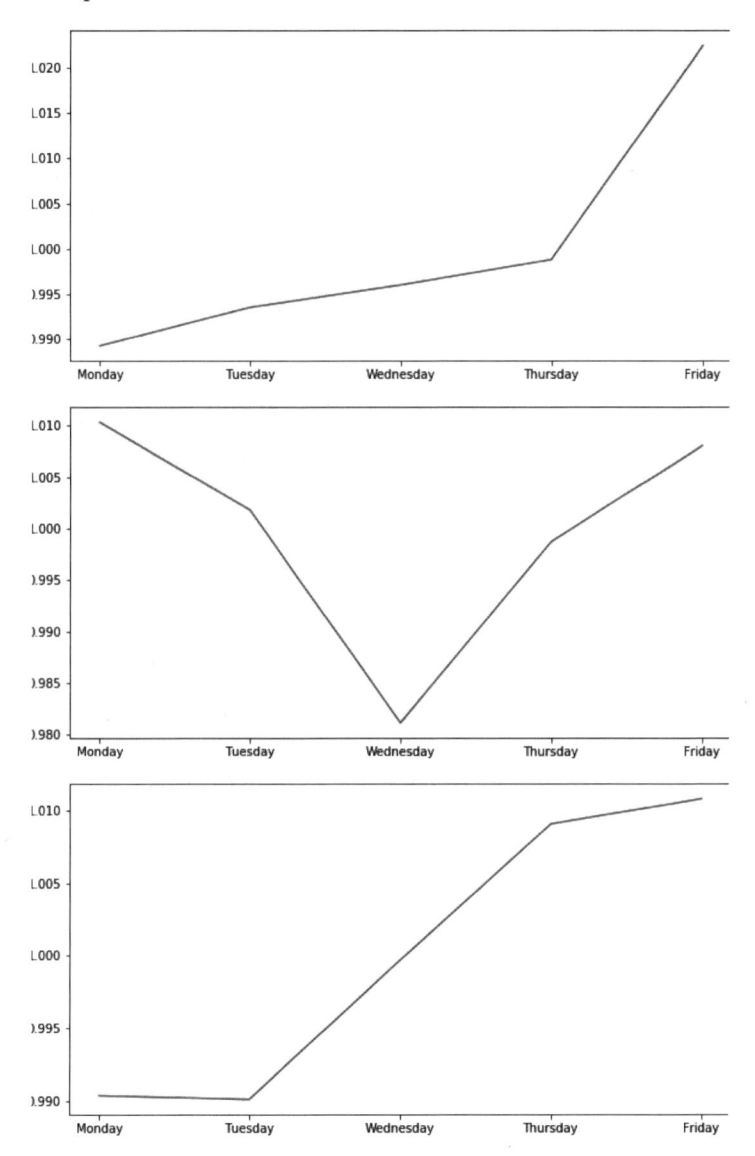

Figura 14-3. Cotações de fechamento médias escalonadas para uma semana em maio de 1990, 2000 e 2018.

Calculamos o retorno diário, ou seja, a mudança na cotação do início ao final de cada trade day [dia de negociação] (veja Figura 14-4):

```python
## python
>>> df['Return'] = df.Close - df.Open
>>> df.Return.plot()
```

Conforme podemos ver na Figura 14-4, isso por si só não é o bastante para que os dados sejam comparáveis. Teremos também que encontrar uma forma de normalizar os dados sem um lookahead, de modo que os valores que estamos usando para entradas e saídas em nosso modelo sejam mais uniformes ao longo do período de tempo de interesse. Veremos como fazer isso na próxima seção.

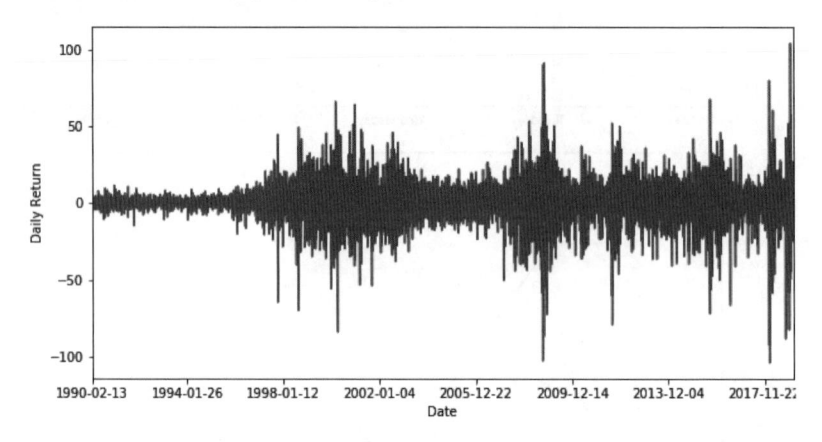

Figura 14-4. Os retornos diários [daily returns] demonstram uma média próxima de zero ao longo do tempo, porém sua variância muda acentuadamente em diferentes períodos de tempo. Esse comportamento inspirou modelos como o GARCH, analisado brevemente no Capítulo 6

Mercados Financeiros como Passeio Aleatório

O passeio aleatório é um bom modelo inicial para séries temporais financeiras; os preços das ações são frequentemente citados como o exemplo máximo de um passeio aleatório que ocorre naturalmente. Basta se lembrar de duas perspectivas quando estamos analisando nossos dados. Primeiro, muitas mudanças de regime podem ser apenas um efeito dos contornos naturais de um passeio aleatório. Se não acredita em mim, veja alguns dos exemplos que foram rapidamente gerados em R (veja a Figura 14-5):

```
## R
> ## Usa cada uma dessas seeds, por sua vez, para gerar os gráficos.
> ## set.seed(1)
> ## set.seed(100)
> ## set.seed(30)

> N <- 10000
> x <- cumsum(sample(c(-1, 1), N, TRUE))
> plot(x)
```

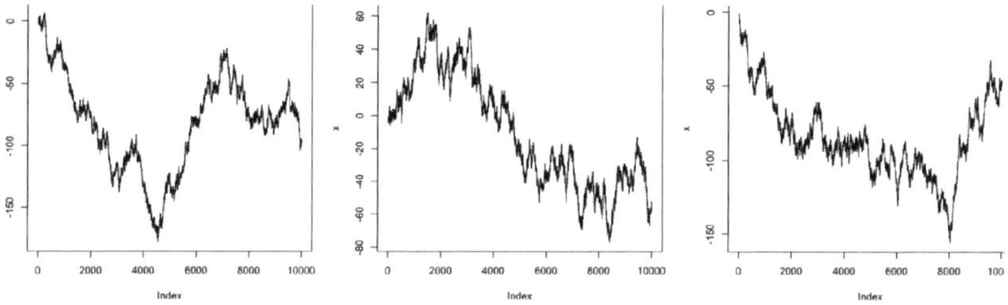

Figura 14-5. A saída de uma variedade de passeios aleatórios, todos gerados com sementes diferentes do código anterior.

Segundo, como passeios aleatórios são um ajuste natural para dados de ações, nosso modelo null ou mais básico, com o qual podemos começar a comparar modelos mais complicados, seria aquele em que predizemos o preço de amanhã como sendo o preço de hoje, consistente com nosso entendimento do mercado de ações como um passeio aleatório. Neste caso, esperaríamos uma correlação muito alta:

```
## R
> cor(x, shift(x), use = "complete.obs")
[1] 0.9996601
```

Por outro lado, se diferenciarmos as séries temporais, de modo que o valor em cada intervalo do tempo represente a mudança no valor da série temporal de um intervalo de tempo para outra, a correlação desapareceria, porque qualquer correlação teria sido devido à tendência em vez da capacidade preditiva real de um modelo tão simples:

```
## R
> cor(diff(x), shift(diff(x)), use = "complete.obs")
[1] -0.005288012
```

Desse modo, em finanças, o fato de você gerar um modelo com correlação alta ou baixa pode ter muito a ver com o tipo de dado que está modelando. Caso modele retornos (o que você deve fazer) em vez de preços de ações (um erro comum mesmo na área), você terá correlações aparentemente baixas, porém serão mais prováveis de serem preditivas no mundo real, em vez de modelos que prometem o mundo e não funcionam em produção. Por isso, modelamos retornos em vez do preço das ações no próximo exemplo.

Pré-processamento de Dados Financeiros para Aprendizado Profundo

Nosso pré-processamento de dados será feito em três etapas:

1. Criaremos novas quantidades de interesse economicamente significativas a partir das entradas brutas.

2. Calcularemos uma média móvel exponencialmente ponderada e a variância das quantidades de interesse para que possamos escaloná-las sem um lookahead.

1. Empacotaremos nossos resultados em um formato adequado para o modelo de aprendizado profundo recorrente que usaremos a fim de ajustar os dados.

Séries Temporais Financeiras São um Campo de Atuação

As séries temporais financeiras são um campo de atuação e milhares de estudiosos se empenham para tentar compreender como os mercados financeiros funcionam, tanto para lucro quanto para regulamentação inteligente. Existem vários modelos estatísticos desenvolvidos para tratar alguns dos aspectos complicados dos dados financeiros que abordamos aqui, como o modelo GARCH. Caso deseje aplicar estatísticas e aprendizado de máquina à modelagem de séries temporais financeiras, você deve estudar a história das finanças quantitativas e as principais classes de modelos comumente implementados.

Adicionando Quantidades de Interesse aos Nossos Valores Brutos

Já calculamos o retorno diário na seção anterior. Outra quantidade de interesse que podemos criar a partir das entradas brutas é a *volatilidade* diária: a diferença entre as cotações mais altas e mais baixas registradas durante o trade day. Isso pode ser facilmente calculado com os dados brutos (veja a Figura 14-6):

```python
## python
>>> df['DailyVolatility'] = df.High - df.Low
>>> df.DailyVolatility.plot()
```

Assim como os preços de retorno diários são séries temporais não estacionárias, o mesmo ocorre com as séries temporais de volatilidade diária. Isso confirma ainda mais que precisamos encontrar uma forma de escaloná-la apropriadamente e sem introduzir um lookahead.

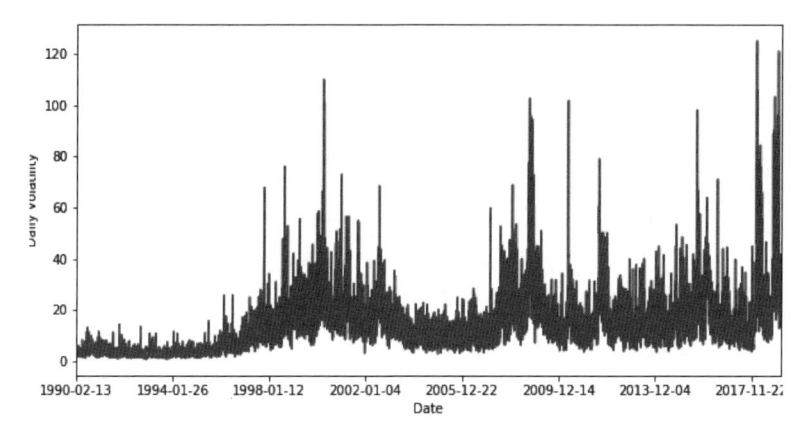

Figura 14-6. A volatilidade diária é uma série temporal de valor positivo (por definição) que mostra graus de variância visivelmente diferentes em diferentes pontos da série temporal S&P 500.

Escalonando Quantidades de Interesse sem Lookahead

Vamos prever o retorno diário um dia à frente. Algumas quantidades de interesse que podem ser úteis incluem:

- Retornos diários anteriores.
- Volatilidade diária anterior.
- Volume diário anterior.

Escalonaremos cada uma dessas quantidades, subtraindo a média móvel exponencialmente ponderada e, em seguida, dividindo pelo desvio-padrão exponencialmente ponderado. Nossa exploração de dados semanal anterior demonstrou que, com o pré-processamento adequado, as várias quantidades de interesse podem ser transformadas em séries temporais estacionárias.

Primeiro, calculamos a média móvel exponencialmente ponderada de cada coluna no data frame e plotamos a média móvel exponencialmente ponderada da volatilidade diária (veja a Figura 14-8). Compare isso com o gráfico na Figura 14-7. Este gráfico é muito mais suavizado por causa da média. Repare que há um parâmetro aqui que você deve considerar parte do seu modelo como um hiperparâmetro, mesmo que seja utilizado na etapa de pré-processamento de dados: a meia-vida da suavização exponencial. O comportamento do seu modelo com certeza dependerá desse parâmetro:

```python
## python
>>> ewdf = df.ewm(halflife = 10).mean()
>>> ewdf.DailyVolatility.plot()
```

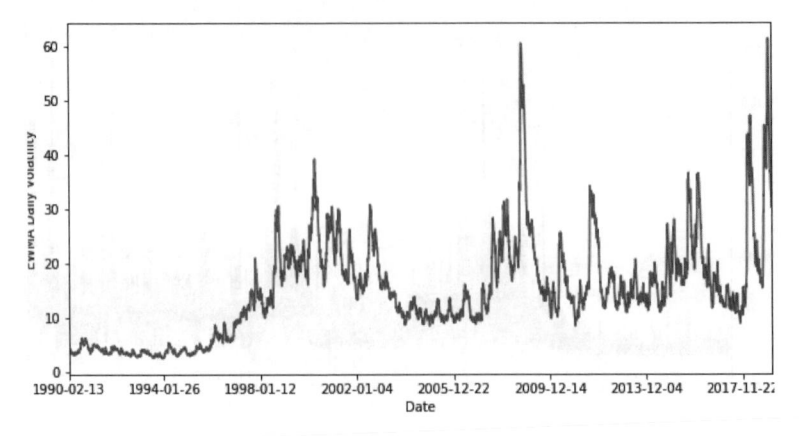

Figura 14-7. O gráfico da média móvel exponencialmente ponderada da volatilidade diária é mais suavizado do que o gráfico dos valores brutos, porém ainda nos mostra uma série temporal não estacionária.

Podemos então usar esse valor, bem como a variância móvel exponencialmente ponderada calculada aqui, para escalonar os valores de interesse de uma forma que resulte em uma série com um comportamento mais consistente ao longo do tempo (veja a Figura 14-8):

```python
## python
>>> ## Calcula a variância móvel exponencialmente ponderada.
>>> vewdf = df.ewm(halflife = 10).var()
>>>
>>> ## Escalona penalizando e normalizando.
>>> scaled = df.DailyVolatility - ewdf.DailyVolatility
>>> scaled = scaled / vewdf.DailyVolatility**0.5
>>> scaled.plot()
```

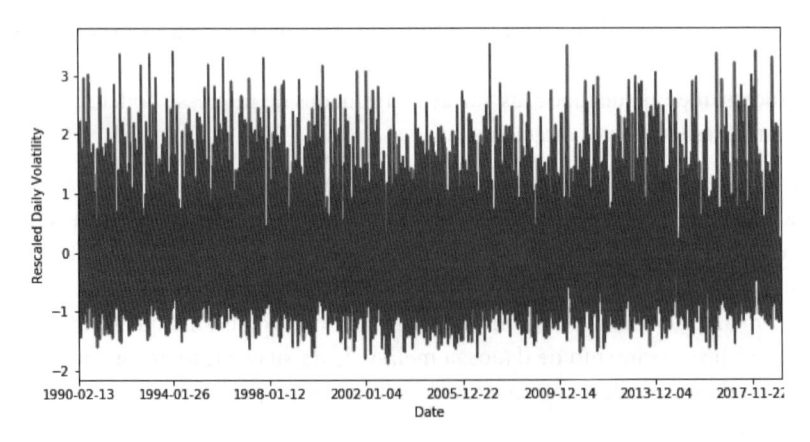

Figura 14-8. A transformação dos dados com a média ponderada exponencialmente e variância resulta em uma série temporal mais uniforme, com valores comparáveis ao longo do período de 1990 a 2019.

Transformamos todas as três entradas brutas de interesse em uma versão escalonada deste jeito:

```python
## python
>>> df['ScaledVolatility'] = ((df.DailyVolatility -
>>>                            ewdf.DailyVolatility)
>>>                           / vewdf.DailyVolatility**0.5 )
>>> df['ScaledReturn']     = ((df.Return - ewdf.Return)
>>>                           / vewdf.Return**0.5 )
>>> df['ScaledVolume']     = ((df.Volume - ewdf.Volume)
>>>                           / vewdf.Volume**0.5 )
```

Por último, dropamos os resultados NA provenientes da suavização exponencial:[3]

```python
## python
>>> df = df.dropna()
```

Você Não Precisa Usar Dados Diários

Com sorte, você percebeu que todo o processamento de dados ocorreu na escala de tempo por dia. Você deve se lembrar dos Capítulos 2 e 3 que o upsampling e o downsampling de dados são uma forma de alterar a escala temporal de sua análise. Do mesmo modo, é possível usar entradas de uma variedade de escalas temporais em seu modelo. Por exemplo, eu poderia considerar o cálculo de médias móveis exponencialmente ponderadas e variâncias em uma diversidade de meias-vidas e usar cada uma delas como uma entrada diferente. Eu também poderia calcular quantidades de interesse em diferentes escalas temporais, como retornos semanais ou volatilidade mensal. Quando se está modelando uma série temporal, você pode explorar tudo isso, embora o espaço seja limitado aqui.

Aconselha-se a seguir uma escala temporal em suas entradas semelhante à escala temporal que você tem em mente para seus alvos, ou seja, quão longe no futuro você deseja predizer. Quanto mais longe você quiser predizer o futuro, mais deverá retroceder no tempo e mais deve suavizar sua série com uma meia-vida maior, de modo que possa reconhecer tendências de longo prazo. Isso o ajudará a fazer predições de longo prazo.

---

3 Em vez de dropá-los, também poderíamos definir o valor da coluna suavizada exponencialmente para o único valor conhecido naquele momento. Em qualquer caso, isso não é importante.

Formatando Nossos Dados para uma Rede Neural

Nossos dados estão armazenados em um data frame Pandas no momento, e nossas entradas planejadas são armazenadas junto com muitas entradas brutas que não temos o intuito de usar. Além do mais, para uma rede neural, modelaremos nossos dados no formato TNC, que, você deve lembrar, significa tempo × número de amostras × canais. Por isso, é necessário fazer mais um pré-processamento, mesmo após o trabalho de reescalonamento que já vimos. Primeiro, dividimos nossos dados em componentes de treinamento e teste:[4]

```python
## python
>>> ## Divide nossos dados em componentes de treinamento e teste.
>>> train_df = df[:7000]
>>> test_df = df[7000:]
>>>
>>> ## Constrói nossas variáveis de pipeline a partir de dados de treinamento,
>>> ## tomando apenas valores de interesse de data frames maiores.
>>> horizon = 10
>>> X = train_df[:(7000 - horizon)][["ScaledVolatility", "ScaledReturn",
                                      "ScaledVolume"]].values
>>> Y = train_df[horizon:]["ScaledReturn"].values
```

Repare que há um problema com o que estamos predizendo com base em como definimos o Y aqui. Pense nisso por um momento, antes de continuar lendo.

Diluindo a Tarefa de Previsão

O que fizemos com nossos dados diluiu a tarefa de previsão. Ou seja, pegamos um valor futuro e o "diluímos" com informações do passado. Embora essa seja uma forma de empurrar o passado para o futuro, aparentemente o oposto de um lookahead, é um problema relacionado. As informações estão se movendo ao longo do eixo do tempo de um modo que podemos esquecê-las, o que, por sua vez, pode nos fazer entender mal o desempenho de nosso modelo. Devemos acompanhar o que fizemos no pré-processamento ao avaliar o modelo.

O problema de prever valores suavizados assola a área de economia e finanças — e é um problema que muitas vezes não é reconhecido. Embora não seja errado fazer isso, às vezes as pessoas exageram seus resultados e dizem que superaram um marco quando, na verdade, se propuseram a uma tarefa mais fácil de predizer um valor suavizado em vez do valor medido.

O problema com essa definição é que o valor Y é o retorno em escala e não apenas o retorno. Apesar de isso ser melhor para o treinamento, porque os valores estão dentro do

---

4   Vale aqui a advertência usual de que devemos ter um conjunto de validação separado para evitar vazamento de informações do conjunto de teste, mas estou tentando manter a simplicidade do código.

intervalo apropriado, também significa que o Y que estamos predizendo não é o retorno real que nos interessa, e sim aquele retorno ajustado por uma média móvel. Estamos prevendo o quanto nosso retorno difere da média móvel exponencialmente ponderada, em vez de somente predizer o retorno.

Isso não está de todo errado, porém estamos facilitando mais a nossa tarefa do que a tarefa de previsão em si. É necessário ficarmos atentos a isso, pois quando nosso treinamento parecer melhor do que o desempenho real de nosso modelo, saberemos que parte disso se deve a nos concentrarmos em uma tarefa híbrida durante o treinamento, ao passo que, em última análise, ganhar dinheiro com esse modelo dependeria somente da previsão verdadeira.

Nós nos concentramos nos dados de treinamento e agora precisamos colocar X no formato esperado por uma arquitetura de rede neural recorrente, ou seja, TNC. Fazemos isso com as operações NumPy. Originalmente, X é bidimensional, pois vem de um data frame Pandas. Queremos acrescentar uma terceira dimensão, eixo 1 (empurrando a segunda dimensão para o eixo 2, em que os eixos são numerados de 0 para cima):

```python
## python
>>> X = np.expand_dims(X, axis = 1)
```

Nosso eixo temporal já é o eixo 0, pois o data frame foi ordenado temporalmente. O último eixo, agora eixo 2, já é o "eixo do canal" porque cada uma de nossas entradas ocupa uma coluna daquela dimensão.

Testaremos um modelo que verá 10 intervalos de tempo — ou seja, 10 dias de dados atrás. Assim, é necessário cortar o eixo 0 para ter o comprimento 10. Cortamos ao longo do eixo 0 a cada 10 linhas e reformulamos a lista de submatrizes resultante, de modo que o número de amostras (ou seja, o comprimento da lista resultante) se torna a dimensão do segundo eixo:[5]

```python
## python
>>> X = np.split(X, X.shape[0]/10, axis = 0)
>>> X = np.concatenate(X, axis = 1)
>>> X.shape
(10, 699, 3)
```

Dado o formato TNC, temos séries temporais de comprimento 10, com três entradas paralelas. A partir delas, temos 699 exemplos. O tamanho do batch determinará quantos batches constituem uma época, em que uma época é um ciclo de nossos dados.

Não temos muitos dados para treinar, já que temos poucos exemplos. Como passamos de trinta anos de dados para poucos dados? A resposta é que cada ponto de dados foi, a partir de agora, incluído apenas em uma série temporal amostrada. Entretanto, cada

---

5 Para usuários R: lembrem-se de que o Python conta a partir de 0, então o segundo eixo é o eixo 1, não o eixo 2.

ponto de dados pode estar em dez séries temporais diferentes, ocupando uma posição diferente em cada uma delas.

Talvez isso não seja tão óbvio, então veremos um exemplo simples. Suponha que temos a seguinte série temporal:

1, 3, 5, 11, 3, 2, 22, 11, 5, 7, 9

Queremos treinar uma rede neural com essa série temporal, desta vez assumindo uma janela de tempo de comprimento 3. Se usarmos a preparação de dados que acabamos de realizar, nossos exemplos de série temporal seriam:

- 1, 3, 5
- 11, 3, 2
- 22, 11, 5
- 7, 9, _

No entanto, não existe motivo para privilegiar o início de nossos dados definindo o início e o fim de cada série temporal amostrada. As janelas são arbitrárias. Algumas séries temporais igualmente válidas, divididas em uma janela, são:

- 3, 5, 11
- 2, 22, 11
- 5, 7, 9

Desse modo, se precisássemos de mais dados, estaríamos bem preparados para gerar amostras de séries temporais à medida que deslizamos uma janela sobre todo o conjunto de dados. Isso geraria mais amostras de séries temporais individuais do que fizemos com nosso método de dividir os dados em amostras de séries temporais não sobrepostas. Não se esqueça disso ao preparar seus próprios conjuntos de dados. A seguir, você verá que usamos este método de janela rolante para pré-processar nossos dados.

Construindo e Treinando uma RNN

Conforme mencionado na introdução deste capítulo, as séries temporais financeiras são extremamente difíceis de modelar e entender. Mesmo que o setor financeiro continue a ser o pilar da economia ocidental, os especialistas concordam que não é nada fácil fazer predições. Por esse motivo, procuramos uma técnica que seja adequada para um sistema complicado com dinâmica possivelmente não linear, ou seja, uma rede neural de aprendizado profundo. Contudo, devido à nossa falta de dados, escolhemos uma arquitetura de rede neural recorrente simples (LSTM) e um regime de treinamento descrito por estes parâmetros:

```python
## python
>>> ## Parâmetros de arquitetura.
>>> NUM_HIDDEN = 4
>>> NUM_LAYERS = 2
>>>
>>> ## Parâmetros de formatação de dados.
>>> BATCH_SIZE  = 64
>>> WINDOW_SIZE = 20
>>>
>>> ## Parâmetros de treinamento.
>>> LEARNING_RATE = 1e-2
>>> EPOCHS        = 30
```

Em comparação com o Capítulo 10, usamos o pacote TensorFlow em vez do MXNet para que você possa ver outro exemplo de um framework de aprendizado profundo amplamente utilizado. No TensorFlow, definimos variáveis para todas as quantidades que usaremos em nossa rede, até para valores variáveis que representam entradas. Para as entradas, utilizamos placeholders. Assim, o grafo sabe qual formato esperar:

```python
## python
>>> Xinp = tf.placeholder(dtype = tf.float32,
>>>                               shape = [WINDOW_SIZE, None, 3])
>>> Yinp = tf.placeholder(dtype = tf.float32, shape = [None])
```

Em seguida, construímos nossa rede e implementamos cálculos de perda e etapas de otimização:

```python
## python
>>> with tf.variable_scope("scope1", reuse=tf.AUTO_REUSE):
>>>     cells = [tf.nn.rnn_cell.LSTMCell(num_units=NUM_HIDDEN)
>>>                         for n in range(NUM_LAYERS)]
>>>     stacked_rnn_cell = tf.nn.rnn_cell.MultiRNNCell(cells)
>>>     rnn_output, states = tf.nn.dynamic_rnn(stacked_rnn_cell,
>>>                                     Xinp,
>>>                                     dtype=tf.float32)
>>>     W = tf.get_variable("W_fc", [NUM_HIDDEN, 1],
>>>                     initializer =
>>>                     tf.random_uniform_initializer(-.2, .2))
>>>
>>>     ## Veja que não temos viés porque esperamos retorno zero médio.
>>>     output = tf.squeeze(tf.matmul(rnn_output[-1, :, :], W))
>>>
>>>     loss = tf.nn.l2_loss(output - Yinp)
>>>     opt = tf.train.GradientDescentOptimizer(LEARNING_RATE)
>>>     train_step = opt.minimize(loss)
```

Recorremos a um modo bastante complicado de alimentar os dados devido ao que analisamos anteriormente, ou seja, que cada ponto de dados deve estar em várias séries temporais, dependendo de qual deslocamento usamos. Aqui, tratamos o mesmo problema de formatação de dados que analisamos com mais detalhes no Capítulo 10:

```python
## python
>>> ## Para cada época.
>>> y_hat_dict = {}
>>> Y_dict = {}
>>>
>>> in_sample_Y_dict = {}
>>> in_sample_y_hat_dict = {}
>>>
>>> for ep in range(EPOCHS):
>>>     epoch_training_loss = 0.0
>>>     for i in range(WINDOW_SIZE):
>>>         X = train_df[:(7000 - WINDOW_SIZE)][["ScaledVolatility",
>>>                                             "ScaledReturn",
>>>                                             "ScaledVolume"]].values
>>>         Y = train_df[WINDOW_SIZE:]["ScaledReturn"].values
>>>
>>>         ## Torna-o divisível pelo tamanho da janela.
>>>         num_to_unpack = math.floor(X.shape[0] / WINDOW_SIZE)
>>>         start_idx = X.shape[0] - num_to_unpack * WINDOW_SIZE
>>>         X = X[start_idx:]
>>>         Y = Y[start_idx:]
>>>
>>>         X = X[i:-(WINDOW_SIZE-i)]
>>>         Y = Y[i:-(WINDOW_SIZE-i)]
>>>
>>>         X = np.expand_dims(X, axis = 1)
>>>         X = np.split(X, X.shape[0]/WINDOW_SIZE, axis = 0)
>>>         X = np.concatenate(X, axis = 1)
>>>         Y = Y[::WINDOW_SIZE]
>>>         ## TREINAMENTO
>>>         ## Agora coloca em batch e executa uma sessão
>>>         for j in range(math.ceil(Y.shape[0] / BATCH_SIZE)):
>>>             ll = BATCH_SIZE * j
>>>             ul = BATCH_SIZE * (j + 1)
>>>
>>>             if ul > X.shape[1]:
>>>                 ul = X.shape[1] - 1
>>>                 ll = X.shape[1]- BATCH_SIZE
>>>
>>>             training_loss, _, y_hat = sess.run([loss, train_step,
>>>                                         output],
>>>                                         feed_dict = {
>>>                                             Xinp: X[:, ll:ul, :],
>>>                                             Yinp: Y[ll:ul]
>>>                                         })
>>>             epoch_training_loss += training_loss
>>>
>>>             in_sample_Y_dict[ep]     = Y[ll:ul]
>>>             ## Repare que isso nos renderá apenas a última parte
>>>             ## dos dados treinados.
>>>             in_sample_y_hat_dict[ep] = y_hat
>>>
```

```
>>>      ## TESTE
>>>      X = test_df[:(test_df.shape[0] - WINDOW_SIZE)]
>>>                      [["ScaledVolatility", "ScaledReturn",
>>>                          "ScaledVolume"]].values
>>>      Y = test_df[WINDOW_SIZE:]["ScaledReturn"].values
>>>      num_to_unpack = math.floor(X.shape[0] / WINDOW_SIZE)
>>>      start_idx = X.shape[0] - num_to_unpack * WINDOW_SIZE
>>>      ## Melhor descartar no início do que no final do período
>>>      ## de treinamento quando deve ser deletado.
>>>      X = X[start_idx:]
>>>      Y = Y[start_idx:]
>>>
>>>      X = np.expand_dims(X, axis = 1)
>>>      X = np.split(X, X.shape[0]/WINDOW_SIZE, axis = 0)
>>>      X = np.concatenate(X, axis = 1)
>>>      Y = Y[::WINDOW_SIZE]
>>>      testing_loss, y_hat = sess.run([loss, output],
>>>                      feed_dict = { Xinp: X, Yinp: Y })
>>>      ## Não é o ideal.
>>>      ## Deveríamos realmente ter uma perda de validação além do teste.
>>>
>>>   print("Epoch: %d   Training loss: %0.2f
>>>         Testing loss %0.2f:" %
>>>         (ep, epoch_training_loss, testing_loss))
```

Vejamos nossas métricas de treinamento e teste:

```
Epoch: 0    Training loss: 2670.27   Testing loss 526.937:
Epoch: 1    Training loss: 2669.72   Testing loss 526.908:
Epoch: 2    Training loss: 2669.53   Testing loss 526.889:
Epoch: 3    Training loss: 2669.42   Testing loss 526.874:
Epoch: 4    Training loss: 2669.34   Testing loss 526.862:
Epoch: 5    Training loss: 2669.27   Testing loss 526.853:
Epoch: 6    Training loss: 2669.21   Testing loss 526.845:
Epoch: 7    Training loss: 2669.15   Testing loss 526.839:
Epoch: 8    Training loss: 2669.09   Testing loss 526.834:
Epoch: 9    Training loss: 2669.03   Testing loss 526.829:
Epoch: 10   Training loss: 2668.97   Testing loss 526.824:
Epoch: 11   Training loss: 2668.92   Testing loss 526.819:
Epoch: 12   Training loss: 2668.86   Testing loss 526.814:
Epoch: 13   Training loss: 2668.80   Testing loss 526.808:
Epoch: 14   Training loss: 2668.73   Testing loss 526.802:
Epoch: 15   Training loss: 2668.66   Testing loss 526.797:
Epoch: 16   Training loss: 2668.58   Testing loss 526.792:
Epoch: 17   Training loss: 2668.49   Testing loss 526.788:
Epoch: 18   Training loss: 2668.39   Testing loss 526.786:
Epoch: 19   Training loss: 2668.28   Testing loss 526.784:
Epoch: 20   Training loss: 2668.17   Testing loss 526.783:
Epoch: 21   Training loss: 2668.04   Testing loss 526.781:
Epoch: 22   Training loss: 2667.91   Testing loss 526.778:
Epoch: 23   Training loss: 2667.77   Testing loss 526.773:
Epoch: 24   Training loss: 2667.62   Testing loss 526.768:
Epoch: 25   Training loss: 2667.47   Testing loss 526.762:
Epoch: 26   Training loss: 2667.31   Testing loss 526.755:
Epoch: 27   Training loss: 2667.15   Testing loss 526.748:
Epoch: 28   Training loss: 2666.98   Testing loss 526.741:
Epoch: 29   Training loss: 2666.80   Testing loss 526.734:
```

A métrica de erro que escolhemos não nos fornece uma ideia do quão bem nossos dados gerais correspondem aos resultados, ou seja, a plotagem pode ajudar muito. Plotamos o desempenho fora da amostra (importante) e o desempenho dentro da amostra [in-sample] (menos importante), conforme mostrado na Figura 14-9:

```python
## python
>>> plt.plot(test_y_dict[MAX_EPOCH])
>>> plt.plot(test_y_hat_dict[MAX_EPOCH], 'r--')
>>> plt.show()
```

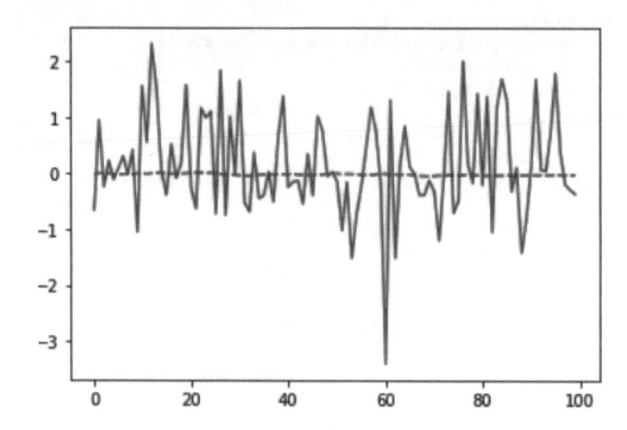

Figura 14-9. Os valores de retorno reais para uma subseção do período de teste (linha contínua) são plotados e comparados com as previsões da rede neural (linha tracejada). A escala da previsão é tão diferente dos dados reais que fica difícil avaliar o modelo.

Podemos ver que nossos valores preditos para os retornos não tendem a ser iguais aos retornos reais. A seguir, verificamos a correlação de Pearson:

```python
## python
>>> pearsonr(test_y_dict[MAX_EPOCH], test_y_hat_dict[MAX_EPOCH])
(0.03595786881773419, 0.20105107068949668)
```

Caso nunca tenha trabalhado com séries temporais financeiras, talvez esses números lhe pareçam meio deprimentes. Nesta área, nosso modelo pode ser útil apesar do gráfico e do valor-*p*. Em finanças, uma correlação positiva é estimulante e algo que pode ser gradativamente melhorado. Na verdade, muitos projetos de pesquisa, ao começar, não conseguem necessariamente chegar a correlações "altas".

Podemos saber melhor se as previsões percorrerão a mesma direção ao escalonar os retornos preditos em uma ordem de magnitude acima e plotando novamente (Figura 14-10):

```
## python
>>> plt.plot(test_y_dict[MAX_EPOCH][:100])
>>> plt.plot(test_y_hat_dict[MAX_EPOCH][:100] * 50, 'r--')
>>> plt.show()
```

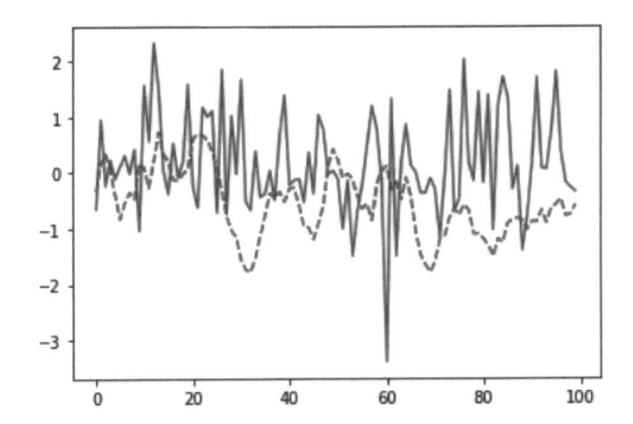

Figura 14-10. Uma melhor noção de como as predições do modelo (linha tracejada) se compara aos dados reais (linha contínua). No entanto, com uma correlação tão baixa, talvez tendamos a ver um padrão que não existe. Por isso, as métricas quantitativas nos ajudarão mais do que as avaliações visuais para dados financeiros ruidosos.

Caso tenha lido blogs sobre o uso de aprendizado profundo para séries temporais financeiras, talvez ache esse desempenho decepcionante. Por exemplo, você provavelmente já viu postagens de blog em que alguém aplica uma LSTM multicamada simples a alguns dados diários de cotações e gera predições basicamente idênticas aos dados reais do mercado de ações, mesmo fora da amostra. Há dois motivos principais pelos quais esses resultados podem dar a impressão de serem bons, mas na verdade, não serem nada impressionantes:

- Pré-processar o código para escaloná-lo em uma solução inovadora, como no caso do sklearn.preprocessing.MinMaxScaler. Isso não é ideal, porque inclui um lookahead ao usar os valores em todos os tempos para escalonar os dados.
- Predizer os preços em vez de retornos. Essa é uma tarefa mais fácil — para começar, uma excelente previsão de preço no dia $T + 1$ é o preço do dia T. Assim, é fácil construir um modelo que prediz o preço razoavelmente bem e gera grafos impressionantes. Infelizmente, esses modelos não podem ser usados para ganhar dinheiro.

Recorremos a um exemplo mais realista, o que significa que o desafio é maior e os gráficos não serão nada satisfatórios.

Considerações sobre o Desempenho

Aqui, usamos uma LSTM padrão `tf.nn.rnn_cell.LSTMCell` por vários motivos, sobretudo por essa LSTM fazer todo o trabalho pesado. E também porque este livro utiliza código que não exige GPU, assim você consegue executar esses scripts mesmo em um computador comum.

Agora, caso tenha uma GPU, use a API da biblioteca cuDNN da NVIDIA, uma implementação personalizada para hardware disponível para as duas principais elaborações de uma RNN padrão: a LSTM e a GRU. Supondo que sua GPU seja da NVIDIA, o que geralmente é o caso, as coisas rodarão mais rápido para treinamento do que as implementações-padrão. A API está disponível no TensorFlow e também em outros pacotes principais de aprendizado profundo, e o uso é bastante semelhante ao que vimos aqui, exceto pelo emprego de uma célula RNN diferente.

Mas tudo isso pode mudar, conforme as TPUs do Google tomam conta do mercado e outras soluções de hardware surgem para aprendizado profundo.

Nem preciso dizer que não concluímos uma análise completa do desempenho do modelo. Isso nos forneceria uma visão sobre como construir nosso próximo modelo, o que podemos ter esquecido e se um modelo de aprendizado profundo pode justificar sua complexidade adicional em relação a um modelo linear. Vejamos os muitos caminhos que podemos seguir para melhorar o desempenho do modelo e que você deveria levar em consideração:

- Acrescente mais entradas a partir de dados brutos, gerando caraterísticas adicionais com base nessas entradas. Não usamos todas as colunas de entrada brutas e existem outras maneiras de reexpressar essas quantidades que podem ser úteis. Você pode considerar variáveis categóricas, como "a máxima ou mínima do dia coincidiu com a abertura ou fechamento" (há várias condições binárias incluídas nessa questão).

- Integre séries temporais paralelas para outras ações. Isso adicionará mais informações e dados para treinar.

- Utilize dados em várias escalas de tempo diferentes. Um artigo amplamente citado que faz isso menciona uma arquitetura chamada ClockworkRNN (*https://perma.cc/9C62-7GFK*).

- Recorra ao data augmentation usando exemplos de séries temporais existentes e adicionando jitter. Isso ajudará com o fato de que esse conjunto de dados não oferece muitos dados.

- Permita que sua arquitetura de rede cresça se você tiver aumentado o número de entradas ou a quantidade de dados. Uma arquitetura mais complicada nem sempre é uma forma de melhorar o desempenho, mas pode ser apropriada, caso perceba que sua rede está chegando ao limite.

- Tente treinar os dados em ordem cronológica, em vez de nossa abordagem de percorrer os dados várias vezes por época. Não raro, isso pode ser muito útil (mas depende do conjunto de dados). Já que vimos o comportamento da série temporal mudar ao longo do tempo, pode ser melhor finalizar o treinamento com os últimos dados, para que o comportamento alterado seja refletido nos pesos.

- Considere diferentes funções de perda. Aqui usamos uma norma L2, que tende a penalizar as diferenças maiores mais do que as diferenças menores. Dado o domínio, no entanto, podemos avaliar o sucesso de forma diferente. Talvez queiramos apenas acertar o sinal predito do retorno diário e não nos preocupar tanto com sua magnitude. Nesse caso, poderíamos considerar definir as metas como variáveis categóricas: positivo, negativo, zero. No caso de dados categóricos, geralmente utilizamos uma medida de perda de entropia cruzada. Mas, visto que não se trata de dados puramente categóricos, já que são classificados (ou seja, zero está mais próximo do negativo do que o positivo está do negativo), podemos usar uma função de perda customizada para retratar isso.

- Considere construir uma combinação de redes neurais simples, em vez de uma única. Mantenha cada rede individual pequena. Os conjuntos são bem úteis para dados de baixo sinal-ruído, como dados financeiros.

- Determine por que a escala das previsões é tão diferente da escala dos valores reais. Pense em começar avaliando se a função de perda usada é problemática, dada a forte preponderância de retornos diários de valor zero.

Conforme pode observar, existem inúmeras formas de melhorar o desempenho de uma rede ou ajustar sua funcionalidade. Como você fará isso dependerá do conjunto de dados. É sempre bom usar visualizações de desempenho de sua rede, conhecimento de domínio e um objetivo solidamente definido (que neste caso é provavelmente "ganhar dinheiro") para guiá-lo na redefinição de seu modelo. Caso contrário, você pode facilmente se perder no grande número de opções que tem.

Leituras e Recursos Adicionais

Joumana Ghosn e Yoshua Bengio, "Multi-Task Learning for Stock Selection", Cambridge: MIT Press, 1996: https://perma.cc/GR7A-5PQ5.

Artigo de 1997 que fornece um exemplo muito antigo de aplicação de uma rede neural ao problema dos mercados financeiros. Nesse artigo, o autor usou o que agora seria considerada uma rede bastante simples com o mínimo de dados, porém mesmo assim descobriu que sua rede poderia aprender a escolher ações de forma lucrativa. Curiosamente, esse também é um dos primeiros exemplos de aprendizado multitarefa.

Lawrence Takeuchi e Yu-Ying Lee, "Applying Deep Learning to Enhance Momentum Trading Strategies in Stocks", 2013: https://perma.cc/GJZ5-4V6Z.

Nesse artigo, os autores interpretam sua rede neural sob a ótica do "treinamento momentum", forma tradicional de prever quantitativamente os mercados financeiros em um mundo pré-aprendizado de máquina. Artigo interessante por analisar como as decisões de treinamento foram tomadas e o desempenho do modelo avaliado.

"Is anyone making money by using deep learning in trading?" Quora: https://perma.cc/Z8C9-V8FX.

Nessas perguntas e respostas, vemos uma variedade de opiniões sobre o grau de sucesso do aprendizado profundo em aplicações financeiras. Conforme descrito em algumas das respostas, qualquer PI lucrativa provavelmente seria superprotegida por acordos de não divulgação e incentivo ao lucro, de modo que neste setor pode ser muito difícil avaliar o que é o desempenho inovador. As respostas também sinalizam um amplo leque de potenciais aplicações financeiras — predizer retornos é apenas um problema dentre muitos.

## CAPÍTULO 15

Usos Governamentais de Séries Temporais

Por diversos motivos, a análise de séries temporais é pertinente e inestimável para usos governamentais. Em primeiro lugar, os governos, grandes e pequenos, são os guardiões de alguns dos dados de séries temporais mais importantes do mundo, incluindo o relatório de empregos dos EUA, dados de temperatura do oceano (ou seja, dados de aquecimento global) e estatísticas locais de crimes. Em segundo lugar, os governos, por definição, fornecem alguns dos serviços mais essenciais do qual todos dependemos. Desse modo, eles precisam ser previsores razoavelmente hábeis da demanda se não quiserem gastar em excesso ou ter menos efetivo nesses serviços. Assim, todos os aspectos das séries temporais são relevantes para objetivos governamentais: armazenamento, limpeza, exploração e previsão.

Conforme mencionei no Capítulo 2, ao analisar as séries temporais "encontradas", uma porcentagem relativamente alta de todos os dados do governo pode se parecer bastante com dados de séries temporais se o reestruturarmos um pouco. Em geral, a maioria dos conjuntos de dados governamentais é o resultado da coleta de dados contínua, e não de uma única parcela do tempo. No entanto, os conjuntos de dados do governo podem ser assustadores por diversas razões:

- Registros de dados inconsistentes (devido a restrições organizacionais ou forças políticas mudando ao longo do tempo).
- Práticas obscuras ou confusas de dados.
- Conjuntos gigantescos de dados com conteúdo de informação relativamente baixo.

Entretanto, pode ser muito vantajoso analisar os conjuntos de dados governamentais tanto para o interesse intelectual quanto para muitas finalidades práticas. Neste capítulo, exploramos um conjunto de dados governamentais que consiste em todas as reclamações feitas na cidade de Nova York de 2010 até o presente (*https://perma.cc/BXF6-BZ4X*)

por meio de uma linha direta municipal que pode ser acessada discando 311. Como o conjunto de dados é sempre atualizado, os dados vistos neste livro provavelmente serão diferentes daqueles que você verá quando fizer o download; você terá ainda mais informações do que eu tive ao preparar este capítulo. Apesar disso, os resultados devem ser bastante semelhantes. Neste capítulo, abordaremos os seguintes tópicos:

- Fontes interessantes de dados governamentais, incluindo aquela que analisaremos.
- Lidar com arquivos gigantescos de dados de texto simples.
- Análise estatística online/contínua de grandes conjuntos de dados e outras opções para analisar dados sem mantê-los na memória.

Obtendo os Dados Governamentais

Os conjuntos de dados governamentais que se encaixam na categoria "dados encontrados" podem ser um pesadelo do ponto de vista de consistência de dados. Esses conjuntos, embora tenham timestamp, geralmente são disponibilizados para iniciativas open source e não para um propósito específico de séries temporais. Não raro, há pouca ou nenhuma informação disponível sobre as convenções de timestamp dos dados ou outras convenções de registro. Pode ser difícil confirmar se as práticas de registros subjacentes eram consistentes.[1]

Mas, caso seja aventureiro ou deseje ser o primeiro a identificar características temporais interessantes nos comportamentos humanos relacionados às atividades governamentais, você tem sorte de viver na era governamental open source. Nos últimos anos, independentemente de hierarquias governamentais, muitos governos têm se esforçado bastante para tornar os dados de suas séries temporais transparentes para o público. A seguir, veremos apenas alguns exemplos de onde você pode obter dados governamentais abertos com um componente de séries temporais:

- Dados hospitalares mensais (*https://perma.cc/4TR3-84WA*) do Serviço Nacional de Saúde do Reino Unido. Esse conjunto de dados é bastante ciente de séries temporais: inclui uma guia chamada "MAR timeseries" e descreve as convenções de registro e como elas evoluíram ao longo do tempo.
- O portal de dados abertos da Jamaica também inclui uma avaliação e reconhecimento de dados de séries temporais, como seu conjunto de dados com timestamp sobre os casos de Chikungunya (*https://perma.cc/4RCP-VMY6*) de 2014 e o relató-

---

1   Repare que dados de séries temporais bastante requisitados, como o relatório de empregos dos EUA, são cientes das séries temporais e meticulosamente limpos e formatados. No entanto, esses dados já são bastante coletados e é improvável que forneçam novas possíveis aplicações de séries temporais para o pesquisador ou empresário.

rio de dados associado (*https://perma.cc/QPR6-WNMJ*), que inclui uma animação (ou seja, uma visualização de série temporal) e uma curva epidemiológica.

- O portal de dados abertos de Singapura (*https://perma.cc/N9W4-ZDM8*) apresenta amplos conjuntos de dados e divulga a natureza de séries temporais de alguns desses dados, incluindo dois gráficos de séries temporais em sua página principal, conforme mostrado na Figura 15-1.

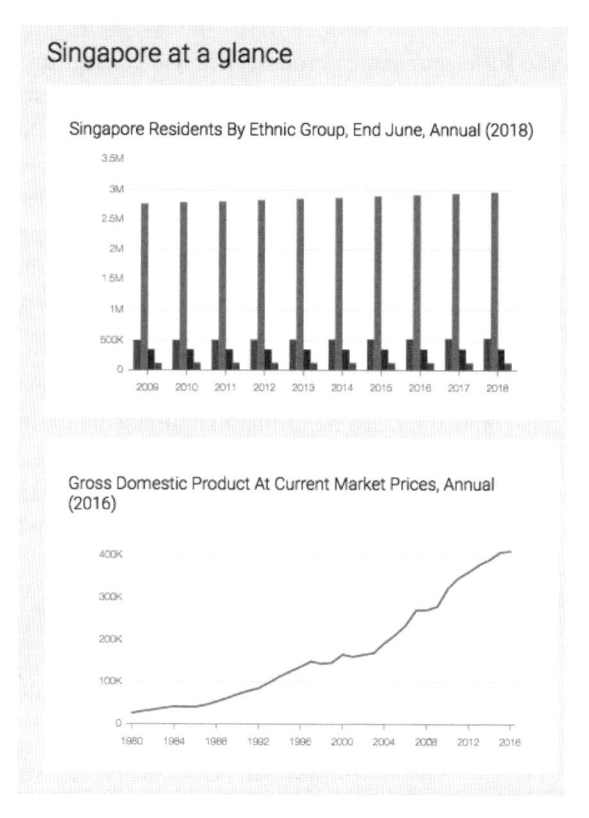

Figura 15-1. Dois dos quatro gráficos na página principal do site de dados abertos de Singapura (acessado na primavera de 2019) são visualizações de séries temporais utilizadas para mostrar informações importantes sobre o país.

Como pode observar, todos os meus exemplos são de países falantes da língua inglesa, mas é claro que eles não têm o monopólio do movimento de dados abertos governamentais. Por exemplo, a cidade de Paris (*https://perma.cc/7V8Z-JZ4T*), a República da Sérvia (*https://perma.cc/U3SQ-WF3C*) e o Grupo do Banco Africano de Desenvolvimento (*https://perma.cc/ 7L6X-5B9F*) têm sites de dados abertos.[2]

---

2 Logicamente, seu acesso pode depender de suas habilidades linguísticas (ou de um colega prestativo).

Nos exemplos deste capítulo, estamos obtendo nossas informações do New York City Open Data portal [Portal de Dados Abertos da Cidade de Nova York, em tradução livre]; escolhi NYC por ser um lugar grande e interessante que, por acaso, é onde moro. Na próxima seção, analisaremos o conjunto de dados da linha direta 311.

Explorando Grandes Dados de Séries Temporais

Quando os dados são suficientemente grandes, você não conseguirá colocá-los na memória. O tamanho que os dados precisam ter antes de alcançar esse limite dependerá do hardware que você está usando.[3] Mais cedo ou mais tarde, você precisará entender como iterar por meio de seus dados, uma parte gerenciável de cada vez. Aqueles familiarizados com o aprendizado profundo provavelmente já fizeram isso, sobretudo se já trabalharam com processamento de imagens. Os frameworks de aprendizado profundo disponibilizam iteradores Python que abrem caminho por meio de um conjunto de dados, e esse conjunto de dados é armazenado em diretórios específicos, cada um com muitos arquivos.[4]

Quando fiz o download do conjunto de dados 311, ele tinha mais de 3 gigabytes no formato CSV. Não havia como abrir isso na minha máquina, então minha primeira ideia foi usar as opções-padrão do sistema operacional Unix, como o head. Infelizmente, o que foi exibido já era tão grande a ponto de ser impossível de gerenciar em uma interface de linha de comando Unix, pelo menos para alguém inexperiente em ferramentas Unix:

```
## Linha de comando do Linux.
$ head 311.csv

Unique Key,Created Date,Closed Date,Agency,Agency Name,Complaint Type,Descripto
27863591,04/17/2014 12:00:00 AM,04/28/2014 12:00:00 AM,DOHMH,Department of Heal
27863592,04/17/2014 12:00:00 AM,04/22/2014 12:00:00 AM,DOHMH,Department of Heal
27863595,04/17/2014 10:23:00 PM,0417/2014 12:00:00 PM,DSNY,Queens East 12,Derel
27863602,04/17/2014 05:01:00 PM,04/17/2014 05:01:00 PM,DSNY,BCC - Queens East,D
27863603,04/17/2014 12:00:00 AM,04/23/2014 12:00:00 AM,HPD,Department of Housin
27863604,04/17/2014 12:00:00 AM,04/22/2014 12:00:00 AM,HPD,Department of Housin
27863605,04/17/2014 12:00:00 AM,04/21/2014 12:00:00 AM,HPD,Department of Housin
```

Embora o conteúdo seja pesado, essa visualização foi suficiente para mostrar que havia vários timestamps, bem como outras informações interessantes e ordenadas, como coordenadas geográficas. Claro que os dados são vastíssimos, assim precisamos ser capazes de manipular essas informações para obter as colunas que queremos.[5]

---

3   Se sua organização sempre aumenta a RAM para resolver o problema, você está fazendo isso errado.

4   Busque inspiração na documentação do TensorFlow sobre conjuntos de dados e classes associadas (*https://www.tensorflow.org/guide/datasets*).

5   Veja que um expert em Unix poderia facilmente usar awk para manipular um CSV de forma eficaz na linha de comando ou com um script de shell simples. Em geral, essas ferramentas são excelentes opções

Mesmo se você for novo no Linux, poderá aprender facilmente ferramentas simples de linha de comando que podem lhe fornecer informações úteis. Podemos obter uma contagem de linha do arquivo CSV para termos uma noção da escala que estamos analisando, ou seja, quantos pontos de dados temos. Vejamos a linha de comando:

```
## Linha de comando do Linux.
$ wc -l 311.csv
19811967 311.csv
```

Podemos ver que NYC recebeu cerca de 20 milhões de reclamações por meio de sua linha direta 311 desde 2010. É mais que duas reclamações por morador.

Munidos com esse conhecimento, usamos o `data.table` do R, pois sabemos que sua função `fread()` possibilita a leitura parcial de arquivos (leia a documentação (*https://perma. cc/ ZHN9-5HD3*), veja a parte dos parâmetros `nrows` e `skip`[6]). Sabemos também que `data.table` é extremamente eficiente ao lidar com grandes conjuntos de dados. Podemos usá-lo para obter informações iniciais, deste modo:

```
## R
> df = fread("311.csv", skip = 0, nrows = 10)
> colnames(df)
 [1] "Unique Key"                     "Created Date"
 [3] "Closed Date"                    "Agency"
 [5] "Agency Name"                    "Complaint Type"
 [7] "Descriptor"                     "Location Type"
 [9] "Incident Zip"                   "Incident Address"
[11] "Street Name"                    "Cross Street 1"
[13] "Cross Street 2"                 "Intersection Street 1"
[15] "Intersection Street 2"          "Address Type"
[17] "City"                           "Landmark"
[19] "Facility Type"                  "Status"
[21] "Due Date"                       "Resolution Description"
[23] "Resolution Action Updated Date" "Community Board"
[25] "BBL"                            "Borough"
[27] "X Coordinate (State Plane)"     "Y Coordinate (State Plane)"
[29] "Open Data Channel Type"         "Park Facility Name"
[31] "Park Borough"                   "Vehicle Type"
[33] "Taxi Company Borough"           "Taxi Pick Up Location"
[35] "Bridge Highway Name"            "Bridge Highway Direction"
[37] "Road Ramp"                      "Bridge Highway Segment"
[39] "Latitude"                       "Longitude"
[41] "Location"
```

Basta ler dez linhas que já podemos ver os nomes das colunas. De todas as vantagens que listei das abordagens NoSQL para dados de séries temporais, pode ser bom, em um

---

para Big Data, porque são extremamente eficientes e bem implementadas, ao contrário, infelizmente, de muitas ferramentas de análise de dados comumente usadas em R e em Python. Caso tenha problemas com suas ferramentas favoritas de processamento de dados, pode ser uma boa ideia aprender algumas ferramentas de linha de comando do Unix para complementar, sobretudo no caso de Big Data.

6   Observe que a Pandas, do Python, tem uma funcionalidade semelhante (*https://perma.cc/68EE-2ZZ9*).

grande conjunto de dados, saber os nomes das colunas desde o princípio. É claro que existem soluções alternativas com dados NoSQL, porém a maioria exige um pouco de empenho por parte do usuário, já que as coisas não fluem automaticamente. Diversas colunas sugerem informações úteis:

```
"Created Date"
"Closed Date"
"Due Date"
"Resolution Action Updated Date"
```

Provavelmente, essas colunas serão do tipo caractere antes de as convertermos, mas assim que fizermos uma conversão para um tipo POSIXct, podemos examinar como é o intervalo temporal entre essas datas:

```R
## R
> df$CreatedDate = df[, CreatedDate := as.POSIXct(CreatedDate,
>                                     format = "%m/%d/%Y %I:%M:%S %p")
```

Na string de formatação, precisamos usar %I para a hora, pois ela é expressa somente no formato 01-12, e %p porque os timestamps são represados como AM/PM. Para termos uma noção de como essas datas costumam ser espaçadas, especialmente no que diz respeito a quando uma reclamação é aberta ou encerrada, carregaremos mais linhas e examinaremos a distribuição que chamarei de *período de vigência da reclamação* (ou seja, o intervalo entre abrir e encerrar uma reclamação):

```R
## R
> summary(as.numeric(df$ClosedDate - df$CreatedDate,
>           units = "days"))
   Min. 1st Qu.  Median    Mean 3rd Qu.    Max.    NA's
-75.958   1.000   4.631  13.128  12.994 469.737     113
```

Como podemos ver, é uma distribuição ampla. Mais impressionante do que os longos anos de espera para algumas reclamações serem encerradas é o fato de algumas delas terem resultados negativos, até extremamente negativos, entre a sua criação e a data de encerramento. Se o tempo negativo fosse em torno de –365 dias (um ano), poderíamos imaginar um problema de entrada de dados, mas isso parece menos provável com números como –75 dias. É o tipo de problema que precisamos examinar. Podemos identificar outro problema, quando obtemos um intervalo da data de criação:

```R
## R
> range(df$CreatedDate)
[1] "2014-03-13 12:56:24 EDT" "2019-02-06 23:35:00 EST"
```

Dado o tamanho desse arquivo CSV e o fato de que ele deve ser constantemente atualizado, é de admirar que as primeiras linhas não sejam de 2010, que deveria marcar os primeiros conjuntos de dados. Esperávamos que o CSV fosse continuamente anexado. E mais surpreendente ainda é o fato de que as datas de 2019 estão nas primeiras linhas, e as datas de 2014 e 2019 estão também nas mesmas primeiras 10 mil linhas. Isso sugere que não podemos determinar facilmente o ordenamento de data dos dados no arquivo. Podemos visualizar a distribuição de data de uma linha para a próxima plotando um gráfico de linha do índice em relação a data, conforme mostrado na Figura 15-2.

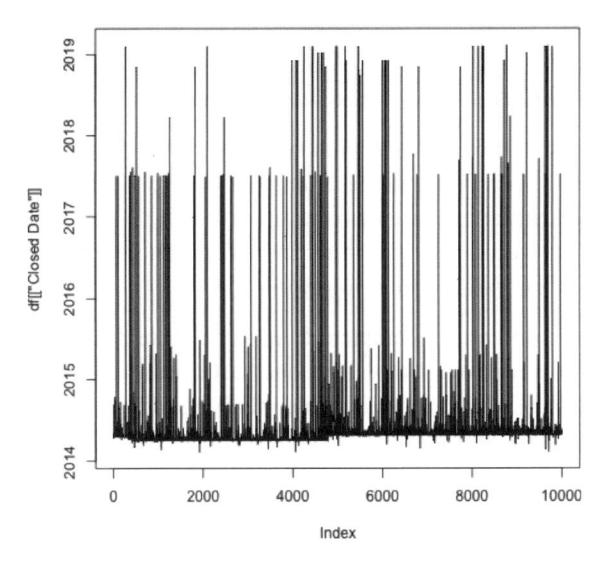

Figura 15-2. Ainda que a maioria das datas nas primeiras 10 mil linhas de código aparentemente se encaixem em 2014, elas também avançam até 2019 — e com frequência!

Não há como evitar esse problema. Se quisermos entender como o comportamento muda ao longo do tempo, teremos que lidar com os dados não ordenados. Mas temos algumas opções.

Recorra ao Upsampling e Agregue os Dados à Medida que Os Iteramos

Uma dessas opções é fazer o upsampling dos dados à medida que iteramos por eles para construir uma série temporal condensada com estatísticas agregadas. Poderíamos escolher uma resolução e funções de agregação desde o início de nossa análise e, em seguida, calculá-las à medida que iteramos. Depois, poderíamos classificar nossos resultados no final de nossa análise. Seria como ter, digamos, um dicionário/lista de todas as datas de 2010 até o presente e, em seguida, bastaria acrescentar a data apropriada para cada linha. Este método geraria uma lista/dicionário com um número relativamente pequeno de entradas e poderíamos, assim, classificá-las no final com base na data.

A vantagem é que isso seria relativamente simples de codificar e seria uma maneira de combinar limpeza, exploração e análise de dados em uma etapa exploratória. A desvantagem é que os dados detalhados ainda estariam perdidos no limbo do arquivo não classificado de modo que, se houvesse um período específico de interesse, teríamos que pesquisar todo o arquivo não classificado a fim de encontrar todas as entradas relevantes. Como já usamos o upsampling no Capítulo 2, deixo isso como um exercício para você praticar depois.

Classificando os Dados

Outra opção é classificar os dados. É uma tarefa hercúlea, visto o tamanho gigantesco do arquivo e as datas relativamente desordenadas que pudemos observar. Mesmo nos dados de 2014, não parece que as datas estejam ordenadas. Por isso, não temos indicações de que podemos confiar em quaisquer fatias dos dados. Ou seja, devemos considerar isso uma pilha de dados em ordem aleatória.

Fazer a classificação do arquivo completo exigiria bastante da memória, mas isso pode valer a pena por dois motivos. Um deles é que basta classificar uma vez, e depois podemos salvar nossos resultados para qualquer análise posterior que quisermos fazer. O outro é que podemos ter o nível total de detalhes preservado. Desse modo, se identificarmos períodos de tempo específicos de interesse em nossa análise, podemos examinar os dados em todos os seus detalhes para entender o que está acontecendo. Em termos concretos, e pensando em como poderíamos fazer isso, temos algumas opções:

- O Linux tem uma ferramenta de linha de comando (*https://perma.cc/7SNE-TQ2T*) para classificação.

- A maioria dos bancos de dados pode classificar dados, assim podemos transferi-los para um banco de dados e deixar que o banco de dados se encarregue desse processo.[7]

- Poderíamos criar nosso próprio algoritmo de classificação e implementá-lo. É necessário formular algo que não consuma uma enorme quantidade de memória. As probabilidades de nossos empenhos se compararem ao que está disponível nas opções de classificação pré-empacotadas são mínimas.

Optamos por usar a ferramenta de linha de comando do Linux. Ainda que demore algum tempo para fazer isso direito, podemos adquirir uma nova aptidão vivencial, bem como obter acesso a uma classificação correta e bem implementada para esse arquivo grande. Começamos criando um pequeno arquivo de teste para usar:

```
## Linha de comando do Linux.
$ head -n 1000 311.csv | tail -n 999 > test.csv
```

---

7 Teríamos que recorrer a um que oferecesse essa funcionalidade — nem todos os bancos de dados oferecem e, principalmente, nem todos os bancos de dados de séries temporais, que tendem a presumir que os dados entram no banco de dados em ordem cronológica.

Repare o uso dos comandos `head` (ou seja, exibir o início) e `tail` (ou seja, exibir o final). O `head` incluirá a primeira linha do arquivo, que, para esse arquivo, fornece os nomes das colunas. Se usarmos esse comando junto com a classificação dos valores, os nomes das colunas não serão preservados como a linha superior do arquivo. Assim, as cortamos antes de classificar. Caso esteja usando um sistema operacional baseado em Linux, poderá utilizar o comando `sort` assim:

```
## Linha de comando do Linux.
$ sort --field-separator=',' --key=2,3 test.csv > testsorted.csv
```

Aqui, identificamos o field separator e, em seguida, indicamos que queremos classificar de acordo com a segunda e terceira colunas, ou seja, a partir da data de criação e data de encerramento (que só sabemos por meio de uma inspeção anterior do arquivo). Geramos a saída em um novo arquivo, pois não seria lá muito útil ter a saída-padrão.

Agora podemos inspecionar o arquivo classificado em R, mas infelizmente descobriremos que isso também não retorna um arquivo classificado. Volte algumas páginas, para a parte que executamos o comando `head` no arquivo CSV, e você saberá o porquê. Classificamos de acordo com uma coluna de data (que seria processada como uma string, e não com reconhecimento de data). Entretanto, a formatação atual das datas começa com o mês, assim acabaremos com uma coluna de datas por mês, em vez de ordenadas pelo tempo geral, como vemos quando revisamos o CSV "classificado" resultante de nosso comando anterior:

```
  1: 02/02/2019 10:00:27 AM 02/06/2019 07:44:37 AM
  2: 03/27/2014 07:38:15 AM 04/01/2014 12:00:00 AM
  3: 03/27/2014 11:07:31 AM 03/28/2014 01:09:00 PM
  4: 03/28/2014 06:35:13 AM 03/28/2014 10:47:00 PM
  5: 03/28/2014 08:31:38 AM 03/28/2014 10:37:00 AM
  ---
995: 07/03/2017 12:40:04 PM 07/03/2017 03:40:02 PM
996: 07/04/2017 01:30:35 AM 07/04/2017 02:50:22 AM
997: 09/03/2014 03:32:57 PM 09/04/2014 04:30:30 PM
998: 09/05/2014 11:17:53 AM 09/08/2014 03:37:25 PM
999: 11/06/2018 07:15:28 PM 11/06/2018 08:17:52 PM
```

Conforme podemos ver, faz sentido a classificação por string em vez de uma classificação por data. Na verdade, isso sinaliza um dos benefícios de se usar a formatação adequada ISO para datas: você ainda obterá a classificação correta ao classificar como uma string, ao contrário do formato anterior. Esse é um exemplo de um problema muito comum com dados de séries temporais "encontrados": o formato timestamp disponível pode não ser o mais adequado para a análise de séries temporais.

Revisitamos a interface do NYC Open Data para conferir se há uma solução alternativa para essa formatação (veja a Figura 15-3).

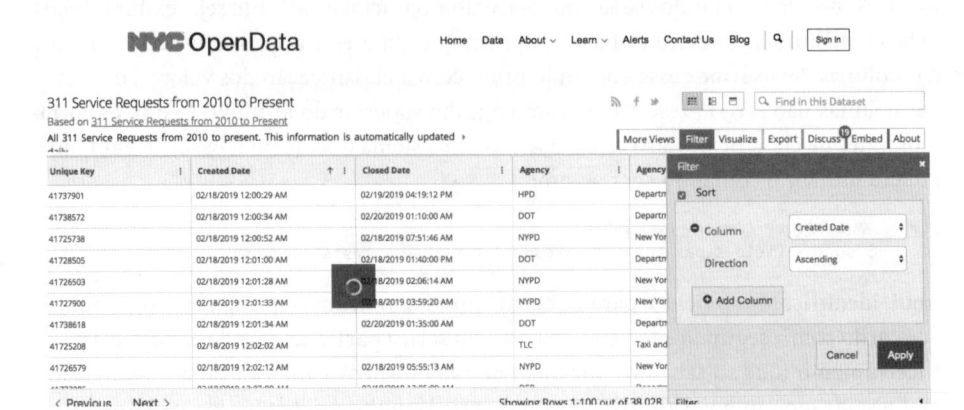

Figura 15-3. O portal NYC Open Data faz a classificação por meio de uma interface web que parece estar disponível para qualquer coluna neste grande conjunto de dados. É um recurso gratuito impressionante, quando você pensa sobre o poder computacional necessário para a classificação.

Basta dar uma rápida olhada na visualização tabular dos dados da página para percebermos que eles aparentemente estão de acordo com nosso CSV no sentido de que parecem não estar classificados em ordem temporal. No entanto, vemos que há uma opção de classificação, então basta aplicá-las ao conjunto de dados, que, por sua vez, atualiza os dados após uma espera compreensível enquanto o grande conjunto de dados é armazenado. Essa seria uma ótima solução, mas, infelizmente, o arquivo CSV resultante baixado ainda não está ordenado.

Ainda podemos explorar outras soluções. Poderíamos conferir se a API do Open Data, em vez da interface web, viabiliza datas melhores ou uma forma de garantir a classificação. Poderíamos trabalhar com mais ferramentas de linha de comando do Linux, como a awk, para extrair as diferentes partes do timestamp em diferentes colunas ou em uma única coluna reorganizada com formatação ISO.

Porém, adotamos uma abordagem mais geral para ver se nossas ferramentas disponíveis podem lidar com esse CSV caso façamos a leitura somente de determinadas colunas. A primeira pergunta que nos interessa sobre esse conjunto de dados é como o intervalo entre a criação de uma reclamação no 311 e o encerramento dessa reclamação pode ter variado ao longo do tempo. Neste caso, suponho que preciso de apenas duas colunas: CreatedDate e ClosedDate. Verei se é possível ler apenas duas colunas, uma parcela ínfima de todas as colunas em termos de contagem e contagem de caracteres (porque algumas colunas são gigantes), em meu simples notebook. (Eu também poderia explorar a maneira preguiçosa de corrigir o problema, que seria uma atualização de hardware, temporária ou permanente.)

Agora podemos ler todas as linhas dos dados e nossa análise posterior será no conjunto de dados completo, em vez de analisar somente as primeiras mil linhas:

```R
## R
> ## Lê apenas as colunas de interesse.
> df = fread("311.tsv", select = c("Created Date", "Closed Date"))
>
> ## Usa o paradigma 'set' recomendado do data.table para definir os nomes das colunas.
> setnames(df, gsub(" ", "", colnames(df)))
>
> ## Elimina as linhas com um campo de data em branco.
> df = df[nchar(CreatedDate) > 1 & nchar(ClosedDate) > 1]
>
> ## Converte as colunas de string de data para POSIXct.
> fmt.str = "%m/%d/%Y %I:%M:%S %p"
> df[, CreatedDate := as.POSIXct(CreatedDate, format = fmt.str)]
> df[, ClosedDate  := as.POSIXct(ClosedDate,  format = fmt.str)]
>
> ## Ordenamento em ordem cronológica do CreatedDate.
> setorder(df, CreatedDate)
>
> ## Calcula o número de dias entre a criação e o encerramento
> ## da reclamação na linha direta 311.
> df[, LagTime := as.numeric(difftime(ClosedDate, CreatedDate,
>                             units = "days"))]
```

Se eu consegui fazer isso em um simples notebook fabricado em 2015, é provável que você também consiga fazer isso no trabalho ou em casa. Os principiantes em "Big Data" podem se surpreender com o fato de que 19 milhões de linhas não é lá grande coisa, mas é assim mesmo. Na realidade, basta uma pequena parcela dos dados para solucionar uma questão relevante de série temporal. Logo percebemos alguns números espantosamente incorretos na coluna LagTime — dezenas de milhares de dias ou dias negativos. Eliminamos esses números e colocamos um limite nos dados, orientados, em parte, por uma distribuição de uma amostra aleatória de pontos de dados:

```R
## R
> summary(df$LagTime)
   Min. 1st Qu.  Median    Mean 3rd Qu.      Max.     NA's
-42943.4     0.1     2.0     2.0     7.9  368961.1   609835

> nrow(df[LagTime < 0]) / nrow(df)
[1] 0.01362189

> nrow(df[LagTime > 1000]) / nrow(df)
[1] 0.0009169934

> df = df[LagTime < 1000]
> df = df[LagTime > 0]

> df.new = df[seq(1, nrow(df), 2), ]
> write.csv(df.new[order(ClosedDate)], "abridged.df.csv")
```

Descartamos dados com tempos de lags negativos, pois nos falta documentação ou conhecimento de domínio para saber o que são. Deixamos de lado também os dados que consideramos ter valores extremos ou irreais, descartando dados em que o tempo de lag para encerrar a reclamação na linha 311 foi de mais de 1.000 dias.[8]

 Tome cuidado ao descartar dados. Neste exercício, descartamos cerca de 1,3% dos dados devido a tempos de lags na resolução de uma reclamação ao 311 que não fazia sentido, seja porque eram muito longos a ponto de justificar uma explicação que não seríamos capazes de dar ou porque eram negativos, resultando em um erro de entrada de dados ou algum outro problema além do que poderíamos identificar apenas com os dados.

Já que nossa pergunta se relaciona à distribuição geral dos dados, é improvável que uma parcela ínfima de pontos impacte nossa análise sobre uma questão distributiva. No entanto, no mundo real, recomenda-se investigar esses pontos de dados e os possíveis impactos downstream em sua tarefa de análise. Não se trata de um conselho específico para séries temporais, e sim de prática geral.

Agora que podemos armazenar todos os dados de interesse na memória ao mesmo tempo, podemos fazer perguntas sobre a série de forma holística. Contudo, a pergunta que não quer calar é se e como a distribuição do tempo de lag pode ter mudado ao longo do tempo. Poderíamos recorrer a uma janela rolante ou deslizante ao longo da série temporal, mas isso é pesado do ponto de vista computacional; teríamos que fazer muitos cálculos repetidamente conforme deslizássemos uma janela sobre os dados. Queremos também explorar como fazer isso de um jeito que também funcione em live stream, já que poderíamos imaginar a continuidade desse projeto nos dados atuais conforme eles chegam. Seria melhor não armazenar esse arquivo de dados multigigabyte por tempo indeterminado.

Análise Estatística Online de Dados de Séries Temporais

Usaremos uma ferramenta de estimativa de quantis online bem simples, que se chama *algoritmo P-square* (*https://perma.cc/G8LA-7738*), porém a modificaremos um pouco

---

8   Embora mil dias possam parecer um valor alto, eu pessoalmente fiz várias reclamações ao 311 que não foram resolvidas nem dentro desse prazo. Há anos espero que Nova York substitua a árvore em frente à minha casa depois que a velha morreu — sempre que ligo para o 311, sou informada de que eles estão trabalhando nisso.

para que ela fique ciente do tempo. O algoritmo original presumia que havia uma distribuição estável a partir da qual os quantis estavam sendo inferidos, mas queremos considerar o caso de distribuições que mudam com o tempo. Como acontece com uma média móvel exponencialmente ponderada, adicionamos essa consciência de tempo ao ponderarmos menos as observações anteriores. E fazemos isso do mesmo modo, introduzindo um fator para reduzir os pesos das medições anteriores cada vez que uma nova medição fica disponível (veja a Figura 15-4).

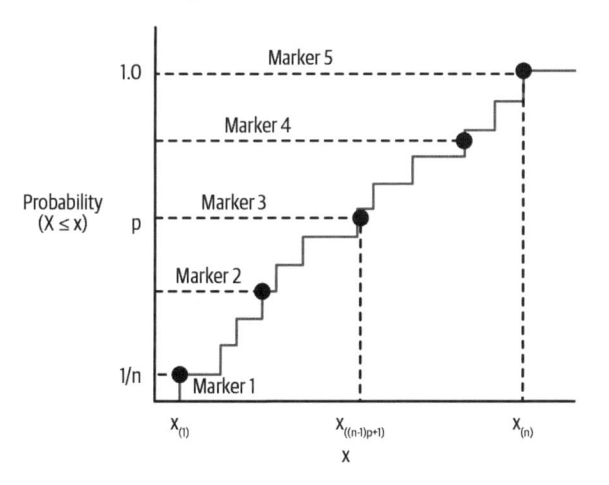

Figura 15-4. A estrutura computacional de nossa estimativa de quantis online usando o algoritmo P-square. Mantemos uma série de marcadores indicando onde achamos que os quantis estão e quais são as contagens cumulativas para todos os pontos de dados menores ou iguais a cada um desses quantis.

O algoritmo exige um pouco de registro de dados, facilitando sua implementação em uma linguagem de programação mais orientada a objetos. Logo, mudaremos de R para Python. No entanto, repare que usaremos os dados pré-processados do R, já que o pacote `data.table` tem um desempenho consideravelmente melhor com esse tipo de Big Data do que as ferramentas disponíveis em Python.

A versão do algoritmo P-square que implementamos gera um histograma dos valores. Assim, conforme criamos um objeto `PQuantile`, alocamos um número predefinido de bins para nossos cálculos de histograma, posições de bins e cálculos contínuos de observações:

```
## python
>>> ## Importações e um lambda.
>>> import bisect
>>> import math
>>>
>>> sign = lambda x: (1, -1)[x < 0]
>>>
>>> ## beginning of class definition
>>> class PQuantile:
>>>     def __init__(self, b, discount_factor):
>>>         ## Inicialização
>>>         self.num_obs = 0 ## self-explanatory
>>>         ## Contagens por quantil.
>>>         self.n = [i for i in range(self.b+1)]
>>>         self.q = [] ## the estimated quantile values
>>>
>>>         ## b é o número de quantis,
>>>         ## incluindo os quantis 0 e 100.
>>>         ## (valores mínimo e máximo).
>>>         self.b = b
>>>         ## O fator de desconto define como ajustamos as contagens anteriores
>>>         ## quando novos dados estão disponíveis.
>>>         self.discount_factor = discount_factor
```

Há dois parâmetros configuráveis: o número de quantis uniformemente espaçados para estimar e o fator de desconto para observações antigas.

Os outros membros da classe incluem uma execução total do número de observações (que estará sujeita ao desconto de tempo pelo fator configurável de desconto), os quantis estimados e a contagem de execução de observações menor ou igual a um determinado valor de quantil.

Existe apenas uma função pública, cujo papel é aceitar a próxima observação. Quando uma nova observação chega, o que acontece é o resultado de quanto nos encontramos no início da série. Para os primeiros valores self.b, as entradas são aceitas e necessariamente constituem a estimativa do quantil. Self.q é classificado de modo que seus valores retratem os quantis.

Assim, por exemplo, imagine que você introduza b = 5 para o número de valores de quantis desejados e, em seguida, introduza a sequência 2, 8, 1, 4, 3. No final dessa sequência, self.q seria igual a [1, 2, 3, 4, 8]. Self.n, as contagens de valores menores ou iguais a cada um dos quantis, seria igual a [1, 2, 3, 4, 5]; o valor já foi inicializado em __init__:

```
## python
>>>     def next_obs(self, x):
>>>         if self.num_obs < (self.b + 1):
>>>             self.q.append(x)
>>>             self.q.sort()
>>>             self.num_obs = self.num_obs + 1
>>>         else:
>>>             self.next_obs2(x)
>>>             self.next_obs = self.next_obs2
```

As coisas ficam interessantes quando você tem mais do que valores self.b. Nesse ponto, o código começa a tomar decisões sobre como combinar valores para estimar os quantis sem manter todos os pontos de dados armazenados para análises repetidas. Neste caso, o algoritmo P-square faz isso com o que chamamos de self.next_obs2:

```python
## python
>>>     def next_obs2(self, x):
>>>         ## Descontando o número de observações.
>>>         if self.num_obs > self.b * 10:
>>>             corrected_obs = max(self.discount_factor * self.num_obs,
>>>                                 self.b)
>>>             self.num_obs = corrected_obs + 1
>>>             self.n = [math.ceil(nn * self.discount_factor)
>>>                                 for nn in self.n]
>>>
>>>             for i in range(len(self.n) - 1):
>>>                 if self.n[i + 1] - self.n[i] == 0:
>>>                     self.n[i+1] = self.n[i + 1] + 1
>>>                 elif self.n[i + 1] < self.n[1]:
>>>                     ## in practice this doesn't seem to happen
>>>                     self.n[i + 1] = self.n[i] - self.n[1 + 1] + 1
>>>         else:
>>>             self.num_obs = self.num_obs + 1
>>>
>>>         k = bisect.bisect_left(self.q, x)
>>>         if k is 0:
>>>             self.q[0] = x
>>>         elif k is  self.b+1 :
>>>             self.q[-1] = x
>>>             k = self.b
>>>         if k is not 0:
>>>             k = k - 1
>>>
>>>         self.n[(k+1):(self.b+1)] = [self.n[i] + 1
>>>                                 for i in range((k+1),
>>>                                                (self.b+1))]
>>>         for i in range(1, self.b):
>>>             np = (i)*(self.num_obs - 1 )/(self.b)
>>>             d = np - self.n[i]
>>>             if (d >= 1 and (self.n[i+1] - self.n[i]) > 1):
>>>                 self._update_val(i, d)
>>>             elif (d <= -1 and (self.n[i-1] - self.n[i]) < -1):
>>>                 self._update_val(i, d)
```

De preferência, o i-ésimo valor de quantil deve ser espaçado uniformemente de modo que as observações totais $i/b \times$ sejam menores que ele. Se esse não for o caso, o marcador é deslocado para uma posição à esquerda ou à direita, e seu valor de quantil associado é modificado por meio de uma fórmula derivada da presunção de uma forma parabólica local do histograma. Essa fórmula instaura os critérios indicados anteriormente para dimensionar a variável d, a fim de determinar se um valor de quantil e contagem estipulados devem ser ajustados.

Caso o valor tenha que ser ajustado, devemos tomar outra decisão: se o ajuste parabólico ou linear é adequado. Implementamos isso no código a seguir. Para obter mais detalhes, confira o artigo original (*https://perma.cc/ G8LA-7738*). Esse artigo é excelente por causa dos cálculos acessíveis empregados e também porque fornece instruções muito claras sobre como implementar o método e, em seguida, testar sua implementação:

```python
>>>     ## Atualização geral.
>>>     ## Como você pode ver, self.q e self.n são atualizados
>>>     ## conforme a posição de um quantil é deslocada.
>>>     def _update_val(self, i, d):
>>>         d = sign(d)
>>>         qp = self._adjust_parabolic(i, d)
>>>         if self.q[i] < qp < self.q[i+1]:
>>>             self.q[i] = qp
>>>         else:
>>>             self.q[i] = self._adjust_linear(i, d)
>>>         self.n[i] = self.n[i] + d
>>>
>>>     ## Este é o método de atualização principal.
>>>     def _adjust_parabolic(self, i, d):
>>>         new_val = self.q[i]
>>>         m1 =   d/(self.n[i+1] - self.n[i-1])
>>>         s1 = (self.n[i] - self.n[i-1] + d) *
>>>                 (self.q[i+1] - self.q[i]) /
>>>                 (self.n[i+1] - self.n[i])
>>>         s2 = (self.n[i+1] - self.n[i] - d) *
>>>
>>>     ## Backup do ajuste linear
>>>     ## quando as condições parabólicas não são atendidas.
>>>     def _adjust_linear(self, i, d):
>>>         new_val = self.q[i]
>>>         new_val = new_val + d * (self.q[i + d] - self.q[i]) /
>>>                             (self.n[i+d] - self.n[i])
>>>         return new_val
```

Para você ter uma noção da simplicidade desse método, todo o código da classe está listado aqui, em um só lugar:

```python
>>> class PQuantile:
>>>     ## INICIALIZAÇÃO.
>>>     def __init__(self, b, discount_factor):
>>>         self.num_obs = 0
>>>         self.b = b
>>>         self.discount_factor = discount_factor
>>>         self.n = [i for i in range(self.b+1)]
>>>         self.q = []
>>>
>>>     ## DATA INTAKE
>>>     def next_obs(self, x):
>>>         if self.num_obs < (self.b + 1):
>>>             self.q.append(x)
>>>             self.q.sort()
>>>             self.num_obs = self.num_obs + 1
```

```
>>>         else:
>>>             self.next_obs2(x)
>>>             self.next_obs = self.next_obs2
>>>
>>>     def next_obs2(self, x):
>>>         ## Descontando o número de observações.
>>>         if self.num_obs > self.b * 10:
>>>             corrected_obs = max(self.discount_factor
>>>                                         * self.num_obs,
>>>                                 self.b)
>>>             self.num_obs = corrected_obs + 1
>>>             self.n = [math.ceil(nn * self.discount_factor)
>>>                                         for nn in self.n]
>>>
>>>             for i in range(len(self.n) - 1):
>>>                 if self.n[i + 1] - self.n[i] == 0:
>>>                     self.n[i+1] = self.n[i + 1] + 1
>>>                 elif self.n[i + 1] < self.n[1]:
>>>                     ## Na prática, isso não parece acontecer.
>>>                     self.n[i + 1] = self.n[i] - self.n[1 + 1] + 1
>>>         else:
>>>             self.num_obs = self.num_obs + 1
>>>
>>>         k = bisect.bisect_left(self.q, x)
>>>         if k is 0:
>>>             self.q[0] = x
>>>         elif k is  self.b+1 :
>>>             self.q[-1] = x
>>>             k = self.b
>>>         if k is not 0:
>>>             k = k - 1
>>>
>>>         self.n[(k+1):(self.b+1)] = [self.n[i] + 1
>>>                                     for i in range((k+1),
>>>                                                 (self.b+1))]
>>>         for i in range(1, self.b):
>>>             np = (i)*(self.num_obs - 1 )/(self.b)
>>>             d = np - self.n[i]
>>>             if (d >= 1 and (self.n[i+1] - self.n[i]) > 1):
>>>                 self._update_val(i, d)
>>>             elif (d <= -1 and (self.n[i-1] - self.n[i]) < -1):
>>>                 self._update_val(i, d)
>>>
>>>     ## AJUSTES DO HISTOGRAMA.
>>>     def _update_val(self, i, d):
>>>         d = sign(d)
>>>         qp = self._adjust_parabolic(i, d)
>>>         if self.q[i] < qp < self.q[i+1]:
>>>             self.q[i] = qp
>>>         else:
>>>             self.q[i] = self._adjust_linear(i, d)
>>>         self.n[i] = self.n[i] + d
>>>
>>>     def _adjust_parabolic(self, i, d):
>>>         new_val = self.q[i]
>>>         m1 =  d/(self.n[i+1] - self.n[i-1])
```

```
>>>        s1 = (self.n[i] - self.n[i-1] + d) *
>>>                (self.q[i+1] - self.q[i]) /
>>>                (self.n[i+1] - self.n[i])
>>>        s2 = (self.n[i+1] - self.n[i] - d) *
>>>                (self.q[i] - self.q[i-1]) /
>>>                (self.n[i] - self.n[i-1])
>>>        new_val = new_val + m1 * (s1 + s2)
>>>        return new_val
>>>
>>>    def _adjust_linear(self, i, d):
>>>        new_val = self.q[i]
>>>        new_val = new_val + d * (self.q[i + d] - self.q[i]) /
>>>                        (self.n[i+d] - self.n[i])
>>>        return new_val
```

Agora que temos esse método orientado ao tempo, devemos nos convencer de que ele funciona razoavelmente bem com um exemplo de teste. Primeiro, tentamos amostrar pontos de dados de uma distribuição e, em seguida, mudar de repente para outra. Em cada caso, estamos amostrando para o percentil 40º, e apesar de termos nos baseado na configuração de 10 pontos do histograma, estamos mantendo um histograma que indica o 0, 10º, 20º... 90º, 100º percentis. Isso nos ajuda, pois assim temos uma descrição bastante detalhada da distribuição em mudança. Para esse exemplo de teste, focamos apenas o 40º percentil (qt.q[4]), que resulta no gráfico da Figura 15-5:

```
## python
>>> qt = PQuantile(10, 0.3)
>>> qt_ests = []
>>>
>>> for _ in range(100):
>>>     b.next_obs(uniform())
>>>     if len(b.q) > 10:
>>>         qt_ests.append(qt.q[4])
>>> for _ in range(100):
>>>     b.next_obs(uniform(low = 0.9))
>>>     qt_ests.append(qt.q[4])
>>>
>>> plt.plot(qt_ests)
```

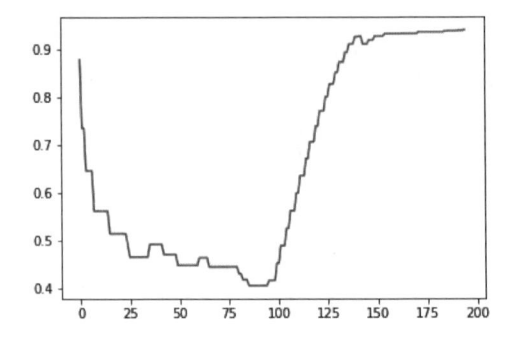

Figura 15-5. Quando descontamos intensamente as medidas mais antigas (multiplicando por um fator de desconto menor), vemos que a distribuição subjacente mudou.

Por outro lado, observamos uma adoção mais lenta do quantil variável no caso de um fator de desconto maior (veja a Figura 15-6):

```python
## python
>>> qt = PQuantile(10, 0.8)
>>> qt_ests = []
>>>
>>> for _ in range(100):
>>>     b.next_obs(uniform())
>>>     if len(b.q) > 10:
>>>         qt_ests.append(qt.q[4])
>>> for _ in range(100):
>>>     b.next_obs(uniform(low = 0.9))
>>>     qt_ests.append(qt.q[4])
>>>
>>> plt.plot(qt_ests)
```

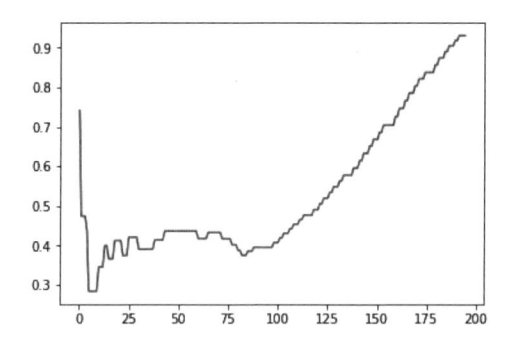

Figura 15-6. Quando descontamos menos as medições mais antigas (multiplicando por um fator de desconto maior), nossa estimativa de quantil demora mais para reconhecer que a distribuição subjacente mudou.

Agora aplicamos esse quantil rolante a um subconjunto de nossos dados (veja a Figura 15-7). Não fiz isso em todo o conjunto de dados, não por causa do desafio computacional, mas porque era muito pesado para o meu notebook representar graficamente todos os quantis registrados!

```python
## python
>>> import numpy
>>> nrows = 1000000
>>> qt_est1 = np.zeros(nrows)
>>> qt_est2 = np.zeros(nrows)
>>> qt_est3 = np.zeros(nrows)
>>> qt_est4 = np.zeros(nrows)
>>> qt_est5 = np.zeros(nrows)
>>> qt_est6 = np.zeros(nrows)
>>> qt_est7 = np.zeros(nrows)
>>> qt_est8 = np.zeros(nrows)
>>> qt_est9 = np.zeros(nrows)
>>> for idx, val in enumerate(df.LagTime[:nrows]):
>>>     qt.next_obs(val)
>>>     if len(qt.q) > 10:
>>>         qt_est1[idx] = qt.q[1]

>>>         qt_est2[idx] = qt.q[2]
>>>         qt_est3[idx] = qt.q[3]
>>>         qt_est4[idx] = qt.q[4]
>>>         qt_est5[idx] = qt.q[5]
>>>         qt_est6[idx] = qt.q[6]
>>>         qt_est7[idx] = qt.q[7]
>>>         qt_est8[idx] = qt.q[8]
>>>         qt_est9[idx] = qt.q[9]
>>>
>>> plot(qt_est9, color = 'red')
>>> plt.plot(qt_est7, color = 'pink')
>>> plt.plot(qt_est5, color = 'blue')
>>> plt.plot(qt_est3, color = 'gray')
>>> plt.plot(qt_est2, color = 'orange'
```

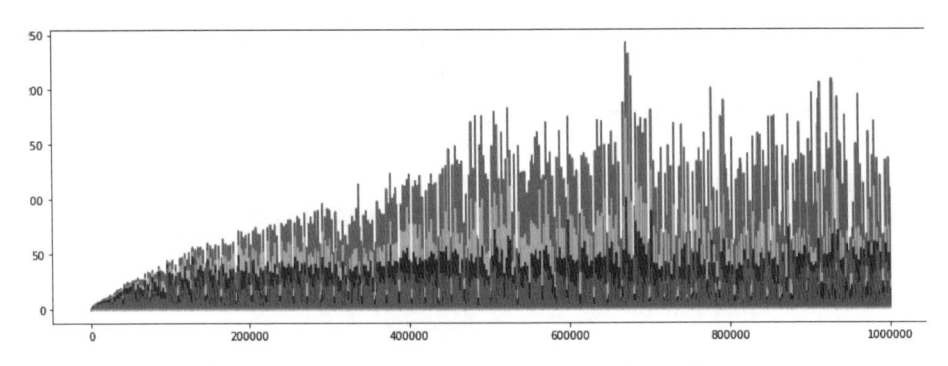

Figura 15-7. Os valores dos percentis 90, 70, 50, 30 e 20 ao longo do tempo para as primeiras 100 mil linhas no conjunto de dados quando classificados por data de encerramento.

A Figura 15-7 demonstra os valores dos percentis 90, 70, 50, 30 e 20, plotados ao longo do tempo para as primeiras 100 mil linhas no conjunto de dados quando classificado por data de encerramento. Como foram classificadas por data de encerramento, é provável que muitas reclamações na 311 resolvidas rapidamente tenham sido carregadas com antecedência, o que explica as estimativas de quantis bem menores na primeira parcela do conjunto de dados.[9]

Mas a distribuição mudou? Visualmente parece que sim, por alguns motivos. Um deles é a censura à esquerda, descrita brevemente, que reflete como classificamos e selecionamos os dados. O fato de que ordenamos os dados por meio da coluna `ClosedData`, aliado ao fato de que esse conjunto de dados não parece ter um lookback infinito (ou seja, presumivelmente reclamações na 311 feitas antes de uma determinada data não chegaram a esse sistema), faz com que os tempos de lag que vemos nas datas de início pareçam mais curtos. Grosso modo, essa mudança aparente ao longo do tempo é simplesmente um artefato de nossos dados incompletos (e um conjunto de dados subjacente incompleto) aliado à nossa escolha de classificação.

Em contrapartida, podemos ver características que sugerem mudanças nas distribuições ao longo do tempo. Aparentemente, há picos e vales nas estimativas da curva de quantis, e podemos até considerar a existência de um comportamento periódico em nossas curvas, já que pode haver momentos previsíveis em que os valores dos quantis aumentam e diminuem devido a fatores organizacionais exógenos (talvez um esforço para encerrar reclamações antes do final de um mês, ou determinados ciclos de financiamento que aumentam o número de trabalhadores disponíveis para encerrar reclamações em certas épocas do ano).

Visto que agora temos resultados preliminares, a melhor opção seria determinar algumas datas significativas (ou seja, onde vemos picos ou comportamento periódico?) e tentar fazer a referência cruzada com quaisquer fatos institucionais que possamos determinar sobre o ritmo de trabalho. Devemos também rodar simulações para avaliar como achamos que a censura à esquerda deve impactar as estimativas iniciais de quantis em diferentes cenários. Assim, poderíamos ter uma melhor compreensão qualitativa e quantitativa dos aspectos desconhecidos de nosso sistema, e essa informação seria de muita serventia para fazer uma determinação final sobre se a distribuição dos tempos de resolução está evoluindo ao longo do tempo e, em caso afirmativo, como.

Digamos que seguimos esses passos — e depois? Seria necessário examinar uma metodologia para comparar distribuições para diferenças de similaridade em que apenas os quantis da distribuição, em vez de todos os pontos de amostra, estivessem disponíveis. Uma maneira de fazer isso seria rodando simulações/bootstrap em todo o processo. Isso levaria a uma resposta em que poderíamos expressar e controlar totalmente as suposições que entraram no modelo, programando nossas simulações. Na rea-

---

9   O 20º percentil é tão pequeno que não pode ser visto quando plotado na escala dos outros quantis apresentados aqui. Ele aparece como uma linha horizontal contínua na base das outras distribuições, mas você pode ver melhor alterando para escala logarítmica ou o plotando.

lidade, muitas abordagens estatísticas que realizam essas comparações também focam os métodos bootstrap.

Censura à Esquerda, Censura à Direita e Censura de Intervalo

Para análise de série temporal e atividades relacionadas, como análise de sobrevivência, devemos estar cientes de como nossa seleção, classificação ou apresentação de dados pode impactar nossa análise, como determinamos ser o caso aqui, em que os períodos de tempo anteriores pareciam ter uma distribuição mais estreita do que os posteriores. Isso provavelmente se deve ao fato de que classificamos os dados por data de encerramento, uma forma de *censura à esquerda*, o que significa que o "evento de interesse" já ocorreu antes do início do "estudo". Aqui, nosso evento de interesse são as datas de início e encerramento das reclamações e estamos limitados pela data de início do conjunto de dados. Por outro lado, o conceito relacionado de *censura à direita* significa que o evento de interesse ocorreria após o término de um evento. Por último, *censura de intervalo* diz respeito a situações em que temos apenas um registro inexato, como um intervalo, para quando um evento ocorreu, o que necessariamente impactará nossa análise.

Questões Pendentes

Nossa visualização sugere novas consultas. Uma diz respeito à possibilidade de comportamento cíclico ou sazonal. Ao que tudo indica, há impactos periódicos em todos os quantis estimados. Podemos considerar uma investigação mais aprofundada sobre isso, e temos várias opções:

- Poderíamos tentar ajustar os harmônicos (senos e cossenos) a essas curvas de quantis e analisar se surgiu uma periodicidade comum.
- Poderíamos modelar o próprio quantil como um processo ARIMA ou SARIMA e procurar por evidências de sazonalidade. Isso também resultaria em etapas preliminares, como explorar a ACF e a PACF das curvas que modelaríamos como séries temporais.
- Poderíamos solicitar à agência que administra o serviço 311 mais informações e ver se eles reconhecem algum comportamento periódico induzido por sua estrutura organizacional e pelos procedimentos operacionais.

Além do comportamento periódico, também podemos ver um salto nos valores de quantis estimados logo abaixo da localização do índice = 70.000. Visto que todos os quantis sofreram oscilações, parece improvável que isso seja devido a apenas um ou um conjunto de outliers. Vejamos algumas maneiras de investigar isso:

- Volte aos dados brutos desse período de tempo e examine quais características podem sugerir uma explicação. Houve um aumento de reclamações da linha direta 311? Ou um pico de um tipo específico de reclamação que tende a demorar mais para ser resolvida?

- Poderíamos também reanalisar os dados brutos para recuar a data aproximada desse salto nos quantis e fazer a referência cruzada com as notícias locais, de preferência com a ajuda de alguém que possa indicar a direção certa. A ajuda de alguém da agência, ou de alguém que entende do governo municipal, pode ser muito valiosa. Mas é possível também que esta data corresponda a um grande evento em Nova York que explicaria o salto, como a passagem do furacão Sandy em 2012.

Outras Melhorias

Poderíamos fazer com que este um algoritmo ficasse ainda mais ciente do tempo. Nossa modificação no algoritmo P-square desconsidera as observações anteriores, presumindo que todas as observações estão uniformemente espaçadas. Isso se manifesta no fato de que a entrada da próxima observação não apresenta um timestamp, e o mesmo fator de desconto é sempre aplicado. Poderíamos criar um algoritmo mais flexível usando a mudança no timestamp para informações antigas em comparação com as novas informações, de modo que o desconto dependesse da mudança no tempo a partir da última atualização medida. Isso também seria mais preciso para nosso conjunto de dados da linha 311. Como isso envolve somente a alteração de algumas linhas de código, considere isso como um exercício para você praticar depois. Fica a dica: o fator de desconto deve se tornar uma função do tempo.

Poderíamos também considerar outras maneiras de estimar os quantis ao longo do tempo, seja com uma medição online ou janela. Como a importância dos dados online está crescendo — e principalmente quando de trata de Big Data online —, há uma variedade de pesquisas emergentes sobre esse assunto. As abordagens estatísticas e de aprendizado de máquina lidaram com isso nos últimos anos, e há um bom número de artigos acadêmicos acessíveis para cientistas de dados.

Leituras e Recursos Adicionais

Ted Dunning e Otmar Ertal, "Computing Extremely Accurate Quantiles Using t-Digests", artigo de pesquisa, 2019: https://perma.cc/Z2A6-H76H.

O algoritmo f-digest para cálculo extremamente eficiente e flexível de quantidades de dados de séries temporais online está ganhando força como técnica para lidar com a estimativa de quantis de séries temporais online, mesmo para o caso de distribuições não estacionárias. As implementações estão disponíveis em várias linguagens, incluindo Python e variações de alto desempenho de C ++ e Go.

Essa abordagem é útil porque não há necessidade de decidir com antecedência quais quantis lhe interessam — em vez disso, toda a distribuição é modelada como um conjunto de clusters a partir dos quais você pode inferir qualquer quantil que desejar.

Dana Draghicescu, Serge Guillas e Wei Biao Wu, "Quantile Curve Estimation and Visualization for Nonstationary Time Series", Journal of Computational and Graphical Statistics 18, no. 1 (2009): 1–20: https://perma.cc/Z7T5-PSCB.

Artigo que ilustra vários métodos não paramétricos para modelar distribuições não estacionárias na estimativa de quantis de séries temporais. Útil porque aborda dados do mundo real, simulação e distribuições não padrão (como distribuições não gaussianas). Tem um código de amostra também (incomum para um artigo acadêmico de estatística), embora você tenha que pagar para acessá-lo.

András A. Benczúr, Levente Kocsis e Róbert Pálovics, "Online Machine Learning in Big Data Streams", artigo de pesquisa, 2018: https://perma.cc/9TTY-VQL3.

Artigo que analisa abordagens técnicas para uma variedade de tarefas comuns de aprendizado de máquina relacionadas a séries temporais. Bastante interessante é a análise sobre processamento de dados online para muitos tipos de aprendizado de máquina e dicas técnicas sobre a paralelização de tarefas online.

Sanjay Dasgupta, "Online and Streaming Algorithms for Clustering", notas de aula, Computer Science and Engineering, University of California San Diego, Spring 2008: https://perma.cc/V3XL-GPK2.

Ainda que não sejam específicas para dados de série temporal, essas notas de aula fornecem uma visão geral da clusterização não supervisionada para dados online. Essas notas são suficientes para ajudá-lo a começar a reunir soluções potenciais para um uso específico das séries temporais.

Ruofeng Wen et al., "A Multi-Horizon Quantile Recurrent Forecaster", atigo de pesquisa, novembro de 2017: https://perma.cc/22AE-N7F3.

Artigo de pesquisa da Amazon que exemplifica o uso de informações de quantis de dados como um modo de treinar redes neurais recorrentes de forma eficaz para a previsão de séries temporais. Os pesquisadores demonstram o treinamento eficaz de uma rede neural que consegue gerar avaliações probabilísticas em vez de estimativas pontuais. Esse artigo é uma boa ilustração de outro caso de uso potencial para informações de quantis, um recurso subutilizado na análise de séries temporais.

## CAPÍTULO 16

Pacotes de Séries Temporais

Nos últimos anos, diversos pacotes e artigos foram disponibilizados por empresas tecnológicas de grande porte retratando como essas empresas lidam com o grande número de séries temporais que coletam como organizações digitais com enormes bases de clientes, extração sofisticada, com análise de última geração dos negócios e com inúmeras necessidades de previsão e processamento de dados. Neste capítulo, analisaremos algumas das principais áreas de pesquisa e desenvolvimento relacionadas a esses conjuntos de dados de séries temporais em constante expansão, especificamente: previsão em escala e detecção de anomalias.

Previsão em Escala

Para muitas empresas tecnológicas de grande porte, lidar com séries temporais é um problema cada vez mais importante e que surgiu naturalmente dentro de suas organizações. Com o passar do tempo, várias dessas empresas responderam a isso desenvolvendo pacotes inteligentes e automatizados de séries temporais específicos e direcionados à "previsão em escala", já que era necessário realizar muitas previsões em uma ampla variedade de domínios. Veja como dois cientistas de dados do Google, que desenvolveram o pacote de previsão automatizada da empresa, descreveram as circunstâncias que motivaram seu produto em uma postagem do blog de 2017 (*https://perma.cc/6M7J-MWDY*) (a ênfase em itálico é minha):

> Durante sua primeira década, a demanda por previsão de séries temporais no Google cresceu exponencialmente junto com a empresa. *Diversas necessidades de negócios e engenharia levaram a uma infinidade de abordagens de previsão, a maioria dependente do suporte direto do analista.* O volume e a variedade das abordagens, e, em alguns casos, sua inconsistência, exigiam uma tentativa de unificar, automatizar e estender os métodos de previsão, distribuindo os resultados por meio de ferramentas que poderiam ser implementadas de forma confiável em toda a empresa. Ou seja, o empenho para

desenvolver métodos e ferramentas que facilitem a previsão precisa de séries temporais em larga escala no Google.

Existem tantos dados relevantes e tanta coisa para prever que seria muito caro e desafiador integrar e empregar analistas suficientes para gerar todas as previsões de interesse organizacional. Em vez disso, esses pacotes recorreram a uma filosofia do "bom o suficiente"; ou seja, uma previsão razoavelmente boa é melhor do que não ter nenhuma previsão, ao mesmo tempo em que se espera pela previsão perfeita e habilmente trabalhada por um especialista em séries temporais com conhecimento de domínio. A seguir, analisaremos dois frameworks de previsão automatizados com mais detalhes, o do Google e o do Facebook.

Previsão Industrial In-house do Google

O Google divulgou algumas informações (*https://perma.cc/N3AU-5VWK*) sobre sua ferramenta interna de previsão automatizada, proveniente de uma iniciativa liderada por vários cientistas de dados do departamento de infraestrutura de pesquisa da empresa. A tarefa era criar uma abordagem unificada para fazer previsões automatizadas em toda a organização. Já que as tarefas eram automatizadas, isso significava que os resultados tinham que ser confiáveis — não podiam perder o controle e tinham que apresentar as estimativas de incerteza na previsão. Além do mais, como a equipe buscou uma solução amplamente aplicável, a metodologia teve que abordar problemas comuns em conjuntos de dados de séries temporais relacionados a humanos, como sazonalidade, dados ausentes, feriados e comportamentos que evoluem ao longo do tempo.

A solução implementada no Google compreende três etapas interessantes relacionadas ao que estudamos nos capítulos anteriores:

1. Limpeza e suavização automatizada e abrangente de dados.
2. Agregação temporal e desagregação geográfica/conceitual dos dados.
3. Combinação de previsões e geração baseada em simulação de estimativas de incerteza.

Analisaremos cada uma delas.

Limpeza e suavização automatizada e abrangente de dados

Na postagem não oficial do blog de ciência de dados do Google, mencionada anteriormente, dois líderes do projeto interno afirmaram que a limpeza e a suavização de dados resolveram uma série de problemas:

Efeitos de dados imperfeitos

- Dados ausentes.

- Detecção de outlier.
- Mudanças de nível (como aquelas devidas ao lançamento de produtos ou mudanças repentinas, mas permanentes no comportamento).
- Transformação de dados.

Dados imperfeitos são um fato da vida. Dados ausentes podem ocorrer devido a falhas técnicas. Os outliers podem ter causas semelhantes ou ser "valores reais", mas não vale a pena incluí-los em uma previsão se não houver probabilidade de se repetir. Mudanças de nível (*mudanças de regime*) podem ocorrer por uma infinidade de razões, incluindo a mudança radical do comportamento da linha de base (mundo em evolução), o que está sendo medido está mudando drasticamente (produto em evolução), ou o que está sendo registrado está mudando radicalmente (registros em evolução). Por fim, os dados podem vir em distribuições que estão longe da normalidade ou estacionariedade presumida em muitos modelos de séries temporais. A abordagem do Google lida com cada uma dessas imperfeições de dados por meio de metodologias automatizadas para detectar e "corrigir" esses problemas.

Efeitos relacionados ao calendário

- Sazonalidade anual.
- Sazonalidade semanal (efeito do dia da semana).
- Feriados.

O tratamento dos efeitos relacionados ao calendário era extremamente complicado para uma organização como o Google, com operações e usuários espalhados ao redor do mundo. A sazonalidade anual é muito diferente em partes distintas do mundo, principalmente em hemisférios opostos, com seus próprios padrões climáticos, e também em culturas com diferentes calendários. Como a postagem do blog ressaltou, às vezes o mesmo feriado pode ocorrer mais de uma vez em um ano (gregoriano). Da mesma forma, as "estações" sob as quais um determinado grupo de pessoas vive podem mudar dentro do ano do calendário gregoriano, o que pode ocorrer com frequência já que o calendário islâmico tem uma periodicidade diferente do calendário gregoriano.

Agregação temporal e desagregação geográfica/conceitual dos dados

A equipe do Google descobriu que os dados semanais funcionavam bem para a maioria de suas previsões de interesse. Assim, depois de limpar os dados na etapa anterior, os analistas os agregaram em incrementos semanais para realizar previsões. Neste contexto, eles realizaram a agregação temporal. Contudo, a equipe também descobriu que era útil desagregar os dados, às vezes geograficamente, às vezes por categoria (como tipo de dispositivo) e outras vezes por meio de uma combinação de fatores (como região geográfica por tipo de dispositivo). A equipe detectou que, nesses casos, era mais eficaz fazer previsões para as subséries desagregadas e depois reconciliá-las para gerar uma previsão global, se ambas as subséries e as séries globais fossem de interesse. Vimos diversas formas de ajustar séries temporais hierárquicas no Capítulo 6, e esse método retrata a metodologia de começar com previsões de nível inferior e propagá-las de modo crescente.

Combinação de previsões e geração baseada em simulação de estimativas de incerteza

O Google usa abordagens ensemble, combinando vários resultados de modelos de previsão diferentes a fim de gerar a previsão final. Isso é útil por vários motivos. O Google acredita que isso gera um estilo de previsão do tipo "sabedoria de especialistas", extraindo os benefícios de muitos modelos de previsão com bom desempenho e bem justificados (como suavização exponencial, ARIMA e outros). Além disso, um conjunto de previsões gera uma distribuição de previsões, fornecendo uma base para determinar se alguma delas é tão diferente da "multidão" a ponto de não ser razoável. Por último, a abordagem ensemble fornece uma maneira de quantificar a incerteza em relação à previsão, o que o Google também faz ao simular a propagação dos erros ao longo do tempo.

No fim das contas, como a equipe de ciência de dados admite, a abordagem do Google tira vantagem das abordagens em larga escala e altamente paralelas, apropriadas aos enormes recursos computacionais disponíveis na empresa. A empresa também tira vantagem das tarefas paralelas estabelecidas (como simular o erro propagado no tempo muitas vezes) e processos automatizados com espaço para entrada de um analista, mas sem necessidade para tal. Desse modo, previsões razoáveis podem ser geradas em escala e em uma variedade de conjuntos de dados.

Ainda que seu trabalho possa não ter as mesmas vantagens ou precisar do alto nível de automação exigido pelo Google, há muitas ideias que você pode integrar ao seu fluxo de trabalho a partir do modelo deles, mesmo como um cientista de dados solo. Vejamos algumas delas:

- Construir um framework ou "pipeline" para limpar seus dados como uma versão de linha de base "boa o suficiente" de como você gostaria de preparar cada conjunto de dados de série temporal antes da modelagem.
- Construir um conjunto de modelos de previsão de respeito e parte de seu kit de ferramentas frequentes.

Pacote Prophet Open Source do Facebook

O Facebook disponibilizou seu pacote automatizado de previsão de séries temporais, o Prophet, mais ou menos na mesma época que o Google divulgou informações sobre seu pacote interno. Em sua própria postagem de blog (*https://perma.cc/V6NC-PZYJ*) sobre o Prophet, a empresa destacou algumas das mesmas questões enfatizadas na abordagem do Google, particularmente:

- Sazonalidades em "escala humana" e feriados com espaçamento irregular.
- Mudanças de nível.
- Dados ausentes e outliers.

Além disso, o pacote do Facebook contribuiu com aspectos positivos, dentre eles:

- Capacidade de lidar com conjuntos de dados em vários níveis de granularidade, como dados minuto a minuto ou por hora, além de dados diários.
- Tendências que sinalizam um crescimento não linear, como atingir um ponto de saturação.

O Facebook observou que os resultados com seu pacote costumam ser tão bons quanto aqueles gerados por analistas. Como o Google, o Facebook afirmou que encontrou muitas instâncias de tarefas altamente paralelas ao desenvolver seu pipeline de ajuste de séries temporais. O Facebook alegou que o Prophet se tornou um previsor tão confiável que suas previsões foram utilizadas não apenas internamente, como também em produtos voltados para o público externo. Além do mais, o Facebook afirmou que desenvolveu um padrão de trabalho do tipo "analista in-the-loop", de modo que o processo automatizado pudesse ser supervisionado e corrigido quando necessário, resultando em um produto que poderia auxiliar ou substituir a análise humana, dependendo do nível de recursos dedicados a uma tarefa.

A abordagem do Facebook é bem diferente da abordagem do Google, incluindo nela três componentes simples:

- Efeitos sazonais anuais e semanais.
- Uma lista personalizada de feriados.
- Uma curva de tendência linear ou logística gradual.

Esses componentes são usados para formar um *modelo de regressão aditivo*. É um modelo de regressão não paramétrico, o que significa que nenhuma suposição é feita sobre o formato da função de regressão subjacente e nenhuma linearidade é imposta. O modelo é mais flexível e interpretável do que uma regressão linear, mas é acompanhado por um trade-off de maior variância (pense no trade-off de viés/variância geralmente conhecido em aprendizado de máquina e estatística) e por problemas de sobreajuste. Esse modelo faz sentido para a tarefa geral que o Facebook busca, em que comportamentos não lineares complexos devem ser modelados de uma forma automatizada que evita metodologias excessivamente pesadas.

O pacote Prophet apresenta muitas vantagens, incluindo:

- API simples.
- Código open source e em desenvolvimento ativo.
- APIs completas e iguais em Python e R, o que ajuda equipes de ciência de dados especializadas em diferentes linguagens de programação.

O Prophet é fácil de usar. Terminamos esta seção com um exemplo de snippet de código retirado do Quick Start (*https://perma.cc/9TLC-FFRM*) para que você possa ver o código mínimo para implementar uma previsão automatizada. Combinamos nosso uso do Prophet com o `pageviews`, um pacote R que recupera facilmente dados de séries temporais relacionados às visualizações de página da Wikipédia. Primeiro, fizemos o download de alguns dados da série temporal:

```
## R
> library(pageviews)
> df_wiki = article_pageviews(project = "en.wikipedia",
>                             article = "Facebook",
>                             start = as.Date('2015-11-01'),
>                             end = as.Date("2018-11-02"),
>                             user_type = c("user"),
>                             platform = c("mobile-web"))
> colnames(df_wiki)
[1] "project"    "language"  "article"   "access"   "agent"      "granularity"
[7] "date"       "views"
```

Agora que temos alguns dados em resolução temporal diária e ao longo de alguns anos, podemos tentar prever esses dados com o Prophet. Basta seguir algumas etapas simples (veja a Figura 16-1):

```
## R
> ## Dividimos os dados de acordo com o que precisamos
> ## e fornecemos a eles os nomes de coluna esperados.
> df = df_wiki[, c("date", "views")]
> colnames(df) = c("ds", "y")

> ## Usamos também a transformação logarítmica,
> ## porque os dados têm mudanças tão extremas nos valores
> ## que grandes valores diminuem a variação normal intradiária.
> df$y = log(df$y)

> ## Criamos um data frame 'futuro' que inclui as datas futuras
> ## que gostaríamos de prever,
> ## preveremos 365 dias à frente de nossos dados
> m = prophet(df)
> future <- make_future_dataframe(m, periods = 365)
> tail(future)
             ds
1458 2019-10-28
1459 2019-10-29
1460 2019-10-30
1461 2019-10-31
1462 2019-11-01
1463 2019-11-02
```

```
> ## Geramos a previsão para as datas de interesse.
> forecast <- predict(m, future)
> tail(forecast[c('ds', 'yhat', 'yhat_lower', 'yhat_upper')])
          ds      yhat yhat_lower yhat_upper
1458 2019-10-28 9.119005   8.318483   9.959014
1459 2019-10-29 9.090555   8.283542   9.982579
1460 2019-10-30 9.064916   8.251723   9.908362
1461 2019-10-31 9.066713   8.254401   9.923814
1462 2019-11-01 9.015019   8.166530   9.883218
1463 2019-11-02 9.008619   8.195123   9.862962
> ## Agora temos predições para o nosso valor de interesse.

> ## Por último, plotamos um gráfico para ver como o pacote se saiu qualitativamente.
> plot(df$ds, df$y, col = 1, type = 'l', xlim = range(forecast$ds),
>       main = "Actual and predicted Wikipedia pageviews of 'Facebook'")
> points(forecast$ds, forecast$yhat, type = 'l', col = 2)
```

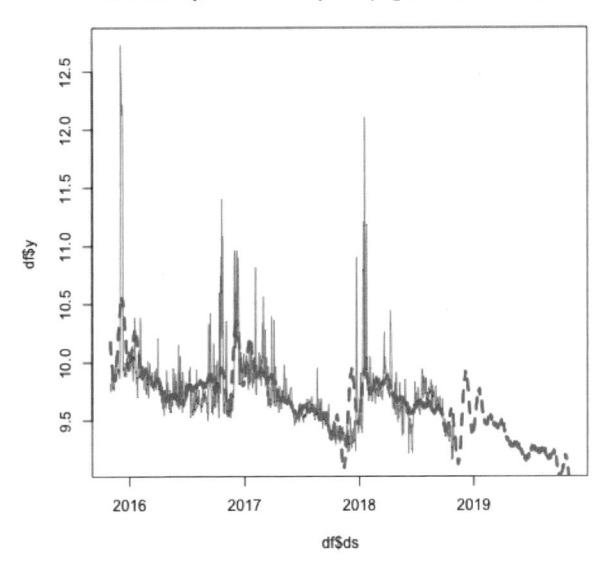

Figura 16-1. Gráfico dos dados de contagem de páginas da Wikipédia (linha contínua) e as previsões do Prophet para esses dados (linha tracejada espessa).

O Prophet também disponibiliza a opção de representar graficamente os componentes (tendência e sazonal) que formam a previsão (veja a Figura 16-2):

```
## R
> prophet_plot_components(m, forecast)
```

Limite o uso do pacote Prophet aos dados diários. De acordo com sua própria definição, o pacote do Prophet foi desenvolvido para dados diários e funciona melhor com eles. Infelizmente, essa restrição significa que as mesmas técnicas podem não ser confiáveis para dados em escalas de tempo diferentes. Por isso, você deve usar esse pacote e as técnicas associadas com cuidado quando seus dados não forem diários.

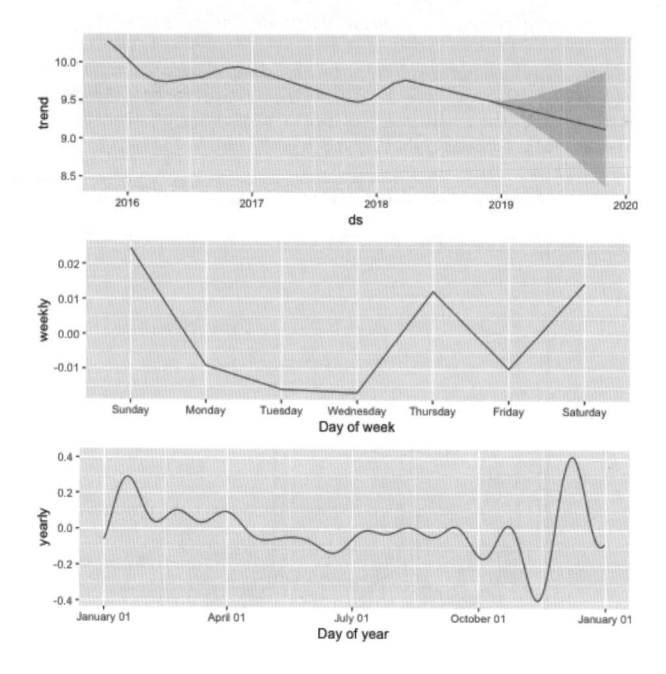

Figura 16-2. Predição desagregada em uma tendência, com componentes semanais e anuais. A partir disso, a predição é gerada pela soma dos componentes. Repare que diferentes componentes são formados de maneira distinta. Os dados de tendência têm uma forma linear, ao passo que os dados anuais são curvos devido ao ajuste da série de Fourier subjacente (leia mais na postagem do blog do Facebook mencionada anteriormente).

Com o tempo, pacotes open source de séries temporais mais automatizados e produtos do tipo black box estão se tornando mais disponíveis. Isso pode ser um bom ponto de partida para uma organização que é nova em previsões e está tentando realizar previsões razoáveis. No entanto, no futuro próximo, esses pacotes provavelmente não farão a melhor previsão para todas as séries temporais e todas as organizações. Quando se pode construir um conhecimento de domínio e restrições organizacionais relevantes em seu modelo de série temporal, você terá um resultado melhor e, por ora, essa continua sendo a tarefa de um analista humano até que pacotes de previsão mais gerais sejam construídos.

Detecção de Anomalia

A detecção de anomalias é outra área em que as empresas tecnológicas estão investindo pesadamente e compartilhando as vantagens com a comunidade open source. Vejamos por que a detecção de anomalias é importante em séries temporais:

- Ao ajustar modelos que não são suficientemente robustos para outliers, pode ser útil removê-los.
- Pode ser útil identificar outliers se quisermos construir um modelo de previsão específico para prever o alcance desses eventos de outliers condicionados ao conhecimento de que irão acontecer.

A seguir, analisaremos a abordagem adotada pelo Twitter em seu código open source para detecção de anomalias.

Pacote AnomalyDetection Open Source do Twitter

Há quatro anos, o Twitter disponibilizou um pacote de detecção de outlier, o AnomalyDetection.[1] Esse pacote continua útil e com bom desempenho. Este também implementa o algoritmo Seasonal Hybrid ESD (Extreme Studentized Deviant), que constrói um modelo mais elaborado do que o algoritmo Generalized ESD para identificar outliers. O teste Generalized ESD (*https://perma.cc/C7BV-4KGT*) em si é construído em outro teste estatístico, o teste de Grubbs (*https://perma.cc/MKR5-UR3V*), que define uma estatística para testar a hipótese de que existe um único outlier em um conjunto de dados. O Generalized ESD aplica esse teste repetidamente, primeiro para o outlier mais extremo e, em seguida, para outliers menores, sucessivamente, ao passo que ajusta os valores críticos no teste, considerando vários testes sequenciais. O Seasonal Hybrid ESD toma como base o Generalized ESD para levar em conta a sazonalidade no comportamento por meio da decomposição da série temporal.

Vejamos o uso desse simples pacote no código R. Primeiro, carregamos alguns dados de amostra fornecidos pelo pacote do Twitter:

---

1 Confira o GitHub do projeto (*https://perma.cc/RV8V-PZXU*) e o blog do Twitter (*https://perma.cc/6GPY-8VVT*).

```
## R
> library(AnomalyDetection)
> data(raw_data)
> head(raw_data)
            timestamp   count
1 1980-09-25 14:01:00 182.478
2 1980-09-25 14:02:00 176.231
3 1980-09-25 14:03:00 183.917
4 1980-09-25 14:04:00 177.798
5 1980-09-25 14:05:00 165.469
6 1980-09-25 14:06:00 181.878
```

Depois, usamos a função de detecção automática de anomalias do Twitter com dois conjuntos de parâmetros:

1. Procuramos uma grande parcela de anomalias na direção positiva ou negativa.

2. Procuramos uma pequena parcela de anomalias somente no intervalo positivo. Esses casos de uso são demonstrados aqui:

```
## R
> ## Detecta uma alta porcentagem de anomalias em qualquer direção.
> general_anoms = AnomalyDetectionTs(raw_data, max_anoms=0.05,
>                          direction='both')
>
> ## Detecta uma porcentagem menor de anomalias apenas na direção pos.
> high_anoms = AnomalyDetectionTs(raw_data, max_anoms=0.01,
>                          direction='pos')
```

Plotamos os resultados de ambos os casos na Figura 16-3.

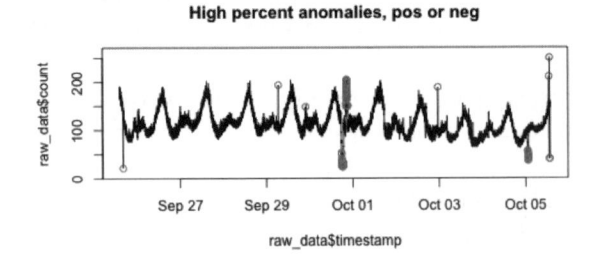

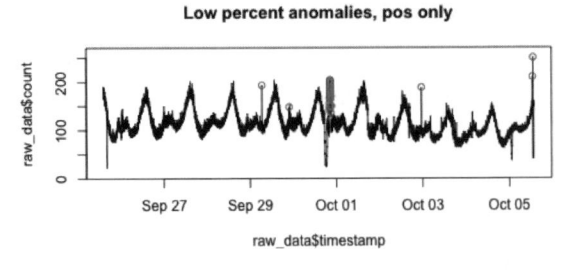

Figura 16-3. As anomalias relatadas pela função AnomalyDetectionTs() do Twitter com configurações muito inclusivas (parte superior) e com configurações mais limitadas (parte inferior).

Vemos que um grande número de anomalias é relatado em uma parte da série temporal. Desse modo, também cortamos nosso gráfico para essa parte da série temporal a fim de obtermos uma melhor compreensão do que está acontecendo (Figura 16-4).

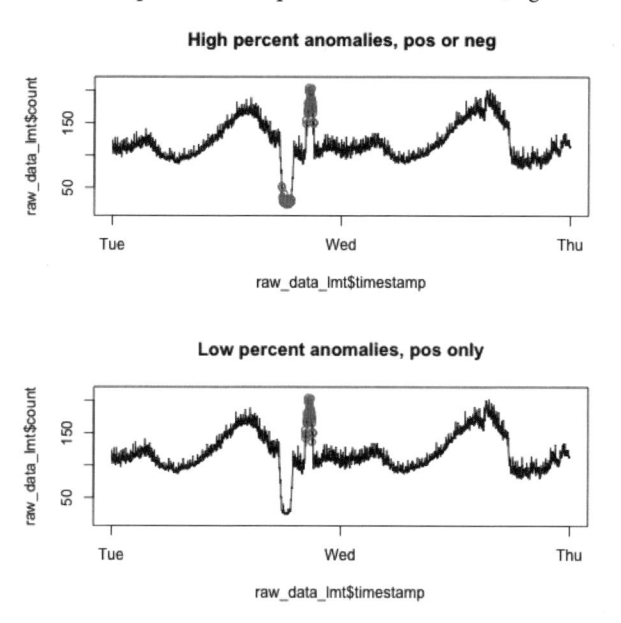

Figura 16-4. As mesmas anomalias identificadas, agora com foco nas anomalias que ocorreram em um cluster no mesmo dia.

Quando analisamos as coisas mais atentamente, é possível compreender melhor por que esses pontos são anomalias. Eles se desviam do padrão diário que está presente. Quanto ao porquê de querermos buscar somente desvios positivos, imagine que estejamos construindo a infraestrutura para um site de alto tráfego e grande quantidade de dados. Ainda que anomalias decrescentes/negativas possam ser de interesse, as anomalias de negócios decisivas para nós serão os momentos em que nossa infraestrutura não consegue lidar com a iminência de alto tráfego. Estamos mais interessados em identificar picos, por uma série de razões:

- Caso esses números sejam falsos, gostaríamos de eliminá-los para que possamos saber o verdadeiro limite de uso realista. Números anormalmente altos nos levarão a adquirir recursos computacionais de que não precisamos, o que não se aplica para números anormalmente baixos. Usar a detecção de anomalias pode nos ajudar a limpar nossos dados como uma etapa de pré-processamento.

- Se o equipamento de computação for barato, preferimos somente comprar mais para acomodar essas anomalias. Se pudermos rotular as anomalias, esse é o primeiro passo para gerar dados rotulados a fim de tentar predizer essas anomalias. Contudo, é difícil predizer anomalias. Ou seja, não espere muito de tais esforços!

Existem muitos parâmetros (*https://perma.cc/BR4K-R8GL*) que você pode usar com a detecção automática de anomalias do Twitter, sendo eles uma boa ferramenta a ser usada quando você está explorando um novo conjunto de dados para limpeza e modelagem de dados.[2]

Outros Pacotes de Séries Temporais

Neste capítulo, focamos essencialmente os pacotes mais usados desenvolvidos por algumas das maiores empresas de tecnologia, em conjunto com os enormes conjuntos de dados e previsões relacionadas que essas mesmas empresas geram como parte de suas operações de negócios principais. No entanto, essas empresas estão longe de ser as principais ou mais importantes fornecedoras de pacotes de séries temporais. Há um enorme ecossistema de pacotes de séries temporais dedicados a:

- Armazenamento e infraestrutura de séries temporais.
- Conjuntos de dados de série temporal.
- Detecção de breakpoint.
- Previsão.
- Análise de domínio de frequência[3].
- Séries temporais não lineares.
- Previsão automatizada de séries temporais.

E essa não é uma lista abrangente. Existem pacotes para tudo, dezenas ou até centenas de pacotes de séries temporais. O professor Rob Hyndman tem uma lista mais abrangente de pacotes open source (*https://perma.cc/HWY6-W2VU*) disponibilizada na página oficial do repositório CRAN do R. Vale a pena conferi-la, tanto para encontrar pacotes específicos que possam atender às suas necessidades analíticas para um projeto específico, como também, de forma mais geral, para se informar so-

---

2   É importante perceber que o Twitter também lançou um pacote de detecção de mudança, Breakout-Detection, ao mesmo tempo que lançou o pacote AnomalyDetection. No caso do BreakoutDetection, o pacote serve para identificar locais onde houve uma mudança de nível em uma série temporal. Esse pacote é acessível e fácil de usar, embora não tenha conquistado tantos seguidores e não se destaque tanto quanto o pacote AnomalyDetection. Existem muitos pacotes alternativos de detecção de breakpoint que foram testados e implementados de forma mais extensa.

3   A análise de domínio de frequência é mencionada apenas brevemente neste livro, mas continua sendo uma área importante da análise de séries temporais e amplamente usada em algumas áreas de atuação, como física e climatologia.

bre a variedade de métodos de análise de séries temporais disponíveis e amplamente implementados na comunidade. Parecida com este livro, essa página oferece uma visão geral e um delineamento das tarefas associadas aos dados de séries temporais. No Python, não há uma lista igualmente abrangente e consolidada de módulos de série temporal, mas o cientista de dados Max Christ compilou uma lista muito útil (*https://perma.cc/GEQ3-Q54X*) deles.

Leituras e Recursos Adicionais

StatsNewbie123, "Is it Possible to Automate Time Series Forecasting?", postagem do Cross Validated, 6 de dezembro de 2019: https://perma.cc/E3C4-RL4L.

Postagem recente do StackExchange que questiona se é possível automatizar a previsão de séries temporais para qualquer série temporal. Existem duas respostas muito úteis e detalhadas com uma visão geral dos pacotes automatizados, bem como uma discussão de todos os desafios inerentes a tal tarefa.

CausalImpact, pacote open source do Google para inferência causal: https://perma.cc/Y72Z-2SFD.

Pacote open source do Google baseado em outra versão do Google, bsts, o pacote para séries temporais estruturais bayesianas, que usamos no Capítulo 7. O pacote CausalImpact utiliza o bsts para ajustar modelos e, em seguida, para construir exemplos de controle contrafactual para avaliar a causalidade e o tamanho do impacto em dados de séries temporais. O GitHub do pacote contém links para documentos de pesquisa relevantes e uma visão geral em vídeo de um dos criadores do pacote. Vale a pena também conferir o artigo de pesquisa associado (*https://perma.cc/Q8K9-ZP7N*).

Murray Stokely, Farzan Rohani e Eric Tassone, "Large-Scale Parallel Statistical Forecasting Computations in R", em JSM Proceedings, Section on Physical and Engineering Sciences (Alexandria, VA: American Statistical Association, 2011): https://perma.cc/25D2-RVVA.

Documento que oferece uma explicação detalhada de alto nível de como os pacotes R foram escritos para a previsão de séries temporais interna do Google, de modo que as séries temporais sejam altamente paralelas e escalonáveis. É uma boa leitura não apenas no que diz respeito aos detalhes relacionados à previsão, mas também para uma melhor compreensão de como construir linhas de dados de séries temporais para grandes organizações com grandes quantidades e tipos variados de dados de séries temporais.

Danilo Poccia, "Amazon Forecast: Time Series Forecasting Made Easy", Blog AWS News, 28 de novembro de 2018: https://perma.cc/Y2PE-EUDV.

Modelo automatizado de séries temporais recente que não abordamos. Esse é o novo serviço de previsão da Amazon, Amazon Forecast. Não é open source, mas há muitas análises promissoras. Ele oferece uma maneira de usar os modelos desenvolvidos pela Amazon com sua experiência em varejo para ajudar as empresas a realizar previsões de negócios. Embora seja um serviço pago, você pode testar o plano gratuito, que disponibiliza opções generosas. O serviço foi desenvolvido para enfatizar a acurácia e a usabilidade e é uma boa alternativa para as organizações que buscam um modelo "bom o suficiente" para situações de previsão de alto volume. O pacote da Amazon usa uma abordagem mista de aprendizado profundo e modelos estatísticos tradicionais, semelhante a como o modelo LSTNET simples do Capítulo 10 combinou um modelo de aprendizado profundo com um componente autorregressivo. Vale a pena ler sobre a arquitetura de rede neural exclusiva da Amazon para previsões, a DeepAR (*https://perma.cc/DNF9-LJKC*).

## CAPÍTULO 17

Previsões sobre como Prever

Há por aí muitas citações boas sobre a impossibilidade de predizer o futuro, mas não consigo concluir este livro com algumas reflexões sobre o que está por vir.

Previsão como Serviço

Visto que previsão de séries temporais tem menos especialistas do que outras áreas da ciência de dados, tem havido um estímulo para desenvolver análises e previsões de séries temporais como um serviço que pode ser facilmente empacotado e implementado de maneira eficiente. Por exemplo, e conforme vimos no Capítulo 16, a Amazon lançou recentemente um serviço de previsão de série temporal. E ela não é a única empresa que está fazendo isso. Ao que tudo indica, o modelo da empresa é propositadamente geral e enquadra a previsão como uma mera etapa em um pipeline de dados (veja a Figura 17-1).

Essas iniciativas de modelagem de previsão como serviço visam um modelo geral e bom o suficiente que pode acomodar uma variedade de áreas de atuação sem fazer previsões absurdamente imprecisas. A maioria descreve seus modelos como uma mistura de aprendizado profundo e modelos estatísticos tradicionais. Porém, o uso como serviço é, em última análise, uma caixa-preta. Será complicado entender como as previsões podem dar errado ou até mesmo investigar a fundo como podem ser melhoradas. Isso significa que há um nível de qualidade razoavelmente alto para as previsões, mas também um teto de desempenho.

Talvez esse serviço seja inestimável para empresas que precisam de muitas previsões e que não têm pessoal disponível para gerá-las. No entanto, para empresas que têm quantidades substanciais de dados históricos e onde as heurísticas mais gerais e "leis" relacionadas aos dados não se aplicam, é provável que um analista possa se sair melhor que esses algoritmos, caso tenha familiaridade com o domínio.

Repare que boa parte do produto que está sendo vendido na área de previsão como serviço também tem a ver com boas visualizações das previsões e funcionalidade de pipeline. É possível reanalisar facilmente as previsões, alterar a frequência de previsão e assim por diante. Mesmo que sua organização acabe desenvolvendo suas próprias análises de previsão, é importante conhecer o que está surgindo como um padrão do setor.

Figura 17-1. Um exemplo de pipeline de previsão de séries temporais como serviço. Esses serviços estão sendo oferecidos por uma variedade de pequenas startups e gigantes tecnológicos, principalmente pela Amazon, que lançou um pacote de produtos adaptados para prever dados de séries temporais automaticamente e em escala por meio de um pacote de produtos orientados ao aprendizado profundo e modelos estatísticos.

O Aprendizado Profundo Aumenta as Possibilidades Probabilísticas

Nos últimos anos, muitas das maiores empresas tecnológicas tornaram públicas algumas informações sobre como realizam suas próprias previsões para seus serviços mais importantes. Aqui, não estamos falando sobre a necessidade de muitas previsões paralelas relacionadas ao grande número de métricas que impactam os negócios da empresa, mas sim de preocupações importantes. Nesses casos, em que a qualidade da previsão é fundamental, as empresas costumam dar indicações de que estão usando o aprendizado profundo com um componente probabilístico.

Por exemplo, a Uber postou em um blog (*https://perma.cc/3W54-BK8C*) sobre a previsão da demanda por viagens de carro, e a Amazon desenvolveu uma rede neural recorrente autorregressiva bem conceituada (*https://perma.cc/UL77-BY3T*), inspirada no método estatístico de realizar previsões sobre as demandas do produto. Quanto mais os pesquisadores conseguirem integrar metodologias estatísticas, como introduzir distribuições *a priori* para o conhecimento do domínio e a quantificação da incerteza, menos razão haverá para buscar modelos estatísticos quando um modelo de aprendizado profundo pode viabilizar as vantagens tanto da estatística quanto do aprendizado profundo.

Contudo, fazer com que esses modelos de aprendizado profundo sejam razoavelmente interpretáveis — para que possamos saber quão "errada" ou extrema uma previsão pode vir a ser — continua a ser um esforço hercúleo. Assim, é improvável que os modelos estatísticos tradicionais, com maior compreensão teórica e clareza, sejam deixados de lado. Quando se trata de previsões críticas, em que a saúde e a segurança podem estar em risco, as pessoas podem continuar a confiar no que funcionou por décadas, até que métodos mais transparentes e inspecionáveis possam ser desenvolvidos para previsões de aprendizado de máquina.

Importância Crescente do Aprendizado de Máquina em Detrimento da Estatística

Em termos empíricos, o uso da estatística na modelagem de dados e na geração de predições é cada vez menor. Não se desespere: o campo da estatística continua a prosperar e a responder perguntas relevantes quando o assunto é cálculo. E ainda assim — sobretudo quando se trata de previsões de baixo risco que simplesmente precisam ser boas o suficiente —, técnicas de aprendizado de máquina e métodos estatísticos orientados para resultados, em vez de teorias sofisticadas e soluções inflexíveis ou provas de convergência, estão se destacando na implementação e casos de uso do mundo real.

Do ponto de vista profissional, isso é ótimo. Caso tenha deixado de lado seus conjuntos de problemas e não tenha a menor intenção de provar nada, não precisa ter medo dos jargões estatísticos ou coisas do gênero. Por outro lado, temos presenciado uma tendência preocupante à medida que essas tecnologias se incrustam cada vez mais em aspectos fundamentais da vida. Não me importo de navegar no site de um varejista que usa aprendizado de máquina para estimar minhas prováveis ações futuras como compradora. Mas eu gostaria de saber se as previsões de séries temporais que modelaram meus resultados de saúde ou as progressões acadêmicas de meu filho foram mais completas e validadas estatisticamente, visto que um modelo tendencioso pode realmente prejudicar uma pessoa.

Por ora, os líderes no setor de séries temporais para fins industriais estão trabalhando em áreas de baixo risco. Quando se trata de problemas como a predição de faturamento de uma campanha publicitária ou o lançamento de um produto de mídia social, não é importante que as previsões sejam totalmente validadas. À medida que aspectos mais fundamentais do cuidado e da alimentação dos seres humanos entram no domínio da modelagem, esperemos que as estatísticas desempenhem um papel mais fundamental nas previsões de alto risco.

Combinação Crescente de Metodologias Estatísticas e Aprendizado de Máquina

Os indícios apontam para a combinação de aprendizado de máquina e metodologias estatísticas[1] em vez de simplesmente procurar o "melhor" método de previsão. Trata-se da acei-

---

1   Um agradecimento especial ao revisor técnico Rob Hyndman que sugeriu esse tópico (além de muitas outras sugestões úteis ao longo deste livro).

tação crescente e uso de métodos ensemble para previsão, um fenômeno que analisamos ao longo do livro. Um exemplo de um teste extraordinariamente robusto com muitos conjuntos de dados do mundo real é a recente competição M4 (*https://perma.cc/68AC-BKN7*), uma competição de séries temporais que calcula a acurácia da previsão em 100 mil conjuntos de dados de séries temporais (*https://perma.cc/76BQ-SZW9*), conforme mencionado brevemente nos Capítulos 2 e 9. O vencedor dessa competição combinou elementos de um modelo estatístico e uma rede neural. Da mesma forma, o vice-campeão da competição incorporou o aprendizado de máquina e a estatística, neste caso usando um conjunto de modelos estatísticos com um gradient boosted tree (XGBoost) para escolher os pesos relativos de cada modelo na combinação. No exemplo, vemos duas maneiras distintas em que o aprendizado de máquina e as abordagens estatísticas podem ser combinados: como modelos alternativos juntos (como no caso do vencedor da competição citada) ou com um método determinando como definir os metaparâmetros do outro método (como no caso do vice-campeão). Um resumo abrangente e muito acessível dos resultados da competição (*https://perma.cc/T8W-W-6MDN*) foi posteriormente publicado no *International Journal of Forecasting*.

À medida que tais combinações ganham força, provavelmente veremos o desenvolvimento de pesquisas na área de determinar quais problemas são mais propícios à combinação de modelos estatísticos e de aprendizado de máquina, bem como práticas recomendadas emergentes para ajustar o desempenho desses modelos e selecionar arquiteturas. Esperamos ver o mesmo refinamento de outras arquiteturas complexas, como redes neurais, por meio das quais paradigmas de design padrão surgem ao longo do tempo como vantagens, desvantagens e técnicas de treinamento conhecidas.

Mais Previsões para a Vida Cotidiana

Mais empresas voltadas para o consumidor, como app de saúde e bem-estar, lançaram (*https://perma.cc/QXT9-4B8T*) ou são solicitadas a lançar (*https://perma.cc/M8W7-EDCE*) previsões personalizadas. Conforme as pessoas ficam mais cientes da quantidade de dados que seus app armazenam sobre elas e outras pessoas, elas passam a querer tirar proveito, obtendo previsões personalizadas para métricas como metas de saúde e condicionamento físico. As pessoas também costumam procurar previsões para tudo, desde valores imobiliários futuros (*https://perma.cc/R5WR-T7XP*) (difícil de predizer) até as prováveis datas de chegada (*https://perma.cc/5LTM-WRPB*) de espécies de aves migratórias.

Por conta da demanda, surgiram cada vez mais produtos orientados à previsão, seja em assuntos pessoais ou métricas individuais. Isso significa que mais pipelines de previsão serão integrados em lugares onde antes não eram muito prováveis, como app de dispositivos móveis e sites para leitores casuais, em vez de especialistas do setor. Quanto mais comum isso se tornar, mais provável será que o jargão das séries temporais faça parte da linguagem cotidiana. Tomara que um dia as pessoas também dominem as séries temporais o bastante para entender os limites e suposições das previsões, de forma que não dependam muito desses produtos.

Índice

Projetos corporativos e edições personalizadas

dentro da sua estratégia de negócio. Já pensou nisso?

Coordenação de Eventos
Viviane Paiva
viviane@altabooks.com.br

Assistente Comercial
Fillipe Amorim
vendas.corporativas@altabooks.com.br

A Alta Books tem criado experiências incríveis no meio corporativo. Com a crescente implementação da educação corporativa nas empresas, o livro entra como uma importante fonte de conhecimento. Com atendimento personalizado, conseguimos identificar as principais necessidades, e criar uma seleção de livros que podem ser utilizados de diversas maneiras, como por exemplo, para fortalecer relacionamento com suas equipes/ seus clientes. Você já utilizou o livro para alguma ação estratégica na sua empresa?

Entre em contato com nosso time para entender melhor as possibilidades de personalização e incentivo ao desenvolvimento pessoal e profissional.

PUBLIQUE
SEU LIVRO

Publique seu livro com a Alta Books.
Para mais informações envie um e-mail para: autoria@altabooks.com.br

CONHEÇA OUTROS LIVROS DA **ALTA BOOKS**

Todas as imagens são meramente ilustrativas.

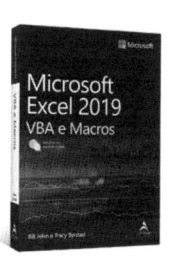 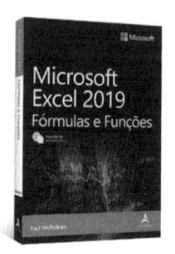

Colofão

O animal na capa do *Análise Prática de Séries Temporais* é uma ovelha Bluefaced Leicester (*Ovis aries*), uma raça britânica também conhecida como *Dishley Leicester*. Essa raça procriou pela primeira vez em Dishley, Leicestershire, no século XVIII. Nos dias de hoje, produtores de todo o Reino Unido e do Canadá criam essa linhagem específica de ovelhas.

As ovelhas Bluefaced Leicester produzem um tipo de lã branca que gera um velo delicado e reluzente e um fio para tecer de qualidade. Seus olhos castanhos são protuberantes e se destacam em suas cabeças cinza-azuladas. As ovelhas são resistentes, com costas longas, tronco e pescoços fortes, focinhos largos e cascos escuros. Elas não têm lã nas pernas nem em suas regiões faciais.

Quando adulta, uma ovelha Bluefaced Leicester pode pesar entre 90 e 110 quilos. A altura média, do casco até as costas, fica em torno de 93 centímetros para os carneiros e 83 centímetros para ovelhas. Como a maioria das ovelhas, a Bluefaced Leicester se alimenta de gramíneas, ervas daninhas e flores. Em média, pastam em rebanhos de vinte ovelhas.

As ovelhas Bluefaced Leicester são bastante procuradas porque os carneiros têm um talento especial para produzir o que a indústria chama de *mulas* — ovelhas, com taxas altíssimas de reprodução, que os criadores cruzam com outras raças com o objetivo de gerar cordeiros para o mercado.

Muitos dos animais nas capas da O'Reilly estão em perigo; todos eles são importantes para o mundo.

A ilustração da capa é de Karen Montgomery, baseada em uma gravura em preto e branco do *Meyers Kleines Lexicon*. As fontes da capa são Gilroy Semibold e Guardian Sans. A fonte do texto é Adobe Minion Pro; a fonte do cabeçalho é Adobe Myriad Condensed; e a fonte do código é a Ubuntu Mono de Dalton Maag.